“十三五”国家重点出版物出版规划项目

国家出版基金项目
NATIONAL PUBLICATION FOUNDATION

湖北省学术著作出版专项资金
Hubei Special Funds for Academic Publications

中国化马克思主义研究丛书

中国化马克思主义政党理论研究

丁俊萍 著

WUHAN UNIVERSITY PRESS
武汉大学出版社

图书在版编目(CIP)数据

中国化马克思主义政党理论研究/丁俊萍著.—武汉：武汉大学出版社，2024.5

中国化马克思主义研究丛书

“十三五”国家重点出版物出版规划项目　国家出版基金项目　湖北省学术著作出版专项资金资助项目

ISBN 978-7-307-23680-6

Ⅰ.中…　Ⅱ.丁…　Ⅲ.中国共产党—研究　Ⅳ.D2

中国国家版本馆 CIP 数据核字(2024)第 095162 号

责任编辑:王智梅　胡国民　韩秋婷　　责任校对:李孟潇　　版式设计:韩闻锦

出版发行：**武汉大学出版社**　(430072　武昌　珞珈山)

(电子邮箱：cbs22@ whu.edu.cn　网址：www.wdp. com.cn)

印刷:湖北金港彩印有限公司

开本:720×1000　1/16　印张:34.75　字数:507 千字　插页:3

版次:2024 年 5 月第 1 版　　2024 年 5 月第 1 次印刷

ISBN 978-7-307-23680-6　　定价:118.00 元

目录

第二编　毛泽东建党思想

第四编　新时代党的领导和党的建设的重要思想

导论

什么是政党？政党是怎样产生的？当今世界政党走向如何？当代中国的新型政党制度是怎样形成和发展起来的？这一政党制度有哪些特点和优势？这是本书系统阐述中国马克思主义政党理论需要回答的问题。

一、政党的产生和发展及当今世界政党走向

政党是代表一定阶级或阶层或集团并为实现其利益而进行活动的政治组织。政党以参与政治为目标，是国家政治生活的重要力量。政党是近代社会政治历史发展的产物，也是当代世界绝大多数国家和地区普遍存在的社会政治现象。在当今世界 200 多个国家和地区中，除 20 多个国家是严格的君主制或政教合一的无政党制度外，绝大多数国家和地区存在着政党，由政党决定着国家的内政外交及其走向，实行政党政治。从一定意义上说，政党政治是对这样一种政治现象的描述，即：在一定的经济基础之上，人们围绕特定利益组成政党，通过政党对社会公共权力施加影响，以获得或维护特定权利。换句话说，政党政治表现为：政党在整个政治体制的运作中起至关重要的作用，人们的政治活动主要通过政党来实现。①

政党的产生和发展经历了一个历史过程。尽管中国古代文献中有“五族为党”(《周礼》)、“睦于父母之党”(《礼记》)、“君子不党”(《论语》)等“党”的文字，但这里的“党”或是划分居民的基本单位，或是表述亲属关系，或用于形容结伙营私的行为，显然都不是现代意义的政党。中国古代历史上发生的各种“党争”，如唐代的牛党、李党之争，宋代的新党、旧党之争，明代的东林党与非东林党之争，以及历代封建统治者立“阿党附议之法”(汉武帝)，或诛杀“奸党”(明太祖)、或写“朋党论”告诫百官(雍正)，实行“党锢”，这其中的“党”字，都是

① 王长江：《现代政党执政规律研究》，上海：上海人民出版社 2002 年版，第 44 页。

针对统治集团内部争斗的帮派集团，而非现代意义的政党。明末清初以后出现的“会党”，多指秘密的民间团体，如天地会、哥老会、大刀会、小刀会、青洪帮等，是底层群众对社会不满而集结起来进行反抗斗争的一种组织形式，也不是现代意义上的政党。从世界政治史角度来看，现代意义上的政党起源于西方。

现代意义上的政党最早出现在英国和美国。在英国，政党是在 17 世纪七八十年代英国资产阶级革命以后封建贵族势力与工商业资产阶级、新贵族之间进行复辟与反复辟的斗争中形成的，并最终产生了代表大资产阶级和封建贵族势力利益的“托利党”、代表工商业资产阶级和新贵族利益的“辉格党”。后者在 1688 年“光荣革命”政变后成为执政党，在议会中占有多数席位，并于 1694 年建立了第一个政党内阁。在美国，政党是在 18 世纪八九十年代围绕建立一个什么样的国家即是否将国家权力集中于联邦的斗争中产生的，赞成者自称“联邦党人”，并把对方称作“反联邦党人”。之后，不赞成权力过分集中于联邦而被称为“反联邦党人”的一派正式建立民主共和党，由此，美国的政党正式诞生，其代表人物杰斐逊在 1800 年美国总统大选中获胜，显示了政党作为参与政治的工具作用。由于英国政党出现的时间比美国早 100 多年，而美国政党先于英国政党在组织上具有比较完全的现代政党特征，因此有人将英国最先出现的两党视作现代政党前身，而将美国的两党视为第一批现代政党。显然，从世界政党发展史的角度来看，最早出现的现代意义的政党是资产阶级性质的政党。

工人阶级政党的出现晚于资产阶级政党，它是工人阶级在反对资产阶级的斗争中产生的。1847 年 6 月在伦敦建立的共产主义者同盟，是世界上第一个以科学社会主义为指导思想的国际工人阶级政党，该党委托马克思和恩格斯起草的同盟纲领就是著名的《共产党宣言》。1869 年建立的德国社会民主工党，是第一个在民族国家范围内建立的工人阶级政党。之后，其他欧洲国家的工人阶级政党相继建立。与资产阶级政党不同的是，工人阶级政党建立之初便有明确的奋斗目标和比较完整的组织形式。1917 年俄国布尔什维克党领导俄国十月社会主义革命取得胜利，成为世界上第一个夺取政权、建立社会主义国家的工人阶级执政党。随着国际共产主义运动的跌宕起伏、曲折发展，工人阶级政党发展经历了艰难而曲折的历程。

当今世界，随着经济全球化和世界多极化的快速发展，政党格局发生了很大变化。苏联解体、东欧剧变后，世界政党数量迅速增加，已出现了几千个不同类型的政党，除了原有的阶级性质的政党外，还包括民族主义政党、宗教主义政党、社会民主主义政党、绿党以及各种专业集团性质的政党，如家族党、部族党、军人党、退休者党，等等。此外，还有联盟性质的政党，如欧洲跨国政党联盟组织等。不同于传统政党的后现代政党开始出现，它们在产生基础、运作模式、组织形态、经费来源等方面不同于传统政党，如意大利力量党、泰爱泰党等。与此同时，传统的左、右翼政党加剧分化，围绕某一时期某一特定社会问题或经济问题而成立或存在的“单一问题党”“抗议党”和右翼极端政党不断产生，其中最有影响力的“单一问题党”当属绿党。在发展中国家，一些带有民族主义倾向和宗教色彩的政党纷纷登上政治舞台。

总的来看，具有不同意识形态、代表不同社会阶级或阶层利益的各类政党，在各国政治和国际政治生活中占有重要地位并发挥重要作用。政党体制由一变多，多党竞争、多党联合执政，成为当今世界多数国家政党制度模式的主要特征；而在多党竞争体制中，传统的左右两大政党斗争逐渐向中间靠拢。随着时代主题的变化和现代科学技术的发展，社会结构日益多元化和复杂化，政党的社会政治基础和功能作用面临严重挑战，主要是阶级、阶层和利益群体重新分化组合，迫使多数国家的主流政党把争取中间阶层这一多数群体作为奋斗目标，并把中间阶层的利益要求作为政策调整的出发点；一些传统政党向“全民化”发展，其政策从过去单一的政治斗争转向以本国的经济发展和社会事务为重点；人们的价值观念发生深刻变化，人们对传统政党的认同感下降，以政党为基础的代议民主制和“间接民主制”的主导地位开始动摇；非政党派别和非政府组织大量涌现，对传统政党产生冲击；跨国公司、跨国机构对国际和地区性重大事务的影响加大，相对削弱了以民族国家为基础的传统政党的政治权力和决策影响力；大众传媒对政党活动方式产生重大影响，特别是电子媒介对政党的活动方式影响巨大；政党政治呈现出地区化、国际化趋势，政党联盟不断扩大和加强，其中尤以欧洲最为典型。随着政党组织国际化的扩展，政党组织作为国际关系行为主体的作用逐渐表现出来，国际政党组织对国际事务的影响越来越大，各国政党参与国际合作与国际交往的要求也不断增强。

中国特色社会主义进入新时代以来，中国共产党秉承人类命运共同体的理念，高度重视政党之间的交流合作。近年来，中国共产党多次组织亚洲政党国际会议、中欧政党论坛、中非政党论坛、中拉政党论坛、北京政党会议、中国共产党与世界政党领导人峰会、中国共产党与世界政党高层对话会等，就治国理政成就和经验进行交流，为各国政党增进信任、交流与合作开辟了良好的开端，彰显了中国共产党的时代责任与广阔的胸襟气度。

二、中国政党的产生和发展及当代中国新型政党制度

在中国，现代意义的政党出现于民族危机日益严重的20世纪初。1905年8月，孙中山和黄兴、宋教仁等在兴中会和华兴会等资产阶级革命小团体的基础上成立中国革命同盟会，简称“同盟会”或中国同盟会，从而建立了中国历史上第一个资产阶级政党。同盟会领导了伟大的辛亥革命。辛亥革命以反对君主专制制度、建立资产阶级共和国为目标，是一次比较完全意义上的资产阶级民主革命。它推翻了清王朝，结束了统治中国几千年的封建君主专制制度，民主共和国的观念从此深入人心。它激发了人们的爱国热情和民族觉醒，促进了人们的思想解放，打开了社会进步的闸门，并为此后革命斗争的发展特别是中国共产党领导的新民主主义革命开辟了道路。这一时期所颁布的一系列政策措施，促使社会经济、思想习惯和社会风俗发生了积极的变化，推动了民族资本主义经济的发展，改变了社会风气，有助于人们的精神解放。它不仅沉重打击了中外反动势力，而

且推动了亚洲各国民族解放运动的发展。总之，辛亥革命取得了巨大的成功，是20世纪中国发生的第一次历史性巨变。但是，由于历史和时代的局限，尽管资产阶级及其政党尝试在中国建立资产阶级共和国，走资本主义道路，照搬西方资本主义的种种方案，包括一度实行议会民主制和多党制，终究不能完成中华民族救亡图存的民族使命和反帝反封建的历史任务。“要解决中国发展进步问题，必须找到能够指导中国人民进行反帝反封建革命的先进理论，必须找到能够领导中国社会变革的先进社会力量。”①

在俄国十月革命的影响下，经过五四爱国运动的洗礼，马克思主义在中国开始广泛传播，并与中国工人运动相结合，产生了中国工人阶级的先进政党——中国共产党。1921年7月，各地共产党早期组织代表汇聚上海，召开了中国共产党第一次全国代表大会，宣告了中国共产党的成立。中国共产党以中国工人阶级为自己的阶级基础，以马克思列宁主义为指导思想的理论基础，以为中国最广大人民群众谋利益为根本宗旨，以实现中华民族伟大复兴为己任，以实现共产主义为最高理想和最终目标，是中国工人阶级的先锋队，同时也是中国人民和中华民族的先锋队，是中国特色社会主义事业的领导核心，代表中国先进生产力的发展要求，代表中国先进文化的前进方向，代表中国最广大人民的根本利益，是马克思主义理论武装起来的先进政党。中国共产党的诞生，是近现代中国历史发展的必然产物，是中国人民在救亡图存斗争中顽强求索的必然产物。自从有了中国共产党，中国革命面目就焕然一新。从此，中国革命有了正确前进方向，中国人民有了强大精神力量，中国命运有了光明发展前景。

中国共产党成立后，紧紧依靠人民，团结带领人民，历经千辛万苦、付出各种代价、持续进行接力探索，“一百年来，党领导人民浴血奋战、百折不挠，创造了新民主主义革命的伟大成就；自力更生、发愤图强，创造了社会主义革命和建设的伟大成就；解放思想、锐意进取，创造了改革开放和社会主义现代化建设

① 《胡锦涛文选》(第3卷)，北京：人民出版社2016年版，第522页。

的伟大成就；自信自强、守正创新，创造了新时代中国特色社会主义的伟大成就。党和人民百年奋斗，书写了中华民族几千年历史上最恢宏的史诗”①。通过新民主主义革命、社会主义革命和建设、改革开放和社会主义现代化建设，走进中国特色社会主义新时代，中国共产党领导人民取得了举世瞩目的成就，从根本上改变了中国人民和中华民族的前途命运，不可逆转地结束了近代以后中国内忧外患、积贫积弱的悲惨命运，不可逆转地开启了实现国家社会主义现代化、中华民族不断发展壮大、走向伟大复兴的历史进程，使具有 5000 多年文明历史的中国面貌焕然一新，中华民族伟大复兴展现出前所未有的光明前景。历史和人民选择了中国共产党，事实充分证明中国共产党不愧为伟大、光荣、正确的马克思主义政党，不愧为领导中国人民不断开创事业发展新局面的核心力量。

在近代以来的中国政治舞台上，还相继出现过众多其他党派。经过长期革命斗争的大浪淘沙，中国大陆目前还有 8 个民主党派。它们是：中国国民党革命委员会(简称民革)、中国民主同盟(简称民盟)、中国民主建国会(简称民建)、中国民主促进会(简称民进)、中国农工民主党(简称农工党)、中国致公党(简称致公党)、九三学社和台湾民主自治同盟(简称台盟)。“各民主党派是在中国人民反帝爱国、争取民主和反对独裁专制的斗争中产生和发展起来的，其社会基础是民族资产阶级、城市小资产阶级以及同这些阶级相联系的知识分子和其他爱国人士。在中国共产党领导下，各民主党派积极投身建立新中国、建设新中国、探索改革路、实现中国梦的伟大实践，共同致力于民族独立、人民解放和国家富强、人民幸福的宏图伟业。”②

除了中国共产党和 8 个民主党派以外，还有一批具有较大社会影响力的知名民主人士，他们虽然没有参加任何党派，但同样为民族独立、人民解放和国家富强、人民幸福作出了积极贡献。目前，我国把没有参加任何政党、有参政议政愿

---

① 《中共中央关于党的百年奋斗重大成就和历史经验的决议》，北京：人民出版社 2021 年版，第 1~2 页。

② 中华人民共和国国务院新闻办公室：《中国新型政党制度》，北京：人民出版社 2021 年版，第 5 页。

望和能力、对社会有积极贡献和一定影响的人士称为无党派人士，其主体是知识分子。值得指出的是，无党派人士可参加中国共产党同民主党派的政党协商。

中国共产党和各民主党派在为实现民族独立、人民解放和国家富强、人民幸福的奋斗中，发挥了各自的作用。“在长期的革命、建设、改革实践中，在为中国人民谋幸福、为中华民族谋复兴的伟大历史进程中，中国共产党历经重重考验，成为中国工人阶级的先锋队、中国人民和中华民族的先锋队，成为中国特色社会主义事业的领导核心。各民主党派逐步发展成为各自所联系的一部分社会主义劳动者、社会主义事业建设者和拥护社会主义爱国者的政治联盟，成为中国特色社会主义参政党。无党派人士成为中国政治生活中的重要力量。”①

中国共产党和各民主党派之间的关系是亲密友党的关系。中国共产党同各民主党派长期共存、互相监督、肝胆相照、荣辱与共，形成了“共产党领导、多党派合作、共产党执政、多党派参政”的政治格局，在人类历史上创造了一种新的政党政治模式，即新型政党制度——中国共产党领导的多党合作和政治协商制度。这一制度既植根于中国土壤、彰显中国智慧，又积极借鉴和吸收人类政治文明优秀成果，是中国新型政党制度。而且，这是中国的一项基本的政治制度。②《中华人民共和国宪法》规定：“中国共产党领导的多党合作和政治协商制度将长期存在和发展。”③

政党制度是国家政治制度的重要组成部分。广义的政党制度是指一个国家中各种政党的法律地位、政党同各种团体的关系、政党同政权的关系、政党对政治生活的影响及其存在和活动方式；狭义的政党制度指一个国家内掌握或可能掌握国家政权的政党的法律地位，以及它们同其他政党及政权之间关系的制度性安排。目前世界上的政党制度有一党制、两党制、多党制等。一个国家采取何种政

① 中华人民共和国国务院新闻办公室：《中国新型政党制度》，北京：人民出版社 2021 年版，第 9 页。

② 参见中华人民共和国国务院新闻办公室：《中国新型政党制度》，北京：人民出版社 2021 年版，第 1~2 页。

③ 《中华人民共和国宪法》，北京：人民出版社 2018 年版，第 6 页。

党制度，完全取决于这个国家的国情，是由这个国家的经济文化发展水平、社会制度、历史传统等多种因素决定的。各国政党制度的不同，体现了人类历史发展特别是政治文明发展的多样性。

中国新型政党制度是在中国人民反抗帝国主义、封建主义和官僚资本主义的革命斗争中形成的，是中国共产党和各民主党派及社会各界民主人士的共同选择。“中国新型政党制度是马克思主义政党理论与中国实际相结合的产物，是中国共产党、中国人民和各民主党派、无党派人士的伟大政治创造，是从中国土壤中生长出来的，是在中国历史传承、文化传统、经济社会发展的基础上长期发展的结果。”①

中国新型政党制度植根于中华优秀传统文化，孕育于近代以来中国民主革命的历史进程，形成于协商筹建新中国的伟大实践，发展于社会主义革命、建设、改革的伟大进程，完善于中国特色社会主义新时代。实践证明：“在中国共产党的领导下，实行多党派的合作，这是我国具体历史条件和现实条件所决定的，也是我国政治制度中的一个特点和优点。”②

三、中国共产党建设的历史线索

2021 年 11 月 11 日中国共产党第十九届中央委员会第六次全体会议通过的《中共中央关于党的百年奋斗重大成就和历史经验的决议》，用简洁的笔调，勾画了中国共产党成立以来的建设历史。③

---

① 中华人民共和国国务院新闻办公室：《中国新型政党制度》，北京：人民出版社 2021 年版，第 10 页。

② 中共中央文献研究室：《邓小平关于建设中国特色社会主义的论述专题摘编》，北京：中央文献出版社 1992 年版，第 270 页。

③ 参见《中共中央关于党的百年奋斗重大成就和历史经验的决议》，北京：人民出版社 2021 年版，第 1~2、7~8、12、21~22、27~34 页。

该决议指出，中国共产党自1921年成立以来，始终把为中国人民谋幸福、为中华民族谋复兴作为自己的初心使命，始终坚持共产主义理想和社会主义信念，团结带领全国各族人民为争取民族独立、人民解放和实现国家富强、人民幸福而不懈奋斗，已经走过100年光辉历程。党的历史是英勇奋斗史、理论创新史，也是自身建设史。

在新民主主义革命时期，党在革命斗争中，弘扬坚持真理、坚守理想，践行初心、担当使命，不怕牺牲、英勇斗争，对党忠诚、不负人民的伟大建党精神，实施和推进党的建设伟大工程，提出着重从思想上建党的原则，坚持民主集中制，坚持理论联系实际、密切联系群众、批评和自我批评三大优良作风，形成统一战线、武装斗争、党的建设三大法宝，努力建设全国范围的、广大群众性的、思想上政治上组织上完全巩固的马克思主义政党。党从1942年开始在全党进行整风，这场马克思主义思想教育运动收到巨大成效。党制定《关于若干历史问题的决议》，使全党对中国革命基本问题的认识达到一致。党的七大为建立新民主主义的新中国制定了正确路线方针政策，使全党在思想上政治上组织上达到空前统一和团结。

社会主义革命和建设时期，党充分预见到在全国执政面临的新挑战，早在解放战争取得全国胜利前夕召开的党的七届二中全会中就向全党提出，务必继续保持谦虚、谨慎、不骄、不躁的作风，务必继续保持艰苦奋斗的作风。新中国成立后，党着重提出执政条件下党的建设的重大课题，从思想上组织上作风上加强党的建设、巩固党的领导。加强干部理论学习和知识培训，提高党的领导水平，要求全党特别是党的高级干部增强维护党的团结统一的自觉性；开展整风整党，加强党内教育，整顿基层党组织，提高党员条件，反对官僚主义、命令主义和贪污浪费。党高度警惕并着力防范党员干部腐化变质，坚决惩治腐败。这些重要举措，增强了党的纯洁性和全党的团结，密切了党同人民群众的联系，积累了执政党建设的初步经验。

改革开放和社会主义现代化建设时期，党始终强调，治国必先治党，治党务必从严，聚精会神抓好党的建设，开创和推进党的建设新的伟大工程。党制定了关于党内政治生活的若干准则，健全民主集中制，发扬党内民主，实现党内政治生活正常化；有计划有步骤地进行整党，着力解决党内思想不纯、作风不纯、组织不纯问题；按照革命化、年轻化、知识化、专业化方针加强干部队伍建设，大力选拔中青年干部，促进干部队伍新老交替。党围绕解决好提高党的领导水平和执政水平、提高拒腐防变和抵御风险能力这两大历史性课题，以执政能力建设和先进性建设为主线，先后就加强党同人民群众联系、加强和改进党的作风建设、加强党的执政能力建设等重大问题作出决定，组织开展“讲学习、讲政治、讲正气”教育、“三个代表”重要思想学习教育活动、保持共产党员先进性教育活动、学习实践科学发展观活动等集中性学习教育。党把党风廉政建设和反腐败斗争提高到关系党和国家生死存亡的高度，以推进惩治和预防腐败体系建设。

进入中国特色社会主义新时代后，以习近平同志为核心的党中央，以伟大的历史主动精神、巨大的政治勇气、强烈的责任担当，统筹国内国际两个大局，贯彻党的基本理论、基本路线、基本方略，统揽伟大斗争、伟大工程、伟大事业、伟大梦想，坚持稳中求进工作总基调，出台一系列重大方针政策，推出一系列重大举措，推进一系列重大工作，战胜一系列重大风险挑战，解决了许多长期想解决而没有解决的难题，办成了许多过去想办而没有办成的大事，推动党和国家事业取得了历史性成就、发生了历史性变革。

一是坚持党的全面领导。鉴于党内也存在不少对坚持党的领导认识模糊、行动乏力的问题，存在不少落实党的领导弱化、虚化、淡化、边缘化的问题，特别是对党中央重大决策部署执行不力，有的搞上有政策、下有对策，甚至口是心非、擅自行事，以习近平同志为核心的党中央旗帜鲜明地提出，党的领导是党和国家的根本所在、命脉所在，是全国各族人民的利益所系、命运所系，全党必须自觉在思想上政治上行动上同党中央保持高度一致，提高科学执政、民主执政、依法执政水平，提高把方向、谋大局、定政策、促改革的能力，确保充分发挥党总揽全局、协调各方的领导核心作用。

党明确提出，党的领导是全面的、系统的、整体的，保证党的团结统一是党的生命；党中央集中统一领导是党的领导的最高原则，加强和维护党中央集中统一领导是全党共同的政治责任，坚持党的领导首先要旗帜鲜明讲政治，保证全党服从中央。党的十八届六中全会通过关于新形势下党内政治生活的若干准则，党中央出台《中共中央政治局关于加强和维护党中央集中统一领导的若干规定》，严明党的政治纪律和政治规矩，防止和反对个人主义、分散主义、自由主义、本位主义、好人主义等，发展积极健康的党内政治文化，推动营造风清气正的良好政治生态。党中央要求党的领导干部提高政治判断力、政治领悟力、政治执行力，胸怀"国之大者"，对党忠诚、听党指挥、为党尽责。党健全党的领导制度体系，完善党领导人大、政府、政协、监察机关、审判机关、检察机关、武装力量、人民团体、企事业单位、基层群众性自治组织、社会组织等制度，确保党在各种组织中发挥领导作用。党坚持民主集中制，建立健全党对重大工作的领导体制，强化党中央决策议事协调机构职能作用，完善推动党中央重大决策落实机制，严格执行向党中央请示报告制度，强化政治监督，深化政治巡视，查处违背党的路线方针政策、破坏党的集中统一领导问题，清除"两面人"，保证全党在政治立场、政治方向、政治原则、政治道路上同党中央保持高度一致。

党的十八大以来，党中央权威和集中统一领导得到有力保证，党的领导制度体系不断完善，党的领导方式更加科学，全党思想上更加统一、政治上更加团结、行动上更加一致，党的政治领导力、思想引领力、群众组织力、社会号召力显著增强。

二是全面从严治党。由于一度出现管党不力、治党不严问题，有些党员、干部政治信仰出现严重危机，一些地方和部门选人用人风气不正，形式主义、官僚主义、享乐主义和奢靡之风盛行，特权思想和特权现象较为普遍存在。特别是搞任人唯亲、排斥异己的有之，搞团团伙伙、拉帮结派的有之，搞匿名诬告、制造谣言的有之，搞收买人心、拉动选票的有之，搞封官许愿、弹冠相庆的有之，搞自行其是、阳奉阴违的有之，搞尾大不掉、妄议中央的也有之，政治问题和经济问题相互交织，贪腐程度触目惊心。这“七个有之”问题严重影响党的形象和威信，严重损害党群干群关系，引起广大党员、干部、群众的强烈不满和义愤。习近平同志强调，打铁必须自身硬，办好中国的事情，关键在党，关键在党要管党、全面从严治党。必须以加强党的长期执政能力建设、先进性和纯洁性建设为主线，以党的政治建设为统领，以坚定理想信念宗旨为根基，以调动全党积极性、主动性、创造性为着力点，不断提高党的建设质量，把党建设成为始终走在时代前列、人民衷心拥护、勇于自我革命、经得起各种风浪考验、朝气蓬勃的马克思主义执政党。党以永远在路上的清醒和坚定，坚持“严”的主基调，突出“关键少数”，落实主体责任和监督责任，强化监督执纪问责，把全面从严治党贯穿于党的建设各方面。党中央召开各领域党建工作会议作出有力部署，推动党的建设全面进步。

党中央强调，我们党来自人民、植根人民、服务人民，一旦脱离群众就会失去生命力，全面从严治党必须从人民群众反映强烈的作风问题抓起。党中央从制定和落实中央八项规定破题，坚持从中央政治局做起、从领导干部抓起，以上率下改进工作作风。中央政治局每年召开民主生活会，听取贯彻执行八项规定情况汇报，开展批评和自我批评。党中央发扬钉钉子精神，持之以恒纠治“四风”，反对特权思想和特权现象，狠刹公款送礼、公款吃喝、公款旅游、奢侈浪费等不正之风，解决群众反映强烈、损害群众利益的突出问题，推进基层减负，倡导勤俭节约、反对铺张浪费，刹住了一些过去被认为不可能刹住的歪风，纠治了一些多年未除的顽瘴痼疾，党风政风和社会风气为之一新。

党历来强调，全党必须做到理想信念坚定、组织体系严密、纪律规矩严明。马克思主义信仰、共产主义远大理想、中国特色社会主义共同理想，是中国共产党人的精神支柱和政治灵魂，也是保持党的团结统一的思想基础。党中央强调，理想信念是共产党人精神上的“钙”，共产党人如果没有理想信念，精神上就会“缺钙”，就会得“软骨病”，必然导致政治上变质、经济上贪婪、道德上堕落、生活上腐化。党坚持思想建党和制度治党同向发力，先后开展党的群众路线教育实践活动，“严以修身、严以用权、严以律己，谋事要实、创业要实、做人要实”专题教育，“学党章党规、学系列讲话，做合格党员”学习教育，“不忘初心、牢记使命”主题教育和党史学习教育等，用党的创新理论武装全党，推进学习型政党建设，教育引导广大党员、干部特别是领导干部从思想上正本清源、固本培元，筑牢信仰之基、补足精神之钙、把稳思想之舵，保持共产党人政治本色，挺起共产党人的精神脊梁。党提出和贯彻新时代党的组织路线，明确信念坚定、为民服务、勤政务实、敢于担当、清正廉洁的新时代好干部标准，突出政治素质要求、树立正确用人导向，坚持德才兼备、以德为先，坚持五湖四海、任人唯贤，坚持事业为上、公道正派，坚持不唯票、不唯分、不唯生产总值、不唯年龄，不搞“海推”“海选”，强化党的组织领导和把关作用，纠正选人用人上的不正之风。党要求各级领导干部解决好世界观、人生观、价值观这个“总开关”问题，珍惜权力、管好权力、慎用权力，自觉接受各方面监督，时刻想着为党分忧、为国奉献、为民造福。党坚持党管人才原则，实行更加积极、更加开放、更加有效的人才政策，深入实施新时代人才强国战略，加快建设世界重要人才中心和创新高地，聚天下英才而用之。党不断健全组织体系，以提升组织力为重点，增强党组织政治功能和组织功能，树立大抓基层的鲜明导向，推动党的组织和党的工作全覆盖。党坚持纪严于法、执纪执法贯通，用好监督执纪“四种形态”，强化政治纪律和组织纪律，带动各项纪律全面严起来。党坚持依规治党，严格遵守党章，形成比较完善的党内法规体系，严格制度执行，党的建设科学化、制度化、规范化水平明显提高。

党中央强调，腐败是党长期执政的最大威胁，反腐败是一场输不起也绝不能输的重大政治斗争，不得罪成百上千的腐败分子，就要得罪十四亿人民，必须把权力关进制度的笼子里，依纪依法设定权力、规范权力、制约权力、监督权力。党坚持不敢腐、不能腐、不想腐一体推进，惩治震慑、制度约束、提高觉悟一体发力，确保党和人民赋予的权力始终用来为人民谋幸福。坚持无禁区、全覆盖、零容忍，坚持重遏制、强高压、长震慑，坚持受贿行贿一起查，坚持有案必查、有腐必惩，以猛药去疴、重典治乱的决心，以刮骨疗毒、壮士断腕的勇气，坚定不移“打虎”“拍蝇”“猎狐”。坚决整治群众身边腐败问题，深入开展国际追逃追赃，清除一切腐败分子。党聚焦政治问题和经济问题交织的腐败案件，防止党内形成利益集团，查处严重违纪违法案件。党领导完善党和国家监督体系，推动设立国家监察委员会和地方各级监察委员会，构建巡视巡察上下联动格局，构建以党内监督为主导、各类监督贯通协调的机制，加强对权力运行的制约和监督。

党的十八大以来，经过坚决斗争，全面从严治党的政治引领和政治保障作用充分发挥，党的自我净化、自我完善、自我革新、自我提高能力显著增强，管党治党宽松软状况得到根本扭转，反腐败斗争取得压倒性胜利并全面巩固，消除了党、国家、军队内部存在的严重隐患，党在革命性锻造中更加坚强。

中国共产党建设史是中国共产党历史的一条发展线索。中国共产党的建设本质上是党的自我革命。党的自身建设保证了党的先进性和纯洁性，也引领和保证了伟大社会革命的胜利。

四、本书的写作思路和基本框架

本书写作的基本思路是：以马克思主义经典作家关于马克思主义政党建设著作为文献依据，以中国共产党历史特别是中国共产党成立以来自身建设的历史为背景，以马克思主义政党理论特别是中国化马克思主义政党理论的历史发展为经，以不同历史时期马克思主义党的领导和党的建设理论主要内容为纬，力求全面、系统、深入地阐述中国化马克思主义政党理论的思想理论基础、不同历史时期中国化马克思主义政党理论的基本观点和主要内容，力求呈现出一代代中国共产党人把马克思主义建党学说的基本原理与不同历史时期中国共产党自身建设的具体实践结合起来，创造性地回答建设一个什么样的党、怎样建设党的问题。这也是本书写作的一个重要考量。

本书由导论和正文四编十章组成，大体分为以下五个部分：

第一部分是导论，概要考察政党的产生及当代世界政党走向、中国政党的产生和发展及当代中国新型政党制度、中国共产党建设的历史线索，目的是将正文十章对马克思主义政党理论特别是中国化马克思主义政党理论的阐述置于世界政党、中国政党的产生和发展、特别是中国共产党建设的历史进程这一宏阔背景之下，以便正文十章中除马克思恩格斯建党学说和列宁建党学说这两章之外，其余八章一般不再用很大篇幅叙述历史背景和历史过程，而是重点阐述这一时期马克思主义政党理论的主要内容，尤其是重点阐述这一时期马克思主义政党理论最具特色的内容。

第二部分是第一编“中国化马克思主义的政党理论形成发展的理论基础”，包括第一章“马克思恩格斯建党学说”和第二章“列宁建党学说”。这一编主要是叙述中国化马克思主义政党理论的思想理论基础。其中第一章“马克思恩格斯建党学说”，主要考察了马克思恩格斯建党学说产生的社会历史条件、形成发展过程，重点阐述了马克思、恩格斯关于为什么要建设无产阶级政党、建设一个什么样的无产阶级政党、怎样建设无产阶级政党，共产党如何处理与其他民主政党的关系、如何处理各国工人党之间的关系等问题的论述，以及马克思恩格斯对无产阶级革命政党和无产阶级国家政权中的廉政建设和反腐败的问题的前瞻性的探讨。第二章“列宁建党学说”，主要考察了列宁建党学说产生的社会历史条件和形成发展过程，重点阐述了列宁在创建无产阶级革命政党的实践中，在与第二国际修正主义斗争的过程中，在创建共产国际并指导各国无产阶级政党建设的过程中，围绕建立新型无产阶级政党的问题所提出的一系列关于新型无产阶级政党的基本原则。并用相当篇幅阐述了列宁在俄国十月革命胜利后关于无产阶级专政国家中的共产党领导和马克思主义执政党建设的深入思考。

第三部分是第二编“毛泽东建党思想”，包括第三章“新民主主义革命时期毛泽东建党思想”、第四章“社会主义革命和建设时期毛泽东等关于党的领导和党的建设思想”。这一编主要阐述马克思主义中国化时代化第一次历史性飞跃产生的中国化马克思主义理论中的毛泽东建党思想。其中第三章“新民主主义革命时期毛泽东建党思想”，简要考察了毛泽东建党思想产生的社会历史背景、形成和发展过程，重点阐述了古田会议前后毛泽东建党思想的初步成果、新民主主义革命时期毛泽东建党思想的主要内容，以及颇具特色的刘少奇关于党性修养的思想。第四章“社会主义革命和建设时期毛泽东等关于党的领导和党的建设思想”，重点考察了毛泽东关于中国共产党在社会主义事业中领导地位的论述、毛泽东关于共产党人要学会管理国家和建设新中国的思想、毛泽东关于执政党建设的思想，同时也考察了刘少奇对中国共产党历史使命的思考、刘少奇、张闻天关于党的领导思想、刘少奇关于反对官僚主义的思想。

第四部分是第三编“中国特色社会主义理论体系中的党建思想”，包括第五章“邓小平关于党的领导和执政党建设思想”、第六章“江泽民关于党的建设的重要论述”、第七章“胡锦涛关于加强党的建设的重要论述”。这一编主要阐述改革开放和社会主义现代化建设新时期马克思主义中国化时代化新的历史飞跃产生的理论成果——中国特色社会主义理论体系中的党建思想。其中第五章“邓小平关于党的领导和党的建设思想”，主要阐述邓小平关于坚持和加强党的领导的思想、关于加强执政党自身建设的思想，以及陈云对新时期执政党建设的思考。第六章“江泽民关于党的建设的重要论述”，主要阐述江泽民关于全面推进党的建设新的伟大工程，始终做到“三个代表”、“两个先锋队”和立党为公、执政为民，加强党的执政能力建设，完善党的领导方式和执政方式、治国必先治党、治党务必从严，以及推进党的各方面建设的思想。第七章“胡锦涛关于党的建设的重要论述”，主要阐述以胡锦涛为总书记的党中央关于加强党的执政能力建设、先进性和纯洁性建设，加强党内法规制度体系建设，以及加强党的各方面建设思想，特别是提高党的建设科学化水平的命题、内涵及基本要求等内容。

第五部分是第四编“新时代党的领导和党的建设的重要思想”，包括第八章“习近平关于坚持党的全面领导的重要思想”、第九章“习近平关于新时代党的建设的重要思想”、第十章“习近平关于坚持自我革命、践行‘三个务必’的战略思考”。这一编主要阐述马克思主义中国化时代化新的历史性飞跃产生的理论成果——十年来习近平新时代中国特色社会主义思想中的党的领导和党的建设思想。其中第八章“习近平关于坚持党的全面领导的重要思想”，主要阐述习近平关于坚持和加强党的全面领导的一系列重要理论观点，包括中国共产党领导是坚持和发展中国特色社会主义的必由之路、中国特色社会主义最本质的特征、中国特色社会主义制度的最大优势，坚持中国共产党领导是中国式现代化的本质要求，中国共产党是最高政治力量，党的领导是全面的、系统的、整体的，坚持党中央集中统一领导是最高原则，健全和完善党的领导制度体系，等等。第九章“习近平关于新时代党的建设的重要思想”，主要阐述习近平对新时代建设什么样的长期执政的马克思主义政党、怎样建设长期执政的马克思主义政党这一重大时代课题的创造性回答，包括新时代党的建设总要求及其丰富内涵。在此基础上，概括分析了习近平新时代党的建设重要思想的鲜明特征和重大意义，并且阐述了新时代十年党的建设重大成就。第十章“习近平关于坚持自我革命、践行‘三个务必’的战略思考”，主要结合党的二十大精神，重点阐述了习近平关于时刻保持解决大党独有难题的清醒和坚定、增强全面从严治党永远在路上、自我革命永远在路上的政治自觉，并以阐述践行“三个务必”作为本章本编乃至全书的收尾。

第一编
中国化马克思主义的政党理论形成发展的理论基础

第一章

马克思恩格斯建党学说

马克思恩格斯建党学说，也被称为马克思、恩格斯关于无产阶级政党理论，或马克思、恩格斯关于马克思主义政党建设的思想，是无产阶级革命导师、科学社会主义的创始人马克思、恩格斯关于无产阶级政党的系统论述。马克思、恩格斯是无产阶级政党及其学说的创始人和奠基者。马克思恩格斯建党学说是科学社会主义的重要组成部分，主要阐述无产阶级政党产生、发展和自身建设的规律，其中包括建立无产阶级政党的必要性，无产阶级政党的性质、指导思想、纲领策略，无产阶级政党的组织原则和组织形式，主要回答工人阶级为什么要建立自己的政党、建设一个什么样的无产阶级政党、怎样建设这个党，以及这个党如何实现对整个工人阶级革命事业的领导作用等重大问题。

一、马克思恩格斯建党学说产生的社会历史条件和形成发展过程

马克思恩格斯建党学说是马克思、恩格斯在建立无产阶级政党的实践活动中创立和发展起来的。作为一种思想理论，马克思恩格斯建党学说是时代的产物，是 19 世纪 40 年代欧洲社会经济政治思想文化发展的产物。正如毛泽东在《矛盾论》一文中所说：“由于欧洲许多国家的社会经济情况进到了资本主义高度发展的阶段，生产力、阶级斗争和科学均发展到了历史上未有过的水平，工业无产阶级成为历史发展的最伟大的动力，因而产生了马克思主义的唯物辩证法的宇宙观。”①因为马克思主义哲学、政治经济学、科学社会主义是马克思主义的三个组成部分，为一个不可分割的整体，因此，毛泽东虽然说的是马克思主义哲学的产生的时代背景，但它对考察马克思恩格斯建党学说产生的时代背景是完全适用的。

① 《毛泽东选集》(第 1 卷)，北京：人民出版社 1991 年版，第 300 页。

(一)马克思恩格斯建党学说产生的社会历史条件

马克思恩格斯建党学说的产生不是偶然的，而是在一定的社会历史条件下产生的。

其一，19 世纪三四十年代资本主义的发展，为马克思、恩格斯创立无产阶级政党及其建党学说提供了客观的经济政治条件。

如前所述，现代意义上的政党是近代资本主义发展的产物，无产阶级政党也是资本主义发展的产物，是 19 世纪三四十年代欧洲资本主义发展的结果。英国资产阶级革命后，通过从蒸汽机和棉花加工机开始的产业革命，使机器生产的大工业取代手工操作的工场手工业，社会生产力得到了迅速发展。1789 年法国大革命以后，工业也得到了很大发展。德国在 19 世纪 20 年代，使用机器的工厂也有显著增长。到 19 世纪三四十年代，资本主义生产方式在西欧主要国家方兴未艾，社会生产力迅速发展。资产阶级在它不到 100 年的阶级统治中所创造的生产力，比过去一切世代存在的全部生产力还要多、还要大。随着资本主义的发展，政党逐步产生并进入资本主义政体结构。资产阶级内部不同利益集团通过不同的政党在议会中表达自己的意志，政党政治由此发展起来。显然，资本主义生产方式以及随之而来并矗立其上的政党政治，为马克思、恩格斯创立无产阶级政党及其学说奠定了经济社会基础，提供了客观的经济政治条件。

其二，工人阶级的壮大和工人运动的兴起，为马克思、恩格斯创立无产阶级政党及其建党学说奠定了阶级基础。

随着资本主义经济的空前发展，资本主义的内在矛盾也逐步显现出来。生产的社会化和生产资料资本家私人占有的矛盾日益加剧，进而导致了周期性的经济危机，给社会带来巨大灾难。与资产阶级相伴而生的无产阶级在资产阶级的剥削和压迫之下饱受苦难，与资产阶级之间的矛盾日趋尖锐。他们被迫反抗，从进行经济斗争到开展政治斗争，逐步作为独立的政治力量登上政治舞台。1831 年和 1834 年法国里昂纺织工人起义，1836—1848 年英国宪章运动，1844 年德国西里西亚织工两次起义，是欧洲工人阶级作为一支独立的政治力量登上了历史舞台的显著标志。正如恩格斯所说："无产阶级和资产阶级之间的阶级斗争一方面随着大工业的发展，另一方面随着资产阶级新近取得的政治统治的发展，在欧洲最先进的国家的历史中升到了重要地位。"①随着工人运动的发展，工人阶级迫切需要本阶级的政党和理论来指导。而革命的知识分子也看到了工人阶级的巨大力量，认识到工人阶级的历史使命，这使马克思主义政党和理论创立成为可能。工人政治的斗争的经验，也为马克思、恩格斯创立马克思主义政党和理论提供了研究资料。这些都为马克思、恩格斯创立无产阶级政党及其建党学说奠定了阶级基础。

其三，唯物史观的创立，奠定了无产阶级政党及其学说的思想理论基础。

恩格斯指出："我们党有个很大的优点，就是有一个新的科学的世界观作为理论的基础"②，这个科学的世界观就是唯物史观，它和剩余价值学说一起，构成社会主义从空想到科学的两大基石。唯物史观的创立经历了一个发展过程。马克思、恩格斯通过吸收人类历史上优秀的思想文化成果，包括德国的古典哲学、英国的古典政治经济学、法国和英国的空想社会主义，提出了历史唯物主义的基本观点。"马克思、恩格斯对黑格尔的辩证法进行了根本的改造，解决了黑格尔把运动和运动的物质对立起来的矛盾，创立了唯物辩证法；解决了黑格尔哲学中辩证法前提和形而上学结论的矛盾，克服了黑格尔辩证法的不彻底性，创立了包括自然、社会和人类思维在内的整个历史进程的辩证法。马克思、恩格斯还克服了费尔巴哈形而上学唯物主义的缺陷，拯救了德国哲学中自觉的辩证法并把它转变为唯物主义的自然观和历史观。在探讨了宗教的世俗基础和研究了国家与市民社会基础上，马克思、恩格斯创立了历史唯物主义。"③唯物史观的创立，对于无产阶级政党及其理论的创立起了决定性的作用。唯物史观指导工人阶级认识到组织起先进政党的必要性，正确认识党的性质、地位和作用，树立共产主义远大理

---

① 《马克思恩格斯选集》(第 3 卷)，北京：人民出版社 2012 年版，第 400 页。

② 《马克思恩格斯文集》(第 2 卷)，北京：人民出版社 2009 年版，第 599 页。

③ 卢先福、赵云献：《马克思主义党的学说史纲》，北京：中共中央党校出版社 1999 年版，第 16~17 页。

想，坚定社会主义必然代替资本主义的信念，科学制定党的纲领和策略，明确党的奋斗目标和各个历史阶段的主要任务，从而为马克思主义政党的建立和发展提供了科学的理论指导。

其四，马克思、恩格斯建立的共产主义通讯委员会和改造正义者同盟，奠定了无产阶级政党及其学说产生的组织基础。

为了使科学社会主义与工人运动有机结合，尽快建立无产阶级政党，马克思、恩格斯于1848年在比利时布鲁塞尔建立了共产主义通讯委员会，并在欧洲各地分别建立了通讯委员会小组，形成了一个以布鲁塞尔为中心的通讯委员会网。通讯委员会以进行书面讨论和出版定期刊物为主要活动方式，并组织一系列工人集会和理论讨论会，在宣传科学社会主义基本思想、了解各国工人组织状况、促进各国社会主义者的联系等方面发挥了积极作用。与此同时，马克思、恩格斯着手对正义者同盟进行改造，一方面从思想上批评各种冒牌社会主义，以提升其盟员觉悟；另一方面从组织上改造其狭隘性，使之达到组织上的统一。1847年6月，正义者同盟在伦敦召开了改组大会，即共产主义者同盟第一次代表大会，恩格斯出席了大会并直接领导完成了大会议程。大会将正义者同盟改名为共产主义者同盟，用“全世界无产者联合起来”的口号代替“人人皆兄弟”的口号。大会讨论并初步通过了由恩格斯起草的同盟章程草案《共产主义信条草案》，选举了同盟中央领导机构，决定出版机关刊物《共产主义杂志》。同年11月举行同盟第二次大会，马克思、恩格斯出席了大会。大会通过了反映马克思、恩格斯许多重要意见的《共产主义者同盟章程》，并委托马克思、恩格斯在会后以宣言的形式制定同盟的新纲领。1948年2月，共产主义者同盟纲领《共产党宣言》正式发表。共产主义者同盟是世界上第一个无产阶级政党，是以马克思、恩格斯创立的科学社会主义为指导的马克思主义政党。这为马克思主义政党学说的产生提供了实践依据。

总之，19世纪40年代马克思、恩格斯创立无产阶级政党及其建党学说具备了客观的经济政治条件，具备了阶级基础、思想理论基础和组织基础。正是在这个意义上说，马克思、恩格斯建党学说的产生是时代的产物。

(二)马克思恩格斯建党学说形成发展的历史过程

马克思恩格斯建党学说的形成和发展是与马克思、恩格斯的建党实践活动紧密联系在一起的，大体经历了三个历史时期，即共产主义者同盟时期(1847—1852年)、第一国际时期(1852—1876年)、帮助欧美各国建立独立的无产阶级政党和第二个国际初期(1876—1895年)。

共产主义者同盟时期是马克思恩格斯建党学说创立的关键时期，也是这一学说的奠基时期。在改造正义者同盟的过程中，马克思、恩格斯撰写了一系列关于党的学说的著作，主要有《共产主义者同盟章程》《共产党宣言》《中央委员会告共产主义者同盟书》等，对建立无产阶级政党的必要性和重要性、党的性质和特点、党的世界观、党的纲领和策略、党的组织原则和组织形式、党的国际主义立场和原则等，作了比较集中的论述，标志着马克思主义政党学说的创立。其中，《共产党宣言》发表是马克思主义政党学说创立的主要标志。

第一国际时期是马克思恩格斯建党学说发展的一个重要时期。1864年在伦敦建立的国际工人协会(简称“国际”)，是一个国际工人联合组织，该组织在第二国际成立后，被称为“第一国际”。第一国际是在19世纪50年代末60年代初欧洲工人运动和民主运动重新高涨的形势下产生的。马克思参加了第一国际成立大会，并亲自起草了成立宣言和共同章程，是第一国际的创始人之一和实际上的领袖。在这个时期，马克思、恩格斯总结了1848年欧洲革命和1871年巴黎公社的经验，在同工人运动内部的蒲鲁东主义、巴枯宁主义、拉萨尔主义等各种资产阶级、小资产阶级流派的斗争中，撰写了《国际工人协会成立宣言》《国际工人协会共同章程》《论权威》《资本论》(第一卷)等著作，进一步论述了建立无产阶级政党的必要性，强调了工人阶级加强团结的重要性，提出了民主集中制的基本思想，阐述了科学的权威观，提出了党员的权利和义务问题。马克思、恩格斯建党学说进一步确立和发展。

在帮助欧美各国建立独立的无产阶级政党和第二国际初期，马克思主义政党学说进一步发展。在这个时期，马克思、恩格斯主要的实践活动是帮助欧美各国先后建立了无产阶级政党，并在此基础上建立了社会主义国际，即第二国际。在这个时期，马克思、恩格斯在指导各国社会主义政党、推动各国社会主义政党革命化、群众化的斗争过程中，撰写了《哥达纲领批判》《反杜林论》《给奥·倍倍尔、威·李卜克内西、威·白拉克等人的通告信》《社会主义从空想到科学的发展》《法国工人党纲领导言(草案)》等著作。1883 年 3 月马克思逝世后，恩格斯撰写了《卡尔·马克思》《在马克思墓前的讲话》，以及《1891 年社会民主党纲领草案批判》等。马克思、恩格斯撰写的这些著作总结了各国工人党自身建设的教训，丰富了党的纲领的理论，捍卫了党的理论基础，批判了党内非无产阶级思想，提出了防止党蜕化变质的原则，强调了共产党人坚持实事求是、开展批评与自我批评的重要性，进一步丰富、发展了无产阶级政党学说。1889 年 7 月国际社会主义者第一次代表大会在巴黎召开，实际上宣告了第二国际的建立。从 1889 年成立到 1896 年是第二国际的前期。由于恩格斯的指导和关怀，第二国际前期在广泛传播马克思主义、发展各国工人运动、建立社会主义政党等方面起了巨大推动作用。

二、马克思恩格斯建党学说的基本思想

马克思恩格斯建党学说主要围绕为什么要建设无产阶级政党、建设一个什么样的无产阶级政党、怎样建设无产阶级政党以及共产党如何处理与其他民主政党的关系、如何处理各国工人党之间的关系等问题展开，并对无产阶级革命政党和无产阶级国家政权中的廉政建设和反腐败的问题进行了深入的、前瞻性的探讨。

(一)无产阶级必须组成一个自觉的阶级政党，才能作为一个阶级来行动

无产阶级政党是无产阶级利益和意志的集中代表。以马克思主义为指导的无

产阶级政党是无产阶级革命政党，它是科学社会主义与工人运动相结合的产物。在为什么要建立无产阶级革命政党的问题上，马克思、恩格斯明确提出：无产阶级革命政党的正确领导是无产阶级革命斗争胜利的根本保证。在《共产党宣言》中，马克思、恩格斯阐述了共产党组织的产生及其先进性："无产者组织成为阶级，从而组织成为政党这件事，不断地由于工人的自相竞争而受到破坏。但是，这种组织总是重新产生，并且一次比一次更强大、更坚固、更有力。"①马克思在《国际工人协会共同章程》中指出："无产阶级在反对有产阶级联合力量的斗争中，只有把自身组织成为与有产阶级建立的一切旧政党不同的、相对立的政党，才能作为一个阶级来行动。"②恩格斯也在《致国际工人协会西班牙联合委员会》中指出：工人要摆脱资产阶级的支配，"最好的办法就是在每一个国家里建立一个无产阶级的政党，这个政党要有它自己的政策，这种政策显然与其他政党的政策不同"③。

在马克思、恩格斯看来，无产阶级革命政党是无产阶级作为一个阶级来行动的前提条件和领导核心，无产阶级革命政党的正确领导是无产阶级革命斗争取得胜利的根本保证。其一，具体来说，主要表现为只有在无产阶级革命政党的领导下，无产阶级才能形成强大的阶级力量，才能使反对资产阶级的斗争从分散的、自发的斗争上升到有组织的自觉的斗争，才能提出无产阶级革命斗争的目标纲领、任务和政策，从而使无产阶级真正从一个自在的阶级转变成为一个自为的阶级。其二，只有在无产阶级革命政党的领导下，无产阶级的革命斗争才能彻底摆脱各种错误思潮和反动势力的影响，以保持党的思想和理论的纯洁性，保证无产阶级革命运动的正确方向。其三，只有在无产阶级革命政党的正确领导下，无产阶级才能战胜前进道路上的艰难险阻，才能取得革命斗争的胜利。历史表明，"无产阶级要在决定关头强大到足以取得胜利，就必须(马克思和我从 1847 年以

① 《马克思恩格斯选集》(第 1 卷)，北京：人民出版社 2012 年版，第 409~410 页。
② 《马克思恩格斯选集》(第 3 卷)，北京：人民出版社 2012 年版，第 173 页。
③ 《马克思恩格斯选集》(第 3 卷)，北京：人民出版社 2012 年版，第 40 页。

来就坚持这种立场）组成一个不同于其他所有政党并与它们对立的特殊政党，一个自觉的阶级政党”①。

无产阶级必须建立自己的政党才能作为一个阶级来行动，那么要建设一个什么样的无产阶级革命政党呢？它的性质是什么？特点有哪些？指导思想是什么？制定什么样的奋斗纲领？组织纪律和内部关系如何？马克思、恩格斯对此进行了明确的回答，鲜明提出了无产阶级革命政党的先进性质及其在理论上和实践上的特点。

（二）无产阶级革命政党由无产阶级中的先进分子所组成

在党的性质和宗旨上，马克思、恩格斯强调无产阶级革命政党是由无产阶级中的优秀分子所组成的，这是无产阶级革命政党最重要的标志。无产阶级政党代表绝大多数人的利益，而绝大多数人中的先进部分是无产阶级，马克思、恩格斯在《共产党宣言》中指出：“无产阶级的运动是绝大多数人的，为绝大多数人谋利益的独立的运动。”②因此无产阶级的利益与绝大多数人的利益是完全一致的。在为绝大多数人谋利益的运动中组织起来的无产阶级革命政党，无疑应当以工人阶级为基础，但是它又不同于一般的工人组织，而是工人阶级中先进分子所组成的政党。“在实践方面，共产党人是各国工人政党中最坚决的、始终起推动作用的部分”③，无产阶级革命政党不拒绝其他阶级出身的优秀分子入党，但是，“如果其他阶级出身的这种人参加无产阶级运动，那么首先就要求他们不要把资产阶级、小资产阶级等等的偏见的任何残余带进来，而要无条件地掌握无产阶级世界观”④。无产阶级革命政党的最终目标是消灭阶级和阶级对立，实现共产主义和全人类的解放。

① 《马克思恩格斯选集》（第 3 卷），北京：人民出版社 2012 年版，第 592 页。
② 《马克思恩格斯选集》（第 1 卷），北京：人民出版社 2012 年版，第 411 页。
③ 《马克思恩格斯选集》（第 1 卷），北京：人民出版社 2012 年版，第 413 页。
④ 《马克思恩格斯选集》（第 3 卷），北京：人民出版社 2012 年版，第 739 页。

(三)无产阶级革命政党以科学理论为指导

在党的指导思想上，马克思、恩格斯强调无产阶级革命政党是以科学理论为指导、用科学理论武装起来的政党。马克思在《国际工人协会成立宣言》中指出："工人的一个成功因素就是他们的人数；但是只有当工人通过组织而联合起来并获得知识的指导时，人数才能起举足轻重的作用。"①无产阶级革命政党是无产阶级进行自觉的革命斗争的启迪者和教育者，共产党人"在理论方面，他们胜过其余无产阶级群众的地方在于他们了解无产阶级运动的条件、进程和一般结果"②。只有以科学理论为指导，无产阶级革命政党才能了解无产阶级解放运动的规律、进程、方向和结果，进而教育引导无产阶级和人民群众沿着正确道路前进。

(四)无产阶级革命政党的最终奋斗目标是实现共产主义

在党的奋斗纲领上，马克思、恩格斯指出了无产阶级革命政党的奋斗纲领，即通过无产阶级反对资产阶级的斗争，建立无产阶级国家政权，大力发展生产力，最终实现共产主义。党的纲领就是一个政党根据它所代表的阶级的利益而提出的奋斗目标和为实现这个目标而采取的行动路线。

马克思、恩格斯在《共产党宣言》中指出，共产党人的最近目标是"使无产阶级形成为阶级，推翻资产阶级的统治，由无产阶级夺取政权"③。取得政权后，"无产阶级将利用自己的政治统治，一步一步地夺取资产阶级的全部资本，把一切生产工具集中在国家即组织成为统治阶级的无产阶级手里，并且尽可能快地增加生产力的总量"④。也就是说无产阶级革命政党要把无产阶级组织起来，领导他们开展反对资产阶级的革命斗争，夺取政权，并利用这个政权变革生产关系，尽可能快地解放和发展生产力，建设社会主义经济、政治、文化，实现经济社会

① 《马克思恩格斯选集》(第3卷)，北京：人民出版社2012年版，第10页。
② 《马克思恩格斯选集》(第1卷)，北京：人民出版社2012年版，第413页。
③ 《马克思恩格斯选集》(第1卷)，北京：人民出版社2012年版，第413页。
④ 《马克思恩格斯选集》(第1卷)，北京：人民出版社2012年版，第421页。

的巨大发展和精神文化的巨大进步，进而逐步消灭一切阶级和阶级差别，最终实现全人类的解放。马克思、恩格斯在《共产党宣言》中指出，“代替那存在着阶级和阶级对立的资产阶级旧社会的，将是这样一个联合体，在那里，每个人的自由发展是一切人的自由发展的条件”①。

后来，马克思、恩格斯在指导国际工人运动和民主国家建立无产阶级政党过程中，多次强调党的纲领的重要性，指出共产党要在“全世界面前树立起可供人们用来衡量党的运动水平的里程碑”②。党的纲领“是一面公开树立起来的旗帜”③。党用这面旗帜把全党团结在一个共同的政治目标上，同时用这面旗帜号召群众，集合队伍，组成千百万群众的浩荡大军。而人们也通过这面旗帜来了解党，认识党，决定对党的态度。

(五)绝对保持党的纪律是无产阶级革命政党坚强有力的首要条件

在党的组织纪律上，马克思、恩格斯将必须绝对保持党的纪律特别是严明党的政治纪律作为无产阶级政党的一条建党原则，并从保持党的性质、保证党的事业说明了党的纪律对于无产阶级政党和党所领导的事业的极端重要性。马克思恩格斯提出，党的纪律是保持党的先进性质的首要条件，是党的事业成功的基本条件，也是敌人最害怕的一点。1859 年 5 月 18 日，马克思在《致恩格斯的信》中谈到组建世界上第一个无产阶级政党——共产主义者同盟时明确指出：“我们现在必须绝对保持党的纪律，否则将一事无成。”④1886 年 10 月 23 日，恩格斯在《致劳拉・拉法格》信中指出：在无产阶级革命斗争中，“胜利的首要条件是严格遵守法律，而一切革命的高调和喧嚷都不可避免地会导致失败。这种纪律是一个有成效的和坚强的组织的首要条件，是资产阶级最害怕的”⑤。在反对巴枯宁主义

① 《马克思恩格斯选集》(第 1 卷)，北京：人民出版社 2012 年版，第 422 页。
② 《马克思恩格斯选集》(第 3 卷)，北京：人民出版社 2012 年版，第 355 页。
③ 《马克思恩格斯选集》(第 3 卷)，北京：人民出版社 2012 版，第 350 页。
④ 《马克思恩格斯全集》(第 29 卷)，北京：人民出版社 1972 年版，第 413 页
⑤ 《马克思恩格斯全集》(第 36 卷)，北京：人民出版社 1975 年版，第 540 页。

斗争中，恩格斯在1872年1月《桑维耳耶代表大会和国际》一文中，深刻揭露了巴枯宁否认党的纪律的目的和实质，深刻阐明了坚持党的纪律对坚持党的阶级性质、加强党的建设的重要性。他明确指出，“没有任何党的纪律，没有任何力量在一点的集中，没有任何斗争的武器！那末未来社会的原型会变成什么呢？简而言之，我们采用这种新的组织会得到什么呢？会得到一个早期基督教徒那样的畏缩胆怯的而又阿谀奉承的组织”①。显然，一个没有纪律、不讲集中统一的党不可能是无产阶级的先锋队，也不可能取得任何斗争的胜利。

马克思、恩格斯将坚决反对分裂，反对成立任何秘密团体，坚决与各种形形色色的分裂行为作斗争，维护党的团结统一和中央权威，巩固无产阶级政党的战斗力，作为党的纪律的主要内容，显然，这些内容无疑是属于党的政治纪律范畴。1868年12月22日，马克思发表了《国际工人协会和社会主义民主同盟》，重申了要严明国际工人协会集中统一的政治纪律，反对国际工人协会分裂，指出，“既在国际工人协会之内，又在该协会之外进行活动的第二个国际性组织的存在，必将使协会陷于瓦解；任何地方的任何别的一伙人都可以仿效日内瓦发起小组(同盟)的做法，以各种冠冕堂皇的借口把负有别的特殊使命的其他国际性协会引到国际工人协会里来；这样，国际工人协会很快就会变成所有的民族和政党的阴谋家手中的玩物”②。1871年马克思、恩格斯共同发表了《1871年9月17日至23日在伦敦举行的国际工人协会代表会议的决议》，其中指出：“在因政府阻挠而现时无法设立国际经常性组织的国家内，协会及其地方性团体可以进行改组，改用各种其他名称；但是，无论现在和今后，成立任何真正的秘密团体都是绝不许可的。”③在实际斗争中，马克思、恩格斯同以巴枯宁为代表的主张资产阶级和平主义的社会主义民主同盟进行了坚决的斗争，不接纳这一组织作为一个分部加入国际工人协会，建议其组织并入国际工人协会，其成员加入国际工人协会

① 《马克思恩格斯选集》(第2卷)，北京：人民出版社1972年版，第447页。
② 《马克思恩格斯全集》(第33卷)，北京：人民出版社1973年版，第264页。
③ 《马克思恩格斯全集》(第17卷)，北京：人民出版社1963年版，第456页。

的一个支部，捍卫了第一国际的政治上纯洁性和团结统一。

(六)正确处理无产阶级政党之间的相互关系

在党际关系上，马克思、恩格斯提出了共产党处理与国内其他工人阶级政党以及民主党派的关系以及国际上各国工人党、社会主义政党关系的基本原则。

马克思、恩格斯亲自指导了国际性的无产阶级政党组织——共产主义者同盟和国际工人协会即第一国际，恩格斯在马克思逝世后还指导了第二国际前期活动。与此同时，他们还对民族国家范围内的无产阶级政党的建立和发展发挥了巨大指导作用。例如1869年成立的德国社会民主工党，是世界上第一个民族国家范围内以科学社会主义为指导的无产阶级政党。该党的纲领基本上按照国际工人协会的章程和纲领制定的。它公开支持第一国际的主张，并宣布自己是国际工人协会的一个支部。该党得到了第一国际及马克思、恩格斯的热情支持和帮助。之后，欧美各国普遍建立了民族国家范围内的无产阶级政党。

马克思、恩格斯在指导建立无产阶级政党的过程中，阐述了无产阶级政党相互关系的重要原则。其基本观点主要有两点，一是坚持无产阶级的国际联合。马克思、恩格斯在《共产党宣言》中，既强调“无产阶级反对资产阶级的斗争首先是一国范围内的斗争。每一个国家的无产阶级当然首先应该打倒本国的资产阶级”①，同时也强调无产阶级的解放事业是国际性的事业，它只能在各国无产阶级的联合斗争中实现。因此，他们发出了“全世界无产者，联合起来!”的战斗口号。二是坚持各国无产阶级政党的独立自主和完全平等。在马克思、恩格斯看来，强调无产阶级的国际联合，并不意味着各国无产阶级可以不顾本国实际而采取同一种斗争方式，也不意味着要求一国无产阶级斗争从属于另一国无产阶级的斗争。由于各国文化、传统、经济社会状况和发展程度以及阶级关系、阶级力量对比状况不同，无产阶级反对资产阶级的斗争方式必然不同，应该由了解本国实

---

① 《马克思恩格斯选集》(第1卷)，北京：人民出版社2012年版，第412页。

际的各国无产阶级政党独立自主去探索和创造，而不应该也不可能由一个国际领导中心来发号施令。① 马克思曾多次强调，第一国际只是各国工人运动联络和合作的中心，而不是指挥中心。同时，各国无产阶级政党之间还应该坚持完全平等的原则。无论是大党还是小党、是老党还是新党，都应该相互尊重、相互学习、取长补短。恩格斯指出："只有在平等者之间才有可能进行国际合作，甚至平等者中间居首位者也只有在直接行动的条件下才是需要的。"②

马克思、恩格斯提出的关于无产阶级政党相互关系的基本原则，为各国无产阶级政党正确处理党际关系提供了根本遵循。

(七)关于无产阶级革命政党和国家政权的廉政建设和反腐败的探讨

马克思、恩格斯不仅对资本主义占统治地位的条件下建设一个什么样的无产阶级革命政党、怎样建设无产阶级革命政党的问题进行了探讨，提出了马克思主义政党理论的基本原理，而且对无产阶级革命政党执掌国家政权后如何防止党和国家工作人员的腐败、保持无产阶级政党和国家机关工作人员清正廉洁的问题进行了深入探讨，这实际上已经涉及马克思主义执政党建设的问题。③

腐败是一种依附于权力而存在的政治行为。掌握一定公共权力的人滥用公共权力、以公权谋取不正当的私利，损害公共利益，这种现象便是腐败。腐败是滥用权力的产物，腐败的实质就是权力的滥用。腐败不仅会导致权力的异化和变质，使公权演变为私权，而且必然会严重侵犯公共利益，从而引起公众不满，进而威胁社会政治稳定，甚至危及政权。尽管在私有制仍然存在的社会里，腐败是一种不可避免的现象，不可能从根本上加以消除，但腐败的严重危害又迫使人们反对腐败，千方百计地遏制腐败，呼唤并倡导廉政。廉政是一种与腐败相反的政治行为和政治现象，执掌公共权力的人和群体遵守其职责规范、不以公权谋取私

---

① 参见科学社会主义概论编写组：《科学社会主义概论》，北京：人民出版社、高等教育出版社2011年版，第43页。

② 《马克思恩格斯文集》(第10卷)，北京：人民出版社2009年版，第472页。

③ 本部分的主要内容曾以《马克思恩格斯的廉政思想》为题，发表于《廉政文化研究》2010年第4期。

利，这种政治行为和政治现象，便是廉政。为政清廉，廉洁从政，是社会对为政者的行为准则、行事规范和道德要求，而廉洁政治更是古往今来人类社会不懈追求的基本目标。由于整个社会的廉洁政治只能建立在为政者普遍的为政清廉的基础之上，因此，人们追求廉洁政治，必然大力倡导为政者廉洁从政。反腐倡廉是一个历史性的难题，也是一个世界性的难题。对于马克思主义政党特别是马克思主义执政党来说，反腐倡廉问题至关重要，它关系到党和社会主义的前途命运。因此，马克思主义创始人及其后继者在指导无产阶级政党建设中，对反腐倡廉问题有许多深刻阐述，形成了丰富的反腐倡廉思想，为马克思主义政党建设特别是执政党的反腐倡廉建设提供了强大的理论武器。

马克思恩格斯反腐倡廉的基本思想主要是在创立和发展科学社会主义的过程中，在指导无产阶级政党的建设中，在关注巴黎公社革命特别是总结巴黎公社的经验教训中，逐步形成的。依据马克思、恩格斯著作及书信等文献，可以看到，马克思恩格斯的反腐倡廉思想主要有以下几个方面的内容：

第一，揭示腐败产生的根源是私有制，指出铲除腐败的根本途径在于消灭私有制，建立公有制。

在马克思主义诞生之前，空想社会主义者曾对社会腐败问题进行过激烈批判，并对其根源作了深刻揭露。莫尔认为，私有制是一种不公正的制度，造成少数人奢侈腐化，大多数人贫困。资产阶级“很贪婪、很凶蛮，以至于吃人”①。康帕内拉认为，自私自利是“万恶之因”②。温斯坦莱认为，私有制是贪欲和自私扼杀理性和正义的结果，主张“把叫做私有财产的这个可诅咒的东西从创造物中驱逐出去，因为它是产生使人民陷于贫困之中的一切战争、流血、偷窃和奴役性法律的原因”③。摩莱里认为“私有制是一切罪恶之母”④，是造成一切政治和道德上罪恶的原因。圣西门认为，在资本主义社会里，“贪婪已变成在每个人身上占

① ［英］托马斯·莫尔：《乌托邦》，戴镏龄译，北京：商务印书馆 1959 年版，第 138 页。
② ［意］康帕内拉：《太阳城》，陈大维等译，北京：商务印书馆 1980 年版，第 66 页。
③ ［英］温斯坦莱：《温斯坦莱文选》，任国栋译，北京：商务印书馆 2017 年版，第 35 页。
④ ［法］摩莱里：《自然法典》，黄建华等译，北京：商务印书馆 1982 年版，第 171 页。

有统治地位的感情”①。欧文认为私有制“过去和现在都是人们所犯的无数罪行和所遭受的无数灾祸的根源”②。私有制产生利己主义，使富人变成“衣冠禽兽”。魏特林指出，“在金钱制度中，人的幸福和不幸福都是由命运摆布的”③，金钱使公务员变质，使英雄变成狗熊，使权贵对它摇尾乞怜。空想社会主义者对社会腐败问题的记录批判以及对其根源的深刻揭露，为马克思恩格斯的反腐思想提供了重要的思想材料。

马克思、恩格斯认同空想社会主义对私有制和腐败关系的上述揭示，同时也指出腐败现象是私有制的伴生物。他们认为，在原始社会，生产力低下，没有私有制和私有观念，不存在脱离民族共同利益的公共权力，氏族首领都是社会公仆，不存在以权谋私的腐败现象。由于生产力的发展和社会分工的分化生产有了剩余，人们“最卑下的利益”产生了，这种“最卑下的利益”包括“无耻的贪欲、狂暴的享受、卑劣的名利欲、对公共财产的自私自利的掠夺”④，由此出现了财富私有化和公共权力私有化现象。那些一向“奉公”的氏族首领和家族长利用自己对公共财产的管理权和分配权，逐步将公有财产侵吞或“贪污”而据为己有。从特定意义上说，最初由没有阶级的氏族社会的公有财产变成阶级社会的私有财产就是腐败分子攫取的第一批赃物。腐败现象首先是私有制的伴生物。⑤

马克思、恩格斯进一步指出：“自从阶级对立产生以来，正是人的恶劣的情欲——贪欲和权势欲成了历史发展的杠杆，关于这方面，例如封建制度的和资产阶级的历史就是一个独一无二的持续不断的证明。”⑥“文明时代以这种基本制度完成了古代氏族社会完全做不到的事情。但是，它是用激起人们的最卑劣的冲动

① ［法］克劳德·昂利·圣西门：《圣西门选集》（第1卷），王燕生等译，北京：商务印书馆1979年版，第286页。

② ［英］罗伯特·欧文：《欧文选集》（第2卷），柯象峰等译，北京：商务印书馆1981年版，第11页。

③ ［德］威廉·魏特林：《和谐与自由的保证》，孙则朋译，北京：商务印书馆2017年版，第112页。

④ 《马克思恩格斯选集》（第4卷），北京：人民出版社2012年版，第110页。

⑤ 《马克思恩格斯选集》（第4卷），北京：人民出版社2012年版，第110~111页。

⑥ 《马克思恩格斯选集》（第4卷），北京：人民出版社2012年版，第244页。

和情欲，并且以损害人们的其他一切禀赋为代价而使之变本加厉的办法来完成这些事情的。鄙俗的贪欲是文明时代从它存在的第一日起直至今日的起推动作用的灵魂；财富，财富，第三还是财富——不是社会的财富，而是这个微不足道的单个的个人的财富，这就是文明时代唯一的、具有决定意义的目的。”①

马克思、恩格斯认为，正是私有制使得阶级社会的任何统治阶级本性皆贪。“过去一切阶级在争得统治之后，总是使整个社会服从于它们发财致富的条件，企图以此来巩固它们已经获得的生活地位。”②这些阶级的“官吏既然掌握着公共权力和征税权，他们就作为社会机关而凌驾于社会之上。从前人们对于氏族制度的机关的那种自由的、自愿的尊敬，即使他们能够获得，也不能使他们满足了；他们作为同社会相异化的力量的代表，必须用特别的法律来取得尊敬，凭借这种法律，他们享有了特殊神圣和不可侵犯的地位”③。

在马克思、恩格斯看来，腐败和特权伴随私有制而生，私有制导致公共权力异化，在以私有制为基础的阶级社会里，腐败是不可避免的。在资本主义社会，极少数人剥削绝大多数人的社会制度使整个资产阶级的经济繁荣与发财致富达到了前所未有的程度，也使贪污舞弊和盗窃行为得到了更大程度的发展。剥削制度下的国家政权，成为一切龌龊事物的温床。它们“为了追求自己的特殊利益，从社会的公仆变成了社会的主人”④。这样的例子在君主专制国家和实行民主共和的资产阶级国家都可以看到。在美国，政治家们构成国民中一个更为特殊的、更富有权势的部分。轮流执政的两大党中的每一个政党又是由这样一些人操纵的，这些人把政治变成一种生意，拿联邦国会和各州议会的议席来投机牟利，或是以替本党鼓动为生，在本党胜利后取得职位作为报酬。这使人们“可以最清楚地看到，本来只应为社会充当工具的国家政权怎样脱离社会而独立化”⑤；看到两大

① 《马克思恩格斯选集》(第4卷)，北京：人民出版社2012年版，第194页。
② 《马克思恩格斯选集》(第1卷)，北京：人民出版社2012年版，第411页。
③ 《马克思恩格斯选集》(第4卷)，北京：人民出版社2012年版，第188页。
④ 《马克思恩格斯全集》(第29卷)，北京：人民出版社2020年版，第237页。
⑤ 《马克思恩格斯全集》(第29卷)，北京：人民出版社2020年版，第237页。

帮政治投机家们“轮流执掌政权，以最肮脏的手段来达到最肮脏的目的……这些人表面上是替国民服务，实际上却是对国民进行统治和掠夺”①。马克思、恩格斯指出，由于这样的国家政权是由社会供养的，同时又是统治社会的力量，因此，资产阶级革命本身无法消灭腐败现象，而只能通过暴力革命的方式消灭私有制，建立以公有制为基础的共产主义制度，才能最后消灭腐败。“共产党人可以把自己的理论概括为一句话：消灭私有制。”②

马克思、恩格斯认为，暴力革命是每一个孕育着新社会的旧社会的助产婆，“是社会运动借以为自己开辟道路并摧毁僵化的垂死的政治形式的工具”③。无产阶级进行的消灭私有制的暴力革命，把生产资料从资本主义生产方式所加给它的桎梏下解放出来，“是生产力不断地加速发展的唯一先决条件，因而也是生产本身实际上无限增长的唯一先决条件。但是还不止于此。生产资料由社会占有，不仅会消除生产的现存的人为障碍，而且还消除生产力和产品的有形的浪费和破坏”④，“这种占有还由于消除了现在的统治阶级及其政治代表的穷奢极欲的挥霍而为全社会节省出大量的生产资料和产品。通过社会化生产，不仅可能保证一切社会成员有富足的和一天比一天充裕的物质生活，而且还可能保证他们的体力和智力获得充分的自由的发展和运用”⑤。显然，在马克思、恩格斯看来，消灭私有制，代之以公有制，是消除腐败的根本途径。这样，马克思恩格斯不仅揭示了人类社会腐败的根源，而且指出了消灭腐败的根本途径。

第二，无产阶级政党的本性是大公无私的，无产阶级政权应当是廉洁政府。

马克思、恩格斯在《共产党宣言》中指出，工人阶级是大工业本身的产物。随着工业的发展，它的力量日益增长。因而，“在当前同资产阶级对立的一切阶

① 《马克思恩格斯全集》(第29卷)，北京：人民出版社2020年版，第237页。
② 《马克思恩格斯选集》(第1卷)，北京：人民出版社2012年版，第414页。
③ 《马克思恩格斯选集》(第3卷)，北京：人民出版社2012年版，第564页。
④ 《马克思恩格斯选集》(第3卷)，北京：人民出版社2012年版，第670页。
⑤ 《马克思恩格斯选集》(第3卷)，北京：人民出版社2012年版，第670页。

级中，只有无产阶级是真正革命的阶级”①。“过去的一切运动都是少数人的、或者为少数人谋利益的运动。无产阶级的运动是绝大多数人的，为绝大多数人谋利益的独立的运动。”②共产党是无产阶级的先锋队，“他们没有任何同整个无产阶级的利益不同的利益”③，“他们不提出任何特殊的原则，用以塑造无产阶级的运动”④。

在马克思、恩格斯看来，无产阶级及其政党的本性是大公无私的，不仅如此，无产阶级及其政党还把消灭私有制及其伴生物——包括腐败在内的各种社会不公正现象作为自己的基本目标。因为工人阶级争得统治地位后所建立的政权也同以往一切凌驾于社会之上、与民众对立的政权根本不同，它建立在生产资料公有制之上。“从前国家的高官显宦所享有的一切特权以及公务津贴，都随着这些人物本身的消失而消失了。社会公职已不再是中央政府走卒们的私有物”⑤，而是真正能担负社会职能、为国家所有人服务、以劳动者的利益和彻底解放为目的的。

马克思在总结巴黎公社经验时，进一步阐述了工人阶级的政府是真正的“廉价政府”的思想。他指出：“公社实现了所有资产阶级革命都提出的廉价政府这一口号”⑥，“公社的真正秘密就在于：它实质上是工人阶级的政府，是生产者阶级同占有者阶级斗争的产物，是终于发现的可以使劳动在经济上获得解放的政治形式”⑦，“公社能使农民免除血税，能给他们一个廉价政府”⑧。

马克思、恩格斯关于无产阶级政党的本性是大公无私的，无产阶级政权应当是廉洁政府的论述，从无产阶级政党的阶级属性和政权属性的角度，揭示了无产

---

① 《马克思恩格斯选集》(第 1 卷)，北京：人民出版社 2012 年版，第 410~411 页。
② 《马克思恩格斯选集》(第 1 卷)，北京：人民出版社 2012 年版，第 411 页。
③ 《马克思恩格斯选集》(第 1 卷)，北京：人民出版社 2012 年版，第 413 页。
④ 《马克思恩格斯选集》(第 1 卷)，北京：人民出版社 2012 年版，第 413 页。
⑤ 《马克思恩格斯选集》(第 3 卷)，北京：人民出版社 2012 年版，第 99 页。
⑥ 《马克思恩格斯选集》(第 3 卷)，北京：人民出版社 2012 年版，第 101 页。
⑦ 《马克思恩格斯选集》(第 3 卷)，北京：人民出版社 2012 年版，第 102 页。
⑧ 《马克思恩格斯选集》(第 3 卷)，北京：人民出版社 2012 年版，第 105 页。

阶级政党和国家可以、也应该进行反腐倡廉并能取得反腐败斗争胜利、保持清正廉洁的内在依据。

第三，由于党内外各种因素的影响，无产阶级政党内部也会出现不正之风和腐败现象，党必须同不正之风和腐败现象作最无情的斗争。

马克思、恩格斯强调无产阶级政党本性是大公无私、工人阶级政权是廉价政府，这是就其本质来说的，但他们并不因此就认为它们本身不会出现腐败现象。恰恰相反，他们认为，由于种种因素的影响，无产阶级政党和国家内部也不可避免地会出现腐败现象和不正之风，因而必须同腐败现象和不正之风进行最无情的斗争。

针对当时党内流行着的腐败风气和市侩庸俗习气，马克思、恩格斯强调要开展最无情的斗争，并分析了共产党内一部分人出现腐败变质问题的原因：一是从外部包围共产党的资产阶级拼命以自己的思想意识和生活方式影响共产党；二是加入共产党的某些小生产者和其他非无产阶级出生的人想用其思想意识和面貌影响和改造党，侵蚀了党的肌体，败坏了党的风气，使得社会上的腐败风气和市侩的庸俗风气也出现在党内；三是资产阶级对无产阶级政党上层的收买，使得一些人变成资产阶级化的工人贵族。既然共产党内腐败现象和市侩习气不可避免地会出现和存在，它们又必然会侵蚀党的肌体，那么，党同这些腐败现象和市侩习气的斗争就是不可避免的。对此，恩格斯指出："看来，一个大国的任何工人政党，只有在内部斗争中才能发展起来，这是符合一般辩证发展规律的。"①为了保持无产阶级政党的先锋队性质，防止共产党出现腐败变质，必须加强党的建设，坚决反对腐败现象和资产阶级、小资产阶级的思想作风。这样，马克思、恩格斯就论证了无产阶级政党进行反腐败斗争的必要性和重要性。

在防止党内出现腐败变质的途径和举措方面，马克思、恩格斯主要提出了以下五个方面的思想：一是严格入党条件，主张在吸收其他阶级出身的人入党时，

---

① 《马克思恩格斯选集》(第 4 卷)，北京：人民出版社 2012 年版，第 551 页。

要求他们必须抛弃旧世界观，不把资产阶级、小资产阶级的思想、作风的残余带到党内来；二是要在党内开展思想斗争，反对资产阶级思想意识对党的腐蚀和影响；三是敢于公开拒绝腐败分子，把腐败分子坚决清除出党，绝不能容忍任何一个腐败分子在党内恣意妄为；四是严格对党的领导干部的条件。关于党的领导干部的条件，恩格斯指出，“在我们党内，每个人都应该从普通一兵做起；要在党内担任负责的职务，仅仅有写作才能或理论知识，甚至二者全都具备，都是不够的，要担任领导职务还需要熟悉党的斗争条件，掌握这种斗争的方式，具备久经考验的耿耿忠心和坚强性格，最后还必须自愿地把自己列入战士的行列中”①。五是发扬党内民主，反对个人独裁和个人迷信，反对为党的领导人歌功颂德和祝寿。马克思恩格斯主张把党的最高权力交给党的代表大会，党员群众可以广泛监督领袖，大胆批评担负领导工作的人，而不要过分客气地对待党内官吏，不要把他们当成完美无缺的官吏，不要百依百顺地服从那些违背党的原则的官吏，而应该经常批评、监督他们。马克思恩格斯关于防止党内出现腐败变质的途径和举措的思想，虽然在某些表述上具有那个时代的色彩，但其基本原则和精神仍具有很强的现实意义。

第四，无产阶级取得政权以后要防止国家机关和公职人员由“社会公仆”变为“社会主人”。

由于时代的原因，马克思、恩格斯没有无产阶级政党执政的经历，但他们却在对巴黎公社经验的总结中，提出了无产阶级取得政权以后要防止国家机关和公职人员由“社会公仆”变为“社会主人”的重要思想。

1871年3月爆发的巴黎公社革命，建立了人类历史上第一个工人阶级政权。巴黎公社成立后的两个月里施行了许多具有深远影响的重大措施，其中包括宣布公社委员会是取代旧政府的唯一政权，新建10个委员会以取代过去政府的各部；取消征兵制和常备军，宣布以工人为主体的国民自卫军是唯一的武装力量；实行

① 《马克思恩格斯选集》(第4卷)，北京：人民出版社2012年版，第281页。

民主选举与群众监督相结合的民主制度；废除高薪，实行兼职不兼薪的制度。公社还颁布了一系列保护劳工的法令，这些措施为无产阶级政权建设提供了宝贵经验，丰富和发展了科学社会主义理论。这是一个全新的政权，人民是国家的主人，公职人员是社会的公仆。尽管巴黎公社在反动派的镇压下归于失败，但公社的精神是永存的，公社的历史功绩不可磨灭。正如马克思所说："工人的巴黎及其公社将永远作为新社会的光辉先驱而为人所称颂。它的英烈们已永远铭记在工人阶级的伟大心坎里。"①

马克思一直关注巴黎公社革命，巴黎公社失败后仅过了两天，马克思就向国际工人协会总委员会宣读了自己为巴黎公社而作的《法兰西内战》著作。恩格斯认为这突出地显示了马克思的惊人的才能，"即在伟大历史事变还在我们眼前展开或者刚刚终结时，就能准确地把握住这些事变的性质、意义及其必然后果"②。在《法兰西内战》这本书里，马克思驳斥了资产阶级对公社的种种污蔑，揭露了资产阶级政府对巴黎无产阶级的残暴罪行，热情讴歌了巴黎公社的不朽业绩，全面总结了巴黎公社的伟大创造和正反两方面的经验。马克思在总结巴黎公社的经验中指出："公社实现了所有资产阶级革命都提出的廉价政府这一口号"③，"公社给共和国奠定了真正民主制度的基础。但是，无论廉价政府或'真正共和国'，都不是它的终极目标，而只是它的伴生物"④。"公社的真正秘密就在于：它实质上是工人阶级的政府，是生产者阶级同占有者阶级斗争的产物，是终于发现的可以使劳动在经济上获得解放的政治形式。"⑤

为了防止国家政权机关由社会公仆变为社会主人——这种现象在现今所有的国家中都是不可避免的——公社采取了两个可靠的办法。第一，它把行政、司法和国民教育方面的一切职位交给由普选选出的人担任，而且规定选举者可以随时

① 《马克思恩格斯选集》(第 3 卷)，北京：人民出版社 2012 年版，第 126 页。
② 《马克思恩格斯选集》(第 3 卷)，北京：人民出版社 2012 年版，第 43 页。
③ 《马克思恩格斯选集》(第 3 卷)，北京：人民出版社 2012 年版，第 101 页。
④ 《马克思恩格斯选集》(第 3 卷)，北京：人民出版社 2012 年版，第 101~102 页。
⑤ 《马克思恩格斯选集》(第 3 卷)，北京：人民出版社 2012 年版，第 102 页。

撤换被选举者。第二，它对所有公务员，不论职位高低，都只付给跟其他工人同样的工资。此外，公社颁布的法令还规定，公社的公职人宁愿不享受任何特权，不得乘坐豪华的桥式马车，严禁军官滥用军马，禁止利用职权无偿地居住高等楼房等。“这样，即使公社没有另外给代表机构的代表签发限权委托书，也能可靠地防止人们去追求升官发财了。”①正是在总结巴黎公社经验的基础上，马克思全面阐述了无产阶级取得政权以后要防止由“社会公仆”变为“社会主人”的思想。其主要内容包括国家公职人员产生上的普选制，人民群众对国家公职人员的监督制和罢免制，以及工人工资制和国家的议行合一的政体。

其一，关于国家公职人员的产生必须实行普选制。与以往剥削阶级国家的官吏由等级授职制产生不同，巴黎公社的公职人员由普选制产生。马克思描述了巴黎公社的选举制度，指出：公社是由巴黎各区通过普选选出的市政委员组成，这些委员是负责任，随时可以罢免。其组成人员大多数自然都是工人，或者是公认的工人阶级的代表。普遍选举权不是为了每三年或六年决定一次由统治阶级中什么人在议会里的人民，正如个人选择权服务于任何一个为自己企业招雇工人和管理人员的雇主一样。企业也像个人一样，在实际业务活动中一般都懂得在适当的位置上使用适当的人，万一有错立即纠正。由于实行普遍的选举权，人民选举自己信任的人担任公职人员，并把他们放在适当的位置上。由于公社有随时撤换的措施，如果发现他们不称职，人民可以随时将其撤换。② 总之，工人阶级政权彻底清除国家等级制，实行普选制而不是等级授职制，是纠正错误和防止腐败的重要举措，是保持公职人员作为人民群众的勤务员而不是骑在人民头上作威作福的老爷的首要条件。

其二，关于人民群众对国家公职人员的监督制和罢免制。无产阶级国家的公职人员必须接受人民的监督，并且可以随时加以罢免。人民对公职人员拥有监督权和罢免权，这是保证人民当家作主、防止国家机关和公职人员由“社会公仆”

---

① 《马克思恩格斯选集》(第 3 卷)，北京：人民出版社 2012 年版，第 55 页。

② 参见《马克思恩格斯全集》(第 29 卷)，北京：人民出版社 2020 年版，第 237 页。

变为“社会主人”的关键。为此，巴黎公社采取了许多措施加以保证。如在报纸上公开公布和刊登公社委员会及其下属委员会的内容，使群众及时了解公社的决定，公社委员会和各级领导人还经常参加选民大会、群众集会和俱乐部活动，经常向选民报告工作，答复群众的质问，听取群众的意见。公社还在基层组织和单位建立了群众监督组织。一经发现失职和不称职的公职人员，随时予以罢免和撤换。马克思、恩格斯充分肯定巴黎公社关于监督制、罢免制的做法，认为由人民普选出来在适当岗位任职的公职人员随时可以罢免。一切公务人员“今后均由选举产生，对选民负责，并且可以罢免”①。“每一个代表都可以随时罢免，并受到选民给予他的限权委托书(正式指令)的约束。”②马克思指出：“彻底清除了国家等级制，以随时可以罢免的勤务员来代替骑在人民头上作威作福的老爷们，以真正的责任制来代替虚伪的责任制，因为这些勤务员总是在公众监督之下进行工作的。”③在马克思、恩格斯看来，要让所有人都来行使监督的职能，使所有的人变成“官僚”，最终消灭官僚，向人民管理制的方向发展。为了有效地行使监督职能，就要使人民有罢免权，工人阶级“还应当保证本身能够防范自己的代表和官吏，即宣布他们毫无例外地可以随时撤换”④。由于公众对国家公职人员工作的监督，由于人民群众可以随时罢免公职人员，就使国家政权的公职人员不敢也不能像旧的国家一样“为了追求自己的特殊利益，从社会的公仆变成了社会的主人”⑤。也就是说，这种监督制、罢免制的实行，是纠正错误和防止腐败的重要举措，是保持公职人员作为人民群众的勤务员而不是骑在人民头上作威作福的老爷的重要条件。

其三，关于国家公职人员的工人工资制。马克思、恩格斯高度评价巴黎公社的公职人员工人工资制，指出：“从公社委员起，自上至下一切公职人员，都只

① 《马克思恩格斯选集》(第3卷)，北京：人民出版社2012年版，第99页。
② 《马克思恩格斯选集》(第3卷)，北京：人民出版社2012年版，第99页。
③ 《马克思恩格斯选集》(第3卷)，北京：人民出版社2012年版，第141页。
④ 《马克思恩格斯选集》(第3卷)，北京：人民出版社2012年版，第54页。
⑤ 《马克思恩格斯选集》(第3卷)，北京：人民出版社2012年版，第54页。

能领取相当于工人工资的报酬。从前国家的高官显宦所享有的一切特权以及公务津贴，都随着这些人物本身的消失而消失了。社会公职已不再是中央政府走卒们的私有物。”①公社“一方面取缔国家寄生虫的非生产性活动和胡作非为，从根源上杜绝把巨量国民产品浪费于供养国家这个魔怪，另一方面，公社的工作人员执行实际的行政管理职务，不论是地方的还是全国的，只领取工人的工资。由此可见，公社一开始就厉行节约，既进行政治变革，又实行经济改革”②。在马克思、恩格斯看来，巴黎公社所有的国家公职人员实行工人工资制，既有经济意义，更有政治意义，不仅是一项单纯的经济措施和一项单纯的分配制度，而是一项避免国家机关及其工作人员由“社会公仆”变为“社会主人”的重大拒腐防变的政治举措，它能够“可靠地防止人们去追求升官发财”③，是防止国家机关及其公职人员由“社会公仆”变为“社会主人”的可靠的办法。④

其四，关于国家机关实行“议行合一”的政体。马克思、恩格斯认为，工人阶级打碎旧的国家机器后所建立的政权，“不应当是议会式的，而应当是同时兼管行政和立法的工作机关。警察不再是中央政府的工具，而应成为公社的勤务员，像其他所有行政部门的公职人员一样由公社任命，而且随时可以罢免”⑤；法官也应该由选举产生，可以罢免，并且对选民负责。一切有关社会生活事务的创议权都由公社掌握。总之，“一切社会公职，甚至原应属于中央政府的为数不多的几项职能，都要由公社的勤务员执行，从而也就处在公社的监督之下”⑥。“这些职能会存在；不过，行使这些职能的人已经不能够像在旧的政府机器里面那样使自己凌驾于现实社会之上了。”⑦在马克思、恩格斯看来，议行合一的政体，不仅使巴黎公社这个工人阶级政府在客观形势严峻的情况下保持效率，“在

---

① 《马克思恩格斯选集》(第3卷)，北京：人民出版社2012年版，第98~99页。
② 《马克思恩格斯选集》(第3卷)，北京：人民出版社2012年版，第143页。
③ 《马克思恩格斯选集》(第3卷)，北京：人民出版社2012年版，第55页。
④ 《马克思恩格斯选集》(第3卷)，北京：人民出版社2012年版，第55页。
⑤ 《马克思恩格斯选集》(第3卷)，北京：人民出版社2012年版，第167页。
⑥ 《马克思恩格斯选集》(第3卷)，北京：人民出版社2012年版，第167页。
⑦ 《马克思恩格斯选集》(第3卷)，北京：人民出版社2012年版，第167页。

空前艰难的条件下虚心、诚恳而卓有成效地进行他们的工作”①，避免了机构臃肿、人浮于事等现象，而且可以有效地预防腐败，因为国家公职人员只领取相当于普通工人的工资，使政府真正成为一个廉价政府，也使由人民普选出来、接受人民监督并可随时罢免的公职人员组成的代议机构不再是一个“清谈馆”，而是一个对选民负责任的工作机关。

由于客观社会历史条件的限制，马克思、恩格斯关于无产阶级政党建设中的反腐倡廉思想主要来源于对工人阶级及其先锋队——共产党性质的思考，关于无产阶级夺取政权后的反腐廉政建设思想绝大多数来源于对巴黎公社经验的总结。但由于马克思、恩格斯毕竟没有直接领导某一个国家政党建设特别是执政党建设的经历，他们所关注的世界上第一个无产阶级政权——巴黎公社毕竟也只存在了72天，其实践还未来得及完全展开，其创造性的举措也来不及在实践中逐步完善，所以，马克思、恩格斯对无产阶级政党的反腐倡廉建设和无产阶级夺取政权后如何开展廉政建设的问题，都只能提出一些大的原则和思路，而不可能系统展开和全面论述；他们关于廉政建设的某些设想如一切公职人员只领取相当于普通工人的工资报酬等具体措施，也未必完全适合于我们今天所处的社会发展阶段的现实，但是，他们关于无产阶级政党内部要开展思想斗争的思想，关于要同不正之风和腐败现象进行斗争的思想，关于领导干部要有更高条件的思想，关于领导干部要接受监督的思想，关于无产阶级夺取政权后要采取各种措施防止国家机关和公职人员由“社会公仆”变成“社会主人”的思想，以及由巴黎公社所创造、而为他们所总结的各种原则性的措施，都为后来的马克思主义政党建设特别是马克思主义执政党的反腐倡廉建设，奠定了理论基础，指明了前进方向，至今仍有很强的现实意义。

马克思恩格斯建党思想是在他们指导无产阶级革命政党创建和发展实践中形成和发展起来的。他们提出和阐述的无产阶级革命政党建设的基本原理，奠定了

① 《马克思恩格斯选集》(第3卷)，北京：人民出版社2012年版，第103~104页。

马克思主义政党学说的理论基础，2018年习近平在纪念马克思诞辰200周年大会上的讲话中指出："要学习和实践马克思主义关于马克思主义政党建设的思想。马克思认为，'在无产阶级和资产阶级的斗争所经历的各个发展阶段上，共产党人始终代表整个运动的利益'，'他们没有任何同整个无产阶级的利益不同的利益'，而是要'为绝大多数人谋利益'，为建设共产主义社会而奋斗。共产党要'在全世界面前树立起可供人们用来衡量党的运动水平的里程碑'。始终同人民在一起，为人民利益而奋斗，是马克思主义政党同其他政党的根本区别。"①马克思恩格斯建党学说不仅对当时的无产阶级革命政党的建立和发展起了巨大的指导作用，也对整个国际共产主义运动和世界范围内马克思主义政党的建设发挥着长远的指导作用。中国共产党就是在马克思主义建党学说指导下建立起来的，中国马克思主义政党理论就是马克思主义建党理论中国化、时代化的结果。今天的中国共产党，要担负其历史使命，就要坚持马克思主义建党学说基本原理，把马克思主义建党学说基本原理与当代中国党的建设具体实际相结合，实现马克思主义建党理论中国化时代化，不断开辟马克思主义政党理论中国化时代化新境界。

① 习近平：《在纪念马克思诞辰200周年大会上的讲话》，北京：人民出版社2018年版，第23页。

第二章

列宁建党学说

列宁是世界上第一个社会主义国家的缔造者，也是世界上第一个无产阶级执政党的创建者。他在领导俄国无产阶级夺取政权和创建无产阶级革命政党的实践中，创造性地运用马克思恩格斯建党学说，为俄国社会民主工党的形成、发展和壮大作了大量卓有成效的工作。在这一过程中，他围绕建立新型无产阶级政党问题提出了一系列理论、学说、原则和方法，创立了新型无产阶级政党学说。在与第二国际修正主义斗争过程中，在创建共产国际并指导各国无产阶级政党建设过程中，列宁进一步丰富和发展了他的建党学说。十月革命胜利后，列宁对执政党建设问题进行了深入探讨，提出了一系列深刻精辟的思想观点。列宁建党学说不仅指导了俄国新型无产阶级政党的建立和发展，对包括中国共产党在内的其他国家无产阶级革命政党的建立也发挥了极大的指导作用。

一、列宁建党学说产生的社会历史条件和形成发展过程

“列宁有个完整的建党的学说”①，列宁建党学说是列宁主义的重要组成部分，其产生是对帝国主义和无产阶级革命时代提出的重大时代课题的积极回应。列宁建党学说是列宁所处时代的产物。其产生和丰富发展与列宁创建新型无产阶级革命政党、领导苏维埃国家建设和执政党建设、创立共产国际、推进国际共产主义运动的发展紧密联系。

(一) 列宁建党学说产生的社会历史条件

首先，列宁建党学说的产生是帝国主义和俄国无产阶级革命运动发展的客观要求。

1870—1914 年，欧美各国的科学技术再次发生了重大飞跃，出现了一系列

① 《邓小平文选》(第 2 卷)，北京：人民出版社 1994 年版，第 44 页。

的重大发明，从而形成以第二次动力革命——电力革命为核心的工业技术不断变革、全面发展的局面。到19世纪下半叶以后，重工业取代了轻工业，开始在世界工业中居于主导地位。资本主义从“棉纺织时代”进入“钢铁时代”。19世纪最后30年科学技术的重大进步，工业生产特别是重工业生产的迅速发展以及竞争的加剧，使企业规模不断扩大，股份公司广泛发展，资本的积累和生产的集中也愈来愈快。而生产的集中又不可避免地产生了垄断，托拉斯、卡特尔、辛迪加等垄断组织在各主要资本主义国家不断涌现，并获得普遍发展。到19世纪末20世纪初，资本主义体系开始形成并转变为垄断资本主义，垄断组织在一切发达国家中成为全部经济生活的基础，世界进入了帝国主义时代。而垄断是帝国主义最基本的经济特征。在经济上，垄断代替了自由竞争。垄断组织掌握和控制了国家的经济命脉。在政治上，垄断资产阶级走向全面反动统治。由于资本主义政治、经济发展的不平衡性，垄断没有也不可能解决资本主义社会的基本矛盾，没有也不可能消除经济危机，相反，它加深和扩大了资本主义社会所固有的各种矛盾，从而使无产阶级与资产阶级、帝国主义与殖民地以及帝国主义国家之间的矛盾空前激烈，工人运动蓬勃发展，罢工斗争不断，无产阶级的世界革命酝酿在萌芽之中。帝国主义时代是一个动荡、革命的时代，“是无产阶级社会革命的前夜”①。

随着世界历史进入帝国主义阶段，俄国资本主义也在19世纪末20世纪初过渡到帝国主义。然而同当时的西欧、北美帝国主义国家相比，俄国仍是一个落后、贫穷甚至是半野蛮的国家，它走上资本主义发展的道路较英、法、德、美晚得多。俄国自1861年农奴制改革后，资本主义经济迅速发展起来，到19世纪末20世纪初，俄国的资本主义基本上完成了从自由竞争阶段到垄断资本主义即帝国主义阶段的过渡。俄国帝国主义是封建军事帝国主义，在经济上垄断资本主义同农奴制残余相结合，在政治上封建君主同金融垄断资本家结成亲密联盟并共同执掌国家政权，在军事上拥有庞大国家机器对外侵略扩张，因此，“沙皇俄国是

① 《列宁选集》(第2卷)，北京：人民出版社2012年版，第582页。

以最残忍最野蛮的形式表现出来的各种压迫——资本主义压迫、殖民地压迫和军事压迫的策源地”，“沙皇制度把帝国主义各种最坏的因素集中起来，并使之变本加厉了”，沙皇俄国因此成了“帝国主义所有这一切矛盾的集合点”①。这些矛盾包括无产阶级和垄断资本、沙皇专制统治的矛盾，国内各被压迫民族与大俄罗斯沙文主义的矛盾，世界被压迫民族和人民与沙皇帝国主义的矛盾，以及俄国人民与西方帝国主义的矛盾，等等。这些矛盾交织在一起并日趋激化，使沙皇俄国成为帝国主义链条中最薄弱的环节。与此同时，俄国的工人运动、农民运动、学生运动以及民族革命运动也迅速发展起来，革命因素大量集聚并日趋成熟，革命形势日渐高涨，无产阶级革命已经成为直接现实，世界革命的中心由德国转向了俄国。俄国革命形势的发展，向俄国马克思主义者提出了建立无产阶级革命政党的任务。作为革命主力军的无产阶级，迫切需要一个马克思主义政党的正确领导。俄国也因此成为建立新型无产阶级政党和列宁新型无产阶级政党学说的策源地。

第二，列宁建党学说的产生是同第二国际修正主义思潮作斗争并清除这一思潮影响的结果。

当世界历史开始进入一个新的时代——帝国主义和无产阶级革命的时代，无产阶级革命成为现实的问题的时候，在国际共产主义运动内部，以德国社会民主党人伯恩施坦为代表的修正主义思潮开始泛滥起来。1896 年 9 月—1898 年 6 月，伯恩施坦以《社会主义问题》为总标题，在《新时代》杂志上发表了 6 篇文章，正式暴露了他的修正主义观点。伯恩施坦宣称由于时代发生了变化，马克思主义已经过时；攻击马克思关于“从资本主义社会到社会主义社会有一个飞跃”的理论是“空想主义”，鼓吹资本主义可以“和平长入社会主义”；否认马克思关于资本主义必然灭亡的客观规律，否认资本主义经济危机的理论，认为“随着经济发展迈进”，资本主义将不再遇到“一向的那种营业危机”；反对无产阶级革命及无产

① 《斯大林选集》(上)，北京：人民出版社 1979 年版，第 188 页。

阶级专政，说马克思的“无产阶级专政学说”已“过时”了，“阶级专政属于较低下的文化”，“是政治上的返祖现象”，对资产阶级“不一定需要革命的专政”；攻击马克思关于阶级斗争和无产阶级革命的理论，认为改良“比革命强”，“诉诸暴力”是“毫无内容的空话”；否认党的无产阶级先锋队性质，主张德国党应变成“改良的党”“和平的党”“民族的党”；否认党的纲领，提出了“运动就是一切，人们通常所说的社会主义最终目的是微不足道的，运动就是一切”①的修正主义的公式。1899 年 3 月，伯恩施坦在《社会主义的前提和社会民主党的任务》一书中，将自己陆续发表的修正主义理论系统化，以唯心主义代替唯物主义，对马克思主义的三个组成部分进行了全面的修正。这本书被称为伯恩施坦修正主义的代表作和总纲领，被各国党内修正主义者奉为至宝，并博得了资产阶级的喝彩。尽管他的修正主义观点遭到了卢森堡、倍倍尔、蔡特金及许多党员的强烈谴责和批评，但其影响已明显扩大了，从而给国际共产主义运动带来了极大危害，导致第二国际各党变成改良的党、和平的党、议会的党，不仅在理论上、政治上陷入了右倾机会主义，组织上也完全堕入机会主义。这样，历史就向新一代的马克思主义者提出了艰巨的任务，即彻底批判修正主义，捍卫马克思主义，建立一个新型的无产阶级革命政党。

列宁在领导俄国建党过程中，坚持马克思主义建党学说，并注意总结德国社会民主党和第二国际后期各国党的经验教训。鉴于 1895 年恩格斯逝世后第二国际机会主义统治地位的情况，列宁肩负起对第二国际修正主义进行检查清洗的任务。列宁认为，在和平条件下教育出来的第二国际各党追随机会主义者，一味地迷恋于议会，迷恋于和平，迷恋于改良，放弃了马克思主义，这样的党根本不能适应无产阶级革命时代的要求。因此，必须批判伯恩施坦修正主义，清楚他们的影响，这样才能在俄国建立一个同第二国际各国党完全不同的新的党、革命的党、战斗的党。只有这样的党才能适应无产阶级革命时代的要求，才能担负起领

---

① 殷叙彝编：《伯恩施坦文选》，北京：人民出版社，第 104 页。

导无产阶级革命的任务。列宁在批判第二国际修正主义过程中，不仅捍卫了马克思主义的建党学说，而且创立了新型无产阶级政党，形成了完整的建党学说。

第三，列宁建党学说的产生是马克思主义理论同俄国革命实践相结合的产物。

列宁是世界无产阶级的伟大领袖和导师，也是马克思主义最忠实的继承人和最坚决的捍卫者。他在找到了马克思主义这个唯一正确的革命理论并形成了自己的马克思主义观之后，就一直以马克思主义革命理论为行动指南，并运用这一理论去分析具体的历史环境及社会生活中的经济和政治现象，来解决无产阶级在新形势下所面临的各项任务。而对于任何背离马克思主义的思想和行为，列宁则与之进行了坚决的不妥协的斗争，并在斗争中进一步阐述和发展马克思主义的基本原理。

列宁坚持把马克思主义原理和俄国革命实际相结合，他始终认为，马克思主义的理论提供的只是一般的指导原理，不是教条而是行动的指南，强调："我们决不把马克思的理论看作某种一成不变的和神圣不可侵犯的东西；恰恰相反，我们深信：它只是给一种科学奠定了基础，社会党人如果不愿落后于实际生活，就应当在各方面把这门科学向前推进。我们认为，对于俄国社会党人来说，尤其需要独立地探讨马克思的理论，因为它所提供的只是总的指导原理，而这些原理的应用具体地说，在英国不同于法国，在法国不同于德国，在德国又不同于俄国。"①针对俄国所面临的情况，列宁强调要建立一个革命的工人政党，而且应该使在俄国的土壤上生根的马克思主义社会主义和俄国的工人运动结合起来成为一个不可分割的整体，使俄国的革命运动同人民群众自发行动结合起来。只有这样结合起来，在俄国才能够建立社会民主党。而且"在现代俄国，真正革命的和真正社会主义的党，只能是把社会主义同俄国工人运动结合起来的党"②。这是列宁建党学说产生的最重要的条件之一。而列宁正是将马克思主义的观点、立场、

① 《列宁全集》(第4卷)，北京：人民出版社2013年版，第161页。
② 《列宁全集》(第6卷)，北京：人民出版社2013年版，第362页。

方法运用于俄国革命实践，使马克思主义俄国化时代化，解决了新的历史条件下俄国革命的一系列问题，从而极大地丰富和发展了马克思主义，把马克思主义发展到了一个新的阶段——列宁主义阶段。列宁的建党学说，正是列宁主义极为重要的组成部分。

任何科学理论都是对时代问题的正确回应。在帝国主义和无产阶级革命时代到来之际，建立一个什么样的新型无产阶级政党来领导革命，怎样建设这个党，就是时代向马克思主义者提出的问题。列宁建党学说正是在这样的时代背景下产生和发展起来的。

（二）列宁建党学说形成发展的过程及其特点

科学理论的创造离不开创造者深入实际、深入群众，积极参加革命实践。列宁建党学说的形成和发展，是列宁参加俄国革命运动、积累建党实践经验的总结和升华。列宁建党学说的形成发展是同俄国新型无产阶级政党的创建实践联系在一起的。列宁建党学说形成发展大体上经历了四个时期：

一是列宁建党学说酝酿和形成时期。在这个时期，列宁投身俄国革命，着力解决建立新型无产阶级政党的思想基础问题。1887 年 8 月，年仅 17 岁的列宁就读于喀山大学法律系，不久后加入了一个秘密的革命大学生组织。同年 12 月，列宁积极参加反对大学里的警察制度的学生抗议大会而遭到逮捕，被开除学籍并被流放到喀山省莱舍夫县的柯库什基诺村。1888 年 9 月，列宁回到喀山，参加了一个马克思主义小组。在此，他深入研究了他所能得到的一切马克思主义的著作，特别是《资本论》。对马克思主义著作的深入钻研，使他充分相信无产阶级革命必将胜利，社会主义一定要在全世界实现，从而逐步成长为一个坚定的无产阶级革命家。1889 年，列宁随家迁居到萨马拉，并建立起当地第一个马克思主义小组。1893 年，列宁移居旧俄政治中心彼得堡，并立即同彼得堡的反政府青年小组发生了联系。他设法把彼得堡各个分散的马克思主义团体联合起来，并组织他们同民粹派作斗争，开始为在俄国建立无产阶级政党而积极进行思想工作和组织工作，成为当地马克思主义者所公认的领导人。1895 年，列宁将在彼得堡的 20 多个分散的马克思主义小组合并成统一的政治组织——“工人阶级解放斗争协会”，第一次在俄国开始了科学社会主义和工人运动的结合，成为俄国无产阶级政党的萌芽。1895 年 12 月，列宁被捕入狱，后被流放到西伯利亚。在流放期间，当他得知伯恩施坦发表全面修正马克思主义的言论和俄国的经济派起草了充满机会主义观点的《信条》后，就把主要精力由批判自由主义民粹派的社会主义理论、批判“合法马克思主义”，转向批判伯恩施坦修正主义及其在俄国的变种——经济主义，并考虑如何在俄国建立一个革命的工人政党。他还考虑并拟定了建立马克思主义政党的计划，并把这个计划叙述于《我们的纲领》《我们当前的任务》《迫切的问题》和《我们党的纲领草案》等文章中，在理论上为建立无产阶级的政党作了重要准备。在各地马克思主义小组的共同努力下，各地的工人阶级解放斗争协会或马克思主义小组汇聚在一起，于 1898 年 3 月在明斯克召开了社会民主工党第一次代表大会，宣告了俄国社会民主工党的成立。在建党实践过程中，列宁建党学说开始酝酿和形成。

二是列宁建党学说成熟和发展时期。1900 年年初，列宁流放期满。同年年底，他在国外创办了全俄性的马克思主义秘密报纸《火星报》，并领导了《火星报》的全部工作，把大批马克思主义者团结在《火星报》周围，形成了拥护列宁建党路线的火星派。1901 年 5 月，列宁在《火星报》上发表了《从何着手?》一文，提出了建立马克思主义政党的计划大纲。1902 年 3 月，列宁发表了《怎么办?》一书，在思想上粉碎了以崇拜自发性为特征的经济主义，为新型无产阶级政党奠定了思想基础。1903 年 7 月，俄国社会民主工党第二次代表大会先后在布鲁塞尔和伦敦召开。会议期间，列宁就党章中要不要列入无产阶级专政的任务、要不要规定党员必须参加党的一个组织以及党中央机关的组成和选举问题，同马尔托夫等人进行了激烈的斗争。通过这场斗争，俄国社会民主工党内部形成了拥护列宁的布尔什维克派(多数派)和反对列宁的孟什维克派(少数派)。布尔什维克是列宁直接领导下的新型无产阶级政党的雏形。1904 年 5 月，列宁发表了《进一步，退两步(我们党内的危机)》一书，揭露和批判了孟什维克的组织观点，阐述了无产阶级政党的组织原则，为新型无产阶级政党奠定了组织基础。1905年，列宁在革命中写了《社会民主党在民主革命中的两种策略》，系统地阐述了党对于资产阶级民主革命的策略思想，批判了孟什维克的机会主义策略路线，为新型无产阶级政党奠定了策略基础。1908年，在反对取消派和召回派的斗争中，列宁写了《唯物主义和经验批判主义》一书，批判了波格丹诺夫等人主观唯心主义，捍卫了无产阶级政党的哲学基础。1912年1月，列宁领导布尔什维克在布拉格召开了俄国社会民主工党第六次代表大会。大会通过决议，把孟什维克开除出党。大会选举了以列宁为首的新的中央委员会。从此，布尔什维克成为独立的马克思主义政党。正是在布尔什维克党的领导下，俄国十月社会主义革命才取得胜利。

三是列宁建党学说进一步丰富和完善时期。在这个时期，一方面国际舞台上，列宁在创建共产国际、指导各国建立工人阶级政党的过程中，系统阐述马克思主义政党思想；另一方面，苏维埃俄国国内，在领导布尔什维克和各族人民巩固苏维埃政权、进行社会主义经济建设的过程中，为加强执政党建设，作出了巨大的努力和富有成效的积极探索，形成了列宁执政党建设思想。

在创建共产国际、指导各国建立工人阶级政党的过程中，鉴于第二国际已经破产，列宁认为有必要建立新的国际。在1915年9月于瑞士齐美瓦尔得召开的国际主义者第一次代表会议和1916年4月于昆塔尔召开的国际主义者第二次代表会议上，以列宁为首的布尔什维克党团结各国左派，坚持马克思主义关于无产阶级革命和无产阶级专政的理论，高举国际主义的旗帜，批判了第二国际机会主义者的社会沙文主义和社会和平主义；促进了各国左派力量的发展及其同机会主义的决裂。十月革命胜利后，各国左派陆续在本国建立了独立的新型无产阶级政党，这就为创建新国际奠定了组织基础。列宁在从组织上帮助各国左派建立独立的马克思主义新型政党的过程中，撰写了大量著作，揭露和批判第二国际修正主义，帮助各国左派从理论上认识第二国际修正主义和以“中派”面貌出现的考茨基主义的本质和危害，使他们从理论上同修正主义划清了界限，为创建新国际奠定了思想基础。1919 年 3 月 2 日，在列宁的亲自主持下，共产国际第一次代表大会在莫斯科召开。大会通过了《共产国际宣言》和《共产国际行动纲领》，宣告共产国际正式成立。共产国际即第三国际是各国共产党和共产主义组织的国际联合组织，是统一的世界共产党。它的建立标志着国际共产主义运动进入为争取无产阶级专政而斗争的新阶段。为纠正共产国际内部的“左”倾错误，1920 年 6 月，列宁出版《共产主义运动中的“左”派幼稚病》，不仅阐述了党的战略策略思想，也深刻阐述了一系列党的建设重要原理。鉴于愈来愈多的党派申请加入共产国际同时还希望保留一种“自治权”并执行着机会主义或“中派”主义的政策，为防范共产国际在发展中有被这些没有摆脱第二国际思想体系的集团削弱的危险，列宁认为必须明确规定各国党加入共产国际的条件，以捍卫共产国际的纯洁性，防止机会主义的侵蚀。为此，列宁于 1920 年起草了《关于共产国际第二次代表大会的基础任务的提纲》和《加入共产国际的条件》，总结了俄国布尔什维克党自身建设的经验，系统阐明了新型无产阶级政党学说的基本原则和社会主义事业的要求，对各国共产党的建设起了巨大的指导作用。

四是列宁执政党建设思想形成和阐述时期。十月社会主义革命胜利和苏维埃政权建立后，俄国共产党（布尔什维克）成为世界上第一个工人阶级执政党。在执政的条件下，如何坚持和加强党对苏维埃国家的领导，如何进一步把党建设好：这是一个全新的课题。列宁在领导苏维埃俄国社会主义革命和建设的实践中，紧紧抓住党的领导、党政关系、党群关系和执政党自身建设这一重大问题，进行了深入的理论思考，提出了工人阶级执政党建设的一系列基本原则。从 1917 年十月革命胜利到 1924 年 1 月列宁逝世，俄共（布）在 6 年多的时间里一共召开了 6 次代表大会和 6 次代表会议，除了 1921 年 5 月的一次代表大会外，每次代表大会都作出了关于党的建设的重要决议，其中不少决议是列宁亲自起草的。同时，列宁还就党的建设问题撰写和发表了大量文章、书信及讲话，阐明他关于执政党自身建设的基本思想。以上都是列宁建党学说的重要组成部分，是列宁对马克思主义政党学说的重大贡献，是社会主义国家执政党自身建设的锐利武器。

列宁建党学说非常完整，是列宁运用马克思主义政党理论，根据帝国主义时代无产阶级所面临的新任务而创立的新型无产阶级政党学说，因而具有鲜明的时代性。列宁建党学说旨在建立一个与第二国际改良主义的党根本不同的新型的无产阶级革命政党，因而具有革命性。列宁建党学说旨在建立一个与无产阶级斗争及无产阶级专政密切相连的新型无产阶级政党，因而具有战斗性。列宁建党学说来源于新型无产阶级政党创立和执政的实践并被实践证明是符合历史发展规律的理论，因而具有科学性。列宁建党学说包括建立无产阶级新型政党的理论原则，也包括无产阶级夺取政权后党的领导和党的建设思想，因而具有很强的现实性。

二、列宁关于新型无产阶级政党的基本原则

列宁的建党学说极为丰富，概括起来主要由三个部分构成，一是关于新型无产阶级政党的基本原则，包括党的指导思想、组织原则、纪律要求、政治纲领、策略原则，党的团结统一和党内斗争；二是无产阶级专政国家共产党的领导和根本任务、中心工作；三是社会主义国家执政党自身建设，包括提高党员质量、清除不合格党员、密切党群关系、反对不正之风、注意党政关系、推动党和国家领导制度改革、扩大党内民主、加强法制建设和严惩腐败分子等。

（一）党以马克思主义理论为指南

列宁认为，马克思主义政党是科学社会主义与工人运动相结合的产物，是不自觉运动中的自觉体现者，是科学社会主义与本国工人运动相结合的产物。列宁论证了马克思主义理论对新型无产阶级政党的重大意义，他指出，马克思主义理论是无产阶级政党产生的基本条件之一，是新型政党的指南。他强调，“我们完

全以马克思的理论为依据"①，并认为只有依靠革命的理论，才能制定党的革命纲领、革命策略。他把革命理论视为决定党的性质和保证党的统一的重要因素，指出，"没有革命理论，就不会有坚强的社会党，因为革命理论能使一切社会党人团结起来，他们从革命理论中能取得一切信念，他们能运用革命理论来确定斗争方法和活动方式"②。列宁进一步指出："没有革命的理论，就不会有革命的运动"③。"没有理论，革命派别就会失去生存的权利，而且不可避免地迟早注定要在政治上遭到破产。"④列宁认为，长期的斗争的实践经验日益证明马克思主义理论的正确性，只有用马克思主义理论来武装，新型无产阶级政党才能领导工人阶级完成历史赋予的任务，强调"只有以先进理论为指南的党，才能实现先进战士的作用"⑤，"只有革命马克思主义的理论，才能成为工人阶级运动的旗帜"⑥。

列宁认为，无产阶级政党必须始终坚持以马克思主义作为指导思想的理论基础，捍卫和发展马克思主义。马克思主义自 19 世纪 40 年代诞生以后，经过对各种资产阶级、小资产阶级思潮的斗争，在 19 世纪 70 年代以后"获得了完全的胜利并且广泛传播开来"，而"马克思主义在理论上的胜利，逼得它的敌人装扮成马克思主义者，历史的辩证法就是如此"⑦。列宁考察了马克思主义学说的历史命运，论述了马克思主义的三个来源和三个组成部分，指出："它完备而严密，它给人们提供了决不同任何迷信、任何反动势力、任何为资产阶级压迫所作的辩护相妥协的完整的世界观。"⑧自马克思主义出现以后，世界历史的每一个时代"都使它获得了新的证明和新的胜利"⑨，并将随着时代的发展不断获得更大的胜利。因此，马克思主义学说是无产阶级政党的理论和纲领，是无产阶级革命运动

① 《列宁全集》(第 4 卷)，北京：人民出版社 2013 年版，第 160 页。
② 《列宁全集》(第 4 卷)，北京：人民出版社 2013 年版，第 161 页。
③ 《列宁全集》(第 2 卷)，北京：人民出版社 2013 年版，第 445 页。
④ 《列宁全集》(第 6 卷)，北京：人民出版社 2013 年版，第 367 页。
⑤ 《列宁选集》(第 1 卷)，北京：人民出版社 2012 年版，第 312 页。
⑥ 《列宁选集》(第 1 卷)，北京：人民出版社 2012 年版，第 271 页。
⑦ 《列宁选集》(第 2 卷)，北京：人民出版社 2012 年版，第 307 页。
⑧ 《列宁选集》(第 2 卷)，北京：人民出版社 2012 年版，第 309 页。
⑨ 《列宁选集》(第 2 卷)，北京：人民出版社 2012 年版，第 308 页。

的旗帜。由于机会主义者、修正主义者背弃了马克思主义，无产阶级必须同各种背弃马克思主义的错误倾向作坚决的斗争，捍卫和发展马克思主义，否则就不可能建成坚强的无产阶级革命政党。

(二)党是按照民主集中制原则建立起来的有组织的部队

列宁基于无产阶级政党的先进性质，全面阐明了无产阶级政党的组织原则。

第一，党是无产阶级的先进部队，是由无产阶级先进分子组成，并用马克思主义武装起来的无产阶级先进部队。列宁指出："把作为工人阶级先进部队的党同整个阶级混淆起来，显然是绝对不行的。"①虽然党是工人阶级的党，但工人阶级并不是全体也不应当是全体都参加党，党只包括本阶级的真正觉悟的少数人，"党应当只是工人阶级广大群众的先进部队和领导者"②。

第二，党是无产阶级的有组织的部队，列宁指出："党应当是组织的总和"，"是一个整体"，我们要"使作为阶级的先进部队的党成为尽量有组织的"，而且"党只吸收至少能接受最低限度组织性的分子"③。他反复强调，党是有组织的部队，是一个伟大而有机的整体，而不是单个人之和，是由许多不同的组织细胞组成，是各个组织的总和。只有这样组织起来的党才有巨大的力量，才能从根本上克服小组涣散状态和无政府主义弊端，也才能完成夺取政权的历史使命。因此，"无产阶级在争取政权的斗争中，除了组织，没有别的武器……它所以能够成为而且必然会成为不可战胜的力量，就是因为它根据马克思主义原则形成的思想一致是用组织的物质统一来巩固的，这个组织把千百万劳动者团结成一支工人阶级的大军。在这支大军面前，无论是已经衰败的俄国专制政权还是正在衰败的国际资本政权，都是支持不住的"④。

第三，党是无产阶级的最高组织形式。列宁指出，党是工人阶级的组织，虽

① 《列宁选集》(第1卷)，北京：人民出版社2012年版，第473页。
② 《列宁全集》(第7卷)，北京：人民出版社2013年版，第270~271页。
③ 《列宁选集》(第1卷)，北京：人民出版社2012年版，第471页。
④ 《列宁选集》(第1卷)，北京：人民出版社2012年版，第526页。

然工人阶级不只包括党这一个组织，还有工会、青年组织、妇女组织等，但工会只是工人阶级联合的初级形式，青年组织、妇女组织也同样如此，都属于群众组织，而党却是"无产者的阶级联合的最高形式"①，是先锋队组织，是由无产阶级最觉悟、最先进的分子所组成，并且用最科学的马克思主义来指导的，同时党只能在社会主义和工人运动结合的基础上产生，因此党必然高于一般的无产阶级组织，这里很清楚地表明了党与工人阶级群众组织的不同，因而我们决不能将两者混同起来。列宁指出："工会应当在社会民主党组织的'监督和领导下'进行工作，这在社会民主党人中间是不会产生异议的。"②因此，党与工会的关系是领导和被领导的关系，工人阶级的其他群众性组织也应当在党的组织领导下进行工作，而决不能将党与工会等组织相提并论，抹杀党和其他组织之间的界限，否认党的领导作用。

第四，党必须按民主集中制原则组织起来。列宁十分强调集中制原则对党组织的重要作用，认为党要发挥自己的领导作用，有计划地带领群众前进，就必须按照集中制的原则组织起来，集中制思想，它从原则上确定了解决所有局部的和细节的组织问题的方法，这是"唯一的原则性思想，应该贯穿在整个党章中"③。列宁在这里所谈的集中制，指的是一切权力高度集中在党中央，强调自上而下的指导作用、中央和地方的协调一致。这样做是与当时俄国恶劣的战争形势及党刚刚成立、敌强我弱的革命形势紧紧相连的。这对于克服无政府主义、分散主义，保证全党各项工作的集中统一领导，保证党对群众和革命运动的领导，都具有十分重要的意义。但集中制并不排斥民主的要素，而且列宁主张在条件许可的情况下要努力实行民主。只是受当时客观条件的限制，集中制要重要得多。"只有集中的战斗组织，坚定地实行社会民主党的政策并能满足所谓一切革命本能和革命要求的组织，才能使运动不致举行轻率的进攻而能准备好有把握取得胜利的进

① 《列宁选集》(第4卷)，北京：人民出版社2012年版，第160页。
② 《列宁选集》(第1卷)，北京：人民出版社2012年版，第477页。
③ 《列宁全集》(第8卷)，北京：人民出版社2017年版，第236页。

攻。"①列宁认为："为了保证党内团结，为了保证党的工作集中化，还需要有组织上的统一……如果没有正式规定的党章，没有少数服从多数，没有部分服从整体，那是不可想象的。"②列宁在马克思主义政党学说史上第一次明确提出民主集中制的概念，强调"确认民主集中制原则是不容争论的"③，并把民主集中制作为党的基本组织原则。

第五，必须建立职业革命家组织。列宁指出，为了使党成为一个真正集中统一的无产阶级政党，必须建立职业革命家组织，它是党组织的重要组成部分之一，而且是整个党组织的核心。他认为："在现代社会中，假如没有'十来个'富有天才(而天才人物不是成千成百地产生的)、经过考验、受过专业训练和长期教育并且彼此配合得很好的领袖，无论哪个阶级都无法进行坚持不懈的斗争。"④"任何革命运动，如果没有一种稳定的和能够保持继承性的领导者组织，就不能持久"⑤；"无产阶级的自发斗争如果没有坚强的革命家组织的领导，就不能成为无产阶级的真正'阶级斗争'。"⑥同时，列宁还强调革命家组织是党的事业的核心领导力量有着巨大的作用，他坚信："给我们一个革命家组织，我们就能把俄国翻转过来！"⑦

第六，必须正确处理群众、阶级、政党和领袖之间的关系。列宁阐述了领袖、政党、阶级、群众之间的辩证关系，他指出："群众是划分为阶级的……阶级是由政党来领导的；政党通常是由最有威信、最有影响、最有经验、被选出担任最重要职务而称为领袖的人们所组成的比较稳定的集团来主持的。"⑧列宁不仅

---

① 《列宁选集》(第1卷)，北京：人民出版社2012年版，第416页。

② 《列宁选集》(第1卷)，北京：人民出版社2012年版，第499页。

③ 《苏联共产党代表大会、代表会议和中央全会决议汇编》(第1分册)，北京：人民出版社1964年版，第119页。

④ 《列宁选集》(第1卷)，北京：人民出版社2012年版，第401页。

⑤ 《列宁选集》(第1卷)，北京：人民出版社2012年版，第404页。

⑥ 《列宁选集》(第1卷)，北京：人民出版社2012年版，第414页。

⑦ 《列宁选集》(第1卷)，北京：人民出版社2012年版，第406页。

⑧ 《列宁选集》(第4卷)，北京：人民出版社2012年版，第151页。

强调了无产阶级政党在革命中的领导作用和党的领袖在革命中的巨大作用，而且认为，无产阶级革命政党如果不善于把领袖和阶级、领袖和群众结合成“一个不可分离的整体，它便不配拥有这种称号”①。根据列宁的观点，党的领袖不是一个人，而是一批人，是一个比较稳定的集团，党必须由最有威信、最有影响和最有经验的领袖们实行集体领导。列宁反对把领袖神化，反对任何形式的个人崇拜，因为“工人领袖不是天使，不是圣人，不是英雄，而是普通的人。他们犯了错误。党就去纠正这些错误”②。

（三）党必须实行统一的、严格的纪律

列宁认为，党纲、党章都是保证党内团结、保证党的工作集中化、克服组织涣散的必要条件。但这是不够的，必须有严格的统一的革命纪律来做保证，保证党的队伍的统一，保证党的纲领和路线的胜利实现。可以说，党的纪律是无产阶级阶级性的集中表现，是共产党人党性的集中表现。针对孟什维克派拒不执行党的“二大”多数党员通过的决议，反对少数服从多数、部分服从整体的原则，否认组织纪律性，列宁指出，这正是他们害怕纪律的资产阶级知识分子散漫和个人主义的表现，因为“无产阶级是不怕组织和纪律的！”③列宁强调在党内纪律面前一律平等，不允许有破坏纪律的现象和行为存在，更不允许有不服从纪律的“上等人物”和“特殊人物”存在，任何人都必须遵守党的纪律。“随着我们真正的政党的形成……应当学会不仅要求普通党员，而且要求‘上层人物’履行党员的义务”④。

针对“左派”共产党人否定党的集中领导、否定党的纪律的通病，列宁阐明了党的集中领导和党的纪律的极端重要性。他指出：“无产阶级实现无条件的集

① 《列宁选集》（第4卷），北京：人民出版社2012年版，第160页。
② 《列宁全集》（第21卷），北京：人民出版社2017年版，第435页。
③ 《列宁全集》（第8卷），北京：人民出版社2017年版，第388页。
④ 《列宁选集》（第1卷），北京：人民出版社2012年版，第506页。

中和极严格的纪律，是战胜资产阶级的基本条件之一。”①在推翻资产阶级的斗争中需要加强集中制和党的纪律，在无产阶级夺取政权以后也必须加强集中制和党的纪律。在无产阶级专政条件下，阶级斗争并没有结束，资产阶级的反抗因为被推翻而凶猛十倍，它借助国际资本、习惯和小生产者的力量向无产阶级进攻。特别是在小商品生产者还大量存在的情况下，小资产阶级的自发势力从各方面来包围、浸染、腐蚀无产阶级，制造着为资产阶级化需要的、使资本主义得以复辟的恶果。如果无产阶级政党内部不实行极严格的集中制和极严格的纪律，就不能抵制这种恶劣影响，也就不能正确地、有效地、胜利地发挥自己的组织作用。因此，列宁指出：“谁哪怕是把无产阶级政党的铁的纪律稍微削弱一点(特别是在无产阶级专政时期)，那他事实上就是在帮助资产阶级来反对无产阶级。”②

列宁还从否定党的纪律可能造成消极影响的角度论述了党的纪律的必要性，认为否定党的纪律等于解除了党的武装，会纵容党内的不良倾向，进而对党领导的革命事业造成损害。列宁指出：“否定政党和党的纪律，——这就是反对派得到的结果。而这就等于完全解除无产阶级的武装而有利于资产阶级。这也恰恰就是小资产阶级的散漫、动摇、不能坚持、不能团结、不能步调一致，而这些一旦得到纵容，就必然断送无产阶级的任何革命运动……要使无产阶级能够正确地、有效地、胜利地发挥自己的组织作用(而这正是它的主要作用)，无产阶级政党的内部就必须实行极严格的集中和极严格的纪律。”③

1920 年 3 月，列宁明确提出了党的纪律是铁一般的纪律。他在俄共(布)第九次代表大会的讲话中指出：“现在的任务是要把无产阶级所能集中的一切力量，把无产阶级的绝对统一的力量都投到经济建设之一和平任务上去，都投到恢复被破坏了的生产这一任务上去。这里需要有铁一般的纪律，铁一般的组织，否则，

① 《列宁选集》(第 4 卷)，北京：人民出版社 2012 年版，第 135 页。
② 《列宁选集》(第 4 卷)，北京：人民出版社 2012 年版，第 155 页。
③ 《列宁选集》(第 4 卷)，北京：人民出版社 2012 年版，第 154 页。

我们不仅支持不了两年多，甚至连两个月也支持不了。”①1920 年 4 月，列宁在《共产主义运动中的“左”派幼稚病》中，又明确提出了党的“极严格的纪律”和“无产阶级党的铁的纪律”的科学概念。

列宁指出了政治纪律的内容，主要包括制定和遵守党章、少数服从多数的原则、部分服从整体的原则，以及维护党的团结统一、防止党的分裂。列宁晚年病重时看到俄共存在着分裂的危险，并认为，这种危险来自两个方面：一是党所依靠的工人阶级与农民阶级两大阶级的分歧，可能引起党的分裂；二是党的中央领导集体内部存在严重分歧，可能导致党内分裂，党就有垮台的危险。为防止第二种危险的发生，列宁提出了三条措施：一是把中央委员会的人数增加到几十人到 100 人；二是改革党中央监察机关；三是无产阶级政党在推选领袖时，也要注意个人品质。

列宁论述了思想上政治上组织上的高度统一对于马克思主义工人阶级政党的作用，他指出：无产阶级“所以能够成为而且必然会成为不可战胜的力量，就是因为它根据马克思主义原则形成的思想一致是用组织的物质统一来巩固的，这个组织把千百万劳动者团结成一支工人阶级的大军”②。同时，列宁也揭示了思想统一对于组织统一的意义。针对当时俄国社会革命运动中存在的分散主义思想和无政府主义倾向，列宁指出：“我们不应该忘记，没有共同的思想基础，根本谈不上统一的问题。”而如果“没有思想上的统一，组织上的统一是没有意义的”③。

列宁强调在党内和整个苏维埃工作中执行严格的纪律，并取缔一切派别活动以求得“最大程度的统一”。1921 年列宁在为俄共(布)十大起草的《关于党的统一的决议草案初稿》中提出：“为了在党内和整个苏维埃工作中执行严格的纪律，并取缔一切派别活动以求得最大程度的统一，代表大会授权中央委员会，在遇到违反纪律、恢复或进行派别活动的情况时，可以采取党内一切处分办法，直到开

① 《列宁选集》(第 4 卷)，北京：人民出版社 2012 年版，第 121 页。
② 《列宁选集》(第 1 卷)，北京：人民出版社 2012 年版，第 526 页。
③ 《列宁全集》(第 5 卷)，北京：人民出版社 2013 年版，第 247 页。

除出党；而对中央委员则可把他降为候补中央委员，甚至采取极端措施，把他开除出党。”①

列宁认为无产阶级政党的纪律必须依靠三个基本条件来维持、检验和加强：“第一，是靠无产阶级先锋队的觉悟和它对革命的忠诚，是靠它的坚韧不拔、自我牺牲和英雄气概。第二，是靠它善于同最广大的劳动群众，首先是同无产阶级劳动群众，但同样也同非无产阶级劳动群众联系、接近，甚至可以说在某种程度上同他们打成一片。第三，是靠这个先锋队所实行的政治领导正确，靠它的政治战略和策略正确，而最广大的群众根据切身经验也确信其正确。”②列宁指出，没有这些条件，无产阶级政党就不能实行真正的纪律，建立纪律的企图就必然会变成空谈、废话和装模作样；但这些条件不可能一下子产生，只有在马克思主义理论指导下，“经过长期的努力和艰苦的实践才能造成这些条件”③。

列宁对党的纪律有过较多的论述，涉及党的纪律的极端重要性、党的纪律的内容、严格维护党的纪律的方式等。这些论述有些是在十月革命胜利之前提出和阐述的，而更多是在十月革命胜利之后布尔什维克党已经成为执政党的历史条件下提出和阐述的，不仅对当时俄国党具有强烈的针对性，对今天长期执政的中国共产党人来说，也具有很强的现实意义。

（四）明确党的纲领、任务和策略原则

列宁关于党的纲领、任务和策略的论述主要是在以下四个阶段提出的，一是在创建俄国新型无产阶级政党期间，二是在反对第二国际机会主义的斗争中，三是在指导共产国际期间，四是在建立无产阶级专政的国家政权以后。

在创建俄国新型无产阶级政党期间，为了彻底批判孟什维克的机会主义路线和第二国际修正主义者，全面阐明布尔什维克的马克思主义策略路线，使俄国革

① 《列宁选集》(第4卷)，北京：人民出版社2012年版，第472页。
② 《列宁选集》(第4卷)，北京：人民出版社2012年版，第136页。
③ 《列宁选集》(第4卷)，北京：人民出版社2012年版，第136页。

命沿着正确轨道前进，列宁于1905年7月写了《社会民主党在民主革命中的两种策略》，从理论上论证了俄国社会民主工党第三次代表大会的策略，进一步阐述了无产阶级掌握民主革命领导权、工农联盟、工农革命民主专政、民主革命转变为社会主义革命等原理。

首先，列宁提出了无产阶级在资产阶级民主革命中的领导权思想。无产阶级在资产阶级民主革命中的领导权问题是党的政治策略的首要问题，也是布尔什维克与孟什维克两种策略斗争的焦点。列宁批驳了孟什维克关于俄国革命是资产阶级民主革命因而只能由资产阶级来领导的错误理论，指出俄国革命不可避免地是资产阶级的民主革命，但由于当时俄国的社会经济结构、阶级构成、阶级关系已经发生变化，由于当时俄国已处在帝国主义阶段，资产阶级已经从进步的革命的阶级走向了反动，因而它不能成为革命的领导者。而无产阶级虽然人数少，但受压迫深，革命性、战斗性和组织性都很强，而且有一个独立政党的存在，所以只有无产阶级才是资产阶级民主革命中的领导者。列宁指出，无产阶级必须也可能掌握资产阶级革命的领导权，因为“无产阶级，就其本身的地位而言，是最先进和唯一彻底革命的阶级，因而担负着在俄国一般民主主义革命运动中起领导作用的使命”①。列宁谆谆告诫全党：“马克思主义教导无产者不要避开资产阶级革命，不要对资产阶级革命漠不关心，不要把革命中的领导权交给资产阶级，相反地，要尽最大的努力参加革命，最坚决地为彻底的无产阶级民主主义、为把革命进行到底而奋斗。”②

第二，列宁提出了工农联盟的思想。列宁认为，俄国是一个资本主义不发达，农民居多数的国家，因此，无产阶级在民主革命中的领导权问题的中心点就是对农民的领导权问题，而建立工农联盟则是取得革命胜利的基本条件和保证。列宁分析了农民阶级作为被压迫、被剥削者倾向于无产阶级，能够接受无产阶级领导的特点，分析了农民迫切需要土地但又受专制制度的束缚的矛盾，指出只有

---

① 《列宁选集》(第1卷)，北京：人民出版社2012年版，第579页。
② 《列宁选集》(第1卷)，北京：人民出版社2012年版，第558页。

彻底的民主革命，“才能使农民获得土地改革方面的一切，才能使农民获得他们所希望、所幻想而且是他们真正必需的一切”①。列宁认为，工人阶级的解放和农民阶级争取土地的要求，都必须以推翻沙皇专制为前提，这是工农联盟坚实的政治基础。列宁从必要性和可能性两个方面论证了必须和能够建立工农联盟的问题，指出在资产阶级民主革命中，“只有无产阶级才能成为彻底的民主战士。只有农民群众加入无产阶级的革命斗争，无产阶级才能成为战无不胜的民主战士。如果无产阶级力量不够，做不到这一点，资产阶级就会成为民主革命的首领并且使这个革命成为不彻底的和自私自利的革命”②。列宁认为在建立工农联盟的同时，还必须孤立自由资产阶级，这是无产阶级实现革命领导权不可分割的两个方面。总之，无产阶级政党要“领导全体人民特别是农民来为充分的自由，为彻底的民主革命，为共和制奋斗！领导一切被剥削的劳动者来为社会主义奋斗！”③

第三，列宁提出了武装起义、建立工农民主专政的思想。列宁批驳了孟什维克和第二国际修正主义者极力鼓吹议会道路、反对暴力革命、反对武装起义的错误观点，他指出，在沙皇专制制度反动统治下，政治、经济危机极端尖锐，群众革命斗争风起云涌的俄国，不可能走和平过渡的道路，只有实行武装起义，这是无产阶级斗争的最高形式。他说：“应当在革命时期把实行武装起义、建立革命军队和革命政府的任务提到第一位，把这当做取得人民对沙皇制度的完全胜利、争得民主共和制和真正的政治自由的唯一道路。”④之所以将武装起义提到第一位，因为它是实现无产阶级领导权，推翻沙皇制度的主要手段，因为“反动阶级通常都是自己首先使用暴力，发动内战，‘把刺刀提到议事日程上来’，俄国专制制度就这样做过，而且从1月9日起在全国各地还继续不断地这样做”⑤。因此，必须进行武装起义，只有这样才能推翻沙皇制度和建立民主共和国。

① 《列宁选集》(第1卷)，北京：人民出版社2012年版，第604页。
② 《列宁选集》(第1卷)，北京：人民出版社2012年版，第566~567页。
③ 《列宁选集》(第1卷)，北京：人民出版社2012年版，第617页。
④ 《列宁选集》(第1卷)，北京：人民出版社2012年版，第625页。
⑤ 《列宁选集》(第1卷)，北京：人民出版社2012年版，第635页。

第四，列宁进一步论述了关于工农革命民主专政的思想。列宁认为起义是无产阶级胜利的必由之路，但只有成立由无产阶级和农民的革命民主专政政权，才能巩固无产阶级起义的胜利。列宁早在俄国社会民主工党第三次代表大会上就指出："如果专制政府真的被推翻了，那么它就应当由别的政府取而代之。而这个别的政府只能是临时革命政府。它的支柱只能是革命人民，即无产阶级和农民。这种政府只能是专政，就是说，它不是组织'秩序'，而是组织战争。"①后来列宁进一步发挥了这一思想，指出："'革命对沙皇制度的彻底胜利'，就是无产阶级和农民的革命民主专政。"②同时列宁也指出，工农民主专政是与无产阶级专政有区别的，它也不同于资产阶级专政，而是一种过渡性质的政权。它是由无产阶级领导，联合农民分掌政权，对敌人主要是对沙皇统治者及封建地主阶级实行专政的政权，它包含着无产阶级专政的萌芽，它的发展前途就是无产阶级专政。

第五，列宁提出了将资产阶级民主革命转变为社会主义革命的思想。从1899年开始到1905年，列宁一直依据马克思主义原理，从俄国的现状及实际情况出发，着手制定俄国革命的纲领。在革命的步骤上，他认为俄国革命必须分两步走，即先实现资产阶级民主革命，然后再实行社会主义革命。他说："对无产者来说，资产阶级社会里的争取政治自由和民主共和制的斗争，只是为推翻资产阶级制度而进行的社会革命斗争的必要阶段之一。"③在1905年革命后，列宁进一步强调："民主革命的胜利，只会为在民主共和制的基地上真正而坚决地进行争取社会主义的斗争扫清道路。"④列宁论述了资产阶级民主革命和社会主义革命的关系，认为二者性质完全不同，但又有不可分割的联系，是"一个链条中的两个环节"，民主革命是革命过程的第一步，社会主义革命是第二步。他强调："我们必须尽快地走完第一步，必须尽快地结束这一步，争得共和制，无情地粉碎反

① 《列宁全集》(第10卷)，北京：人民出版社2017年版，第124页。
② 《列宁选集》(第1卷)，北京：人民出版社2012年版，第562页。
③ 《列宁全集》(第9卷)，北京：人民出版社2017年版，第112页。
④ 《列宁选集》(第1卷)，北京：人民出版社2012年版，第639页。

革命，打下走第二步的基础。”①而在民主革命取胜后，“我们将立刻由民主革命开始向社会主义革命过渡，并且正是按照我们的力量，按照有觉悟有组织的无产阶级的力量开始向社会主义革命过渡。我们主张不断革命。我们决不半途而废”②。

列宁在《社会民主党在民主革命中的两种策略》一书中所阐述的上述原理，不仅为俄国，也为其他各国共产党制定民主革命的路线、策略提供了科学依据。它奠定了新型无产阶级政党的策略基础，并且以新的革命理论丰富了马克思主义。

在反对第二国际机会主义斗争中，列宁捍卫了马克思、恩格斯提出的无产阶级专政的基本纲领和策略原则。

列宁强调，无产阶级政党必须坚持马克思主义关于无产阶级革命和无产阶级专政的基本原则，打碎资产阶级国家机器，代之以无产阶级专政。打碎资产阶级国家机器、代之以无产阶级专政，是马克思、恩格斯总结巴黎公社经验对《共产党宣言》所作的唯一修改，是马克思主义的一项基本原则，是无产阶级政党的基本政治纲领和策略。针对第二国际机会主义一味强调议会的合法斗争而否定非法斗争，从利用资产阶级合法性变为盲目崇拜这种合法性，甚至为了保持合法地位而放弃革命原则，用阶级合作代替阶级斗争，列宁指出，无产阶级政党不拒绝合法斗争，“在任何情况下，都不应当拒绝利用哪怕是最小的合法机会来组织群众和宣传社会主义，但是必须摒弃崇拜合法性的思想”③。无产阶级政党应把合法斗争和非法斗争结合起来，争取群众，保存和积累革命力量，以便在革命形势到来的时候，能够领导无产阶级和人民群众用暴力打碎资产阶级国家机器，建立无产阶级专政。

针对第二国际机会主义者在国家“消亡”和暴力革命的关系上篡改马克思主

① 《列宁选集》(第1卷)，北京：人民出版社2012年版，第547页。
② 《列宁选集》(第1卷)，北京：人民出版社2012年版，第650页。
③ 《列宁选集》(第2卷)，北京：人民出版社2012年版，第525~526页。

义的行为，列宁进一步阐发了马克思主义关于暴力革命是无产阶级革命一般规律的基本原理，指出："马克思和恩格斯关于暴力革命不可避免的学说是针对资产阶级国家说的。"①"资产阶级国家由无产阶级国家(无产阶级专政)代替，不能通过'自行消亡'，根据一般规律，只能通过暴力革命"②，并认为这就是马克思主义全部学说的基础。列宁虽然强调暴力革命是无产阶级革命的一般规律，但他并没有否认在某些条件下和平取得政权的可能，不过列宁强调即使在这种情况下无产阶级政党仍然要做好对付反革命暴力的准备，因为资产阶级仍然可能进行垂死的挣扎。

列宁在同第二国际机会主义者的斗争中进一步发展了马克思主义国家学说，尤其是无产阶级专政学说。他指出，马克思主义的实质不是阶级斗争，而是无产阶级专政，因为阶级斗争学说是由资产阶级学者在马克思以前创立的，而且一般说来是资产阶级可以接受的。因此列宁认为："谁要是仅仅承认阶级斗争，那他还不是马克思主义者……只有承认阶级斗争、同时也承认无产阶级专政的人，才是马克思主义者。马克思主义者同平庸的小资产者(以及大资产者)之间的最深刻的区别就在这里。"③因此，无产阶级政党必须在纲领策略上同机会主义划清界限。

列宁认为，无产阶级政党在纲领策略上同机会主义划清界限的具体措施有以下两个方面：一是更改党的名称为共产党，制定出一个共产主义的纲领。重大意义的政治问题，共产党这个名称能充分体现党为实现共产主义而奋斗的政治纲领，因此，为了"使每一个普通的劳动者都十分清楚共产党同那些背叛了工人阶级旗帜的旧的正式的'社会民主'党或'社会'党之间的区别"，"凡是愿意加入共产国际的党都应该称为：某国共产党(第三国际即共产国际支部)"④。由于共产党的纲领是党团结无产阶级和革命群众共同奋斗的旗帜，因此要求加入共产国际

① 《列宁选集》(第 3 卷)，北京：人民出版社 2012 年版，第 127 页。
② 《列宁选集》(第 3 卷)，北京：人民出版社 2012 年版，第 127 页。
③ 《列宁选集》(第 3 卷)，北京：人民出版社 2012 年版，第 139 页。
④ 《列宁选集》(第 4 卷)，北京：人民出版社 2012 年版，第 255 页。

的党还必须在最短的时间内修改“旧的社会民主主义纲领”，“并根据本国的特殊情况制定出新的合乎共产国际决定精神的共产主义纲领”①。二是明确党的基本任务及当前的主要任务。列宁认为，党要实现自己的政治纲领，使社会主义战胜资本主义，必须率领无产阶级完成以下三项任务：第一个任务是：推翻剥削者，首先是推翻他们的主要的经济和政治的代表——资产阶级；彻底粉碎他们；镇压他们的反抗；使他们的任何恢复资本压迫和雇佣奴隶制的尝试都不能得逞。第二个任务是：不仅要引导整个无产阶级或无产阶级的绝大多数，而且要引导受资产阶级剥削的全部劳动群众跟着无产阶级的革命先锋队共产党走；要在反对剥削者的英勇忘我、坚决无情的斗争的进程中，启发他们，组织他们，教育他们，培养他们的纪律性；要使一切资本主义国家的绝大多数人摆脱对资产阶级的依赖，使他们根据实际经验相信无产阶级和它的革命先锋队的领导作用。第三个任务是：使几乎在一切先进国家里人数还相当多(虽然只占人口的少数)的，必然动摇于资产阶级和无产阶级之间，资产阶级民主和苏维埃政权之间的农业、工业和商业的小业主阶级和这个阶级相适应的知识分子、职员等阶层保持中立，或者使他们不起有害作用。列宁在论述了党所面临的三个基本任务之后，还指出，当前各国共产党的主要任务，就是“团结分散的共产主义力量，在每一个国家中成立统一的共产党(或加强和革新已有的党)，以便百倍地加强工作，为无产阶级赢得国家政权，并且是赢得无产阶级专政这种形式的政权作好准备”②。列宁认为，在大多数资本主义国家内，实现无产阶级专政的准备工作还没有完成，甚至往往还没有有步骤地展开，这是当前国际共产主义运动发展的特点。因此，“共产党的当前任务并不在于加速革命的到来，而在于加强无产阶级的准备”③。

列宁指出，无产阶级政党必须把革命的原则性与策略的灵活性结合起来，善

---

① 《列宁选集》(第4卷)，北京：人民出版社2012年版，第254页。
② 《列宁选集》(第4卷)，北京：人民出版社2012年版，第238~239页。
③ 《列宁选集》(第4卷)，北京：人民出版社2012年版，第238页。

于运用机动、通融、妥协的策略。他指出，共产党人在制定战略策略时，必须坚持革命的原则性，必须同放弃革命原则的右倾机会主义进行思想上和政治上的斗争。但革命道路并不像彼得堡大街人行道那样平坦，而必须经过许多迂回、曲折、复杂的斗争过程，因此，共产党人在坚持革命原则的同时，“需要采取机动、通融、妥协的策略”①，“应当把对共产主义思想的无限忠诚同善于进行一切必要的实际的妥协、机动、通融、迂回、退却等等的才干结合起来”②。列宁还批判了“左派”共产党人提出的“不作任何妥协”的错误口号，论述了两种不同性质的妥协，以及马克思主义者对待不同性质妥协的正确态度。他指出，一种是为客观条件所迫而作的有原则的妥协，即在坚持无产阶级根本利益的前提下，为了争取群众、壮大革命力量，为了争取时机，积蓄革命力量，在不同条件下实行不同程度的让步，把妥协作为一种斗争手段，达到有利于革命的目的。另一种是叛卖性妥协，即为了眼前利益、局部利益，屈服于资产阶级的威胁，而牺牲无产阶级的根本利益。马克思主义者应根据革命发展的需要，实行有原则的妥协，反对叛卖性的妥协。

列宁提出，无产阶级政党必须善于利用敌人矛盾，争取更多的同盟军。他认为，无产阶级政党必须极其巧妙地利用敌人之间的一切“裂痕”，哪怕是最小的“裂痕”，同时要利用一切机会，哪怕是最小的机会，来获得大量的同盟者，达到分化瓦解、孤立敌人、消灭敌人的目的。因此，无产阶级政党“必须善于毫无例外地掌握社会活动的一切形式或方面”，“必须准备最迅速最突然地用一种形式来代替另一种形式”③。总之，要掌握各种斗争手段和斗争形式，要善于根据形势的变化相应地变换斗争手段，善于把合法的与非法的、公开的与秘密的、政治的与经济的、文化的与军事的斗争形式结合起来并随时变换，只有这样，才能在对敌斗争中取得胜利。

---

① 《列宁选集》(第4卷)，北京：人民出版社2012年版，第184页。
② 《列宁选集》(第4卷)，北京：人民出版社2012年版，第203页。
③ 《列宁选集》(第4卷)，北京：人民出版社2012年版，第203页。

（五）党在反对“左”、右倾机会主义的斗争中成长、壮大和得到锻炼

列宁揭示了党内斗争和党的发展规律，认为在反对“左”、右倾机会主义的斗争中成长、壮大和得到锻炼，是无产阶级政党发展的一个规律。他指出，右倾机会主义是工人运动内部布尔什维克的主要敌人。对于这个敌人，布尔什维主义过去和现在都给予极大的注意，党首先而且主要是在反对右倾机会主义的斗争中成长、壮大和得到锻炼的。同时，党也要进行反对“左”倾思潮的斗争。长期以来，人们比较注意和重视同右倾机会主义的斗争，而对于同“左”倾思潮的斗争却不大注意和重视。列宁认为，这种“左”倾思潮是小资产阶级革命性在党内的反映。小私有者“在资本主义制度下一直受到压迫，生活往往异常急剧地恶化，以至遭到破产，所以容易转向极端的革命性，却不能表现出坚韧性、组织性、纪律性和坚定性”①。这种革命性动摇不定、华而不实，其特性是很快会转为俯首听命、消沉颓丧、耽于幻想，甚至转为疯狂地醉心于这种或那种资产阶级的“时髦”思潮。尽管革命政党在理论上抽象地承认这些道理，还是难免犯旧的错误，而且这种错误在特殊的环境里总是会以稍微新一点的形式重新表现出来。因此，无产阶级政党反对“左”倾思潮的斗争是一个长期复杂的过程。

列宁认为，“左”和右是两种畸形发展的错误倾向，在一定的条件下可以互相转化。例如，党内的一些小资产阶级革命家，在革命高潮时往往表现为“左”倾，把自己的幼稚和狂热看作最革命的精神，而一旦“左”倾冒险失败或革命处于低潮，他们很快变为右倾悲观失望。“左”和右这两种畸形发展的错误倾向又是可以互相补充的，如“左”倾狂热性曾给右倾机会主义以惩罚性打击，而当“左”倾思潮泛滥起来时，又往往“给资产阶级帮大忙”②，加深右的危险，因而是对右的一种补充。为此，党必须自觉地正确地进行两条战线的斗争，反右时防“左”，纠“左”时防右，这样才能排除“左”右倾机会主义的干扰，保证党的路线、

① 《列宁选集》（第4卷），北京：人民出版社2012年版，第142~143页。
② 《列宁选集》（第4卷），北京：人民出版社2012年版，第162页。

方针和政策的贯彻，党本身也才能发展壮大和得到锻炼。这是无产阶级政党发展的一条规律。

列宁论述了无产阶级政党如何对待自己所犯错误的问题，认为正确对待自己所犯的错误，是无产阶级政党对本阶级和劳动群众负责的一个最重要最可靠的尺度。列宁认为，在伟大的革命斗争中，即使是对革命事业无限忠诚的人，也会犯这种或那种错误，也会给革命事业带来危害，一个政党也和一个人一样会犯错误，问题是以何种态度来对待错误。列宁指出："一个政党对自己的错误所抱的态度，是衡量这个党是否郑重，是否真正履行它对本阶级和劳动群众所负义务的一个最重要最可靠的尺度。"①并且"公开承认错误，揭露犯错误的原因，分析产生错误的环境，仔细讨论改正错误的方法——这才是一个郑重的党的标志，这才是党履行自己的义务，这才是教育和训练阶级，进而又教育和训练群众"②。

（六）密切联系群众是实现党的领导的基本条件

针对第二国际提高合法组织地位，否定无产阶级专政和党的领导地位，列宁强调，无产阶级政党必须在夺取政权的革命斗争中，坚持领导地位，发挥领导作用。

当时，第二国际的大多数党为了适应合法斗争的需要，尽量抬高工会、议会党团等合法组织的地位。所谓工会的"中立性和非党性"等观点和主张流行于各国党内；党与工会平权甚至成为德国社会民主党的一项原则；被赋予许多特权的议会党团成为党中央之上的最高领导机构，这就势必降低党的领导作用，放弃党的领导地位，使党只能进行合法斗争，充当和平的工具，而不可能在革命斗争中领导无产阶级采取任何重大措施，也不可能适应无产阶级革命时代的要求。鉴于这种情况，列宁指出，无产阶级政党是无产阶级先锋队，是无产阶级和最大多数人民群众利益的代表，应当在夺取政权、建立无产阶级专政和社会主义建设事业

① 《列宁选集》(第4卷)，北京：人民出版社2012年版，第167页。
② 《列宁选集》(第4卷)，北京：人民出版社2012年版，第167页。

中起领导作用，“马克思主义教育工人的党，也就是教育无产阶级的先锋队，使它能够夺取政权并引导全体人民走向社会主义，指导并组织新制度，成为所有被剥削劳动者在不要资产阶级并反对资产阶级而建设自己社会生活的事业中的导师、领导者和领袖”①。列宁还认为，无产阶级在历史上的革命作用“最高表现就是无产阶级实行专政，无产阶级实行政治统治”②。无产阶级专政即无产阶级不与任何人分掌而直接凭借群众武装力量的政权，无产阶级政党要对无产阶级专政的国家政权进行总的领导。列宁关于坚持党的领导地位和领导作用的思想，是无产阶级政党自身建设的出发点和落脚点的理论依据。

列宁认为，无产阶级只有在党的领导下，才能发挥自己的全部力量，而始终保持党的无产阶级先锋队性质，则是实现党的领导的根本条件，“只有共产党真正成为革命阶级的先锋队，吸收了这个阶级的一切优秀代表，集中了经过顽强的革命斗争的教育和锻炼的、完全觉悟的和忠诚的共产主义者，把自己跟本阶级的全部生活密切联系起来……取得这个阶级和这些群众的充分信任——只有这样的党才能在反对资本主义一切势力的最无情最坚决的最后斗争中领导无产阶级”③。

列宁指出，为了实现党的领导，党“必须在工会、合作社以及其他群众性的工人组织中不断地坚持不懈地进行共产主义的工作。必须在这些组织内部建立共产党支部，这些支部应该通过长期的顽强的工作，争取工会为共产主义事业服务”④。当然，建立在群众团体内部的“这些共产党支部应该完全服从整个党的领导”⑤。鉴于许多国家的议会党团和工会、合作社等群众团体被机会主义者把持，而使党无法对这些组织实现有力领导的状况，列宁在加入共产国际的条件中特别规定：“凡是愿意加入共产国际的组织，都必须有计划有步骤地撤销改良主义者

① 《列宁选集》(第3卷)，北京：人民出版社2012年版，第131~132页。
② 《列宁选集》(第3卷)，北京：人民出版社2012年版，第132页。
③ 《列宁选集》(第4卷)，北京：人民出版社2012年版，第237页。
④ 《列宁选集》(第4卷)，北京：人民出版社2012年版，第253页。
⑤ 《列宁选集》(第4卷)，北京：人民出版社2012年版，第253页。

和‘中派’分子在工人运动中(在党组织、编辑部、工会、议会党团、合作社、地方自治机关等等)所担负的比较重要的职务，用可靠的共产党人来代替他们，不必顾虑最初有时不得不用普通工人来接替‘有经验的’活动家。”①这些规定阐述了党的领导也是组织领导的思想。

列宁指出，党必须同广大群众保持密切联系，取得本阶级的支持。列宁认为，党是无产阶级先进部队与无产阶级广大群众联系的体现，是广大人民群众及其组织保持密切联系的党。联系还是脱离群众，是无产阶级政党同资产阶级政党的本质区别之一。对于那种所谓“列宁以密谋者的总和来限制全体党员的总和”，是为了“建立一个脱离群众的阴谋集团”的诽谤，列宁予以坚决的还击。他批驳了将党理解为狭小的密谋组织的机会主义观点，指出党是群众性的党，是同广大群众及其组织保持密切联系的党，党要组织、领导人民群众进行革命，就必须时刻与群众保持密切的联系，并取得本阶级的支持。如果脱离群众，党则不能生存，更不能发展。他强调：“要成为社会民主党，就必须得到本阶级的支持。”②而且“只有当它由广泛的社会民主工党围绕着的时候，才是有意义的”③。

列宁指出，无产阶级政党必须善于争取群众，团结群众大多数，壮大革命力量。列宁认为，共产党是无产阶级的先锋队，是革命的领导力量。但是“单靠先锋队是不能胜利的”。因此，必须“真正使整个阶级，真正使受资本压迫的广大劳动群众都站到这种立场上来”④，必须“善于引导群众采取能够保证先锋队取得革命胜利的新立场”⑤。必须做到“哪里有群众，就一定到哪里去工作”⑥。列宁认为，“左派”共产党人拒绝在工会中工作和要建立臆想出来的工人组织形式，

① 《列宁选集》(第4卷)，北京：人民出版社2012年版，第251页。
② 《列宁选集》(第1卷)，北京：人民出版社2012年版，第476页。
③ 《列宁选集》(第1卷)，北京：人民出版社2012年版，第475页。
④ 《列宁选集》(第4卷)，北京：人民出版社2012年版，第201页。
⑤ 《列宁选集》(第4卷)，北京：人民出版社2012年版，第201页。
⑥ 《列宁选集》(第4卷)，北京：人民出版社2012年版，第163页。

是一种“不可宽恕的愚蠢行为”，“无异是共产党人给资产阶级帮大忙”①。列宁要求共产党人采取一切机智灵活的方式和不合法的方法，“打入工会，留在工会里，想尽办法在那里进行共产主义工作”②。

列宁指出，“左派”共产党人把议会制度从世界历史上看是否过时同从一个国家看是否过时混为一谈，拿世界历史的尺度来衡量实际政策问题，是极为严重的理论错误。事实上，在一些国家，议会制度在政治上还没有过时，并且，有些对于共产党人来说，已经过时的东西，对于阶级和群众来说，还不能说已经过时。因此，列宁主张共产党“必须参加议会选举，参加议会讲坛上的斗争，其目的正是在于教育本阶级的落后阶层，正是在于唤醒和启发水平不高的、备受压抑的和愚昧无知的农村群众。”③总之，无产阶级政党要树立群众观点，善于争取群众，团结群众大多数，领导群众去夺取革命胜利。

列宁指出，密切联系群众是实现党的领导的基本条件，是党的力量源泉。列宁明确提出：一切加入共产国际的政党必须竭力实现“更深入群众”和“更密切地联系群众”的口号，并且指出：“这里讲的群众，是指全体受资本剥削的劳动者，特别是那些最无组织、最少受教育、最受压迫、最难组织的劳动者。”④列宁认为，无产阶级及其政党是全体被压迫被剥削劳动群众的领袖，他们要取得群众的信任和拥护，就必须为实现自己的使命作出巨大的牺牲。列宁根据十月革命后俄国的实际情况得出这样的结论，即在全世界资产阶级进行进攻、发动战争、实行封锁的最艰苦的时期，如果俄国党和无产阶级没有作出最大的牺牲，不是比其他阶层的劳动群众挨饿得更厉害……它就不能实现自己的专政，就不能赢得全体劳动群众一致的尊重和信任。

列宁认为，为了教育、团结、组织群众，“共产党绝对必须经常把合法工作

① 《列宁选集》(第4卷)，北京：人民出版社2012年版，第162页。
② 《列宁选集》(第4卷)，北京：人民出版社2012年版，第164页。
③ 《列宁选集》(第4卷)，北京：人民出版社2012年版，第168页。
④ 《列宁选集》(第4卷)，北京：人民出版社2012年版，第243页。

和不合法工作、合法组织和不合法组织结合起来的时期已经完全到来了”①，即一方面，“必须立即建立不合法组织，以便经常进行不合法工作，作好充分准备，来应付资产阶级的一切迫害”②；另一方面，“在任何场合都不应该只是从事不合法工作，而应该同时也从事合法工作，为此就应当克服各种困难，建立具有各种名称(必要时名称可以经常改变)的合法刊物和合法组织”③。

综上所述，列宁在《共产主义运动中的“左派”幼稚病》一书中所阐述的关于无产阶级政党领导原理和战略策略思想，为马克思主义党的学说史增添了新的一页，对指导国际共产主义运动的发展和加强新型无产阶级政党的建设也有十分重要的意义。

三、列宁关于无产阶级专政国家的党的领导和执政的思考

马克思主义政党在夺取政权、成为社会主义国家的执政党之后，其领导是否正确，是社会主义事业成败的关键。而能否解决伴随党的地位和环境变化而来的党的自身建设的一系列新问题，就成为关系到社会主义事业发展前途的根本问题。无产阶级革命导师列宁在领导苏维埃俄国社会主义革命和建设的实践中，紧紧抓住执政党自身建设这一重大问题，进行了深入的理论思考，并在他晚年所写的大量文章、书信及讲话中，阐明了他关于执政党自身建设的基本思想。这些思想，是对马克思主义党建理论宝库的重大贡献，是社会主义国家执政党自身建设的锐利武器。学习和研究列宁关于执政党自身建设的光辉思想，对于我们今天全面加强党的建设，使党成为新时代中国特色社会主义事业的坚强领导核心，具有重大的现实意义。

---

① 《列宁选集》(第 4 卷)，北京：人民出版社 2012 年版，第 243 页。
② 《列宁选集》(第 4 卷)，北京：人民出版社 2012 年版，第 244 页。
③ 《列宁选集》(第 4 卷)，北京：人民出版社 2012 年版，第 244 页。

(一)关于无产阶级专政国家的党的领导

针对托洛茨基及各种反对派在党的领导、党与政权及工会关系等问题上存在的各种错误观点，列宁在《论工会、目前局势及托洛茨基的错误》《再论工会、目前局势及托洛茨基和布哈林的错误》《工会在新经济政权条件下的作用和任务》《关于对党的十一次代表大会的政治报告大纲给莫洛托夫的信》等文章、书信、报告中，也在他主持制定的一些决议中，对共产党在国家政治生活中的领导作用、执政地位与方式作了精辟论述。

第一，共产党的领导是无产阶级专政的基本条件，必须确立无产阶级政党独立执政地位。

列宁多次指出，苏维埃体系是无产阶级专政，苏维埃政权是无产阶级专政的政权，党是无产阶级专政国家的领导者，它不同于任何其他阶级的政党分掌政权，而是独掌领导权。这是无产阶级专政的一个显著特点，也是无产阶级专政的基本条件。列宁认为，无产阶级政党只有由一个党即共产党来领导，才能成为完全的专政，无产阶级不和而且不应当和其他政党分掌领导权。共产党一党领导，是由党的无产阶级先锋队性质和国家的社会主义性质决定的。因为无产阶级政党不同于资产阶级和小资产阶级的政党，他们只代表本阶级的狭隘利益。而无产阶级政党则是代表工人阶级各广大人民群众的利益和愿望。社会主义国家是工人阶级和广大人民群众当家作主的国家。“只有工人阶级的先进部分，只有工人阶级的先锋队，才能领导自己的国家。”①

当时，有人提出把全部国民经济的管理大权交给“全俄生产者代表大会”的口号，企图取消党的领导；社会革命党人和孟什维克也打着反对“一党专政”的旗号，企图排斥党的领导。对此，列宁进行了严正的回答，“是的，是一党专政！我们就是坚持一党专政，而且我们决不能离开这个基地，因为这是一个在几十年

① 《列宁全集》(第37卷)，北京：人民出版社2017年版，第354页。

内争得了整个工厂无产阶级即工业无产阶级的先锋队地位的党……只有这个党才能领导工人阶级去深刻地根本地改变旧社会”①。显然，列宁在这里使用“一党专政”，目的是借用反对者的话阐述“一党领导”的原理，其基本精神是强调共产党不和其他政党分掌政权，强调共产党对无产阶级专政的领导作用。后来，鉴于反对派把无产阶级专政与党专政这两个根本不同的概念混为一谈，斯大林坚决地予以驳斥并进一步阐述了这两个概念的实际意义与区别，他指出：“(1)列宁使用党专政这个词并不是指专政这个词的本义(‘凭借暴力的政权’)而言，而是指其转义而言，即指党独掌领导而言；(2)谁把党的领导和无产阶级专政等同起来，谁就是曲解列宁的意思，就是错误地给党加上对整个工人阶级使用暴力的职能；(3)谁给党加上这种党本来所没有的对整个工人阶级使用暴力的职能，谁就是违背了先锋队和阶级之间、党和无产阶级之间正确的相互关系的起码要求。”②

第二，党是无产阶级专政体系的核心力量，必须对整个国家政治经济生活实行总的领导。

列宁认为，在无产阶级专政的组织体系中，除了先进的布尔什维克党组织之外，还有苏维埃政权、工会，以及合作社、青年团、妇女等其他方面的组织和团体，他们从不同方面担负着无产阶级专政的历史任务，发挥着各自应有的作用。其中，苏维埃政权是阶级社会里一切国家组织中的最有群众性和最有民主的国家组织，是强制的领域，而工会则是处于党和国家政权之间的共产主义的学校，是把党和群众联系起来的“传动装置”，是国家政权的“蓄水池”③，“党是直接执政的无产阶级先锋队，是领导者”④。党必须对无产阶级专政体系中其他组织实行总的领导，对整个国家政治经济生活实行总的领导，“党的代表大会所通过的决

① 《列宁全集》(第37卷)，北京：人民出版社2017年版，第128页。
② 《斯大林选集》(上)，北京：人民出版社1979年版，第419~420页。
③ 《列宁选集》(第4卷)，北京：人民出版社2012年版，第423页。
④ 《列宁选集》(第4卷)，北京：人民出版社2012年版，第423页。

定，对于整个共和国都是必须遵守的”①。因为“只有工人阶级的政党，即共产党，才能团结、教育和组织无产阶级和全体劳动群众的先锋队，而只有这个先锋队才能抵制这些群众中不可避免的小资产阶级动摇性，抵制无产阶级中不可避免的种种行会狭隘性或行会偏见的传统和恶习的复发，并领导全体无产阶级的一切联合行动，也就是说在政治上领导无产阶级，并且通过无产阶级领导全体劳动群众。不这样，便不能实现无产阶级专政”②。

第三，党的领导作用，必须通过把党和群众联合起来的“传动装置”才能实现。

列宁指出，实现党在国家政治生活中的领导作用，必须通过把党和工人阶级及广大劳动群众连接起来的“传动装置”，即工会、非党工农代表会、苏维埃、合作社、共青团，而关键在于正确处理党和苏维埃政权的关系，首先是要坚持党对苏维埃政权的领导。

列宁认为，苏维埃政权是阶级社会里一切国家组织中最有群众性和最民主的国家组织，党领导无产阶级专政的主要工作是通过“不分职业而把劳动群众团结在一起的苏维埃来进行的”③。共产党给自己提出的任务是，在劳动者的一切组织（工会、合作社、农业公社等）中起决定性的影响和掌握全部领导。“共产党特别要力争在当前的国家组织——苏维埃中实现自己的纲领和自己的全部统治”④。党对苏维埃工作的领导的具体表现：一是决定大政方针。国家政权的一切大政方针都必须由党来决定，“我们共和国的任何一个国家机关没有党中央的指示，都不得决定任何一个重大的政治问题或组织问题”⑤。二是监督国家机关正确施行党的决定。党不仅要制定大政方针、发布指示，还“必

① 《列宁选集》（第4卷），北京：人民出版社2012年版，第449页。
② 《列宁选集》（第4卷），北京：人民出版社2012年版，第474页。
③ 《列宁选集》（第4卷），北京：人民出版社2012年版，第158页。
④ 《苏联共产党代表大会、代表会议和中央全会决议汇编》（第1分册），北京：人民出版社1964年版，第570页
⑤ 《列宁选集》（第4卷），北京：人民出版社2012年版，第157页。

须研究并掌握各机关、企业、部门等等处理工作的情况”①，在正规、日常的管理中，对国家政权实施政策的情况加以指导和检查纠正，监督国家机关正确实行党和苏维埃机关的决议和决定；三是决定政权建设的方向和原则，协调各政权机关的关系。政权建设应该服从于党的政策和领导，沿着党引导的方向发展，适应党的方针政策的需要；政权机构的设置和改组，各级各类政权机构的职权范围和活动方式等有关政权建设的重大问题，经有关领导部门讨论后，还必须交党中央作出最后决定，机构必须服从党的政治，“而不是政治服从机构”②；同时，党要“竭力促使国家的行政机关和经济机关改善它们的机构，并在这方面予以协助，注意它们的经验，使它们所采取的措施协调一致”③，使国家机关日臻完善。

列宁认为，任何组织问题都有政治意义，党对政权的政治领导，必须有组织领导作保证，因为“如果取消中央调配人员的权利，它就不能指导政治”④。党对国家政权的组织领导，主要有三个途径：一是在政府部门建立党团和党组，即“在所有的苏维埃组织中，绝对必须建立严格服从党的纪律的党团”⑤。这些党团和党组作为各级苏维埃的领导核心，带领和监督苏维埃执行党的纲领和路线、方针、政策。二是党决定苏维埃中重要干部职务的人选，要把自己最优秀的党员选派到苏维埃工作岗位上来，把忠实于党的人派到苏维埃中担任重要职务。同时，在苏维埃中任职的全体党员，不论他们处于什么重要的国家岗位，都无条件地受党监督，服从党的决议，执行党的路线、方针。三是充分发挥党的共产党人的先锋模范作用。被党组织派往国家政权机关和各条战线上的共产党人“比起其他工人来没有任何特权，而只有更多的义务。每个党员在企业的日常生活中应当成为

① 《列宁全集》(第42卷)，北京：人民出版社2017年版，第161页。

② 《列宁全集》(第41卷)，北京：人民出版社2017年版，第374页。

③ 《苏联共产党代表大会、代表会议和中央全会决议汇编》(第2分册)，北京：人民出版社1964年版，第295页。

④ 《列宁全集》(第43卷)，北京：人民出版社2017年版，第124页。

⑤ 《苏联共产党代表大会、代表会议和中央全会决议汇编》(第1分册)，北京：人民出版社1964年版，第570页。

认真负责、勤勤恳恳、积极劳动的模范”①。

列宁认为，要正确处理党和苏维埃政权的关系，还必须在坚持党的领导的前提下，充分发挥苏维埃政权机关的作用。他指出，执政党的全部工作都是通过苏维埃来进行的，如果离开了苏维埃政权，执政党的领导就会变成一副空架子，就会落空。因此，党要善于通过苏维埃政权来实现自己的纲领、路线、方针、政策，“应当通过苏维埃机关在苏维埃宪法的范围内来贯彻自己的决定。党努力领导苏维埃的工作，但不是代替苏维埃”，“无论如何不应当把党组织的职能和国家机关即苏维埃的职能混淆起来”②，针对当时党政之间形成的一种党政不分、以党代政的不正确的关系，列宁指出：“必须十分明确地划分党（及其中央）和苏维埃政权的职责；提高苏维埃工作人员和苏维埃机关的责任心和独立负责精神，党的任务则是对所有国家机关的工作进行总的领导，不是象目前那样进行过分频繁的、不正常的、往往是琐碎的干预。”③显然，列宁当时已经明确认识到，正确处理党政关系，实行党政职能分开，是执政党所面临的一个具有理论和实践意义的重大问题。

此外，列宁还论述了党与工会的关系。他指出，工会不是国家组织，不是实行强制的组织，“它是一所学校，是学习管理的学校，是学习主持经济的学校，是共产主义的学校”④。工会“这是一个形式上非共产党的、灵活而较为广泛的、极为强大的无产阶级机构。党就是通过这个机构同本阶级和群众保持密切联系的；阶级专政就是通过这个机构在党的领导下实现的”⑤。列宁还指出，工会是执政阶级最广泛的群众组织，是把党和群众联系起来的“传动装置”。工会通过日常工作说服工人群众，建立起先锋队与群众之间的联系，党直接依靠工会来进

① 《苏联共产党代表大会、代表会议和中央全会决议汇编》（第2分册），北京：人民出版社1964年版，第27~28页。

② 《苏联共产党代表大会、代表会议和中央全会决议汇编》（第1分册），北京：人民出版社1964年版，第571页。

③ 《列宁全集》（第43卷），北京：人民出版社2017年版，第68页。

④ 《列宁选集》（第4卷），北京：人民出版社2012年版，第368页。

⑤ 《列宁选集》（第4卷），北京：人民出版社2012年版，第158页。

行自己的工作，工会必须在直接执政的先锋队即共产党的领导下。其中央机构和常务机构以及绝大多数工会的领导机构，“都由共产党员组成，执行党的一切指示”①。

列宁关于党的领导作用、执政地位与方式的深刻论述，是对马克思主义党的学说的重大发展，对无产阶级政党在夺取政权后坚持党的领导，正确处理党与其他政治组织的关系具有重大指导意义。

(二)党执政以后的根本任务和中心工作

无产阶级政党在带领人民夺取政权、建立无产阶级专政的国家政权后，党的主要任务是什么？工作中心在哪里？列宁对此作出了明确回答。

第一，党在夺取政权后的主要任务是管理国家，党的工作重心必须转移到社会主义经济建设上来。

列宁首先分析了无产阶级和广大劳动群众在不同性质革命中的不同任务。他指出，在过去的资产阶级革命中，劳动群众的主要任务，是完成消灭封建制度、君主制度和中世纪制度的消极的或破坏的工作。而组织新社会的积极的或建设性的工作，则是由占人口少数的有产者或资产者来完成的。相反，在社会主义革命中，无产阶级和它所领导的贫苦农民的主要任务，却是进行积极的或建设性的工作，即建立新的组织系统，对千百万人生存所必需的产品进行有计划的生产和分配。

列宁接着从当时已经执掌了俄国政权的布尔什维克党的发展过程分析了党的任务的变化，并指出，党的第一个任务，是说服大多数人民相信党的纲领和策略正确；党的第二个任务，是夺取政权并且镇压剥削者的反抗；党的第三个任务，是组织对俄国的管理。现在“我们布尔什维克党已经说服了俄国。我们已经夺回了俄国——为了穷人，为了劳动者，从富人手里，从剥削者手里夺回了俄国。现

① 《列宁选集》(第4卷)，北京：人民出版社2012年版，第158页。

在我们应当管理俄国"①。并且指出，现在所说的管理，主要的意义不是政治而是经济，"管理国家的任务现在首先是归结为纯粹经济的任务：医治战争给国家带来的创伤，恢复生产力，调整好对产品的生产和分配的计算和监督，提高劳动生产率，——总之，归结为经济改造的任务"②。列宁还指出，从说服人民群众、从夺取政权和镇压反抗的剥削者这些过去列为重要的任务，现已过渡到把管理国家列为首位的任务，"正是这种过渡构成我们所处的时期的主要特点"③。也就是说，管理俄国是这个时期党和苏维埃政权的主要的和中心的任务。

列宁认为，管理国家，领导社会主义经济建设，"用新的方式去建立千百万人生活的最深刻的经济的基础"④，是一个比剥夺剥夺者更困难复杂的任务。因为社会主义革命首先是在落后的俄国取得胜利的，而国家愈落后，则由旧资本主义关系过渡到社会主义关系就愈困难；由于苏维埃国家暂时处于资本主义包围的情况下，因此它只能依靠自己的力量来解决这些社会主义革命的任务；由于苏维埃国家走的是新的前人未能走过的道路，所以它只能在自己的经验和错误中前进。尽管如此，社会主义政党在世界历史上"应该不愧为完成社会主义革命的这个最困难的(也是最能收效的)任务的人"⑤。

第二，对产品的生产和分配进行严格计算和监督，在全国范围内提高劳动生产率，是实现社会主义的重大物质条件。

列宁认为，党在领导无产阶级夺取政权以后，同资产阶级的斗争便进入一个新的阶段，即"由继续剥夺资本家这个极简单的任务转到一个更复杂和更困难得多的任务，就是要造成使资产阶级既不能存在也不能再产生的条件"⑥。如果不

---

① 《列宁选集》(第3卷)，北京：人民出版社2012年版，第477页。
② 《列宁全集》(第34卷)，北京：人民出版社2017年版，第122~123页。
③ 《列宁全集》(第34卷)，北京：人民出版社2017年版，第122页。
④ 《列宁选集》(第3卷)，北京：人民出版社2012年版，第477页。
⑤ 《列宁选集》(第3卷)，北京：人民出版社2012年版，第477页。
⑥ 《列宁选集》(第3卷)，北京：人民出版社2012年版，第479页。

解决这个无比重大的任务，就没有社会主义。为了达成使资本主义既不能存在也不能再产生的条件，无产阶级及其政党就不能仅仅满足于剥夺剥夺者，实现国有化，还必须在国有化的基础上实现社会化，这就必须在产品的生产和分配上建立最严格的全民计算和监督，进行大量的科学组织管理工作。“而不做到这一点，便谈不到实施社会主义的另一个同样非常重要的物质条件，即在全国范围内提高劳动生产率”①。

列宁特别强调提高劳动生产率具有重大政治经济意义。他指出，当无产阶级夺取了政权以及剥夺剥夺者和镇压他们的反抗的任务基本上得到解决以后，提高劳动生产率就成为“创造高于资本主义的社会结构的根本任务”②。为了提高劳动生产率，必须具备如下条件：(1)保证大工业的物质基础，发展燃料，铁、机器制造、化学等工业生产，用最新技术开采丰富的自然资源，以造成生产力空前发展的基础；(2)发展群众的文化教育事业，大力提高群众在苏维埃制度下迸发的求知热情和首创精神；(3)提高劳动者的纪律，工作技能、效率、劳动强度、改善劳动组织；(4)改善和实行计件工资制、泰罗制中许多合乎科学进步的方法，广泛开展劳动竞赛；(5)注意选拔培养大批优秀管理人才，要有具备各种知识、技术、经验、才能的专家来指导；(6)把充分实行民主原则同革命法制的必要强制结合起来。总之，列宁认为，建立严格的计算和监督，实行科学管理，在全国范围内提高劳动生产率，增加产品数量，大大提高社会生产力，这是无产阶级取得政权以后的“最主要最根本的需要”③。

列宁关于执政党的根本任务和中心工作的论述，为无产阶级政党在夺取政权后及时将自己的工作重心转移到以经济建设为中心的社会主义建设上来，集中力量大力发展生产力，创造高于资本主义制度的劳动生产率提供了基本的理论依据，具有重要的指导意义。

---

① 《列宁选集》(第3卷)，北京：人民出版社2012年版，第479~480页。
② 《列宁选集》(第3卷)，北京：人民出版社2012年版，第490页。
③ 《列宁选集》(第4卷)，北京：人民出版社2012年版，第623页。

四、列宁关于执政党建设的思考

1917年十月革命胜利后，在以列宁为首的布尔什维克党的领导下，苏维埃俄国人民战胜了帝国主义的武装干涉，平息了国内反动势力的军事叛乱，并以新经济政策取代了战时共产主义政策，恢复和发展国民经济，巩固工农联盟和新生的苏维埃政权，初步显示了社会主义制度的优越性。但是，苏维埃俄国毕竟是一个经济文化落后、“文盲充斥”的国家，加上旧社会遗留下来的许多“余孽”，所以执政党和国家机关及党员干部、公职人员中，充斥着贪污、贿赂等腐败现象，存在着妄自尊大、脱离群众的官僚主义，存在着党员和干部的特权现象，这对执政党和新生国家政权造成严重损害。反对贪污受贿等腐败现象，反对执政党党员干部的特权，反对各种脱离群众的不正之风，保持布尔什维克党的先进性和纯洁性，保持新生的社会主义国家政权的廉洁高效，成为摆在布尔什维克党和新生的苏维埃政权面前的一项重要的政治任务。

对于布尔什维克党执政后所面临的腐败现象、官僚主义和特殊化等种种脱离群众的危险，列宁保持了极大的警惕。他将部分共产党员妄自尊大、贪污受贿、文化水平低等现象的存在，视为布尔什维克党和苏维埃国家的敌人，号召各级党政机关、党员干部和广大人民群众与之进行坚决的斗争。列宁还将反腐败同国家的民主政治建设联系起来，把反腐败视为民主政治建设的基本条件，认为：“只要有贪污受贿这种现象，只要有贪污受贿的可能，就谈不上政治。在这种情况下甚至连搞政治的门径都没有，在这种情况下就无法搞政治，因为一切措施都会落空，不会产生任何结果。在容许贪污受贿和此风盛行的条件下，实施法律只会产生更坏的结果。在这种条件下不能搞任何政治，这里没有搞政治的基本条件。”①

基于对马克思主义执政党建设这一重大问题的深刻认识，列宁在领导苏维埃

① 《列宁全集》(第42卷)，北京：人民出版社2017年版，第210~211页。

俄国社会主义革命和建设的同时，也紧紧抓住执政党自身建设这一重大问题，进行了深入的理论思考，并在他晚年所写的大量文章、书信、提纲及所发表的讲话中，对包括反对腐败和各种脱离群众的不正之风在内的执政党建设问题，提出了一系列重要的思想理论观点和政策措施设想。①

(一)注重提高党员质量，保持党的组织和党员队伍的先进性和纯洁性

列宁历来重视提高党员质量。早在俄国社会民主工党建立之初，他就指出："我们应当努力把党员的称号和作用提高，提高，再提高"②。十月革命胜利后，列宁更加重视提高党员质量和纯洁党员队伍，把它作为执政党自身建设中最重要的任务。他指出："徒有其名的党员，就是白给，我们也不要。世界上只有我们这样的执政党，即革命工人阶级的党，才不追求党员数量的增加，而注意党员质量的提高和清洗'混进党里来的人'。"③他担心执政党对党员的教育工作与党员数量的增加不相适应，指出必须在思想文化建设和组织建设这两个方面采取措施，来改善党的成分，提高党员质量，纯洁党的队伍。

在思想文化建设方面，列宁主要强调加强对党员的共产主义思想教育和科学文化知识教育。一方面，全党是否在政治思想上保持高度一致，是否同心同德地为实现党的路线而奋斗，这是衡量党员质量的一个根本标准。而思想上、政治上的高度统一和行动上的一致，只能建立在全党马克思主义理论水平和思想政治觉悟提高的基础上。因此，列宁指出，必须通过建立各级党校、创办党刊、开展党的活动等形式，在全党进行马克思主义基本理论、党的基本知识、时事政策、革命传统等共产主义思想教育。他认为这种教育与反对资产阶级思想的斗争是一致的。另外，由于执政党的根本任务是管理国家和组织以经济建设为中心的社会主义建设，而要管理就要懂行，就要精通生产的全部情况，就要懂得现代水平的生

① 本部的若干内容曾以《列宁关于执政党建设的理论思考》《列宁的反腐倡廉建设思想及其启示》为题，分别发表于《政治学科建设与研究》(武汉大学出版社 1993 年版)和《马克思主义研究》2015 年第 1 期。

② 《列宁全集》(第 7 卷)，北京：人民出版社 2013 年版，第 272 页。

③ 《列宁选集》(第 4 卷)，北京：人民出版社 2012 年版，第 51 页。

产技术，就要有一定的科学素养。但在当时，许多党员干部缺少文化，不会管理，在领导国家机关或经济工作中，往往被人愚弄，结果，他们不是在领导，而是在被领导。对此，列宁从巩固党的执政地位的高度指出，要想把政权牢牢掌握在手里，就必须学会管理的本领，学会做经济工作，甚至向私人资本家学习做生意。因为“从必须赶快学会做经济工作这个角度来看，任何懈怠都是极大的犯罪”①，有可能使党的领导权落空，使党从名义上的领导变为实际上的被领导。因此，列宁反复强调：“我们今天最重要的任务就是学习再学习”②，“必须向这门科学进军，向这门艰难、严峻、有时甚至是残酷无情的科学进军，否则就没有出路”③。列宁号召全党向科学进军，学习科学文化知识，钻研技术，尽快纠正自己在管理国家和经济工作方面不内行的现象。显然，列宁关于加强对党员的共产主义思想教育和科学文化知识教育的论述，既包含党的思想建设的任务，也包含建设马克思主义学习型政党、提高党的执政能力、提高党员质量等内容。

在组织建设方面，列宁强调主要通过两个方面的措施，来提高党员质量，纯洁党员队伍，保持党的先进性和纯洁性。

其一，坚持党员标准，严格入党条件，把好入党关。列宁指出，党在领导革命取得胜利之后成为执政党，“因而自然也就是公开的党，是加入之后就有可能掌权的党”④。因此，在党的历史地位发生变化的新形势下，党必须采取切实办法和有力措施，来防止那些趋炎附势、巧于钻营的人混入党内，坚持党员标准，严格把好入党关。列宁结合当时情况，主要提出了以下三项措施：

一是在激烈的阶级斗争中和危急关头接收和考验党员。1919 年冬，苏维埃俄国外遭帝国主义包围封锁，内部发生白匪叛乱，阶级斗争异常激烈，共产党和苏维埃国家危在旦夕。列宁认为，在这种时候，野心家、趋炎附势和巧于钻营的人以及一般不坚定的人，决不会指望加入共产党来获得飞黄腾达的机会（他们只

---

① 《列宁全集》（第 42 卷），北京：人民出版社 2017 年版，第 204 页。
② 《列宁选集》（第 4 卷），北京：人民出版社 2012 年版，第 728 页。
③ 《列宁全集》（第 42 卷），北京：人民出版社 2017 年版，第 204 页。
④ 《列宁全集》（第 38 卷），北京：人民出版社 2017 年版，第 318 页。

会担心因此而受到绞刑和拷打），“入党的将都是一些真心拥护共产主义的人，真正忠于工人国家的人，正直的劳动者，在资本主义下受过压迫的群众的真正代表”，“我们不向这些普通党员许愿，说入党有什么好处，也不给他们什么好处。相反地，现在党员要担负比平常更艰苦更危险的工作”。① 列宁指出，只有这样的党员才是我们所需要的。

二是通过共产主义星期六义务劳动等“用精神从事工作”的实践，来接收、考验和审查党员。1919 年 5 月开始，苏俄的工人农民在同高尔察克、邓尼金和其他地主资本家军队叛乱的斗争中，创造了许多英勇果敢和坚韧不拔的奇迹，其中就包括后方工人创造的“共产主义星期六义务劳动”，即：在保证规定工作时间的高效率工作之外，“决定在整个战争状态时期把共产党员和同情分子的工作日延长一小时”。列宁高度评价这一新生事物，将之称为“伟大的创举”，认为它“确实具有极大的意义”，既是对处在困难时期的苏维埃国家十分实际的支援，也有利于清除那些混进党里来的分子和抵制党在腐朽资本主义环境中所受的影响。为此，列宁提出，要利用这一创举继续清党，即：一方面，非经半年“用革命精神从事工作”的“考验”或“见习期”，不得接收入党；另一方面，十月革命胜利后入党的一切党员，“如果没有特殊的劳动或功绩证明自己绝对忠诚可靠，能够做一个共产党人，都需要经过这样的审查”②。俄共(布)九大作出决定，参加星期六义务劳动必须成为全体党员的绝对义务，每个党员都要毫无例外地履行党的义务。对不认真对待自己义务的人员，应坚决按规定给以纪律处分，直至开除党籍。

三是通过延长新党员预备期和明确入党介绍人的条件及责任，来防止不符合党员标准的人混入党内。列宁指出，为了防止不良分子混入党内，要规定比战争时期更为严格的入党条件。凡自愿入党的人，都须经过预备期，预备期的长短根据新党员的不同社会成分和经历而定。列宁多次强调，必须大大延长预备期，并

① 《列宁选集》(第 4 卷)，北京：人民出版社 2012 年版，第 52 页。
② 《列宁选集》(第 4 卷)，北京：人民出版社 2012 年版，第 22 页。

在预备期内认真考察新党员。同时，对入党介绍人的条件和责任也应有严格要求。介绍人的人数和党龄的长短根据被介绍人的不同情况而定。介绍人必须对被介绍人负责，向党负责，如果轻率介绍，要受党纪处分。

其二，严肃党纪，严惩违法乱纪党员，清除各种腐败分子和不合格的党员，纯洁党员队伍。列宁认为，在党领导无产阶级夺取政权、取得革命胜利而成为执政党后，一部分党员可能经不起各种考验而腐化变质，丧失充当执政党党员的资格；“冒险家和其他危害分子乘机混进执政党里来，这是完全不可避免的。任何革命都有过这种现象，而且不可能没有这种现象。全部问题在于，以健康的强有力的先进阶级作为依靠的执政党，要善于清洗自己的队伍”①。为了纯洁党的组织，必须进行长期的斗争，防止投机分子和坏分子混进党内，坚决清除那些已经混入党内的投机分子和坏分子，而且应该制定一些办法，“使党易于除去那些根本够不上十分自觉地贯彻无产阶级政策的共产主义者的党员”②。根据俄国当时的情况，列宁将清党视为一项关系重大和极其重要的工作，并领导俄共(布)采取党员重新登记的方式进行清党，以纯洁党的组织。清党的界限是“必须把欺骗分子、官僚化分子、不忠诚分子和不坚定的共产党员以及虽然‘改头换面’但内心里依然故我的孟什维克从党内清除出去”③。对于犯有错误甚至严重错误的党员，则采取批评和自我批评的做法。列宁还特别指出，在清党中要十分重视非党劳动者的意见，认为在评价人的时候，在揭露“混进党的”“摆委员架子的”“官僚化的”人的时候，非党无产阶级群众的意见以及在许多场合下非党农民群众的意见是极其宝贵的。因为劳动群众十分敏感，很会识别谁是忠诚老实的共产党员，谁是那些靠辛勤劳动过活、没有任何特权、根本不会“讨好领导”的人所厌恶的共产党员。④ 从1919年3月起到1924年1月列宁逝世以前，俄共(布)进行了数次清党，党员人数虽然下降许多，但纯洁了党员队伍，提高了党的威信和战

① 《列宁选集》(第4卷)，北京：人民出版社2012年版，第21~22页。
② 《列宁全集》(第43卷)，北京：人民出版社2017年版，第20页。
③ 《列宁选集》(第4卷)，北京：人民出版社2012年版，第562页。
④ 《列宁选集》(第4卷)，北京：人民出版社2012年版，第560~561页。

斗力。

党员是党的细胞，党员问题是执政党自身建设的一个基本问题。党员质量如何，直接关系到党的性质和党的战斗力。列宁关于加强对党员的共产主义思想教育和科学文化知识教育、提高党员质量，关于坚持党员标准、严格入党条件、把好入党关，关于严肃党纪、严惩违法乱纪党员、清除各种腐败分子和不合格党员等思想，对于今天已经拥有 9600 多万党员的长期执政的中国共产党来说，不仅没有过时，而且有着特殊的实践价值，并仍然具有重要的指导意义。

(二) 密切联系群众，防止不正之风滋长

执政党与群众的关系如何，直接关系到执政党的生死存亡。俄共(布)执政后，在党和群众关系方面出现了许多令人担忧和不能容忍的问题，主要是一些人迷恋过去经验，不是深入群众、深入实际去了解新情况、解决新问题，而是盲目骄傲自大，故步自封，刚愎自用，装腔作势，且过分醉心于行政手段，常以压制的手段对待群众。这些人不关心群众的疾苦，把人民赋予的权力当成个人特权，用来为自己捞取好处，或作为向上爬的工具。针对这种情况，列宁十分尖锐地指出了执政党脱离群众的危险，强调执政党要密切联系群众，防止骄傲自大、官僚主义和特权思想等不正之风侵蚀党的肌体，并着重从以下方面阐述了党群关系思想。

其一，人民群众是共产党获得胜利并保持政权的源泉。列宁一贯认为，密切联系群众是无产阶级先进政党不可战胜的力量源泉。因为共产党是无产阶级的先锋队，但先锋队“只是整个无产阶级中的一小部分，而无产阶级又只是全体居民群众中的一小部分”①。因此，只靠先锋队而没有无产阶级和广大人民群众的拥护，就不能取得革命胜利，也不能保持政权。“先锋队只有当它不脱离自己领导的群众并真正引导全体群众前进时，才能完成其先锋队的任务。”②“只有相信人

① 《列宁全集》(第 41 卷)，北京：人民出版社 2017 年版，第 216 页。
② 《列宁全集》(第 43 卷)，北京：人民出版社 2017 年版，第 23 页。

民的人，只有投入生气勃勃的人民创造力泉源中去的人，才能获得胜利并保持政权”①。他还说：“劳动群众拥护我们。我们的力量就在这里。全世界共产主义运动不可战胜的根源就在这里。”②这就指明了人民群众是共产党的立党之本、执政之基、力量之源，强调了人民群众对于共产党的极端重要性。

其二，共产党执政后必须防止和克服脱离群众的官僚主义。列宁清醒地看到共产党执政后所面临的危险，认为“对于一个人数不多的共产党来说，对于一个作为工人阶级的先锋队来领导一个大国……向社会主义过渡的共产党来说，最严重最可怕的危险之一，就是脱离群众”③，而“如果共产党员(以及所有成功地开始了大革命的革命家)以为单靠革命家的手就能完成革命事业，那将是他们最大最危险的错误之一”④。针对俄共(布)执政初期各地存在着官僚主义滋长蔓延的现象，列宁指出：“官僚主义的脓疮无疑是存在的，这是大家公认的，必须同它作有效的斗争。”⑤因为“共产党员成了官僚主义者。如果说有什么东西会把我们毁掉的话，那就是这个……现在问题的全部关键在于要有实践家，要实践”⑥。列宁还精辟分析了俄共(布)党内和苏维埃政权机关内产生官僚主义的复杂原因，即经济文化的落后、制度的不健全及剥削阶级流毒的影响，并对克服官僚主义的重大举措进行了思考，其中包括：发动群众参加管理和监督；建立各项工作的个人负责制(岗位责任制)；选拔和培养头脑清醒、有实际工作本领、精明强干的干部；改革国家机关，大力精简机构；开展批评与自我批评；把一切官僚化分子清除出党，以及在立法和工作制度上作出相应规定，等等。这些思考不仅涉及党的干部队伍建设、作风建设、反腐倡廉建设等党的建设方面，也涉及发展人民民主、加强制度建设、进行机构改革等体制机制改革方面，可谓全面而深入，具有

---

① 《列宁全集》(第 33 卷)，北京：人民出版社 2017 年版，第 61 页。
② 《列宁选集》(第 4 卷)，北京：人民出版社 2012 年版，第 53 页。
③ 《列宁全集》(第 42 卷)，北京：人民出版社 2017 年版，第 383 页。
④ 《列宁全集》(第 43 卷)，北京：人民出版社 2017 年版，第 23 页。
⑤ 《列宁全集》(第 41 卷)，北京：人民出版社 2017 年版，第 25 页。
⑥ 《列宁全集》(第 52 卷)，北京：人民出版社 2017 年版，第 288 页。

战略性。

其三，执政的共产党无论现在和将来都要同特权现象作斗争。列宁坚决反对党员干部的特殊化，他认为，让党员享有优先权是一种弊端，因为这样做，骗子就会混进党内来。因此“我们无论现在和将来都要同这种现象作斗争”①。列宁高度评价巴黎公社实行的公职人员选举制、撤换制以及工人工资制，认为它是反对腐败及特权的重要措施，进而提出应当明确各级干部的待遇，任何人不得超过国家规定的标准，使国家机关的职位真正成为“无利可图但是‘荣耀的’职位”②。这里，列宁明确指出了党员干部应当懂得的一个基本道理：加入共产党意味着吃苦在前、享受在后，而不是捞取好处或享有特殊待遇；担任国家公职人员意味着为人民多做贡献的荣耀，而不是谋求个人的特殊利益。

其四，执政的共产党是否反映人民意志关系到党和国家生死存亡。针对俄共(布)在执政后出现的不正之风和腐败现象，列宁不无忧虑地指出，党内存在的骄傲自大、官僚主义、特权思想，像“莠草”一样危害新生的苏维埃政权，像“脓疮”一样侵蚀着党的肌体，严重损害党和群众的关系。如果任其发展下去，必然使新生的无产阶级政权得而复失，使党的任务化为泡影，最终导致党的变质。列宁向全党发出警告：“我们党目前也许会陷入十分危险的境地，即变得骄傲自大起来。这是十分愚蠢、可耻和可笑的。大家知道，一些政党有了骄傲自大的可能，这往往就是失败和衰落的前奏”③，列宁认为，应当采取一些措施，“决不要使我们的党落到骄傲自大的地步”④。

列宁把执政的共产党是否代表人民群众利益、是否密切党同人民群众的联系，视为关系到党和国家生死存亡的大问题。他谆谆告诫全党正确认识党群关系，牢记这样一个基本道理：“在人民群众中，我们毕竟是沧海一粟，只有我们正确地表达人民的想法，我们才能管理。否则共产党就不能率领无产阶级，而无

① 《列宁全集》(第36卷)，北京：人民出版社2017年版，第15页。
② 《列宁选集》(第3卷)，北京：人民出版社2012年版，第180页。
③ 《列宁全集》(第38卷)，北京：人民出版社2017年版，第361页。
④ 《列宁全集》(第38卷)，北京：人民出版社2017年版，第362页。

产阶级就不能率领群众，整个机器就要散架。”①

列宁关于执政党要密切联系群众，反对骄傲自大、官僚主义和特权思想的论述，是列宁执政党建设理论的核心，也是列宁反对腐败和加强廉政建设思想的核心。它正确揭示了执政的共产党与人民群众的关系，指出了共产党执政后面临的最大危险，敲响了执政党建设的警钟。这对当今正面临“四大考验”和“四大危险”的中国共产党来说，也是具有警示意义的。

（三）正确开展党内批评，维护党的团结统一

列宁一贯重视党的团结统一，认为执政党只有保持团结统一，才能担当起巩固无产阶级专政、组织经济建设的领导重任。列宁指出，由于执政党内仍然存在着不统一不团结的因素，仍然存在着分裂的危险，而阶级敌人总是把他们颠覆社会主义国家的阴谋寄托在这一国家的共产党的分裂上，“这就要求执政的共产党和无产阶级的革命领导者……更加团结，更守纪律，更能和衷共济地工作”②。他认为，内部的危险在某种意义上比敌人的危险还要大，“因此我们不仅需要形式上的团结，而且需要非常巩固的团结”③。

为了维护党的团结统一，列宁认为必须采取若干具体措施。

第一，取缔一切派别活动，维护党的团结统一。列宁认为，任何派别活动都是有害的，都是不能容许的。党内不允许存在任何派别组织和派别活动，毫无例外地解散一切按某种纲领组成的派别，“取缔一切派别活动以求得最大程度的统一”④。

第二，建立健全有关制度，保证党内生活的正常进行。规定对党的缺点进行绝对必要的批评时，应当使一切实际的建议以尽量明确的形式毫不迟疑地提交到

① 《列宁选集》（第4卷），北京：人民出版社2012年版，第695页。
② 《列宁全集》（第41卷），北京：人民出版社2017年版，第20页。
③ 《列宁全集》（第41卷），北京：人民出版社2017年版，第92页。
④ 《列宁选集》（第4卷），北京：人民出版社2012年版，第472页。

党的地方和中央领导机关去讨论和决定。“任何对党的一般路线的分析或对党的实际经验的总结，对党的决定的执行情况的检查，以及关于如何纠正错误的方法的探讨等等，都决不能事先交给按某种‘纲领’等等形成的集团去讨论，而只能直接交给全体党员讨论。”①

第三，注意党内批评的内容和方式，正确开展党内批评和党内斗争。通过经常召集党员大会、支部生活会、出版《争论专页》和专门文集等形式，“力求能就问题的实质来进行批评，而决不采取那种有助于无产阶级的阶级敌人的方式”，“采取一切必要的措施，应当知道，党在坚决反对不实事求是的和带有派别性的所谓批评的同时，也将继续不断地采取一切手段并试验各种新的办法，来反对官僚主义，扩大民主，发扬自主精神，检举、揭发和驱逐混进党内来的分子，如此等等”。②

第四，加强领导核心的团结，保持党中央的集中统一。列宁高度重视党的领袖和党中央权威对于无产阶级革命事业的极端重要性，指出：造就一批有经验、有极高威望的党的领袖是一件长期的艰难的事情。但是做不到这一点，无产阶级政权、无产阶级的意志统一就只能是一句空话。③ 与此同时，列宁也指出了党中央领导机构的建设问题。他指出，要挑选最合适的人担任总书记职务，以排除中央主要领导人之间因个人特性差异而造成的分裂因素；增加中央委员会人数，以减少因某种不谨慎而造成的分裂的危险；建立一个强有力的检查和监督机构，对中央委员会进行检查和监督；中央监察委员会领导人应参加中央政治局会议，以便能使党的最高领导置于监察范围之内；党的监察委员会应以同破坏党的团结统一的言行作斗争作为自己的主要任务之一。

在列宁看来，上述措施的实行，必能使党的团结和稳定性增强千倍。实践证明，团结就是力量。党的团结就是党的生命。维护党中央权威和党的团结统一，

① 《列宁选集》(第4卷)，北京：人民出版社2012年版，第471页。
② 《列宁选集》(第4卷)，北京：人民出版社2012年版，第471页。
③ 《列宁全集》(第42卷)，北京：人民出版社2017年版，第108页。

是每一个共产党员义不容辞的责任，也是必须首先要遵守的政治纪律。

(四)扩大党内民主，健全民主制度

民主集中制是列宁最先概括出来的马克思主义政党的根本组织原则。这一原则在实际工作中是通过时而侧重于民主、时而侧重于集中来具体贯彻的。在十月革命胜利前后，列宁比较侧重强调的是民主集中制原则的集中一面，认为在当时的历史条件下，党需要高度的集中制，而党内民主制实行起来有困难，只能在一定限度内实行。十月革命胜利之后，特别是国内战争时代结束、和平时期到来后，列宁立即把扩大党内民主、健全民主制度作为执政党坚持民主集中制原则的主要内容。

列宁深刻分析了在和平时期实行党内民主制的必要性，认为在和平时期，集中化会造成臃肿的官僚主义机构并使这种机构产生特殊化的倾向，会削弱党的精神生活，引起党内危机，不利于吸收和组织广大党员积极参加党的生活和党的建设、参加讨论有关重要问题。因此，有必要用一种新的组织形式即工人民主制来代替战争时期那种组织上的极端集中制和工作方法上的军事命令制，以便更好地发扬党内民主，并推进整个国家的社会主义民主建设。

列宁提出用“党内的工人民主制”代替严格的集中制，列宁的这一思想，比较集中地反映在俄共(布)十大通过的《关于党的建设问题》、俄共(布)十三大通过的关于党的建设的决定等一系列决议中。

列宁提出的“党内的工人民主制”的实质就是实行党内民主，主要内容就是党的各级组织都实行选举制、报告制和监督制。具体要求有以下方面：列宁阐明了党内广泛的民主制所包含的主要内容即普选制、报告制和监督制。具体表现为：(1)严格实施各级负责人员的选举制，不容许违背各级组织的意志硬性指定人员，特别注意支部书记应由选举产生。(2)改善中央委员会的工作，中央委员会要对全党的工作负起领导责任，按期举行党的全国代表会议及中央全会，及时向全党报告工作，通报内部情况。(3)转变工作方法，用广泛的党内民主代替军

事命令制，军事命令制只在必要时才可以运用。(4)对一切最重要的问题，在党未通过决议之前要进行广泛的讨论和争论，充分地自由地进行党内批评，集体制定党的决议；而决议一经通过，必须无条件地遵守和迅速而准确地执行。(5)健全和活跃党内生活，在党员大会、支部大会上经常广泛地讨论全党生活、一般政治生活和地方生活中的一切最重要的问题。(6)召开党的机关的公开会议要成为一种制度。并吸收普通党员参加。(7)使党的舆论对领导机关的工作进行经常的监督，并使领导机关和全党之间保持固定的切实的联系，有关党委不仅要向上级组织而且要向下级组织经常报告工作。(8)要"把真正能保证发扬党内民主的工作人员提拔到负责岗位上去"①，以保证党内民主制的贯彻。

发展党内民主，让权力在阳光下运行，接受各方面的监督特别是群众的监督，无疑是克服党内出现官僚主义、特殊化等不正之风和腐败现象，以及避免重大决策失误的一条基本途径。列宁关于实行党内民主制的思考和建议，涉及党内领导体制和工作机制、党内重大决策的制定和执行、党内政治生活、党务公开、党内监督、党内选举、党的干部选拔等多个方面，是对发展党内民主途径的积极探讨。

列宁不仅在理论上强调扩大党内民主，而且在实际工作中也身体力行。在处理党和国家重大问题时，在中央委员会和政治局内部，他都严格遵守民主集中制原则。即使真理在他一边，他也不因此而违背民主集中制原则，而是耐心等待和说明多数人接受自己的意见，或等下次复议。他在这方面的理论和实践，不仅保证了当时俄共(布)党内政治生活的正常进行，也为其他社会主义国家执政党建设树立了榜样。

(五)建立党内监察制度，做好党的监督工作

列宁将做好党的监察工作视为密切党和群众的联系、反对和克服官僚主义及特权思想、维护党的团结统一、防止分裂的重要保证，并就此提出了一系列具有

---

① 中共中央马克思恩格斯列宁斯大林著作编译局：《苏联共产党代表大会、代表会议和中央全会决议汇编》(第2分册)，北京：人民出版社1964年版，第358~359页。

战略意义的思想观点和政策建议。

其一，在党内建立制衡系统，建立独立行使职权、具有高度权威的党的监察委员会。1920年9月，俄共(布)九大通过成立中央监察委员会的决定。中央监察委员会是俄共(布)的最高监察机关，由党的代表会议选举产生，与中央委员会平行，其主要任务是同侵入党内的官僚主义、特权思想、破坏党的团结统一等现象作斗争。列宁认为，应该赋予中央监察委员会以应有的权力，使其始终能够更加有效地监督中央政治局和中央委员会的工作。必须有一定人数的中央监察委员会委员出席中央政治局的每次会议，而出席会议的这些中央监察委员会的委员们“应该形成一个紧密的集体，这个集体应该‘不顾情面’，应该注意不让任何人的威信，不管是总书记，还是某个其他中央委员的威信，来妨碍他们提出质询，检查文件，以至做到绝对了解情况并使各项事务严格按照规定办事”①。中央监察委员会的建设目标如下：“第一，它应当是模范的，第二，它应当得到大家绝对信任，第三，能向所有的人证明，我们所做的确实不愧为中央监察委员会这样一个高级机关所做的工作。”②而此目标为执政党的监察机构的建设指明了方向。

其二，党的监察机关和政权的监察机关合并开展工作，以加强对国家机关中任职的党员干部的监督。十月革命胜利后，为了做好对国家权力机关的监督工作，根据列宁的提议，苏维埃政府于1920年2月设立了由国家监察人民委员部改组而成的工农检察院，作为苏维埃俄国的国家监察机关。工农检察院主要依靠广大的工人、农民和专家中的积极分子开展工作，其主要任务是监督各国家机关和经济管理机关的活动，监督各社会团体，同官僚主义、舞弊行为、拖拉作风和各种贿赂的行为作斗争，检查苏维埃政府法令和决议的执行情况等。1923年1月，列宁在探讨党和国家机关改革的过程中，提出了改组工农检察院的建议。他认为，检查工作应贯通一切，对党政机关、经济机关、社会团体的活动无一例外地进行经常性的监督。因此，应将党的监察机关和苏维埃的监察机关合并起来开

① 《列宁选集》(第4卷)，北京：人民出版社2012年版，第782~783页。

② 《列宁选集》(第4卷)，北京：人民出版社2012年版，第787页。

展工作。他指出，苏维埃政权中的监察机关(即工农检察院)“本来就是为我们的一切国家机关而设的，它的活动应毫无例外地涉及所有一切国家机构：地方的、中央的、商业的、纯公务的、教育的、档案的、戏剧的等等——总之，各机关一无例外。”①根据列宁的意见，1923 年召开的俄共(布)十二大，决定成立“中央监察委员会——工农检查院”这一党和苏维埃政权的联合监察机构，以利于更好地行使其监督职权。列宁的这一思想，对于我们今天将党的纪律检查部门和国家监察部门合署办公、有效开展纪检监察工作不无启迪。

其三，重视监察工作队伍的建设。列宁认为，监察委员会应该由那些受党的培养教育最多、经验最丰富、最大公无私并能严格执行监督的同志组成；应该增加中央监察委员会委员的职数；注意培养和严格选拔优秀的工人、农民为中央监察委员；扩大中央监察委员的权限，使选举出来的中央监察委员享有中央委员的一切权利，以加强对党的领导机关的监督。

其四，科学有效地做好党和国家自身的监督工作。列宁认为，监察机关在行使监察职权时，要注意“检查它们是否完全认真地工作，只有它们的工作确实符合现代科学的水平，并能使我们得到现代科学提供的一切成果，才能继续工作。这样，指望在几年之内建成一个能胜任工作的机关，就不是空想了；所谓胜任，就是能得到工人阶级、俄国共产党以及我们共和国全体居民的信任，有步骤地、坚持不懈地为改善我们的国家机关而工作”②。检查工作必须查明事实真相，认真调查研究，在此基础上做出正确结论，进行客观性的监督；公开揭露和批评党内和政权机关内的缺点和错误，这是做好监察和检查工作的重要条件；各级党政领导人应高度重视监察工作，并带头参加执行情况的检查，等等。列宁在这里实际上提出了监察工作科学化以及监察和检查工作的评价标准问题。

其五，发挥人民群众和社会团体的监督作用。列宁认为，人民群众和社会团体的监督不仅是人民群众加强管理工作的重要形式，而且是反对贪污贿赂、加强

---

① 《列宁选集》(第 4 卷)，北京：人民出版社 2012 年版，第 792 页。
② 《列宁选集》(第 4 卷)，北京：人民出版社 2012 年版，第 788~789 页。

监督的有效措施。要同贪污贿赂行为作斗争，必须有人民群众来帮助才能完成。只有吸收工农群众参加监察机关，才能使国家监察机构由形式的监察机关变成人民的、社会主义的监察机关。因此，各级领导机关要严肃看待人民群众揭发、控告的案件，并予以及时有效的处理；严禁领导干部利用职权对人民群众的检举、控告实行打击报复。

其六，发挥新闻舆论以及其他各个方面的监督作用。列宁把报刊、广播、电影、文学作品等，视为公开政务、沟通信息、监督领导机关和党员干部、克服消极腐败现象和不正之风的重要渠道和手段，认为报刊应当“公开揭露我国经济生活中的一切弊病，从而呼吁劳动者的舆论来根治这些弊病”①。俄共(布)八大决议也将揭发领导机关和公职人员的违法行为、指出党和苏维埃组织的缺点和错误，作为党和苏维埃报刊的重要任务。列宁在俄共(布)十大上提出，要使党的舆论对领导机关的工作进行经常的监督。他还在俄共(布)十二大上强调，工农检察院和中央监察委员会应当有系统有计划地利用苏维埃的和党的报刊来揭发懈怠、受贿等各种犯罪行为。此外，列宁还强调做好法律、行政、审计等方面的监督工作。

列宁关于建立和完善监督制度、做好对党和国家机关及公职人员的监督工作的论述，涉及监督体制机制、监督机构、监督队伍、监督范围和内容、监督的多元主体和监督形式等方面的内容，体现了他对马克思主义执政党和社会主义国家政权及公职人员进行监督的深入而全面的思考，其前瞻性是不言而喻的，对于我们今天加强纪检监察机构和队伍建设，做好纪检监察工作，形成科学有效的权力制约和协调机制，加强对权力运行的监督、预防和惩治腐败，均有重要启迪。

(六)加强法制建设，严惩腐败分子

加强法制建设，严惩党员干部中的犯罪分子。对于一个经济文化落后、民主

① 《列宁全集》(第34卷)，北京：人民出版社2017年版，第136页。

与法制传统缺乏的国家来说，法制建设和民主建设一样，对于执政党建设和国家建设都是十分重要的。从反腐倡廉角度考察，列宁在法制建设方面主要阐述了以下思想观点：

一是加强和统一法制。列宁强调，在一个经济文化落后、民主与法制传统缺乏的国度，要消除各种腐败现象，仅仅依靠教育是不够的，还必须借助法律武器，维护法律权威，依靠法制来严惩贪污受贿的腐败分子，惩治执政党和国家机关中存在的腐败行为。他在《关于切实遵守法律的决议提纲草案》中指出：“法制应当加强(或得到最严格的遵守)，因为俄罗斯联邦法律的基本原则已经确定。”① 其原则之一，就是法制必须统一。列宁认为，法制与其他问题不同，如农业、工业，各省情况不同，在进行工作时，要注意本省的特点，而“法制不能有卡卢加省的法制，喀山省的法制，而应是全俄统一的法制，甚至是全苏维埃共和国联邦统一的法制”②。

二是加快立法进程。针对新建的苏维埃俄国缺乏惩治腐败方面的法律法令的状况，列宁强调，必须加快立法进程，制定相应的法律法规，依法严厉打击党和国家机关中的各种腐败现象。1918 年 5 月 4 日，列宁在给司法人民委员德·伊·库尔斯基的便条中写道：“必须雷厉风行地立即提出一项法令草案，规定对行贿受贿者(受贿、行贿、为行贿受贿拉线搭桥或有诸如此类行为者)应判处不少于 10 年的徒刑，外加强迫劳动 10 年。”③5 月 8 日，根据列宁的建议，苏维埃政权通过了《对惩治贪污的法令草案的修改》。此后，在列宁领导下，苏维埃代表大会和人民委员会相继通过了一系列法律和法令，如《关于贿赂行为》《关于肃清贿赂行为》等。仅 1919—1923 年先后出版的《俄罗斯联邦法令汇编》中，就收入了列宁领导制定颁布的有关法令 16 个。一系列法律法令的制定和颁布，为惩治执政党和国家机关中的各种腐败行为提供了法律依据。

---

① 《列宁全集》(第 35 卷)，北京：人民出版社 2017 年版，第 130 页。
② 《列宁全集》(第 43 卷)，北京：人民出版社 2017 年版，第 199 页。
③ 《列宁全集》(第 48 卷)，北京：人民出版社 2017 年版，第 126~127 页。

三是进行守法教育。列宁十分重视对党员和干部进行经常性的守法教育。他认为，法律“如果不认真地执行，很可能完全变成儿戏而得到完全相反的结果”①。根据列宁的倡议，1918年11月全俄苏维埃第六次代表大会通过的《关于确切遵守法律的决议》规定：共和国全体公民，所有苏维埃政权机关和一切公职人员都要严格遵守俄罗斯社会主义联邦共和国的法律。

四是维护法律的权威。列宁明确提出了执政党必须带头遵守国家法律、决不允许党组织干涉法庭审判的思想。1922年3月，当列宁得知莫斯科的党组织庇护犯罪的党员时，异常愤慨地指出：执政党庇护“自己的”坏蛋这一行为，真是可耻和荒唐到了极点。他建议司法部门对于犯罪的共产党员的惩处必须严于非党员，建议党组织将那些试图对法庭“施加影响”以“减轻”犯罪的共产党员罪责的人一律开除出党，要求给那些对包庇行为负有责任的党组织及领导人以严肃的批评和处分。②

五是加大对腐败分子的惩处力度。根据列宁建议通过的《对惩治贪污的法令草案的修改》规定，对各级干部和职员利用其职权范围内的活动或进行其他部门公务人员职权范围内的活动而受贿犯罪者，至少判处5年有期徒刑，服刑期间强迫劳动(并没收全部财产)，情节严重者，交法院严惩。针对当时一些党员干部徇私舞弊、以势压人、违法乱纪、欺压民众等恶劣行为，列宁甚至认为需要用严厉手段进行清洗。执政党和国家对腐败分子严惩不贷，决不姑息，不仅使已暴露的腐败分子能得到应有惩罚，对那些尚未被揭露的各种腐败分子也能起到威慑作用。

六是加强法制监督机关建设。为了维护全国法制的统一并保证其实施，列宁提出要确立法制监督机关。他认为，检察机关不仅是公诉机关，而且必须是法制监督机关，以便维护法制的统一和实施。检察的内容，既包括对刑事犯罪行为和

① 《列宁全集》(第37卷)，北京：人民出版社2017年版，第370页。
② 参见《列宁全集》(第43卷)，北京：人民出版社2017年版，第52页。

民事违法行为的监督，同时也包括对党和国家机关公职人员是否遵守苏维埃宪法和法律实行监督。检察机关必须独立行使检察权，而不受任何地方的影响。不仅如此，检察机关还必须实行自上而下的垂直领导，也就是地方检察机关只受中央领导。列宁严厉批评了检察机关实行双重领导的主张，认为这是取消它对地方政权的任何决定表示异议的权力，这不仅在原则上是错误的，妨碍我们坚决实行法制这一基本任务，而且反映了地方官僚和地方影响的利益和偏见。①

列宁关于加强法制建设，严惩党员干部中的犯罪分子的思想，既突出了法制的统一性、权威性、威慑性，也指出了立法的紧迫性、法制教育的重要性以及法律监督机关建设的若干基本原则，尤其强调了执政党必须带头守法，决不允许任何党组织和党员干部干涉法庭审判，以及司法部门对于犯罪的共产党员的惩处必须严于非党员等，这其中蕴含着的执政党要领导立法、带头守法、保证执法的思想因子，对我们今天坚持依法治国、依法执政、建立健全惩治和预防腐败体系也是有现实意义的。

列宁的反腐倡廉思想，是在其领导布尔什维克党和苏维埃国家反腐倡廉建设的实践中形成的，是对当时俄共(布)和苏维埃国家反腐倡廉建设实践经验的初步总结，具有重大的理论意义和实践价值。它是列宁执政党建设理论的重要组成部分，是对马克思主义政党反腐倡廉建设的丰富和发展，对当时执政的俄共(布)和苏维埃国家机关的反腐倡廉建设实践起了巨大指导作用。在列宁的领导下，俄共(布)和苏维埃国家在反腐倡廉建设方面采取了一系列举措，其中包括加强对党员、干部的共产主义思想教育、科学文化知识教育、法制教育、群众观点教育；进行了数次针对各种腐败分子和不合格党员的清党；建立专门的监督检查机关和法律监督机关；制定一系列反对腐败的法规法令并贯彻执行；对改革党和国家领导体制、开展党内生活和实行党内民主等问题进行探讨，等等。这些对保持党的先进性和纯洁性、提高共产党的影响力和战斗力、巩固新

① 参见《列宁全集》(第43卷)，北京：人民出版社2017年版，第201页。

生的苏维埃政权、调动人民群众建设社会主义的积极性和创造性，都发挥了重要的保障作用，也初步积累了马克思主义执政党和社会主义国家廉政建设和反腐败斗争的经验。

列宁的反腐倡廉思想具有十分丰富的内容，所包含的关于反腐倡廉对共产党和社会主义国家具有极端重要性的阐述，关于思想教育、法制规范、监督检查、组织处理、民主参与、体制改革等多元并举的反腐倡廉思路，对执政党面临的最大危险和党群关系极端重要性的深刻认识，等等，这些对今天的中国共产党党风廉政建设和反腐败斗争也有着重要的现实指导意义。

列宁对执政党建设的探索和所提出的重要思想，是他在生命的最后时刻留下来的宝贵的理论遗产。他关于正确处理党和政权之间的关系，改进党的领导与执政方式的思想；关于苏维埃政权的主要任务和中心工作的思想，关于提高党员质量，纯洁党的组织的思想，关于密切党和群众的联系，防止不正之风的滋长的思想，关于正确进行党内斗争，维护党的团结统一的思想，关于扩大党内民主，坚持民主集中制的思想，关于建立党内监察制度，做好党的监督工作的思想，关于加强法制建设，严惩腐败分子的思想，构成了列宁关于执政党自身建设思想的基本框架。这是列宁新型政党理论，乃至整个马克思主义政党学说中最富有现实意义的精华部分，对于建设长期执政的马克思主义政党具有长远的指导作用。

第二编
毛泽东建党思想

第三章

新民主主义革命时期毛泽东建党思想

中国共产党是中国工人阶级的先锋队，同时又是中国人民和中华民族的先锋队，它深深地扎根于中华民族之中。中国共产党从成立的那天起，就担负着争取民族独立和人民解放，实现国家繁荣富强和人民共同富裕的历史任务。在新民主主义革命时期，中国共产党的历史任务是领导各族人民进行反对帝国主义、封建主义、官僚资本主义的斗争，完成民族民主革命，建立新中国。要完成这一光荣而艰巨的任务，关键是中国共产党在领导中国革命的同时不断加强自身的建设，把自己锻炼成为一个成熟的、有强大凝聚力和坚强战斗力的政治核心。只有把中国共产党建设好，把党建设成一个全国范围的、群众性的、思想上政治上组织上完全巩固的马克思主义政党，党才能担负起中国革命的领导重任。只有把马克思主义政党理论与中国共产党的建设实践相结合，形成中国化的马克思主义建党理论，才能为中国共产党的建设指明方向。毛泽东建党思想就是中国化了的马克思主义党建理论。

一、毛泽东建党思想的形成和发展

毛泽东建党思想是马克思列宁主义建党原理与中国共产党建党实践相结合的产物，是中国化马克思主义政党理论的开篇之作。毛泽东建党思想的创立有其特定的社会历史条件，也经历了一个形成和发展的过程。

(一)毛泽东建党思想产生的社会历史背景

中华民族是世界上古老而伟大的民族，创造了绵延五千多年的灿烂文明，为人类文明进步作出了不可磨灭的贡献。1840 年鸦片战争以后，由于西方列强入侵和封建统治腐败，中国逐步成为半殖民地半封建社会，国家蒙辱、人民蒙难、文明蒙尘，中华民族遭受了前所未有的劫难。为了拯救民族危亡，中国人民奋起反抗，仁人志士奔走呐喊，进行了可歌可泣的斗争。太平天国运动、洋务运动、戊戌变法、义和团运动接连而起，各种救国方案轮番出台，但都以失败告终。孙中山先生领导的辛亥革命推翻了统治中国几千年的君主专制制度，但未能改变中国半殖民地半封建的社会性质和中国人民的悲惨命运。中国迫切需要新的思想引领救亡运动，迫切需要新的组织凝聚革命力量。十月革命一声炮响，给中国送来了马克思列宁主义。五四运动促进了马克思主义在中国的传播。在中国人民和中华民族的伟大觉醒中，在马克思列宁主义同中国工人运动的紧密结合中，1921年7月中国共产党应运而生。中国产生了共产党，这是开天辟地的大事变，中国革命的面貌从此焕然一新。①

中国共产党坚持共产主义远大理想，秉承为中国人民谋幸福、为中华民族谋复兴的初心使命，肩负着领导人民夺取革命胜利，建立新中国的历史重任。新民主主义革命时期，毛泽东多次指出中国共产党的领导对于中国革命的极端重要性。在大革命时期，他在对中国社会各阶级进行分析时指出："革命党是群众的向导，在革命中未有革命党领错了路而革命不失败的。"②土地革命战争开始后，他在领导井冈山的斗争并分析中国红色政权为什么能够存在的原因时指出："中国迫切需要一个资产阶级的民主革命，这个革命必须由无产阶级领导才能完成。"③土地革命战争后期，他在分析中国共产党和中国革命战争关系时强调："在无产阶级已经走上政治舞台的时代，中国革命战争的领导责任，就不得不落到中国共产党的肩上。"④1937年，在《实践论》中他再次强调："社会的发展到了今天的时代，正确地认识世界和改造世界的责任，已经历史地落在无产阶级及其政党的肩上。"⑤在全民族抗战时期，他回顾总结了近代以来特别是辛亥革命以来的历史，指出，历史证明，"中国革命如果没有无产阶级的领导，就必然不能胜利"⑥。他还进一步指出："中国革命是包括资产阶级民主主义性质的革命（新民

① 《中共中央关于党的百年奋斗重大成就和历史经验的决议》，北京：人民出版社2021年版，第3～4页。

② 《毛泽东选集》（第1卷），北京：人民出版社1991年版，第1页。

③ 《毛泽东选集》（第1卷），北京：人民出版社1991年版，第48页。

④ 《毛泽东选集》（第1卷），北京：人民出版社1991年版，第183页。

⑤ 《毛泽东选集》（第1卷），北京：人民出版社1991年版，第296页。

⑥ 《毛泽东选集》（第2卷），北京：人民出版社1991年版，第645页。

主主义的革命)和无产阶级社会主义性质的革命、现在阶段的革命和将来阶段的革命这样两重任务的。而这两重革命任务的领导，都是担负在中国无产阶级的政党——中国共产党的双肩之上，离开了中国共产党的领导，任何革命都不能成功。"①在《论联合政府》中，毛泽东指出："没有中国共产党的努力，没有中国共产党人做中国人民的中流砥柱，中国的独立和解放是不可能的，中国的工业化和农业近代化也是不可能的。"②1949 年 6 月，毛泽东发表《论人民民主专政》一文，他在总结新民主主义革命胜利的历史经验时指出："一个有纪律的，有马克思列宁主义的理论武装的，采取自我批评方法的，联系人民群众的党。一个由这样的党领导的军队。一个由这样的党领导的各革命阶级各革命派别的统一战线。这三件是我们战胜敌人的主要武器。""依靠这三件，使我们取得了基本的胜利。"③

显然，在新民主主义革命的各个历史时期，毛泽东都对中国共产党的领导有过精辟论述，始终强调中国共产党领导对于中国革命胜利的决定性意义。他对这种决定性意义的深刻认识反映了中国革命的发展规律，同时也使得他始终重视加强中国共产党的自身建设。他在《中国革命和中国共产党》一文中指出："领导中国民主主义革命和中国社会主义革命这样两个伟大的革命到达彻底的完成，除了中国共产党之外，是没有任何一个别的政党(不论是资产阶级的政党或小资产阶级的政党)能够担负的。而中国共产党则从自己建党的一天起，就不这样的两重任务放在自己的双肩之上了……这样的任务是非常光荣的，但同时也是非常艰巨的。没有一个全国范围的、广大群众性的、思想上政治上组织上完全巩固的、布尔什维克化的中国共产党，这样的任务是不能完成的。因此，积极地建设这样一个共产党，乃是每一个共产党员的责任。"④由此可以看出，毛泽东认为，中国共产党担负着中国革命的领导责任，这个光荣而艰巨的任务需要把党建设成一个全国范围的、广大群众性的、思想上政治上组织上完全巩固的马克思主义政党才能

① 《毛泽东选集》(第 2 卷)，北京：人民出版社 1991 年版，第 651 页。
② 《毛泽东选集》(第 3 卷)，北京：人民出版社 1991 年版，第 1098 页。
③ 《毛泽东选集》(第 4 卷)，北京：人民出版社 1991 年版，第 1480 页。
④ 《毛泽东选集》(第 2 卷)，北京：人民出版社 1991 年版，第 652 页。

够完成。为此，必须大力加强党的建设。

毛泽东强调必须大力加强党的自身建设，也是基于他对中国共产党的特点的深刻认识。

中国共产党是在一个幅员辽阔、经济文化落后、矛盾复杂、人口众多，特别是农民、小资产阶级占人口的绝大多数的半殖民地半封建国家诞生和进行革命的。在这样的环境里建立的中国共产党，具有以下特点：第一，中国共产党是在列宁和共产国际的帮助下建立起来的。这个国际条件对于党的发展带来了两个方面的影响：一方面，由于党是按照列宁的建党原则，以布尔什维克为榜样建立起来的，一开始接受的就是科学社会主义的世界观，较少受到第二国际改良主义的影响，这对于党的成长与发展是有积极作用的；另一方面，由于共产国际的代表并不能经常地、深入地了解中国革命的实际情况，曾对中国革命作出过一些错误的指示，这对于党和中国革命的发展也带来了某些消极影响。第二，中国共产党是马克思列宁主义与中国工人运动相结合的产物。中国共产党的指导思想是马克思主义，阶级基础是工人阶级。中国工人阶级比较其他资本主义国家的工人阶级而言，革命性更强，不存在欧洲那种工人贵族阶层，缺乏改良主义的深厚的经济基础，没有经历欧洲那样的资本主义"和平"发展时期，没有进行和平的议会斗争条件，很少可能对统治阶级产生幻想。因此，中国共产党从一开始就是一个新型的工人阶级革命政党。第三，中国共产党是在农民与小资产阶级占人口绝大多数的国家里建立和发展起来的。中国工人阶级虽然革命性很强，但人数却很少。中国最广大的是农民和小资产阶级。大批出身于农民和小资产阶级的革命分子加入中国共产党，就使得党内农民和小资产阶级出身的成分占相当大的比重。第四，中国共产党是长期在农村革命根据地中生存和发展起来的。从 1927 年以后，党的工作重点就转移到农村，农村是中国革命的战略基地，为中国革命的成功作出了重要的贡献。但是，如何在被敌人分割的、处于游击战争状态的、分散的落后的个体经济如汪洋大海的农村革命根据地里保持无产阶级政党的先进性，是党的建设所面临的一大难题。第五，中国共产党长期处于艰苦的革命战争之中，处在复杂的阶级斗争之中。在同各种政治力量的较量中，既有生死搏斗，又有统一战线。如何在如此复杂的环境中建设党，是党遇到的又一难题。第六，中国是一个封建社会历史很长的国家，在这样的历史环境中诞生的中国共产党不可能不受到封建意识和封建作风的影响与侵蚀，党内存在的个人专断、家长制、官僚主义、以权谋私等现象就是这种封建意识与作风的表现。如何抵制与清除封建主义的遗毒，是中国共产党面临的一个重大课题。

中国共产党的上述特点，决定了党的存在与发展必然会受到各种有利因素与不利因素的影响。如何利用和发挥有利因素，克服与抵制不利因素，在艰苦复杂的环境中保持党的先进性和纯洁性，使党能够担负起中国革命的领导重任，是中国共产党必须解决好的重大问题，也是毛泽东建党思想必须要回答的问题。

(二)毛泽东建党思想形成和发展的过程

毛泽东建党学说是在长期革命实践中，在党的不断发展与成熟的过程中，在总结正反两方面经验与教训的基础上形成的。从1927年党的八七会议到1935年遵义会议召开前，是毛泽东建党学说的形成时期，这一时期，毛泽东所写的《井冈山的斗争》《反对本本主义》《关心群众工作、注意工作方法》等，是毛泽东建党学说形成的标志。遵义会议以后，特别是延安整风时期，是毛泽东建党学说的成熟时期。这一时期，毛泽东发表了《反对本本主义》《中国共产党在民族革命战争中的地位》《〈共产党人〉发刊词》《中国革命和中国共产党》《改造我们的学习》《整顿党的作风》《反对宗派主义》《为人民服务》《论联合政府》等著作，提出了党的建设"伟大的工程"，系统地回答了在革命战争年代和长期农村游击战争环境下如何建设一个马克思主义指导的工人阶级先锋队的问题。

中华人民共和国成立前后，毛泽东提出了执政党建设的重要思想，包括警惕资产阶级糖衣炮弹、牢记"两个务必"、学习经济建设的本领、提高管理国家的能力等。

党的八大前后，毛泽东对执政党建设问题进行了进一步探索，提出了一系列重要观点，包括中国共产党是中国社会主义事业的领导核心、中国共产党是全国各族人民的领导核心，工、农、商、学、兵、政、党，党是领导一切的；要防止帝国主义的“和平演变”战略得逞，要培养千百万无产阶级革命事业的接班人，等等。

毛泽东建党学说是在长期革命实践中，在党的不断发展与成熟的过程中，在总结正反两方面经验与教训的基础上形成的。关于毛泽东建党学说的形成和发展，邓小平曾这样概括道：在无产阶级政党的建设方面，马克思和恩格斯讲得不多，列宁有个完整的建党学说。“把列宁的建党学说发展得最完备的是毛泽东同志。在井冈山时期，即红军创建时期，毛泽东同志的建党思想就很明确……他的完整的建党学说，是经过实践在延安整风时期建立起来的。毛泽东同志对于建立一个什么样的党，党的指导思想是什么，党的作风是什么，都有完整的一套。正是因为毛泽东同志在延安整风中建立了完整的建党学说，并且用这个学说来教育我们全党、全军和人民，使我们建立了这么一个好的党，所以才取得抗日战争、解放战争的彻底胜利。建国以后，党内生气勃勃，生动活泼。毛泽东同志的建党学说以后又有新的发展。”①

二、古田会议前后毛泽东建党思想的初步阐述

古田会议作为一个重大历史事件，其决议蕴含了极为重要的历史价值。《毛泽东选集》选编决议的第一部分——《关于纠正党内的错误思想》的题注指出：“这个决议使红军肃清旧式军队的影响，完全建立在马克思列宁主义的基础上。这个决议不但在红军第四军实行了，后来各部分红军都先后不等地照此做了。这样就使整个中国红军完全成为真正的人民军队。中国人民军队中的党的工作和政治工作，以后有广大的发展和创造，现在的面貌和过去大不相同了，但是基本的

① 《邓小平文选》(第 2 卷)，北京：人民出版社 1994 年版，第 44 页。

路线还是继承了这个决议的路线。”①毛泽东的这一重要题注阐明了古田会议在党的建设史上的奠基性地位，以及对党和军队建设的重要意义和深远影响。

古田会议决议是毛泽东亲自起草的，其中蕴含着毛泽东建党思想的多方面内容。此处仅以古田会议决议为依据，并主要从思想建党和制度治党相结合的角度，对古田会议前后毛泽东建党思想的重要内容作一概要考察，从中亦可看出毛泽东建党思想在其形成时期达到的理论高度。②

(一)对党内错误思想的分析和提出的纠正办法

古田会议决议最大的特点是把思想建党作为从严治党的根本。古田会议决议最重要的部分是《关于纠正党内的错误思想》，不但逐一深入分析了各种错误思想的表现和来源，而且有针对性地指出了纠正办法，是思想建党的伟大纲领。归纳起来，可分为三个方面：

1. 对政治层面的单纯军事观点和流寇思想的深刻分析并提出纠正的办法

古田会议决议指出：持单纯军事观点的人认为，军事与政治两者是对立的，“不承认军事只是完成政治任务的工具之一”③。在基本任务上，认为红军与白军的任务没有根本差别，只是单纯地打仗；在行政关系上，把政治工作机关隶属于军事工作机关，提出“司令部对外”的口号；在群众组织上，“忽视军队士兵会的组织和对地方工农群众的组织”④；在宣传工作上，忽视宣传队的重要性。同时，持单纯军事观点的人还有其他的表现：一是消极主义，打了胜仗就骄傲，打了败仗则消极；二是盲动主义，不顾主客观条件，犯革命急性病，不愿意艰苦细致做

① 《毛泽东选集》(第1卷)，北京：人民出版社1991年版，第85页。
② 本部分的主要内容曾以《从古田会议决议看毛泽东思想建党和制度治党相结合的思想》为题，发表于《毛泽东研究》2017年第2期。
③ 《毛泽东文集》(第1卷)，北京：人民出版社1993年版，第79页。
④ 《毛泽东文集》(第1卷)，北京：人民出版社1993年版，第79页。

群众工作，只想大干，充满幻想。“这是盲动主义的残余”①；三是机会主义，保存实力、避免斗争的思想在红四军内非常浓厚。“这是机会主义的残余”②；四是小团体主义，“一切只知道为四军打算，不知道武装地方群众是红军的重要任务之一。这是一种放大了的小团体主义”③。因此，古田会议决议提出，如果任由单纯军事观点的发展，军队便有走向脱离群众、脱离党的领导的危险，“如像国民党军队所走的军阀主义的道路一样”④。

古田会议决议对于单纯军事观点提出了具体的纠正方法：(1)通过教育提高党内的政治水平，以使同志们认清红军与白军的本质区别，破除小团体主义，肃清盲动主义和机会主义的残余。(2)发动地方党对红军党的批评和群众政权机关对红军的批评。(3)加紧对官兵政治训练。(4)加强党对军事工作的领导，一切工作都必须经由党组织讨论和决定。(5)编制红军法规，从制度上规定红军的基本任务，规范红军和人民群众的关系、军事工作系统和政治工作系统的关系、士兵委员会的职权和军事政治机关的关系，以杜绝单纯军事观点的滋生。

对于流寇思想，毛泽东认为它的根源在于“红军中游民成分占了很大的数量和全国特别是南方各省有广大游民群众的存在”⑤。因此古田会议决议着重于思想教育而提出纠正的方法。一方面，致力于加紧教育，另一方面，积极改变红军的成分，大力吸收有斗争经验的工农积极分子加入，“从斗争的工农群众中创造出新的红军部队”⑥。

2. 对组织层面的极端民主化和非组织观点的分析和纠正办法

极端民主化和非组织观点这类错误思想不仅给红军党的建设造成严重危害，

① 《毛泽东文集》(第1卷)，北京：人民出版社1993年版，第80页。
② 《毛泽东文集》(第1卷)，北京：人民出版社1993年版，第79页。
③ 《毛泽东文集》(第1卷)，北京：人民出版社1993年版，第79页。
④ 《毛泽东文集》(第1卷)，北京：人民出版社1993年版，第79页。
⑤ 《毛泽东文集》(第1卷)，北京：人民出版社1993年版，第86页。
⑥ 《毛泽东文集》(第1卷)，北京：人民出版社1993年版，第87页。

更是引起党内持续争论的主要问题之一。为了纠正这类错误思想，毛泽东不断作出努力，在党内开展思想斗争，但仍然未能克服。极端民主化的泛滥还导致了另外一种错误思想的发展，即非组织观点，此观点也导致了党的纪律废死、党的战斗力受损。这些问题引起了党中央的注意，中央“九月来信”专门作出指示，要求红四军前委予以纠正。

因此，针对极端民主化思想，古田会议决议提出了纠正方法：一是从理论上“铲除极端民主化的根苗”①；二是在组织上“厉行集中指导下的民主生活”②，也就是要坚持民主集中制的原则，提出党的领导机关要有正确的指导路线和工作办法，遇事要拿出办法，解决问题要严肃，“一成决议，就须坚决执行”③。显然，古田会议决议对非组织观点提出的纠正方法，突出强调两个方面：一是着重强调“党的纪律之一是少数服从多数”④，要求党员切实遵守党的纪律，教育党员树立坚强的组织观念；二是着重强调正确使用好党内批评这个武器，教育党员开展批评是为了增加党的战斗力，而不应利用批评去攻击个人；同时要教育党员懂得党组织的重要性，“对党委或同志有所批评应当在党的会议上提出”⑤。

3. 对思想层面的个人主义、主观主义、绝对平均主义和盲动主义残余的分析和纠正办法

个人主义、主观主义、绝对平均主义和盲动主义残余这类错误着重在于从实事求是的思想路线去解决问题。古田会议决议虽然没有使用实事求是和作风建设这样的概念，但是提出了党内生活的政治化、科学化问题。毛泽东在1929年6月14日给林彪的信中，曾经批评党内一些同志发表意见不顾事实地乱说一通的现象为“非科学的态度”，认为“共产主义者的思想和行动总要稍为科学

---

① 《毛泽东文集》(第1卷)，北京：人民出版社1993年版，第81页。
② 《毛泽东文集》(第1卷)，北京：人民出版社1993年版，第81页。
③ 《毛泽东文集》(第1卷)，北京：人民出版社1993年版，第82页。
④ 《毛泽东文集》(第1卷)，北京：人民出版社1993年版，第82页。
⑤ 《毛泽东文集》(第1卷)，北京：人民出版社1993年版，第83页。

一点才好”①。古田会议决议在这封信的基础上进一步拓展，表述更加完善，明确提出主观主义的纠正方法，主要是开展思想教育的办法，“使党员的思想和党内的生活都政治化，科学化”②。

关于盲动主义残余，决议深入分析其表现形式，比如不顾客观条件的盲干等。决议认为，这一错误思想的社会根源在于党的成分造成的“流氓无产者的思想和小资产阶级的思想的综合”③。因此，纠正办法就要有针对性地从思想上和从制度上、政策上加以防范与肃清。

而平均主义与个人主义，就像极端民主化，是手工业和小农经济的产物，只是前者表现为政治生活，后者表现为物质或精神的个人追求。纠正办法主要是加强思想教育，阐明绝对平均主义只是农民小资产者的一种幻想，在资本主义社会是这样，“就是在社会主义时期，物质的分配也要按照‘各尽所能按劳取酬’的原则和工作的需要，决无所谓绝对的平均”④；而个人主义除了思想教育外，也应尽可能地改善红军物质生活和条件，满足个人的合理需求。

由此可以看出，古田会议决议关于纠正党内错误思想的办法，并不是采取强制的或简单的组织手段，而是把马克思主义同中国革命实际结合起来，同红军的实践活动结合起来，总结出经验与教训，上升为科学理论，用以教育党员，提升每一位党员的马列主义思想修养。

(二)阐明开展党内教育的意义和方法

开展党内教育的根本任务是对党员进行思想理论教育和理想信念教育，分清是非，提高政治水平。古田会议决议把“党内教育问题”列为“红军党内最迫切的问题”⑤，并单独为一个部分写进决议。

---

① 《毛泽东文集》(第1卷)，北京：人民出版社1993年版，第70页。
② 《毛泽东文集》(第1卷)，北京：人民出版社1993年版，第84页。
③ 《毛泽东文集》(第1卷)，北京：人民出版社1993年版，第87页。
④ 《毛泽东文集》(第1卷)，北京：人民出版社1993年版，第84页。
⑤ 《毛泽东文集》(第1卷)，北京：人民出版社1993年版，第94页。

1. 阐明党内教育的意义

古田会议决议指出，不肃清党内各种错误偏向，不提高党内政治水平，就不可能发展扩大红军，更不可能负担斗争任务，明确提出“有计划地进行党内教育，纠正过去之无计划的听其自然的状态，是党的重要任务之一”①。为此，古田会议决议一开始就明确指出，党内存在的种种非无产阶级思想，严重妨碍着党的正确路线的执行。也就是说，党内思想状况的好坏，理论水平的高低，直接影响到党的政治路线的贯彻执行，影响到党的政治任务的顺利完成，把加强党的思想建设与实现党的政治路线联系起来考察，充分阐明了着重从思想建党，最重要的就是加强党内教育，加强党内教育要成为加强党的思想建设的一种必要制度。

2. 列出党内教育的材料

古田会议决议列出了10个方面的党内教育材料。其中，不仅有马列主义基本理论和党内文件，而且有与时事密切相关的内容；不仅有党的领导干部使用的马列主义理论的经典读物、社会经济科学研究材料，而且有一般党员使用的党的组织常识、政治分析、上级领导机关文件的材料。如材料之四“红军党内八个错误思想的纠正”②，就是古田会议决议所要解决的当时存在于红军党内的最突出问题。材料之五“反机会主义及托洛茨基反对派问题的讨论”③，也是发生在1929年以陈独秀为代表的党内组织托洛茨基反对派的重大事件，陈毅在古田会议上作了专题报告，传达了中共中央关于开除陈独秀等托派首要分子的决议。材料之八“马克思列宁主义的研究”，把学习马列主义改造世界观作为思想教育的根本任务突出出来。同时，既有书本和会议材料，也有实际工作中端正党员思想的方法。如“群众工作的策略和技术”以及“游击区域社会经济的调查研究”等材料，

---

① 《毛泽东文集》(第1卷)，北京：人民出版社1993年版，第94页。
② 《毛泽东文集》(第1卷)，北京：人民出版社1993年版，第94页。
③ 《毛泽东文集》(第1卷)，北京：人民出版社1993年版，第94页。

也是毛泽东自井冈山以来一直坚持的党内工作方法，即注重社会调查研究。红四军专门为此作出相应的规定，要求红军每到一处，就应分散到群众中去，对当地作政治经济和阶级状况的调查，以便为制定符合当地实际情况的工作方针与策略提供材料。这对于纠正主观主义、教条主义的错误极为重要。

3. 规定党内教育的方法

古田会议决议概括了18种党内教育方法，归纳起来大体上有以下6类：一是通过报纸、书刊进行教育，强调办好党报、编印政治简报和各种党员教育小册子，有计划地教育引导党员阅读；二是通过个别谈话开展针对性的思想政治教育；三是通过党员训练班进行思想政治教育；四是运用批评与自我批评这个武器，开展认真严肃的思想政治教育；五是召开各种形式的会议进行教育，包括政治讨论会、党员大会，党小组会，党支部大会，党支部委、组联席会，以纵队为单位组长以上活动分子会议和支部书记以上活动分子大会，以纵队为单位各级书记、组织委员、宣传委员联席会议，支队以上书记、组织委员、宣传委员联席会议等；六是给党员分配适当的工作，使他们在实践中得到教育和锻炼。

理论只有掌握群众，才有变为现实的力量。古田会议决议关于党内教育的材料办法，总结了农村环境下党的建设的新鲜经验，是对毛泽东在井冈山革命斗争时期提出的关于“无产阶级思想领导”理论的深化和拓展。

（三）把制度治党作为从严治党的保障

1. 明确纠正党内错误思想的制度化措施

制度带有根本性、全局性、稳定性和长期性。党内错误思想的纠正，必须依赖制度上的保证。思想教育要结合落实制度规定来进行。毛泽东在古田会议决议中，特别重视纠正党内错误思想的制度建设，提出了许多务实管用的措施。

第一，编制红军法规。通过一系列的制度安排来规定红军的任务，规定红军和人民群众的关系，明确军事工作系统和政治工作系统的关系，规范士兵委员会的职权，规范士兵委员会和军事政治机关的关系，从而构建起红军内部相互监督的行政体制，确保从制度上纠正盲动主义的行为，从根本纠正单纯军事观点的错误。

第二，规范党内政治生活。古田会议决议提出少数服从多数和厉行集中指导下的民主生活，通过实行民主集中制原则，来强化组织观念和纪律观念，铲除极端民主化的根苗，克服非组织观点。坚持民主集中制和少数服从多数的原则，后来都成为党的重要政治纪律和组织纪律。

第三，设计物质分配制度。古田会议决议针对“绝对平均主义”，提出必须反对不问一切理由的绝对平均主义，强调“在社会主义时期，物质的分配也要按照‘各尽所能按劳取酬’的原则和工作的需要”①。这不仅指出了分配方式上的错误做法，而且指明了分配制度上的设计方向。

2. 把严肃党内生活作为从严治党的抓手

(1)厉行集中指导下的民主生活。严肃党内政治生活是从严治党的重要内容。党要管党，首先要从党内政治生活管起；从严治党，首先要从党内政治生活严起。古田会议决议严厉批评了“所谓由下而上的民主集权制”，指出这种极端民主化将“损伤以至完全破坏党的组织，削弱以至完全毁灭党的战斗力”②，并从标本兼治的高度提出了切实的纠正办法，一方面要从思想根源和理论层面上坚决肃清极端民主化思想；另一方面强调要健全党内政治生活，“厉行集中指导下的民主生活”③。这是毛泽东为了纠正极端民主化和非组织观点等错误思想，解决党的组织松懈问题，认真汲取红四军党的七大和八大的深刻教训后提出来的。古田会议决议还进一步提出了坚持民主集中制的具体要求：一是上级党的机关要深

① 《毛泽东文集》(第1卷)，北京：人民出版社1993年版，第84页。
② 《毛泽东文集》(第1卷)，北京：人民出版社1993年版，第81页。
③ 《毛泽东文集》(第1卷)，北京：人民出版社1993年版，第81页。

入了解下级机关的基本情况和人民群众的生活情况，这是上级党的机关“正确指导的客观基础”①。二是上级党的领导机关遇事要能够拿出有效办法进行指导，以建立“领导的中枢”②。三是党的各级机关研究和解决问题的态度必须严肃，“一成决议，就须坚决执行”③。四是上级机关的重要决议“必须迅速地传达到下级机关和党员群众中去”④。五是对上级机关的指示，下级机关和党员群众不能机械式、教条式地执行，需要“经过详尽的讨论，以求彻底地了解指示的意义，并决定对它的执行方法”⑤。

坚持民主集中制，是严肃党内政治生活的题中之义，是党的旺盛生机的动力源泉，是保持党的先进性和纯洁性、增强党的凝聚力创造力战斗力的重要条件。厉行集中指导下的民主生活，抓好党内政治生活，从严治党就有了重要基础。因此，古田会议决议提出“厉行集中指导下的民主生活”，确立坚持党的民主集中制的重要原则，奠定了严肃党内政治生活、坚持从严治党的重要基础，形成了中国共产党区别于其他非马克思主义政党的鲜明标志，在中国共产党建设史上产生了极为深远的影响。

(2)用好党内批评武器。党内开展批评和自我批评，是党内政治生活的重要内容，对党的建设十分重要。大革命失败后，党内批评出现一些值得警惕的错误倾向：比如，有的把开展党内批评当成攻击个人或意气之争，因而酿成党内无原则的纠纷。红四军党内的争论就是一个典型例子。又比如，开展党内批评不注意大的方面，抓住小问题无限上纲上线。这些都充分说明了不正确开展党内批评，不但不利于问题的解决，而且还会使矛盾进一步激化。针对这些情况，古田会议决议强调，要把正确开展党内批评作为增强党的战斗力的有力武器。

---

① 《毛泽东文集》(第1卷)，北京：人民出版社1993年版，第91页。
② 《毛泽东文集》(第1卷)，北京：人民出版社1993年版，第90页。
③ 《毛泽东文集》(第1卷)，北京：人民出版社1993年版，第82页。
④ 《毛泽东文集》(第1卷)，北京：人民出版社1993年版，第82页。
⑤ 《毛泽东文集》(第1卷)，北京：人民出版社1993年版，第82页。

在毛泽东看来，红四军党内各种错误思想表现复杂，对革命和党的危害大，但这些错误思想仍属于不同思想认识问题，是当时农村环境下特定历史现象在党内的反映，在性质上仍然是党内矛盾。因此，毛泽东在古田会议决议中开创性地提出用党内批评的办法来解决党内的非无产阶级思想问题，揭露矛盾，克服错误。他认为，克服党内的非无产阶级思想，不能采取简单粗暴、过火的党内斗争，而需要通过艰苦细致的思想政治工作，通过开展党内思想教育，来统一思想、提高认识，即便一时不能形成共识，也要尽可能做争取工作。这是毛泽东在红四军内部争论中所采取的一种正确态度和方法。为此，毛泽东在古田会议决议中提出一整套关于党内批评的原则和方法：

第一，开展党内批评必须实事求是。古田会议决议提出党内批评要注意政治，防止主观武断，“说话要有证据”①，反对“互相之间的乱说，或互相猜忌”②，因为这样的批评只会“酿成党内的无原则纠纷，破坏党的组织”③。毛泽东所说的“证据”，既是指以事实为依据，不能捕风捉影，同时也是指对中国现实国情的深刻了解，而不是从苏联那里照搬现成的经验，或者从经典作家的“本本”中摘录片言只语。批评要有证据，这是开展党内批评非常重要的观点和方法。

第二，开展党内批评要有组织观念。党内批评应当立足于阶级的利益和整个党的利益，防止以个人主义为中心的狭隘的报复主义、小团体主义。要防止专注个人小节，把批评变味为指摘个人的小缺点，“不注意大的方面，只注意小的方面”④，把批评庸俗化，甚至让人“变成了谨小慎微的君子，就会忘记党的政治任务，这是很大的危险”⑤。

第三，开展党内批评要充分发扬民主。要“发动地方党对红军党的批评和群

① 黄宏、林仁芳：《古田精神》，北京：人民出版社 2007 年版，第 41 页。
② 《毛泽东文集》(第 1 卷)，北京：人民出版社 1993 年版，第 84 页。
③ 《毛泽东文集》(第 1 卷)，北京：人民出版社 1993 年版，第 84 页。
④ 《毛泽东文集》(第 1 卷)，北京：人民出版社 1993 年版，第 84 页。
⑤ 《毛泽东文集》(第 1 卷)，北京：人民出版社 1993 年版，第 84 页。

众政权机关对红军的批评”①，但是批评必须遵守组织原则，注意内外有别，特别要教育党员明白党组织的重要性，对党委或同志有所批评“应当在党的会议上提出”②。

古田会议开创性地运用开展党内批评、党内思想斗争的办法，揭露矛盾，克服错误，来解决党内分歧、党内矛盾，解决党内的非无产阶级思想问题。这对党的思想政治建设理论是一个重要创新，对从严治党是一个重大贡献。

(3)开展积极的思想斗争。在探索革命道路的过程中，围绕党的路线、方针、政策的正确制定展开思想交锋，是很正常的。但在党的历史上，却曾经发生过对持不同意见的同志采取阶级斗争的办法，无情打击、残酷斗争。开展党内批评的做法，正是在系统地纠正和防止党内错误思想的过程中，在正确开展党内积极的思想斗争的过程中，逐步形成和发展起来的。

应当指出，尽管古田会议之前，红四军领导层在一系列问题上的争论是比较激烈的，但是毛泽东、朱德、陈毅在发扬党内民主、开展批评与自我批评方面都堪称楷模，他们都有崇高的政治信仰和党性修养，都能一切从党的利益和革命事业出发，抛弃个人成见和得失认识和分析问题，表现出高度的政治意识和大局观念。红四军领导层的争论，本质上建党建军探索道路上的不同意见之争。从争论发生起，毛泽东就坚持进行积极的思想斗争，谋求解决争论的是非问题，把党和军队建设引向正轨。朱德置身这场争论，在白沙会议、给林彪的信和红四军党的七大上，多次申述的内容力图辨析一些观点，澄清认识。尽管在有些问题的认识上存在误区，但他的出发点和目的是明确的，就是向他认为不正确的观点提出不同意见。需要指出的是，在红四军领导层的这场争论中，自我批评、自我思想斗争的情况是非常突出的。在争论中、争论后，红四军主要领导人都有反思，并逐步认识到了自己存在的错误，朱德坦白承认在过去的争论中自己有错，毛泽东也承认自己的工作方式和态度不好。红四军中发生的这场争论过程，是观点碰撞、

---

① 《毛泽东文集》(第1卷)，北京：人民出版社1993年版，第80页。

② 《毛泽东文集》(第1卷)，北京：人民出版社1993年版，第83页。

思想交锋的过程，是坦诚相见的同志式的批评与自我批评的过程。正是因为这样，古田会议才能最终胜利召开，实现红四军党内思想上组织上的高度团结统一，成为倡导开展党内批评、解决党内思想矛盾的典范。

3. 明确开展党内教育的制度化要求

古田会议把党内思想教育作为思想建党的重要途径，并且提出把思想教育纳入常态化，强调“有计划地进行党内教育，纠正过去之无计划的听其自然的状态”①。为此，古田会议决议列出 18 种党内教育方法，提出加强党内教育规范化的制度安排。

古田会议决议特别重视发挥支部在教育党员中的作用，其中专门指出开好支部会议对于解决问题、教育同志的重要意义，并对怎样开好支部会议提出了 7 项具体规定，形成了可操作的会议制度。通过开展经常性的教育，使党的思想教育走向常态化。

思想教育绝非一日之功，而是长期灌输和潜移默化作用的结果，提高思想教育的实效性需要有制度的保障。毛泽东认为，党员教育常态化是纠正党内错误思想的有效途径，是提高马克思列宁主义水平的可靠手段。因此，毛泽东认真总结新泉整训和古田会议之前开展的党内思想教育和党内政治生活中的教训和经验，并在古田会议决议中确立下来，上升为党的建设的原则和规定，成为党内遵循的重要制度。比如，加强党内教育与调查研究结合，党内教育与执行政治任务相结合，思想教育与组织处分相结合等，都以制度的形式确立下来，用以指导和规范党内教育和党的建设。

4. 明确加强党内组织建设的制度化规定

在中国这样一个半殖民地半封建的国家里，如何把一支主要由农民组成的军

① 《毛泽东文集》(第 1 卷)，北京：人民出版社 1993 年版，第 94 页。

队置于共产党的绝对领导下，使其成为新型人民军队，这对我们党是一个全新的课题。古田会议决议的核心就是要把红军建设成为一支在共产党绝对领导下、坚持无产阶级性质和为人民服务宗旨、服从服务于革命斗争和根据地建设的新型人民军队。因此，古田会议决议认真总结经验，就如何加强党对红军的领导，在组织上提出了一系列重大原则和制度。

第一，建立党的政治领导制度。毛泽东在古田会议决议中严肃批评了单纯军事观点和脱离党的领导、轻视政治工作的倾向，明确“军事只是完成政治任务的工具之一”①，必须服从无产阶级及其政党的政治领导，并对建立党在红军中的领导中枢制度提出明确要求。

第二，严明党的组织纪律和制度。毛泽东在古田会议决议中分析批判了非组织观点的表现和危害，指出红四军党内存在着少数不服从多数、非组织的批评等非组织观点，强调要坚持民主集中制、坚决执行党的决议。针对“许多党员不在党内批评而在党外去批评”②，党内的批评变成了攻击个人等错误倾向，决议强调允许个人发表意见，允许争论，但争论要限于党内，要开展积极健康的批评和自我批评。决议还要求“严格地执行纪律，废止对纪律的敷衍现象”③，不允许党内任何人搞特殊化。

第三，提出党员队伍严进严教严管制度。在古田会议决议中，毛泽东深刻分析了红军党组织建设出现的问题，提出了加强党员队伍建设的重要制度。一是针对党员加入太随便等问题，提出党员队伍严进的制度，坚持在旧的基础厉行洗除，重新规定了新分子入党的五个条件，同时严格入党手续。二是针对严酷的战争环境下有些党员革命意志薄弱、思想动摇等现象，决议提出严格支部生活，开好支部会议，“并规定会期，严密地督促开会”④；古田会议决议还专门分析了党员对支部会议缺乏兴趣的原因，并指出改进办法。千方百计地利用组织生活

① 《毛泽东文集》(第1卷)，北京：人民出版社1993年版，第79页。
② 《毛泽东文集》(第1卷)，北京：人民出版社1993年版，第83页。
③ 《毛泽东文集》(第1卷)，北京：人民出版社1993年版，第90页。
④ 《毛泽东文集》(第1卷)，北京：人民出版社1993年版，第91页。

会和党员学习会，加强对党员的教育。三是针对红军士兵的组成成分异常复杂，存在着一些土匪习气和小农思想观念，提出严管党员队伍的制度，用制度和纪律规范党员的行为，惩处违背党规党纪的党员。同时，决议还肯定和坚持了把干部与一般党员、知识分子与劳动分子等进行混编管理的办法，使领导干部以普通党员的身份参加组织生活，接受党员的监督，从而形成了党内组织生活的一系列科学制度。

（四）把严明纪律作为从严治党的要求

1. 严明党的政治纪律和政治规矩

党的六大党章规定："严格的遵守党纪为所有党员及各级党部之最高责任。"①党的纪律是党的力量源泉所在，没有纪律约束，党就会成为一盘散沙。管党治党靠什么？最根本的就是要靠依规治党、严明纪律。守纪律讲规矩，最重要的是守政治纪律、政治规矩。古田会议在建党建军史上具有里程碑意义的重要地位，最为突出的贡献之一就在于提出政治建党，把党的领导、政治工作置于军队建设的首要位置，并制定了一系列切实有效的政治规矩。

第一，在政治与军事的关系上，决议鲜明提出，红军作为执行革命政治任务的武装集团，必须服从于无产阶级思想领导，服务于革命斗争和根据地建设。这一规定阐明了红军是无产阶级的人民军队的性质，是在中国共产党领导下执行革命政治任务的中坚力量。红军绝不是谋取私利的武装团体，全心全意为人民服务是红军的宗旨。

第二，在党的领导与军事工作的关系上，决议规定"一切工作，在党的讨论和决议之后，再经过群众去执行"②，坚持党指挥枪，政治决定军事，决不能以

---

① 中共中央文献研究室、中央档案馆：《建党以来重要文献选编（1921—1949）》（第15册），北京：中央文献出版社2011年版，第480页。

② 《毛泽东文集》（第1卷），北京：人民出版社1993年版，第80页。

“军事领导政治”“以军队控制政权”，军队必须绝对服从于党的领导。

第三，在红军的政治系统与军事系统的关系上，决议强调指出，政治机关同军事机关不是隶属关系，而是具有平等的地位，“在前委指导之下，平行地执行工作”①。并重申中央关于政治工作是红军中政治命脉的要求，强调注重加强红军政治工作，尤其是加强政治教育，突出了政治机关和政治工作的重要地位。

2. 严明党的组织纪律和组织规矩

列宁曾精辟指出，无产阶级政党的强大力量来自坚强的组织，“组织能使力量增加 10 倍”②。无产阶级政党要发挥其在革命中的领导作用，首先必须有极其严密的组织体系，严明的组织纪律和组织规矩。古田会议决议在加强党的组织建设上制定了一系列的规矩。

第一，针对极端民主化问题，决议提出既要重视解决思想认识问题，又要重视在组织上“厉行集中指导下的民主生活”③，并就坚持党的民主集中制原则立下了五条党内规矩。

第二，针对非组织观点问题，决议提出两条的组织纪律和规矩：一是党内会议要让与会同志都尽量地发表意见。遇到有争论的问题，不要敷衍调和，务必把是非弄明白。二是坚持少数服从多数。拥护并执行多数人通过的决议，必须作为党内严格遵守的组织纪律。

第三，针对党员纪律松懈等问题，决议提出“旧的基础厉行洗除”④，同时强调发展新党员要严格掌握标准，严格组织程序，还要求介绍入党后要详细告诉新党员应遵守的要点。介绍人对所介绍人应负相当责任。支委要派人对将入党的人谈话，考查是否具备入党条件”⑤。

---

① 《毛泽东文集》(第 1 卷)，北京：人民出版社 1993 年版，第 113 页。
② 《列宁全集》(第 24 卷)，北京：人民出版社 2017 年版，第 38 页。
③ 《毛泽东文集》(第 1 卷)，北京：人民出版社 1993 年版，第 81 页。
④ 《毛泽东文集》(第 1 卷)，北京：人民出版社 1993 年版，第 90 页。
⑤ 《毛泽东文集》(第 1 卷)，北京：人民出版社 1993 年版，第 90 页。

3. 严明党的群众纪律和生活纪律

早在井冈山斗争时期，红军就有了“三大纪律”“六项注意”的群众纪律。1927 年秋，毛泽东在进行“三湾改编”时，就明确提出红军必须开展宣传工作，向人民群众宣传红军不同于旧军阀，红军是代表工农劳苦大众利益的革命军队。由于旧军队给老百姓印象很坏，所以老百姓见到军队能跑则跑、能躲则躲。为了改变这种状况，毛泽东每天都要跟部队讲话，要求沿途写大字标语进行宣传。经过一段时间的努力，情况虽然有所好转，但由于环境艰难，战士们肚子饿了，拿老百姓一个红薯、一个鸡蛋的事常有；向地主土豪筹款，大家乱拿的有之，甚至还拿到贫农和小商人头上去。陈士榘回忆道：“特别是有一部分同志非常散漫，不听指挥，乱说乱动，侵犯群众利益。那时党员的水平不高，也无法说服和制止这种行为。”①1927 年 10 月，毛泽东率领秋收起义的余部准备上井冈山与袁文才、王佐部会合。出发之前毛泽东向大家宣布了“三大纪律”。据陈士榘回忆，毛泽东在上井冈山之前叮嘱大家，“要和山上的群众搞好关系，和王佐的部队搞好关系，做好群众工作，没有群众的支持，根据地是建立不起来的”②。随后，毛泽东宣布了行动听指挥、打土豪筹款子要归公和不拿老百姓一个红薯等三大纪律，并作了生动解释，阐明了为什么要规定这三项纪律，给陈士榘留下了深刻的印象。

1928 年 1 月，红军分兵在遂川县筹款做群众工作中，出现了没收小商小贩的货物、错还借去睡觉的门板、把铺草弄得遍地都是等损坏群众利益的现象。毛泽东通过调查研究，找群众谈话，于当月 25 日在遂川县城李家坪召开的大会上，又为工农革命军规定了“六项注意”：上门板、捆铺草、说话要和气、买卖要公平、借东西要还、损坏东西要赔。1928 年 3 月，毛泽东率领工农革命军到达湖

---

① 井冈山革命根据地党史资料征集编研协作小组、井冈山革命博物馆：《井冈山革命根据地》(下册)，中共党史资料出版社 1987 年版，第 198 页。

② 井冈山革命根据地党史资料征集编研协作小组、井冈山革命博物馆：《井冈山革命根据地》(下册)，中共党史资料出版社 1987 年版，第 198 页。

南桂东的沙田，把“三大纪律”和“六项注意”合二为一，向工农革命军重新宣布了“三大纪律、六项注意”，这是人民军队“三大纪律、八项注意”革命纪律的雏形。

1929年春夏之际，红四军转战赣南闽西战斗生活极其艰苦，这时部分战士随处大小便、光着屁股洗澡等现象比较普遍，而当地妇女又常集结于溪边洗衣服，从而引起当地群众的不满。针对这一新情况，毛泽东又增加了“洗澡避女人”和“大便找厕所”两条规定。同时，根据斗争形势的发展，毛泽东又将“三大纪律”修改为：“一切行动听指挥”“不拿群众一针一线”“一切缴获要归公”。“八项注意”也修改为：说话要和气，买卖要公平，借东西要还，损坏东西要赔，不打人骂人，不损坏庄稼，大便找厕所，洗澡避女人。由此形成了著名的“三大纪律、八项注意”。“三大纪律、八项注意”作为根本纪律，既充分体现了红军对群众利益的尊重，更集中体现了新型的党群关系、军民关系，为党和人民军队建设提供了纪律保障。

群众利益无小事。红军严守党的群众纪律和生活纪律，切实维护群众的利益，人民群众才会把红军看成自己的亲人。因此，古田会议决议提出要加强红军纪律教育，严格地执行“三大纪律”“八项注意”，“废止对纪律的敷衍现象”①。从而形成了统一的红军群众纪律，并通过刚性约束，使红军战士遵守“三大纪律”“八项注意”逐渐成为一种自觉，他们把这些注意事项写在包袱布上，随时携带在身边，时时用纪律提醒自己、约束自己，随时对照执行。

古田会议开辟了中国共产党从严治党的新路。“古田会议确立思想建党的原则，解决‘组织松懈’‘纪律敷衍’问题。从井冈山、古田，到遵义、延安，再到西柏坡，党领导中国人民艰苦卓绝、历经磨难，不怕牺牲、付出高昂代价，以执拗不屈的伟大精神，使中华民族重新站立起来，屹立于世界民族之林。”②在新的

① 《毛泽东文集》(第1卷)，北京：人民出版社1993年版，第90页。

② 《王岐山在福建调研时强调：全面从严治党 严明党的纪律 把握运用监督执纪“四种形态”》，载《人民日报》，2015年9月27日第4版。

历史条件下进一步发掘古田会议决议从严治党的思想价值，有助于深刻理解毛泽东建党思想，也可以为后来的从严治党提供有益启示。

三、新民主主义革命时期毛泽东建党思想的主要内容

毛泽东十分重视中国共产党的建设，并且明确提出了党的建设目标，把党的建设称作一项“伟大的工程”。1939 年 10 月，他在《〈共产党人〉发刊词》中总结党的建设的经验教训，并在此基础上明确指出，为了中国革命的胜利，迫切需要建设这样一个党，即“建设一个全国范围的、广大群众性的、思想上政治上组织上完全巩固的布尔什维克化的中国共产党”①。他认为，这是一项“伟大的工程”。这项“伟大的工程”的内涵是：在思想上必须以马克思主义为指导；在政治上必须从中国的实际出发，制定切实可行的、能引导人民大众前进的政治路线、政策与策略；在组织上必须坚持民主集中制；在党群关系上必须密切联系广大人民群众，在群众中具有强大的号召力和凝聚力；在布局上全国都应普遍有党员和党的组织存在。刘少奇、陈云等也围绕党的建设伟大工程的实施发表了多篇文章，集中论述党的建设问题，构成了毛泽东建党思想的重要组成部分。

毛泽东建党思想不仅鲜明地提出了党的建设目标，而且系统地回答了在革命战争年代，在长期农村游击战争环境下如何建设一个马克思主义指导的工人阶级先锋队的问题。

(一)必须把思想建设放在党的建设的首位

毛泽东建党思想中最具特色的内容、也是最核心的内容，是必须把思想建设放在党的建设的首位。毛泽东对此作了充分论述。他认为，在党的建设的各项内

---

① 《毛泽东选集》(第 2 卷)，北京：人民出版社 1991 年版，第 602 页。

容中，思想建设是第一位的，要着重从思想上建党。“掌握思想教育，是团结全党进行伟大政治斗争的中心环节。如果这个任务不解决，党的一切政治任务是不能完成的。”①思想建设的内容是坚持对全党进行马克思主义教育，用无产阶级思想改造和克服党内的各种非无产阶级思想，反对主观主义、宗派主义、自由主义、极端民主化等错误思想，使全体党员牢固地树立马克思主义世界观和全心全意为人民服务的思想，真正地从思想上入党。强调从思想上建党，是由中国共产党所处的特殊环境决定的。党处于农民与小资产阶级汪洋大海的包围之中，大批农民和其他小资产阶级出身的革命分子(尤其是青年学生)参加共产党，是一件大好事，可以壮大党的力量，但必然也会把一些非无产阶级的意识带入党内，成为产生错误思想的根源。即使是工人出身的党员，在这样的环境下也容易沾染小资产阶级的色彩。所以，党内无产阶级思想和非无产阶级思想之间的矛盾，特别是与农民、小资产阶级思想的矛盾，就成为党内最本质的矛盾。要解决这个矛盾，不能简单地用提高党内产业工人成分的办法，也不能用清洗小资产阶级出身党员的办法，而只能用思想教育的办法，使出身于农民和小资产阶级的党员以及染有小资产阶级色彩的党员通过学习马克思主义，进行思想改造，抛弃原来的阶级立场，坚定无产阶级立场。

把思想建设放在党的建设的首位，首先要使广大党员自觉地深入学习与研究马克思主义理论。毛泽东指出：“一切有相当研究能力的共产党员，都要研究马克思、恩格斯、列宁、斯大林的理论，都要研究我们民族的历史，都要研究当前运动的情况和趋势，并经过他们去教育那些文化水准较低的党员。特殊地说，干部应当着重地研究这些，中央委员和高级干部尤其应当加紧研究。指导一个伟大的革命运动的政党，如果没有革命理论，没有历史知识，没有对于实际运动的深刻的了解，要取得胜利是不可能的。”②毛泽东强调，不应当把他们的理论当作教条看待，而应当看作行动的指南。不应当只是学习马克思列宁主义的词句，而应

① 《毛泽东选集》(第3卷)，北京：人民出版社1991年版，第1094页。
② 《毛泽东选集》(第2卷)，北京：人民出版社1991年版，第532~533页。

当把它当成革命的科学来学习。不但应当了解他们研究广泛的真实生活和革命经验所得出的关于一般规律的结论，而且应当学习他们观察问题和解决问题的立场和方法。“我们的任务，是领导一个几万万人口的大民族，进行空前的伟大的斗争。所以，普遍地深入地研究马克思列宁主义的理论的任务，对于我们，是一个亟待解决并须着重地致力才能解决的大问题。”①毛泽东号召“来一个全党的学习竞赛”，看谁真正地学到了一点东西，看谁学得更多一点、更好一点。在他看来，在担负主要领导责任的观点上说，如果我们党有100~200个系统地而不是零碎地、实际地、空洞地学会了马克思列宁主义的同志，就会大大提高我们党的战斗力量，并加速我们战胜敌人的工作。

加强党的思想建设，必须坚持把马克思主义与中国实际相结合，推进马克思主义中国化。毛泽东明确提出了“马克思主义的中国化”的命题。他指出：“共产党员是国际主义的马克思主义者，但马克思主义必须通过民族形式才能实现。没有抽象的马克思主义，只有具体的马克思主义。所谓具体的马克思主义，就是通过民族形式的马克思主义，就是把马克思主义应用到中国具体环境的具体斗争中去，而不是抽象地应用它。成为伟大中华民族之一部分而与这个民族血肉相连的共产党员，离开中国特点来谈马克思主义，只是抽象的空洞的马克思主义。因此，马克思主义的中国化，使之在其每一表现中带着中国的特性，即是说，按照中国的特点去应用它，成为全党亟待了解并亟须解决的问题。洋八股必须废止，空洞抽象的调头必须少唱，教条主义必须休息，而代之以新鲜活泼的，为中国老百姓所喜闻乐见的中国作风与中国气派。”②马克思主义中国化的本质含义，就是马克思列宁主义的普遍真理同中国革命的具体实践相结合。因此，毛泽东从延安整风开始，几乎没有再使用过“马克思主义的中国化”概念，而代之以“马克思列宁主义的普遍真理同中国革命的具体实践相结合”这一更为准确的学术用语。尽

---

① 《毛泽东选集》(第2卷)，北京：人民出版社1991年版，第533页。

② 中共中央文献研究室、中央档案馆：《建党以来重要文献选编(1921—1949)》(第15册)，北京：中央文献出版社2011年版，第651页。

管如此，“马克思主义中国化”这一概念，还是以其简洁、通俗的特点，成为“马克思列宁主义的普遍真理同中国革命的具体实践相结合”的同义词。

毛泽东强调运用马克思主义的立场观点方法研究中国实际问题。他认为，当前运动的特点是什么？它有什么规律性？如何指导这个运动？这些都是实际的问题。“运动在发展中，又有新的东西在前头，新东西是层出不穷的。研究这个运动的全面及其发展，是我们要时刻注意的大问题。如果有人拒绝对这些做认真的过细的研究，那他就不是一个马克思主义者。”①

加强党的思想建设，要充分发挥思想政治工作的作用。中国共产党是在极为艰难困苦的条件下成长壮大起来的。党之所以能够克服一切常人难以克服的困难，对外战胜凶残强大的敌人与各种不利的客观因素，对内克服党内滋生的各种错误倾向与思潮，依靠的就是思想政治工作。党在长期的革命实践中，已经形成了一整套行之有效的思想政治工作的经验、办法和制度。加强思想政治工作，是使广大党员保持思想纯洁的有力武器。

加强党的思想建设，要经常在党内开展批评和自我批评，针对党内存在的不良风气进行整顿，即开展整风。1942 年的延安整风，开党内整风之先河。延安整风的主要内容是反对主观主义以整顿学风，反对宗派主义以整顿党风，反对党八股以整顿文风，其中以反对主观主义为中心任务。在整风中，全体党员，特别是党的领导干部有目的、有步骤、有组织地学习马克思主义理论与党的文件，针对党内在思想上、作风上、组织上存在着的某些主要错误与不良倾向，开展批评和自我批评，实事求是地揭发错误，分析产生错误的原因，找到改正错误的办法。延安整风运动的方针是“惩前毖后，治病救人”，通过这一方针达到既弄清思想又团结同志的目的。通过整风，提高全党的马克思主义理论水平和思想政治觉悟，使全党统一思想、端正作风、加强纪律、增进团结，保持无产阶级政党的先进性、纯洁性。中国共产党关于通过党内整风加强党的思想建设的理论与实

① 《毛泽东选集》(第 2 卷)，北京：人民出版社 1991 年版，第 534 页。

践，是对无产阶级政党建设理论的重大贡献。

（二）密切联系党的政治路线加强党的建设

毛泽东论述了党的建设与党的政治路线的关系，以及党的建设与党的事业之间的关系，他在《〈共产党人〉发刊词》中指出："党的建设过程，党的布尔什维克化的过程，是这样同党的政治路线密切地联系着的，是同党对于统一战线问题、武装斗争问题之正确处理或不正确处理密切地联系着的。"①党正确地处理了统一战线和武装斗争的问题，党就发展、巩固，党的布尔什维克化就前进一步；反之，就后退一步。党的政治建设是以能不能正确认识和处理中国革命问题，尤其是武装斗争和统一战线问题为标准的。政治建设是党的建设的根本。所谓政治建设，就是运用马克思主义的理论与方法，制定一定历史时期的路线、方针和政策，并以这样的路线、方针和政策去教育党的干部和党员，使他们在实际工作中始终坚持正确的政治方向，始终在政治上与党中央保持一致。

加强党的政治建设，首先要制定正确的政治路线。政治路线的正确与否，决定着党的巩固与发展，决定着革命事业的成功与失败。政治路线是党的纲领的具体体现，是党在一定历史时期政治行动的总方向和总道路。党的纲领体现着党的性质和宗旨，是公开树立起来的旗帜，而党的政治路线则是根据当时的历史条件，确定这一历史时期的政治任务与奋斗目标，为党在该时期的工作确定方向和道路，为全党的团结和统一奠定政治基础。正确的政治路线是无产阶级和人民群众意志与愿望的集中体现，代表着无产阶级和人民群众的根本利益，因而能够得到广大人民群众的拥护和支持，使党的发展具有坚实的群众基础。制定正确的政治路线，标志着党在政治上的成熟，因此党的建设必须与党的政治路线密切结合。政治路线的制定与执行，又有赖于党的建设的加强。因为正确的政治路线的制定，与全党特别是党的高级干部的马克思主义理论水平及其运用马克思主义原

① 《毛泽东选集》(第2卷)，北京：人民出版社1991年版，第605页。

理解决中国实际问题的能力有密切关联。加强党的建设，使党在思想上、政治上达到成熟，才能为党的正确政治路线的制定与执行提供基本的保证。正如毛泽东所说："党更加布尔什维克化，党就能、党也才能更正确地处理党的政治路线，更正确地处理关于统一战线问题和武装斗争问题。"①

党的建设与党的政治路线紧密相连，是毛泽东提出的马克思主义政党建设的基本原理，揭示了党的建设的基本规律，要求全党把党的建设伟大工程和党所领导的伟大事业紧密结合起来，必须密切联系党的政治路线来加强党的建设，通过加强党的建设来推进伟大事业。

(三)坚持民主集中制的组织原则

民主集中制是中国共产党根本的组织原则。中国共产党在成立时就已确立按照民主集中制的原则建党并开展活动。1927 年 6 月中共中央政治局通过的《中国共产党第三次修正章程决案》中，第一次使用了"民主集中制"的提法，以后被历次党的代表大会通过的党章所沿用，成为中国共产党的根本组织原则。刘少奇在党的七大关于修改党章的报告中，对民主集中制作了集中论述。他将民主集中制视为党内的组织规律，指出："中国共产党是由全体党员按照一定规律组织起来的统一的有机体，是党的领导者被领导者的结合体，是党的首脑(中央)、党的各级组织和广大党员群众依照一定规律结合起来的统一体。这种规律，就是党内的民主的集中制。""党内民主的集中制，按照党章的规定，即使在民主基础上的集中和在集中指导下的民主。它是民主的，又是集中的。它反映党的领导者与被领导者的关系，反映党的上级组织与下级组织的关系，反映党员个人与党的集体的关系，反映党的中央、党的各级组织与党员群众的关系。"②民主集中制是实现党的政治路线、实现党在思想上组织上的团结一致、调动全体党员积极性的重

① 《毛泽东选集》(第 2 卷)，北京：人民出版社 1991 年版，第 605 页。

② 中共中央文献研究室、中共中央党校：《刘少奇论党的建设》，北京：中央文献出版社 1991 年版，第 457 页。

要保证，是正确处理党内各种关系的基本原则。民主集中制是将充分的民主与高度的集中辩证地统一起来的制度，即在民主基础上的集中和在集中指导下的民主。

依据民主集中制的原则，一方面，党的集中制是建立在民主基础上的集中制。党的领导机关是在民主的基础上由党员群众选举出来并给予信任的；党的指导方针与决议是在民主基础上由群众中集中起来的，并且是由党员群众或者是由党员的代表所决定，然后又由领导机关协同党员群众坚持下去与执行的；党的领导机关的权力是由党员群众所授予的，因此，它能代表党员群众行使它的集中领导的权力，处理党的一切事务，并为党的下级组织和党员群众所服从；党内的秩序是依据个人服从组织、少数服从多数、下级服从上级、全党各个部分组织统一服从中央的原则来建立的。也就是说，党的民主集中制是建立在民主基础上的，不是离开民主的，不是个人专制主义。另一方面，党的民主制是在集中指导下的民主，因为党的一切会议是由领导机关召集的，一切会议的进行是有领导的，一切决议和法规的制定是经过充分准备和仔细考虑的，一切选举是由审慎考虑过的候选名单的，全党是有一切党员都要遵守的党章和统一纪律的，并有一切党员都要服从的统一的领导机关的。“党内民主制，不是没有领导的民主，不是极端民主化，不是党内的无政府状态。”①“党内民主的集中制，即是党的领导骨干与广大党员群众相结合的制度，即是从党员群众中集中起来，又到党员群众中坚持下去的制度。即是反映党内的群众路线。”②也就是说，党的民主集中制的本质，就是党内的群众路线。

坚持民主集中制，必须扩大党内民主。毛泽东在党的六届六中全会上，对扩大党内民主有着充分的论述。他认为，是否发扬民主，关系到党的各级领导机关、广大党员、干部积极性的发挥，而这种积极性是否得到高度发挥，关系到党

① 中共中央文献研究室、中共中央党校：《刘少奇论党的建设》，北京：中央文献出版社 1991 年版，第 458 页。

② 中共中央文献研究室、中共中央党校：《刘少奇论党的建设》，北京：中央文献出版社 1991 年版，第 458 页。

领导的伟大斗争能否取得胜利。“处在伟大斗争面前的中国共产党，要求整个党的领导机关，全党的党员和干部，高度地发挥其积极性，才能取得胜利。”①毛泽东列举了发挥各级领导机关、全体党员和干部积极性的具体表现，并揭示了发挥积极性与发展党内民主、培养创造人才的关系，指出：“所谓发挥积极性，必须具体地表现在领导机关、干部和党员的创造能力，负责精神，工作的活跃，敢于和善于提出问题、发表意见、批评缺点，以及对于领导机关和领导干部从爱护观点出发的监督作用。没有这些，所谓积极性就是空的。而这些积极性的发挥，有赖于党内生活的民主化。党内缺乏民主生活，发挥积极性的目的就不能达到。大批能干人材的创造，也只有在民主生活中才有可能。”②

毛泽东分析了党内民主缺乏的社会历史原因，指出了加强党内民主集中制教育的必要性，指出：“由于我们的国家是一个小生产的家长制占优势的国家，又在全国范围内至今还没有民主生活，这种情况反映到我们党内，就产生了民主生活不足的现象。这种现象，妨碍着全党积极性的充分发挥。同时，也就影响到统一战线中、民众运动中民主生活的不足。为此缘故，必须在党内施行有关民主生活的教育，使党员懂得什么是民主生活，什么是民主制和集中制的关系，并如何实行民主集中制。这样才能做到：一方面，确实扩大党内的民主生活；又一方面，不至于走到极端民主化，走到破坏纪律的自由放任主义。”③毛泽东特别强调了扩大党内民主的目的和实质，指出：“无论在军队或在地方，党内民主都应是为着巩固纪律和增强战斗力，而不是削弱这种纪律和战斗力。”“扩大党内民主，应看作是巩固党和发展党的必要的步骤，是使党在伟大斗争中生动活跃，胜任愉快，生长新的力量，突破战争难关的一个重要的武器。”④

刘少奇在党的七大上所作的修改党章的报告中，对毛泽东关于扩大党内民主、巩固党的集中制思想作了进一步的发挥。他说，“党内民主的实质，就是要

① 《毛泽东选集》(第2卷)，北京：人民出版社1991年版，第528页。
② 《毛泽东选集》(第2卷)，北京：人民出版社1991年版，第529页。
③ 《毛泽东选集》(第2卷)，北京：人民出版社1991年版，第529页。
④ 《毛泽东选集》(第2卷)，北京：人民出版社1991年版，第529页。

充分发扬党员的自动性与积极性，提高党员对党的事业的责任心，发动党员或党员的代表在党章规定的范围内尽量发表意见，以积极参加党对于人民事业的领导工作，并以此来巩固党的纪律和统一。只有认真地扩大党内民主，才能建立与巩固党内的集中制，才能巩固党内的自觉的纪律，才能建立与巩固党内的集中制，才能使领导机关的领导工作臻于正确。"①刘少奇还强调，要在党内放手实行高度的民主，但是，党内民主必须保证是按照有利于党的事业(即人民的事业)的方向进行，不能松懈党内的战斗意志和团结，不能被暗害分子、反党分子和党内的分裂主义者与投机家、野心家所利用。

坚持民主集中制，必须既要扩大党内民主，又要加强党内纪律。针对党内存在的违反党的纪律甚至破坏党内的纪律的情况，毛泽东重申了"四个服从"，并将其与维护党的统一联系在一起，强调："必须重申党的纪律：(一)个人服从组织；(二)少数服从多数；(三)下级服从上级；(四)全党服从中央。谁破坏了这些纪律，谁就破坏了党的统一。"②总之，扩大党内民主是巩固和发展党的必要的步骤。"党内的民主应该扩大，但党的决议必须无条件地执行。党员个人服从组织，下级服从上级，少数服从多数，全党各个部分组织统一服从中央，党章规定的这些原则，必须无条件地执行。"③

民主集中制这一根本组织原则的实行，从组织上保证了中国共产党的团结统一，使党在极端困难条件下获得了巨大的组织优势，从而保证了党的政治路线的贯彻落实。

(四)坚持"任人唯贤"的干部路线和正确的干部政策

毛泽东从党的事业、党的历史任务的高度论述了党的干部的极端重要性，并

---

① 中共中央文献研究室、中共中央党校：《刘少奇论党的建设》，北京：中央文献出版社 1991 年版，第 465 页。

② 《毛泽东选集》(第 2 卷)，北京：人民出版社 1991 年版，第 528 页。

③ 中共中央文献研究室、中共中央党校：《刘少奇论党的建设》，北京：中央文献出版社 1991 年版，第 466 页。

在党的六届六中全会上集中阐述了党的干部路线和干部政策。他指出："中国共产党是在一个几万万人的大民族中领导伟大革命斗争的党，没有多数才德兼备的领导干部，是不能完成其历史任务的。""政治路线确定之后，干部就是决定的因素。"①毛泽东提出了有计划地培养大批年轻干部的任务，并对如何培养干部、爱护干部、使用干部等提出了具体要求。他指出，中国共产党成立以来，已经培养了不少的领导人材，各方面都有了我们的骨干，这是党的光荣，也是全民族的光荣。但是，现有的骨干还不足以支撑斗争的大厦，还须广大地培养人材。在中国人民的伟大的斗争中，已经涌出并正在继续涌出很多的积极分子，我们的责任，就在于组织他们，培养他们，爱护他们，并善于使用他们。"有计划地培养大批的新干部，就是我们的战斗任务。""不但要关心党的干部，还要关心非党的干部。"②

毛泽东从多个方面对如何培养干部进行了论述，归纳起来主要有以下三个方面：一是必须善于识别干部。不但要看干部的一时一事，而且要看干部的全部历史和全部工作，这是识别干部的主要方法。二是必须善于使用干部。领导者的责任，归结起来，主要是出主意、用干部两件事。在使用干部的问题上，实行"任人唯贤"的路线，反对"任人唯亲"的路线。"共产党的干部政策，应是以能否坚决地执行党的路线，服从党的纪律，和群众有密切的联系，有独立的工作能力，积极肯干，不谋私利为标准，这就是'任人唯贤'的路线。"③在干部政策问题上坚持正派的公道的作风，反对不正派的不公道的作风，借以巩固党的统一团结，这是中央和各级领导者的重要的责任。三是必须善于爱护干部。爱护的办法是指导他们，提高他们，检查他们的工作，帮助他们总结经验，发扬成绩，纠正错误，帮助犯错误的干部改正错误，还必须在可能限度内照顾他们的困难。④

刘少奇着重从干部与群众的关系角度阐述了干部问题。他认为，干部问题是一个极重要的问题。没有党的干部，党的纲领与政策就不可能通过群众去执行，

① 《毛泽东选集》(第2卷)，北京：人民出版社1991年版，第526页。
② 《毛泽东选集》(第2卷)，北京：人民出版社1991年版，第526页。
③ 《毛泽东选集》(第2卷)，北京：人民出版社1991年版，第527页。
④ 《毛泽东选集》(第2卷)，北京：人民出版社1991年版，第527页。

就不能完成中国人民的解放事业。“我们党的干部问题，实是中国人民事业中决定一切的问题。在这个问题上的任何稍微严重的错误，都足以损害中国人民的事业。”①我们的干部是人民群众中的领导骨干，是从人民群众斗争中产生出来又去指导人民群众斗争的。所以干部是人民群众中特别值得重视的一部分。正因为我们重视人民群众及人民群众的事业，我们才特别重视人民群众的干部，重实干不是从知识人民群众的观点出发的，并不是离开人民群众的观点而去孤立地重视干部。“干部群众观点与群众路线的好坏，以及联系群众的密切与否，应该是我们鉴定干部最重要的一项标准。”②刘少奇认为党的干部政策首先就是团结干部的政策，并强调了干部团结的思想、政治和组织基础，他指出，“我们干部的团结，不是无原则的团结，不是以私人生活上的利益和感情来做团结基础的，而是以马克思列宁主义的思想上的一致……以中国人民解放事业的共同信念和共同纲领……以党中央的正确路线来作为团结基础的”，是团结在党中央正确领导之下的，“这就是我们全党团结一致以及各种干部团结一致的坚固的基础”。③ 维护党的团结，必须克服妨碍团结的教条主义、经验主义、宗派主义、山头主义等错误倾向，以及骄傲自满等缺点。刘少奇重申了毛泽东在党的六届六中全会上关于干部标准的论述，强调“能够最好地服务于人民群众的干部，就是最好的干部”④。因此，要从两方面考察干部，一是对每一个干部的长短优劣及其全部历史和全部工作做仔细的本质考察；二是在干部工作的地方和在被干部领导的群众中去考察干部。“应该使由上而下地识别与选拔干部，和由上而下地识别与选拔干部连接起来。”⑤

---

① 中共中央文献研究室、中共中央党校：《刘少奇论党的建设》，北京：中央文献出版社 1991 年版，第 471 页。

② 中共中央文献研究室、中共中央党校：《刘少奇论党的建设》，北京：中央文献出版社 1991 年版，第 471 页。

③ 中共中央文献研究室、中共中央党校：《刘少奇论党的建设》，北京：中央文献出版社 1991 年版，第 474 页。

④ 中共中央文献研究室、中共中央党校：《刘少奇论党的建设》，北京：中央文献出版社 1991 年版，第 480 页。

⑤ 中共中央文献研究室、中共中央党校：《刘少奇论党的建设》，北京：中央文献出版社 1991 年版，第 481 页。

党的干部路线、干部标准、干部政策以及培养、选拔、使用、爱护等管理干部的方法，构成了中国共产党的干部路线。它的贯彻实施，为一切忠于党和人民、扎根人民、奉献人民的人们提供了施展才华的宽广舞台，使中国共产党内汇集了一大批优秀人才，并呈现出人才辈出、群英荟萃的局面，保证了党的政治路线的贯彻实施和各项工作的胜利完成。

(五)坚持理论联系实际、密切联系群众和批评与自我批评的优良作风

党的作风是党在对待马克思主义理论、人民群众、党的工作、党内外关系等方面的行为表现，它贯穿于政治、思想、组织、生活等各个方面。党的作风集中体现着党的形象，关系着党的性质，关系着党在人民群众中的威望。以马克思主义为指导思想的中国共产党，是中国工人阶级的先锋队，代表着中国人民的根本利益，是全心全意为中国人民服务的政党。1945 年毛泽东在中共七大报告中指出："以马克思列宁主义的理论思想武装起来的中国共产党，在中国人民中产生了新的工作作风，这主要的就是理论和实践相结合的作风，和人民群众紧密地联系在一起的作风，以及自我批评的作风。"①这三大作风反映了中国共产党人对待马克思主义理论、对待人民群众和对待自己的正确态度，是中国共产党区别于其他政党的显著标志。

理论联系实际的实质是对待马克思主义的态度问题。毛泽东在延安整风运动的动员大会上集中阐述了这一问题。他指出，对待马克思主义有两种态度，一种是主观主义的态度，主观主义者学习研究马克思主义理论不是为了解决中国革命的实际问题，而是为了单纯地学理论而去学理论。不是有的放矢，而是无的放矢。主观主义的两种表现，即教条主义和经验主义，都是把理论与实际割裂开来，结果给中国革命事业的发展造成了严重的危害。一种是正确的科学态度。在这种态度下，就是要有目的地去研究马克思列宁主义的理论，要使马克思列宁主义的理论和

① 《毛泽东选集》(第 3 卷)，北京：人民出版社 1991 年版，第 1093~1094 页。

中国革命的实际运动结合起来，是为着解决中国革命的理论问题和策略问题而去从它找立场、找观点、找方法的。这种态度，就是有的放矢的态度，就是实事求是的态度。“‘实事’就是客观存在着的一切事物，‘是’就是客观事物的内部联系，即规律性，‘求’就是我们去研究。”①这一科学的阐释，赋予“实事求是”这一古代中国成语以马克思主义哲学内容，使其成为中国共产党的思想路线。毛泽东还指出：“无产阶级的最尖锐最有效的武器只有一个，那就是严肃的战斗的科学态度。共产党不靠吓人吃饭，而是靠马克思列宁主义的真理吃饭，靠实事求是吃饭、靠科学吃饭。”②实事求是的态度、科学的态度，“就是党性的表现，就是理论和实际统一的马克思列宁主义的作风。这是一个共产党员起码应该具备的态度”③。中国共产党之所以能够领导中国革命并取得胜利，靠的就是这种态度。

密切联系群众是党的群众路线在工作作风方面的体现，是坚持唯物史观在党的实际工作中的体现。人民群众是历史的创造者，是党的力量源泉。“全心全意地为人民服务，一刻也不脱离群众；一切从人民的利益出发，而不是从个人或小团体的利益出发；向人民负责和向党的领导机关负责的一致性，这些就是我们的出发点。”④

毛泽东提出了衡量共产党员言论行动的群众标准。他指出：“共产党人的一切言论行动，必须以合乎最广大人民群众的最大利益，为最广大人民群众所拥护为最高标准。”⑤党的历史证明，凡属正确的任务、政策和工作作风，都是和当时当地的群众要求相适合的；凡属错误的任务、政策和工作作风，都是和当时当地的群众要求不相适合的，都是脱离群众的。教条主义、经验主义、命令主义、尾巴主义、宗派主义、官僚主义、骄傲自大的工作态度等项弊病之所以一定不好，就是因为它们脱离群众。人民群众的创造力是无穷无尽的。实现伟大的革命任

① 《毛泽东选集》(第3卷)，北京：人民出版社1991年版，第801页。
② 《毛泽东选集》(第3卷)，北京：人民出版社1991年版，第835~836页。
③ 《毛泽东选集》(第3卷)，北京：人民出版社1991年版，第801页。
④ 《毛泽东选集》(第3卷)，北京：人民出版社1991年版，第1094~1095页。
⑤ 《毛泽东选集》(第3卷)，北京：人民出版社1991年版，第1096页。

务，必须依靠广大人民群众的力量，必须联系人民，信任人民，和人民打成一片。共产党取得的成功，离不开人民群众的支持。只要我们依靠人民，信任人民，和人民打成一片，那就任何困难也能克服，任何敌人也不能压倒我们，而只会被我们所压倒。紧紧地和中国人民站在一起，和最广大的群众保持最密切的联系，这是中国共产党区别于其他任何政党的又一个显著标志，是中国共产党独特的、也是最大的政治优势。

共产党内进行认真的批评和自我批评是正确进行党内斗争，解决党内矛盾的方法。毛泽东认为，共产党在领导革命的过程中，受主客观因素的影响，也会犯错误，这就需要我们经常地开展批评和自我批评，依靠自身的力量来发现和纠正缺点错误，使党得以健康发展。毛泽东在党的七大上所作的政治报告中把党内开展认真的自我批评比喻为打扫房子和洗脸，他说，房子是应该经常打扫的，不打扫就会积满灰尘，脸是应该经常洗的，不洗也会灰尘满面。我们同志的思想，我们党的工作，也会沾染灰尘，也应该经常打扫和洗涤。毛泽东认为，共产党是不怕批评的，共产党人是彻底为人民的利益而奋斗，不怕牺牲个人的一切的，因此能够通过自我批评来克服自己的缺点，改正自己的错误。共产党在领导革命的斗争中，也要不断地同各种错误的东西作斗争，党的发展与壮大也是在不断地解决矛盾、修正错误的过程中实现的。“以中国最广大人民的最大利益为出发点的中国共产党人，相信自己的事业是完全合乎正义的，不惜牺牲自己个人的一切，随时准备拿出自己的生命去殉我们的事业，难道还有什么不适合人民需要的思想、观点、意见、办法，舍不得丢掉的吗？难道我们还欢迎任何政治的灰尘、政治的微生物来玷污我们的清洁的面貌和侵蚀我们的健全的肌体吗？无数革命先烈为了人民的利益牺牲了他们的生命，使我们每个活着人想起他们就心里难过，难道我们还有什么个人利益不能牺牲，还有什么错误不能抛弃吗？”①开展正确的而不是歪曲的、认真的而不是敷衍的批评和自我批评，是促进党的自身发展的有力武

① 《毛泽东选集》(第3卷)，北京：人民出版社1991年版，第1096~1097页。

器，成为党的优良作风之一。有无认真地自我批评，也是中国共产党区别于其他政党的显著标志。

毛泽东认为，党的建设和统一战线、武装斗争紧密相连，并用战士和武器的关系说明统一战线和武装斗争这两个中国革命的基本问题与中国共产党组织之间的关系，强调党的建设的极端重要性。他说："统一战线和武装斗争，是战胜敌人的两个基本武器。统一战线，是实行武装斗争的统一战线。而党的组织，则是掌握统一战线和武装斗争这两个武器以实行对敌冲锋陷阵的英勇战士。这就是三者的相互关系。"①显然，要发挥好统一战线和武装斗争这两个武器的作用，关键在于锻造出熟练掌握和运用这两个武器的战士。必须把中国共产党建设好，使党的思想、政治路线正确，组织坚强有力，才能领导统一战线和武装斗争，夺取中国革命的胜利。

总之，"统一战线，武装斗争，党的建设，是中国共产党在中国革命中战胜敌人的三个法宝，三个主要的法宝"②。在领导中国人民革命历程中，中国共产党人建立与发展了各个时期的革命统一战线，开辟了农村包围城市武装夺取政权的革命道路；通过实施党的建设的伟大工程，把中国共产党建设成为一个全国范围的、广大群众性的、思想上、政治上、组织上完全巩固的马克思主义政党，这是中国共产党正确认识和处理中国新民主主义革命三大基本问题的标志，是中国共产党的伟大成绩，也是中国革命的伟大成绩。党正确地理解了这三个基本问题及其相互关系，认识和掌握了中国革命胜利的三大法宝，也就领导中国革命取得最后胜利。

四、刘少奇的党性修养思想

作为毛泽东思想的重要组成部分，毛泽东建党思想的主要创立者无疑当属毛泽东，所以这一思想以毛泽东的名字来命名。但如同毛泽东思想是中国共产党集

① 《毛泽东选集》(第2卷)，北京：人民出版社1991年版，第613页。
② 《毛泽东选集》(第2卷)，北京：人民出版社1991年版，第606页。

体智慧的结晶一样，毛泽东建党思想也是中国共产党集体智慧的结晶。它不仅凝结着中国共产党伟大建党实践中积累的正反两方面的历史经验，也包括刘少奇等人对党的建设理论作出的重要贡献。限于篇幅，本书仅对刘少奇的党性修养思想作一概要考察。①

(一) 刘少奇的党性修养思想阐述的社会历史背景

党性修养是中国共产党加强党的建设的重要方面，是党的先进性和纯洁性的重要保障。刘少奇的《论共产党员的修养》从党性的高度，明确提出了共产党员修养的任务，系统阐明了党性的内涵、党性修养的必要性、内容、目的、方法等等一系列问题，对党的建设产生了重大而深远的影响。刘少奇关于党性修养的思想，对于当前加强共产党员的修养，仍有其时代价值和现实指导意义。

党性是一个政党固有的内在特性，是党的阶级性最高而集中的体现。党性以阶级性为基础，是阶级性的升华。不同阶级的政党有不同的党性。无产阶级政党的党性，是无产阶级的阶级性最高而集中的表现。中国共产党是中国工人阶级的先锋队，同时是中国人民和中华民族的先锋队，是中国特色社会主义事业的领导核心，代表中国先进生产力的发展要求，代表中国先进文化的前进方向，代表中国最广大人民的根本利益。中国共产党的党性，就是中国共产党区别于其他政党的固有的内在特性，其内容包括马克思主义的指导思想、共产主义的理想信念、全心全意为人民服务的宗旨、民主集中制的组织原则、铁的纪律以及长期以来形成理论联系实际、密切联系群众、批评与自我批评等优良传统和作风等。

共产党员的党性修养就是共产党员在政治、思想、道德品质、能力等方面，按照党性原则进行自我教育、自我锻炼、自我改造、自我完善，使党性不断升华的过程，是用马克思主义世界观克服非马克思主义世界观的过程，是掌握马克思

---

① 本部分的主要内容曾以《刘少奇的党性修养思想及其当代价值》为题，发表于《理论学刊》2015 年第 3 期。

主义的立场、观点、方法并用以分析和解决问题的过程，是不断提高思想政治觉悟、坚定理想信念、磨炼意志品质、发扬优良作风的过程。

中国共产党成立以来，一直重视党员的党性修养，特别是在延安时期，毛泽东、刘少奇、陈云、邓小平等就共产党员党性修养问题，提出了一系列重要思想。时至今日，共产党员的党性修养问题，仍是中国共产党和全体党员需要认真思考和面对的重大问题。新的时代条件下，共产党员的党性修养被赋予新的时代内涵。然而，党性的基本原则是没有改变的。刘少奇提出的共产党员修养的一系列思想仍具有现代价值及意义。

本书主要以刘少奇的《论共产党员的修养》为文本依据，着重阐述刘少奇党性修养思想的主要内容。

（二）刘少奇的党性修养思想的主要内容

考察刘少奇的党性修养思想，可以发现，刘少奇从党性的内涵、党性修养的必要性，内容、目的、方法等方面，系统阐明了共产党员的党性修养问题，刘少奇的党性修养思想主要包括以下内容：

1. 揭示党性的内涵

刘少奇揭示了党性的内涵，认为共产党员的党性，就是无产者阶级性最高而集中的表现，就是无产者本质的最高表现。

刘少奇在《论共产党员的修养》中揭示了党性的内涵和特质，指出："一个共产党员，在任何时候、任何问题上，都应该首先想到党的整体利益，都要把党的利益摆在前面，把个人问题、个人利益摆在服从的地位。党的利益高于一切，这是我们党员思想和行动的最高原则。根据这个原则，在每个党员的思想和行动中，都要使自己的个人利益和党的利益完全一致。在个人利益和党的利益不一致的时候，能够毫不踌躇、毫不勉强地服从党的利益，牺牲个人利益。为了党的、无产阶级的、民族解放和人类解放的事业，能够毫不犹豫地牺牲个人利益，甚至牺牲自己的生命，这就是我们常说的‘党性’或‘党的观念’、‘组织观念’的一种表现。这就是共产主义道德的最高表现，就是无产阶级政党原则性的最高表现，就是无产阶级意识纯洁的最高表现。”①后来，刘少奇在1946年所写的《人的阶级性》一文中，又对党性的内涵和特质作出集中概括。他指出：“共产党员的党性，就是无产者阶级性最高而集中的表现，就是无产者本质的最高表现”。② 从而形成了刘少奇关于党性内涵的基本思想。

刘少奇关于党性内涵的思想告诉我们，共产党的党性既具有阶级性的特点，又具有先进性、纯洁性的要求，是党的阶级性和先进性、纯洁性的统一。党性的阶级性，是构成一个政党不同于其他政党的质的规定性，它决定了一个政党和党员的指导思想、立场信念、宗旨目标、价值信仰等一系列本质恒定的方面，是不可动摇和改变的。如果一个政党、一个党员在党性原则上出现了动摇和改变，那就意味着其立场的动摇和改变，也就是意味着对党组织的放弃或背叛。党性的先进性、纯洁性的要求是：“我们每一个共产党员，不应该只是做一个起码的够格的党员，而应该按照党章的规定力求进步，不断提高自己的觉悟程度。”③“共产党要把无产阶级各种伟大的进步的特性发展到最高度。”④它是对党员更高的要求。党性的阶级性和先进性、纯洁性是统一的，先进性、纯洁性根源于阶级性，阶级性表现为先进性、纯洁性，并由先进性、纯洁性来保障。一个共产党员，首先要忠于自己的阶级，忠于自身肩负的使命和从事的事业，站稳无产阶级的立场，坚持共产主义的理想信念和全心全意为人民服务的宗旨，这是党性阶级性的要求。同时，又要不断追求党性的最高表现，始终把党和人民的利益放在首位，要时刻准备着为自己的阶级、自己的阶级使命和事业奉献自己的一切，乃至生

① 《刘少奇选集》(上卷)，北京：人民出版社1981年版，第130~131页。

② 中共中央文献研究室、中共中央党校：《刘少奇论党的建设》，北京：中央文献出版社1991年版，第225页。

③ 《刘少奇选集》(上卷)，北京：人民出版社1981年版，第104页。

④ 中共中央文献研究室、中共中央党校：《刘少奇论党的建设》，北京：中央文献出版社1991年版，第225页。

命。这是党性先进性的要求。二者统一于共产党党性修养的实践。与阶级性的不可动摇相比，党性的先进性则是具体的、历史的，在不同的历史和时代条件下，有其特定内涵，特定的表现形式和特定的评判标准。因此，对共产党员的党性要求，在不同的时代也是不同的，需要随着时代的发展不断发展的。刘少奇党性内涵思想所体现的与时俱进的特点，成为新的时代条件下开展党性修养的合理性来源。

2. 论述了党性修养的必要性

刘少奇论述了党性修养的必要性，认为党性修养是社会发展规律、无产阶级的历史使命和党的性质的必然要求。

在《论共产党员的修养》中，刘少奇运用历史唯物主义关于生产力和生产关系之间、社会存在和社会意识之间辩证关系的基本原理，从人类社会发展规律的高度，提出人类自我改造的任务。他指出："人类在和自然界的不断斗争中，不断地改造自然界，同时也不断地改造着人类自己，改造着人们彼此间的关系。人们的本身，人们的社会关系、社会组织形式以及人们的思想意识等，都是在社会的人们和自然界的长年斗争中不断地改造和进步的。"①及至阶级社会，"人们的社会存在，决定人们的思想意识。阶级社会中不同阶级的人们的思想意识，反映着不同阶级的地位和利益。在这些不同地位、不同利益、不同思想意识的阶级之间，进行着不断的阶级斗争。"②因此，"人们不但在和自然界的斗争中，而且在社会阶级的斗争中，改造自然界，改造社会，同时也改造着人们自己。"③这是"社会发展的客观规律的要求。"④

在指出人类自我改造是社会发展客观规律的要求的基础上，刘少奇论述了共产党员修养的必要性和重要性。他指出："我们共产党员，是近代历史上最先进

① 《刘少奇选集》(上卷)，北京：人民出版社 1981 年版，第 97 页。
② 《刘少奇选集》(上卷)，北京：人民出版社 1981 年版，第 98 页。
③ 《刘少奇选集》(上卷)，北京：人民出版社 1981 年版，第 98 页。
④ 《刘少奇选集》(上卷)，北京：人民出版社 1981 年版，第 98 页。

的革命者，是改造社会、改造世界的现代担当者和推动者。共产党员是在不断同反革命的斗争中去改造社会，改造世界，同时改造自己的。”①然而由于共产党员“是从旧社会中生长教养出来的，他总带有旧社会中各种思想意识(包括成见、旧习惯、旧传统)的残余”,② 不经过革命实践的锻炼和修养还不能深刻地认识敌人，认识自己，认识社会发展和革命斗争的规律性。同时，由于共产党员原来的社会出身不同，所受的社会影响不同，因而就有不同的品质。他们对待革命实践各有不同的态度、立场和认识，所以，在革命实践中各有不同的发展方向。因此，共产党员要结合革命实践，发挥主观能动性，加紧学习和修养，提高自己的觉悟，培养革命的品质，改善革命的方法，才能担负历史上空前未有的改造世界的“大任”。

在刘少奇看来，共产党员的学习和修养不是一蹴而就的，而是一个长期修炼和提升的过程。“只要社会中还有这些恶浊的东西，社会中还存在着阶级，存在着剥削阶级的影响，那末，在共产党内也就难免或多或少地存在一些恶浊的东西。正是因为社会上和党内还存在这些恶浊的东西，共产党就有改造社会的任务，党员就有改造自己的必要，就有修养和锻炼的必要。”③

刘少奇运用马克思主义基本原理，从理论高度深刻剖析了党性修养与社会发展规律、党的性质和历史使命的关系，阐明了共产党员党性修养的理论基础。

3. 提出了党性修养的原则和目的

刘少奇指明了党性修养的原则和目的，认为“党的利益高于一切，这是我们党员的思想和行动的最高原则”④，提升党性修养是为了人民，为了革命的实践。

刘少奇指出：“一个共产党员，在任何情况下，能够不能够把自己个人的利

① 《刘少奇选集》(上卷)，北京：人民出版社 1981 年版，第 98~99 页。
② 《刘少奇选集》(上卷)，北京：人民出版社 1981 年版，第 99 页。
③ 《刘少奇选集》(上卷)，北京：人民出版社 1981 年版，第 151 页。
④ 《刘少奇选集》(上卷)，北京：人民出版社 1981 年版，第 130 页。

益绝对地无条件地服从党的利益，是考验这个党员是否忠于党、忠于革命和共产主义事业的标准。"①共产党人除了全人类的利益之外，没有自己的特殊利益。人民的利益就是党的利益。共产党员坚持党的利益高于一切就是在价值取向上坚持人民的利益高于一切。也就是说，共产党员"要在革命的实践中修养和锻炼，而这种修养和锻炼的唯一目的又是为了人民，为了革命的实践"②。共产党员不断地自我修炼、自我提高，不断增强自身的素养和本领，绝不是为了提高自己的地位，夸耀于人，使自己成为有名的人物，而只能是为了党、为了人民、为了革命的胜利。这是党员修养的最高准则，也是党员修养唯一目的含义所在。

党性修养的这一原则和标准，要求"我们的党员，不应该有离开党的利益而独立的个人目的。党员的个人目的只能是和党的利益相一致的"③。共产党员的全部活动，都应该是为着党和人民的利益的，而不是为了党员自己的名誉和地位。共产党员要自觉地将个人利益与党的利益保持一致，把为党和人民的事业而奉献和奋斗作为自己最大的价值。

刘少奇关于党性修养的原则与目的的论述，从共产党人的价值归属上，指明了党员修养的原则和目的，体现了共产党人的本质、立场和宗旨，是指导共产党员党性修养的基本原则，是共产党员党性修养的目的与归宿，对共产党员的修养具有恒久价值和意义。

4. 阐述了党性修养的内容和实质

刘少奇阐述了党性修养的内容和实质，认为党性修养是以无产阶级思想意识修养为核心的多方面的修养，是用无产阶级意识克服非无产阶级意识，共产主义世界观克服非共产主义世界观的过程。

刘少奇从当时中国革命和党员队伍的实际出发，提出共产党员要从多个方面

---

① 《刘少奇选集》(上卷)，北京：人民出版社 1981 年版，第 130 页。
② 《刘少奇选集》(上卷)，北京：人民出版社 1981 年版，第 109~110 页。
③ 《刘少奇选集》(上卷)，北京：人民出版社 1981 年版，第 131 页。

开展自我修养。他指出："我们要做马克思列宁主义创始人的最忠实、最好的学生，就需要在无产阶级和一切群众的长期而伟大的革命斗争中进行各方面的修养，要有马克思列宁主义理论的修养，要有运用马克思列宁主义的立场、观点和方法去研究和处理各种问题的修养；要有无产阶级的革命战略、战术的修养；要有无产阶级的思想意识和道德品质的修养；要有坚持党内团结、进行批评和自我批评、遵守纪律的修养；要有艰苦奋斗的工作作风的修养；要有善于联系群众的修养，以及各种科学知识的修养。"①刘少奇所提出的这些方面的修养，事实上包括了共产党人的理论修养、政治修养、能力修养、思想道德修养、作风修养和知识修养等多个方面的内容。这其中，无产阶级意识的修养是其核心内容。因为"人的言论行动，都是有人的思想意识来作指导的，而人的思想意识又常常和他的世界观分不开的"②。在《论共产党员的修养》中，刘少奇也主要是围绕共产党员的思想意识和世界观的修养来论述共产党员的修养的。

刘少奇对共产党员思想意识上修养的内涵做了揭示。他说："我们在思想意识上的修养，是一回什么事呢？我认为这在基本上就是每个党员用无产阶级的思想意识去同自己的各种非无产阶级思想意识进行斗争；用共产主义的世界观去同自己的各种非共产主义的世界观进行斗争；用无产阶级的、人民的、党的利益高于一切的原则去同自己的个人主义思想进行斗争。"③而且这种斗争的结果"应该是无产阶级意识克服以至肃清其他各种非无产阶级意识，是共产主义的世界观克服以至肃清其他各种非共主义的世界观，是党的、革命的、无产阶级和人类解放的一般利益和目的的思想，克服以至肃清个人主义的思想"④。这实际上指明了共产党员修养的实质。并且强调，共产党员只有用无产阶级意识战胜各种非无产阶级意识，才能真正成为一个共产主义者，才能真正理解并坚持运用马克思主义的立场、观点、方法去分析和处理问题，才能坚定无产阶级的立场和共产主义的

---

① 《刘少奇选集》(上卷)，北京：人民出版社 1981 年版，第 108~109 页。
② 《刘少奇选集》(上卷)，北京：人民出版社 1981 年版，第 122 页。
③ 《刘少奇选集》(上卷)，北京：人民出版社 1981 年版，第 121 页。
④ 《刘少奇选集》(上卷)，北京：人民出版社 1981 年版，第 121 页。

理想信念，才能自觉地学习和掌握为本阶级和广大人民群众服务的本领，才能在实践中逐渐形成共产主义的道德，做到党的利益高于一切，也才能正确地认识自我，勇敢地进行批评和自我批评，不断提高自己的能力、水平和境界。

刘少奇对于党性修养内容和实质的阐述，既体现了当时时代的特点，又揭示了党性修养的一般规律。虽然刘少奇在《论共产党员的修养》中，所提出的共产党员修养的具体内容，由于主要针对当时的革命实际，有些方面已不完全适用于改革开放的新时代。但是其中包含的党性修养应当具有全面性，党性修养的实质与核心应是无产阶级意识和世界观的修养等论述，对新的时代条件下开展党性修养仍具有现实指导意义。

5. 总结了党性修养的经验

刘少奇总结了党性修养的经验，指出党性修养的主要方法是坚持马克思主义和中国实践相结合，将实践锻炼与理论学习结合起来。同时，要发挥主观能动性，进行自我修养，勇于开展批评和自我批评，做到“慎独”。

刘少奇将坚持马克思主义和中国实践相结合，视为共产党员党性修养的方法，他指出：“这种马克思列宁主义的修养方法，和其他唯心主义的脱离人民群众的革命实践的修养方法，是完全不同的。”①刘少奇阐述了马克思主义的修养方法对共产党员党性修养的具体要求，概括起来有三个方面：一是要加强理论学习，虚心地学习马克思列宁主义的立场、观点和方法，学习马克思列宁主义创始人的高贵品质，并且运用到自己的实践中去，运用到自己的生活、行动和工作中去，不断地改正、清洗自己思想意识中的一切与此相反的东西，增强自己的共产主义意识和品质。二是要虚心地倾听同志们和群众的意见和批评，仔细地研究生活中、工作中的实际问题，细心地总结工作中的经验教训，并且根据这些去检验自己对于马克思列宁主义的了解是否正确，运用马克思列宁主义的方法是否正

① 《刘少奇选集》(上卷)，北京：人民出版社 1981 年版，第 110 页。

确，去检查自己的缺点错误而加以纠正，去改进自己的工作。三是要根据新的经验，研究马克思列宁主义有哪些个别结论，在哪些个别方面，需要加以充实、丰富和发展。“总之，我们要使马克思列宁主义的普遍真理和具体的革命实践相结合”，“这应该是我们共产党员修养的方法”。[①] 刘少奇强调，我们要遵照毛泽东在党的六届六中全会上关于“马克思主义的中国化”的方法，去学习马克思列宁主义的理论，学会把马克思列宁主义的理论应用于中国的具体环境，按照中国的特点去应用它。要坚持马克思主义理论与中国实际相结合的党性修养方法，反对理论和实际相脱离的唯心主义方法。

刘少奇在强调党员应在实践中加强锻炼和修养的同时，也强调党员发挥主观能动性，加紧学习和修养，进行自我教育、自我修养和自我改造。他指出：“革命者要改造和提高自己，必须参加革命的实践，绝不能离开革命的实践；同时，也离不开自己在实践中的主观努力，离不开在实践中的自我修养和学习。如果没有这后一方面，革命者要求得自己的进步，仍然是不可能的。”[②]因为“革命者在革命斗争中的主观努力和修养，对于改造和提高革命者自己，是完全必要的，决不可少的”[③]。

刘少奇使用了“慎独”这一儒家的修身术语来比喻党员自我修养的自觉和境界，“即使在他个人独立工作、无人监督、有做各种坏事的可能的时候，他能够‘慎独’”[④]，意指在无人监督的情况下，共产党员也应能以高度的自觉，保持党性的纯洁。慎独是一种高度自觉的修养状态，也是一个渐进的修养过程。批评与自我批评是通往慎独的第一步。批评与自我批评是外在监督与内在自觉的统一。一个党性坚强、心地无私的共产党员，一定是坦荡磊落的，“他不畏惧别人的批评，同时他也能勇敢地诚恳地批评别人”[⑤]。并通过批评与自我批评逐渐把外在

① 《刘少奇选集》(上卷)，北京：人民出版社 1981 年版，第 110 页。
② 《刘少奇选集》(上卷)，北京：人民出版社 1981 年版，第 99 页。
③ 《刘少奇选集》(上卷)，北京：人民出版社 1981 年版，第 100 页。
④ 《刘少奇选集》(上卷)，北京：人民出版社 1981 年版，第 133 页。
⑤ 《刘少奇选集》(上卷)，北京：人民出版社 1981 年版，第 133 页。

监督转化为内在自觉，从而达到慎独的境界。

上述表明，刘少奇的《论共产党员的修养》一文，以加强共产党员无产阶级意识修养为核心，从党性的高度，明确提出了共产党员修养的任务，系统阐明了党性的内涵、党性修养的必要性、党性修养的内容与实质、原则与目的、途径与方法等一系列问题。尽管这一思想是中国共产党在民主革命时期实施党的建设伟大工程中提出并加以阐释的，但由于这一思想既阐述了党性修养的一般理论，也提出了解决党性修养问题的基本方法，揭示了党性修养的一般规律，不仅对当时共产党员的修养起了巨大的指导作用，也对今天长期执政条件下党的建设和党性修养具有现实意义。对此，刘少奇在《论共产党员的修养》中指出："我们的党员，不但要在艰苦的、困难的以至失败的革命实践中来锻炼自己，加紧自己的修养，而且要在顺利的，成功的、胜利的革命实践中来锻炼自己，加紧自己的修养。"①

共产党员的修养既不是一蹴而就的，也不可能是一劳永逸的，而是一个随着时代发展和实践深入不断进行自我修炼和提高的过程。在中国共产党领导人民取得革命、建设和改革的重大胜利并正在进行全面深化改革的今天，党面临的环境和条件与革命时期相比，都发生了重大变化。党正担负着团结带领人民全面建成小康社会、推进社会主义现代化、实现中华民族伟大复兴的重任。新形势下，如何增强共产党员的党性，如何开展党性修养，仍是中国共产党必须面对和思考的重大理论和实践问题。

刘少奇的党性修养思想，是把马克思主义普遍原理与中国实际相结合的产物，是对中国共产党党性修养思想的系统概括和总结。它从党性的内涵、必要性、内容和实质、原则和目的、途径与方法等方面揭示了共产党员党性修养的一般规律，对于新的时代条件下中国共产党的党性修养仍有其价值和意义。具体而言，刘少奇关于党性内涵和党性修养必要性的论述，为中国共产党人在新的时代

① 《刘少奇选集》(上卷)，北京：人民出版社 1981 年版，第 101~102 页。

条件下发掘党性修养的新内涵，认识党性修养的必要性和重要性，探求从严治党规律，加强新的历史条件下的党性修养提供了思想启迪。刘少奇关于党性修养的内容与实质、原则与目的等思想，对中国共产党在新的时代条件下开展党性修养仍具有现实启迪。刘少奇关于党性修养途径和方法的观点，对中国共产党探索新的时代条件下党性修养的途径和方法仍有借鉴意义。我们应当珍视和发掘刘少奇党性修养思想的现代价值，并将其运用到党性修养的实践中去，不断增强自己的党性修养，锻造坚强的党性。

第四章

社会主义革命和建设时期毛泽东等关于党的领导和党的建设的思想

中华人民共和国成立后，以毛泽东为主要代表的中国共产党人把马克思列宁主义政党思想同中国共产党建设实践相结合，密切联系中国共产党在取得全国执政地位以后面临的新形势新任务，紧紧围绕党执政以后自身建设要解决的新问题，认真总结执政以后党自身建设的实践经验，并借鉴苏联东欧等社会主义国家政党建设的经验教训，逐步形成和发展了毛泽东关于执政党建设的思想。

毛泽东关于执政条件下党的领导和党的建设的思考，涉及面很宽，概括起来主要有以下三个方面：一是关于党在社会主义事业和国家政治生活中的地位及其与各方面的关系问题；二是关于党执政以后的主要任务和党的执政能力建设问题；三是党在执掌全国政权后如何拒腐防变的问题。显然，毛泽东关于执政党建设的思考是与中国共产党所处历史方位的变化密切相关的。这个历史方位就是：党从一个领导人民进行革命斗争、推翻反动统治、建立新中国的马克思主义政党，转向一个执掌全国政权并领导人民巩固新制度、建设新国家，实现国家社会主义工业化现代化，进而实现国家富强、社会进步、人民幸福、民族振兴的马克思主义执政党。处在这样一种历史方位的中国共产党，如何保持党的纯洁性先进性，如何巩固党的执政地位，实现党的历史使命，保证党和国家的长治久安，必然成为党的主要领导人毛泽东思考的重点。毛泽东的执政党建设思想的核心，就是要加强执政条件下党的建设，把党建设成为领导中国社会主义事业的坚强核心。毛泽东关于执政党建设的探索和思考，也正是围绕这一核心展开的。刘少奇、张闻天等也对执政条件下党的历史使命、党的领导、党的建设特别是党的作风建设和反对官僚主义进行了深入思考。①

① 本部分的相关内容曾以《毛泽东执政党建设思想述论》为题，发表于《马克思主义哲学研究(2011)》，武汉：湖北人民出版社2011年版。

一、毛泽东关于党在社会主义事业中的领导地位的论述

坚持党对一切工作的领导是党的政治建设的根本要求。毛泽东非常注重发挥党的领导核心作用。他指出："没有中国共产党的努力，没有中国共产党人做中国人民的中流砥柱，中国的独立和解放是不可能的，中国的工业化和农业近代化也是不可能的。"①新中国成立后，毛泽东指出，党是"全中国人民的领导核心"②，"领导我们事业的核心力量"③。毛泽东还明确提出了"党是领导一切的"④等重要观点。毛泽东的相关思想体现在以下几个方面。

(一)党是有能力领导全国人民进到社会主义社会的

党的领导作用发挥得好不好，直接关系到中国革命的兴衰成败。没有党的领导，就没有中国革命的胜利。早在抗日战争时期，面对严峻复杂的战争形势，毛泽东就明确指出："指导伟大的革命，要有伟大的党，要有许多最好的干部。"⑤这是夺取伟大革命斗争胜利的必然要求。中国共产党相较于其他政党的伟大之处，就在于它是按照马克思列宁主义的革命理论和革命风格建立起来的革命党。"它的领导机关，它的干部，它的党员，是不怕任何艰难困苦的。谁怀疑我们领导革命战争的能力，谁就会陷进机会主义的泥坑里去。"⑥正是有了中国共产党的领导，中国革命的面貌才从此焕然一新。中国共产党的领导，"引出了阶级关系的新调度，农民革命的大发动，反帝国主义和反封建主义的革命彻底性，由

① 《毛泽东选集》(第3卷)，北京：人民出版社1991年版，第1098页。
② 《毛泽东文集》(第7卷)，北京：人民出版社1999年版，第303页。
③ 《毛泽东文集》(第6卷)，北京：人民出版社1999年版，第350页。
④ 《毛泽东文集》(第8卷)，北京：人民出版社1999年版，第305页。
⑤ 《毛泽东选集》(第1卷)，北京：人民出版社1991年版，第277页。
⑥ 《毛泽东选集》(第1卷)，北京：人民出版社1991年版，第150页。

民主革命转变到社会主义革命的可能性，等等。所有这些，都是在资产阶级领导革命时期不可能出现的"①。党领导人民历经28年的浴血奋战，推翻了帝国主义、封建主义和官僚资本主义的统治，建立了中华人民共和国，实现了民族独立、人民解放。新民主主义革命之所以能够取得胜利，具体原因可能是多方面的，但根本原因只有一个，那就是中国共产党的坚强领导。正如毛泽东所说："如果没有共产党这样的革命党，人民要想推翻敌人的压迫，简直是不可能的。"②

中国共产党领导的中国革命，既包含资产阶级性质的新民主主义革命，也包括无产阶级性质的社会主义革命。因此，中华人民共和国成立后，特别是民主革命遗留任务完成以后，基于新民主主义革命已经胜利完成的基本事实，毛泽东认为，推进国家社会主义工业化，继续完成中国革命的"下篇"——社会主义革命，即完成对农业、手工业、资本主义工商业的社会主义改造，就成为党和人民民主政权的当务之急。然而，社会主义革命是一场更为广泛而深刻的社会变革，其复杂性、艰巨性不亚于新民主主义革命，因而同样必须在党的领导下有计划、有步骤地开展。在这样的背景下，毛泽东指出："党是有能力领导全国人民进到社会主义社会的。我们党已经胜利地领导了一个伟大的人民民主革命，建立了以工人阶级为首的人民民主专政，也就一定能够领导全国人民，在大约三个五年计划的时期内，基本上完成社会主义工业化和对于农业、手工业、资本主义工商业的社会主义改造。"③针对农业社会主义改造过程中部分合作社出现的混乱情况，毛泽东在深入分析其原因后指出："所谓混乱，没有别的原因，就是这样一个原因。得不到党的领导，当然就要混乱。领导一加上去，混乱就会立刻停止。"④正是源于党的有力领导，我国的社会主义革命才得以顺利完成，社会主义基本制度才能在我国成功确立，中国历史上最深刻、最伟大的社会

① 《毛泽东选集》(第1卷)，北京：人民出版社1991年版，第315页。
② 《毛泽东选集》(第3卷)，北京：人民出版社1991年版，第811页。
③ 《毛泽东文集》(第6卷)，北京：人民出版社1999年版，第422~423页。
④ 《毛泽东文集》(第6卷)，北京：人民出版社1999年版，第468页。

变革才能顺利实现。

显然，中国革命史上的“这两次革命，都是以共产党为领导进行的”①，是在党领导下取得胜利的。反之，离开中国共产党的领导，任何一次革命都无法摆脱失败的厄运。

（二）党是社会主义事业的领导核心

中国革命需要坚持党的领导，中国的社会主义建设同样需要坚持党的领导。1954 年，社会主义革命如火如荼地开展，社会主义建设即将全面展开。面对这样的局面，毛泽东明确提出：“领导我们事业的核心力量是中国共产党。”②实际上，这里的“事业”不仅包括革命事业，而且包括社会主义建设事业。

近代以来的历史证明，经过新民主主义走向社会主义，在社会主义道路上实现强国富民和中华民族的伟大复兴，是近代以来中国社会历史发展的必然。在毛泽东看来，领导中国革命取得胜利的中国共产党在建立社会主义制度后，毋庸置疑地将成为中国社会主义事业的领导核心。他在 1954 年召开的全国人民代表大会上重申：“我们有充分的信心，克服一切艰难困苦，将我国建设成为一个伟大的社会主义共和国。”③这次会议通过的《中华人民共和国宪法》，以国家根本大法的形式肯定了中国共产党的领导地位。党的这种领导核心地位的取得，是由历史选择和党的先进性决定的。从党成立后在为民族解放、国家富强和人民幸福而奋斗的历程中，党能够不断地总结经验，坚持真理、修正错误，以无数共产党人流血牺牲和英勇奋斗换来的伟大成就，使自己成为人民所信任的、被人民在长时间内考验过并因此选中了的政治领导者。因此，“中国共产党是全中国人民的领导核心。没有这样一个核心，社会主义事业就不能胜利”④。这是毛泽东总结历史经验得出的基本结论。针对社会主义改造基本完成后一些人对共

---

① 《毛泽东文集》(第 8 卷)，北京：人民出版社 1999 年版，第 3 页。
② 《毛泽东文集》(第 6 卷)，北京：人民出版社 1999 年版，第 350 页。
③ 《毛泽东文集》(第 6 卷)，北京：人民出版社 1999 年版，第 350 页。
④ 《毛泽东文集》(第 7 卷)，北京：人民出版社 1999 年版，第 303 页。

产党在国家政治生活中领导地位的怀疑和否定，毛泽东坚持把“有利于巩固共产党的领导，而不是摆脱或者削弱这种领导”①，作为判断言论是非的最重要标准之一。

1956 年，社会主义改造基本完成后，我国迎来了全面建设社会主义时期。毛泽东指出：“我国的六亿人民正在工人阶级和共产党的领导下，团结一致地进行着伟大的社会主义建设。”②社会主义建设展现出蓬勃发展的良好势头，正得益于中国共产党的正确领导。鉴于党在社会主义建设中所起的实际作用，毛泽东指出，“我们的党已经成了团结全国人民进行社会主义建设的核心力量”③，“没有这样一个核心，社会主义事业就不能胜利”④。但对于执政不久的中国共产党来讲，社会主义建设毕竟是一项全新的事业，没有现成的经验可以照搬，只能在实践中慢慢探索，而探索就难免会出现挫折甚至失误。对此，毛泽东保持着清晰且理性的认识。他认为，尽管党在领导人民探索社会主义建设道路的过程中存在缺点、错误，但我们党对人民忠诚，有决心有能力同人民一起把祖国建设好，我们已经取得巨大的成就，并将继续得到更大的成就。

（三）党是领导一切的

中华人民共和国成立后，中国共产党由民主革命时期局部执政的党成为全国范围的执政党，成为国家政治体系中名副其实的最高政治领导力量，没有任何其他什么政治势力或政党组织能够与之相提并论。1962 年，在扩大的中央工作会议上毛泽东就指出：“工、农、商、学、兵、政、党这七个方面，党是领导一切的。党要领导工业、农业、商业、文化教育、军队和政府。”⑤这就明确了党在国家政治体系中的最高领导地位。到了 20 世纪 70 年代，毛泽东进一步指出：“政

① 《毛泽东文集》(第 7 卷)，北京：人民出版社 1999 年版，第 234 页。
② 《毛泽东文集》(第 7 卷)，北京：人民出版社 1999 年版，第 204 页。
③ 《毛泽东文集》(第 7 卷)，北京：人民出版社 1999 年版，第 115 页。
④ 《毛泽东文集》(第 7 卷)，北京：人民出版社 1999 年版，第 303 页。
⑤ 《毛泽东文集》(第 8 卷)，北京：人民出版社 1999 年版，第 305 页。

治局是管全部的，党政军民学，东西南北中。”①这实际上说的是党中央集中统一领导的问题。这是确保党始终总揽全局、协调各方的必然要求。这里，毛泽东还特别强调，所谓“党领导一切”，并不等于“党包揽一切”，而是指政权、军队、民众团体等组织都要自觉接受党的政治领导；领导一切是指大政方针的领导，不是在具体事务上包揽一切。可见，毛泽东明确了党的领导是政治领导而非业务领导，党在领导过程中不允许出现“大包大揽、包打一切”的现象，这对于明确党领导的指向、减少党不必要的“干涉”，以及推进党政分工等都具有重要的指导作用。

(四)维护中央的权威和集中统一领导

党中央权威和集中统一领导是全国“一盘棋”的根本保证，而分散主义则是损害中央权威和集中统一领导的“毒瘤”。如何反对分散主义、维护中央的权威和集中统一领导是毛泽东思考的重要问题。

毛泽东特别强调反对分散主义，认真克服这种无纪律状态或无政府状态，将一切可能和必须集中的权力集中于中央。他认为，分散主义在党内由来已久，其产生有着特殊的历史环境。“由于我党我军在过去长时期内是处于被敌人分割的、游击战争的并且是农村的环境之下，我们曾经允许各地方党的和军事的领导机关保持着很大的自治权，这一种情况，曾经使得各地方的党组织和军队发挥了他们的自动性和积极性，渡过了长期的严重的困难局面，但在同时，也产生了某些无纪律状态和无政府状态。”②这种无纪律、无政府的状态就是典型的分散主义，其突出表现为“擅自修改中央的或上级党委的政策和策略，执行他们自以为是的违背统一意志和统一纪律的极端有害的政策和策略；在工作繁忙的借口之下，采取事前不请示事后不报告的错误态度，将自己管理的地方，看成好像一个独立

① 中共中央文献研究室：《毛泽东年谱(一九四九—一九七六)》(第六卷)，北京：中央文献出版社2013年版，第511页。

② 《毛泽东选集》(第4卷)，北京：人民出版社1991年版，第1346页。

国"①。他还结合党的历史上的经验教训指出："曾经有很分散的时期，不应当分散的也分散了，那就是第二次王明路线时期。那个时期地方的权力太大了，有一段时间事实上等于没有中央了，后头才逐步纠正过来，这是完全必要的。"②毛泽东指出了分散主义的严重危害，认为分散主义破坏了中央的权威和集中统一领导，其"给予革命利益的损害，极为巨大"③。为此，毛泽东指出，"各级党委必须对这一点进行反复讨论，认真克服这种无纪律状态或无政府状态，将一切可能和必须集中的权力，集中于中央和中央代表机关"④，"不能再像过去那样各自独立地去搞了"⑤。需要说明的是，毛泽东并不反对地方保持正当的独立性，因为这种独立性以党和国家的整体利益为出发点，不会损害中央的权威和集中统一领导。他指出："正当的独立性，正当的权利，省、市、地、县、区、乡都应当有，都应当争。这种从全国整体利益出发的争权，不是从本位利益出发的争权，不能叫做地方主义，不能叫做闹独立性。"⑥这就将反对分散主义与保持地方正当的独立性区别开来，而区别的标准就在于是否有利于维护党和国家的整体利益。

毛泽东强调坚持民主集中制正确处理中央和地方的关系，维护中央的权威和集中统一领导。在民主革命时期，毛泽东就十分强调坚决维护党中央的权威和集中统一领导，多次重申"四个服从"，并通过建立请示报告制度来加强党中央权威和集中统一领导。社会主义革命和建设时期，毛泽东进一步指出："为了建设一个强大的社会主义国家，必须有中央的强有力的统一领导，必须有全国的统一计划和统一纪律，破坏这种必要的统一，是不允许的。"⑦这就把维护中央的集中统一领导与建设强大的社会主义国家的伟大目标紧密联系在一起。维护中央的权

---

① 《毛泽东选集》(第4卷)，北京：人民出版社1991年版，第1332页。
② 《毛泽东文集》(第7卷)，北京：人民出版社1999年版，第52页。
③ 《毛泽东选集》(第4卷)，北京：人民出版社1991年版，第1332页。
④ 《毛泽东选集》(第4卷)，北京：人民出版社1991年版，第1332页。
⑤ 《毛泽东文集》(第7卷)，北京：人民出版社1999年版，第52页。
⑥ 《毛泽东文集》(第7卷)，北京：人民出版社1999年版，第33页。
⑦ 《毛泽东文集》(第7卷)，北京：人民出版社1999年版，第32页。

威和集中统一领导，不可避免地会涉及一个正确处理中央和地方的关系问题。对此，毛泽东分析了抗日战争、解放战争两个时期党的不同做法："在抗日战争时期，我们给了各个抗日根据地很大的独立性。但是，后来又发展到了有些根据地闹独立性，不应当由根据地自己发表的意见也发表了，应当听中央指挥的也不听……到了解放战争时期，中央又发出关于建立请示报告制度的指示，逐步把这种过于分散的状态纠正过来。"①毛泽东明确提出了遵循民主集中制原则解决中央和地方矛盾的思路。他指出，中央和地方的关系是一对矛盾。在解决这一矛盾问题上，"不但要民主，尤其要集中"②。为此，毛泽东指出，"全党各级领导机关，必须改正对上级事前不请示、事后不报告的不良习惯"③，要"遵守党的纪律，少数服从多数，全党服从中央"④。同时，毛泽东认为，应当在巩固中央统一领导的前提下，扩大一点地方的权力，给地方更多的独立性，让地方办更多的事情。他还指出，"我们的国家这样大，人口这样多，情况这样复杂，有中央和地方两个积极性，比只有一个积极性好得多。我们不能像苏联那样，把什么都集中到中央，把地方卡得死死的，一点机动权也没有"⑤，"过分的集中是不利的，不利于调动一切力量来达到建设强大国家的目的"⑥。民主集中制是党的根本组织原则。毛泽东提出用民主集中制的原则解决中央和地方矛盾的思路，抓住了解决党内矛盾的根本。

(五) 党要正确处理好国家政治生活中的若干关系

中国共产党在国家政治生活中的领导地位是历史的选择。但作为唯一的执政党，如何实现对国家政权的领导？如何处理好各方面的政治关系？这是不能不面

① 《毛泽东文集》(第7卷)，北京：人民出版社1999年版，第51页。
② 《毛泽东选集》(第3卷)，北京：人民出版社1991年版，第821页。
③ 《毛泽东选集》(第4卷)，北京：人民出版社1991年版，第1265页。
④ 《毛泽东文集》(第8卷)，北京：人民出版社1999年版，第307页。
⑤ 《毛泽东文集》(第7卷)，北京：人民出版社1999年版，第31页。
⑥ 《毛泽东文集》(第7卷)，北京：人民出版社1999年版，第52页。

对的问题。对此，毛泽东提出了一系列重要观点。

一是正确处理共产党与工人阶级和其他劳动阶级的关系。毛泽东指出："总结我们的经验，集中到一点，就是工人阶级(经过共产党)领导的以工农联盟为基础的人民民主专政。"①"人民民主专政的基础是工人阶级、农民阶级和城市小资产阶级的聪明，而主要是工人和农民的联盟"，"由新民主主义到社会主义，主要依靠这两个阶级的联盟"②。在新民主主义时期，民族资产阶级也是党执政必须依靠的力量，是党执政的重要群众基础，因为"民族资产阶级在现阶段上，有其很大的重要性。""为了使落后的经济地位提高一步，中国必须利用一切于国计民生有利而不是有害的城乡资本主义因素，团结民族资产阶级，共同奋斗。"③这里，毛泽东突出了共产党在国家政治生活中的领导地位，揭示了党的阶级基础和群众基础，以及团结民族资产阶级为建设新中国而共同奋斗的态度。

二是正确处理好共产党与各民主党派的关系。在一定意义上说，1949 年建立的国家政权是在共产党和其他民主党派经过政治协商的基础上建立起来的。1956 年社会主义改造的基本完成，使民主党派丧失了原来赖以存在的阶级基础。这样，如何对待民主党派并处理好这种关系的问题就摆在执政的中国共产党面前。毛泽东在总结与民主党派合作的历史经验和国际共运的历史经验的基础上，提出了中国共产党与民主党派长期共存、互相监督的思想。他指出：在社会主义社会，"究竟是一个党好，还是几个党好？现在看来，恐怕是几个党好。不但过去如此，而且将来也可以如此，就是长期共存，互相监督"④。坚持与各民主党派长期共存、互相监督，是历史和现实的需要，"因为凡属一切确实致力于团结人民从事社会主义事业的、得到人民信任的党派，我们没有理由不对它们采取长期共存的方针……至于各民主党派是否能够长期存在下去，不是单由共产党一方

① 《毛泽东选集》(第 4 卷)，北京：人民出版社 1991 年版，第 1480 页。
② 《毛泽东选集》(第 4 卷)，北京：人民出版社 1991 年版，第 1478~1479 页。
③ 《毛泽东选集》(第 4 卷)，北京：人民出版社 1991 年版，第 1479 页。
④ 《毛泽东文集》(第 7 卷)，北京：人民出版社 1999 年版，第 34 页。

面的愿望作决定，还要看各民主党派自己的表现，要看它们是否取得人民的信任”①。他认为，一个党同一个人一样，“耳边很需要听到不同的声音”，这就需要党派之间的互相监督。而由于中国共产党是执政党，所以更需要接受民主党派的民主监督。在全国一届人大三次会议上和党的第八次全国代表大会上，“长期共存、互相监督”作为社会主义时期多党合作、处理党派关系的方针，得到了正式确认，成为中国共产党正确处理我国党派关系的指导方针。

三是正确处理好共产党同国家政权的关系。在毛泽东看来，首先是党的领导和执政地位必须通过具体的组织机构来加以保证，这主要体现在加强对政府机关的领导。1949 年，中共中央作出了《关于在中央人民政府内组织中央委员会的决定》和《关于在中央人民政府内建立中国共产党党组的决定》。至于如何实现党对政府的领导，党的八大提出了一些设想，强调党不能直接去指挥国家机关的工作，不能混淆党的工作和国家机关工作的界限等。虽然党政职能在后来的很长一段时期里并未分开，但毛泽东关于党要领导国家政权和不能混淆党政工作界限的原则设想无疑是正确的。

四是正确处理好中国共产党同国外政党的关系。在同国外政党之间的交往上，囿于当时的历史条件和认识局限，中国共产党同意识形态相同的政党交往较多。在如何处理同其他共产党和工人党交往的关系方面，毛泽东一贯主张各国党应该独立自主，不论其历史长短、党员多少、执政与否，都应该一律平等，相互尊重，绝不允许有凌驾于别国党之上的“老子党”“领导党”。同时，毛泽东也主张可以和意识形态不同的政党进行交往，他认为意识形态和社会制度的不同，不应该成为党际合作的障碍，只要相互尊重，互不干涉内部事务，是可以求同存异和相互合作的。毛泽东关于党际关系的思想，贯穿着独立自主、相互平等、彼此尊重的原则，体现了国际政党关系民主的精神，奠定了中国共产党与各国政党交往的基本原则。

---

① 《毛泽东文集》(第 7 卷)，北京：人民出版社 1999 年版，第 235 页。

二、毛泽东关于学会管理国家和建设新中国的思想

新中国成立后，中国共产党成为全国范围的执政党，党的工作重心和重要任务随之发生转变。如何认识这种转变？如何担负起这一重要任务？毛泽东进行了深入的思考，进行了精辟的论述。

（一）学会管理国家和建设新中国任务的提出

党执政以后的主要任务是从善于破坏一个旧世界转变为努力建设一个新世界。因此，全党必须加强学习，学会管理和建设，提高建设能力和管理水平。

毛泽东对近代以来中国人民面临的主要任务有十分清醒的认识。在他看来，近代以来的中国人民面临着争取民族独立、人民解放和实现国家富强、人民幸福这两大历史任务。中国民主革命的胜利，只是完成了争取民族独立、人民解放的历史任务，使中国人民从此站起来了，因而解放了被旧的反动统治所束缚的中国社会生产力，创造了中国一切发展进步的政治前提。但是，“夺取全国胜利，这只是万里长征走完了第一步”。“中国的革命是伟大的，但革命以后的路程更长，工作更伟大，更艰苦。”①党在全国执政后，要继续领导全国人民开始一次新的长征——努力建设一个新世界，全面建设社会主义，实现国家富强、人民幸福。毛泽东在中国民主革命胜利的前夕，就向党提出了这个伟大的任务。他在 1949 年 3 月召开的党的七届二中全会上指出：我们很快就要在全国胜利了。夺取这个胜利，已经是不要很久的时间和不要花费很大的气力了；巩固这个胜利，巩固中国革命的胜利，是需要很久的时间和要花费很大气力的事情。资产阶级怀疑我们的建设能力。帝国主义者估计我们终究会要向他们乞讨才能活下去。因此，

① 《毛泽东选集》(第 4 卷)，北京：人民出版社 1991 年版，第 1438 页。

必须尽快实现党的工作重心的转变，转变到努力恢复和发展城市的经济建设。要把党和党的军队从只会进行军事斗争转变到“开始着手我们的建设事业，一步一步地学会管理城市，恢复和发展城市中的生产事业”，即强调城市中的各项工作“都是围绕着生产建设这一个中心工作并为这个中心工作服务的”。“如果我们在生产工作上无知，不能很快地学会生产工作，不能使生产事业尽可能迅速地恢复和发展，获得确实的成绩，首先使工人生活有所改善，并使一般人民的生活有所改善，那我们就不能维持政权，我们就会站不住脚，我们就会要失败。”①这里，毛泽东明确提出了中国共产党作为执政党管理国家和建设国家的能力问题。

随着新民主主义革命在全国范围内取得胜利，党的工作重心开始从农村到城市的转移，主要工作任务也从领导武装斗争、夺取政权到领导经济建设、巩固政权、建设一个强大的繁荣昌盛的社会主义国家这一重大变化。为了适应党的工作重心和主要任务的新变化，毛泽东结合新的形势和任务，向全党提出了加强学习、提高党领导国家建设能力的任务。他指出，随着革命的胜利，“严重的经济建设任务摆在我们面前。我们熟习的东西有些快要闲起来了，我们不熟可的东西正在强迫我们去做。这就是困难”。因此，“我们必须克服困难，我们必须学会自己不懂的东西”。② 毛泽东号召全党要加强学习，善于学习，尽快学会那些我们虽然不熟悉但对管理和建设国家却是极端重要的本领。他坚信：“我们能够学会我们原来不懂的东西。我们不但善于破坏一个旧世界，我们还将善于建设一个新世界。”③善于建设一个新世界，正是新形势新任务对执政的中国共产党人的迫切要求，是学习的重要性紧迫性之所在。

---

① 《毛泽东选集》(第4卷)，北京：人民出版社1991年版，第1428页。
② 《毛泽东选集》(第4卷)，北京：人民出版社1991年版，第1480、1481页。
③ 《毛泽东选集》(第4卷)，北京：人民出版社1991年版，第1439页。

（二）学会管理国家、建设新中国的路径和方法

毛泽东从提高执政党领导国家建设能力的角度，阐述了学习的对象、内容、方法等问题。

在学习对象上，毛泽东主张党员干部要向内行学，向群众学，向实践学，向自己所犯的错误学，向外国学。

一是向内行学习，学经济、学技术、学业务，使自己成为内行。早在新中国成立前夕，毛泽东在谈到党的工作重心开始由农村到城市，从进行革命战争到领导经济工作、国家建设之际就指出："我们必须向一切内行的人们(不管什么人)学经济工作。拜他们做老师，恭恭敬敬地学，老老实实地学。不懂就是不懂，不要装懂。不要摆官僚架子。钻进去，几个月，一年两年，三年五年，总可以学会的。"①通过这些方式，党员干部就可以改变在生产工作上无知的状态。在全面建设社会主义时期到来之际，毛泽东又提出："我们各行各业的干部都要努力精通技术和业务，使自己成为内行，又红又专。"②

二是向群众学习，这是马克思主义的基本观点，也是党的群众路线的重要内容。早在革命战争年代时，毛泽东就强调为了教育群众，首先要向群众学习，即要做好先生，首先要当好学生，这是毛泽东一贯的思想，也是党的群众路线的体现，是马克思主义认识论的具体运用。毛泽东要求全党的领导干部都要虚心向人民群众学习，先做群众的学生，再做群众的先生。因为群众是真正的英雄，而我们自己往往是幼稚可笑的。毛泽东多次强调，领导干部在做决策时必须先搞实地调查，了解实际的情况和群众的态度，强调"不做调查没有发言权"，"不做正确的调查同样没有发言权"③，"要办什么事，要决定什么大计，就非问问工农群众

① 《毛泽东选集》(第4卷)，北京：人民出版社1991年版，第1481页。
② 《毛泽东文集》(第7卷)，北京：人民出版社1999年版，第309页。
③ 《毛泽东文集》(第1卷)，北京：人民出版社1993年版，第267、268页。

不可，跟他们谈一谈，跟他们商量，跟接近他们的干部商量，看能行不能行"①。因为"智慧都是从群众那里来的"②，"知识来源于群众"③。在毛泽东看来，向群众学习，不仅是干部克服官僚主义的有效途径，也是干部增长才干、提高本领、做好工作的重要方法。因此，他主张干部要深入基层，深入实践，深入群众，克服做官当老爷的不良习气。

三是向实践学习，以便总结经验，少犯脱离实际的错误，做好工作。毛泽东一贯重视在实践中学习，早在革命战争年代就强调要从战争中学习战争，反对脱离实际的教条主义和经验主义。在社会主义建设时期，他仍然强调到实践中去，在实践中学习，研究和把握社会主义建设的规律。他认为，正确的认识只能来源于实践，往往需要经过"由实践到认识，由认识到实践这样多次的反复，才能够完成。这就是马克思主义的认识论，就是辩证唯物论的认识论"④。他强调，"对我们的同志，应当进行辩证唯物论的认识论的教育，以便端正思想，善于调查研究，总结经验，克服困难，少犯错误，做好工作，努力奋斗，建设一个社会主义的伟大强国"⑤。在经历了经济建设上的"大跃进"错误实践之后，毛泽东深深感到，"在社会主义建设上，我们还有很大的盲目性。社会主义经济，对于我们来说，还有许多未被认识的必然王国"⑥。"社会主义建设，从我们全党来说，知识都非常不够。我们应当在今后一段时间内，积累经验，努力学习，在实践中间逐步地加深对它的认识，弄清楚它的规律。一定要下一番苦功，要切切实实地去调查它，研究它。"⑦显然，毛泽东强调向实践学习，在社会主义建设的实践中学

① 中共中央党校：《马列著作毛泽东著作选读(党的学说部分)》，北京：人民出版社 1978 年版，第 462 页。

② 中共中央党校：《马列著作毛泽东著作选读(党的学说部分)》，北京：人民出版社 1978 年版，第 459 页。

③ 中共中央党校：《马列著作毛泽东著作选读(党的学说部分)》，北京：人民出版社 1978 年版，第 462 页。

④ 《毛泽东文集》(第 8 卷)，北京：人民出版社 1999 年版，第 321 页。

⑤ 中共中央《毛泽东文集》(第 8 卷)，北京：人民出版社 1999 年版，第 321 页。

⑥ 《毛泽东文集》(第 8 卷)，北京：人民出版社 1999 年版，第 302 页。

⑦ 《毛泽东文集》(第 8 卷)，北京：人民出版社 1999 年版，第 303 页。

习，是为了加深对社会主义建设规律的认识，进而按照社会主义建设的规律办事，推动社会主义建设各项事业的发展。

四是向自己所犯的错误学习，以免再犯类似错误。毛泽东非常赞同列宁关于一个郑重的党应当如何正确对待自己所犯错误的观点，认为不犯错误的人从来没有。一个郑重的党在于它能够重视错误，找出错误的原因，分析所以犯错误的主观和客观的原因，公开改正。他在总结党执政十年来的历史时指出，十年来党的总路线是正确的，实际工作也是基本上做得好的。“有一部分错误大概也是难于避免的。哪里有完全不犯错误、一次就完成了真理的所谓圣人呢？真理不是一次完成的，而是逐步完成的。我们是辩证唯物论的认识论者，不是形而上学的认识论。自由是必然的认识和改造。由必然王国到自由王国的飞跃，是在一个长期认识过程中逐步地完成的。对于我国的社会主义革命和建设，我们已经有了十年的经验了，已经懂得了不少的东西了。但是我们对于社会主义时期的革命和建设，还有一个很大的盲目性，还有一个很大的未被认识的必然王国。”①在这种情况下，党要带领人民探索社会主义建设道路，就不可能一帆风顺，也不可能不犯错误。在犯错误不可避免的情况下，党只能是承认错误，主动纠正错误，并分析产生错误的原因和环境，从中吸取经验教训，这也就是从错误中学习。在毛泽东看来，执政党从自己所犯的错误中学习，是为了总结党的历史经验（主要是反面经验即教训），避免在今后的工作中重犯类似错误，以期变坏事为好事。

五是向外国学习。毛泽东指出：“我们的方针是，一切民族、一切国家的长处都要学，政治、经济、科学、技术、文学、艺术的一切真正好的东西都要学。但是，必须有分析有批判地学，不能盲目地学，不能一切照抄，机械搬用。他们的短处、缺点，当然不要学。”②他强调指出：“对于苏联和其他社会主义国家的经验，也应当采取这样的态度。”③也就是说，无论是资本主义国家还是社会主义

① 中共中央文献研究室：《建国以来重要文献选编》（第 13 册），北京：中央文献出版社 2011 年版，第 371 页。

② 《毛泽东文集》（第 7 卷），北京：人民出版社 1999 年版，第 41 页。

③ 《毛泽东文集》（第 7 卷），北京：人民出版社 1999 年版，第 41 页。

国家，也无论是什么民族，都有自己的长处和短处，其长处都是我们学习的对象。学习外国的目的，是为了中国，是为了建设中国的社会主义。

毛泽东在号召全党要下苦功学习的同时，也对学习的内容和方法作了要求。他在谈到学习内容时说："学什么东西呢？一个是马克思列宁主义，一个是技术科学，一个是自然科学。还有文学，主要是文艺理论，领导干部必须懂得一点。还有什么新闻学、教育学，这些学问也要懂得一点。总而言之，学问很多，大体要稍微摸一下。"①概括说来，毛泽东主张执政党的党员干部在学习的内容上，要学政治理论、科学技术、人文社科理论以及其他有关知识。在学习的方法上，毛泽东则强调以中国问题为中心，与中国实际相结合，反对照抄照搬。

毛泽东主要从以下五个方面阐述了马克思主义执政党学习的内容和方法。

其一，要学习马克思主义基本理论，并把它与中国社会主义建设的具体实际和世界形势的发展变化结合起来。毛泽东指出，指导我们思想的理论基础是马克思列宁主义。我们一定要继续努力学习马克思列宁主义，但反对教条主义地对待马克思主义。他强调："马列主义的基本原理在实践中的表现形式，各国应有所不同。在中国，马列主义的基本原理要和中国的革命实际相结合。"②因此，"我们要学的是属于普遍真理的东西，并且学习一定要与中国实际相结合。如果每句话，包括马克思的话，都要照搬，那就不得了。我们的理论，是马克思列宁主义的普遍真理同中国革命的具体实践相结合"③。他认为，中国的社会主义建设是一个伟大的事业。"为了这个事业，我们必须把马克思列宁主义的普遍真理同中国社会主义建设的具体实际，并且同今后世界革命的具体实际，尽可能好一些地结合起来，从实践中一步一步地认识斗争的客观规律。"④学习马克思主义基本理论，并把它与中国社会主义建设的具体实际结合起来，与世界形势的发展变化结

① 中共中央文献研究室：《建国以来重要文献选编》(第10册)，北京：中央文献出版社2011年版，第539页。

② 《毛泽东文集》(第7卷)，北京：人民出版社1999年版，第78页。

③ 《毛泽东文集》(第7卷)，北京：人民出版社1999年版，第42页。

④ 《毛泽东文集》(第8卷)，北京：人民出版社1999年版，第302页。

合起来，内在地包含了马克思主义中国化、时代化和大众化的内容。这是马克思主义学习型政党的主要标志，也是建设马克思主义执政党的必然要求。

其二，要学习中国的优秀文化遗产，古为今用，推陈出新。毛泽东历来重视对历史文化的学习和继承。早在《新民主主义论》中，他就强调说："我们必须尊重自己的历史，决不能割断历史。但是这种尊重，是给历史以一定的科学的地位，是尊重历史的辩证法的发展，而不是颂古非今，不是赞扬任何封建的毒素。"①到了社会主义时期，毛泽东仍然强调要重视本国的历史，指出"历史总是要重视的"②。1956年，毛泽东在《同音乐工作者的谈话》中，以艺术为例进一步阐述了正确对待本民族优秀文化传统的问题。他认为，艺术的基本原理有其共同性，但表现形式要多样化，要有民族形式和民族风格。说中国民族的东西没有规律，这是否定中国的东西，是不对的。中国的语言、音乐、绘画，都有它自己的规律。艺术有形式问题，有民族形式问题。艺术离不开人民的习惯、感情以至语言，离不开民族的历史发展。中国人在学习外国东西的同时，还是要以自己的东西为主。"无论东方西方，各民族都要有自己的东西。"③毛泽东不仅明确提出了马克思主义中国化的重大命题和重大任务，也明确表述了文化艺术表现形式"中国化""民族化""时代化"的问题，他指出："社会主义的内容，民族的形式，在政治方面是如此，在艺术方面也是如此。"④毛泽东还提出了有些中国特殊的好的东西"可以国际化"的问题，并且特别提出了"标新立异"和"多样化"的问题。表现形式应该有所不同，政治上如此，艺术上也如此。特别像中国这样大的国家，应该"标新立异"，但是，应该是为群众所欢迎的标新立异。为群众所欢迎的标新立异，越多越好，不要雷同。雷同就成为八股，"还是要多样化为好"⑤。总之，毛泽东主张学习历史文化，从中汲取历史的经验教训；主张吸收消化中国优

① 《毛泽东选集》(第2卷)，北京：人民出版社1991年版，第708页。
② 《毛泽东文集》(第7卷)，北京：人民出版社1999年版，第78页。
③ 《毛泽东文集》(第7卷)，北京：人民出版社1999年版，第77页。
④ 《毛泽东文集》(第7卷)，北京：人民出版社1999年版，第78页。
⑤ 《毛泽东文集》(第7卷)，北京：人民出版社1999年版，第80页。

秀传统文化，推陈出新，古为今用；主张用中国人喜闻乐见的形式表述深刻的道理；主张找到历史和现实的结合点，创造性地继承和发展中国优秀的传统文化，并通过学习借鉴外国先进文化来“改进和发扬中国的东西，创造中国独特的新东西”①，进而实现中国优秀传统文化的现代化。

其三，是要学习外国先进的科学技术文化和管理经验，强调“要向外国学习科学的原理。学了这些原理，要用来研究中国的东西”②。毛泽东认为，就近代文化而言，我们要承认，外国比我们的发展程度高。对于外国有用的东西，我们都要学到。我国在自然科学方面比较落后，因此要特别努力向外国学习，但也要有批判地学，不可盲目地学。他特别指出：“外国资产阶级的一切腐败制度和思想作风，我们要坚决抵制和批判。但是，这并不妨碍我们去学习资本主义国家的先进的科学技术和企业管理方法中合乎科学的方面。工业发达国家的企业，用人少，效率高，会做生意，这些都应当有原则地好好学过来，以利于改进我们的工作。”“对外国的科学、技术和文化，不加分析地一概排斥，和前面所说的对外国东西不加分析地一概照搬，都不是马克思主义的态度，都对我们的事业不利。”③毛泽东认为，我们接受外国的长处，会使我们自己的东西有一个跃进，“创造出中国自己的、有独特的民族风格的东西”④。这样就指明了向外国学习的目的，即洋为中用，在学习外国的基础上推进中国的自主创新。毛泽东还认为，我们不仅是在一穷二白的现阶段要向外国学习，将来我们国家富强了，我们一定还要向别的国家的长处学习，还要谦虚谨慎，不要把尾巴翘起来。一万年都要学习。⑤这就把向外国学习的任务作为一项战略方针提了出来。

其四，要学习党的历史和传统。党的历史和传统是党的一笔宝贵财富。学习和研究党的历史，继承和发扬党的优良传统，有助于党在新的历史条件下做好工

① 《毛泽东文集》(第7卷)，北京：人民出版社1999年版，第82页。
② 《毛泽东文集》(第7卷)，北京：人民出版社1999年版，第78页。
③ 《毛泽东文集》(第7卷)，北京：人民出版社1999年版，第43页。
④ 《毛泽东文集》(第7卷)，北京：人民出版社1999年版，第83页。
⑤ 参见《毛泽东文集》(第7卷)，北京：人民出版社1999年版，第44页。

作，少犯错误。毛泽东在民主革命时期即提出要学习和研究中国共产党的历史，并在延安整风中收到良好效果。在社会主义革命和建设时期，他又明确提出了"继承党的传统"的问题，并特别提出"应当继续发扬我们党在思想方面和作风方面的优良传统，把主观主义、宗派主义这两个东西切实反一下，此外，还要反对官僚主义"①。毛泽东还在多种场合回顾党的历史，并总结其中的经验教训。他在1960年写的《十年总结》一文，便是学习和研究党史的典型范例。在这篇文章中，毛泽东回顾了党执政以来的历史，指出了十年来党领导的我国社会主义革命和社会主义建设的成就与不足，同时也指出："对于我国的社会主义革命和建设，我们已经有了十年的经验了，已经懂得了不少的东西了。但是我们对于社会主义时期的革命和建设，还有一个很大的盲目性，还有一个很大的未被认识的必然王国。我们还不深刻地认识它。我们要以第二个十年时间去调查它，去研究它，从其中指出它的固有的规律，以便利用这些规律为社会主义的革命和建设服务。对中国如此，对整个世界也应当如此。"②显然，毛泽东强调学习和研究党的历史，继承和发扬党的优良传统和作风，目的是从中吸取经验教训，进一步做好党的工作。

其五，要努力学习和吸取世界上其他社会主义国家建设中的经验教训，引以为鉴。由于我国缺乏社会主义建设的经验，而苏联则是世界上第一个社会主义国家，所以苏联的社会主义建设的经验教训对我们很有借鉴作用。由此，学习苏联等社会主义国家的社会主义建设的经验教训必然成为中国共产党人学习的重要内容。毛泽东特别指出："苏联的建设经验是比较完全的。所谓完全，就是包括犯错误。不犯错误，那就不算完全。学习苏联，并不是所有事情都硬搬，教条主义就是硬搬。"③正是在总结苏联社会主义建设经验教训的基础上，毛泽东以苏为

① 《毛泽东文集》(第7卷)，北京：人民出版社1999年版，第89页。

② 中共中央文献研究室：《建国以来重要文献选编》(第13册)，北京：中央文献出版社2011年版，第371~372页。

③ 中共中央文献研究室：《建国以来重要文献选编》(第10册)，北京：中央文献出版社2011年版，第534页。

鉴，提出了走中国自己的社会主义建设道路的思想，并对之进行了艰苦的探索。毛泽东的《论十大关系》和《关于正确处理人民内部矛盾的问题》，就是在总结我国的建设实践和借鉴苏联等社会主义国家社会主义建设经验教训的基础上，初步探索中国社会主义建设道路的重大理论成果。

应该说，毛泽东一贯重视全党的学习，早在民主革命时期就将其视为党内生活"科学化、政治化"的主要途径和举措，提出在全党开展学习竞赛，并首创了"整风"这一全党学习马克思主义理论和党的历史的形式。在党确定执政地位后，毛泽东强调执政党党员要下苦功学习，就是要党尽快适应执政后中心任务的变化，学会建设社会主义事业的本领，提高党的执政能力，担负起领导建设一个伟大的社会主义国家的使命。为此，他号召全党一定要振奋精神，下苦功学习，"应当把工作以外的剩余精力主要放在学习上，养成学习的习惯"①。重温毛泽东关于执政党要振奋精神下苦功学习的思想，对我们今天建设马克思主义学习型政党具有重要启示。

三、毛泽东关于执政党建设的思想

中国共产党在全国执政以后，加强党的政治建设、维护党的团结统一，反对腐化堕落、防止蜕化变质、警惕帝国主义和平演变阴谋得逞，是毛泽东在加强党的自身建设方面思考的重点。

(一)关于加强党的政治建设的思考

毛泽东在领导中国革命和建设的进程中，就如何抓好党的建设特别是政治建

---

① 中共中央文献研究室：《建国以来重要文献选编》(第10册)，北京：中央文献出版社2011年版，第539页。

设这一重大问题，进行了深入的理论思考，并在他所写的文章、书信、决议、按语及所作的讲话中，对加强党的团结统一，反对宗派主义、分散主义、搞两面派等，提出了一系列重要的理论观点和政策措施的设想。①

1. 反对宗派主义，加强党的团结统一

宗派主义是影响党的团结统一的“绊脚石”，反对宗派主义、加强党的团结统一，成为党的政治建设的重要内容。毛泽东一贯重视反对宗派主义。早在新民主主义革命时期，他就针对党内宗派主义所造成的问题，科学分析了宗派主义产生的历史原因及严重危害，指出由于斗争历史不同、工作地域不同(这一根据地和那一根据地的不同，敌占区、国民党统治区和革命根据地的不同)和工作部门不同(这一部分军队和那一部分军队的不同，这一种工作和那一种工作的不同)而产生的各部分同志间相互不了解、不尊重、不团结的现象，看来好似平常，实则严重地妨碍着党的统一和妨碍着党的战斗力的增强。他认为，宗派主义是主观主义在组织关系上的一种表现；我们如果不要主观主义，要发展马克思列宁主义实事求是的精神，就必须扫除党内宗派主义的残余。宗派主义同党的民主集中制的原则背道而驰，与党的政治纪律和组织纪律的要求格格不入，往往“产生排内性，妨碍党内的统一和团结”②，其危害性不容小觑。

毛泽东明确提出了要经常反对党内宗派主义并清除宗派主义影响的任务。他指出：“要建设一个集中的统一的党，一切无原则的派别斗争，都要清除干净。要使我们全党的步调整齐一致，为一个共同目标而奋斗，我们一定要反对个人主义和宗派主义。”③毛泽东在延安整风运动时期就认为，由于20年的锻炼，宗派主义已不在党内占统治地位了，但其残余依旧广泛存在，并且根深蒂固。因此，要完全肃清宗派主义恐怕很难做到，即使肃清后还会再产生。正是基于对宗派主

① 本部分的主要内容曾以《毛泽东关于党的政治建设的理论思考》为题，发表于《毛泽东研究》2018年第3期。

② 《毛泽东选集》(第3卷)，北京：人民出版社1991年版，第821页。

③ 《毛泽东选集》(第3卷)，北京：人民出版社1991年版，第822页。

义的这种顽固性、反复性的认识，毛泽东在1956年召开的党的八大预备会议上强调，反对宗派主义贵在抓“常”，“把主观主义、宗派主义这两个东西切实反一下”，“这两个东西，扫了又发生，发生了又要扫”①，“现在我们虽然还有主观主义、宗派主义、官僚主义的残余，这些东西是可能减少的。完全肃清很难说，肃清了还会有，但是可以减少，可以大为减少”②。

毛泽东非常重视党的团结统一问题，战争年代他就强调党的团结统一是革命走向胜利的根本前提。他指出：“我们是共产党，我们要领导人民打倒敌人，我们的队伍就要整齐，我们的步调就要一致，兵要精，武器要好。如果不具备这些条件，那末，敌人就不会被我们打倒”③，“只有经过共产党的团结，才能达到全阶级和全民族的团结，只有经过全阶级全民族的团结，才能战胜敌人，完成民族和民主革命的任务”④。社会主义革命和建设时期，毛泽东多次强调全党的团结和全国各族人民的团结，提出团结国内外一切可以团结的力量，把中国建设成一个伟大的社会主义国家，为此，首要任务就是使全党更加团结。他指出，我们党对数以上千万计的广大党员“要进行广大的教育工作、说服工作、团结工作，使他们在人民中间更好地起核心的作用”⑤。

在毛泽东看来，妨碍党内团结统一的主要因素，就是个人第一主义，即在处理个人和党的关系问题上把个人放在第一位、把党放在第二位。毛泽东认为，个人第一主义就直接表现为闹名誉、要地位、想出风头。“为了这些，就要拉拢一些人，排挤一些人，在同志中吹吹拍拍，拉拉扯扯”⑥。长此以往，这势必严重破坏党的团结统一。鉴于此，毛泽东强调：“每一个党员，每一种局部工作，每一项言论或行动，都必须以全党利益为出发点，绝对不许可违反这个原则。”⑦

① 《毛泽东文集》(第7卷)，北京：人民出版社1999年版，第89页。
② 《毛泽东文集》(第7卷)，北京：人民出版社1999年版，第104页。
③ 《毛泽东选集》(第3卷)，北京：人民出版社1991年版，第811页。
④ 《毛泽东选集》(第1卷)，北京：人民出版社1991年版，第278页。
⑤ 《毛泽东文集》(第7卷)，北京：人民出版社1999年版，第88页。
⑥ 《毛泽东选集》(第3卷)，北京：人民出版社1991年版，第822页。
⑦ 《毛泽东选集》(第3卷)，北京：人民出版社1991年版，第821页。

为更好地团结党内同志，毛泽东指出："我们要把我们党的一切力量在民主集中制的组织和纪律的原则之下，坚强地团结起来。不论什么同志，只要他是愿意服从党纲、党章和党的决议的，我们就要和他团结。"①显然，毛泽东认为坚持民主集中原则和严格的纪律，是维护党的团结的必要条件和有力保障。

2. 反对搞两面派，强调对党忠诚老实

搞两面派与对党忠诚老实的根本政治担当势不两立、水火不容，而如何反对搞两面派、对党忠诚老实，就成为党的政治建设的应有之义。针对这一情况，毛泽东要求全党务必警惕和制止搞两面派的行为，并着重从以下方面阐述了其关于对党忠诚老实的思想。

毛泽东向来对搞两面派的行为深恶痛绝。他认为，搞两面派的具体表现就是"阳奉阴违，口是心非，当面说得好听，背后又在捣鬼"②，"嘴里一套，手里又是一套"③。他不仅集中概括了两面派的表现形式，而且深入剖析了两面人的思想特征。毛泽东尖锐指出："这些人，马克思主义是有的，自由主义也是有的；说的是马克思主义，行的是自由主义；对人是马克思主义，对己是自由主义。两样货色齐备，各有各的用处。"④在谈及两面派的危害性时，毛泽东认为，"两面派行为的最大的危险性，在于它可能发展到小组织行动"⑤。他列举了张国焘的例子，指出："到了张国焘不但坚持地不肯改正他的错误，采取了两面派的行为，而且在后来实行叛党，投入国民党的怀抱的时候，党就不得不坚决地开除他的党籍。"⑥

鉴于两面派的严重危害，毛泽东提出，在反对错误倾向的斗争中，反对搞两

① 《毛泽东选集》(第3卷)，北京：人民出版社1991年版，第1097页。
② 《毛泽东选集》(第2卷)，北京：人民出版社1991年版，第532页。
③ 《毛泽东选集》(第2卷)，北京：人民出版社1991年版，第736页。
④ 《毛泽东选集》(第2卷)，北京：人民出版社1991年版，第361页。
⑤ 《毛泽东选集》(第2卷)，北京：人民出版社1991年版，第532页。
⑥ 《毛泽东选集》(第2卷)，北京：人民出版社1991年版，第531页。

面派的行为，是值得严重地注意的。他指出："必须提高干部和党员对于两面派行为的注意力，才能巩固党的纪律。"①针对两面人身上普遍存在的"当面不讲真话，当面讲的尽是些假的、骗人的话，真正的目的不讲出来"②的问题，毛泽东还指出，有问题就要把问题摆到桌面上来，"不要在背后议论"③，"不准组织秘密集团。我们不怕公开的反对派，只怕秘密的反对派"④。显然，毛泽东将两面派行为与违反党的纪律联系在一起，实际上也指出了党的纪律建设特别是政治纪律建设的极端重要性。

毛泽东视对党忠诚老实为共产党员应有的品质。他认为，一个共产党员，应该是襟怀坦白、忠实、积极的。⑤ 在毛泽东的眼中，忠诚老实是对共产党员的第一要求，离开它，共产党员的其他任何品质都称不上优点。在论及儒家的"知仁勇"即所谓的"三达德"时，毛泽东就强调："还有别的更重要的态度如像'忠实'，如果做事不忠实，那'知'只是言而不信，仁只是假仁，勇只是白勇。"⑥对党不忠诚不老实、阳奉阴违，背离了党的政治路线，违反了党的政治纪律，破坏了党内的政治生态，这是党内绝不允许出现的现象。

为甄别和清除党内不忠实的"分子"、纯洁党的队伍，毛泽东提出："应该充分注意拒绝敌人和资产阶级政党派遣进来的分子，拒绝不忠实的分子。对于这类分子的拒绝，应取严肃的态度。这类分子已经混进我们的党、我们的军队和政府者，则应依靠真凭实据，坚决地有分别地洗刷出去。但不要因此而怀疑那些比较忠实的知识分子；要严防反革命分子陷害好人。"⑦

反对宗派主义，强调维护党的团结统一；反对搞两面派，强调对党忠诚老实，这是毛泽东一贯的思想。他不仅在新民主主义革命时期作了大量的论述，在

① 《毛泽东选集》(第2卷)，北京：人民出版社1991年版，第532页。
② 《毛泽东文集》(第8卷)，北京：人民出版社1999年版，第307页。
③ 《毛泽东选集》(第4卷)，北京：人民出版社1991年版，第1440页。
④ 《毛泽东文集》(第8卷)，北京：人民出版社1999年版，第307页。
⑤ 参见《毛泽东选集》(第2卷)，北京：人民出版社1991年版，第361页。
⑥ 《毛泽东文集》(第2卷)，北京：人民出版社1993年版，第163页。
⑦ 《毛泽东选集》(第2卷)，北京：人民出版社1991年版，第619页。

社会主义革命和建设时期也多有论述。特别是 1955 年 3 月，毛泽东在中国共产党全国代表会议上的讲话中，针对高岗、饶漱石分裂党的活动，针对他们在党内玩弄阴谋、进行秘密活动、在同志背后进行挑拨离间但在公开场合把自己的活动伪装起来的“两面人”行为，明确指出：“对于我们的党说来，高岗、饶漱石事件是一个重要的教训，全党应该引为鉴戒，务必使党内不要重复出现这样的事件。”强调指出：“我们是共产党人，更不待说是党的高级干部，在政治上都要光明磊落，应该随时公开说出自己的政治见解，对于每一个重大的政治问题表示自己或者赞成或者反对的态度，而绝对不可以学高岗、饶漱石那样玩弄阴谋手段。”①“文化大革命”时期，毛泽东也多次批评林彪、江青集团，警示他们不要搞阴谋活动，不要搞宗派，强调要团结，不要分裂；要光明正大，不要搞阴谋诡计。

毛泽东大力提倡当老实人，说老实话，做老实事，赞赏“三老四严”这一大庆石油职工在会战实践中形成的一种优良传统和作风，即：对待革命事业，要当老实人，说老实话，办老实事；对待工作，要有严格的要求、严密的组织、严肃的态度、严明的纪律。“当老实人，说老实话，做老实事”，成为中国共产党人的政治本色和优良传统，也成为对共产党人的一个重要评价标准。

毛泽东关于党的政治建设的理论思考，对于中国共产党加强党的政治建设发挥了重要指导作用。党在政治建设方面采取了一系列措施，包括作出关于党的领导一元化的决定，建立和完善请示报告制度，坚持和发展民主集中制，严格和明确党的政治纪律，倡导和弘扬忠诚老实、光明坦荡、公道正派的价值观，以及对如何规范党内政治生活进行初步探讨，等等。这些举措，不仅对坚持和加强党的领导，维护党中央权威和集中统一领导，发挥地方的主动性和积极性，保持党的团结统一，增强党的创造力、凝聚力和战斗力，发挥了重要的保障作用，也积累了党的政治建设的丰富经验，为今天我们党的政治建设提供了有益借鉴。

---

① 《毛泽东文集》(第 6 卷)，北京：人民出版社 1999 年版，第 391 页。

（二）防范腐化变质、坚决惩治腐败的思想

党在全国执政后务必要保持优良传统作风，坚决开展反对腐败的斗争，并把拒腐防变与加强党的干部队伍建设和防止帝国主义和平演变阴谋得逞联系起来。

毫无疑问，中国共产党在执掌全国政权后，面临着比革命时期更加严峻的挑战。这种挑战，既来自执政党担负的艰巨、复杂而繁重的任务，也来自执掌全国政权后有可能发生的权力异化。在这种情况下，党如何迎接新的挑战，如何担当起团结和带领各族人民建设一个繁荣昌盛的社会主义国家的历史任务，如何巩固党的执政地位，确保党和国家不改变颜色，这是摆在以毛泽东同志为主要代表的中国共产党人面前的一个全新课题。对于这一事关党和国家发展全局的重大问题，毛泽东进行了深入的战略性思考。他从党和国家长治久安的全局出发，结合执政党面临的新情况新问题，提出了执政党拒腐防变的战略思想，并对防止和平演变的途径和措施进行了探讨。

一是执政党必须坚持“两个务必”，注意拒腐防变。早在新中国成立前夕，毛泽东就分析了在中国革命的胜利面前党的建设可能面临的新形势，指出因为胜利，党内的骄傲情绪，以功臣自居的情绪，停顿起来不求进步的情绪，贪图享乐不愿再过艰苦生活的情绪，可能滋长。因为胜利，人民感谢我们，资产阶级也会出来捧场，而这些捧场可能征服党的队伍中的意志薄弱者。因此，我们必须预防这种情况。他提醒全党在革命胜利面前，要避免可能出现的各种不良情绪，要防止、警惕和抵制资产阶级糖衣炮弹的袭击。要认识到中国革命是伟大的，但革命以后的路程更长，工作更伟大、更艰苦。他号召全党坚持“两个务必”，即“务必使同志们继续地保持谦虚、谨慎、不骄、不躁的作风，务必使同志们继续地保持艰苦奋斗的作风”①。

二是执政党必须坚决开展反腐败斗争。新中国成立后，党的地位、党的使命

① 《毛泽东选集》（第4卷），北京：人民出版社1991年版，第1438~1439页。

以及所面临的形势都发生了重大变化。毛泽东深刻吸取历史上农民起义军因腐败而灭亡的教训，提出要坚决开展反腐败斗争的思想，认为反对腐败是执政党的一项重大斗争，他强调："必须严重地注意干部被资产阶级腐蚀发生严重贪污行为这一事实，注意发现、揭露和惩处，并须当作一场大斗争来处理。"①他认为，浪费虽与贪污性质不同，但造成的损失大于贪污，且常与侵吞、盗窃和骗取国家资财或收受他人贿赂的行为相接近，因此也必须严惩浪费。而严重的官僚主义者对严重的贪污浪费现象事前毫无察觉、事后又不厉行惩治，应以失职论处，绝不宽恕。② 他强调，对党内存在的贪污腐败现象的斗争绝不动摇，对国家机关内的腐败分子坚决惩治，绝不手软。

鉴于新中国成立不久党内出现的贪污腐败现象，毛泽东领导全党开展了"三反"运动，并惩处了一批腐败分子。后来，毛泽东在一次谈话中说了如下一段语重心长的话：我们杀了几个有功之臣也是万般无奈。我建议重读一下《资治通鉴》。"治国就是治吏，礼义廉耻，国之四维，四维不张，国将不国。"如果臣下一个个都是寡廉鲜耻，贪污无度，胡作非为，而国家还没有办法治理他们，那么天下一定大乱，老百姓一定要当李自成。国民党是这样，共产党也是这样。③ 为了适应执政党反腐败斗争的需要，在毛泽东的带领下，党和人民政府在制度建设、组织机构建设、作风建设等方面，就反腐倡廉的问题采取了一系列重大举措，有效地防止了党和国家机关内腐败现象的蔓延。

毛泽东还把严防党内的腐败现象和不正之风与防止帝国主义的和平演变联系起来。在20世纪50年代中期，美国国务卿杜勒斯作为帝国主义的代言人，提出了对社会主义国家进行和平演变的战略，把和平演变作为帝国主义颠覆社会主义国家的战略方针。这种动态一出现，就引起了毛泽东的极大警惕。毛泽东提醒人们警惕帝国主义企图和平演变社会主义国家的图谋，并把严防党内的腐败现象看

---

① 《毛泽东文集》(第6卷)，北京：人民出版社1999年版，第190~191页。

② 参见《毛泽东文集》(第6卷)，北京：人民出版社1999年版，第208~209页。

③ 《毛泽东、邓小平、江泽民同志论廉政》，载《党的建设》2000年第10期，第10~11页。

作是防止和平演变的战略措施之一。他认为，党和国家机关内部出现的形形色色的蜕化变质分子能否得到及时清除，腐败现象和不正之风能否得到有效遏制，关涉到和平演变的可能性是否变成现实性的重大问题。他曾多次谈到，我们国家也不太平，还有贪污分子、投机倒把分子，还有被和平演变的危险问题。在毛泽东看来，党内滋生腐败现象本身就是和平演变的一种表现，必须毫不手软地予以清除。他曾经用“懒、馋、占、贪、变”五个字，形象地揭示了一个干部发生蜕变的轨迹。他始终坚持不懈地同党内各种腐败现象和不正之风如贪污受贿、以权谋私、蜕化变质以及官僚主义等作斗争。他经常思考反对官僚主义、警惕产生一个脱离群众的贵族阶层的问题，担心党的干部一旦被腐蚀侵袭，党外也照此办理：“那就不要很多时间，少则几年、十几年，多则几十年，就不可避免地要出现全国性的反革命复辟，马列主义的党就一定会变成修正主义的党，变成法西斯党，整个中国就要改变颜色了。”①他努力寻求恰当的方式来发动群众对干部进行民主监督，揭露和克服党内的阴暗面，并认为：“阶级斗争、生产斗争和科学实验，是建设社会主义强大国家的三项伟大革命运动，是使共产党人免除官僚主义、避免修正主义和教条主义，永远立于不败之地的确实保证，是使无产阶级能够和广大劳动群众联合起来，实行民主专政的可靠保证。”②

尽管1957年后毛泽东对克服党内腐败现象有效途径的寻求是在以阶级斗争为纲的“左”倾思想指导下进行的，因而未能收到满意的效果，甚至发生了阶级斗争扩大化的严重错误，但他关于反对腐败现象、防止党变修国变色的基本思想和决心是毋庸置疑的。毛泽东经常注意要克服党内和国家生活中存在的缺点，特别不能允许党和国家工作机关出现腐败现象，并对执政以后反腐倡廉建设的规律进行了艰难探索，提出了反腐倡廉斗争关系到执政党的兴衰成败和国家长治久安、反腐倡廉应走民主治腐的新路、思想建党和严肃惩治是反腐倡廉的根本举

---

① 中共中央文献研究室：《建国以来重要文献选编》(第19册)，北京：中央文献出版社2011年版，第439页。

② 中共中央文献研究室：《建国以来重要文献选编》(第19册)，北京：中央文献出版社2011年版，第439页。

措、群众运动是反腐败斗争的重要形式等一系列重大思想。这无疑是应当充分肯定的，其重大意义和思想内涵对今天的反腐倡廉建设仍有重要启示。

（三）防止帝国主义和平演变的思想

在人民民主专政和社会主义制度已经建立的条件下，如何巩固无产阶级专政，防止资本主义复辟，建设社会主义，不可避免地成为毛泽东这样的无产阶级革命家、战略家和理论家反复思考的战略性问题。与此同时，从国际范围看，20世纪50年代中后期，东西方冷战逐步走向高潮。由于西方在综合实力上处于优势，因而在冷战中处于攻势，想方设法地来对付东方。这就必然使社会主义国家面临一个如何应对西方挑战的问题。在当时国际国内的各种因素影响下，中国社会主义的前途如何，党和国家的命运如何，必然成为毛泽东着意考虑并力图解决的问题。正是在思考和试图解决这一个问题的过程中，毛泽东提出了一个极为重要的战略思想，即防止帝国主义对社会主义国家进行和平演变的战略得逞的思想，简称防止和平演变战略思想。

1. 毛泽东关于防止和平演变战略思想的提出

毛泽东关于防止和平演变的战略思想，几乎是在帝国主义宣称要实行和平演变战略的同时就提出来了。

帝国主义的和平演变图谋，是资本主义和社会主义两种社会制度对立斗争的必然产物，也是世界范围内两种根本对立的阶级利益、两种不同的思想体系斗争的必然表现。俄国十月社会主义革命胜利之后，资本主义的一统天下被打破了，资本主义和社会主义两种不同社会制度之间的对立与斗争也从此开始。帝国主义的剥削阶级本性，决定了它们必然把敌视和颠覆社会主义制度作为它们的既定战略。它们为实施这一战略而采取的策略手段，便是武力干涉与和平瓦解。它们的这两手策略在具体实施过程中，或两手并用，或交替使用，并随着形势的变化而转变其重点。当它们对社会主义国家的武装干涉、军事包围和政治孤立的“扼杀”“遏制”图谋屡遭失败以后，其策略的重点就逐步地转移到以军事威胁为后盾，以经济、政治、思想和文化渗透为主要形式，以颠覆社会主义国家为最终目标的和平演变上来。

早在十月社会主义革命胜利之初，当时的英国将领丘吉尔就提出要把新生的苏维埃政权“掐死在摇篮里”。1918—1920 年，美、英、法、日等 14 个帝国主义国家联合起来，武装侵犯苏维埃俄国，却以失败而告终。社会主义的婴儿不仅未被掐死，反而逐步成长壮大。第二次世界大战结束后，社会主义超出一国范围，相继在欧洲、亚洲出现了一批社会主义国家。当时，美国凭借其强大的经济和军事实力，对社会主义国家推行其以军事遏制为主，以政治孤立、经济封锁和军事包围为特征的“遏制”战略，企图遏制社会主义影响的扩大，防止更多的国家“落入共产党之手”；同时，也开始酝酿非军事的即“和平演变”战略。1946 年 2 月，美国驻苏联使馆代办乔治·凯南提出的遏制理论中，就比较明显地包含“和平演变”的思想，即采取各种办法使苏维埃政权“逐步趋于软化”，以便“在俄国早日建立任何同我们所熟悉的那种私人企业相类似的制度”①。在 1949 年中国革命取得决定性胜利的时候，美国不甘心在中国的失败，把今后在中国的希望寄托在资产阶级民主个人主义者身上。美国国务卿艾奇逊在致总统杜鲁门的信中提出：“中国悠久的文明和她的民主个人主义终于会再显身手，中国终于会摆脱外国的羁绊。对于中国目前和将来一切朝着这个目标的发展，我认为都应当得到我们的鼓励。”②这可以说是帝国主义企图和平演变新中国的最早表露。同年 8 月，美国政府发表《中美关系白皮书》和艾奇逊致杜鲁门的信。毛泽东及时抓住这一反面教材，亲自撰写《丢掉幻想，准备斗争》等五篇评论文章，揭露美帝国主义的侵略本质和玩弄的种种阴谋，教育中国人民尤其是对美帝国主义存在某些幻想的知识分子(即艾奇逊所说的“民主个人主义者”)，丢掉幻想，准备同以美国为首的帝国主义进行长期的斗争。可以说，毛泽东对“白皮书”和艾奇逊信的评论，揭

① 转引自杨生茂：《美国外交政策史(1775—1980)》，北京：人民出版社 1991 年版，第 450 页。
② 《毛泽东选集》(第 4 卷)，北京：人民出版社 1991 年版，第 1486 页。

开了新中国反对帝国主义和平演变战略的序幕。

1953 年 1 月 15 日，美国国务卿杜勒斯在国会证词中表示要“用和平的方法”解放铁幕卫星国，即把社会主义国家人民“解放出来”。1956 年苏共二十大和匈牙利事件后，杜勒斯受到鼓舞，更加起劲地鼓吹和平演变战略。1957 年 7 月 2 日，他在记者招待会上明确说，几乎可以肯定，社会主义国家“将要发生一种演进性的变化”，并认为这种和平演变不是一、二代人所能实现的，而需要一个较长的过程，“如果他继续要有孩子的话，而他们又有孩子的孩子，他们的后代将获得自由”①。这就是通常所说的帝国主义把和平演变的希望寄托在共产党的第三代、第四代身上之由来。

1958 年 10 月 24 日，杜勒斯从中国台湾回到美国后立即发表声明，表示要用“和平方法”改变中国大陆的社会主义制度。同年 12 月 4 日，他在美国加利福尼亚州商会的演说中提出：“美国应使中苏集团内部的政府政策加速演变”，应“全力以赴地执行”艾森豪威尔政府的“旨在用和平取胜的高尚战略”②。1959 年下半年，杜勒斯又分别在美国众议院外交委员会上提供的证词和纽约州律师协会授奖宴会上的演说中，分别表达了鼓励社会主义国家和平演变的愿望。

上述事实表明，苏共二十大和匈牙利事件之后，杜勒斯作为帝国主义的代言人，愈益把和平演变作为帝国主义颠覆社会主义国家的战略方针。而这种动态一开始出现，就引起了毛泽东的极大警惕。1956 年 12 月，《人民日报》编辑部根据中共中央政治局扩大会议的讨论写成的《再论无产阶级专政的历史经验》一文，就提醒人们警惕帝国主义企图和平演变社会主义国家的图谋。文章指出：“我们从来认为敌人是我们最好的教师。现在杜勒斯又在给我们上课了……我们无论什么时候也不能忘记敌人同我们之间的严重斗争，这就是世界范围内的阶级斗争。”③1958 年 11 月 30 日，毛泽东在同各协作区主任的一次谈话中说：杜勒斯比

---

① 赵云献：《毛泽东建党学说论》(下)，北京：人民出版社 2003 年版，第 1032 页。

② 转引自邓力群：《政治战略家毛泽东》，北京：中央民族大学出版社 2003 年版，第 823 页。

③ 中共中央文献研究室：《建国以来重要文献选编》(第 9 册)，北京：中央文献出版社 2011 年版，第 484 页。

较有章程，是美国掌舵的。这个人是想问题的。毛泽东要求高级干部要看杜勒斯的讲话，一个字一个字地看，要翻英文字典。省委要指定专人看参考资料。1959年12月23日，毛泽东在接见全军政治工作会议的各军区负责同志的谈话时指出，中华人民共和国还有崩溃的危险，如果大家不警惕就不好。美国的事情是杜勒斯在办，杜勒斯是美国政府的政治部主任、政治委员或者政委兼政治部主任，是艾森豪威尔的灵魂。杜勒斯这个人是“好人”，办了不少“好事”，对无产阶级团结和对帝国主义作斗争有益。1959年1月，毛泽东在杭州召开的一次小范围会议上，印发了杜勒斯关于和平演变的几篇演说，要大家看一看。他说：杜勒斯说他们要以“法律和正义”来代替武力，又说“在这方面极为重要的是要认识到，在这种情况下放弃使用武力并不意味着维持现状，而是意味着和平的转变”①。和平转变谁呢？就是要转变我们这些国家，搞颠覆活动，内部转到合乎他的那个思想。美国它那个秩序要维持，不要动，要动我们，用和平转变腐蚀我们，利用渗透、颠覆的所谓和平取胜战略消灭社会主义。毛泽东还特别讲到，杜勒斯搞和平演变，在社会主义内部是有其一定的社会基础的。同年12月初，毛泽东在《关于国际形势的讲话提纲》中，除谈到帝国主义的战争政策外，还谈到其和平政策。他指出：和平旗子，文化往来，人员往来，准备用腐蚀、演变方法消灭社会主义。这是第二手。

20世纪60年代以后，毛泽东更加密切地注视着帝国主义的和平演变战略。1964年1月12日，他在《中国人民坚决支持巴拿马人民的爱国正义斗争》中指出：“美帝国主义的侵略政策和战争政策，也严重地威胁着苏联、中国和其他社会主义国家。它还力图对社会主义国家推行‘和平演变’政策，实行资本主义复辟，瓦解社会主义阵营。”②同年6月16日，他在党的一次重要会议上郑重说道：帝国主义说我们第一代没有问题，第二代也变不了，第三代、第四代就有希望

① 中共中央党史和文献研究院：《毛泽东年谱》(第6卷)，北京：中央文献出版社2023年版，第612页。

② 中共中央党史和文献研究院：《建国以来毛泽东文稿》(第17册)，北京：中央文献出版社2023年版，第183~184页。

了。帝国主义这个希望能不能实现呢？帝国主义这个话灵不灵？我希望它不灵，但也可能灵。针对帝国主义寄希望于第三代、第四代，毛泽东在这次会上还专门讲了培养无产阶级革命事业接班人的问题。此后，毛泽东又多次在不同场合向不同对象讲了防止和平演变的问题，并告诫人们：我们国家也不太平，有被和平演变的危险。

显然，毛泽东早在帝国主义和平演变战略提出之初，就敏锐地察觉到这一问题的严重危害性，密切地关注着和平演变战略的实施动态，并一再提醒党的高级干部高度警惕和平演变问题，采取必要措施防止和平演变，以巩固无产阶级专政，防止资本主义复辟，建设社会主义，从而逐步形成了富有远见的防止和平演变的战略思想。

2. 毛泽东关于防止和平演变战略思想的主要内容

从毛泽东的有关讲话中可以看出，他关于防止和平演变的战略思想大体包括以下内容：

第一，要高度重视帝国主义和平演变战略，充分认识和平演变战略的危害性。毛泽东认为，帝国主义提出和平演变战略的背景，是由于世界社会主义力量日益强大，世界帝国主义阵营陷于孤立和困难的境地，所以它们企图利用更富有欺骗性的策略，来推行它的侵略政策和扩张野心。毛泽东揭示了和平演变战略的实质，指出帝国主义在标榜和平演变的同时，加紧利用渗透、腐蚀、颠覆等种种阴谋手段来达到它的目的。这就是，它那个秩序要维持，不要动，要动我们，用和平演变腐蚀我们，要保持资本主义，消灭社会主义。毛泽东论述了帝国主义和平演变政策和实力政策之间的关系，指出帝国主义的和平演变战略是与它的实力政策紧密相连、相互配合的，它们并没有打算放弃实力政策，而企图利用渗透颠覆的所谓和平演变战略则是作为实力政策的补充。① 毛泽东提醒全党特别是党的

① 参见林克：《回忆毛泽东对杜勒斯和平演变言论的评论》，《党的文献》1990 年第 6 期，第 44～46 页。

高级干部，对帝国主义的和平演变战略要保持高度警惕，采取必要措施，以巩固无产阶级专政的国家政权，防止和平演变，反对资本主义复辟。否则，人民民主专政的社会主义国家“就会变成修正主义的国家，变成实际上是资产阶级的国家，无产阶级专政就会转化为资产阶级专政，而且会是反动的、法西斯式的专政。这是一个十分值得警惕的问题”①。

第二，警惕和防止党和国家的高层领导出修正主义，是保持党和国家不改变颜色，防止资本主义复辟的关键。1957 年，毛泽东针对当时国际国内的复杂情况，对修正主义思潮的本质及危害作了如下判断：“修正主义，或者右倾机会主义，是一种资产阶级思潮，它比教条主义有更大的危险性。修正主义者，右倾机会主义者，口头上也挂着马克思主义，他们也在那里攻击‘教条主义’。但是他们所攻击的正是马克思主义的最根本的东西。他们反对或者歪曲唯物论和辩证法，反对或者企图削弱人民民主专政和共产党的领导，反对或者企图削弱社会主义改造和社会主义建设。在我国社会主义革命取得基本胜利以后，社会上还有一部分人梦想恢复资本主义制度，他们要从各个方面向工人阶级进行斗争，包括思想方面的斗争。而在这个斗争中，修正主义者就是他们最好的助手。”②后来，毛泽东在 1964 年同一个外国代表团谈话时，对修正主义作了进一步界定，说什么叫修正主义？就是资产阶级的思想、政治、经济、文化。

20 世纪 60 年代初，毛泽东几次提出“中央出了修正主义怎么办”的问题。他坚信敌对势力要从外部打垮中国共产党不容易，但认为如果党内出现修正主义和腐败变质分子而又未能有效制止的话，党和国家就有可能改变颜色。也就是说，帝国主义和平演变的图谋能否得逞，主要取决于社会主义国家的内部因素，特别是取决于执政的共产党的高层领导。因此，他在 1965 年 8 月的一次谈话中强调：领导人、领导集团很重要，许多事情都是这样，领导人变了，整个国家就会改变颜色。

---

① 《毛泽东文集》(第 8 卷)，北京：人民出版社 1999 年版，第 297 页。
② 《毛泽东文集》(第 7 卷)，北京：人民出版社 1999 年版，第 233 页。

第三，培养和造就千百万无产阶级革命事业的接班人，是防止和平演变、保证党和国家不改变颜色的重要战略措施。针对帝国主义把和平演变的希望寄托在共产党的第三代、第四代身上，毛泽东提出：“为了保证我们的党和国家不改变颜色，我们不仅需要正确的路线和政策，而且需要培养和造就千百万无产阶级革命事业的接班人。”①他认为，培养无产阶级革命事业接班人的问题，从根本上来说，就是老一辈无产阶级革命家所开创的马克思列宁主义的革命事业是不是后继有人的问题，就是将来我们党和国家的领导能不能继续掌握在无产阶级革命家手中的问题，就是我们的子孙后代能不能沿着马克思列宁主义的正确道路继续前进的问题，也就是我们能不能胜利地防止资本主义在中国复辟的问题。总之，这是关系我们党和国家命运的生死存亡的极其重大的问题。这是无产阶级革命事业的百年大计、千年大计、万年大计。帝国主义的预言家们把“和平演变”的希望，寄托在共产党的第三代或者第四代身上。我们一定要使帝国主义的这种预言彻底破产。我们一定要从上到下地、普遍地、经常不断地注意培养和造就革命事业的接班人。

毛泽东提出了无产阶级革命事业接班人的五个条件，即：(1)他们必须是真正的马克思列宁主义者。(2)他们必须是能够团结绝大多数人一道工作的无产阶级政治家。不但要团结和自己意见相同的人，而且要善于团结那些和自己意见不同的人，还要善于团结那些反对过自己并且已被实践证明是犯了错误的人。(3)他们必须是党的民主集中制的模范执行者，必须学会“从群众中来，到群众中去”的领导方法，必须养成善于听取群众意见的民主作风。(4)他们必须谦虚谨慎，戒骄戒躁，富于自我批评精神，勇于改正自己工作中的缺点和错误。毛泽东认为，无产阶级革命事业的接班人，是在群众斗争中产生的，是在革命大风大浪的锻炼中成长的。因此，我们应当在长期的群众斗争中，考察和识别干部，挑选和培养接班人。②

---

① 中共中央文献研究室：《建国以来重要文献选编》(第19册)，北京：中央文献出版社2011年版，第61页。

② 参见中共中央文献研究室：《建国以来重要文献选编》(第19册)，北京：中央文献出版社2011年版，第61~62页。

接班人的培养主要是通过党的干部队伍建设实现的。对此，毛泽东提出了许多宝贵的思想：一是提出了又红又专的干部标准，要求“政治家要懂些业务……要把政治和技术结合起来”①。二是提出了一系列干部队伍建设的措施，建立起参加体力劳动制度、轮训、交流制度和干部教育和管理制度。

第四，反对党内的腐败现象和不正之风，防止和平演变。毛泽东一贯重视反对党内腐败现象的问题。从 1944 年印发郭沫若的《甲申三百年祭》要全党学习，引以为戒，到 1949 年党的七届二中全会上提出警惕资产阶级糖衣炮弹的袭击，再到新中国成立初期发动“三反”“五反”运动，可以说都是为了防止和反对党内的腐败现象和不正之风。在帝国主义把和平演变社会主义国家作为战略方针确定下来之后，毛泽东更是把反对党内的腐败现象看作是防止和平演变的战略措施之一。他认为，党和国家机关内部出现的形形色色的蜕化变质分子能否得到及时清除，腐败现象和不正之风能否得到有效遏制，是关乎和平演变的可能性是否变成现实性的重大问题。他曾明确指出：“我们国家也不太平，还有贪污分子，投机倒把分子，还有被和平演变的危险。”②在毛泽东看来，党内滋生腐败现象本身就是和平演变的一种表现，必须毫不手软地予以清除。他曾经用“懒、馋、占、贪、变”五个字，形象地揭示了一个干部发生蜕变的规律。他始终坚持不懈地同党内各种腐败现象和不正之风，如贪污受贿、以权谋私、蜕化变质以及官僚主义等作斗争。他经常思考反对官僚主义、警惕出一个脱离群众的贵族阶层等问题，担心党的干部一旦被腐蚀侵袭，党外也照此办理。

3. 对毛泽东防止和平演变战略思想的简要评析

毛泽东关于防止和平演变的战略思想，是他晚年留给我们党、国家和人民的一份重要的思想遗产。经过几十年来的实践检验可以看出，在这份丰厚的思想遗

① 《毛泽东文集》(第 7 卷)，北京：人民出版社 1999 年版，第 352 页。

② 中共中央宣传部：《四项基本原则和资产阶级自由化的对立(续编)》，北京：人民出版社 1991 年版，第 333 页。

产中，既有深刻的、表现了很强的历史洞察力和远见卓识的正确论述，也有对当时现实情况的主观主义的估量和理论上的偏颇。我们应对其进行具体分析，实事求是地评价毛泽东的防止和平演变的思想，合理地继承这份宝贵的思想遗产。总起来说，毛泽东的防止和平演变思想是极为深刻和富有远见的，是体现了无产阶级革命导师高瞻远瞩和深邃的历史洞察力的战略思想，其基本精神将对我国加强执政党建设和国家政权机关建设，巩固人民民主专政，保证改革开放和现代化建设的社会主义方向，起着长远的重要的指导作用。

一百多年的历史表明，虽然马克思主义揭示了人类社会发展的一般规律，指出社会主义最终将代替资本主义，但是，由于帝国主义经济政治发展不平衡以及其他种种原因，社会主义没有也不可能在所有国家同时获得胜利，而只能首先在一个或几个国家内获得胜利。这就势必形成了这样一种局面，即在相当长的一段历史时期内，社会主义国家和资本主义国家同时并存。尽管社会主义国家从诞生之日起，就奉行和平外交政策，谋求与资本主义国家之间的和平共处，但帝国主义的本质却驱使它们总是千方百计地颠覆社会主义国家。在其孤立、封锁、禁运、遏制、武装干涉等硬的一手屡遭失败之后，便在其实力的基础上将策略的重点转向软的一手——和平演变，即以经济、政治、思想和文化渗透为主要形式，促使社会主义国家政权和执政党从内部发生演变，进而达到颠覆社会主义制度、复辟资本主义的目的。而防止和平演变的实质，则是如何保持执政的共产党和无产阶级专政国家政权不改变颜色，即不变质的问题。正是在这个意义上说，防止和平演变是20世纪50年代以后执政的共产党和社会主义国家所面临的一个历史性的严峻课题。毛泽东及时地提出和抓住了这一历史性的严峻课题，并力图解决这一课题。为此他进行了不懈的探索，虽然在探索中出现了偏差和失误，但也有一系列深刻的有远见的战略设想，如加强执政党自身的建设，警惕和防止党的高层出修正主义；加强党风廉政建设，反对腐败现象和各种不正之风；培养千万无产阶级革命事业接班人，等等。他还提醒全党要对帝国主义和平演变问题始终保持清醒的认识和高度的警惕，这是十分难得、非常可贵的。中国共产党在毛泽东防止和平演变战略思想的指导下，对和平演变问题一开始就保持着清醒认识和高度警惕，这是帝国主义和平演变战略至今未能在中国得逞的重要原因。在一定意义上说，这也可以说是毛泽东关于防止和平演变思想的重要价值所在。

四、刘少奇等关于党的领导和执政党建设的思考

中华人民共和国成立后，已经在全国范围执政的中国共产党承担着怎样的历史使命？如何完成这一使命？执政的中国共产党怎样实现对国家政权和整个社会的领导？怎样加强自身建设，防范脱离群众的危险？对于这些关系到党和国家前途命运的重大问题，以毛泽东为主要代表的中国共产党人都在进行思考。在毛泽东进行深入思考并提出一系列重大战略思想的同时，刘少奇等党的其他领导人也进行了可贵的探索，提出了一些重要的思想观点。

(一)刘少奇对中国共产党历史使命的思考

19 世纪 40 年代末，当马克思和恩格斯发表《共产党宣言》，阐明共产党人的观点意图，以反驳正在欧洲流传的关于共产主义幽灵的神话时，世界社会主义、共产主义运动便翻开了新的一页。70 多年后，当马克思主义在中国广泛传播并与中国工人运动相结合而产生中国共产党时，中国革命的历史从此开始书写新的篇章。中国共产党的历史使命是什么？怎样才能完成党所肩负的历史使命？这是每一个真正的共产党人应当明确了解并终生为之奋斗的重大问题，也是中国共产党历代领导集体在各个历史转折关头提醒全党注意并教育广大党员的重大问题。刘少奇，这位把一生献给中国共产党和中国人民事业的共产党人，从他献身中国革命，准备加入中国共产党那时起，直到晚年蒙冤辞世，心头始终萦绕着共产党人的崇高使命感和强烈责任感。无论是在莫斯科中山大学研读《共产党宣言》并决定参加共产党，还是在延安协助毛泽东主持中共中央领导工作；无论是在新中

国成立前后规划新中国建设蓝图，还是在20世纪五六十年代探索中国社会主义建设道路，刘少奇从来就没有中断过对中国共产党历史使命的思考，更没有停止过为完成这一使命而奋斗的伟大实践。而这一实践，无疑是在他关于中国共产党历史使命的正确思考下进行的。换言之，刘少奇关于中国共产党历史使命的正确思考，是他把毕生献给党和人民的思想动因。毫无疑问，这是他留给我们的宝贵精神财富，值得我们去学习和研究。①

纵观已经公开发表的刘少奇著述，我们不难看出，刘少奇关于中国共产党历史使命的思考主要从以下几个方面展开：

第一，遵循人类社会发展规律，推动社会主义和共产主义事业不断前进，是共产党最基本的责任。

“使命”一词，实为重大责任的一种比喻。“历史使命”一词，便是指历史赋予的重大责任。共产党的历史使命，也就是指历史赋予共产党的重大责任。那么，什么是共产党人应当担负的历史责任呢？刘少奇认为：“我们的责任，就是要遵循人类社会发展的规律，推动社会主义和共产主义事业不断前进，使社会主义和共产主义社会更快地实现。这就是我们的理想。”②简言之，“我们共产党员最基本的责任是什么呢？就是要实现共产主义”③。显然，共产党人的历史使命，即历史赋予共产党的重大责任，是由党的性质决定的，是与党所代表的无产阶级的历史使命完全一致的。无产阶级肩负着推翻资本主义，消灭一切剥削制度，消灭一切阶级和阶级差别，建设社会主义，实现共产主义的伟大历史使命。而无产阶级要完成自己所肩负的伟大历史使命，必须建立和组织起本阶级的独立的先进的政党。共产党作为无产阶级的先锋队，代表了无产阶级和一切被压迫、被剥削

---

① 本部分的主要内容曾以《刘少奇关于中国共产党历史使命的思考及其意义》为题，发表于《党的文献》2001年第4期。

② 中共中央文献研究室、中共中央党校：《刘少奇论党的建设》，北京：中央文献出版社1991年版，第120页。

③ 中共中央文献研究室、中共中央党校：《刘少奇论党的建设》，北京：中央文献出版社1991年版，第119页。

的劳动人民利益。它以马克思主义这一关于无产阶级解放斗争的科学理论为指导，制定正确的纲领、路线和策略，指明无产阶级解放斗争的前进方向和胜利道路，团结、率领无产阶级和广大劳动人民群众完成历史所赋予的伟大而艰巨的历史使命。显然，共产党的历史使命与无产阶级的历史使命是完全一致的。而共产党之所以能够担负起这样的历史使命，就在于共产党人“没有任何同整个无产阶级的利益不同的利益”。“共产党人同其他无产阶级政党不同的地方只是：一方面，在无产者不同的民族的斗争中，共产党人强调和坚持整个无产阶级共同的不分民族的利益；另一方面，在无产阶级和资产阶级的斗争所经历的各个发展阶段上，共产党人始终代表整个运动的利益。”“因此，在实践方面，共产党人是各国工人政党中最坚决的、始终起推动作用的部分；在理论方面，他们胜过其余无产阶级群众的地方在于他们了解无产阶级运动的条件、进程和一般结果。”①

中国共产党是中国工人阶级的先锋队，是中国各族人民利益的忠实代表，是中国社会主义事业的领导核心。中国共产党的历史使命，就是在中国消灭剥削制度，消灭一切阶级和阶级差别，实现社会主义和共产主义。对此，中国共产党历次代表大会通过的党章都有明确规定。正是在这个意义上，人们把共产党所从事的事业称作社会主义、共产主义事业。那么，共产主义事业是一种什么样的事业呢？刘少奇指出：一方面，共产主义事业是人类历史上空前伟大的事业，它将最后地消灭剥削、消灭阶级和解放全人类，要把人类社会推进到空前未有的、无限光明的、无限美妙的幸福境地。另一方面，共产主义是人类历史上空前艰难的事业，必须经过长期的艰苦的曲折的斗争，才能战胜最强大的敌人，消灭一切剥削阶级，并在长期的社会经济和思想文化改造与建设的基础上，建立新的社会经济制度、思想文化和社会道德。总之，共产主义事业是人类历史上空前伟大而艰难的事业。实现共产主义是历史赋予共产党的神圣使命。为了完成这一历史使命，共产党人既要坚定共产主义必然胜利的信念，又要有进行长期艰苦曲折斗争的准

---

① 《马克思恩格斯选集》(第1卷)，北京：人民出版社2012年版，第413页。

备，还要把伟大的理想、远大的目标同实事求是的精神和当前的实际工作统一起来。

首先，就是要坚定共产主义必胜的信念。刘少奇指出：共产主义社会这个人类历史上最美好最进步的社会“是能够实现的，是必然实现的。关于这一点，马克思列宁主义的理论已经作了无可怀疑的科学的说明”①。马克思主义理论科学地揭示了人类社会发展必然走向共产主义的客观规律，找到了实现这一社会变革的阶级力量，指明了无产阶级和其他被剥削被压迫的人民大众革命解放斗争的道路。因此，只要“共产党依靠无产阶级，依靠广大被剥削被压迫的人民大众，用马克思列宁主义指导广大群众进行革命斗争，去推动社会向着共产主义的伟大目标前进，是一定能够获得最后胜利的”②。从实践上看，共产主义一定能够实现，也已经为中国共产党的全部历史、世界共产主义运动的全部历史所充分证明。十月社会主义革命的胜利和苏联社会主义建设的成就，共产党组织在许多国家的诞生，无产阶级和被剥削被压迫的人民大众力量的团结与斗争，都表明：“现在，共产主义运动已经在全世界组织成为雄伟的不可战胜的力量了。共产主义事业要继续发展，继续前进，以至获得最后的完全的胜利，是毫无疑问的。”③所以，我们共产党人要坚定共产主义必然实现的信念，树立共产主义的远大理想，这一理想信念是建立在科学的理论分析和活生生的现实实践基础上的，是完全科学的、清醒的，而不是盲目的。

其次，要作好进行长时期的、艰苦的、曲折的斗争准备。早在抗日战争时期，刘少奇就指出：我们必须了解，国际反动势力和剥削阶级的力量，今天还比我们强大，它们在许多方面暂时还占着优势，我们要战胜它，还需要经过长期

---

① 中共中央文献研究室、中共中央党校：《刘少奇论党的建设》，北京：中央文献出版社 1991 年版，第 120 页。

② 中共中央文献研究室、中共中央党校：《刘少奇论党的建设》，北京：中央文献出版社 1991 年版，第 121 页。

③ 中共中央文献研究室、中共中央党校：《刘少奇论党的建设》，北京：中央文献出版社 1991 年版，第 122 页。

的、曲折的、艰难的斗争过程。剥削阶级的长期统治在人民群众中造成的消极影响，不但在革命胜利以前存在着，就是在革命胜利以后，在被剥削阶级推翻剥削阶级以后的很长时期内，也是仍然存在的。① “无产阶级即使在革命胜利以后，也还有极困难的任务需要解决。无产阶级革命，和过去历史上的一切革命是不同的。比如资产阶级的革命，通常是以获取政权来完成的。而对于无产阶级，则在政治上获得解放，获得胜利，还仅仅是革命的开始，极大的工作还在革命胜利以后，还在取得政权以后。”②所以，共产主义事业是绝不能“一蹴而就”的，它在各种不同的国家，需要经过各种不同的阶段，战胜各种不同的敌人，才能逐渐达到共产主义社会。例如，在中国，首先是要完成推翻帝国主义和封建买办势力统治的资产阶级民主革命。资产阶级民主革命胜利以后，还要进行社会主义革命，还要长期地进行社会主义改造和社会主义建设的工作，才能逐渐过渡到共产主义社会去。总之，共产主义事业是人类历史上空前伟大而艰难的事业，而实现共产主义既然是我们共产党人奋斗的最终目标，那么，“在实现共产主义事业的过程中克服各种困难，也就是我们共产党人很自然的责任”。“我们共产党员，应该有最伟大的气魄和革命的决心……来担负实现共产主义这种人类历史上空前伟大而艰难的任务。”③

再次，要把共产主义的崇高理想和远大目标同当前最切实的实际工作统一起来。刘少奇认为，共产党员既要有最伟大的理想，又要有实事求是的精神和最切实的实际工作。这是我们共产党员的特点。如果只有伟大而高尚的理想，而没有实事求是的精神和切实的实际工作，那就不是一个好共产党员，那只能是空想家、空谈家或学究。相反，如果只有实际工作，而没有伟大而高尚的共产主义理

① 参见中共中央文献研究室、中共中央党校：《刘少奇论党的建设》，北京：中央文献出版社 1991 年版，第 122~123 页。

② 中共中央文献研究室、中共中央党校：《刘少奇论党的建设》，北京：中央文献出版社 1991 年版，第 124 页。

③ 中共中央文献研究室、中共中央党校：《刘少奇论党的建设》，北京：中央文献出版社 1991 年版，第 125 页。

想，那也不是好共产党员，而是庸庸碌碌的事务主义者。“只有把伟大而高尚的共产主义理想和切实的实际工作、实事求是的精神统一起来，才能成为一个好的共产党员。”①共产党人担负着改造世界的任务，而改造世界却不能离开现实，不能不顾现实，更不能逃避现实，只能正视现实，认识现实，在现实中求得生存和发展，逐步地改造现实，逐步地达到我们的理想。那种逃避现实或者不顾现实的做法只能使理想变成空想。他强调：“共产主义社会只能从今天世界的现实开始前进，不能幻想。”②“共产党员应该从眼前所处的环境，眼前所接触的人们，眼前所能进行的工作，来开始和开辟我们改造世界的共产主义事业的伟大工作。”③

总之，我们共产党既要有建设社会主义、实现共产主义的坚定信念，又要有切实可行的具体步骤、脚踏实地的实干精神，把远大目标与当前工作有机统一起来，以不断推进共产主义的伟大工程。

理想信念的坚定性，斗争的长期性、艰苦复杂性和对于当前工作的务实性，是共产党人担负起历史使命所必须遵循的基本原则。对此，刘少奇在抗日战争时期所发表的《论共产党员的修养》一文作了全面系统的论述，后来又在别的论著中作了具体发挥和阐述。它不仅对于当时的延安整风起了积极推动作用，而且对于我们今天在全党进行理想信念教育，加强党员的党性锻炼有着重要的指导意义。

第二，在一切时期和一切情况下代表最广大人民群众的最大利益，为大多数人民的最大利益而奋斗，是中国共产党永远不变的原则。

共产党是广大人民群众在特定的历史时期完成特定的历史任务的工具，这是马克思主义党的学说的基本原理之一，也是党的性质的一种表现。马克思主义认为，人民群众是历史的创造者。工人阶级及其政党只有依靠本阶级的群众力量和

---

① 中共中央文献研究室、中共中央党校：《刘少奇论党的建设》，北京：中央文献出版社 1991 年版，第 126 页。

② 中共中央文献研究室、中共中央党校：《刘少奇论党的建设》，北京：中央文献出版社 1991 年版，第 70 页。

③ 中共中央文献研究室、中共中央党校：《刘少奇论党的建设》，北京：中央文献出版社 1991 年版，第 126~127 页。

全体劳动人民的群众力量，才能实现自己所肩负的历史使命。作为工人阶级先锋队的共产党，不仅要代表工人阶级的利益，而且要代表广大人民群众的利益。共产党不是人民群众的“上帝”，而只能是人民群众完成特定的历史任务的工具。共产党没有超乎人民群众之上的权力，没有对人民群众实施恩赐、包办、发号施令的权力，没有在人民头上称王称霸、作威作福的权力，只有全心全意为人民服务的义务，只能以全心全意为人民服务为唯一宗旨。这是由党的性质决定的，也是党的性质的一种表现。

作为中国工人阶级先锋队的中国共产党，从它成立的那天起，就把全心全意为人民服务、为中国最广大的人民群众谋福利，作为自己一切工作的出发点。全心全意为中国人民服务，是中国共产党的唯一宗旨。对此，刘少奇在 1940 年 7 月所写的《做一个好的党员，建设一个好的党》一文中，在论及一切战略策略变动的标准和尺度时就指出：“是否适合于无产阶级全体的战斗利益，是测量党的一切战略策略与工作方式之变动是否正确的标准和尺度。但是对于我们共产党员来说，有一件事是终身不变的。这一件事就是我们要为党的利益、无产阶级战斗的利益亦即是人类最后解放的利益而奋斗到底。”①1945 年 5 月，刘少奇在党的七大上所作的关于修改党章的报告中，在论及党的原则性和灵活性关系时进一步指出：“为最大多数人民的最大利益而奋斗，是我们一个不变的原则，这个不变的原则，是测量我们一切政策与策略变动是否正确的标准和尺度，一切合于这个原则的变动，都是正确的，一切不合这个原则的变动，都是不正确的。”②而为人民谋利益之所以成为共产党永远不变的原则，就在于我们党是中国工人阶级的先锋队，是全国各族人民利益的代表，“我们共产党人的一切事业，都是人民群众的

---

① 中共中央文献研究室、中共中央党校：《刘少奇论党的建设》，北京：中央文献出版社 1991 年版，第 218 页。

② 中共中央文献研究室、中共中央党校：《刘少奇论党的建设》，北京：中央文献出版社 1991 年版，第 498 页。

事业”①。“人民的利益，即是党的利益。除了人民的利益之外，党再无自己的特殊利益。最广大人民群众的最大利益，即是真理的最高标准，即是我们党员一切行动的最高标准。”②刘少奇强调：“保护与增进工人群众和一切劳动群众的利益，包括日常切身的与根本的，个别的、部分的、暂时的与整个的、长远的利益在内，不独是一切共产党员的责任，而且是共产党一切斗争、一切工作的最终目的。”③

刘少奇正确揭示了党和人民群众的关系，指出：一方面，人民群众必须拥有自己的先锋队——中国共产党，并在党的坚强而正确的领导之下，依照党所指出的政治方向奋斗，才能获得自己的彻底解放。另一方面，“人民群众的先锋队必须与人民群众建立正确的密切的关系。它必须在各方面，首先在政治上代表人民群众的利益”。“先锋队如果不能履行自己当作人民先锋队的应有职责，不能在一切时期和一切情况下代表最广大人民群众的最大利益……那就要脱离人民群众。”④

刘少奇把党要代表人民群众的利益提到了至高无上的地位，强调党必须在各方面，在一切时期和一切情况下代表最广大人民群众的最大利益，因而，也就顺理成章地提出了这样一个问题：党在不同历史时期应当怎样做才能更好地代表最广大人民的最大利益？在刘少奇看来，在革命胜利前，推翻帝国主义、封建买办势力的统治，争取革命战争的胜利，这是人民群众的最大利益。要代表人民群众的最大利益，就必须领导人民群众取得革命战争的胜利。在革命战争取得胜利后，在人民成为国家主人的情况下，开展大规模的经济建设，大力发展生产力，并在发展生产的基础上逐步提高人民群众的生活水平，使人民过上富裕、文明和

① 中共中央文献研究室、中共中央党校：《刘少奇论党的建设》，北京：中央文献出版社 1991 年版，第 437 页。

② 中共中央文献研究室、中共中央党校：《刘少奇论党的建设》，北京：中央文献出版社 1991 年版，第 435 页。

③ 中共中央文献研究室、中共中央党校：《刘少奇论党的建设》，北京：中央文献出版社 1991 年版，第 588 页。

④ 中共中央文献研究室、中共中央党校：《刘少奇论党的建设》，北京：中央文献出版社 1991 年版，第 429 页。

有文化的生活，使我们国家不仅在政治上独立，而且也能在经济上独立，这是我国大多数人民群众的最大利益。在这个时期，党必须以经济建设为中心，把发展生产力作为根本任务，团结和带领人民群众不断取得社会主义建设的成就，才能更好地代表人民群众的最大利益。

代表人民群众的最大利益，是党的永远不变的最高的原则，党的一切工作和各种方针政策，都要服从这个总的、最高的原则。刘少奇指出：在这个总的、最高的原则之下，要正确处理好当前利益和长远利益、局部利益和整体利益、个人利益与集体利益、日常切身利益与根本利益等之间的关系。同时，也要教育说服群众做到“个人利益服从集体利益，局部利益服从整体利益，当前利益服从长远利益”①。

刘少奇关于党要在一切时期和一切情况下代表最广大人民群众的最大利益，为大多数人民的最大利益而奋斗，是中国共产党永远不变的原则，这一思想，深刻论述了党的全心全意为人民服务的宗旨，揭示了中国共产党从无到有、从小到大、由弱变强并带领人民群众取得伟大成就的根源，提出了党在不同历史时期不同情况下如何更好地代表最广大人民群众最大利益的基本思路，不仅丰富了毛泽东建党学说，而且指明了中国共产党自身建设的根本方向。

第三，推翻帝国主义、封建主义和官僚资本主义的统治，解放生产力；凭借人民民主专政的国家政权，大力发展生产力，这是中国共产党必须做好的两件最基本的事情。

中国共产党作为马克思主义理论武装起来的中国工人阶级先锋队，其最终奋斗目标是实现共产主义的社会制度，这一点是确定无疑的。而为了最终达到这一奋斗目标，就必须根据本国的实际情况，确定党在现阶段的奋斗目标和行动纲领，也就是确定党在当前阶段的基本任务。众所周知，中国共产党诞生之时，中国正处在半殖民地半封建社会。帝国主义和中华民族的矛盾，封建主义和人民大众的矛盾，是当时中国社会的主要矛盾。帝国主义、封建主义和官僚资本主义的

① 中共中央文献研究室：《刘少奇论新中国经济建设》，北京：中央文献出版社 1993 年版，第 386 页。

统治，严重束缚了中国人民的生产力，阻碍了中国社会生产力的发展，这是造成中国人民贫穷落后和一切灾难的总根源。鉴于这样一种基本国情，刘少奇在论述党的纲领时说："共产主义社会只能从今天世界的现实开始前进，不能幻想。中国从民族独立民主始。"①也就是说，中国共产党为实现共产主义最终奋斗目标而进行的斗争，必须从反帝反封建反官僚资本主义的资产阶级民主革命开始。通过民主革命，推翻帝国主义、封建主义和官僚资本主义的统治，建立人民民主专政的国家政权，改变旧的生产关系，解放被束缚的生产力，为生产力的进一步发展创造条件。而在这一步目标达到之后，党的工作重点就要转向经济建设。一切以经济建设为中心，集中力量大力发展社会生产力。这既是巩固和加强人民民主专政国家政权、维护真正独立的需要，也是建设社会主义的需要，而归根到底，是不断提高人民生活水平、真正代表人民利益的需要。

正是基于这种认识，刘少奇提出：中国共产党应当做好两件最基本的事情。他在 1950 年所写的一份题为《国家的工业化和人民生活水平的提高》的手稿中指出，由于近代中国经济落后，生产力水平很低，又由于帝国主义、封建势力、官僚买办阶级的剥削和压迫，严重阻碍了中国工业的发展，使本来水平就很低的社会生产力受到严重束缚和破坏，因而造成了中国人民贫困、痛苦和屈辱的生活。使中国人民摆脱贫困、痛苦和屈辱的生活，过上富裕的和有文化的生活，这是全国最大多数人民的要求和希望，也是中国共产党和人民政府力求实现的最基本的任务。为此，必须做好两件最基本的事情：第一件事情，是推翻反动派的统治，建立人民民主专政的政权，使中国已有的生产力获得解放，清除发展生产的障碍，造成继续发展生产力的必要条件，并且使生产的继续发展获得保障。第二件事情，就是利用已经建立并且巩固起来的人民民主专政作为主要的工具，并利用其他各种条件，配合各方面的努力，来发展一切有益于人民的生产及其他经济事业。刘少奇进一步指出：只有做好第一件事情，才有可能做好第二件事情。现

① 中共中央文献研究室、中共中央党校：《刘少奇论党的建设》，北京：中央文献出版社 1991 年版，第 70 页。

在，第一件事情已经基本上做好了，第二件事情已经开始进行，而且要永远继续下去，因为生产是更基本的，永远需要的。“因为生产事业的发展，劳动生产率的提高，乃是全体人民一切物质福利和精神福利的基础。”①刘少奇还特别指出：如果我们在做好第一件事情之后，不能接着把第二件事情做好，那我们的革命就没有什么大的意义了，我们的革命就不能说是已经胜利了，相反，我们还要遭受可耻的失败。

刘少奇对我们应当做好的两件事情及其相互关系的论述，体现了唯物史观的两种基本观点，即：生产力的发展是人类历史活动的基础；革命的根本目的是解放和发展生产力。同时，这一论述也正确揭示了中国共产党的宗旨和实现这一宗旨的基本手段之间的关系，即：只有解放和发展生产力，才能不断提高人民的物质文化生活水平，使人民过上富裕文明的新生活。这一论述从理论上阐明了这样一个道理：以唯物史观为哲学根据、以实现共产主义社会制度为最终目标、以全心全意为人民谋利益为唯一宗旨的中国共产党，在夺取革命胜利、建立人民民主专政国家政权之后，必须以经济建设为中心，集中力量发展社会生产力。

刘少奇关于中国共产党必须做好的两件事情的思考，是他在新中国成立后始终坚持以经济建设为中心这一正确主张的思想基础。新中国成立之初，他提出一切以经济建设为中心，集中力量从事新民主主义经济建设，大力发展社会生产力，为新民主主义转变为社会主义创造物质条件。三大改造基本完成、社会主义基本制度在我国确立后，他主张集中力量发展生产力，实现国家的工业化、现代化，以解决落后的社会生产和日益增长的社会需要这一国内社会的重要矛盾。虽然他在1957—1958年间由于可以理解的原因，一度附和了“两个阶段，两条道路矛盾是主要矛盾”之说，但在他的思想深处，则始终坚持“社会生产水平和社会需要的矛盾”是社会主义社会的主要矛盾论断②，从而也就必然得出并坚持“现在

① 中共中央文献研究室：《刘少奇论新中国经济建设》，北京：中央文献出版社1993年版，第172页。

② 参见中共中央文献研究室：《刘少奇论新中国经济建设》，北京：中央文献出版社1993年版，第405页。

我国人民和党的主要任务，就是尽快地发展生产力”①这一结论。而这正是刘少奇坚持党的八大政治路线的理论依据，也是他探索中国社会主义建设道路，主张以经济建设为中心、围绕有利于生产力的发展来做好各方面工作的逻辑起点。毫无疑问，这一思想对于我们今天坚持党的“一个中心，两个基本点”的基本路线一百年不动摇，有着现实的指导意义。

第四，做一个好的党员，建设一个好的党，这是中国共产党完成所肩负的历史使命的根本保证。

党的地位和作用，是党自身建设的前提。对于中国共产党在中国革命和建设中的领导地位和作用，刘少奇从不同角度进行了阐述。他指出：“我们共产党员，是近代历史上最先进的革命者，是改造社会、改造世界的现代担当者和推动者。”②“中国共产党的产生，是中国历史上空前重大的一个事件，从中国共产党产生以后，中国历史就进入了一个新的时期。从此以后，中国历史的发展就离不开共产党，不但离不开共产党，而且是以共产党为中坚来发展的。”③由于中国共产党担负起了中国革命的领导责任，才开辟了中国革命的新局面。“长期的革命斗争证明，中国共产党所指出的由新民主主义到社会主义的道路是唯一能够救中国的道路。”④之所以如此，是因为“党从最初建立时起，就是一个完全新式的无产阶级政党，是全心全意为中国人民服务而在最坚固的中国化的马克思列宁主义理论的基础上建立起来的党”⑤。它以全心全意为中国人民服务为唯一宗旨，以组织和领导人民革命，建立人民民主专政的国家政权，建设社会主义，最终实现

---

① 中共中央文献研究室：《刘少奇论新中国经济建设》，北京：中央文献出版社 1993 年版，第 357 页。

② 中共中央文献研究室、中共中央党校：《刘少奇论党的建设》，北京：中央文献出版社 1991 年版，第 94 页。

③ 中共中央文献研究室、中共中央党校：《刘少奇论党的建设》，北京：中央文献出版社 1991 年版，第 502 页。

④ 《刘少奇选集》(下卷)，北京：人民出版社 1985 年版，第 137 页。

⑤ 中共中央文献研究室、中共中央党校：《刘少奇论党的建设》，北京：中央文献出版社 1991 年版，第 398 页。

共产主义为历史使命。它把自己的一切力量都贡献给人民事业。它经历各种曲折，绕过各种暗礁，为完成历史赋予自己的使命、不辜负人民群众对自己的期望而进行不屈不挠的斗争。它以自己的智慧、力量、忠诚和献身精神，以自己在革命战争年代及和平建设年代所取得的非凡成就，赢得了人民的最大信赖，使人民清楚地看到并确切地相信："只有依靠共产党的领导，中国才有可能从贫穷变成富强，从落后变成先进，才有可能作为一个伟大的社会主义强国而对人类进步事业作出越来越大的贡献。"①人民在长期实践中形成了这样的共识："党是整个工人阶级和全国人民群众的领导核心。"②

刘少奇认为，历史选择了中国共产党，人民群众信赖中国共产党，社会主义事业离不开中国共产党。"党的建设，达到今天我们中国共产党这样的程度，是一件很不容易的事情，我们的新老党员，接受了我们先烈遗留下来的这一份无价的遗产，应该如何地宝贵它！如何在我们党已有的成绩和阵地之基础上再向前进，建设它，加强它，发展它，以至于达到最高级最完善的程度！我们要建设一个最好的党！"③

建设一个最好的党，这是人民的期望、历史的重托，是完成党所肩负的历史使命的根本保证。那么，怎样才能建设一个最好的党呢？刘少奇认为，要建设一个最好的党，固然需要我们各方面的努力，需要中央与各级领导机关正确的领导，但是最基本的还是需要我们有很多很好的党员。"只有我们大多数党员努力工作，努力学习，努力提高与增进自己的品质，努力前进，才能建设一个好的党。"④为此，刘少奇不仅在战争年代写下了《论共产党员的修养》这一鸿篇巨制，

① 中共中央文献研究室、中共中央党校：《刘少奇论党的建设》，北京：中央文献出版社 1991 年版，第 690 页。

② 中共中央文献研究室、中共中央党校：《刘少奇论党的建设》，北京：中央文献出版社 1991 年版，第 639 页。

③ 中共中央文献研究室、中共中央党校：《刘少奇论党的建设》，北京：中央文献出版社 1991 年版，第 209 页。

④ 中共中央文献研究室、中共中央党校：《刘少奇论党的建设》，北京：中央文献出版社 1991 年版，第 220 页。

全面论述了共产党员在理想信念、思想理论、道德品质、组织观念、工作作风等方面的修养问题，指出了修养的重要性和必要性、主要内容、途径和方式，而且在党执掌全国政权后的和平建设时期，提出了共产党员标准的八项条件，号召全党"为更高的共产党员的条件而斗争。"①

鉴于党执政后面临着的新形势，刘少奇多次论述党的自身建设的问题。在政治建设上，他着重强调认清国情，正确把握我国社会的主要矛盾，坚持以经济建设为中心任务，集中力量发展生产力，在此基础上不断提高人民生活水平，强调为人民利益坚持真理、修正错误。在组织建设上，他强调维护党的团结统一，坚持党的民主集中制和集体领导原则，扩大党内民主。在作风建设上，他强调保持谦虚谨慎、实事求是、密切联系群众、批评与自我批评作风，以及防止腐败的问题。

此外，刘少奇还鲜明地提出了转变党的领导方式问题。他指出：随着党的工作重心由革命战争向经济建设的转变，党的领导方式、组织方式、工作方式也要随之改变，过去那种"一揽子的领导方式是不行的，要有分工"②。党要管党，要管检查工作、政治思想工作和组织工作，要在思想上、政治上、组织上起领导作用，以便切实做好领导工作，更好地发挥党的引导、指导和向导作用。

刘少奇坚信，只要我们能够建设一个好的党，这个党就一定能够担当起所肩负的历史使命，就一定能够真正成为广大人民群众利益的忠实代表。

刘少奇关于中国共产党历史使命的思考，以实现共产主义社会制度为最终目标，以全心全意为中国最大多数人民谋利益为出发点和归宿，以不断解放生产力和发展生产力为基本手段，以中国共产党自身建设为根本保证，生动体现了党的性质，鲜明凸显了党的宗旨，完全符合历史唯物主义的基本要求；展示了他的坚定的共产主义信念、远大的共产主义理想、全心全意为人民谋利益的赤子情怀，

---

① 中共中央文献研究室、中共中央党校：《刘少奇论党的建设》，北京：中央文献出版社 1991 年版，第 555 页。

② 中共中央文献研究室：《刘少奇年谱（1898—1969）》（下卷），北京：中央文献出版社 1996 年版，第 336 页。

以及求真务实、开拓前进的革命家品格。

(二)刘少奇关于党的领导思想

社会主义必然代替资本主义，这是马克思、恩格斯所揭示的人类社会发展的一条客观规律。在揭示这一规律的同时，马克思、恩格斯也找到了实现这一历史变革的社会力量——无产阶级。并且指出，无产阶级要完成自己的历史使命，必须有无产阶级革命政党的领导，因为党是无产阶级的先锋队，是无产阶级的教育者、领导者和组织者。中国共产党是中国工人阶级的先锋队。在党的领导下，中国人民取得了新民主主义革命和社会主义革命的胜利，建立了中华人民共和国和社会主义制度，使中国从一个任人宰割的半殖民地半封建国家变成了一个独立的社会主义国家。为什么以建立新中国和社会主义制度为直接目标的中国革命需要共产党的领导，以建设一个社会主义现代化国家为目标的新中国建设同样需要共产党的领导？共产党应当怎样领导？怎样才能保持党的领导的正确性？这些都是关系到党和国家的前途和命运，关系到中国社会主义事业兴衰成败的重大问题。作为中共中央第一代领导集体的主要成员，刘少奇曾在 20 世纪五六十年代对这些重大问题作了比较深入的理论思考，提出了许多正确的和比较正确的思想理论观点。①

1. 关于坚持党的领导的必然性

为什么要坚持中国共产党在中国革命和建设中的领导地位？这是马克思主义党的学说首先要回答的问题，也是刘少奇关于党的领导思想的主要内容之一。

首先，刘少奇从近代以来中国历史发展的角度，论述了中国共产党领导的历史必然性。早在新中国成立前夕，刘少奇就明确指出：中国共产党成立以来的历

① 本部分的若干内容曾分别以《试论刘少奇的党的领导思想》《二十世纪五六十年代刘少奇关于党的领导的若干思考》为题发表于《社会主义研究》2000 年增刊和《学校党建与思想教育》2019 年第 2 期。

史证明，“中国历史的发展离不开共产党”①，“不但离不开共产党，而且是以共产党为中坚来发展的”②。这是刘少奇在纪念中国共产党成立27周年的讲话中，系统地回顾了中国共产党成立以来近代中国发展的历史之后，所得出的重要结论。1954年9月，刘少奇在《关于中华人民共和国宪法草案的报告》中，又一次回顾了鸦片战争以来近代中国的历史，深刻总结了中国人民一百多年以来英勇斗争的历史经验，并且指出，自从1921年中国建立了马克思列宁主义的工人阶级政党——中国共产党之后，“中国就开辟了革命的新局面”③。由于中国工人阶级及其政党——中国共产党担负起了中国革命的领导责任，所以，“中国革命所表现的深刻性、彻底性和广大的群众规模，为以前一切革命运动所完全不能比拟”④。中国人民经过北伐战争、土地革命战争、抗日战争和解放战争，创建了坚强的人民军队和广大的革命根据地，建立了人民民主政权，进行了各种社会改革，在1949年建立了新中国。“长期的革命斗争证明，中国共产党指出的由新民主主义到社会主义的道路是唯一能够救中国的道路。”⑤在新中国成立之前，“只有依靠工人阶级的领导，我国人民才能从帝国主义、封建主义和官僚资本主义的压迫下获得解放；在新中国成立以后，只有巩固和加强工人阶级及其政党对人民民主专政国家的领导，才能取得社会主义建设和社会主义改造事业的胜利”⑥。

其次，刘少奇从无产阶级及其政党的性质和特征的角度，论述了共产党在社会主义革命和建设中的领导地位和作用。刘少奇指出，中国共产党是中国工人阶级的党，是工人阶级的先进部分。工人阶级是大工业的产物，随着社会化大生产的发展，随着社会主义工业化、现代化的建设，中国工人阶级在将来是要大发展

---

① 中共中央文献研究室、中共中央党校：《刘少奇论党的建设》，北京：中央文献出版社1991年版，第527页。

② 中共中央文献研究室、中共中央党校：《刘少奇论党的建设》，北京：中央文献出版社1991年版，第502页。

③《刘少奇选集》(下卷)，北京：人民出版社1985年版，第137页。

④《刘少奇选集》(下卷)，北京：人民出版社1985年版，第137页。

⑤《刘少奇选集》(下卷)，北京：人民出版社1985年版，第137页。

⑥《刘少奇选集》(下卷)，北京：人民出版社1985年版，第146页。

的，并将发展成为在人口中占很大比例的阶级。“只有工人阶级才是最有伟大前途的阶级。它将不断地改造世界，也改造它自己。中国共产党正是代表这个阶级的党，并是这个阶级的先锋队。”①党是用马克思列宁主义武装起来的、最革命的、战斗的无产阶级革命政党，是具有高度组织性、纪律性的无产阶级先锋队的组织。党以组织和领导人民革命，建立人民民主专政的国家政权，建设社会主义，最终实现共产主义为历史使命，它把自己的一切力量贡献给人民事业。党经历各种曲折，绕过各种暗礁，为实现历史赋予自己的使命而进行不屈不挠的斗争。党以自己的智慧、力量、忠诚和献身精神，以自己在革命战争年代及和平建设年代所取得的成就，赢得了人民的最大信赖，使人民清楚地看到和确切地相信：“只有依靠共产党的领导，中国才有可能从贫穷变成富强，从落后变成先进，才有可能作为一个伟大的社会主义强国而对人类进步事业作出越来越大的贡献。”②人民在长期实践中形成了这样的共识：“党是整个工人阶级和全国人民群众的领导核心。”③

再次，刘少奇从中国社会主义事业发展的现实要求角度，论述了中国共产党的领导地位和作用的历史必然性。在社会结构中，由于生产力决定生产关系，经济基础决定上层建筑，政党属于上层建筑，因此，政党的活动归根到底要受经济基础和社会生产力发展水平的制约。中国共产党在我国政治生活中的领导地位和作用，归根到底取决于我国社会主义经济的发展。刘少奇在论述中国共产党领导地位和作用时，遵循了历史唯物主义的基本观点。他指出，我国经过新民主主义建设，特别是经过社会主义建设和社会主义改造，工业在整个国民经济中的比重会逐渐增大，社会主义性质的经济在整个社会经济中的比重也会越来越大。“社

① 中共中央文献研究室、中共中央党校：《刘少奇论党的建设》，北京：中央文献出版社 1991 年版，第 552 页。

② 中共中央文献研究室、中共中央党校：《刘少奇论党的建设》，北京：中央文献出版社 1991 年版，第 690 页。

③ 中共中央文献研究室、中共中央党校：《刘少奇论党的建设》，北京：中央文献出版社 1991 年版，第 639 页。

会主义经济在实际生活中，已经无可怀疑地证明了它比资本主义经济具有极大的优越性，它已日益壮大，并且日益巩固自己在国民经济中的领导地位。”①“经济上的这种变化，会引起一切上层建筑也照此变化，就是说，在思想上、政治上、组织上都会要加强工人阶级与共产党及其在各方面的作用。”②所以，“中国共产党是我们国家的领导核心”③。“在社会主义建设事业中，必须加强党的领导。”④

最后，刘少奇还从无产阶级专政、党的领导与社会主义事业的相互关系角度，进一步论述了共产党领导的必要性和必然性。他说：“在我们国家的社会主义事业中不可能没有无产阶级专政，而无产阶级专政是经过无产阶级的政党——共产党的领导来实现的。中国共产党的领导的力量，在于它有马克思列宁主义的思想武器，有正确的政治路线和组织路线，有丰富的斗争经验和工作经验，善于把全国人民的智慧集中起来，并且把这种智慧表现为统一的意志和有纪律的行动。不但在过去，而且在今后，为了保证我们的国家能够有效地处理国内和国际的复杂事务，都必须有这样的一个党的领导。”⑤

总之，中国共产党是我们国家的领导核心，在社会主义事业中，必须加强党的领导，这是近代中国历史发展的必然选择，是为中国革命和建设的长期实践所证明的必然结论，是全国各阶层人民和各民主党派根据实际生活所共同承认的，是载入国家根本大法——《中华人民共和国宪法》的。因此，“全国各族人民必须按照宪法所规定的道路，在中国共产党的领导下……为把我国建设成为一个伟大的社会主义国家而奋斗”⑥。

---

① 《刘少奇选集》(下卷)，北京：人民出版社1985年版，第141页。

② 中共中央文献研究室、中共中央党校：《刘少奇论党的建设》，北京：中央文献出版社1991年版，第594页。

③ 中共中央文献研究室、中共中央党校：《刘少奇论党的建设》，北京：中央文献出版社1991年版，第620页。

④ 《刘少奇选集》(下卷)，北京：人民出版社1985年版，第367页。

⑤ 中共中央文献研究室、中共中央党校：《刘少奇论党的建设》，北京：中央文献出版社1991年版，第629~630页。

⑥ 中共中央文献研究室、中共中央党校：《刘少奇论党的建设》，北京：中央文献出版社1991年版，第622页。

2. 关于社会主义国家共产党领导的内容

在从理论与实践、历史发展与现实要求等多个角度论述共产党领导的历史必然性的同时，刘少奇也对社会主义国家共产党领导的具体内容进行了探讨。他认为，在无产阶级专政的社会主义国家，“党应当而且可以在思想上、政治上、方针政策上对于一切工作起领导作用”①。作为执政党，党在国家政治生活中，相对于政府部门管业务来说，党是“管干部、管思想、管政治的”②，“管的是检查工作、政治思想工作和组织工作”③。显然，刘少奇认为，共产党领导的具体内容就是思想上、政治上和组织上的领导，而不是“把一切都包办起来，对一切都进行干涉”④。这是党的领导的基本职能，也是党在无产阶级专政的社会主义国家政治生活中必须遵循的一条基本的领导原则。刘少奇还分别对党的政治、思想和组织领导作了阐述。

(1)关于党的政治领导。党的政治领导即政治原则、政治方向、重大决策的领导，也就是用党的路线、方针、政策，引导广大人民群众进行以社会主义、共产主义为前途的革命和建设。党制定方针政策的依据，只能是人民的意志。“我们按照绝大多数人的意志，来决定我们的方针政策……判断一个国家政策的好坏、正确和错误，其标准就是看它是否符合绝大多数人的最大利益。”⑤刘少奇认为，党的领导主要是政治领导，党的政治领导主要表现在根据国内主要矛盾确定党在现阶段的

---

① 中共中央文献研究室、中共中央党校：《刘少奇论党的建设》，北京：中央文献出版社 1991 年版，第 630 页。

② 中共中央文献研究室、中共中央党校：《刘少奇论党的建设》，北京：中央文献出版社 1991 年版，第 624 页。

③ 中共中央文献研究室、中共中央党校：《刘少奇论党的建设》，北京：中央文献出版社 1991 年版，第 628 页。

④ 中共中央文献研究室、中共中央党校：《刘少奇论党的建设》，北京：中央文献出版社 1991 年版，第 630 页。

⑤ 中共中央文献研究室：《刘少奇年谱(1898—1969)》(下卷)，北京：中央文献出版社 1996 年版，第 616 页。

主要的政治任务，并团结和带领全国人民为完成这一主要任务而奋斗。① 刘少奇一贯认为，共产党在和平建设时期的主要的政治任务就是经济建设。早在新中国成立后的第五天，他就明确指出："中国是一个经济落后的国家……今天中国人民的首要任务，就是要迅速恢复和发展中国的人民经济，使中国工业化。"②1950年，他又在一份文稿中写道，要使中国人民从穷困、痛苦和被侮辱的生活中解放出来，并不断提高他们的生活水平，使他们能够过富裕、文明的生活，中国共产党必须领导中国人民做好两件最基本的事情：第一件事情，就是进行人民革命，使中国人民从帝国主义、封建主义和官僚资本主义的压迫之下解放出来，清除发展生产的障碍，解放已有的生产力，造成继续发展生产的必要条件；第二件事情，就是凭借人民民主专政的国家政权，利用各种条件来发展切有益于人民的生产及其他经济事业，使人民的生活水平逐步提高。做好第一件事情是做好第二件事情的前提，其目的是做好第二件事情。现在，第一件事情已经做好了，第二件事情则刚刚开始进行，并将永远继续下去，"因为生产是更基本的，永远需要的"，"因为生产事业的发展，劳动生产率的提高，乃是全体人民一切物质福利和精神福利的基础"。③ 不久，刘少奇又在不同场合强调："经济建设现已成为我们国家和人民的中心任务。"④"在建设时期，除开必要的国防外，一切工作和其他建设均配合经济建设。一切以经济建设为中心。"⑤在 1956 年召开的党的八大上，刘少奇明确指出，现在，革命的暴风雨时期已经过去了，新的生产关系已经建立起来，斗争的任务已经变为保护社会生产力的顺利发展。1958 年 3 月，正是 1957 年反右派斗争严重扩大化之后不久。此时，虽然党的主要领导人认定"无产

① 中共中央文献研究室：《刘少奇年谱(1898—1969)》(下卷)，北京：中央文献出版社 1996 年版，第 384 页。

② 中共中央文献研究室：《刘少奇年谱(1898—1969)》(下卷)，北京：中央文献出版社 1996 年版，第 228 页。

③ 《刘少奇选集》(下卷)，北京：人民出版社 1985 年版，第 4 页。

④ 《刘少奇选集》(下卷)，北京：人民出版社 1985 年版，第 60 页。

⑤ 中共中央文献研究室、中共中央党校：《刘少奇论党的建设》，北京：中央文献出版社 1991 年版，第 592 页。

阶级和资产阶级的矛盾，社会主义道路和资本主义道路的矛盾，毫无疑问，这是当前我国社会的主要矛盾”①。但刘少奇仍然坚持中共八大的政治路线，甚至更加明确地指出：“现在全国人民和党的主要任务，就是尽快地发展生产力。”②此后，他始终坚持认为：在生产资料所有制的改造基本完成后，“社会生产水平和社会需要的矛盾，逐渐上升为主要地位”，这一矛盾，促进社会主义社会生产的发展。③ 换言之，只有大力发展生产力，不断提高社会生产水平，从而不断满足日益增长的社会需要，才能不断推进解决社会主义社会的主要矛盾，进而推动社会主义社会的发展。

显然，刘少奇的这一思想，与中共八大决议关于国内主要矛盾及党和人民主要任务的分析是完全一致的，与中共八大制定的党的正确的政治路线是完全一致的，是实现党的正确的政治领导所不可缺少的。如前所述，党的领导主要就是政治领导，是路线、方针、政策的领导。在社会主义制度建立起来之后，以发展生产力为中心的工业化、现代化建设，便是全党全国最大的政治。中共八大路线充分体现了这一最大的政治。毫不动摇地坚持和贯彻党的八大路线，党的政治领导就能够保持其正确性。遗憾的是，尽管刘少奇本人始终坚持了党的八大路线，但由于种种原因，党的工作的主要方面还是逐渐偏离了八大的政治路线，一度走上了以阶级斗争为纲的错误轨道，党的政治领导出现严重错误，并因此受到严重损害，留下了惨痛的教训。

(2)关于党的思想领导。刘少奇在1951年所写的《党在宣传战线上的任务》一文中，阐明党的思想领导的含义、内容及其重要性，指出党的思想领导就是确立马列主义即工人阶级的思想领导，就是用马列主义的立场、观点和方法来教育

① 中共中央文献研究室：《建国以来重要文献选编》(第10册)，北京：中央文献出版社2011年版，第535页。

② 中共中央文献研究室：《刘少奇年谱(1898—1969)》(下卷)，北京：中央文献出版社1996年版，第420页。

③ 中共中央文献研究室：《刘少奇论新中国经济建设》，北京：中央文献出版社1993年版，第405页。

全党和全国人民，提高人们的政治觉悟和思想水平，为建设社会主义奠定思想基础。党的思想领导十分重要，它是党的一项最基本的政治任务，是一项伟大的、光荣的却又是十分艰苦、需要很长时期才能完成的任务。是否坚持党的思想领导，即是否坚持马列主义在意识形态领域的指导地位，关系到中国革命的成败，关系到工人阶级及其政党在政治上、经济上的领导能否实现。“巩固与加强这种领导，是在政治上、经济上加强工人阶级领导的前提。”①刘少奇强调，在大规模经济建设工作已经展开，全党和全国人民面临繁杂的实际工作的今天，“思想政治工作的必要性更加提高了，更加需要加强党的思想领导”②。在充分论证加强党的思想领导重要性的基础上，刘少奇对如何加强党的宣传工作和思想工作提出了自己的见解，其中主要有：全党都要高度重视宣传思想工作，运用各种宣传工具，改进工作方法；紧密联系党的中心工作开展宣传思想工作，同时也不能忽视马克思主义基本理论的宣传教育；基本理论的教育与当前中心工作及时事政策的宣传应当密切配合，不可偏废；对非无产阶级思想要进行批驳，等等。

(3)关于党的组织领导。党的组织领导就是通过党的干部、党的各级组织和广大党员，组织和带领人民群众为实现党的任务而奋斗，党的组织领导是党的政治领导、思想领导的保证。党的组织领导主要表现在发挥党员干部的骨干作用，发挥共产党员的先锋模范作用，发挥基层党组织的政治核心作用等方面。此外，刘少奇指出，各级党委的一个重要职责就是管理干部，“把干部管好”③，包括选派政治业务强、又红又专的干部到各级领导岗位，对干部工作情况进行检查和监督，组织干部学理论、学业务、学科学文化，对干部进行培养教育，对犯错误干部进行帮助；坚持党员标准，为更高的共产党员的条件而斗争，做好党员的组织

① 中共中央文献研究室、中共中央党校：《刘少奇论党的建设》，北京：中央文献出版社 1991 年版，第 576 页。

② 中共中央文献研究室、中共中央党校：《刘少奇论党的建设》，北京：中央文献出版社 1991 年版，第 584 页。

③ 中共中央文献研究室、中共中央党校：《刘少奇论党的建设》，北京：中央文献出版社 1991 年版，第 654 页。

发展和思想教育；建立健全党的基层组织，对不能很好地发挥政治核心作用的党的基层组织进行整顿，等等。

刘少奇的上述论述，正确地揭示了党的领导的内容和职能，有助于人们正确理解和把握党的领导的实质，更好地发挥党对中国人民革命和建设事业的引导、指导和向导的作用。

刘少奇在科学地揭示党的领导的内容和职能的同时，还鲜明地提出了转变党的领导方式问题。他指出：随着党的工作重心由革命战争向经济建设的转变，党的领导方式也要随之改变，过去那种"一揽子的领导方式是不行的，要有分工，要建立各种业务机构"。① 党要管党，要管检查工作、政治思想工作和组织工作，而把各种业务工作交给业务机构来管。② "党委不要干涉具体事务，党委什么都干涉不好"③，党委领导一切是必须坚持的原则，但如果包办代替行政系统的日常工作，不仅"使行政系统不能发挥应有的作用，同时，也使党委自己不能集中精力好好地研究党中央的方针、政策，进行调查研究，总结群众经验，加强思想政治工作，加强对各方面工作的督促检查，把领导工作切实做好"④。总之，党要随着客观形势的变化切实转变领导方式，正确处理党政关系，实行党政分工，正确处理党与工会、青年团等群众团体的关系，正确处理党与民主党派的关系。要在思想上、政治上、组织上起领导作用，而不是包办代替其他组织机构和干涉一切。

显然，刘少奇这里所讲的党的领导方式问题不仅局限于党的领导方式，而是包括党的领导原则和领导方式在内的党的领导制度问题，更确切地说，是党在执

① 中共中央文献研究室、中共中央党校：《刘少奇论党的建设》，北京：中央文献出版社 1991 年版，第 626 页。

② 参见中共中央文献研究室、中共中央党校：《刘少奇论党的建设》，北京：中央文献出版社 1991 年版，第 628 页。

③ 中共中央文献研究室：《刘少奇年谱（1898—1969）》（下卷），北京：中央文献出版社 1996 年版，第 554 页。

④ 中共中央文献研究室、中共中央党校：《刘少奇论党的建设》，北京：中央文献出版社 1991 年版，第 704 页。

掌全国政权之后，所面临的主要任务是领导人民建设新中国的历史条件下，党的领导原则、领导方式和领导制度问题。这是一个在新的历史条件下如何更好地改善党的领导、更好地坚持党的领导的问题，因而是一个具有重大理论和实践意义且现实性很强的一个问题。尽管刘少奇对这个问题并没有作出全面的论证，但他毕竟提出了这个重大问题，并且以近乎当代的语言对这个重大问题作了初步阐述，提出了党要管党，要在思想上政治上组织上起领导作用等十分重要的观点。这些观点不仅在当时对改进党的领导方式起了积极作用，而且成为党坚持和改善党的领导的一项基本原则。

3. 关于执政党的自身建设

怎样才能保持党的领导的正确性，真正做好党的领导工作，保证党的领导工作顺利发展？毫无疑问，加强党的自身建设至为关键。执政党自身建设得如何，关系到党对社会主义事业的领导能否实现，党的领导工作能否顺利发展、能否避免重大错误。因此，要真正坚持和实现党的领导，并且保持党的正确领导，必须切实加强党的自身建设。在执政党自身建设问题上，刘少奇着重阐明了以下观点：

第一，坚持理论联系实际，克服思想认识上的主观主义。刘少奇认为，我们现在面对着新的条件和新的任务，我们必须解决许多比过去更为复杂的和不熟悉的问题。在这种情况下，如果我们不努力提高自己的马列主义水平，不努力学习新的知识和钻研新的业务，主观主义的错误必然会发展起来。同时，大批新党员还没有受到足够的马列主义的锻炼，也很容易成为主观主义的市场。“我们党的历史经验，充分地说明了克服思想认识上的主观主义是保证党的工作顺利发展、避免重大错误的根本关键。”①而为了有效地反对主观主义，必须努力提高全党的马列主义水平，必须加强党的干部特别是高级干部对马列主义的系统学习，使他

① 中共中央文献研究室、中共中央党校：《刘少奇论党的建设》，北京：中央文献出版社 1991 年版，第 634 页。

们善于运用马列主义的立场、观点、方法去观察和解决实际问题，提高自己判断方向、辨别是非的能力；加强对广大党员的理论和实际相统一的教育，使他们懂得马列主义的一般原理特别是立场、观点和方法；加强党的理论工作，集中力量研究我国革命和建设的重大问题和基本经验，研究当前国际问题，研究马列主义基本理论及其与之有密切关系的其他学科，使之适合于当前党的实际工作的迫切需要，以及党员和广大青年进行马列主义教育的需要。为了有效地反对主观主义，还必须进行对实际问题的调查研究工作，深入下层，倾听下情，检查党的决议的执行情况并从实践中检验其是否正确，研究新鲜事物并支持新事物的发展。要教育干部深刻认识主观主义在党的领导工作中所造成的严重危害，学会用老老实实的态度在群众中进行调查研究，学会"从群众中来，到群众中去"的工作方法，"这是他们能够继续担负党的领导工作的必要条件"①。

第二，坚持党的集体领导原则，扩大党内民主。刘少奇指出，一切重大问题的决定都要经过集体讨论，实行不同观点之间的争论，以便比较全面地反映党内外群众的各种意见，也就是比较全面地反映客观事物发展过程中的各个侧面。每个领导者都必须善于耐心地听取和从容地考虑反对意见，坚决地接受合理的反对意见或反映意见中的合理部分。对于有正确动机，按正常秩序提出反对意见的同志，必须继续和睦无间地共事，绝不要采取排斥的态度。只有这样，才会有真正的而不是形式的集体领导，才会有真正的而不是形式的党内团结，党的组织和事业也才会日益兴旺。刘少奇同时指出："我们党的集体领导原则，决不是否认了个人负责的必要和领导者的重要作用；相反，它是使领导者能够充分正确地和最有效地发挥个人作用的保证。"②

刘少奇多次强调发扬民主的问题，指出是否发扬党内民主，关系到党内生活

① 中共中央文献研究室、中共中央党校：《刘少奇论党的建设》，北京：中央文献出版社 1991 年版，第 636 页。

② 中共中央文献研究室、中共中央党校：《刘少奇论党的建设》，北京：中央文献出版社 1991 年版，第 637 页。

是否正常，关系到全党的积极性能否发挥，也关系到党的集中统一能否真正加强。① 而“发扬党内民主的中心一环，在于充分地开展党内的批评和自我批评”②。他列举了党内生活存在着的一些不正常的现象，认为“大跃进”和人民公社化运动时期，我们“吃了不讲民主的亏。我们不发扬民主，不善于听人家的意见，不充分在人民中间讨论，不认真取得他们的同意，这是一条很大的经验教训。要形成一种能够畅所欲言的空气。党内如此，党外更应如此”③。显然，在刘少奇看来，只有真正充分发扬党内民主和人民民主，善于广泛听取各方面的意见包括反面意见，才能比较全面地反映客观事物发展过程中的各个侧面，才能从实际出发制定政策、计划和措施，才能使党的领导工作符合客观实际。

第三，加强党的作风建设，保持谦虚谨慎、实事求是、群众路线的优良传统作风。党的作风体现着党的性质和宗旨，是党性和世界观在行动中的表现。在长期革命实践中，中国共产党形成了实事求是、群众路线、批评和自我批评、谦虚谨慎、戒骄戒躁、艰苦奋斗、民主集中制等优良传统和作风。中国共产党在成为执政党之后，能否保持这些优良传统和作风，直接影响党的领导工作的正确与否及正确程度。刘少奇认为，中国共产党在第二个五年计划时期在某些工作方面犯了严重错误的根本原因，就是“不够谦虚谨慎，有了骄傲自满情绪，违反了党的实事求是和群众路线的传统作风，在不同程度上削弱了党内生活、国家生活和群众组织生活中的民主集中制原则”④。而要纠正错误，保持党的正确领导，就必须“经常保持谦虚谨慎的作风，经常保持党的实事求是和群众路线的传统作风，在工作中严格地按照党的、国家的、群众团体的民主集中制办事，开展批评和自我批评”⑤。刘少奇特别强调实事求是的问题，认为实事求是的作风是很重要的。

---

① 《刘少奇选集》(下卷)，北京：人民出版社 1985 年版，第 410~411 页。

② 中共中央文献研究室、中共中央党校：《刘少奇论党的建设》，北京：中央文献出版社 1991 年版，第 707 页。

③ 中共中央文献研究室：《刘少奇年谱(1898—1969)》(下卷)，北京：中央文献出版社 1996 年版，第 548 页。

④ 《刘少奇选集》(下卷)，北京：人民出版社 1985 年版，第 424 页。

⑤ 《刘少奇选集》(下卷)，北京：人民出版社 1985 年版，第 425 页。

要实事求是，就要调查研究，就要充分发扬党内民主和人民民主，就要从实际出发来拟定政策，拟定计划，拟定措施。“要实事求是还要有勇气。没有勇气，就不敢实事求是。”①总之，“必须把树立实事求是的作风，作为加强党性的第一个标准”②。

刘少奇还特别强调党的群众路线的作风，指出：“我们的一切伟大成就，都是同贯彻执行群众路线分不开的。”③群众路线，是党的根本路线，“是共产党员的根本观点问题”④。而党的执政地位，使一些党员干部很容易滋长命令主义、官僚主义、特权主义等脱离群众的作风。刘少奇认为：“脱离群众，这是很危险的。”⑤针对一些人把群众运动混同于群众路线，以及对于群众运动的错误理解，刘少奇明确表示：把群众运动当作群众路线的唯一方式，好像不搞群众运动就不是群众路线。这种看法，显然是不正确的；把敲锣打鼓、虚张声势、开一些没有内容的大会、作一些空洞的大报告等形式主义的东西，看成是群众运动和群众路线，更是错误的。这种形式主义的东西，往往是在强迫命令下进行的，并没有真正的群众基础，表面上轰轰烈烈，实际上空空洞洞。这种违反群众路线的所谓“群众运动”，不仅不能真正反映群众的意见和要求，而且损害了群众的积极性，损害了党的威信。⑥

刘少奇在执政党建设问题上所阐述的，当然远不止上述三种观点，但上述三点无疑是最重要的，也是他在社会主义建设时期讲得最多、论述最充分的，并且是紧紧围绕如何保持党的正确领导这一党的建设的出发点和目的来展开的，是对

---

① 《刘少奇选集》(下卷)，北京：人民出版社 1985 年版，第 438 页。

② 《刘少奇选集》(下卷)，北京：人民出版社 1985 年版，第 397 页。

③ 中共中央文献研究室、中共中央党校：《刘少奇论党的建设》，北京：中央文献出版社 1991 年版，第 695 页。

④ 中共中央文献研究室、中共中央党校：《刘少奇论党的建设》，北京：中央文献出版社 1991 年版，第 696 页。

⑤ 中共中央文献研究室、中共中央党校：《刘少奇论党的建设》，北京：中央文献出版社 1991 年版，第 698 页。

⑥ 参见中共中央文献研究室、中共中央党校：《刘少奇论党的建设》，北京：中央文献出版社 1991 年版，第 699 页。

中国共产党在成为执政党后领导新中国建设的历史经验的深刻总结。

综上所述，刘少奇的党的领导思想具有十分丰富的内容、鲜明的理论色彩和很强的现实意义。它是毛泽东建党思想的有机组成部分，也是邓小平党建理论的重要思想来源。它无论在当时还是在现时代，对于切实加强和改善党的领导，把党建设成为领导中国社会主义事业的坚强核心，都有着巨大的指导作用。

(三)张闻天对社会主义条件下党的领导的思考

张闻天是一位杰出的无产阶级革命家和理论家，是中国共产党和中国革命历史上一位重要领导人。他一生追求真理，坚持真理，为中国人民的解放事业和社会主义建设事业，为毛泽东思想的形成和发展，作出了重大的历史贡献。尤为可贵的是，他在1959年庐山会议上遭受错误打击后，虽身处逆境，却仍然关注着党和国家的命运，探求着中国社会主义建设道路，思考着共产党对社会主义事业的领导原则和领导方式等问题。他在20世纪60年代初至70年代初所撰写的一批文稿中所阐述的理论观点，就是他在这一时期深入思考的结晶。①

作为一个把毕生精力献给共产主义事业，并长期担任党的高级职务的共产党人，张闻天高度重视共产党在社会主义事业中的领导和执政地位。他认为，社会主义要达到最后胜利，必须是在无产阶级的领导之下。而无产阶级的领导，是以它的先锋队即共产党为代表。资产阶级社会可以有多党领导，社会主义只能由一党领导，即必须是马列主义的党的领导。张闻天指出了共产党领导范围，即“必须是在一切方面(经济、政治、文化、教育、思想、文艺)，并对一切组织(工会、国家、青年团、合作社等等)”②。张闻天特别强调党对无产阶级专政的国家的领导，指出：党没有国家，或国家没有党的领导，就不可能建设社会主义。因此，无产阶级国家的各个部门，“不论它们的任务如何千差万别，都必须接受共

① 本部分主要内容曾以《张闻天党的领导思想探析》为题，发表于《张闻天研究文集》(三)一书中，北京：中共党史出版社1997年版。

② 张闻天选集传记组、中共上海市委党史研究室：《张闻天社会主义论稿》，北京：中共党史出版社2010年版，第245页。

产党的统一的政治领导，都必须贯彻执行党的路线。不容置疑，任何一个部门，如果脱离了党的正确领导，就会错了方向，走上邪路”①。

张闻天认为，社会主义事业必须有共产党的领导，才能取得最后胜利，这是没有疑义的，问题在于共产党如何去领导。这就要首先弄清楚什么是共产党的领导？共产党领导的本质内容和基本特点是什么？张闻天认为：反映和维护无产阶级与人民群众的利益，为实现他们的利益服务，这就是我们所说的共产党的领导。领导就是服务，“领导人民，就是为人民服务”②，领导经济建设，就是为经济建设服务。张闻天强调，共产党的领导，主要是党的路线、方针、政策的领导，即党的政治领导。党的政治领导不是脱离经济的空头领导，而是能积极影响经济基础，并对经济起主导作用，能很好地运用经济规律替经济服务。党的政治领导不是对人民群众的包办代替、强迫命令，更不是高踞于群众之上对群众发号施令，而是对群众的说服、教育、动员、组织和引导；是“同无产阶级和人民群众紧紧团结在一起，并使他们接受和实行共产党的正确的路线”。③ 张闻天指出，在无产阶级夺取政权之后，共产党的政治领导的最大特点，是和经济紧密相连，是和人民群众紧密相连。“共产党的政治领导，离开了经济，离开了无产阶级和人民群众，就失去了基础，失去了依靠，失去了目的，失去了真理与错误的界限，当然不可能正确地提出任务，指导运动，总结经验，吸取教训，取得胜利。”④

张闻天不仅指出了在无产阶级夺取政权以后共产党领导的本质内容及其基本特点，而且对如何实现党的政治领导问题进行了深入探讨。他在这方面的思想集中在以下几个问题上：

---

① 张闻天选集传记组、中共上海市委党史研究室：《张闻天社会主义论稿》，北京：中共党史出版社2010年版，第268页。

② 张闻天选集传记组、中共上海市委党史研究室：《张闻天社会主义论稿》，北京：中共党史出版社2010年版，第269页。

③ 张闻天选集传记组、中共上海市委党史研究室：《张闻天社会主义论稿》，北京：中共党史出版社2010年版，第251页。

④ 张闻天选集传记组、中共上海市委党史研究室：《张闻天社会主义论稿》，北京：中共党史出版社2010年版，第266页。

第一，正确认识和处理政治与经济的关系，以领导社会主义经济建设为主要政治任务，制定符合客观经济规律的党的正确的政治路线。

张闻天在其著述中，反复强调无产阶级专政下的政治和经济关系问题，指出，经济决定政治，政治又反作用于经济，是历史唯物主义的基本观点。无产阶级的政治，在共产党领导的无产阶级专政下，地位很重要。但是，马克思主义关于经济和政治的辩证关系的根本观点，还是不能改变或动摇。无产阶级的政治必须反映无产阶级和劳动人民群众的经济利益即物质利益，“任何离开无产阶级和劳动人民的物质利益的所谓政治，决不是无产阶级的政治”①。无产阶级的政治，在任何时候都不能离开“经济决定政治，政治为经济服务”的唯物辩证法，必须从实际出发，从一个社会当时的经济状况、经济条件和阶级关系出发，反映无产阶级和人民群众的利益和愿望。只有在正确认识社会阶级关系和无产阶级的经济利益的基础上，无产阶级政党才能制定领导无产阶级和人民群众进行革命并取得胜利的路线和策略。这种路线和策略，丝毫不能脱离经济，而只能为经济服务，这种代表无产阶级经济利益的政治，就是消灭资本主义经济，建立社会主义和共产主义经济的政治。这种政治的目的，是“使全体劳动者过最美好、最幸福的生活(列宁语)”这种代表无产阶级和人民群众经济利益的政治，“是领导无产阶级进行阶级斗争和经济建设的指南针”，“必然会被无产阶级和人民大众所接受，受到他们的拥护，并转化为巨大的物质力量，作用于经济”。② 相反，那种回避无产阶级和人民群众经济利益，空谈抽象的政治和伦理道德原则的政治，绝不是无产阶级的政治，而只是荒谬的“空头政治”，只会脱离群众，在实践中遭到破产。

张闻天认为，无产阶级的政治为经济所决定并为经济服务，具体内容，在无产阶级夺取政权前后表现是不一样，党的主要政治任务也不一样的。在夺取政权

---

① 张闻天选集传记组、中共上海市委党史研究室：《张闻天社会主义论稿》，北京：中共党史出版社 2010 年版，第 261 页。

② 张闻天选集传记组、中共上海市委党史研究室：《张闻天社会主义论稿》，北京：中共党史出版社 2010 年版，第 264 页。

以前，主要是“破坏旧社会的经济基础和政治制度”；在夺取政权以后，主要是“为社会主义经济建设服务”①。因此，“在无产阶级专政下，党的主要政治任务，就是把国家的所有部门以及各种群众团体的活动，从不同方面，直接间接地集中到为社会主义经济建设服务这个目标上来”②。在全社会提高劳动生产率，大力发展社会生产力，迅速建立起现代化的社会主义工农业、交通运输业、国防工业和现代化的科学技术，迅速发展和壮大社会主义经济，切实提高人民群众的物质文化生活水平。张闻天指出，只有这样，才能使社会主义有可靠的和强大的物质基础。“只要无产阶级的政治真正促进了社会主义经济的发展，经济也会促进无产阶级专政的巩固。”③反之，如果不去提高社会主义生产力和人民生活水平，不迅速发展壮大社会主义经济，无产阶级的政治统治“就不会有可靠的和强大的物质基础，就不可能是巩固的”，甚至“就一天也不能存在”④。同样，社会主义经济建设的成就，“是动员群众，发挥他们的积极性和创造性的强大推动力，对群众认识社会主义的优越性也最有说服力”⑤。相反，如果经济上搞得一塌糊涂，即使政治上说得袅袅动听，也不可能调动人民群众的积极性，只会使群众产生厌恶情绪。

在充分论证无产阶级专政条件下的政治与经济关系的基础上，张闻天进一步阐明了党的政治领导与经济建设的关系。他指出，党的“正确的政治领导和经济建设的成就，必然是正比例的关系。没有久经考验的、党的正确的政治领导，社

① 张闻天选集传记组、中共上海市委党史研究室：《张闻天社会主义论稿》，北京：中共党史出版社2010年版，第268页。

② 张闻天选集传记组、中共上海市委党史研究室：《张闻天社会主义论稿》，北京：中共党史出版社2010年版，第268页。

③ 张闻天选集传记组、中共上海市委党史研究室：《张闻天社会主义论稿》，北京：中共党史出版社2010年版，第269页。

④ 张闻天选集传记组、中共上海市委党史研究室：《张闻天社会主义论稿》，北京：中共党史出版社2010年版，第269、270页。

⑤ 张闻天选集传记组、中共上海市委党史研究室：《张闻天社会主义论稿》，北京：中共党史出版社2010年版，第269页。

会主义经济建设的最后胜利是不可能的”①。但是，党对经济建设的政治领导作用，不能脱离经济建设，而只能是为经济建设服务。因此，党的政治路线，必须符合客观经济规律。张闻天认为，不论是在资本主义社会，还是在社会主义社会，都有其内在的客观经济规律。共产党的政治路线，不是违背这些规律，而是认识这些规律，按照这些规律办事。在这个基础上确定起来的政治路线，就是正确的，就会促进社会经济的发展。“如果违反这些经济规律，它就不仅不能对社会的发展起促进作用，反而只能起促退或破坏作用。”②

张闻天还进一步阐明了衡量党的政治路线正确与否及正确程度如何的标准，指出，在无产阶级专政下，在不发生战争的条件下，党的政治路线究竟正确与否，正确的程度如何，“最后都要由社会主义经济建设的成就和成就的大小来衡量”③。由于社会主义经济建设的成就是以大力发展社会生产力为前提的，是为社会主义国家综合国力日益增强和人民生活水平不断提高奠定物质技术基础的，因此，张闻天在 20 多年前提出的检验党的政治路线正确与否的标准，与后来成为全党共识的判断各方面工作是否得失的“三个有利于”标准，内涵是完全一致的。

张闻天还对党如何领导以经济建设为中心的社会主义建设提出了一些重要思想，主要有，“发展生产力，提高人民生活水平，是社会主义建设的首要任务”④。党要制定全面反映客观经济规律的经济政策、经济计划和具体的经济措施，反对瞎指挥、冒进、吹嘘和空头政治等。同时，要正确认识人民内部矛盾，不能把人民内部矛盾当成阶级斗争，不能把阶级斗争扩大化。要根据民主集中制

---

① 张闻天选集传记组、中共上海市委党史研究室：《张闻天社会主义论稿》，北京：中共党史出版社 2010 年版，第 269 页。

② 张闻天选集传记组、中共上海市委党史研究室：《张闻天社会主义论稿》，北京：中共党史出版社 2010 年版，第 265 页。

③ 张闻天选集传记组、中共上海市委党史研究室：《张闻天社会主义论稿》，北京：中共党史出版社 2010 年版，第 269 页。

④ 张闻天选集传记组、中共上海市委党史研究室：《张闻天社会主义论稿》，北京：中共党史出版社 2010 年版，第 138 页。

原则，依靠说服教育、批评和自我批评的方法，正确解决人民内部各种矛盾，以便动员和组织亿万人民团结起来，发展社会主义经济、文化、教育、科学技术和民主政治，建设和巩固社会主义。

从张闻天关于党的政治领导和经济建设关系的论述中不难看出，张闻天对社会主义时期党的工作重点问题，已经有了非常深刻而且又为以后实践所证明是完全正确的认识。这种认识，实际上成为中国共产党在十一届三中全会后确立以经济建设为中心的基本路线的先导。

第二，正确处理党和人民群众的关系，贯彻党的群众路线，全心全意为人民服务。

张闻天根据劳动人民创造历史的历史唯物主义观念，指出了党和人民群众的正确关系，即人民群众是主人，党是勤务员。他还指出，无产阶级的历史任务，只有在无产阶级政党正确政治路线领导下，依靠群众自己的行动才能实现，因此，无产阶级及其政党的政治领导，“自始至终都只能是尊重群众的首创精神，即毛泽东同志历来提倡的‘从群众中来，到群众中去’的领导”①。也就是说，从群众中来，到群众中去，是党的正确领导的又一个基本特点。

张闻天认为，党的领导主要是路线、方针、政策的政治领导。党的政治路线正确与否，对于革命和建设事业的成败，具有关键作用。但是，对党的政治路线起决定作用的，是人民群众的实践活动。人民群众实践活动的决定作用，突出表现为：(1)党的政治路线来自群众。党只有在科学认识经济状况的基础上，在正确认识社会阶级关系和无产阶级经济利益的基础上，才能制定出真正代表人民群众利益和要求，并且得到群众拥护和执行，从而领导无产阶级和人民群众进行革命并取得胜利的路线和策略。(2)党的正确路线的实现要通过群众的行动，“正确的政治路线，只有为群众自愿地接受并成为他们的自觉的行动时，新社会的创

---

① 张闻天选集传记组、中共上海市委党史研究室：《张闻天社会主义论稿》，北京：中共党史出版社2010年版，第266页。

造才会付诸实现”①。(3)“群众的实践，是衡量党的路线和政策的最高尺度。”②只有人民群众的实践，才能最后证明党的路线、方针、政策是否正确。

张闻天认为，人民群众对党的政治领导的这种决定作用，要求共产党人时刻记住“人民群众是主人，党是勤务员”这一正确的党群关系，时刻牢记党的全心全意为人民服务的宗旨，明确“共产党的政治领导是重要的；它的重要作用，只是表现为为人民服务”③。“党的一切工作，就是为人民服务，除了人民的利益之外，党就没有其他利益”，牢固地树立“领导就是服务”，“领导人民，就是为人民服务”的观点，④ 防止和克服“脱离群众”这一执政党最容易发生的最危险、最致命的错误，采取各种措施来密切党和群众的关系。

至于如何密切党群关系，贯彻群众路线，张闻天认为应着重做好三个方面的工作。(1)对党和国家机关干部，特别是领导干部，要经常进行群众路线的教育，民主原则、民主作风的教育，同时要求他们经常联系群众，面向基层，到群众中去蹲点，定期参加劳动，轮换工作和学习，生活水平向群众看齐，防止各种特殊化。使他们既当官又当民。(2)充分发扬民主，健全民主集中制，从组织上保证党的群众路线的实施。通过各级人民代表大会、党代表大会等各种组织形式，听取群众意见，接受群众监督，教育、发动、组织和吸收群众参加国家的管理，使群众自己当家作主，自己管理自己，同时也使党和国家各级领导干部“经常处于群众的监督之下，从而减少官僚主义、命令主义和主观主义等各种脱离群众的不良作风”⑤。(3)领导干部要相信群众，依靠群众，虚心听取群众意见，热

① 张闻天选集传记组、中共上海市委党史研究室：《张闻天社会主义论稿》，北京：中共党史出版社2010年版，第267页。

② 张闻天选集传记组、中共上海市委党史研究室：《张闻天社会主义论稿》，北京：中共党史出版社2010年版，第271页。

③ 张闻天选集传记组、中共上海市委党史研究室：《张闻天社会主义论稿》，北京：中共党史出版社2010年版，第269~271页。

④ 张闻天选集传记组、中共上海市委党史研究室：《张闻天社会主义论稿》，北京：中共党史出版社2010年版，第271、269页。

⑤ 张闻天选集传记组、中共上海市委党史研究室：《张闻天社会主义论稿》，北京：中共党史出版社2010年版，第257页。

情欢迎群众的意见，即使是不同意见。要造成一种空气、环境，使得下面敢于发表不同意见，形成生动活泼，能够自由交换意见的局面。张闻天认为，这个问题对我们当权的政党特别重要。我们不要怕没有人歌功颂德，讲共产党英明、伟大，讲我们的成绩，因为这些是客观存在的事实。怕的是人家不敢向我们提不同意见。如果领导干部喜欢人们讲阿谀奉承和歌功颂德的话，而不欢迎人们讲不同意见的话，如果领导者“表现出这种骄傲自满的态度，那是不能真正发扬民主的”①。张闻天这段发自内心的实在话说得精辟深刻，是给那些居功自傲、骄傲自满的领导者的一针清醒剂，是执政的共产党人应该时刻铭记在心的箴言。

张闻天十分赞成列宁关于党员在人民群众中只是“沧海一粟”的说法，指出共产党是无产阶级先锋队，是无产阶级和广大人民群众的代表，但党员在人民群众中毕竟是少数，“没有人民群众的自觉自愿的行动，单有共产党，是什么事情也做不成的”②。党只有同人民群众紧密地联系在一起，才能制定出符合人民利益的路线方针政策，才能赢得群众的信任、拥护和支持，才能把方针政策由精神力量转化为物质力量。总之，我们在一切工作中，必须真正信任群众，相信群众有无限的创造力，从而充分发动群众，依靠群众的自觉自愿的行动去完成认识世界和改造世界的伟大任务。当然，强调依靠群众，并非放弃党的领导，相反，群众运动愈广泛愈深入，党愈要加强领导，把准方向盘，使群众的行动向着一个方向。要通过有效的思想政治工作，使人民群众懂得：共产党的方针政策是真正代表他们利益的，他们是新社会的主人，他们的解放是自己的事情，社会主义、共产主义事业是人民群众自己的事业，这一伟大事业是一定会胜利的，从而使他们对共产主义具有充分的信心和高度的热情，并决心为它奋斗。张闻天强调指出，党的“一切思想政治工作的中心”就在于此。

张闻天在对党和群众关系的思考中，还涉及无产阶级先锋队自我教育和教育

① 张闻天选集传记组、中共上海市委党史研究室：《张闻天社会主义论稿》，北京：中共党史出版社2010年版，第257页。

② 张闻天选集传记组、中共上海市委党史研究室：《张闻天社会主义论稿》，北京：中共党史出版社2010年版，第251页。

群众的关系。他认为，作为无产阶级先锋队的共产党，在领导革命和建设过程中，也不可能不犯错误，党对自己所犯错误的态度，应该是“不怕犯错误”，“敢于承认失败、错误，并从中学习”，他特别强调，“先锋队不要怕自我教育、自我改造”，要“公开指出我们的缺点错误，以教育群众”，同群众一块从实践中学习建设社会主义。①

张闻天关于党群关系和党的群众路线问题的论述，抓住了党的领导的本质，阐明了加强和改善党的领导的出发点、归宿点，以及具体途径，对处于执政和改革开放条件下的党的建设，具有特别重要的意义。

第三，正确处理党和国家政权的关系，党领导国家政权，但不能包办代替国家政权机关的工作。

张闻天认为，共产党和无产阶级专政即无产阶级国家的关系，是党和非党组织中的首要也是最重要的关系。党必须正确解决党和非党组织的关系，首先就是要正确解决党和国家的关系。他指出，在无产阶级夺取政权以后，共产党必须对国家实行领导，必须执掌国家政权。“党没有国家，或国家没有党的领导，就不可能建成社会主义”，“党领导着我们的国家，我们国家的一切决定，命令和法律，都必须得到党的相应的指示，在这个意义上。也仅仅在这个意义上，马克思主义者认为无产阶级专政，实质上是党的专政”。② 但我们决不能因此就把无产阶级专政和党的领导混为一谈，或者竟把两者等同起来。张闻天着重从以下三个方面来论证这个问题。

其一，从党的领导程序看，党必须通过国家政权机关来实施对各项工作的领导。党的一切决议必须经过人民代表大会及其政府的讨论、审议、补充、修改和接受，并作出适合于群众自己意见和需要的、具有法定约束力的相应的决定、命令和法律，然后才能在全国范围内和全国人民中公布施行。这里就有使党的决议

① 参见张闻天选集传记组、中共上海市委党史研究室：《张闻天社会主义论稿》，北京：中共党史出版社 2010 年版，第 198~199 页。

② 张闻天选集传记组、中共上海市委党史研究室：《张闻天社会主义论稿》，北京：中共党史出版社 2010 年版，第 245、281 页。

和决定成为无产阶级及其他人民群众的代表自己的决议和决定的过程，这里就有党说服无产阶级并经过它去说服教育其他人民群众代表接受党的决议和决定的过程，这也就是党使无产阶级和人民群众在党的领导下自己当家作主、自己管理自己的过程。张闻天认为，“这是党实现对国家的领导作用时所不能逾越和必不可少的程序”①。党不能超越国家、高踞国家之上，不顾无产阶级和人民群众代表的意志和决心而自己实行专政。党领导国家，但它本身不是国家，不能代替阶级实行专政。

其二，从党和国家各自不同的任务和职能及相应的组织工作来看，无产阶级的国家，是无产阶级和人民群众自己的政权，是国民经济的组织者。其历史任务和主要职能，是防止外来侵略，镇压国内外反动派，领导和组织全国人民的物质生活和文化生活，建设社会主义经济基础。国家“除了政治职能以外，特别突出的，是它的经济组织的职能和文化教育的职能”②。为此，国家有全国的和地方的政治、军事、经济和文化的组织体系，有千百万各方面的干部和群众参加的繁重而多方面的行政和组织的工作，它的一切工作同全国人民生活的所有方面有最密切的联系。而党的领导任务则与国家不同，党并不同人民生活的所有方面都有最直接、最密切的联系，而只能集中于决定国家的政治路线和方针政策，动员群众完成国家决定和法令，并检查这些决定和法令在群众中执行的实际情况，总结群众在实践中的经验，改进国家机关的工作，从而加强对国家机关的领导作用。在组织上，党选派最优秀的党员在政权机关工作，但绝不能靠少数党员包办代替国家机关的工作，使国家机关成为党的附属机构。相反，它特别应该注意的正好是大量吸收、培养和提拔非党的工人、农民、知识分子参加国家机关的各方面工作，尤其是紧紧依靠工人帮助，使他们学会自己管理自己的国家，真正成为国家的主人。

---

① 张闻天选集传记组、中共上海市委党史研究室：《张闻天社会主义论稿》，北京：中共党史出版社2010年版，第282页。

② 张闻天选集传记组、中共上海市委党史研究室：《张闻天社会主义论稿》，北京：中共党史出版社2010年版，第179页。

其三，从党和国家政权各自的工作方式和特点看，国家政权与暴力相联系，带有强制性。“强制性，这就是专政的一种表现形式”①，它依靠暴力及军队、警察、公安、司法等暴力机关，镇压国内外敌人的颠覆和破坏活动。共产党员违反国法，亦同普通群众一样，应受国法的制裁。与国家政权不同，党不是暴力机关，而是工人阶级直接执政的先锋队，它不是依靠暴力，不能代替国家机关采取镇压或强迫命令的方法，而是“依靠说服教育的方法，来领导国家机关的活动”②。

因此，无论是从领导程序来看，还是从领导的职能和任务及相应的组织工作来看，或是从行使职能的方法、发挥作用的特色看，党和国家政权机关都是不能混为一谈或等同的，更是不能互相替代的。如果党对国家政权的工作采取漠不关心的态度，不重视发挥政权机关的作用，而由党来包办代替政权机关的工作，使国家政权机关的工作流于形式或表面文章，那么，一切关于巩固无产阶级专政的言论就只能是纸上谈兵。

总之，张闻天认为，“容许党政结合……不能因此否定区别”，“因为强调党的绝对领导，而主张党要‘包办代替’，主张党政不分，显然是不妥当的”。③ 决不能把党的领导等同于党包办代替一切，否则就会否定国家、工会、青年团等非党组织的作用，党的领导也会落空。

张闻天关于党和国家政权关系的上述思想，是对列宁关于党政关系思想的进一步发挥，对于我们今天进行政治体制改革、正确处理党和国家政权及各种非党组织的关系，不无重要的启迪作用。

此外，张闻天还就正确进行党内思想斗争，妥善解决党内矛盾，加强党的团结，以正确的组织路线保证党的政治路线的实现，更好地发挥党在社会主义

---

① 张闻天选集传记组、中共上海市委党史研究室：《张闻天社会主义论稿》，北京：中共党史出版社2010年版，第186页。

② 张闻天选集传记组、中共上海市委党史研究室：《张闻天社会主义论稿》，北京：中共党史出版社2010年版，第283页。

③ 张闻天选集传记组、中共上海市委党史研究室：《张闻天社会主义论稿》，北京：中共党史出版社2010年版，第204、158页。

建设中的领导作用等问题，作了专门、系统的探讨。因篇幅所限，这里暂不作论述。

总结1957年以后20年间中国社会主义建设曲折发展的历史及其经验教训，经历了党的十一届三中全会以来的拨乱反正，特别是中国特色社会主义道路开辟的伟大实践，重温张闻天在20世纪六七十年代关于社会主义时期党的领导的论述，倍感精辟、深刻、发人深省。这些论述，反映了张闻天这位忠诚的共产主义战士在逆境中，对社会主义时期党的领导有关重大问题的深入思考，是对马克思主义建党学说、特别是对列宁执政党建设理论的进一步阐发，是对国际共产主义运动史上无产阶级政党建设经验，特别是对中国共产党建设经验的深刻总结，是对毛泽东建党思想的重大贡献。研究张闻天对社会主义条件下党的领导思想，对于坚持和改善党的领导，提高党的执政水平，改进党的执政方式，巩固党的执政地位，加强党的自身建设，无疑具有重要启迪。

(四)刘少奇关于反对官僚主义的思想

官僚主义是一种脱离实际、脱离群众的工作作风和方法，它严重破坏党同人民群众的血肉联系，是党风政风建设中必须清除的痼疾。作为党的第一代中央领导集体的重要成员，刘少奇对党和国家政治生活中的官僚主义问题非常警惕，并且从理论和实践上对反对官僚主义的问题进行了深入探索。他不仅指出了官僚主义的表现形式、严重危害及其产生原因，而且探索了克服官僚主义的有效方法。考察刘少奇的反对官僚主义思想，不仅能够拓展执政党建设理论研究，对新时代加强党的作风建设也有重要启迪。①

1. 倡导从民主的视角分析和克服官僚主义

倡导从民主的视角分析和克服官僚主义，是刘少奇反对官僚主义思想的最鲜

① 本部分内容曾以《刘少奇反对官僚主义思想的特点及其启示》为题，发表于《湘潭大学学报》2016年第2期。

明特色。刘少奇认为，“官僚主义是民主主义的反面”①，党员干部和人民群众的民主精神和民主能力不足是官僚主义滋长的一个重要原因。同时，民主也是官僚主义的有效克星，因此，克服官僚主义必须做好民主这篇大文章。通过发扬民主，在党内外弘扬民主精神，提高党员干部和人民群众的民主能力，可以有效解决官僚主义问题。

刘少奇从民主的视角分析官僚主义产生的根源。他认为，“民主精神的问题很重要”，“没有民主精神就是官僚主义”。② 由于我国历史上是一个缺少民主传统的国家，长期以来深受封建政治文化的影响，再加上这种文化“遗毒”不可能在短期内消除，这就容易导致“官僚主义不仅在剥削阶级队伍中存在，甚至在无产阶级队伍中，在共产党内，在无产阶级国家也存在”③。刘少奇分别从党员干部和人民群众两个方面，分析了民主精神和民主能力不足是如何导致官僚主义产生的。

从党员干部方面来看，由于缺乏民主精神和民主能力，党员干部在工作中不可避免地就会采用官僚主义的工作方法。思想是行为的先导，如果党员干部不能在头脑中预先对民主有一个清晰的认识，就不可能在实践中自觉按照民主精神开展工作，而是会采用官僚主义的方式开展工作，导致“有些同志到地方去工作，不懂民主的一套，结果弄成一个官僚”④现象发生。同时，即使我们有了完备的民主制度，但由于党员干部民主精神不足，在实践中也不可能彻底有效地把制度贯彻下去，结果就会使制度流于形式。但是，如果党员干部具备了民主精神和民主作风，就不会抱着当官做老爷的心态高高在上，也就不会产生脱离人民群众的倾向。因为“我们懂得了一点民主，如果有群众要我们坐在他们头上，我们就自

① 中共中央文献研究室、中共中央党校：《刘少奇论党的建设》，北京：中央文献出版社 1991 年版，第 316 页。

② 中共中央文献研究室、中共中央党校：《刘少奇论党的建设》，北京：中央文献出版社 1991 年版，第 316 页。

③ 中共中央文献研究室、中共中央党校：《刘少奇论党的建设》，北京：中央文献出版社 1991 年版，第 316 页。

④ 中共中央文献研究室、中共中央党校：《刘少奇论党的建设》，北京：中央文献出版社 1991 年版，第 316 页。

己走下来”①。

从人民群众方面来看，一方面，许多群众“官本位”意识浓厚，存在对权力的膜拜心理，把功劳放在领导一个人身上，“这就是说，群众要把你抬起来做官僚，把你当成官僚来拥护你”②；另一方面，不少群众的社会主人翁意识和民主意识淡薄，把为其办事的党员干部称呼为“青天大老爷”“包青天”，对党员干部存有“恩赐”思想和畏惧心理。这就颠倒了干部和群众原本的“公仆和主人”关系，容易让一些官员忘乎所以和丢失为人民服务的宗旨意识，逐渐滋长官僚主义作风。部分党员干部甚至敢骑在人民群众身上作威作福，“一个村长，一个县委书记，可以称王称霸”③。如果人民群众具有充分的民主精神，他们就不会对领导干部怀有“恩赐”或是畏惧心理，不会允许那些官僚主义者在他们头上作威作福，甚至还可能会主动积极地与官僚主义分子作斗争。

刘少奇强调要注重用民主的方式克服官僚主义。他从教育培养和建立制度这两个方面，论述了用民主的方式克服官僚主义的问题。

第一，加强民主精神的教育和培养。鉴于党内外民主精神和民主能力不足的状况，刘少奇指出，必须“号召我们同志使自己具备充分的民主精神，学习民主，在各阶层人民中去运用民主，并总结各地实行民主的经验来教育党员与群众”④。刘少奇认为，要对党员干部进行民主精神教育，“各级政府的工作同志，各级领导同志，更须加紧对民主的学习、修养和锻炼”⑤。认为只有这样才能提高党员干部的民主精神和民主能力，并认为这是克服官僚主义的重要办法之一。因为撤职、判刑等惩治措施只能暂时消除官僚主义影响，而“共产党员及干部中要具备充分的民主精神，平等精神，以民主行动督责自己和其他人，就可以不断防止和

① 中共中央文献研究室、中共中央党校：《刘少奇论党的建设》，北京：中央文献出版社 1991 年版，第 318 页。

② 中共中央文献研究室、中共中央党校：《刘少奇论党的建设》，北京：中央文献出版社 1991 年版，第 318 页。

③ 《刘少奇选集》(上卷)，北京：人民出版社 1981 年版，第 413 页。

④ 《刘少奇选集》(上卷)，北京：人民出版社 1981 年版，第 226 页。

⑤ 《刘少奇选集》(上卷)，北京：人民出版社 1981 年版，第 227 页。

逐步克服官僚主义”①。同时，对广大人民群众进行普遍的民主精神教育也尤为重要，这样可以从根本上瓦解官僚主义的生存土壤。刘少奇指出：如果人民群众的“文化水平和觉悟水平真正提高了，就挖了官僚主义的根，能够从根本上彻底消灭官僚主义”②。刘少奇在革命和建设时期都非常重视对群众的教育问题，并提出了“两种教育制度”和多渠道办学的方针，以尽快提高数亿群众的文化水平。同时，他也指出只对人民群众进行普遍的文化教育是不够的，要在普及文化教育的基础上开展民主教育，因为“提高群众的文化程度，特别要提高民主精神，进行民主教育，这是我们反对官僚主义的重要办法”③，当广大群众具有管理国家事务的文化水平、民主意识和能力后，“才能清除我们党内及政府内一切贪污腐化及官僚主义的现象，才能肃清社会上数千年来的封建残余”④。

第二，建立一套民主制度。刘少奇认为，民主是官僚主义的克星，克服官僚主义就“要发扬民主，订立一套民主制度”⑤。他认为，党内之所以存在官僚主义问题，从思想文化层面来讲是由于党员干部和群众缺乏民主修养和民主精神；从制度层面来讲则与党内的民主制度不健全有关。因此，从根本上铲除官僚主义的生存土壤，不仅要“扩大社会主义民主，反对干部中的官僚主义特权思想”⑥，而且更重要的是把民主的理念和精神贯彻到制度中，做到“一切工作制度、组织制度都要实行民主，保障反官僚主义的斗争能够开展”⑦。通过民主制度来规范党

---

① 中共中央文献研究室、中共中央党校：《刘少奇论党的建设》，北京：中央文献出版社 1991 年版，第 318 页。

② 中共中央文献研究室：《刘少奇年谱（1898—1969）》（下卷），北京：中央文献出版社 1996 年版，第 485 页。

③ 中共中央文献研究室、中共中央党校：《刘少奇论党的建设》，北京：中央文献出版社 1991 年版，第 318 页。

④ 中共中央文献研究室：《刘少奇年谱（1898—1969）》（下卷），北京：中央文献出版社 1996 年版，第 75 页。

⑤ 《刘少奇选集》（上卷），北京：人民出版社 1981 年版，第 387 页。

⑥ 中共中央文献研究室：《刘少奇年谱（1898—1969）》（下卷），北京：中央文献出版社 1996 年版，第 379 页。

⑦ 中共中央文献研究室、中共中央党校：《刘少奇论党的建设》，北京：中央文献出版社 1991 年版，第 318 页。

员干部的行为，规定党员干部应该做什么，必须怎么做，若违反制度应受什么样的惩治等；民主制度一经建立就应有严格的约束力，任何党员，不论其地位多高、权力多大，都应严格遵守；民主制度应该是“便利群众去监督，保证群众有很多机会、用各种形式来反对官僚主义”①。

马克思、恩格斯认为，在党内外发扬民主，在国家管理中坚持无产阶级的民主原则，是防止权力异化和社会公仆变为社会主人的重要措施。刘少奇关于用民主的方式克服官僚主义的思想，继承了革命导师关于防止权力异化和社会公仆变为社会主人的思想，并在此基础上，结合我国的实际情况，从民主的视角探寻了官僚主义滋生的深层次根源和克服官僚主义的方法。由此可见，刘少奇的思想意识具有很强的民主价值取向，这使得他对官僚主义、等级特权等问题非常警惕，也是他思考并探索运用民主的方式来根除官僚主义的内在思想动因。

2. 坚持群众路线，动员人民群众参与反对官僚主义斗争

官僚主义是党员干部对待人民群众的一种不良作风和工作方法，其中官僚主义者和人民群众分别是官僚主义作风中的主体和客体。因此，反对官僚主义不仅要从提高党员干部和人民群众的文化水平和民主精神着手，而且还要从畅通党员干部联系群众的渠道和动员群众参与反对官僚主义斗争入手。

群众路线是党联系人民群众的桥梁和载体。党员干部只有自觉贯彻党的群众路线，才能保持联系群众的畅通渠道，才能正确反映群众的意愿，更好地为人民群众服务。刘少奇强调，党员干部必须在思想上和实际工作中自觉坚持党的群众观点和贯彻党的群众路线。

一是在思想上，要坚持群众观点，摆正党和群众的关系。群众史观是马克思主义的基本观点，刘少奇结合实践将之阐发为群众观点，即“一切为了人民群众的观点，一切向人民群众负责的观点，相信群众自己解放自己的观点，向人民群

---

① 《刘少奇选集》(上卷)，北京：人民出版社 1981 年版，第 387 页。

众学习的观点”①。他认为，群众观点是中国共产党对待人民群众的根本观点，是党的群众路线的理论基础和根据，同时也是坚持群众路线的首要的、基本的内容，每个党员干部必须在思想上牢固树立党的群众观点。党和群众的关系就是“公仆”和“主人”的关系、“服务”和“被服务”的关系。部分党员干部“以人民的上司自居，而不是以人民的勤务员自任”②，“自以为是人民的统治者，而不是人民的公仆”③，这就颠倒了党和群众的关系，这是官僚主义分子的思想意识和典型表现。为了保持党和群众鱼水情深的关系，党员干部要始终存有正确的公仆意识，摆正同群众的关系。

二是在实际工作中，要动员人民群众参与反对官僚主义斗争。马克思在《法兰西内战》中高度评价了巴黎公社为防止公职人员蜕化变质所提出的措施，认为动员人民群众参与监督和管理国家事务，是防止社会公仆变为社会主人的可靠办法之一。刘少奇继承和发展了马克思这一思想，指出为了有效地反对官僚主义，必须动员广大人民群众参与到反对官僚主义的斗争中。他说，“在我们的国家里，一切工作都必须贯彻执行依靠群众的路线”，“离开群众的积极性主动性，离开群众的智慧和力量，任何少数人的领导都不会是正确的、有效的和巩固的”。④只有人民群众才是官僚主义分子最好的监督者和评价者，也只有依靠人民群众，才能使反对官僚主义的斗争深入开展。

新中国成立后，中国共产党从领导人民为夺取全国政权而奋斗的党，转变为领导人民掌握全国政权并长期执政的党，但在很长一段时间里，党没有完全实现从革命党思维向执政党思维的转变，党的执政意识还处在逐渐觉醒过程中，对于贯彻党的群众路线，往往还是习惯性采用革命时期轰轰烈烈的群众运动方式，而且也认为群众运动是贯彻群众路线的有效方式。因此，在当时的社会历史背景

---

① 《刘少奇选集》(上卷)，北京：人民出版社 1981 年版，第 354 页。
② 《刘少奇选集》(上卷)，北京：人民出版社 1981 年版，第 225~226 页。
③ 《刘少奇选集》(上卷)，北京：人民出版社 1981 年版，第 226 页。
④ 《刘少奇选集》(下卷)，北京：人民出版社 1985 年版，第 200 页。

下，动员人民群众参与反对官僚主义斗争，最明显、最直接的方式就是通过大规模群众运动，让广大群众通过大批判、大揭发等大民主方式对官僚主义分子展开斗争。为了反对党和国家政治生活中的官僚主义、形式主义等坏作风，以毛泽东为核心的党中央曾多次开展了群众运动式的整党整风运动。但采取大揭发、大批判的方式虽然能在一定程度上解决领导干部身上存在的官僚主义作风问题，但却容易造成斗争扩大化并导致严重后果。

正是在参与领导多次群众运动的实践中，刘少奇对群众运动和群众路线的关系进行了反思，逐步认识到贯彻党的群众路线可以有很多种方式，不能把开展大规模的群众运动作为贯彻党的群众路线的唯一方式，更不能把二者等同起来。他在1962年的七千人大会上指出："有些同志，把群众运动当作是群众路线的唯一方式，好象不搞群众运动就不是群众路线。这种看法，显然是不正确的。"①刘少奇的这一认识是非常深刻的，是对社会主义革命和建设时期的群众运动得失的深刻反思。

诚然，刘少奇对群众运动和群众路线关系的认识也是一个逐步发展变化的过程，经历了从主要通过群众运动来贯彻群众路线，到对群众运动和群众路线的关系进行反思，再到反对通过大规模群众运动和大民主方式来克服党政领导干部存在的官僚主义等问题，这样一个思想转变过程。这种转变，体现了一个马克思主义理论家善于总结实践经验来提高和完善思想认识的理论品格，也从一个侧面反映了中国共产党对执政党建设规律的探索历程。

3. 强调改革和完善相关制度是克服官僚主义的治本之策

随着党的历史方位和历史任务的变化，党和国家机关中的官僚主义问题逐渐严重起来。如何克服党和国家机关中的官僚主义，是执政党建设和国家政权机关建设的一个重要问题。刘少奇认为，不健全、不完善的党和国家领导制度是官僚

---

① 《刘少奇选集》(下卷)，北京：人民出版社1985年版，第404页。

主义产生的制度性根源，为此，他从改革和完善党和国家领导制度的视角探索反对官僚主义的路径，认为改革和完善制度是克服官僚主义的治本之策。

一是针对党政不分、以党代政的问题，提出要党政分开、各司其职。刘少奇针对党和国家政治生活中出现的党政不分、以党代政等现象指出：我国是党领导下的社会主义国家，但“这不是说，党应当把一切都包办起来，对一切都进行干涉”①。党要注意发挥行政职能作用，不能以党代政。因为“如果那样做，就违反了人民民主制度，就会使我们耳目闭塞，脱离群众，这是很危险的”②。因此，刘少奇提出了改革党政领导体制的思想，认为我们在条件适合的情况下要改革党政领导体制，做到党政分开，各司其职。党委在不管日常行政工作的情况下，就可以使自己真正成为同官僚主义作斗争的强大力量。刘少奇试图通过正确处理党政关系，形成科学有效的政治体制，以此深入开展反对官僚主义的斗争。这为改革开放后党和国家领导制度的改革提供了一定的理论依据。

二是针对党政机构臃肿、人浮于事的问题，提出要精兵简政。刘少奇针对国家机构设置和人员配备工作中出现的机构重叠臃肿、冗员庞杂、人浮于事等官僚主义现象指出：我们目前“党政机关的机构比过去更加重叠臃肿，在这种情况下，主观主义、官僚主义和命令主义的作风，有了很大的滋长”③。为了根除这种官僚主义现象，“我们必须认真地、有系统地改善国家机关，精简它们的组织机构”④，裁撤冗员，同时要求转变工作作风，明确规定每个工作人员的责任，帮助他们改变那种只是忙于开会、签公文而不接近群众、不研究情况和政策的作风，制定出各级机关工作人员经常深入基层、了解下情、检查工作、倾听意见的具体办法，督促他们严格加以执行。刘少奇认为，“认真实现‘精兵简政’，这是克服官僚主义、命令主义，加强同群众的联系，提高工作效率……的一个根本方针”⑤。

---

① 《刘少奇选集》(下卷)，北京：人民出版社 1985 年版，第 264 页。
② 《刘少奇选集》(下卷)，北京：人民出版社 1985 年版，第 403 页。
③ 《刘少奇选集》(下卷)，北京：人民出版社 1985 年版，第 354 页。
④ 《刘少奇选集》(下卷)，北京：人民出版社 1985 年版，第 248 页。
⑤ 《刘少奇选集》(下卷)，北京：人民出版社 1985 年版，第 367 页。

三是针对干部管理制度中存在的“只进不出”问题，提出开辟干部回归劳动的道路。刘少奇分析了干部管理制度中存在的“只进不出”现象的原因，认为干部有着不同于群众的地位、待遇和荣誉这一事实，再加上缺少对干部的选举、任免、任期、离退等方面的明确制度规定，于是在社会中形成了“脱离生产很容易，回到生产中去却很难，只进不出”①的干部制度，致使“脱离生产的人越来越多，官僚主义越来越多，脱离群众的危险也越来越严重”②。也就是说，不完善的干部管理制度是官僚主义的存在与滋长的一个重要原因。正是干部制度上的“铁饭碗”和终身制问题，加剧了干部队伍不断膨胀、机构臃肿、人浮于事问题；也使领导干部在人民群众面前产生天然的优越感，看不起从事生产劳动的人民群众。在这种心理支配下，领导干部就容易脱离人民群众。刘少奇将领导干部参加生产劳动视为密切干群关系的重要措施，认为领导干部要想与人民群众结合得好，上下一条心，一个很重要的办法就是领导干部参加生产劳动，因为“你不参加劳动，群众就不信任你”③，不能和你推心置腹地交换意见。刘少奇认为，应该开辟干部回归劳动的道路，这样不但可以密切同人民群众的关系，而且可以了解生产一线的实际状况，为作出正确的决策提供实践经验，也可以降低官僚主义的消极影响。

四是完善分配制度，避免形成特权阶层。刘少奇重视防止领导人员在分配领域特殊化的问题，认为如果存在分配制度上的特权，就容易造成“国家的领导人员分配过多，享受太多，形成特殊，人民不满”④，助长领导干部的官僚主义作风。如果分配制度片面地注重等级，领导干部在待遇方面存在特殊化，我们社会

---

① 中共中央文献研究室、中共中央党校：《刘少奇论党的建设》，北京：中央文献出版社 1991 年版，第 651 页。

② 中共中央文献研究室、中共中央党校：《刘少奇论党的建设》，北京：中央文献出版社 1991 年版，第 651 页。

③ 中共中央文献研究室：《刘少奇年谱（1898—1969）》（下卷），北京：中央文献出版社 1996 年版，第 485 页。

④ 中共中央文献研究室、中共中央党校：《刘少奇论党的建设》，北京：中央文献出版社 1991 年版，第 677 页。

就容易形成“一种等级制度，社会主义之下的等级制度”①。尽管这样的分配制度经过法律的固化而得到合法实施，但这种看似合法的分配制度其实并不符合社会主义的分配原则，因此必须通过制度改革的途径来废除这种不公平的分配制度。

马克思在研究巴黎公社的伟大实践时，曾认为巴黎公社对公职人员实行工人工资制和废除生活待遇上的特权，是防止社会公仆变为社会主人的有效措施。刘少奇继承了马克思的这一思想。他在 1956 年 12 月党的八届二中全会上指出，为防止我国形成一个脱离人民群众的特殊阶层，“我们国家领导人员的生活水平应该接近人民的生活水平，不要过分悬殊”②，要做到“从中央的人员起，到各级领导干部，配售的东西基本上应该跟人民一样，不要特殊”③，否则“人民会不高兴，会脱离群众”④，这样可以避免形成一个脱离人民群众的特权阶层，也是避免党政干部在不知不觉中由社会的公仆变为社会的主人的一项重要举措。

历史经验教训说明，官僚主义的产生不仅是思想作风和工作方法上的问题，不健全的制度也是一个重要原因。注重思想政治教育，加强作风建设，强化干部的勤政、廉政意识，形成反对官僚主义的政治氛围，是反对官僚主义不可缺少的重要途径。但是，如果仅仅把官僚主义当作封建政治文化的影响，当作一般思想作风和工作方法上的失误，而不是从不完善、不成熟的体制中寻找根源，就无法根治官僚主义的弊病。因此，反对官僚主义不能仅仅通过思想政治教育的方式，还必须通过改革和完善相关制度来反对官僚主义，这是具有根本性和长期性的举措。显然，刘少奇意识到了社会主义的经济体制、政治体制的不完善也会导致官僚主义的滋生，并尝试通过改革党和国家的领导制度来根除官僚主义。尽管他的部分设想由于种种原因未能在实践中得到很好的落实，但却为以后的中国共产党

---

① 《刘少奇选集》(下卷)，北京：人民出版社 1985 年版，第 304 页。

② 中共中央文献研究室、中共中央党校：《刘少奇论党的建设》，北京：中央文献出版社 1991 年版，第 645 页。

③ 中共中央文献研究室、中共中央党校：《刘少奇论党的建设》，北京：中央文献出版社 1991 年版，第 646 页。

④ 中共中央文献研究室、中共中央党校：《刘少奇论党的建设》，北京：中央文献出版社 1991 年版，第 645 页。

人通过进一步改革和完善党和国家领导制度来克服官僚主义，提供了经验借鉴和理论准备。

4. 强调反对官僚主义斗争的长期性和渐进性，但又有根除官僚主义的坚强信心

刘少奇提出了以下观点：一是“反对官僚主义是一个长期的斗争”①。反对官僚主义就是一项历史性难题。列宁曾指出：“同官僚主义作斗争需要很长的时间，要坚持不懈地进行这种斗争，不要一遭到失败就垂头丧气。”②刘少奇继承和发展了列宁的这一思想，并结合我国的实际，批判了那些企图在短期内消灭官僚主义的做法。他指出，我们不能在短期内消灭官僚主义，因为“无产阶级与劳动群众的文化程度没有最后提高，国家政权还存在，脑力劳动与体力劳动的差别还没有消灭之前，官僚主义不能最后消灭”③。官僚主义不仅在今天存在，就是以后也还会存在，“要肃清官僚主义，是几十年、甚至更长时间的事情”④。在 1956 年党的八大政治报告中，刘少奇再次强调，党和国家反对官僚主义的斗争不会是一蹴而就的，“反对官僚主义是一个长期的斗争”⑤，认为官僚主义可以在短期内消灭的思想是不符合实际的。

二是“完全有信心在我们的人民民主制度下逐步消除官僚主义的病害”⑥。刘少奇在指出官僚主义的产生有思想文化及制度上的深层次根源，反对官僚主义将是党和国家的一项长期斗争的同时，也明确指出我们不能因此就丧失对最终消灭官僚主义的信心，相反，我们“完全有信心在我们的人民民主制度下逐步消除官

① 《刘少奇选集》(下卷)，北京：人民出版社 1985 年版，第 248 页。

② 《列宁全集》(第 50 卷)，北京：人民出版社 2017 年版，第 314 页。

③ 中共中央文献研究室、中共中央党校：《刘少奇论党的建设》，北京：中央文献出版社 1991 年版，第 318 页。

④ 中共中央文献研究室、中共中央党校：《刘少奇论党的建设》，北京：中央文献出版社 1991 年版，第 317 页。

⑤ 《刘少奇选集》(下卷)，北京：人民出版社 1985 年版，第 248 页。

⑥ 《刘少奇选集》(下卷)，北京：人民出版社 1985 年版，第 248 页。

僚主义的病害”①，因为“我们的制度是反对官僚主义而不是保护官僚主义的”②。我们党和国家的领导制度，既能够建立有严格组织纪律的党，又可以建立又有集中又有民主的国家机构，广大人民群众在这样的党和国家机构领导下，可以和一切腐化、堕落的现象进行不调和的斗争，不断地清洗党和国家机构中的那些已经腐化、堕落的分子，不管他们处于何种位置。从而可以有效地保持党和国家机构的纯洁，逐步消除党和国家政治生活中的官僚主义。当然，由于党和国家的领导制度正处于逐步完善和健全的过程中，因此这一制度对官僚主义的制约也有一个逐渐增强的过程。

可以看出，刘少奇在对克服官僚主义的认识上，体现了马克思主义关于事物发展是前进性和曲折性相统一的原理。他从当时不发达的国情出发，认为官僚主义的滋生有深层次根源，党和国家反对官僚主义的斗争将是长期性、渐进性的，必须做好与官僚主义长期作战的准备。这体现了刘少奇的实事求是精神和务实态度。同时，由于我们实行人民民主专政的国家制度，这种制度是反对官僚主义而不是保护官僚主义的，因此我们有理由相信，通过逐步完善和健全相关制度并提高广大人民的民主精神和文化水平，最终可以消除官僚主义对党和国家的影响。这体现了刘少奇对社会主义的制度自信和道路自信。

中国共产党在全面范围执政以后，如何进行马克思主义执政党建设，是一个全新的问题，也是一个关系到党和国家前途命运的重大问题。以毛泽东为代表的中国共产党人在进行社会主义革命、推进社会主义建设、探索中国社会主义建设道路的同时，对这一重大问题进行了深入思考和持续探索。尽管在这一探索中曾经出现过曲折甚至是“文化大革命”这样严重的失误，但总起来说，还是取得了很大成就。党的十九届六中全会通过的《中共中央关于党的百年奋斗重大成就和历史经验的决议》，对这一时期党的建设作了评价：“党充分预见到在全国执政面临的新挑战，早在解放战争取得全国胜利前夕召开的党的七届二中全会就向全

① 《刘少奇选集》(下卷)，北京：人民出版社1985年版，第248页。
② 《刘少奇选集》(下卷)，北京：人民出版社1985年版，第248页。

党提出，务必继续保持谦虚、谨慎、不骄、不躁的作风，务必继续保持艰苦奋斗的作风。新中国成立后，党着重提出执政条件下党的建设的重大课题，从思想上组织上作风上加强党的建设、巩固党的领导。党加强干部理论学习和知识培训，提高党的领导水平，要求全党特别是党的高级干部增强维护党的团结统一的自觉性。党开展整风整党，加强党内教育，整顿基层党组织，提高党员条件，反对官僚主义、命令主义和贪污浪费。党高度警惕并着力防范党员干部腐化变质，坚决惩治腐败。这些重要举措，增强了党的纯洁性和全党的团结，密切了党同人民群众的联系，积累了执政党建设的初步经验。”①

① 《中共中央关于党的百年奋斗重大成就和历史经验的决议》，北京：人民出版社 2021 年版，第 12 页，

第三编
中国特色社会主义理论体系中的党建思想

第五章

邓小平关于党的领导和执政党建设思想

1978年党的十一届三中全会以后，全党的工作重点转移到以经济建设为中心的社会主义现代化建设上来，我国进入改革开放新时期。新时期新任务对坚持和改善党的领导、加强和改进党的建设提出了新要求。而此时的中国共产党因为经过“文化大革命”十年内乱的严重破坏，也迫切需要加强自身建设，才能担当起领导改革开放和社会主义现代化建设使命。正是在这样的背景下，邓小平在1980年2月党的十一届五中全会上，鲜明地提出了“执政党应该是一个什么样的党，执政党的党员应该怎样才合格，党怎样才叫善于领导”①的重大问题，并在党的十二大后，明确提出，“把我们党建设成为有战斗力的马克思主义政党，成为领导全国人民进行社会主义物质文明和精神文明建设的坚强核心”②。这一新的党建目标在党的十四大修改通过的党章中，被明确规定为“把党建设成为领导全国人民沿着有中国特色社会主义道路不断前进的坚强核心”③。

邓小平提出的新时期党的建设目标，坚持了马克思主义的建党原则，强调要保持和发展党的工人阶级先锋队的先进性、纯洁性和战斗性，并从社会主义的本质及其根本任务出发，赋予了新的内容和时代活力，从而摒弃了以往把党建设成为“同阶级敌人进行战斗的朝气蓬勃的先锋队组织”的错误提法，从根本上否定了以往在党建目标上长期存在的“以阶级斗争为纲”的错误，使中国共产党的建设方向更加明确，更加符合党在社会主义初级阶段基本路线即“一个中心、两个基本点”的需要和人民的意愿，从而正确回答和解决了新时期建设一个什么样的党的重大问题，在马克思主义政党学说史上第一次完整、准确、鲜明地确立了马克思主义执政党的建设目标和任务，为在改革开放新时期开创党的建设新局面指明了方向，使党的建设步入新的正确的发展轨道。

围绕新的党建目标，以邓小平为核心的党的第二代中央领导集体提出了一系列重要思想，初步回答了在改革开放条件下如何加强和改进党的建设的一系列重

---

① 《邓小平文选》(第2卷)，北京：人民出版社1994年版，第276页。

② 《邓小平文选》(第3卷)，北京：人民出版社1993年版，第39页。

③ 中共中央文献研究室：《十四大以来重要文献选编》(上)，北京：人民出版社2011年版，第42页。

大问题，这一思想主要围绕两个方面的问题展开：一是加强和改善党的领导；二是全面加强党的自身建设。围绕这两个方面的问题，邓小平探索和初步回答了执政和改革开放条件下建设一个什么样的党、怎样建设党的问题。在这一思想指导下，开始了在改革开放条件下党的自身建设的新的伟大实践，从而开启了党的建设新的伟大工程。

一、邓小平关于坚持和加强党的领导的思想

党的十一届三中全会以后，随着拨乱反正的全面展开，社会上一度出现了怀疑党的领导的错误倾向，认为中国共产党领导阶级斗争可以，领导现代化建设不行；进而轻视党的领导作用，轻视党务工作和党务工作者，怀疑党的领导资格和能力。这一方面是因为改革开放和现代化建设对执政党提出了新的更高的要求，而中国共产党在 1957 年后探索中国社会主义建设道路中所犯的错误特别是“大跃进”和“文化大革命”的严重错误，使一些人怀疑其对现代化建设的领导能力；另一方面，由于“文化大革命”对党的建设的消极影响尚未清除，改革开放后出现的党风不正现象又降低了党在群众中的威信，党的领导制度方面存在的问题造成实际生活中的严重弊端，这使一些人怀疑党的领导资格。针对党的领导方面出现的新问题，邓小平着重阐述了中国社会主义现代化建设必须坚持和加强党的领导的思想。

（一）中国共产党的领导是中国社会主义现代化建设事业的根本保证

邓小平从中国共产党的领导和中国社会主义事业的关系的角度，论述了党的领导对社会主义事业的决定意义。他指出：没有共产党的领导，就不可能有社会主义革命，不可能有无产阶级专政，不可能有社会主义建设。中国共产党是一个联系广大劳动群众的党，“没有中国共产党，就没有社会主义的新中国”。“事实

上，离开了中国共产党的领导，谁来组织社会主义的经济、政治、军事和文化？谁来组织中国的四个现代化？在今天的中国，决不应该离开党的领导而歌颂群众的自发性。党的领导当然不会没有错误，而党如何才能密切联系群众，实施正确的和有效的领导，也还是一个必须认真考虑和努力解决的问题，但是这决不能成为要求削弱和取消党的领导的理由。我们党经历过多次错误，但是我们每一次都依靠党而不是离开党纠正了自己的错误。今天的党中央坚持发扬党的民主和人民民主，并且坚决纠正过去所犯的错误。在这样的情况下，竟然要求削弱甚至取消党的领导，更是广大群众所不能容许的。这事实上只能导致无政府主义，导致社会主义事业的瓦解和覆灭。"①邓小平指出：坚持党的领导，是四个坚持的核心。党以马克思主义为指导，是无产阶级的、有社会主义和共产主义觉悟的、有革命纪律的先进队伍。"从根本上说，没有党的领导，就没有现代中国的一切。"②邓小平明确指出："中国没有共产党的领导、不搞社会主义是没有前途的。这个道理已经得到证明，将来还会得到证明。"③"我们说的社会主义是具有中国特色的社会主义，而要建设社会主义，没有共产党的领导是不可能的。我们的历史已经证明了这一点。"④简言之，建设中国特色社会主义必须坚持党的领导。

邓小平从党的领导与中国社会主义现代化建设事业的关系，论述了坚持共产党的领导对中国社会主义现代化事业的决定性作用。他指出：实现社会主义现代化是党在社会主义建设时期的中心任务。"我们的政治路线就是搞社会主义现代化建设。"⑤因此，"中国由共产党领导，中国的社会主义现代化建设事业由共产党领导，这个原则是不能动摇的；动摇了中国就要倒退到分裂和混乱，就不可能实现现代化"⑥。他强调："对于党内外任何企图削弱、摆脱、取消、反对党的领

---

① 《邓小平文选》(第2卷)，北京：人民出版社1994年版，第170~171页。
② 《邓小平文选》(第2卷)，北京：人民出版社1994年版，第266页。
③ 《邓小平文选》(第3卷)，北京：人民出版社1993年版，第195页。
④ 《邓小平文选》(第3卷)，北京：人民出版社1993年版，第208页。
⑤ 《邓小平文选》(第2卷)，北京：人民出版社1994年版，第191页。
⑥ 《邓小平文选》(第2卷)，北京：人民出版社1994年版，第267~268页。

导的倾向，必须进行批评、教育以至必要的斗争。这是四个现代化能否实现的关键。”①

邓小平还从我国社会主义现代化建设所需要的政治环境、社会主义现代化建设的发展方向、凝聚各方力量进行现代化建设的核心作用等方面，具体论述了坚持党的领导对于中国社会主义现代化建设的决定性作用。

首先，坚持党的领导才能凝聚全党全国人民的力量为实现现代化而团结奋斗。邓小平认为，社会主义现代化建设需要一个安定团结的政治局面和社会环境，而在一个人心涣散、四分五裂、动荡不宁的政治社会环境中，是不可能进行现代化建设的。邓小平指出：“中国要实现四个现代化，摆脱落后状态，必须有一个安定团结的政治局面，必须有领导有秩序地进行建设。”②“我们党在现阶段的政治路线，概括地说，就是一心一意地搞四个现代化。这件事情，任何时候都不要受干扰，必须坚定不移地、一心一意地干下去。”“一心一意地搞四个现代化建设，必须一心一意地维护和发展安定团结、生动活泼的政治局面。”③而要保持和巩固安定团结的政治局面和社会环境，就必须坚持中国共产党的领导。没有党的领导，就没有安定团结的政治局面。

邓小平对比了中国共产党成立前后中国社会发生的变化，指出：“中国一向被称为一盘散沙，但是自从我们党成为执政党，成为全国团结的核心力量，四分五裂、各霸一方的局面就结束了。只要我们党的领导是正确的，那就不仅能够把全党的力量，而且能够把全国人民的力量集合起来，干出轰轰烈烈的事业。”④在“文化大革命”中，“踢开党委闹革命”，否认党的领导，造成派系林立、内乱不止，严重破坏了社会生产力，拉大了我国与发达国家的距离。沉痛的历史教训警示人们：“在中国这样的大国，要把几亿人口的思想和力量统一起来建设社会主

---

① 《邓小平文选》(第2卷)，北京：人民出版社1994年版，第358页。
② 《邓小平文选》(第3卷)，北京：人民出版社1993年版，第208页。
③ 《邓小平文选》(第2卷)，北京：人民出版社1994年版，第276页。
④ 《邓小平文选》(第2卷)，北京：人民出版社1994年版，第267页。

义，没有一个由具有高度觉悟性、纪律性和自我牺牲精神的党员组成的能够真正代表和团结人民群众的党，没有这样一个党的统一领导，是不可能设想的，那就只会四分五裂，一事无成。这是全国各族人民在长期的奋斗实践中深刻认识到的真理。我们人民的团结，社会的安定，民主的发展，国家的统一，都要靠党的领导。坚持四项基本原则的核心，就是坚持党的领导。”①

只有中国共产党才能团结带领人民共同建设社会主义现代化。邓小平认为，社会主义现代化建设需要全体中国人民的共同努力和艰苦奋斗，需要发挥广大人民群众的积极性、主动性和创造性。而中国共产党提出的正确的路线方针政策代表了人民的利益，党员干部在长期实践中表现出来的模范作用带动人民群众。在中国社会各个党派中，能够团结带领广大人民群众共同建设社会主义现代化的，只能是中国共产党。“没有党的领导，就没有一条正确的政治路线；没有党的领导，就没有安定团结的政治局面；没有党的领导，艰苦创业的精神就提倡不起来；没有党的领导，真正又红又专、特别是有专业知识和专业能力的队伍也建立不起来。”②

其次，坚持党的领导才能保证我国现代化建设沿着社会主义道路前进。邓小平指出：“现在我们搞四个现代化，是搞社会主义的四个现代化，不是搞别的现代化。我们采取的所有开放、搞活、改革等方面的政策，目的都是为了发展社会主义经济。”③社会主义现代化与资本主义现代化有着本质不同，它以生产资料公有制为基础，以共同富裕为目标。针对一些人“只讲四化，不讲社会主义”，邓小平尖锐指出：“这就忘记了事物的本质，也就离开了中国的发展道路。”“历史告诉我们：中国走资本主义道路不行，中国除了走社会主义道路没有别的道路可走。一旦中国抛弃社会主义，就要回到半殖民地半封建社会，不要说实现‘小康’，就连温饱也没有保证。”④而中国要坚持走社会主义道路，实现社会主义现

① 《邓小平文选》(第2卷)，北京：人民出版社1994年版，第342页。
② 《邓小平文选》(第2卷)，北京：人民出版社1994年版，第266页。
③ 《邓小平文选》(第3卷)，北京：人民出版社1993年版，第110页。
④ 《邓小平文选》(第3卷)，北京：人民出版社1993年版，第204、206页。

代化，就必须坚持中国共产党的领导。中国共产党是中国社会主义事业的核心力量，党的领导是我国现代化建设沿着社会主义道路前进的根本保证。

总之，坚持中国共产党的领导，这是能否实现社会主义现代化的关键。在改革开放和社会主义现代化建设中，必须加强党的领导，而绝不能削弱党的领导。

(二)坚持党的领导必须改善党的领导

在强调社会主义现代化建设中必须坚持和加强党的领导的前提下，邓小平也鲜明地提出了改善党的领导的问题。他在1978年3月全国科学大会开幕式上的讲话中指出，能不能把我国的科学技术搞上去，关键在于我们党是不是善于领导。针对改革开放新形势下党的组织状况、纪律状况、领导方式、领导体制、工作制度等方面存在不同程度的不相适应的状态，邓小平于1980年1月16日，首次明确提出“为了坚持党的领导，必须努力改善党的领导”①的命题，强调“怎样改善党的领导，这个重大问题摆在我们的面前。不好好研究这个问题，不解决这个问题，坚持不了党的领导，提高不了党的威信”②。从此，如何坚持、加强和改善党的领导，成为党的建设的一个重要任务。邓小平在深入思考的基础上，提出了一系列重要思想。③

第一，明确党的领导的内容，强调党的领导主要是政治、思想和组织的领导。

改善党的领导，首先是要明确什么是党的领导，党应当怎样领导。邓小平在强调面对新形势新任务新环境必须加强和改善党的领导、党必须善于领导的同时，也明确了党的领导的内容。他指出：“党委的领导，主要是政治上的领导，保证正确的政治方向，保证党的路线、方针、政策的贯彻，调动各个方面的积极

① 《邓小平文选》(第2卷)，北京：人民出版社1994年版，第268页。

② 《邓小平文选》(第2卷)，北京：人民出版社1994年版，第271页。

③ 本部分的主要内容曾以《邓小平坚持和改善党的领导及其重大意义》为题，发表于《邓小平与当代中国》一书中，北京：中央文献出版社2017年版。

性。”①强调党的领导主要是政治上的领导，同时不能忽视党的思想领导和组织领导。根据邓小平的有关论述，党的十二大通过的《中国共产党章程》规定：“党的领导主要是政治、思想和组织的领导。”也就说，要按照党的理论、路线和纲领，通过制定大政方针，提出立法建议，推荐重要干部，进行思想教育，发挥党组织和广大党员的先锋模范作用，来实现党的领导。

在党的政治领导方面，邓小平于1978年党的十一届三中全会前后形成了“一个中心、两个基本点”的基本思想。邓小平指出：我国的生产力发展水平很低，远远不能满足人民和国家的需要。要正确解决这一矛盾，就必须把党和国家工作的重点转移到以经济建设为中心的社会主义现代化建设上来，大力发展社会生产力，并在此基础上逐步改善人民的物质文化生活。他认为，社会主义的首要任务、根本任务就是发展生产力。社会主义现代化建设代表着人民最大的利益、最根本的利益，能否实现现代化，决定着我们国家的命运、民族的命运。因此，社会主义现代化建设是我们当前最大的政治；搞好经济建设，发展生产力，这是我们解决国际国内问题的最主要的条件。中国解决所有问题的关键是靠自己的发展，发展才是硬道理。现代化建设的任务是多方面的，各个方面需要综合平衡，不能单打一。但是说到最后，还是要把经济建设当作中心。

在明确以经济建设为中心的同时，邓小平强调坚持四项基本原则，坚持改革开放，认为四项基本原则是立国之本，改革开放是强国之路。“为了实现四个现代化，我们必须坚持社会主义道路，坚持无产阶级专政，坚持共产党的领导，坚持马列主义、毛泽东思想……如果动摇了这四项基本原则中的任何一项，那就动摇了整个社会主义事业，整个现代化建设事业。”②改革开放是发展生产力必由之路，坚持改革开放是决定中国命运的一招，不改革就没有出路，就是死路一条。他认为，旧的体制束缚了生产力的发展，我们过去没有及时提出改革。“但是如

① 《邓小平文选》(第2卷)，北京：人民出版社1994年版，第98页。
② 《邓小平文选》(第2卷)，北京：人民出版社1994年版，第173页。

果现在再不实行改革，我们的现代化事业和社会主义事业就会被葬送。”①我们现在要大力发展生产力，“在方针问题、认识问题解决之后，还要解决体制问题”②。

在邓小平上述思想指导下，党的十三大将其概括为“一个中心、两个基本点”的基本路线。邓小平指出，改革开放以来的实践证明，三中全会以来党的路线方针政策是正确的。“要坚持党的十一届三中全会以来的路线、方针、政策，关键是坚持‘一个中心、两个基本点’。不坚持社会主义，不改革开放，不发展经济，不改善人民生活，只能是死路一条。基本路线要管一百年，动摇不得……军队、国家政权，都要维护这条道路、这个制度、这些政策。”③坚定不移地坚持党的十一届三中全会以来的路线、方针、政策，是党的政治领导的核心内容。

在思想领导方面，邓小平强调把思想政治工作放在非常重要的位置，切实认真做好思想政治工作。他认为，改善党的领导，“其中最主要的，就是加强思想政治工作”，“从原则上说，各级党组织应该把大量日常行政工作、业务工作，尽可能交给政府、业务部门承担，党的领导机关除了掌握方针政策和决定重要干部的使用以外，要腾出主要的时间和精力来做思想政治工作，做人的工作，做群众工作。如果一时还不能完全做到这一点，至少也必须把思想政治工作放在重要地位上，否则党的领导既不可能改善，也不可能加强”。④

重视思想政治工作，正确地发挥思想政治工作的作用，是党的优良传统和政治优势。改革开放之初，邓小平就告诫全党：“我们一定要把思想政治工作放在非常重要的地位，切实认真做好，不能放松。这项工作，各级党委要做，各级领导干部要做，每个党员都要做。要做得有针对性、深入细致和为群众所乐于接受。最重要的条件，就是凡是需要动员群众做的，每个党员，特别是担负领导职

① 《邓小平文选》(第2卷)，北京：人民出版社1994年版，第150页。
② 《邓小平文选》(第3卷)，北京：人民出版社1993年版，第108页。
③ 《邓小平文选》(第3卷)，北京：人民出版社1993年版，第370~371页。
④ 《邓小平文选》(第2卷)，北京：人民出版社1994年版，第365页。

务的党员，必须首先从自己做起。”①后来，邓小平又指出：不仅理论界文艺界，还有教育、新闻、出版、广播、电视、群众文化和群众思想政治工作等各个方面，整个思想战线的工作都需要加强。我们要把这个问题郑重地提到全党面前，提到中央和地方各级党委的重要议事日程上来。各级党委，首先是党委主要负责同志，要密切注视和深入研究思想战线的形势和问题，采取切实有效的办法改进这条战线的工作。② 他要求提高政治工作水平，改进政治工作的方向，抛弃形式主义的东西。1989 年后，邓小平指出：“十年最大的失误是教育，这里我主要是讲思想政治教育，不单纯是对学校、青年学生，是泛指对人民的教育。”③他要求切实加强教育和思想政治工作，加强党对思想战线的领导。

在组织领导方面，邓小平着重从党的组织、党员、党的干部等方面，论述了加强和改善党的领导的问题。他强调充分发挥各级党组织的政治核心作用和战斗堡垒作用，发挥党员的先锋模范作用，指出：“各级党组织，要管好所有的党员，做好群众工作，使党员在各自的岗位上发挥先锋模范作用，使党的组织真正成为各个企业事业的骨干，真正成为教育和监督所有党员的组织，保证党的政治路线的执行和各项工作任务的完成。”④鉴于“文化大革命”中对党的建设的损害，邓小平认为，改善党的领导，首先必须改善党的组织状况，恢复党的战斗力，恢复党的优良传统和作风，对全党进行教育，并在教育的基础上对党员队伍进行整顿。

邓小平对党的领导内容的思考，为改变党政不分、党管一切的现象，进行党和国家领导体制的改革，加强和改进党的领导，奠定了思想基础。

第二，党必须在宪法和法律范围内活动。

马克思主义政党在领导人民建立政权并取得执政地位以后，如何处理党与宪法、法律之间的关系，是中国共产党在局部执政时期就曾经注意到的重大问题。

---

① 《邓小平文选》(第 2 卷)，北京：人民出版社 1994 年版，第 342 页。
② 《邓小平文选》(第 3 卷)，北京：人民出版社 1993 年版，第 47~48 页。
③ 《邓小平文选》(第 3 卷)，北京：人民出版社 1993 年版，第 306 页。
④ 《邓小平文选》(第 2 卷)，北京：人民出版社 1994 年版，第 340 页。

早在1941年4月，邓小平就针对抗日民主根据地的某些区域存在着“以党治国”的错误，严厉批评一些人把党的领导解释为“党权高于一切”，遇事干涉政府工作，随便改变上级政府的法令，甚至把“党权高于一切”发展成“党员高于一切”。他尖锐地指出：“‘以党治国’的国民党遗毒，是麻痹党、腐化党、破坏党、使党脱离群众的最有效的办法。我们反对国民党以党治国的一党专政，我们尤要反对国民党的遗毒传播到我们党内来。”①新中国成立后，面对党与宪法和法律之间的关系这一重大问题，中国共产党不仅积极领导人民制定了我国的第一部宪法，以及一批重要法律，而且还一再教育党员要带头遵守国家宪法和法律。1954年，刘少奇在第一届全国人民代表大会第一次会议上要求：“中国共产党的党员必须在遵守宪法和一切其他法律中起模范作用。”②1956年，邓小平在党的八大上作《关于修改党的章程的报告》时强调指出：“党章草案要求，每一个党员严格地遵守党章和国家的法律，遵守共产主义道德，一切党员，不管他们的功劳和职位如何，都没有例外。”③1978年以后，邓小平明确提出党必须在宪法和法律范围内活动的思想，强调：“全党同志和全体干部都要按照宪法、法律、法令办事，学会使用法律武器(包括罚款、重税一类经济武器)同反党反社会主义的势力和各种刑事犯罪分子进行斗争。”④

邓小平关于党必须在宪法和法律范围内活动的思想，正确回答了马克思主义政党在执掌政权并领导人民制定宪法和法律以后，应如何处理党与宪法和法律之间的关系问题，促使全党树立宪法和法律至上的观念，明确党的方针、政策的制定和执行必须符合宪法和法律的规定，党组织和广大党员的活动必须遵循和依照法令和法规行事。任何党派、组织和个人都不得有超过宪法和法律的特权，都必须以宪法为根本的活动准则。而作为执政的中国共产党坚持依法执政，在贯彻实施宪法上为全社会作出表率，党的各级组织和党员、干部带头遵法守法，对维护

① 《邓小平文选》(第1卷)，北京：人民出版社1994年版，第12页。
② 《刘少奇选集》(上卷)，北京：人民出版社1985年版，第168页。
③ 《邓小平文选》(第1卷)，北京：人民出版社1994年版，第243页。
④ 《邓小平文选》(第2卷)，北京：人民出版社1994年版，第371页。

宪法和法律权威至关重要。

坚持党必须在宪法和法律范围内活动，这一原则与党的工人阶级先锋队的性质和全心全意为人民服务的宗旨是完全一致的，体现了党领导的社会主义国家健全社会主义法治，依法治国、依法执政的基本要求，体现了世界现代政治体系的重要特征，反映了中国共产党人对执政党活动规律和特点的新认识，也是对社会主义国家执政党正反两方面经验教训，特别是中国共产党自身建设历史经验的深刻总结。邓小平的这一思想载入 1982 年修订的宪法，随后，“党在宪法和法律范围内活动”也纳入中国共产党章程，“依法治国，建设社会主义法治国家”也已于 1999 年成为宪法的准则。这就从宪法和党章角度科学规定了执政党与宪法和法律的关系，要求中国共产党在任何时候、任何情况下，都必须坚持“在宪法和法律的范围内活动”，依法领导我国社会主义现代化建设事业。

第三，改革党和国家领导制度，实现党和国家政治生活民主化、制度化。

在回答如何改善党的领导这一重大问题时，邓小平首次提出要改革党和国家领导制度，完善党规党法，实现党内生活民主化、制度化的重要思想。1980 年 1 月，邓小平指出：“我们要改善党的领导，除了改善党的组织状况以外，还要改善党的领导工作状况，改善党的领导制度。这是个复杂的问题。”①1980 年 8 月 18 日，邓小平在中共中央政治局扩大会议的讲话中，进一步明确提出并系统阐述了党和国家领导制度改革的问题。

邓小平论述了改革党和国家领导制度的重要性和紧迫性。他指出：“为了适应社会主义现代化建设的需要，为了适应党和国家政治生活民主化的需要，为了兴利除弊，党和国家的领导制度以及其他制度，需要改革的很多。”②邓小平认为，我们党和国家现行的一些具体制度中，还存在不少的弊端，妨碍甚至严重妨碍社会主义优越性的发挥。如不认真改革，就很难适应现代化建设的迫切需要，我们就要严重地脱离广大群众。他认为，从党和国家的领导制度、干部制度方面

---

① 《邓小平文选》(第 2 卷)，北京：人民出版社 1994 年版，第 269 页。
② 《邓小平文选》(第 2 卷)，北京：人民出版社 1994 年版，第 321~322 页。

说，主要的弊端就是官僚主义现象、权力过分集中的现象、家长现象、干部领导职务终身制现象和形形色色的特权现象。邓小平列举了这些弊端的主要表现，特别指出这些弊端的严重危害，强调官僚主义是同党的民主和社会主义民主不相容的，它压抑和窒息党和国家的民主生活。权力过分集中，则妨碍集体智慧的发挥，妨碍社会主义民主制度和党的民主集中制的实行，容易造成个人专断，破坏集体领导。他认为，上述问题的存在，既有思想作风问题的一面，更有制度方面的原因，因此，解决上述存在问题的办法，既要解决思想问题，也要解决制度问题。"制度问题不解决，思想作风问题也解决不了。"①他明确指出："肃清封建主义残余影响，重点是切实改革并完善党和国家的制度，从制度上保证党和国家政治生活的民主化、经济管理的民主化、整个社会生活的民主化，促进现代化建设事业的顺利发展。"②

邓小平明确提出了制度问题带有根本性、全局性、稳定性和长期性的观点。他指出："我们过去发生的各种错误，固然与某些领导人的思想、作风有关，但是组织制度、工作制度方面的问题更重要。""不是说个人没有责任，而是说领导制度、组织制度问题更带有根本性、全局性、稳定性和长期性。这种制度问题，关系到党和国家是否改变颜色，必须引起全党的高度重视。"③

邓小平进一步阐明了改革党和国家领导制度的目的。他指出："改革党和国家领导制度及其他制度，是为了充分发挥社会主义制度的优越性，加速现代化建设事业的发展。"④与此同时，邓小平强调："改革党和国家的领导制度，不是要削弱党的领导，涣散党的纪律，而正是为了坚持和加强党的领导，坚持和加强党的纪律。"⑤

邓小平提出的改革党和国家领导制度的思想，具有极为重大的意义。从党的

① 《邓小平文选》(第2卷)，北京：人民出版社1994年版，第328页。
② 《邓小平文选》(第2卷)，北京：人民出版社1994年版，第336页。
③ 《邓小平文选》(第2卷)，北京：人民出版社1994年版，第333页。
④ 《邓小平文选》(第2卷)，北京：人民出版社1994年版，第322页。
⑤ 《邓小平文选》(第2卷)，北京：人民出版社1994年版，第341~342页。

建设总体格局角度看，这一思想使毛泽东关于党的建设总体格局思想由“三大建设”（思想建设、组织建设和作风建设），发展到包括制度建设在内的四大建设，因而是对毛泽东建党思想的发展；从社会主义民主政治发展角度看，这一思想的提出及其在实践中的贯彻，开启了改革党和国家政治体制，推动党和国家政治生活的民主化、经济管理的民主化、整个社会生活的民主化，进而促进现代化建设事业的顺利发展的伟大历程。

第四，正确划分党和国家机关的职能，改进和完善党对国家的领导方式和领导体制。

邓小平认为，改革党的领导制度，必须划清党组织和国家政权的职能，做到各司其职。他指出：“纠正不正之风、打击犯罪活动中属于法律范围的问题，要用法制来解决，由党直接管不合适。党要管党内纪律的问题，法律范围的问题应该由国家和政府管。党干预太多，不利于在全体人民中树立法制观念。这是一个党和政府的关系问题，是一个政治体制的问题……现在从党的工作来说，重点是端正党风，但从全局来说，是加强法制。”①

邓小平指出：“进行政治体制改革的目的，总的来讲是要消除官僚主义，发展社会主义民主，调动人民和基层单位的积极性。要通过改革，处理好法治和人治的关系，处理好党和政府的关系。党的领导是不能动摇的，但党要善于领导，党政需要分开。”“改革的内容，首先是党政要分开，解决党如何善于领导的问题。这是关键，要放在第一位。”②邓小平认为，党的领导是不能动摇的，但党要善于领导，不能干预太多。党委要管大事，管路线、方针、政策。这样做，有利于建立各级政府自上而下的强有力的工作系统，管好政府职权内的工作。国有企业也要有准备有步骤地改变党委领导下的厂长负责制、经理负责制，经过试点，逐步推广、分别实现工厂管理委员会、公司董事会、经济联合体的联合委员会领导和监督下的厂长负责制、经理负责制。邓小平指出：“实行这些改革，是为了

① 《邓小平文选》(第3卷)，北京：人民出版社1993年版，第163页。
② 《邓小平文选》(第3卷)，北京：人民出版社1993年版，第177页。

使党委摆脱日常事务，集中力量做好思想政治工作和组织监督工作。这不是削弱党的领导，而是更好地改善党的领导，加强党的领导。”①

邓小平关于党的领导不能动摇、党政需要分开的思想，区分了党的领导问题上基本制度不变和具体领导体制可变的界限，明确了党政分开属于改善党的领导方式的问题而非动摇党的领导地位问题，从而既坚持了党在国家政治生活中的领导核心地位，也找到了政治体制改革的关键所在；既避免因为动摇党的领导这一基本原则而造成的严重后果，也打破了多年来人们在党政关系问题上困惑犹疑的僵局。

从党政不分甚至以党代政到党政分开，意味着中国共产党的领导和执政方式开始发生重大转变。

坚持和改善党的领导，是党的领导的一个问题两个方面，二者是辩证统一、紧密联系的。坚持党的领导，是改善党的领导的前提和归宿，而只有改善党的领导，才能真正实行和达到党的领导的目的。改善是为了更好地坚持，不注意改善，也就不可能真正做到坚持。邓小平关于坚持和改善党的领导的思想，是对马克思主义党的领导理论的创造性的贡献。

二、邓小平关于加强执政党自身建设的思想

党的自身建设是实现党的领导的前提条件。只有全面加强党的建设，才能把党建设成为中国特色社会主义事业的坚强核心，才能担负起领导伟大事业前进的伟大使命。而党的建设历来是同党的历史任务，同党为实现这些任务而确立的政治路线联系在一起的。党的政治路线是党的事业和党的建设兴旺发达的根本保证。在党的整个事业中，党的政治路线关系党的全局，对全局起指导作用、决定

① 《邓小平文选》(第 2 卷)，北京：人民出版社 1994 年版，第 340 页。

作用，因而也决定党的建设的方向、前途。党的十一届三中全会后形成的“一个中心、两个基本点”的基本路线，反映了我国现代化建设的基本规律，集中体现了我国各族人民的根本利益，指明了中国特色社会主义的发展道路，也指明了新时期党的建设的方向。邓小平在领导全党制定“一个中心、两个基本点”的基本路线的同时，明确了“把我们党建设成为有战斗力的马克思主义政党，成为领导全国人民进行社会主义物质文明和精神文明建设的坚强核心”这一新的党建目标，并强调新时期党的建设必须紧紧围绕党的“一个中心、两个基本点”的基本路线和社会主义现代化这个中心来进行，把贯彻执行党的基本路线作为党的建设全部工作的出发点和落脚点，根据贯彻党的基本路线的要求来研究和部署党建工作，在贯彻党的基本路线的实践中开展党建工作，用贯彻执行党的基本路线的实际效果来衡量党建工作成效，在服务、服从党的基本路线的实践中总结和创造党的建设的新经验。根据这样一个指导思想，围绕新的党建目标，以邓小平同志为核心的党的第二代中央领导集体对在改革开放中加强和改进党的自身建设提出了一系列重要思想。

(一)坚持党的解放思想、实事求是的思想路线，加强党的思想理论建设

如前所述，解放思想、实事求是，是中国共产党的思想路线。历史证明，党在理论上每一次重大突破，在实践中的每一次重大发展，都是坚持解放思想、实事求是的结果。在新的历史时期，开辟现代化建设新局面，建设中国特色社会主义，必须坚持解放思想、实事求是的思想路线。邓小平对恢复和发展党的马克思主义思想路线起了极大的推动作用。这突出表现在以下几个方面：

第一，在改革开放的每个关键时刻，都强调坚持解放思想、实事求是。他指出，全党“只有解放思想，坚持实事求是，一切从实际出发，理论联系实际，我们的社会主义现代化建设才能顺利进行，我们党的马列主义、毛泽东思想的理论也才能顺利发展”①。

① 《邓小平文选》(第2卷)，北京：人民出版社1994年版，第143页。

第二，论证了党的思想路线对制定和贯彻执行党的政治路线的极端重要性。他强调，“思想路线不是小问题，这是确定政治路线的基础。正确的政治路线能不能贯彻执行，关键是思想路线对不对头”①。“不解决思想路线问题，不解放思想，正确的政治路线就制定不出来，制定了也贯彻不下去。”②从这个意义上说，思想路线问题，是个政治问题，是个关系到党和国家前途和命运的问题。③

第三，概括了党的思想路线的来源及其内容。他指出，马克思、恩格斯创立的辩证唯物主义和历史唯物主义的思想路线，毛泽东用中国语言概括为“实事求是”四个大字，即“实事求是，一切从实际出发，理论联系实际，坚持实践是检验真理的标准，这就是我们党的思想路线”④。他强调：“实事求是是马克思主义的精髓。要提倡这个，不要提倡本本。”⑤

第四，论述了解放思想与实事求是的辩证关系。他指出：所谓解放思想，就是使思想和实际相符合，使主观和客观相符合，就是实事求是。“在一切工作中要真正坚持实事求是，就必须继续解放思想。认为解放思想已经到头了，甚至过头了，显然是不对的。”⑥解放思想的根本，就是坚持一切从实际出发，实事求是，在社会主义现代化建设中，达到主观和客观、理论和实践、知和行的具体的历史的统一。而从理论和实践相统一的角度说，“实事求是，是无产阶级世界观的基础，是马克思主义的思想基础。过去我们搞革命所取得的一切胜利，是靠实事求是；现在我们要实现四个现代化，同样要靠实事求是”。为此，他号召全党，从中央到地方、到每一个基层单位，“都要实事求是，都要解放思想”⑦。

解放思想、实事求是的思想路线的重新创立和贯彻，使中国共产党焕发了勃勃生机，有力地推动了改革开放和社会主义现代化事业。改革开放以来的历史进

① 《邓小平文选》(第 2 卷)，北京：人民出版社 1994 年版，第 191 页。
② 《邓小平文选》(第 2 卷)，北京：人民出版社 1994 年版，第 191 页。
③ 《邓小平文选》(第 2 卷)，北京：人民出版社 1994 年版，第 143 页。
④ 《邓小平文选》(第 2 卷)，北京：人民出版社 1994 年版，第 278 页。
⑤ 《邓小平文选》(第 3 卷)，北京：人民出版社 1993 年版，第 382 页。
⑥ 《邓小平文选》(第 2 卷)，北京：人民出版社 1994 年版，第 364 页。
⑦ 《邓小平文选》(第 2 卷)，北京：人民出版社 1994 年版，第 143 页。

程，就是坚持解放思想、实事求是的进程。在改革开放的每个关键时刻，每当遇到新情况新问题、碰到思想障碍困扰的时候，中国共产党的主要领导人都强调坚持解放思想，实事求是，拿事实说话，澄清理论上的是非，统一全党的认识，从而使马克思主义思想路线不断深入人心，使中国特色社会主义事业不断向前推进。

坚持解放思想、实事求是的思想路线，要求党尊重实践，坚持用实践检验真理。邓小平指出："实践是检验真理的唯一标准，实践是检验路线、方针、政策是否正确的唯一标准。"①"我们改革开放的成功，不是靠本本，而是靠实践，靠实事求是。"②在实践标准的基础上，邓小平进一步提出了生产力标准和"三个有利于"标准。他指出："讲社会主义，首先就要使生产力发展，这是主要的。只有这样，才能表明社会主义的优越性。社会主义经济政策对不对，归根到底要看生产力是否发展，人民收入是否增加。这是压倒一切的标准。"③1992 年邓小平在南方谈话中进一步提出"三个有利于"标准，指出：判断各方面工作是非得失的标准，"应该主要看是否有利于发展社会主义社会的生产力，是否有利于增强社会主义国家的综合国力，是否有利于提高人民的生活水平"④。这里实际上包含生产力标准和人民利益标准。正是由于中国共产党人坚持了真理观上的实践标准、历史观上的生产力标准和价值观上的人民利益标准的辩证统一，才不断破除种种思想障碍、不断促进思想解放，从而推动了改革开放和现代化建设的深入。

坚持解放思想、实事求是的思想路线，要求全党注意研究新情况，解决新问题，以新的思想观点继承、丰富和发展马克思主义。邓小平指出，马克思主义是科学的世界观和方法论，是我们认识世界、改造世界的强大思想武器。我们对待马克思主义，既要坚持，又要发展。"马克思主义理论从来不是教条，而是行动的指南。它要求人们根据它的基本原则和基本方法，不断结合变化着的实际，探

① 《邓小平文选》(第 3 卷)，北京：人民出版社 1993 年版，第 28 页。
② 《邓小平文选》(第 3 卷)，北京：人民出版社 1993 年版，第 382 页。
③ 《邓小平文选》(第 2 卷)，北京：人民出版社 1994 年版，第 314 页。
④ 《邓小平文选》(第 3 卷)，北京：人民出版社 1993 年版，第 372 页。

索解决新问题的答案，从而也发展马克思主义理论本身。”①只有发展马克思主义，才能真正坚持马克思主义。“绝不能要求马克思为解决他去世之后上百年、几百年所产生的问题提供现成答案。列宁同样也不能承担为他去世以后五十年、一百年所产生的问题提供现成答案的任务。真正的马克思列宁主义者必须根据现在的情况，认识、继承和发展马克思列宁主义。”②邓小平一再强调，世界形势日新月异，特别是现代科学技术发展很快。现在的一年抵得上过去古老社会几十年、上百年甚至更长的时间。不以新的思想观点去继承、发展马克思主义，不是真正的马克思主义者。正是基于这种认识，邓小平提出将马克思主义基本原理与中国实际和时代特征相结合，走自己的路，建设有中国特色的社会主义，并创立了邓小平建设有中国特色社会主义理论，初步回答了在中国这样一个十几亿人口的发展中大国建设什么样的社会主义、怎样建设社会主义等一系列重大问题，继承和发展了马克思列宁主义、毛泽东思想。

(二)坚持党的全心全意为人民服务的宗旨和群众路线

全心全意为人民服务是中国共产党的宗旨，群众路线是中国共产党的根本路线，密切联系群众是中国共产党的政治优势和优良作风。邓小平认为，在改革开放和现代化建设新时期，必须坚持党的全心全意为人民服务的宗旨和群众路线，加强党的作风建设。邓小平着重从以下方面阐述了这一思想。

其一，正确认识党联系群众的重要性，明确“党离不开人民”是不可改变的历史结论。邓小平指出：“我们党同广大群众的联系，对中国社会主义事业的领导，是六十年的斗争历史形成的。党离不开人民，人民也离不开党，这不是任何力量所能够改变的。”③人民群众是党的力量源泉，“党的组织、党员和党的干部，必须同群众打成一片，绝对不能同群众相对立。如果哪个党组织严重脱离群众而

---

① 《邓小平文选》(第3卷)，北京：人民出版社1993年版，第146页。
② 《邓小平文选》(第3卷)，北京：人民出版社1993年版，第291页。
③ 《邓小平文选》(第2卷)，北京：人民出版社1994年版，第266页。

不能坚决纠正，那就丧失了力量的源泉，就一定要失败，就会被人民抛弃。全党同志，各级干部，特别是领导干部，必须经常记住这一点，经常用这个标准检查自己的一切言行”①。邓小平一贯认为，党之所以离不开人民，是因为历史是人民群众创造的。同资产阶级的政党相反，工人阶级的政党不是把人民群众当作自己的工具，而是自觉地认定自己是人民群众在特定的历史时期为完成特定的历史任务的一种工具。“共产党——这是工人阶级和劳动人民中先进分子的集合体，它对于人民群众的伟大的领导作用，是不容怀疑的。但是，它之所以成为先进部队，它之所以能够领导人民群众，正因为，而且仅仅因为，它是人民群众的全心全意的服务者，它反映人民群众的利益和意志，并且努力帮助人民群众组织起来，为自己的利益和意志而斗争。确认这个关于党的观念，就是确认党没有超乎人民群众之上的权力，就是确认党没有向人民群众实行恩赐、包办、强迫命令的权力，就是确认党没有在人民群众头上称王称霸的权力。”②因此，每一个共产党员都要正确对待手中的权力，正确对待党和群众的关系，绝不能把党和人民的关系颠倒过来。

邓小平指出，不断地加强党同人民群众的联系，是我们党成熟、有战斗力的重要原因和标志。党之所以有力量，就因为始终扎根于人民群众，紧紧依靠人民群众的智慧和创造力。没有人民群众的支持，党一天也不能生存。革命和建设问题解决得好不好，党能否领导得好，关键在于党能否依靠群众。过去，我们党提出的各项重大任务，没有一项不是依靠广大人民群众的艰苦努力来完成的。在新的历史时期，“社会主义现代化建设的极其艰巨复杂的任务摆在我们的面前。很多旧问题需要继续解决，新问题更是层出不穷。党只有紧紧地依靠群众，密切地联系群众，随时听取群众的呼声，了解群众的情绪，代表群众的利益，才能形成强大的力量，顺利地完成自己的各项任务”③。

---

① 《邓小平文选》(第2卷)，北京：人民出版社1994年版，第368页。
② 《邓小平文选》(第1卷)，北京：人民出版社1994年版，第218页。
③ 《邓小平文选》(第2卷)，北京：人民出版社1994年版，第342页。

其二，党的全部任务就是全心全意地为人民服务，党的各项政策和工作必须以人民拥护不拥护、赞成不赞成、高兴不高兴、答应不答应作为出发点和归宿。邓小平指出："中国共产党员的含意或任务，如果用概括的语言来说，只有两句话：全心全意为人民服务，一切以人民利益作为每一个党员的最高准绳。"①"当一个共产党员，就要自觉服从党的路线和政策，全心全意为人民服务，做好工作"②，因为党在不同历史时期的全心全意为人民服务的宗旨、党的奋斗目标、党的性质等是始终不能变的。改革开放以后，邓小平反复强调，坚持全心全意为人民服务的宗旨绝不能有丝毫的动摇，这个庄严的革命口号绝不容玷污。全心全意为人民服务，最重要的是制定并坚持执行代表人民利益的路线方针政策，要把人民"拥护不拥护""赞成不赞成""高兴不高兴""答应不答应"作为制定各项方针政策的出发点和归宿。

其三，坚持党的群众路线，向群众学习，遇事同群众商量。邓小平认为，群众路线和实事求是这两条，是毛泽东倡导的优良传统作风中最根本的东西。群众路线是中国共产党的传家宝，办任何事情都得走群众路线。群众路线是我们党的根本工作路线，是实现党的政治路线、思想路线、组织路线的重要保证。总结中国革命和建设的经验，我们党所取得的巨大胜利，没有哪一项不是执行群众路线的结果，没有哪一件不是因为这件工作的本身确实反映了广大群众的要求，并且变成了广大群众自觉自愿的行动的结果。相反，如果违背群众路线，就一定会使我们的工作遭受损失，使人民的利益遭受损失。

邓小平反复强调，作出正确的决策要走群众路线，把人选好用好要走群众路线，把中央的路线方针政策贯彻落实好要走群众路线，无论办什么事都得走群众路线。一方面，党必须密切联系群众和依靠群众，而不能脱离群众，不能站在群众之上；每一个党员必须养成为人民服务、向群众负责、遇事同群众商量和同群众同甘共苦的工作作风。另一方面，采取"从群众中来，到群众中去"的方法。

① 《邓小平文选》(第1卷)，北京：人民出版社1994年版，第257页。
② 《邓小平文选》(第1卷)，北京：人民出版社1994年版，第156页。

坚持群众路线，必须从认识方法上解决好同群众的关系问题，保持谦虚和谨慎的态度，虚心向群众学习，遇事同群众商量，而不是骄傲、专横、鲁莽，自作聪明，不同群众商量，把自己的意见强加于人，为了自己的威信而坚持错误，这是同党的群众路线根本不相容的。

其四，尊重群众的首创精神，充分调动人民群众的积极性。邓小平认为，人民群众是社会实践的主体，是社会物质财富和精神财富的创造者，是真正的英雄。在人民群众中，蕴藏着无穷的智慧和创造力。“我们改革开放的成功，不是靠本本，而是靠实践，靠实事求是。农村搞家庭联产承包，这个发明权是农民的。”“农村改革中的好多东西，都是基层创造出来，我们把它拿来加工提高作为全国的指导。”①“乡镇企业容纳了百分之五十的农村剩余劳动力，那不是我们领导出的主意，而是基层农业单位和农民自己创造的。”②邓小平认为，尊重群众的首创精神，充分调动人民群众的积极性，必须尊重和保障人民群众的民主权利。他指出，要提倡敢想敢说的革命精神。有不同意见不要紧，各种方案可以比较。人民内部要有充分的民主，这样才能拿出好的主意来。否则，群众的意见和愿望得不到充分表达，群众的积极性、创造性就会严重挫伤。他强调，经济体制改革和政治体制改革，都要有利于调动基层和人民群众的积极性。“这些年来搞改革的一条经验，就是首先调动农民的积极性，把生产经营的自主权力下放给农民。农村改革是权力下放，城市经济体制改革也要权力下放，下放给企业，下放给基层，同时广泛调动工人和知识分子的积极性，让他们参与管理，实现管理民主化。”③

其五，既要坚定地相信和依靠群众，又要善于教育和引导群众前进。邓小平指出：我们搞现代化建设，经验不足，会面临多方面的困难，人民群众对我们的工作也会提出意见。人民群众的意见，当然有对的，也有不对的，要进行分析。

① 参见《邓小平文选》(第3卷)，北京：人民出版社1993年版，第382页。
② 《邓小平文选》(第3卷)，北京：人民出版社1993年版，第252页。
③ 《邓小平文选》(第3卷)，北京：人民出版社1993年版，第180页。

党的领导就是要善于集中人民群众的正确意见，对不正确的意见予以适当解释。如果我们各个单位真正把国家面临的问题给群众讲清楚，把我们现在采取了什么办法来克服困难，都向群众讲清楚，群众的情绪、群众的反映肯定不同。只要我们密切联系群众，深入地做工作，把道理向群众讲清楚，就能得到群众的同情和谅解，再大的困难也是能够克服的。

其六，发扬党的密切联系群众的优良作风，坚决反对官僚主义、形式主义。邓小平指出，发扬党的优良传统和作风，最根本的一条是发扬密切联系群众的作风。领导干部特别是高级干部要在这方面起模范带头作用，与人民群众同甘共苦，坚决批评和纠正各种脱离群众、对群众疾苦不闻不问的错误。他说："我们的历史经验是，越是困难的时候，越要关心群众。只要你关心群众，同群众打成一片，不仅不搞特殊化，而且同群众一块吃苦，任何问题都容易解决，任何困难都能够克服。"①他强调，党的各级组织和领导干部要关心群众生活，为群众排忧解难，多办实事。发扬密切联系群众的优良作风，必须坚决反对官僚主义、形式主义。他还特别从改革党和国家领导制度的高度提出解决官僚主义问题的根本思路，强调一要靠思想教育，二要靠改革。要加快政治体制改革，革除领导制度、组织制度中的弊端，铲除官僚主义产生的温床。

(三)坚持正确的组织路线，建设高素质的干部队伍

正确的政治路线要靠正确的组织路线来保证，而干部队伍建设则是组织路线的核心内容，是实现党的政治路线的关键。邓小平反复强调，解决组织路线问题，最大、最难、最迫切的问题，是选好接班人。他认为，"中国的事情能不能办好，社会主义和改革开放能不能坚持，经济能不能快一点发展起来，国家能不能长治久安，从一定意义上说，关键在人"②。邓小平总是从保证党在新时期的政治路线贯彻执行的高度，提出和解决组织路线问题、干部问题。他强调："政

① 《邓小平文选》(第2卷)，北京：人民出版社1994年版，第228页。
② 《邓小平文选》(第3卷)，北京：人民出版社1993年版，第380页。

治路线确立了，要由人来具体地贯彻执行。由什么样的人来执行，是由赞成党的政治路线的人，还是由不赞成的人，或者是由持中间态度的人来执行，结果不一样。”①我们的政策能不能保持连续性，主要看两条。首先是看政策本身对不对，这是最重要的。其次要看执行政策的人。实现现代化要解决的前提之一，就是要有一支坚持走社会主义道路的、具有专业知识和能力的干部队伍，而且是一支宏大的队伍。要保证我们政策的连续性，就要解决组织路线问题，把接班人选拔培养好。这是一个战略问题，是关系到我们党和国家长远利益的大问题。②

围绕培养选拔接班人的问题，邓小平着重阐述了以下思想：一是按照革命化、年轻化、知识化、专业化的方针，努力建设高素质的干部队伍。二是培养和选拔优秀年轻干部，实行新老干部的合作与交替。三是要把人民公认是坚持改革开放路线并有政绩的人大胆地放进领导班子。四是全党都要尊重知识，尊重人才。五是改革不合时宜的干部人事制度，为优秀人才脱颖而出创造条件。其中包括废除领导职务终身制，实行岗位责任制，实行干部人事制度改革，实现干部工作的科学化、民主化、制度化。

（四）加强党的制度建设，坚持和健全民主集中制

如前所述，邓小平在1980年即明确指出制度问题的极端重要性，指出制度问题更带有根本性、全局性、稳定性和长期性。加强党的建设，必须健全和完善党的各方面制度。邓小平认为，新的历史条件下党的领导制度和组织制度的改革，主要是解决权力过分集中的问题，健全民主集中制，完善集体领导与个人分工负责相结合的制度；解决党政不分、以党代政的问题；实现干部新老合作与交替，保持党和国家各级领导层的活力；克服官僚主义，提高工作效率，充分调动全党的积极性；完善党规党法，实现党内生活民主化制度化。

为了加强党的制度建设，坚持和健全民主集中制，邓小平提出：必须充分发

① 《邓小平文选》(第2卷)，北京：人民出版社1994年版，第191页。
② 《邓小平文选》(第2卷)，北京：人民出版社1994年版，第222页。

扬民主，坚持党章规定的党员个人服从党的组织，少数服从多数，下级组织服从上级组织，全党各个组织和全体党员服从党的全国代表大会和中央委员会即“四个服从”；坚持和完善集体领导和个人分工负责相结合的制度；巩固和维护党的团结统一，特别是要加强党的领导核心的团结。邓小平强调，改革党的领导制度和组织制度，不是要削弱党的领导，涣散党的纪律，而是为了坚持和加强党的领导，加强党的纪律。

(五)加强和改进党的基层组织建设，加强对党员干部的党性教育

党的基层组织是党的全部工作和战斗力的基础，担负着直接联系群众、宣传群众、组织群众、团结群众，把党的路线、方针、政策落实到基层的重要责任。重视加强和改进党的基层组织建设，充分发挥基层党组织战斗堡垒作用，是邓小平的重要思想。他指出：“党的基层组织是党联系广大群众的基本纽带，经常检查和改进基层组织的工作，是党的领导机关的重要政治任务。”①他强调，基层党组织应充分发挥应有的作用。“工厂、公司、院、校、所的各级党组织，要管好所有的党员，做好群众工作，使党员在各自的岗位上发挥先锋模范作用，使党的组织真正成为各个企业事业的骨干，真正成为教育和监督所有党员的组织，保证党的政治路线的执行和各项工作任务的完成。”②

与此同时，邓小平也强调共产党员要发挥先锋模范作用，做新时期的合格党员。邓小平说：“过去我们党的威力为什么那么大？打仗的时候我们总是说，一个连队有百分之三十的党员，这个连队一定好，战斗力强。为什么？就是党员打仗冲锋在前，退却在后，生活上吃苦在先，享受在后。这样他们就成了群众的模范，群众的核心。就是这么个简单的道理。”③今天，我们党担负着带领人民建设有中国特色社会主义的伟大任务，广大党员是否合格，是否能发挥先锋模范作

① 《邓小平文选》(第1卷)，北京：人民出版社1994年版，第253页。
② 《邓小平文选》(第2卷)，北京：人民出版社1994年版，第340页。
③ 《邓小平文选》(第2卷)，北京：人民出版社1994年版，第268页。

用，直接关系着整个党的凝聚力、战斗力，关系着我国社会主义现代化建设的进程。邓小平指出，几千万党员都合格，那将是一支多么伟大的力量！①

针对改革开放之后党员队伍面临的新情况新要求，邓小平提出：现在“有一个党员要合格的问题。合不合乎党员的资格，合不合乎党员的条件，这个问题不只是提到新党员面前，也提到一部分老党员面前了”②。为了建设一支合格的党员队伍，邓小平提出增强党性的要求。一方面，“所有共产党员都要增强党性，遵守党的章程和纪律”③。“每个干部都要把党性放在第一位”④，要通过思想教育，增强党性，“要使全党在思想上政治上和精神状态上有显著的进步，党员为人民服务而不谋私利的觉悟有显著的提高，党和群众的关系有显著的改善”⑤。“每个党员、每个党员干部、每个党组织，都要对照党章进行检查，根据各自的具体情况，作出达到和坚持党章规定的合格标准的努力计划，并保证其实现。”⑥另一方面，党的各级组织要把党员教育作为一项重要任务。党员教育的内容，主要是进行共产主义思想和共产主义道德教育，包括党的全心全意为人民服务的宗旨教育，党在长期革命斗争中形成的优良传统教育，艰苦奋斗精神教育，还包括教育党员在对外开放中既要学习和吸收一切文明成果，又要坚决抵制腐朽思想的侵蚀。

邓小平还针对“文化大革命”给党员干部带来的派性影响，特别强调加强党性教育。并从党性观和方法论两个方面，论述了党性的本质属性、内涵外延和重大意义，以及进行党性教育的形势和方法。⑦

邓小平认为，党性具有人民性，党性与人民性相统一，党性的这一本质属性，其核心内容是实事求是，并强调增强党性、消除派性以维护党内安定团结。

---

① 参见《邓小平文选》(第2卷)，北京：人民出版社1994年版，第269页。

② 《邓小平文选》(第2卷)，北京：人民出版社1994年版，第269页。

③ 《邓小平文选》(第3卷)，北京：人民出版社1993年版，第46页。

④ 《邓小平文选》(第2卷)，北京：人民出版社1994年版，第2页。

⑤ 《邓小平文选》(第3卷)，北京：人民出版社1993年版，第38页。

⑥ 《邓小平文选》(第3卷)，北京：人民出版社1993年版，第38~39页。

⑦ 本部分内容曾以《邓小平党性教育思想探析》为题，发表于《学校党建与思想教育》2022年第13期。

党性高于人民性体现在党员的思想政治标准高于一般群众。民主革命时期，党从工人阶级和革命的农民阶级等先进阶级中，吸纳先进分子加入党的组织；在党内干部的选拔任用上，以党性作为考察干部的首要标准，强调“德是第一，就是原则性和阶级性”①。严格把关党员标准，锻炼党员干部的党性，能够有效筛选混入党内的投机分子，以增强党的先进性和纯洁性。党的利益与人民的利益相一致，决定着党性脱胎于人民性，凝聚着人民群众的共产主义作风。“党的利益与人民利益的一致性，对党负责与对人民负责的一致性”②。党除了代表最广大人民群众的根本利益，没有其他利益。党性作为全党“共同的性质、普遍的性质”③，不仅集中了全体党员的优秀品质，更凝练了人民的共产主义风格，是人民优秀品质的集中表现。邓小平认为，“人民有高度的自觉性、纪律性和积极性，共产主义风格在人民群众中历来就有”④。因此，密切联系群众是党性坚强的体现，是党性教育的不懈动力，也是使党的利益与人民利益相融相通的重要法宝。贯彻群众路线对于改善党员干部作风，改进工作方法都具有重要意义。在党员干部作风上，要求其必须养成“为人民服务、向群众负责、遇事同群众商量和同群众共甘苦的工作作风”⑤。在工作方法上，党的领导能否顺利贯彻，“决定于它能否采取‘从群众中来，到群众中去’的方法”⑥。

实事求是是党的思想基础和优良作风，是共产党员党性的核心要求。邓小平特别认同毛泽东所说的实事求是的态度“就是党性的表现，就是理论和实际统一的马克思列宁主义的作风”⑦，进一步认为实事求是“是无产阶级世界观的基础，

① 冷溶、汪作玲：《邓小平年谱（1904—1974年）》（中卷），北京：中央文献出版社2009年版，第726页。

② 中共中央文献研究室：《邓小平文集（1949—1974年）》（上卷），北京：人民出版社2014年版，第257页。

③ 《毛泽东文集》（第3卷），北京：人民出版社1996年版，第340页。

④ 中共中央文献研究室：《邓小平文集（1949—1974年）》（中卷），北京：人民出版社2014年版，第390页。

⑤ 《邓小平文选》（第1卷），北京：人民出版社1993年版，第217页。

⑥ 《邓小平文选》（第1卷），北京：人民出版社1993年版，第217页。

⑦ 《毛泽东选集》（第3卷），北京：人民出版社1991年版，第801页。

是马克思主义的思想基础”①，是党性的核心要求。实事求是既对全体党员有着共同的党性要求，又根据党内职务规定了具体方向。就全体党员而言，“就是当老实人，说老实话，做老实事”②，每位党员多一点担当，愿意多吃一点亏，多为党的事业思考一分。对党员干部而言，要求其合理办事，与群众有商有量，其领导地位才能获得群众的真心认可。对普通党员来说，“必须对党忠诚老实，不隐瞒和歪曲事实真相”③，才能避免给党造成不必要的损害。所以，坚持和发扬实事求是的态度、理论联系实际的马克思主义作风就是党性坚强的表现，“与此相反的反科学的反马克思列宁主义的主观主义的方法”④，则是党性不纯。

在邓小平看来，践行全局观念是党性坚强的表现。因为“一切工作都会涉及全局与局部的关系”⑤，能否正确处理二者关系是判断党性强弱的标尺。坚强党性就是在地方与中央、局部和全体发生矛盾时，坚持“地方应服从中央，局部应服从全体，因地制宜应服从集中统一”⑥。“考虑问题从党的全局出发，事事顾全大局，服从大局。为了党的整体利益……毫不犹豫地牺牲个人和局部的利益”⑦。新中国成立后，邓小平在主管的工作部门和地方上多次强调，各部门各地方的工作要服从国家建设和四个现代化的伟大目标。1984 年 11 月，邓小平同志在中央军委座谈会上指出，军队要服从整个国家建设大局，等等。邓小平将全局至上作为党性坚强的准则，强调从全局着眼思考问题、个体利益服从全局利益、牺牲个人完成党的任务、坚决执行党的各项决议和战略方针。正确处理全体和局部的关系，也成了改革开放新时期甄别党性与派性的试金石。通过加强党性锻炼，提高政治修养，党员干部才能够站位高远，否则“就容易陷入眼前和局部的利益中出

① 《邓小平文选》(第 2 卷)，北京：人民出版社 1994 年版，第 143 页。
② 中共中央文献研究室：《邓小平文集(1949—1974 年)》(下卷)，北京：人民出版社 2014 年版，第 132 页。
③ 《邓小平文选》(第 1 卷)，北京：人民出版社 1993 年版，第 244 页。
④ 《邓小平文选》(第 2 卷)，北京：人民出版社 1994 年版，第 116 页。
⑤ 《邓小平文选》(第 1 卷)，北京：人民出版社 1993 年版，第 198 页。
⑥ 《邓小平文选》(第 1 卷)，北京：人民出版社 1993 年版，第 199 页。
⑦ 《邓小平文选》(第 3 卷)，北京：人民出版社 1993 年版，第 186 页。

不来，甚至做出不符合党的原则的事情来”①。

邓小平提出将增强党性、消除派性作为新时期党性教育的重要任务。早在党的八大上，邓小平就分析了党内存在的分散主义偏向，批评少数干部“爱好自成系统，自成局面，在政治上自由行动，不喜欢党的领导和监督，不尊重中央和上级的决定”②。针对“文化大革命”中出现不顾党的利益、醉心于打砸抢，搞帮派、不讲党性的派性思想并延续至动乱结束后的现象，邓小平将整顿思想战线和组织战线、增强党性、消除派性、维护团结作为拨乱反正中整顿党组织工作的主要思路。

邓小平将增强党性、消除派性确定为调整领导班子和选拔任用干部的重要原则，指出要实现党和军队的安定团结，增强其战斗力和凝聚力，“就必须消除派性，增强党性”③。强调当前加强党的领导，整顿党的作风必须紧紧围绕“反对宗派主义，也就是反对派性，增强党性”④，要为党组织配备党性坚强的干部。这使强调增强党性，反对派性成为当时解决各地区各部门组织问题的突破口，也使思想战线上的拨乱反正得以顺利开展。整顿党的组织既需要调整领导班子的组织保障，也需要锻炼党员干部党性的教育支撑。在健全配齐党性坚强的领导班子之后，就要加强干部的理论学习教育，改造党员中的非无产阶级思想。1978 年 12 月，邓小平在中共中央工作会议闭幕会上提出，对待见风使舵，不讲党的原则，帮派思想严重，不顾党的利益，派性思想严重的人，要通过教育的方式促使他们的世界观得到改造。因此，党要“真正加强马克思主义的领导，坚决克服软弱涣散的状态和自由主义态度，认真开展积极的思想斗争”⑤。通过思想教育使全体党员认识到党性的必要和派性的危害，厘清党性与派性的对立关系，在消除派性的教育中更加坚定党性，有利于克服整顿中遇到的各种阻碍，使全党在马克思列宁主义和毛泽东思想的基础上，统一认识，纯化党性，加强团结。

---

① 《江泽民文选》(第 1 卷)，北京：人民出版社 2006 年版，第 172 页。
② 《邓小平文选》(第 1 卷)，北京：人民出版社 1993 年版，第 227 页。
③ 《邓小平文选》(第 2 卷)，北京：人民出版社 1994 年版，第 2 页。
④ 《邓小平文选》(第 2 卷)，北京：人民出版社 1994 年版，第 13 页。
⑤ 《邓小平文选》(第 3 卷)，北京：人民出版社 1993 年版，第 46 页。

如何进行党性教育，涉及党性教育的方法论。这是关于党性教育方式方法的基本理论，是联结党性观念的应然与党性教育实然之间的桥梁，是党性教育途径和目标的理论指导。邓小平坚持用真正的马克思列宁主义和毛泽东思想武装全党的头脑，在反思群众运动经验教训的基础上，结合建设社会主义现代化的战略目标，提出新时期党性教育要以思想教育为主要方式，充分考虑问题需求，辅之以批评与自我批评等方式。在党性教育策略上，邓小平主张采取以党员干部为关键对象，普及党员群众的策略安排，由点及面开展党性教育，发挥党性教育在推进党的建设伟大工作中的基础性作用。他强调“党的团结，是建立在马列主义、毛泽东思想基础上的团结”①。“要教育党员和群众以大局为重，以党和国家的整体利益为重”②，辨清思想理论上的是非，克服“左”的或右的错误思想。要“在党内，特别是在党员、干部中，普遍地、经常地、深入地开展共产主义教育”③。整顿党组织应以思想教育为主，组织处理为辅，从根本上解放思想，实事求是。通过思想教育增强党员党性修养，“以理论上的坚定保证行动上的坚定，以思想上的清醒保证用权上的清醒，不断增强宗旨意识”④，“使全党在思想上政治上和精神状态上有显著的进步，党员为人民服务而不谋私利的觉悟有显著的提高，党和群众的关系有显著的改善”⑤，使全党在马克思列宁主义和毛泽东思想的指导下不断前进。

邓小平将批评与自我批评视为党性教育的有效方式。他认为，任何人都会犯错误，而对于政党来说，“没有缺点和错误的中央是没有的”⑥，关键在于“是不是严肃认真地正视问题，是不是实事求是地对待问题”，“按照马克思列宁主义的原则，认真地总结经验，开展批评和自我批评，发扬成绩，修正错误”。⑦ 这

① 《邓小平文选》(第2卷)，北京：人民出版社1994年版，第148页。
② 《邓小平文选》(第2卷)，北京：人民出版社1994年版，第152页。
③ 冷溶、汪作玲：《邓小平年谱(1975—1997年)》(下卷)，北京：中央文献出版社2004年版，第811页。
④ 习近平：《习近平谈治国理政》，北京：外文出版社2014年版，第391页。
⑤ 《邓小平文选》(第3卷)，北京：人民出版社1993年版，第38页。
⑥ 《邓小平文选》(第1卷)，北京：人民出版社1993年版，第298页。
⑦ 《邓小平文选》(第1卷)，北京：人民出版社1993年版，第298页。

是一个成熟的党，一个郑重的党的主要标志。党所犯的错误最终落实到某个或某几个党员身上，尤其是党员干部，应当主动承担权力所伴随的责任。党内在对待犯了错误的同志是有原则的，即“应该着重实事求是地分析错误的实质和根源，应该着重使这些同志提高思想上的觉悟，并且也使其他同志以至全党都得到必要的教训”①，起到惩前毖后，治病救人，团结全党之效果。因此，“为了保持党在马克思列宁主义基础上的团结和统一，为了及时地帮助同志克服缺点，纠正错误，必须大大发展党内的批评和自我批评”②。“批评和自我批评是一个整体，缺一不可”③，从领导干部到党员群众，全党无论职务高低都应该自觉参与其中。早在党的八大上，邓小平就指出批评和自我批评是每位党员的义务，通过“揭露工作中的缺点和错误，并且努力加以克服和纠正”④，以改善党的领导。进入改革开放新时期，邓小平在党的十二届二中全会上指出，批评和自我批评仍是“解决思想战线混乱问题的主要方法”⑤。党员和党组织要根据日常工作的开展情况，对标党中央的路线方针政策，对照党的章程和规定，及时改进工作计划，改善工作作风，提升工作效率。其中，“各级领导干部，特别是高级干部，更应该严格遵守党章”⑥，小到言行举止，大到决策部署，都应当在党员中间发挥模范带头作用。批评和自我批评应当遵循实事求是的基本立场，发挥其团结同志等正向作用。

邓小平将接受党性教育、增强党性修养作为全体党员、干部的义务。1983年10月，邓小平在党的十二届二中全会上指出，“所有共产党员都要增强党性，遵守党的章程和纪律……只要是党员，都不允许自视特殊”⑦。对于任何党员来说，党性既不是天生就有的，也不会随着年龄增长或职务升迁保持纯洁。党员应将党性教育当作一门经常性的功课，结合自身实际，常学常思，永葆党性修养的

① 《邓小平文选》(第1卷)，北京：人民出版社1993年版，第240页。
② 《邓小平文选》(第1卷)，北京：人民出版社1993年版，第240页。
③ 《毛泽东文集》(第2卷)，北京：人民出版社1993年版，第418页。
④ 《邓小平文选》(第1卷)，北京：人民出版社1993年版，第244页。
⑤ 《邓小平文选》(第3卷)，北京：人民出版社1993年版，第46页。
⑥ 《邓小平文选》(第3卷)，北京：人民出版社1993年版，第39页。
⑦ 《邓小平文选》(第3卷)，北京：人民出版社1993年版，第46页。

纯洁性，发挥先锋模范作用。

邓小平关于党性教育思想的重要论述，是对执政条件下党员教育内容和方式的重要思考。其基本思想，对于“文化大革命”后期的治理整顿特别是改革开放前后党员队伍的思想建设发挥了极为重要的指导作用。

(六)加强党风廉政建设，深入开展反腐败斗争

中国共产党在长期斗争实践中，形成了理论联系实际、密切联系群众、批评与自我批评以及谦虚谨慎、不骄不躁、艰苦奋斗等优良作风。这些优良作风，是党的工人阶级先锋队性质和全心全意为人民服务宗旨的体现，也是我们党排除万难去争取胜利的有力武器。针对“文化大革命”中党风遭到严重破坏的情况，特别是改革开放以来党风建设面临的新情况新问题新考验，邓小平反复强调要结合新的实际加强党风建设，恢复和发扬党的优良作风。他指出：“在目前的历史转变时期，问题堆积成山，工作百端待举，加强党的领导，端正党的作风，具有决定的意义。”①他十分赞同陈云提出的“执政党的党风问题是有关党的生死存亡的问题”②，强调“如果不坚决搞好党风，进一步恢复党的实事求是、群众路线和艰苦奋斗的优良传统，就可能出现一些本来可以避免的大大小小的乱子，使我们的现代化建设在刚刚迈出第一步的时候就遇到严重的障碍”③。他明确提出，端正党风，是端正社会风气的关键。他重申毛泽东在《整顿党的作风》报告中的一段话：只要我们党的作风完全正派了，全国人民就会跟我们学，党外有这种不良风气的人，只要他们是善良的，就会跟我们学，改正他们的错误，这样就会影响全民族。④

加强新时期的党风建设，必须坚决开展反腐败斗争。邓小平高度重视改革开放新形势下的反腐败斗争。20 世纪 80 年代初，邓小平就深刻分析了腐败现象迅

---

① 《邓小平文选》(第 2 卷)，北京：人民出版社 1994 年版，第 178 页。
② 《陈云文选》(第 3 卷)，北京：人民出版社 1995 年版，273 页。
③ 《邓小平文选》(第 2 卷)，北京：人民出版社 1994 年版，第 162 页。
④ 参见《邓小平文选》(第 2 卷)，北京：人民出版社 1994 年版，第 178 页。

速滋长的形势及其危害，要求采取坚决措施加以制止，他认为：“这股风来得很猛。如果我们党不严重注意，不坚决刹住这股风，那末，我们的党和国家确实要发生会不会‘改变面貌’的问题。这不是危言耸听。”①1986 年 1 月，他又指出：“经济建设这一手我们搞得相当有成绩，形势喜人，这是我们国家的成功。但风气如果坏下去，经济搞成功又有什么意义？会在另一方面变质，反过来影响整个经济变质，发展下去会形成贪污、盗窃、贿赂横行的世界。”②1989 年国内政治风波平息后，邓小平尖锐地指出：“这次出这样的乱子，其中一个原因，是由于腐败现象的滋生，使一部分群众对党和政府丧失了信心。”③他强调，“要整好我们的党，实现我们的战略目标，不惩治腐败，特别是党内的高层的腐败现象，确实有失败的危险”④。所以，反腐败和廉政建设要作为全党大事来抓。整个改革开放过程中都要反对腐败。邓小平认为，反对腐败与搞好经济建设和改革开放是统一的，是相互作用、相互促进的。我们一手抓改革开放，一手抓惩治腐败，这两件事结合起来，对照起来，就可以使我们的政策更加明朗，更能获得人心，我们前进的步伐就会更稳健，更扎实，更快。他明确指出：“要惩治腐败，并体现我们不但不会改变改革开放的政策，而且要继续深化改革、扩大开放。”⑤我们在任何时候都必须坚持两手抓的方针，一手抓改革开放，一手抓打击犯罪活动，这两只手都要硬。惩治腐败，打击犯罪，绝不能手软。

关于党风和廉政建设的主要手段，邓小平明确提出，“我们主要通过两个手段来解决，一个是教育，一个是法律。”⑥要加强对全体党员和干部进行崇高理想的教育、党纪国法的教育、艰苦奋斗和奉献精神的教育、爱国主义和民族自尊、自信、自强的教育，坚决抵御封建主义和资本主义腐朽思想的侵蚀。加强党风廉

---

① 《邓小平文选》(第 2 卷)，北京：人民出版社 1994 年版，第 402~403 页。
② 《邓小平文选》(第 3 卷)，北京：人民出版社 1993 年版，第 154 页。
③ 《邓小平文选》(第 3 卷)，北京：人民出版社 1993 年版，第 300 页。
④ 《邓小平文选》(第 3 卷)，北京：人民出版社 1993 年版，第 313 页。
⑤ 《邓小平文选》(第 3 卷)，北京：人民出版社 1993 年版，第 298 页。
⑥ 《邓小平文选》(第 3 卷)，北京：人民出版社 1993 年版，第 148 页。

政建设，必须高度重视法制。邓小平说，克服特权现象，反对腐败，“要解决思想问题，也要解决制度问题”①。廉政建设，要靠教育，更要靠法制。搞法制靠得住些。邓小平提出：“在党政机关、军队、企业、学校和全体人民中，都必须加强纪律教育和法制教育。”②“要讲法制，真正使人人懂得法律，使越来越多的人不仅不犯法，而且能积极维护法律。”③他强调，讲法制，必须坚持有法可依、有法必依、执法必严、违法必究。无论是什么人，都不能在法律、纪律面前高人一等。只有真正做到了这些，才能从制度上保证党风廉政建设和反腐败斗争富有成效地进行。

加强党风廉政建设，开展反腐败斗争，领导干部、领导机关是重点。邓小平指出，端正党风、反对腐败，要先从党政领导机关、领导干部特别是高级干部抓起。“党是整个社会的表率，党的各级领导同志又是全党的表率。如果党的组织把群众的意见和利害放在一边，不闻不问，怎么能要求群众信任和爱戴这样的党组织的领导呢？如果党的领导干部自己不严格要求自己，不遵守党纪国法，违反党的原则，闹派性，搞特殊化，走后门，铺张浪费，损公利私，不与群众同甘苦，不实行吃苦在先、享受在后，不服从组织决定，不接受群众监督，甚至对批评自己的人实行打击报复，怎么能指望他们改造社会风气呢！”④群众对领导干部总是要听其言、观其行的。要求别人做的，自己首先做到；禁止别人做的，自己坚决不做。领导干部严于律己，在廉政勤政上作表率，才能把本地区本单位的好风气树起来，也才可能解决好存在的问题。

邓小平强调了反腐败的长期性问题。他说，“我们要反对腐败，搞廉洁政治。不是搞一天两天、一月两月，整个改革开放过程中都要反对腐败”⑤。同时，邓小平也表达了取得反腐败斗争胜利的决心，他说：贪污腐化、滥用权力等腐败问

---

① 《邓小平文选》(第 2 卷)，北京：人民出版社 1994 年版，第 332 页。
② 《邓小平文选》(第 2 卷)，北京：人民出版社 1994 年版，第 360 页。
③ 《邓小平文选》(第 2 卷)，北京：人民出版社 1994 年版，第 254 页。
④ 《邓小平文选》(第 2 卷)，北京：人民出版社 1994 年版，第 177~178 页。
⑤ 《邓小平文选》(第 3 卷)，北京：人民出版社 1993 年版，第 327 页。

题，“不可能在一夜之间解决，也不可能靠几个人讲几句话就见效。但是我们有信心，我们的党、我们的国家有能力逐步克服并最终消除这些消极现象”①。邓小平认为，中国共产党依靠自身的力量和人民的支持，一定能够逐步克服腐败现象，这是从历史高度作出的科学结论，完全符合我国改革开放条件下反腐败斗争的实际，也充分反映了全党和全国各族人民的共同意志和坚定决心。

（七）坚持党要管党，从严治党，严肃党的纪律

党要管党，是邓小平提出的一个重要思想，是加强党的自身建设的一条基本原则。“党要管党，一管党员，二管干部。对执政党来说，党要管党，最关键的是干部问题”②。管党员，就要按照党章规定的党员条件，加强对党员的教育和管理，使他们认真履行党员义务，做合格的共产党员。管干部，就要坚决执行党的干部工作路线方针政策，按照权限做好干部的培养选拔，加强对干部的教育、管理和监督。贯彻党要管党的原则，必须认真执行从严治党的方针。邓小平认为，从严治党是对党的建设的全面要求，必须贯彻到思想建设、组织建设、作风建设和制度建设的各项工作中去。

坚持党要管党、从严治党，要突出抓好以下重点：一是全党都要按照党章办事，维护党章的权威，各级领导干部特别是高级干部更应该严格遵守党章，因为党章是最根本的党规党法。二是必须严格维护党的纪律。遵守纪律的最高标准，是真正维护和坚决执行党的政策，国家的政策。三是开展积极的思想斗争，按照实事求是的原则搞好批评和自我批评，坚决克服软弱涣散现象。四是建立健全党内监督制度，对领导干部实行严格监督。要把党内监督同群众监督、舆论监督、民主党派和无党派人士的监督结合起来，把自上而下和自下而上的监督结合起来，逐步形成强有力的监督体系。③

---

① 《邓小平文选》(第3卷)，北京：人民出版社1993年版，第148页。

② 《邓小平文选》(第1卷)，北京：人民出版社1994年版，第328页。

③ 中共中央文献研究室：《十四大以来重要文献选编》(中)，北京：人民出版社2011年版，第11页。

此外，邓小平在正确开展党内斗争方面也提出了重要思想，提出在坚持和贯彻执行党的基本路线的过程中，要防止各种“左”的和右的错误倾向的干扰，有“左”反“左”，有右就反右，对“左”对右，都要做具体分析，在反对一种错误倾向时，不能放松对另一种错误倾向的警惕和斗争，抓住重点，有所侧重。中国要警惕右，但主要是防止“左”。① 他还提出了正确处理党内矛盾，不搞政治运动，原则上不再使用“路线斗争”的提法，指出对党内犯错误同志的错误性质要做实事求是的科学分析，是什么性质，就说是什么性质，犯了什么错误就说是什么错误，讲它的内容，原则上不再用路线斗争的提法。② 在党内的斗争形式上，不搞政治运动，不搞人人过关，但这绝不等于放弃党内斗争，对各种错误思想，都要开展积极的思想斗争，进行严肃的认真批评。③

上述表明，邓小平执政党建设思想非常丰富，涵盖了改革开放和现代化建设条件下党的建设目标、党的领导的内容、党的领导方式和活动方式、党的领导制度和工作制度、党的自身建设的各个方面，包括政治建设、思想建设、组织建设、党风廉政建设和制度建设。

邓小平执政党建设理论具有鲜明的特色，其中最大的特色，就是突出地强调党的制度建设。作为以毛泽东为代表的第一代中央领导集体的重要成员，早在20世纪50年代中期，邓小平就赞同毛泽东关于斯大林所犯错误原因的分析，认为“斯大林严重破坏社会主义法制……这样的事件在英、法、美这样的西方国家不可能发生”。后来的实践证明，毛泽东“虽然认识到这一点，但是由于没有在实际上解决领导制度问题以及其他一些原因，仍然导致了‘文化大革命’的十年浩劫。这个教训是极其深刻的”④。“文化大革命”结束后，特别是党的十一届三中全会以后，作为第二代中央领导集体的核心，邓小平认真反思其他社会主义国家执政党历史上所犯的错误，特别是中国共产党历史上所犯的错误，深刻总结国

---

① 《邓小平文选》(第3卷)，北京：人民出版社1993年版，第375页。
② 《邓小平文选》(第2卷)，北京：人民出版社1994年版，第308页。
③ 《邓小平文选》(第2卷)，北京：人民出版社1994年版，第381页。
④ 《邓小平文选》(第2卷)，北京：人民出版社1994年版，第333页。

内外社会主义国家执政党建设正反两方面的经验，提出了制度问题带有根本性、全局性、稳定性和长期性的观点，并对如何加强党的制度建设提出了一系列新观点，从而使党的建设总体布局由原先的思想建设、组织建设、作风建设三位一体，发展到思想建设、组织建设、作风建设、制度建设四位一体。而制度建设成为党的建设总体布局的重要组成部分，既是对国内外执政党建设正反两方面经验的深刻总结，也是对时代特征的积极回应。在世界民主化浪潮、国内建立社会主义市场经济体制和发展民主、建立健全社会主义法制的条件下，注重从制度上建设党，反映了以邓小平为代表的中国共产党人对执政党建设规律的认识和把握，是马克思主义政党建设理论与实践的重大创新。

邓小平执政党建设理论具有重大的理论意义和实践意义。它根据当今世界的时代特征和国际形势的种种新变化，立足于实现中国社会主义现代化的伟大历史任务，围绕在改革开放和现代化建设条件下建设一个什么样的党、怎样建设党的问题，提出了一系列新思想、新观点、新论断，既丰富和发展了马克思主义政党理论，也为新时期党的建设指明了方向，是新时期坚持、加强和改善党的领导，进一步搞好党的建设的强大思想武器。它的提出与完善，继毛泽东在民主革命时期开创并实施党的建设伟大工程之后，开启了党的建设新的伟大工程。这一伟大工程与党所领导的改革开放和现代化建设伟大事业相互促进，既保持了党的先进性，使党赶上时代并走在时代前列，也从根本上保证了党所领导的伟大事业，使中国特色社会主义事业不断向前推进。

三、陈云对新时期执政党建设的思考

陈云是中国共产党第一代和第二代中央领导集体的重要成员，他在如何搞好执政党的建设，尤其是新时期中国共产党的建设这一重大问题方面，无论从理论上还是实践上，都有重大建树。他关于新时期执政党建设的思想十分丰富，涵盖党的思想理论建设、作风建设、组织建设、制度建设各个方面，特别是从提高党的执政能力与领导能力的角度，阐述加强党的思想理论建设的极端重要性，强调提高执政党的马克思主义理论水平是一项“最迫切的任务”；高度重视执政党的干部队伍建设，强调培养、提拔中青年干部和提高党政领导干部的素质“是党和国家的大计”，是加强党的执政能力与领导能力的前提与基础；从维护党的执政地位与巩固党的执政基础的角度，阐述党的作风建设的极端重要性，提出了“执政党的党风问题是有关党的生死存亡的问题”的著名论断，以及加强党风建设“两手抓”的思路。陈云对新时期执政党建设的思考，是对邓小平党建思想的重要补充和阐发，也成为邓小平党建思想的主要组成部分。①

(一)加强执政党的思想理论建设

执政党的思想理论建设不仅是保持党的先进性的重要途径，而且也直接关系到党的执政能力的提高。他明确指出：“我们党是执政党，目前又处在新的发展时期，如何有效地进行思想建设和组织建设，事关重大。”②高度重视新时期党的思想理论建设，从提高党的执政能力与领导能力的角度阐述加强党的思想理论建设的极端重要性，是新时期陈云执政党建设思想的理论特色之一。围绕如何加强新时期执政党的思想理论建设，陈云提出了许多重要的思想观点。

第一，明确提出提高执政党的马克思主义理论水平是一项“最迫切的任务”。陈云指出：“现在我们在新形势下，全党仍然面临着学会运用马列主义、毛泽东思想的立场、观点、方法分析和解决问题这项最迫切的任务。”他特别强调党的各级干部都要学习马克思主义哲学，以便从思想方法、工作方法上提高一步。他说：“学习哲学，可以使人开窍。学好哲学，终身受用。”“在党内，在干部中，在青年中，提倡学哲学，有根本的意义。现在我们的干部中很多人不懂哲学，很

① 本部分的主要内容曾以《陈云执政党建设思想的理论特色》(与宋俭合作)为题，发表于《社会主义研究》2005年第2期。

② 中共中央文献研究室：《陈云论党的建设》，北京：中央文献出版社1995年版，第296页。

需要从思想方法、工作方法上提高一步。只有掌握马克思主义哲学，思想上、工作上才能真正提高。”他十分明确地从提高党的执政能力与领导能力的高度，论证党的高级领导干部学习马克思主义哲学的极端重要性，指出：“要把我们的党和国家领导好，最要紧的，是要使领导干部的思想方法对头，这就要学习马克思主义哲学”。“希望能够组织政治局、书记处、国务院的同志都来学习哲学，并把这个学习看成是工作的一部分，也是自己的一项重要责任。”①这一认识对于建设高素质的领导干部队伍，加强党的执政能力建设无疑具有重要的指导意义。

第二，强调执政党必须坚定不移地坚持实事求是的根本思想路线。陈云明确指出：“实事求是，这不是一个普通的作风问题，这是马克思主义唯物主义的根本思想路线问题。我们要坚持马克思列宁主义，坚持毛泽东思想，就必须坚持实事求是。如果我们离开了实事求是的革命作风，那末，我们就离开了马克思列宁主义、毛泽东思想，而成为脱离实际的唯心主义者，我们的革命工作就要陷于失败。所以，是否坚持实事求是的革命作风，实际上是区别真假马克思列宁主义、真假毛泽东思想的根本标志之一。”②

陈云结合新时期党的工作的实际，对实事求是思想路线的内涵作了具体阐释。他说，在实际工作中要坚持实事求是，就必须做到十五个字：不唯上、不唯书、只唯实，交换、比较、反复。他解释道：不唯上，并不是上面的话不要听。不唯书，也不是说文件、书都不要读。只唯实，就是只有从实际出发，实事求是地处理问题，这是最靠得住的。交换，就是互相交换意见，以避免片面性，对事物得到一个全面的符合实际的了解。过去我们犯错误，究其原因，最重要的一点，就是看问题有片面性，把片面的实际当成了全面的实际。作为一个领导干部，经常注意同别人交换意见，尤其是多倾听反面的意见，只有好处，没有坏处；比较，就是上下、左右进行比较，所有正确的结论，都是经过比较的；反

---

① 中共中央文献研究室：《陈云论党的建设》，北京：中央文献出版社 1995 年版，第 312、311、254、309、311 页。

② 中共中央文献研究室：《陈云论党的建设》，北京：中央文献出版社 1995 年版，第 226 页。

复，就是决定问题不要太匆忙，要留一个反复考虑的时间，听一听不同的意见，如果没有不同的意见，也要假设一个对立面，吸收正确的，驳倒错误的，使自己的意见更加完整，并且在实践过程，还要继续修正，因为人们对事物的认识，往往不是一次就能完成的。他说，“这十五个字，前九个字是唯物论，后六个字是辩证法，总起来就是唯物辩证法”①。毫无疑问，这十五个字的唯物辩证法是党的思想路线的具体体现，对新时期党的思想理论建设产生了重要的指导作用。

第三，重视对党员的党性教育，不断提高党员的自身素质。陈云明确提出，“必须重视在执政党的条件下对党员的政治思想教育和党性教育”②。党性教育的核心问题是要使党员牢固确立共产主义的理想、信念和人生观、价值观、道德观，自觉保持和发扬党的优良传统与作风，根本目标要求是不断提高党员坚持党的基本理论和贯彻执行党的基本路线的自觉性、坚定性和创造性，努力提高党的执政水平和领导水平，从而进一步增强党组织自身的凝聚力。陈云高度重视新时期党的政治思想教育与党性教育，指出这“对我们这样一个在九亿人口国家中执政党，是一种重大的工作”③。“更重要的是要加强共产党员的党性教育和自觉遵守党的纪律的教育。提高共产党员的素质，是非常重要的事情，是党的建设上的一个根本问题。对这一点要有清楚的认识，要认真地抓紧抓好。”④

针对“我们党处于全国执政的地位，再加上对外开放、对内搞活经济，客观环境发生了很大变化”⑤，在部分党员和党的干部中出现腐败问题的情况，陈云强调一定要“严重注意资本主义腐朽思想和作风的渗入”，他尖锐地指出，“现在有些人，包括一些共产党员，忘记了社会主义和共产主义的理论，丢掉了为人民服务的宗旨”。这些现象“反映了我们一部分党员的党性有问题”⑥。“从党的建设

① 中共中央文献研究室：《陈云论党的建设》，北京：中央文献出版社 1995 年版，第 314、315 页。
② 中共中央文献研究室：《陈云论党的建设》，北京：中央文献出版社 1995 年版，第 304~305 页。
③ 中共中央文献研究室：《陈云论党的建设》，北京：中央文献出版社 1995 年版，第 242 页。
④ 中共中央文献研究室：《陈云论党的建设》，北京：中央文献出版社 1995 年版，第 291 页。
⑤ 中共中央文献研究室：《陈云论党的建设》，北京：中央文献出版社 1995 年版，第 304 页。
⑥ 中共中央文献研究室：《陈云论党的建设》，北京：中央文献出版社 1995 年版，第 296、291 页。

的角度看，这是个值得严重注意的问题，发展下去，不就关系到党的生死存亡吗！”①同时，他也指出：“如果我们各级党委，我们的党员特别是老干部，对此有清醒的认识，高度的警惕，有针对性地进行以共产主义思想为核心的教育，那么，资本主义思想的入侵并不可怕。我们相信，马克思主义、共产主义的真理，一定会战胜资本主义腐朽思想和作风的侵蚀。”②因此，他一再强调：“应当把共产主义思想的教育、四项基本原则的宣传，作为思想政治工作的中心内容。”③“要加强共产党员的党性教育，提高共产党员的素质”，“提高共产党员的党性觉悟，坚定地保持共产主义的纯洁性”。④

陈云关于加强对党员的党性教育、不断提高党员自身素质的思想，是对我们党在长期执政和改革开放这一新的历史条件下，如何保持党员队伍的纯洁性、保持党的先进性这一事关党和国家生死存亡的重大问题所作的深刻思考，对于加强新时期党员队伍建设有重要的指导意义。

（二）加强执政党的干部队伍建设

关于新时期执政党的组织建设问题，陈云提出了许多重要的思想，其中，他最为关注的是执政党的干部队伍建设问题，尤其是培养和提拔中青年干部的问题与提高党员领导干部的素质问题，认为“这是党和国家的大计”⑤。这也是新时期陈云执政党建设思想尤其是党的组织建设思想中的一个突出的理论特色。

建设中国特色社会主义事业，是一项长期而又艰巨的事业，需要一代又一代共产党人为之努力奋斗，因此，培养和选拔优秀青年干部，是保证党的事业能够继往开来的战略任务。“一个政党，一个国家，能不能不断培养出优秀的领导人

---

① 中共中央文献研究室：《陈云论党的建设》，北京：中央文献出版社 1995 年版，第 291 页。
② 中共中央文献研究室：《陈云论党的建设》，北京：中央文献出版社 1995 年版，第 300~301 页。
③ 中共中央文献研究室：《陈云论党的建设》，北京：中央文献出版社 1995 年版，第 297 页。
④ 中共中央文献研究室：《陈云论党的建设》，北京：中央文献出版社 1995 年版，第 294 页。
⑤ 中共中央文献研究室：《陈云论党的建设》，北京：中央文献出版社 1995 年版，第 284 页。

才，在很大程度上决定着这个政党、这个国家的兴衰存亡。"①中国共产党向来重视青年干部的培养和选拔，早在20世纪50年代后期60年代前期，毛泽东就提出了培养和造就千百万无产阶级革命事业接班人的问题，指出，培养无产阶级革命事业接班人的问题从根本上说，就是老一辈无产阶级革命家开创的革命事业是不是后继有人的问题，就是将来我们党和国家的领导权能不能掌握在无产阶级革命家手中的问题。这是关系我们党和国家命运的生死存亡的极其重大的问题，是无产阶级革命事业的百年大计，千年大计，万年大计。但是，由于指导思想的偏差和实际工作中的失误，这个问题没有得到解决。

党的十一届三中全会以后随着党和国家工作重点向社会主义现代化建设转移，迫切需要大批德才兼备、年富力强的优秀干部，承担起领导改革开放和社会主义现代化建设的繁重任务。当时党的干部队伍的基本状况是，一些在"文化大革命"中提拔起来的帮派思想严重的干部被从领导班子调整下去；通过大规模平反冤假错案，一大批老干部重新走上领导岗位。但许多同志年事已高，难以承担繁重的工作任务。干部队伍普遍存在年龄老化、文化水平偏低、青黄不接的严重状况。"这种状况显然已经不能适应我国近十亿人口大国的繁重的领导工作"。虽然党中央为提拔青年干部到各级领导岗位做了若干工作，但总的说来，由于认识不一致，"在许多老干部中，对干部的青黄不接的状况，没有清醒的紧迫感"②，因而收效不大。对于这种情况，陈云深感忧虑，他在党的第十二次全国代表大会上指出："应该清醒地看到，由于种种原因，我们党的干部队伍相当长时间以来就存在程度不同的老化问题，存在青黄不接的问题。这个问题现在不解决，或者解决得不好，共产主义事业在中国就有可能出现曲折。每一个同志，尤其是每一个老同志，都应该认识到这个问题的严重性和迫切性。""因此，解决好干部队伍的交接班问题，是摆在全党面前的一个重要任务。"③

① 江泽民：《论"三个代表"》，北京：中央文献出版社2001年版，第31页。
② 《陈云文选》(第3卷)，北京：中央文献出版社1995年版，第292、293页。
③ 《陈云文选》(第3卷)，北京：中央文献出版社1995年版，第314页。

陈云不仅提出了解决干部队伍交接班问题的严重性和迫切性，而且提出了解决这一问题的基本思路：一是老干部逐步退出的问题。他认为，“要解决这个问题，首先是老干部要陆续从领导班子中退出”①。一方面，在党和国家机构改革中，老同志要逐步退出第一线领导岗位，要自觉地、认真地、正确地选拔接班人，真心诚意地帮助他们，培养他们，主动地给他们让位。另一方面，由于干部队伍青黄不接，老同志还不能一下子都从领导班子中退出，有些老同志还要暂留在第一线，但对于这些同志来说，主要的精力也不应该再用来处理日常的繁重工作，而应该用来担负起对青年干部的传帮带。

二是选拔年轻干部的问题。他认为，“要解决干部队伍交接班的问题，就要提拔中青年干部进入各级领导班子”，“对于这个问题，我要讲两句话”。② 一句话是：必须成千上万地提拔，而不能只提拔几十个、几百个。为什么必须成千上万地提拔呢？这是因为，只有这样，才能使各级领导班子中退出的大批老干部的工作都能有人接替；只有这样，才能使我们有较大的选择余地，以便把班交给确实可靠的人；只有这样，才能使“文化大革命”中提拔起来的那些兴风作浪的分子在今后闹不起大乱子。另一句话是：在“文化大革命”期间跟随林彪、江青一伙造反起家的人，帮派思想严重的人，打砸抢分子，这“三种人”一个也不能提拔，已经提拔的，必须坚决从领导班子中清除出去。除了这“三种人”以外，还有两种人也不能提拔，这就是反对三中全会以后党中央路线的人，以及在经济领域内和其他方面严重违法乱纪的人。“总之，一方面要大胆提拔，加快提拔中青年干部，一方面又要严格把好政治标准这一关。德才相比，我们更要注重于德，就是说，要确实提拔那些党性强，作风正派，敢于坚持原则的人。”③

三是干部队伍的不同年龄段的梯队结构问题。陈云认为，“干部队伍要保持梯队结构”。他曾这样谈及中国共产党领导干部队伍的梯队结构：“我们现在实

---

① 《陈云文选》(第3卷)，北京：中央文献出版社1995年版，第314~315页。
② 《陈云文选》(第3卷)，北京：中央文献出版社1995年版，第315页。
③ 《陈云文选》(第3卷)，北京：中央文献出版社1995年版，第317页。

行三个梯队的办法。叶剑英同志、邓小平同志、李先念同志和我，以及其他七十岁以上的老同志是第一梯队，摆脱日常工作，一边休息，一边考虑些大事。六十岁以下的同志是第二梯队，他们主持中央日常工作。……另外，从五十岁左右、四十岁左右的人中选拔优秀人才组成第三梯队，放在各级领导岗位上锻炼，准备将来接班。"对于这样一种梯队结构，陈云并不是十分满意，他认为第一梯队和第二梯队的年龄差距太近了，因而，他非常重视第三梯队的建设，强调要"抓紧选拔五十岁上下、特别是四十岁上下的优秀干部"，指出"干部队伍保持梯队结构，可以使党的事业后继有人，代代相传"。①

陈云非常重视提拔中青年干部，20 世纪 80 年代初期，他在各种场合一再强调"提拔培养中青年干部是当务之急"，反复呼吁要"成千上万地提拔中青年干部"，要"从党和国家的事业出发"努力办好这件事。② 这一思想主张，抓住了当时党的组织建设的重心和关键，推动了党的领导干部队伍的新老交替的完成，使一大批优秀的中青年干部走上了中央和地方的各级领导岗位，中国共产党的第三代领导集体的主要成员也正是在这一时期被选拔出来的。后来江泽民曾经谈道："党的十一届三中全会以来，我们按照'革命化、年轻化、知识化、专业化'的要求，采取积极措施，培养和选拔了大批优秀年轻干部。我们这一届政治局的同志，基本上都是当年从中央部门和地方上比较年轻的同志中选拔出来的。"③这一工作对于执政党的干部队伍建设无疑是十分重要的，而陈云对此所作的贡献亦无疑是十分重大的。

四是提高领导干部的素质和能力的问题。在陈云看来，建立一支具有社会主义政治家素质的，有知识、懂业务、忠诚于马克思主义、坚持走中国特色社会主义道路的、德才兼备的领导干部队伍，是新时期加强党的执政能力与领导能力的重点。因此，他在高度重视培养和提拔中青年干部的同时，也非常重视提高党政

① 《陈云文选》(第 3 卷)，北京：人民出版社 1995 年版，第 41~342、325、349 页。
② 《陈云文选》(第 3 卷)，北京：人民出版社 1995 年版，第 325 页。
③ 《江泽民在全国党校工作会议上的讲话》，载《人民日报》，2000 年 7 月 17 日第 1 版。

领导干部的素质，强调要培训“革命化、年轻化、知识化、专业化的党政领导干部”，“以提高领导水平和实际工作能力”。① 唯其如此，才能领导全国人民把中国特色社会主义事业不断推向前进。

陈云关于加强干部队伍建设的战略思考，不仅反映了一个老革命家的战略眼光和博大胸怀，而且也为新时期党的干部队伍建设指明了方向。

（三）执政党的作风建设关系到党的生死存亡

中国共产党向来重视党的作风建设，在长期实践中形成了理论联系实际、密切联系群众和批评与自我批评等优良作风，创造性地发展了马克思主义党的学说。党的十一届三中全会后，陈云在新的历史条件下，发展和深化了党的作风建设的思想。他从巩固中国共产党执政基础的角度阐述了党的作风建设的极端重要性，鲜明提出了“执政党的党风问题是有关党的生死存亡的问题”的著名论断，并成为新时期陈云执政党建设思想中最具理论特色的内容。

所谓执政基础，其实质就是执政党与人民群众的关系问题，其核心是党的执政地位能否得到广大人民群众的认同问题。中国共产党的领导地位和执政地位是建立在广大人民群众的拥护和支持的基础之上的，党与人民群众的血肉联系，广大人民群众对党的拥护和支持，是中国共产党最广泛和最坚实的执政基础。“能否始终保持和发展同人民群众的血肉联系，直接关系到党和国家的盛衰兴亡。”② 而党的作风建设则直接关系到党能否保持与广大人民群众血肉的联系，能否得到广大人民群众的支持、拥护和认同。改革开放以来，虽然党群关系总的说是好的，但在一定范围内出现了群众对党员干部的信任度降低甚至存在党群关系、干群关系紧张的情况。陈云认为，这种情况的出现，很大程度上是由于“党的作风

① 中共中央文献研究室：《陈云论党的建设》，北京：中央文献出版社 1995 年版，第 282 页。

② 中共中央文献研究室：《十三大以来重要文献选编》（中），北京：人民出版社 2011 年版，第 338 页。

方面存在的问题”①。脱离群众、脱离实际的官僚主义作风，压制民主的家长制作风，弄虚作假的浮夸作风，在党和国家政治生活中不同程度地存在。一些党员干部放松世界观改造，理想信念动摇，革命意志衰退，经受不住权力、金钱、美色的考验。特别是以权谋私的腐败作风在党内滋长蔓延。这些消极腐败现象腐蚀了党的健康肌体，严重损害党在群众中的威信。鉴于这种严重情况，1980 年 11 月，陈云在中共中央纪律检查委员会的一次会议上明确指出：“执政党的党风问题是有关党的生死存亡的问题。因此，党风问题必须抓紧搞，永远搞。”②从而在中国共产党历史上，第一次明确将执政党党风同执政党的生死存亡联系起来，并从维护党的执政地位与巩固党的执政基础的角度阐述了党风建设的极端重要性。

陈云分析了党风方面存在问题的复杂而深刻的社会根源和思想根源。他指出，一是“文化大革命”对党造成的严重损害，“最危险的是党内混进了一批‘三种人’”，粉碎“四人帮”以后，虽然进行了清查，但因为各种原因隐藏埋伏下来的“三种人”和他们的“军师”还不少。二是党的执政地位，从中央到基层政权，从企事业单位到生产队的领导权，都掌握在党员手里了，“党员可以利用手中的各种权力为自己谋取私利”。三是对外开放后带来的问题，“对外开放，引进国外先进技术和经营管理经验，为我国社会主义建设所用，是完全正确的，要坚持。但同时要看到，对外开放，不可避免地会有资本主义腐朽思想和作风的侵入。这对我们社会主义事业，是直接的危害”。“‘一切向钱看’的资本主义腐朽思想，正在严重地腐蚀我们的党风和社会风气”；四是在思想上忽视精神文明建设，忽视思想政治工作。党风问题的发生，“同我们放松思想政治工作、削弱思想政治工作部门的作用和权威有关”，“在党内，忽视精神文明建设，忽视思想政治工作，就不可能有好的党风”。③

---

① 中共中央文献研究室：《十五大以来重要文献选编》(下)，北京：人民出版社 2011 年版，第 235 页。

② 中共中央文献研究室：《陈云论党的建设》，北京：中央文献出版社 1995 年版，第 248 页。

③ 中共中央文献研究室：《陈云论党的建设》，北京：中央文献出版社 1995 年版，第 285、286、300、301、297、300 页。

陈云论述了新时期执政党党风建设的艰巨性和紧迫性。指出，“要在十年内乱后实现党风的根本好转，特别是要在我们党执政的情况下长久地保持好的党风，任务还非常重”。改革开放以来，我们绝大多数党员是不谋私利的，但“因谋私利而犯法、犯错误的党员也不是一个很小的数量”。虽然党在争取党风好转和提高党员政治素质方面，在纠正不正之风、惩治违法乱纪、反对党员中错误思想倾向等方面做了大量工作，“但是，目前在党风、社会风气方面，还存在许多严重问题，实现党风、社会风气的根本好转，任务还很重”。如果不能够很好地解决新时期党风建设问题，“就会败坏党的风气，使党丧失民心”。①

陈云提出了加强党风建设要“两手抓”的具体思路，即，“在抓物质文明建设的同时，抓精神文明建设；在抓思想政治工作的同时，严肃党纪、政纪”。一方面，重视精神文明建设，加强思想政治教育。强调“抓社会主义精神文明建设，关键是搞好执政党的党风，提高共产党员的党性觉悟”。指出各级党组织和党的纪律检查部门只是查处违法乱纪的案子不行，更重要的是要加强共产党员的党性教育和自觉遵守党的纪律的教育。“端正党风的关键是提高党员素质，尤其是提高中级领导干部素质。”要求各级党组织应该把思想政治工作抓好，并维护党的思想政治工作部门的权威。另一方面，主张以“除恶务尽的精神”对违反党纪政纪法纪的党员干部从严惩处，绝不姑息。“无论是谁违反党纪、政纪，都要坚决按党纪、政纪处理；违反法律的，要建立依法处理。”对严重的经济犯罪分子，“要严办几个，判刑几个，以至杀几个罪大恶极的，雷厉风行，抓住不放。”同时，强调加强制度建设，建立有效的防范机制和监督机制。指出：“要继续建立和健全党的纪律检查部门，县以上单位的党委，过去凡是没有建立纪律检查机构的，要尽快建立；已经建立的，有些还要加强力量。一般说来，凡是没有纪律检查委员会或纪律检查组的地方，都应当有专职的纪律检查干部。”②

---

① 中共中央文献研究室：《陈云论党的建设》，北京：中央文献出版社 1995 年版，第 278、287、299、287 页。

② 中共中央文献研究室：《陈云论党的建设》，北京：中央文献出版社 1995 年版，第 302、294、313、301、301、278~279 页。

陈云关于“执政党的党风问题是有关党的生死存亡的问题”的论断，敲响了新时期执政党党风建设的警钟。这是因为在现代社会中，任何一个政党如果没有一定的群众基础，都难以维系政权。人心向背，是决定一个政党、一个政权盛衰存亡的根本因素。无产阶级政党作为人民群众在政治上的代表，要巩固其执政基础，更需要密切与人民群众的联系。列宁曾经指出，对共产党来说，“最严重最可怕的危险之一，就是脱离群众”①。能否密切党与人民群众的关系，从根本上说是由党的性质和党的路线、方针政策以及全部工作决定的，但直接的因素则取决于党的作风。正如邓小平所指出的：“共产党的领导够不够格，决定于我们党的思想和作风。”②因为党的作风反映着党的外在形象，人民群众通常是通过党的作风了解和认识党，进而决定自己的政治态度和政治立场的。如果执政党的党员和干部贪图享受、以权谋私，置人民和国家的利益于不顾，迟早会被人民群众所抛弃。20世纪末，世界上一些长期执政的共产党之所以丧失政权，一个重要原因就是其领导集团内部出现了严重的不正之风和腐败现象，脱离了群众，最终被人民所抛弃。“历史和现实都表明，一个政权也好，一个政党也好，其前途与命运最终取决于人心向背，不能赢得最广大群众的支持，就必然垮台。”③

陈云从巩固党的执政地位与执政基础的角度，提出“执政党的党风问题是有关党的生死存亡的问题”，对新时期党的建设理论和实践都产生了深刻的影响。党的十三届六中全会通过的《关于加强党同人民群众联系的决定》指出：“人民群众是我们党的力量源泉和胜利之本。能否始终保持和发展同人民群众的血肉联系，直接关系到党和国家的盛衰兴亡。”④党的十五届六中全会通过的《关于加强和改进党的作风建设的决定》提出：“执政党的党风，关系党的形象，关系人心

① 《列宁选集》(第4卷)，北京：人民出版社2012年版，第626页。
② 《邓小平文选》(第1卷)，北京：人民出版社1994年版，第274页。
③ 江泽民：《论“三个代表”》，北京：中央文献出版社2001年版，第72页。
④ 中共中央文献研究室：《十三大以来重要文献选编》(中)，北京：人民出版社2011年版，第338页。

向背，关系党和国家的生死存亡。”“加强和改进党的作风建设，核心问题是保持党同人民群众的血肉联系。”①党的十六届四中全会通过的《关于加强党的执政能力建设的决定》提出，“党风廉政建设和反腐败斗争关系党的生死存亡”，必须“以保持党同人民群众的血肉联系为核心”来加强党的执政能力建设。“各级党委要把党风廉政建设和反腐败斗争作为提高党的执政能力、巩固党的执政地位的一项重大政治任务抓紧抓实。”②这些重要思想，极大地丰富了马克思主义执政党建设的学说。

陈云新时期执政党建设思想，是对邓小平党建思想的阐发和丰富，是邓小平党建理论的重要组成部分，并为“三个代表”重要思想所继承，对改革开放和社会主义现代化建设时期党的建设发挥了重要的指导作用，对中国共产党的建设也将会起到长远的指导作用。

① 中共中央文献研究室：《十五大以来重要文献选编》(下)，北京：人民出版社 2011 年版，第 235、236 页。

② 中共中央文献研究室：《十六大以来重要文献选编》(中)，北京：中央文献出版社 2006 年版，第 295 页。

第六章

江泽民关于党的建设的重要论述

1989年“政治风波”之后，邓小平曾语重心长地对新的领导集体作出政治交代：“要聚精会神地抓党的建设，这个党该抓了，不抓不行了。”①后来，他又在南方谈话中指出：中国的事情能不能办好，关键在人。中国要出问题，还是出在共产党内，“关键是我们共产党内部要搞好”②。1989年党的十三届四中全会以后，以江泽民同志为核心的党的第三代中央领导集体也深刻认识到：“办好中国的事情，关键在我们党。”③“在实行改革开放和发展社会主义市场经济的条件下，建设什么样的党、怎样建设党，是一个重大现实问题，直接关系到我们党和国家的前途命运。”④江泽民党建思想就是在推进中国特色社会主义事业，不断探索和回答这个重大问题的过程中逐步形成和发展起来的。

一、全面推进党的建设新的伟大工程，始终做到“三个代表”

从1989年中共十三届四中全会到2002年中共十六大这13年间，国际环境、国内经济社会生活、中国共产党的历史方位和党员队伍都发生了深刻变化。从国际上看，世界多极化和经济全球化在曲折中发展，科技进步日新月异，综合国力竞争日趋激烈。如何抓住机遇，应对挑战，趋利避害，加快中国发展，对执政的中国共产党的执政能力、领导水平、整体素质提出了新的要求。20世纪90年代初，发生了苏联解体、东欧剧变，世界社会主义运动遭受严重挫折，一些曾经长期执政的大党、老党先后丧失执政地位，有的甚至走向衰亡。如何总结这些政党兴衰成败的经验教训并引以为鉴，对加强和改进中国共产党自身建设有重要意义。

---

① 《邓小平文选》(第3卷)，北京：人民出版社1993年版，第314页。
② 《邓小平文选》(第3卷)，北京：人民出版社1993年版，第380~381页。
③ 《江泽民文选》(第3卷)，北京：人民出版社2006年版，第271页。
④ 《江泽民文选》(第3卷)，北京：人民出版社2006年版，第44页。

(一)党的建设新的伟大工程的提出

从国内看，随着改革开放的深入和社会主义市场经济的发展，我国现代化建设进入新的发展阶段。继续推进中国特色社会主义事业、解决前进道路上面临的各种困难和突出问题，应对各种风险，也对中国共产党的执政能力、领导水平、整体素质提出了新的更高要求。我国社会生活发生了广泛而深刻的变化，社会经济成分、组织形式、就业方式、利益关系、分配方式日趋多样化，由此带来人们的思想认识、价值观念、思维方式、人际关系的变化，对执政党的领导和建设提出了许多新课题。

从中国共产党自身看，“经过八十年的发展，我们的党员队伍，党所处的地位和环境，党所肩负的任务，都发生了重大变化。我们党已经从一个领导人民为夺取全国政权而奋斗的党，成为一个领导人民掌握着全国政权并长期执政的党；已经从一个在受到外部封锁的状态下领导国家建设的党，成为在全面改革开放条件下领导国家建设的党。新党员的数量大幅度增加，干部队伍新老交替不断进行，一大批年轻干部走上领导岗位。这给党的发展带来了新活力，也提出了新挑战”①。正确把握中国共产党所处的历史方位，是在新的历史条件下加强和改进执政党建设的前提。面对世情、国情、党情的深刻变化，中国共产党如何全面深入地加强和改进党的建设，“使我们党在世界形势深刻变化的历史进程中始终走在时代前列，在应对国内外各种风险考验的历史进程中始终成为全国人民的主心骨，在建设有中国特色社会主义的历史进程中始终成为坚强的领导核心”②，这是摆在以江泽民为核心的党的第三代中央领导集体面前的重大理论和现实问题。他们认识到：“坚持用时代发展的要求审视自己，以改革的精神加强和完善自己，这是我们党始终保持马克思主义政党本色、永不脱离群众和具有蓬勃活力的根本

① 《江泽民文选》(第3卷)，北京：人民出版社2006年版，第282页。
② 《江泽民文选》(第3卷)，北京：人民出版社2006年版，第282页。

保证。”①

围绕在改革开放和发展社会主义市场经济的历史条件下建设什么样的党、怎样建设党这个根本问题，以江泽民同志为核心的党的第三代中央领导集体在领导改革开放和社会主义现代化建设的同时，把邓小平开创的新时期党的建设上升到“新的伟大工程”的高度，明确提出了“毫不放松地加强和改善党的领导，全面推进党的建设新的伟大工程”②的任务，并且明确提出了新的伟大工程的总目标：“就是要把党建设成为用邓小平理论武装起来、全心全意为人民服务、思想上政治上组织上完全巩固、能够经受住各种风险、始终走在时代前列、领导全国人民建设有中国特色社会主义的马克思主义政党。”③

以江泽民同志为主要代表的中国共产党人通过实施党的建设新的伟大工程，来回答和解决“建设什么样的党、怎样建设党”这个重大现实问题，并且逐步形成了在新的历史条件下加强和改进党的建设的总体思路，这就是：“一定要坚持党要管党、从严治党的方针，进一步解决提高党的领导水平和执政水平、提高拒腐防变和抵御风险能力这两大历史性课题；一定要准确把握当代中国社会前进的脉搏，改革和完善党的领导方式和执政方式、领导体制和工作制度，使党的工作充满活力；一定要把思想建设、组织建设和作风建设有机结合起来，把制度建设贯穿其中，既立足于做好经常性工作，又抓紧解决存在的突出问题。通过锲而不舍的努力，保证我们党始终是中国工人阶级的先锋队，同时是中国人民和中华民族的先锋队，始终是中国特色社会主义事业的领导核心，始终代表中国先进生产力的发展要求，代表中国先进文化的前进方向，代表中国最广大人民的根本利益。”④也就是说，要围绕解决提高党的领导水平和执政水平、提高拒腐防变和抵御风险能力这两大历史性课题，通过加强和改进新

① 《江泽民文选》(第3卷)，北京：人民出版社2006年版，第541页。
② 《江泽民文选》(第3卷)，北京：人民出版社2006年版，第568页。
③ 《江泽民文选》(第2卷)，北京：人民出版社2006年版，第43页。
④ 《江泽民文选》(第3卷)，北京：人民出版社2006年版，第568~569页。

形势下党的建设，使党始终做到“两个先锋队”“一个核心”和“三个代表”，始终保持先进性和纯洁性，充满创造力、凝聚力和战斗力。

在继续推进中国特色社会主义事业和党的建设新的伟大工程的实践中，以江泽民同志为核心的党的第三代中央领导集体，运用马克思主义的立场、观点和方法，准确把握党的历史方位，科学分析国际环境和时代特征，借鉴国外执政党包括社会主义国家执政党兴衰成败的经验教训，总结和吸收新的历史条件下党的建设的新鲜经验，集中全党的智慧，提出了一系列新思想、新观点、新论断，丰富和发展了马克思主义执政党建设理论，形成了江泽民关于执政党建设的重要思想。

（二）“三个代表”的提出和阐述

江泽民关于执政党建设的重要思想的核心是始终做到“三个代表”，即代表中国先进生产力的发展要求，代表中国先进文化的前进方向，代表中国最广大人民的根本利益。这一思想的提出经历了一个从酝酿、形成到逐步深化的过程。党的十三届四中全会提出了大力加强党的建设，坚决惩治腐败的要求。1989 年 8 月，中共中央发出了《关于加强党的建设的通知》。江泽民在庆祝中国共产党成立 70 周年大会上对“进一步加强中国共产党的建设”作了深刻论述。党的十四大系统论述了加强党的建设和改善党的领导问题。在党的十五大上，江泽民提出新时期党的建设新的伟大工程的总目标是“把党建设成为用邓小平理论武装起来、全心全意为人民服务、思想上政治上组织上完全巩固、能够经受住各种风险、始终走在时代前列、领导全国人民建设有中国特色社会主义的马克思主义政党”①。围绕这一重大的理论问题和重大的现实问题，他先后到广东和江苏、浙江、上海等地考察工作，就加强新时期党的建设进行了调研，对关系新时期党建工作全局的重大理论问题和现实问题作出了系统、科学的回答，提

① 《江泽民文选》(第 2 卷)，北京：人民出版社 2006 年版，第 43 页。

出了“三个代表”重要思想。

2000年2月21—25日，江泽民在广东考察工作时，首次对“三个代表”进行了比较全面的阐述。他指出：“总结我们党七十多年的历史，可以得出一个重要结论，这就是：我们党所以赢得人民的拥护，是因为我们党在革命、建设、改革的各个历史时期，总是代表着中国先进生产力的发展要求，代表着中国先进文化的前进方向，代表着中国最广大人民的根本利益，并通过制定正确的路线方针政策，为实现国家和人民的根本利益而不懈奋斗。”并且指出：“在新的历史条件下，我们党如何更好地做到这‘三个代表’，是一个需要全党同志特别是党的高级干部深刻思考的重大课题。”①

同年5月14日，江泽民在上海主持召开江苏、浙江、上海党建工作座谈会时进一步指出，始终做到“三个代表”，是我们党的立党之本、执政之基、力量之源。同年6月9日，江泽民在全国党校工作会议上指出，在实行改革开放和发展社会主义市场经济的条件下，建设什么样的党、怎样建设党，是一个重大现实问题，直接关系到我们党和国家的前途命运。提出实施党的建设新的伟大工程，就是回答这个问题的。我们坚持毛泽东、邓小平关于党的建设理论和一系列重要思想，“集中起来最重要的，就是要在思想上、行动上坚持做到这‘三个代表’。这是我们党的立党之本、执政之基、力量之源”②。也就是说，“三个代表”重要思想所要回答和解决的正是“建设什么样的党、怎样建设党”的重大问题。

2001年7月1日，江泽民在庆祝中国共产党成立80周年大会上的讲话中，系统阐述了“三个代表”重要思想。2002年11月，党的十六大把“三个代表”重要思想同马克思列宁主义、毛泽东思想、邓小平理论一道，作为党必须长期坚持的指导思想写入党章。党的十六大对“三个代表”重要思想的科学内涵和根本要求作了全面阐述。“三个代表”重要思想，是对我们党始终保持先进性历史经验的

① 《江泽民文选》(第3卷)，北京：人民出版社2006年版，第2页。
② 《江泽民文选》(第3卷)，北京：人民出版社2006年版，第44页。

基本总结，既坚持了马克思主义的基本原理，又反映了当代世界和中国的发展变化对党和国家工作的新要求，并以新的思想、观点、论断，继承、丰富和发展了马克思列宁主义、毛泽东思想和邓小平理论，是加强和改进党的建设、推进我国社会主义自我完善和发展的强大理论武器。

(三)“两个先锋队”和立党为公，执政为民

1.“两个先锋队”

“两个先锋队”即“中国共产党是中国工人阶级的先锋队、同时是中国人民和中华民族先锋队”的简称，它是改革开放和发展社会主义市场经济条件下以江泽民为代表的中国共产党人关于党的性质的概括。

政党的性质，是一个政党区别于其他政党的根本点。中国共产党从诞生之日起，就明确宣布自己是中国工人阶级的先锋队，之后，党始终坚持这一性质。1935 年 12 月中共中央政治局瓦窑堡会议通过的决议指出：“中国共产党是中国无产阶级的先锋队……同时中国共产党又是全民族的先锋队。”①中国共产党独立自主制定的第一个党章——党的七大通过的党章，将中国共产党的性质表述为：“中国共产党，是中国工人阶级的先进的有组织的部队，是它的阶级组织的最高形式。”②中国共产党执政以后的第一个党章——党的八大通过的党章，将中国共产党的性质表述为：“中国共产党是工人阶级的先进部队，是中国工人阶级的阶级组织的最高形式。”③改革开放以后的第一个党章——党的十二大通过的党章，将中国共产党的性质表述为：“中国共产党是工人阶级的先锋队，是中国各族人

① 中共中央文献研究室、中央档案馆：《建党以来重要文献选编(1921—1949)》(第 12 册)，北京：中央文献出版社 2011 年版，第 549 页。

② 中共中央文献研究室、中央档案馆：《建党以来重要文献选编(1921—1949)》(第 22 册)，北京：中央文献出版社 2011 年版，第 533 页。

③ 中共中央文献研究室、中央档案馆：《建党以来重要文献选编(1921—1949)》(第 9 册)，北京：中央文献出版社 2011 年版，第 314 页。

民利益的忠实代表，是中国社会主义事业的领导核心。”①在此基础上，江泽民在庆祝中国共产党成立80周年大会上的讲话中，进一步提出了“党要始终成为中国工人阶级的先锋队，同时成为中国人民和中华民族的先锋队”②。党的十六大报告重申了“两个先锋队”的思想。指出：“中国共产党深深扎根于中华民族之中。党从成立那一天起，就是中国工人阶级的先锋队，同时是中国人民和中华民族的先锋队，肩负着实现中华民族伟大复兴的庄严使命。”③关于中国共产党是“两个先锋队”的性质规定，被写入十六大通过的党章中。

“两个先锋队”的思想，强调党既要为工人阶级利益而奋斗，又要为中国人民和中华民族的利益而奋斗，强调了党代表中国工人阶级的利益与代表中国最广大人民群众的利益和中华民族的利益的一致性，强调了加强党的阶级基础和扩大党的群众基础的一致性，是以江泽民同志为核心的党的第三代中央领导集体根据中国工人阶级以及社会阶层构成的新变化而对党的性质作出的新概括，是对党的性质在新的历史条件下的重申和阐述，它进一步揭示了党的性质的内涵，是对党的性质的先进性的认识的进一步深化，也是对马克思主义政党性质学说的继承和发展，对于不断增强阶级基础和扩大群众基础起到积极的导向作用。

在新的历史条件下，中国共产党要发挥“两个先锋队”的作用，主要通过两个方面：一是加强和改善党的领导。“要按照总揽全局、协调各方的原则，进一步加强和完善党的领导体制，改进党的领导方式和执政方式，既保证党委的领导核心作用，又充分发挥人大、政府、政协以及人民团体和其他方面的职能作用。党委要通过科学化、规范化、制度化的机制，加强对人大、政府、政协、人民团体的领导。”④二是加强和改进党的建设。必须坚持党要管党的原则和从严治党的

① 中共中央文献研究室：《十二大以来重要文献选编》(上)，北京：人民出版社2011年版，第53页。

② 《江泽民文选》(第3卷)，北京：人民出版社2006年版，第292页。

③ 《江泽民文选》(第3卷)，北京：人民出版社2006年版，第574页。

④ 《江泽民文选》(第3卷)，北京：人民出版社2006年版，第288页。

方针，党要管党，从严治党，是保持党的先进性和纯洁性、巩固党的执政地位的重要保证。治国必先治党，治党必须从严。要深刻认识和吸取世界上一些长期执政的共产党丧失政权的教训。党执政的时间越长，越要抓紧自身建设，越要从严要求党员和干部。从严治党，必须全面贯彻于党的思想、政治、组织、作风建设，切实体现到对各级党组织和广大党员、干部进行教育、管理、监督的各个环节中去。①

2. 立党为公、执政为民

立党为公、执政为民，这是中国共产党的宗旨，是党的性质的必然要求和具体体现，是共产党人应有的科学理念。世纪之交，江泽民强调："建设有中国特色社会主义全部工作的出发点和落脚点，就是全心全意为人民谋利益。"②他把党的建设与执政兴国的历史任务联系起来，明确提出了"立党为公、执政为民"的本质要求，指出："全心全意为人民服务，立党为公，执政为民，是我们党同一切剥削阶级政党的根本区别。任何时候我们都必须坚持尊重社会发展规律与尊重人民历史主体地位的一致性，坚持为崇高理想奋斗与为最广大人民谋利益的一致性，坚持完成党的各项工作与实现人民利益的一致性。"③

围绕立党为公、执政为民的思想，江泽民从人民的历史地位和中国共产党的责任和任务等方面，阐述了立党为公、执政为民的依据，即：人民是我们国家的主人，是决定我国前途和命运的根本力量，是历史的真正创造者。建设中国特色社会主义，是我国各族人民实现自己利益、创造美好生活的共同事业，是亿万人民群众广泛参与的创造性事业。党的全部任务和责任，就是为人民谋利益，团结和带领人民为实现自己的根本利益而奋斗。"我们党始终坚持人民的利益高于一切。党除了最广大人民的利益，没有自己特殊的利益。党的一切工作，必须以最

① 参见《江泽民文选》(第3卷)，北京：人民出版社2006年版，第290页。
② 《江泽民文选》(第2卷)，北京：人民出版社2006年版，第45页。
③ 《江泽民文选》(第3卷)，北京：人民出版社2006年版，第279页。

广大人民的根本利益为最高标准。”①

江泽民着重从实现好、维护好、发展好最广大人民群众的切身利益角度，阐述了在新的历史条件下如何坚持立党为公、执政为民的问题。他在总结改革开放以来历史经验的基础上指出，在建设中国特色社会主义的进程中，全国人民的根本利益是一致的，各种具体的利益关系和内部矛盾可以在这个基础上进行调节。制定和贯彻党的方针政策，基本着眼点是要代表最广大人民的根本利益，正确反映和兼顾不同阶层、不同方面群众的利益，使全体人民朝着共同富裕的方向稳步前进。“在整个改革开放和现代化建设的过程中，都要努力使工人、农民、知识分子和其他群众共同享受到经济社会发展的成果……把最广大人民群众的切身利益实现好、维护好、发展好，把他们的积极性引导好、保护好、发挥好。只有这样，我们的改革和建设才能始终获得最广泛、最可靠的群众基础和力量源泉。”②他强调，在整个社会生产和建设发展的基础上，不断使全体人民得到并日益增加看得见的利益，始终是我们中国共产党人的神圣职责。在我国社会深刻变革、党和国家事业快速发展的进程中，妥善处理各方面的利益关系，把一切积极因素充分调动和凝聚起来，至关紧要。关心群众、代表群众利益，绝不是空洞的口号，必须十分具体地落实到解决群众生产和生活的实际问题上。他认为，能不能富有成效地帮助群众排难解忧，是衡量领导干部群众观点强不强、工作实不实，实践“三个代表”重要思想好不好的重要试金石。群众观点是我们党的基本政治观点，群众路线是我们党的根本工作路线。要始终注意我国社会生活的新变化和群众工作的新特点，善于从群众的实践中汲取经验，从群众的意见中汲取智慧。要经常深入基层、深入群众，老老实实调查研究，老老实实听取群众意见，老老实实改进工作，集中群众的智慧和力量去发展我们的各项事业。“党的一切工作和方针政策，都要以是否符合最广大人民群众的利益为

① 《江泽民文选》(第 3 卷)，北京：人民出版社 2006 年版，第 280 页。
② 《江泽民文选》(第 2 卷)，北京：人民出版社 2006 年版，第 262 页。

最高衡量标准。”①

关于立党为公、执政为民的思想，体现了党的宗旨和中国共产党人的价值观，发展了党的科学理念，贯彻了唯物史观和党的群众路线，成为中国共产党执政理念的核心，对于保持和发展新的历史条件下党与人民群众的关系，具有重要的指导作用。

二、加强党的执政能力建设，完善党的领导方式和执政方式

高度重视和不断加强自身建设，是中国共产党从小到大、由弱到强，从挫折中奋起、在战胜困难中不断成熟的一大法宝。执政党的建设和管理，比没有执政的政党要艰难得多。越是执政时间长了，越要抓紧党的自身建设。推进党的建设新的伟大工程的重点，是加强党的执政能力建设。

（一）加强党的执政能力建设

党的执政能力建设，是党执政以后的一项根本建设。中国共产党历来重视执政能力建设。新中国成立前夕，毛泽东在中共七届二中全会上从作风和本领两个方面向全党提出接受执政考验的问题，包含党的执政能力建设的内容。改革开放之初，邓小平关于加强和改善党的领导、明确执政党建设目标和途径的思考，也同样包含着加强党的执政能力建设的内容。中共十三届四中全会后，面对国内外形势变化，巩固党的执政地位成为以江泽民同志为核心的第三代中央领导集体最关注的重大问题之一。

从 1989 年到 1997 年，江泽民相继提出了“执政意识”“执政本领”“执政水平”“领导能力”“总揽和驾驭全局的能力”“驾驭经济工作的能力”“拒腐防变和抵

① 《江泽民文选》(第 2 卷)，北京：人民出版社 2006 年版，第 262 页。

御风险的能力”等重要概念。江泽民在1999年1月省部级主要领导干部金融研讨班上的讲话中指出：提高“执政能力是极重要的”，从而首次提出了“执政能力”这个概念。2000年2月，他再次强调，我们要“提高各级领导班子、领导干部的领导水平和执政能力，增强广大党员和干部拒腐防变和抵御风险的能力”①。2001年5月，他在一次考察工作时的讲话中指出：办好中国的事情，关键取决于我们党，“不仅取决于党的正确的理论路线方针政策，也取决于各级党组织贯彻落实党的理论路线方针政策的能力和水平，也就是说，取决于我们党的领导水平和执政能力。”“我们党处在执政地位，肩负着重大的领导责任，要把我们这样一个十二亿多人口的发展中大国领导好，必须不断提高自身的领导水平和执政能力。”“不断提高我们党的领导水平和执政能力，将是一项长期的重要任务。”②从而再一次明确提出并反复使用了“执政能力”的概念。同年7月，他在庆祝中国共产党成立80周年大会上的讲话中，又把“提高党的执政能力和领导水平”与“提高拒腐防变和抵御风险的能力”并列，作为全面推进党的建设的新的伟大工程必须进一步解决的两大历史性课题。

在2002年召开的党的十六大上，江泽民明确提出了“执政能力建设”的概念，明确提出了“加强党的执政能力建设、提高党的领导水平和执政水平”作为加强党建的一项重要任务。并指出：“面对执政条件和社会环境的深刻变化，各级党委和领导干部要不辱使命、不负重托，就要适应新形势新任务的要求，在实践中掌握新知识，积累新经验，增长新本领。必须以宽广的眼界观察世界，正确把握时代发展的要求，善于进行理论思维和战略思维，不断提高科学判断形势的能力；必须坚持按照客观规律和科学规律办事，及时研究解决改革和建设中的新情况新问题，善于抓住机遇加快发展，不断提高驾驭市场经济的能力；必须正确认识和处理各种社会矛盾，善于协调不同利益关系和克服各种困难，不断提高应对复杂局面的能力；必须增强法制观念，善于把坚持党的领导、人民当家作主和依

① 江泽民：《论党的建设》，北京：中央文献出版社2001年版，第381页。
② 江泽民：《论党的建设》，北京：中央文献出版社2001年版，第484页。

法治国统一起来，不断提高依法执政的能力；必须立足全党全国工作大局，坚定不移地贯彻党的路线方针政策，善于结合实际创造性地开展工作，不断提高总揽全局的能力。”①

党的十六大以后，执政能力建设成为党的建设的一个重点。2004年召开的党的十六届四中全会，通过了《中共中央关于加强党的执政能力建设的决定》，对进一步加强党的执政能力建设进行了全面部署。党的十七大时，执政能力建设与党的先进性建设一起，被明确为党的建设的主线。党的执政能力概念和执政能力建设任务的提出，是党的建设理论的一个重要创新，对于加强和改进新形势下党的建设起到了重大推动作用。

(二)改进党的领导方式和执政方式

在明确提出加强党的执政能力建设思想的同时，江泽民也同时论述了党的领导思想。这一时期党的领导思想主要从以下方面展开：一是强调中国共产党是中国工人阶级的先锋队、同时是中国人民和中华民族先锋队，坚持立党为公、执政为民。“历史和现实反复证明，要走社会主义道路，就不能没有共产党领导。没有中国共产党的领导，就没有中国的社会主义。在这个问题上，我们必须立场坚定，是非分明。”②二是提出强化执政意识，提高执政本领，加强党的执政能力建设，改革和完善党的领导方式和执政方式，更好地发挥党对各项改革和建设的领导作用，并且指出：“不断提高我们党的领导水平和执政能力，将是一项长期的重要任务。”③三是提出按照党总揽全局、协调各方的原则，规范党委与人大、政府、政协以及人民团体的关系，强调“总揽全局、协调各方，是中央和地方各级党委在同级各种组织中发挥核心领导作用的基本原则”④。“要按照总揽全局、协

① 《江泽民文选》(第3卷)，北京：人民出版社2006年版，第569~570页。
② 《江泽民文选》(第1卷)，北京：人民出版社2006年版，第92页。
③ 江泽民：《论党的建设》，北京：中央文献出版社2001年版，第484页。
④ 中共中央文献研究室：《十五大以来重要文献选编》(下)，北京：人民出版社2011年版，第245页。

调各方的原则，进一步加强和完善党的领导体制，改进党的领导方式和执政方式，既保证党委的领导核心作用，又充分发挥人大、政府、政协以及人民团体和其他方面的职能作用。”①四是提出“发展社会主义民主政治，最根本的是要把坚持党的领导、人民当家作主和依法治国有机统一起来。党的领导是人民当家作主和依法治国的根本保证，人民当家作主是社会主义民主政治的本质要求，依法治国是党领导人民治理国家的基本方略”②。强调“依法治国把坚持党的领导、发扬人民民主和严格依法办事统一起来，从制度和法律上保证党的基本路线和基本方针的贯彻实施，保证党始终发挥总揽全局、协调各方的领导核心作用”③。

为了加强和改善党的领导，江泽民还提出治国必先治党、治党务必从严的思想，强调坚持把党的思想理论建设放在首位、不断推进马克思主义中国化、在实践的基础上推进理论创新，通过理论创新推动制度创新、科技创新、文化创新以及其他各方面的创新；坚持民主集中制、以党内民主带动人民民主；大力培养忠诚于马克思主义、坚持走中国特色社会主义道路、会治党治国的政治家；领导干部一定要讲学习、讲政治、讲正气；加强和改进党的基层组织建设、不断增强党的阶级基础和扩大党的群众基础；加强和改进党的作风建设，核心问题是保持党同人民群众的血肉联系；加强党风廉政建设和反腐败斗争，等等。

上述思想观点的提出，表明我们党对新的历史条件下如何坚持和加强党的领导、加强和改进党的建设问题的探讨进一步深入，对中国共产党在长期执政、改革开放和发展社会主义市场经济的历史条件下建设什么样的党、怎样建设党这个重大问题给予了创造性回答，深化了对共产党执政规律、社会主义建设规律、人

① 《江泽民文选》(第3卷)，北京：人民出版社2006年版，第288页。
② 《江泽民文选》(第3卷)，北京：人民出版社2006年版，第553页。
③ 《江泽民文选》(第3卷)，北京：人民出版社2006年版，第29页。

类社会发展规律的认识，丰富和发展了马克思主义执政党建设理论，并对积极稳妥地推进政治体制改革，建立健全党对人大、政府、政协、人民团体领导的科学体制机制，具有重要的指导意义。

三、治国必先治党、治党务必从严

坚持党要管党、从严治党，是中国共产党一以贯之的优良传统和宝贵经验，也是在长期执政条件下保持党的先进性、纯洁性、增强党的凝聚力和战斗力的重要保证。毛泽东在民主革命时期将党的建设视为夺取中国革命胜利的三大法宝之一，新中国成立前夕又强调必须预防经不起敌人糖衣炮弹袭击这种情况的发生，新中国成立后则强调为了领导好中国的改革和建设，必须整顿党的作风，以进一步增强本领、做好工作。① 邓小平在党的八大上所作的《关于修改党的章程的报告》中指出，“执政党的地位，使我们党面临着新的考验”，强调“对于党的组织和党员实行严格的监督”②。1962 年年底，邓小平在全国组织工作会议和监察工作会议上，进一步提出了“党要管党，一管党员，二管干部”③的重要论断。中共十一届三中全会后，邓小平多次强调维护党规党法、搞好党风、加强党纪、反对腐败的问题。

1989 年 6 月，基于党面临的严峻形势和担负的历史重任，江泽民在讲话中明确提出了在各方面“从严治党”的问题，指出：“我们必须站在马克思主义的立场上，综观国内外全局，面对现实，把握未来，以高度的革命责任感和紧迫感，充分发动和依靠全党的力量来抓紧党的建设工作，在各方面从严治党，为全面提高

① 参见中共中央宣传部：《毛泽东邓小平江泽民论思想政治工作》，北京：学习出版社 2000 年版，第 226~227 页。

② 《邓小平文选》(第 1 卷)，北京：人民出版社 1994 年版，第 214~215 页。

③ 《邓小平文选》(第 1 卷)，北京：人民出版社 1994 年版，第 328 页。

党的战斗力而斗争。”①强调“全党上下应下定决心，按照中央的部署，坚决落实从严治党的方针，采取有效措施加以解决”②。此后，“党要管党，从严治党”成为党的建设过程中必须要始终坚持的基本原则和方针。1997 年召开的党的十五大提出了面向 21 世纪推进党的建设的战略任务，重申了从严治党的方针，并提出了明确的工作要求，这是具有全局意义和长远意义的。2002 年召开的党的十六大提出了全面推进党的建设新的伟大工程的任务，强调一定要坚持党要管党、从严治党的方针，进一步解决提高党的领导水平和执政水平、提高拒腐防变和抵御风险能力这两大历史性课题。后来召开的党的十七大和十八大，都重申了坚持党要管党、从严治党的方针。

江泽民对坚持这一原则的重要性和紧迫性，这一原则和方针的主要内容、基本要求等作了阐述。

（一）党要管党、从严治党的极端重要性和紧迫性

江泽民主要从以下几个方面阐述了党要管党、从严治党的重要性和紧迫性。第一，党要管党，从严治党，是保持党的性质、巩固党的执政地位和实现党的历史使命的需要。江泽民指出，中国共产党是建设中国特色社会主义事业的核心力量。当今中国的事情办得怎么样，关键取决于我们党，取决于党的思想、作风、纪律、组织状况和战斗力、领导水平。“党的性质、党在国家和社会生活中所处的地位、党肩负的历史使命，要求我们治国必先治党，治党务必从严。治党始终坚强有力，治国必会正确有效。”“从严治党，是我们党的优良传统和宝贵经验，也是我们党的一贯方针。坚定不移地贯彻好这个方针，是保持党的先进性和纯洁性、增强党的凝聚力和战斗力的重要保证。”③

第二，党要管党，从严治党，是正确应对党面临的考验和风险需要。江泽民指出：“我们党面临着执政和改革开放的考验；国际国内敌对势力颠覆社会

① 《江泽民文选》（第 1 卷），北京：人民出版社 2006 年版，第 89 页。
② 《江泽民文选》（第 1 卷），北京：人民出版社 2006 年版，第 98 页。
③ 《江泽民文选》（第 2 卷），北京：人民出版社 2006 年版，第 496 页。

主义制度、推翻共产党的领导的图谋一直没有改变，党内许多同志对此又缺乏应有的警惕"；"党内消极腐败现象有所滋长，脱离群众的倾向有所发展，严重影响了党在群众中的崇高威信。这种严峻的现实告诉我们，能不能把我们党建设好，不仅关系到党的兴衰，而且关系到四化建设和改革开放的成败"。① "党要管党，从严治党，是保持党的先进性和纯洁性、巩固党的执政地位的重要保证。治国必先治党，治党必须从严。要深刻认识和吸取世界上一些长期执政的共产党丧失政权的教训。党执政的时间越长，越要抓紧自身建设，越要从严要求党员、干部。"②

第三，党要管党，从严治党，是适应党所面临的新形势新任务的需要。江泽民指出："在新的历史时期，党所处的环境和肩负的任务有了很大变化，党的思想、政治、组织、作风建设都面临许多新情况和新问题。我们一定要结合新的实际，遵循党的基本路线，坚持党要管党和从严治党，加强和改进党的建设，努力提高党的执政水平和领导水平，使我们这个久经考验的马克思主义的党，在建设有中国特色社会主义的伟大事业中更好地发挥领导核心作用。"③

第四，党要管党，从严治党，也是加强党的自身建设的需要。中国共产党已经是一个大党，担负着推进中国社会主义现代化建设事业的领导重任。"只有首先把党员、干部队伍教育管理好了，党自身巩固和坚强了，才能执好政、治好国，办好社会主义现代化事业。如果治党不严，疏于管理，就相当危险。"④

总之，以江泽民同志为核心的党的第三代领导集体"重申了从严治党的方针，并提出了明确的工作要求，这是具有全局意义和长远意义的"⑤。

---

① 中共中央政策研究室、中共中央文献研究室：《江泽民论加强和改进执政党建设（专题摘编）》，北京：中央文献出版社、研究出版社 2004 年版，第 558 页。

② 《江泽民文选》（第 3 卷），北京：人民出版社 2006 年版，第 290 页。

③ 《江泽民文选》（第 1 卷），北京：人民出版社 2006 年版，第 245 页。

④ 《江泽民文选》（第 3 卷），北京：人民出版社 2006 年版，第 28 页。

⑤ 《江泽民文选》（第 2 卷），北京：人民出版社 2006 年版，第 497 页。

(二)党要管党、从严治党的含义、基本要求和途径

针对一些地方和单位的党组织和领导者治党不严，对党员、干部特别是领导班子疏于教育、疏于管理、疏于监督等党不管党、治党不严的情况，党的十五大报告提出了党要管党、从严治党的五个方面的具体要求，这就是：一是严格按党章办事，按党的制度和规定办事；二是对党员特别是领导干部严格要求，严格管理，严格监督；三是在党内生活中讲党性，讲原则，开展积极的思想斗争，弘扬正气、反对歪风；四是严格按照党章规定的标准发展党员，严肃处置不合格党员；五是严格执行党的纪律，坚持在纪律面前人人平等。而他在 1999 年 1 月又进一步明确了从严治党的总的要求："从严治党，严肃党纪，最根本的就是全党各级组织和全体党员、干部，都要做到严格按照党章办事，按照党内政治生活准则和党的各项规定办事。"①"坚持党要管党的原则和从严治党的方针，各级党组织必须对党员干部严格要求、严格教育、严格管理、严格监督，坚决克服党内存在的消极腐败现象。"②

鉴于一些地方贯彻党要管党、从严治党的方针乏力，党不管党、治党不严的问题没有真正解决，江泽民指出，要高度重视从严治党，把中央关于从严治党的要求真正落到实处。"最重要的问题在于落实。各级党委要切实负起责任，把从严治党的方针全面贯穿于党的思想、政治、组织、作风、纪律和制度建设的各个方面，切实落实到对各级党组织和广大党员、干部进行教育、管理、监督等各个环节中去。"③特别是"对领导干部尤其要严格要求、严格教育、严格管理、严格监督，对领导干部的选拔任用一定要严格把关，对领导干部中发生的违纪违法行为一定要严肃查处"④。党内要经常开展积极健康的批评和自我批评，坚决纠正放弃原则、息事宁人、软弱涣散、失之于宽、失之于软的状况，坚决克服党内政治生活中存在

① 江泽民：《论党的建设》，北京：中央文献出版社 2001 年版，第 340 页。
② 《江泽民文选》(第 3 卷)，北京：人民出版社 2006 年版，第 290 页。
③ 《江泽民文选》(第 3 卷)，北京：人民出版社 2006 年版，第 28 页。
④ 《江泽民文选》(第 3 卷)，北京：人民出版社 2006 年版，第 177 页。

的好人主义和庸俗作风，当然也要坚决防止过去搞政治运动的那种错误做法。

江泽民特别重视制度建设在从严治党中的保障作用，强调坚持从制度上确保从严治党方针的贯彻落实，指出："总结多年的实践经验，从严治党，关键在于建立起一整套便利、管用、有约束力的机制，使党的各级组织对党员、干部实行有效的管理和监督，及时发现矛盾、解决问题，使党的肌体始终保持健康。"① "从严治党，必须严格执行党的制度……对党内已经确立的制度要严格执行，同时要根据实践的发展，不断健全各项制度，形成一套从严治党的制度和机制。"②

显然，党要管党，从严治党，不是"党只管党"，而是加强和改进党的建设，管好党，管好党员和干部，目的就是为了更好地发挥党在国家和社会政治生活中的领导作用，团结和领导全国人民为建设中国特色社会主义、实现社会主义现代化而奋斗。

党要管党，从严治党的思想，反映了以江泽民同志为核心的党的第三代中央领导集体在面对复杂多变的国际环境、艰巨繁重的改革和发展任务、各种困难和可能出现的各种风险而表现出来的强烈的忧患意识，提醒全党特别是领导干部必须增强忧患意识，居安思危，清醒地看到，复杂多变的国际环境给我们提出了严峻挑战，我们在前进道路上还面临着许多新情况、新问题、新矛盾，我们党内也存在一些亟待解决的突出问题，我们还可能遇到这样那样的风险。要居安思危，忧党忧国忧民，兢兢业业、夙兴夜寐地做好各项工作，千万不能高枕无忧、歌舞升平。在这一思想指导下，形成了全党抓党建的格局，开辟了党的建设新局面，有力地推动了中国特色社会主义事业的发展和党的自身发展。

四、推进党的各方面建设

实施党的建设新的伟大工程，必须全面推进党的各方面的建设。江泽民主要

① 江泽民：《论党的建设》，北京：中央文献出版社 2001 年版，第 374 页。
② 《江泽民文选》(第 3 卷)，北京：人民出版社 2006 年版，第 29 页。

从理论创新、坚持民主集中制、人才培养、“三讲”、基层组织建设、作风建设、反腐败斗争等方面进行了深入阐述。

(一)勇于进行理论创新，不断推进马克思主义中国化

江泽民多次阐述了党的思想理论建设的重要性。他指出，思想理论建设是党的根本建设。加强党的思想理论建设，在马克思主义指导下研究和探讨当代重大的理论和实际问题，把握社会发展规律，用马克思主义武装全党，指导我国的社会主义现代化建设，是国内外形势发展的客观需要，也是中国共产党永葆先进性的根本保证。理论上的成熟是政治上成熟的基础。“重视理论建设和理论指导，是我们党的一个根本特点。重视在思想上建党，是我们党的一条重要政治经验。”①“思想解放、理论创新，是引导社会前进的强大力量。”②

江泽民非常明确地强调了创新特别是党的理论创新的问题。他指出：“创新是一个民族进步的灵魂，是一个国家兴旺发达的不竭动力，也是一个政党永葆生机的源泉。”③他阐明了创新的含义，指出：“创新就要不断解放思想、实事求是、与时俱进。”④他认为，在建设中国特色社会主义事业中要坚持创新、创新、再创新。创新，包括理论创新、制度创新、科技创新、文化创新以及其他各方面的创新。其中，理论创新是前提，是关键。“我们进行理论创新，就是要使我们党的基本理论在继承的基础上不断吸取新的实践经验、新的思想而向前发展。”⑤“注重理论创新，是党的事业前进的重要保证。”⑥“实践基础上的理论创新是社会发展和变革的先导。通过理论创新推动制度创新、科技创新、文化创新以及其他各方面的创新，不断在实践中探索前进，永不自满，永不懈怠，这是我们要长期坚

① 《江泽民文选》(第3卷)，北京：人民出版社2006年版，第333页。
② 《江泽民文选》(第3卷)，北京：人民出版社2006年版，第68页。
③ 《江泽民文选》(第3卷)，北京：人民出版社2006年版，第64页。
④ 《江泽民文选》(第3卷)，北京：人民出版社2006年版，第538页。
⑤ 《江泽民文选》(第3卷)，北京：人民出版社2006年版，第66页。
⑥ 《江泽民文选》(第3卷)，北京：人民出版社2006年版，第334页。

持的治党治国之道。”①

江泽民指出，中国共产党是一贯重视理论指导和勇于进行理论创新的党，在把马克思主义基本原理同中国具体实践相结合的过程中，不断做出新的理论贡献，不断产生新的理论成果，并用发展着的马克思主义武装全党和指导新的实践。之所以特别强调理论创新，是因为马克思主义最重要的理论品质就是与时俱进。在新的历史条件下，坚持与时俱进，就要正确回答如何认识社会主义发展的历史进程，如何认识资本主义发展的历史进程，如何认识我国社会主义改革实践过程对人们思想的影响，如何认识当今国际环境和国际政治斗争带来的影响。一定要充分估计国内外各方面的重大变化对我们党执政提出的严峻挑战和崭新课题。因此，全党要“自觉地把思想认识从那些不合时宜的观念、做法和体制的束缚中解放出来，从对马克思主义的错误的和教条式的理解中解放出来，从主观主义和形而上学的桎梏中解放出来……善于在解放思想中统一思想，用发展着的马克思主义指导新的实践”②。

江泽民鲜明指出了用科学的态度对待马克思主义的问题。在实践的基础上进行理论创新，就是要以科学的态度对待马克思主义。江泽民指出，以科学的态度对待马克思主义，要做到两个“坚定不移”和两个“不能含糊”：一是必须坚持马克思主义的立场、观点和方法，坚持马克思主义基本原理。这一点，要坚定不移，不能含糊。二是必须贯彻解放思想、实事求是的思想路线，坚持勇于追求真理和探索真理的革命精神。这一点，也要坚定不移，不能含糊。他认为，“这两个‘坚定不移’、两个‘不能含糊’，始终是检验我们是不是真正的马克思主义者的试金石”③。

江泽民还再次使用了马克思主义中国化的话语：“坚持以马克思主义为指导，最重要的是要善于把马克思主义基本原理同中国具体实际相结合，不断推进马克

① 《江泽民文选》(第3卷)，北京：人民出版社2006年版，第537~538页。
② 《江泽民文选》(第3卷)，北京：人民出版社2006年版，第538页。
③ 《江泽民文选》(第3卷)，北京：人民出版社2006年版，第335页。

思主义的中国化，在实践中丰富和发展马克思主义。”①他还阐述了如何以马克思主义为指导、如何研究马克思主义的问题，即要坚持以实际问题为中心研究马克思主义的方法，“必须始终坚持以我国改革开放和现代化建设的实际问题、以我们正在做的事情为中心，着眼于马克思主义理论的运用，着眼于对实际问题的理论思考，着眼于新的实践和新的发展，勇于开拓前进”②。“要坚持马克思主义基本原理，又要谱写新的理论篇章”③。他强调：“实践没有止境，创新也没有止境。我们要突破前人，后人也必然会突破我们。这是社会前进的必然规律。”④“必须在思想上不断有新解放，理论上不断有新发展，实践上不断有新创造”⑤，继续坚定不移地把党和人民的事业推向前进，使我们党始终与时代发展同步伐，与人民群众共命运。

江泽民关于理论创新的思想，是对中国共产党历史经验的深刻总结，是探索和回答什么是马克思主义、怎样对待马克思主义这一基本问题的正确结论，对于不断推进马克思主义中国化、时代化，推进党的思想理论创新及其他各方面的创新有着重大意义。

(二)坚持民主集中制、巩固和发展党的组织优势

民主集中制是中国共产党一贯坚持的根本组织制度和领导制度。1989 年年底，江泽民就在中央有关部门举办的党建理论研究班上的发言中，集中阐述了民主集中制在党的建设中的地位和作用，以及民主集中制的哲学依据、出发点和落脚点等问题。他指出：“民主集中制，是党的根本组织原则，是党内生活必须遵循的基本准则，是实现决策科学化、民主化必不可少的制度保证……是辩证唯物主义和历史唯物主义在党的组织建设和制度建设上的体现，也是我们党的群众路

① 《江泽民文选》(第 3 卷)，北京：人民出版社 2006 年版，第 492 页。
② 《江泽民文选》(第 2 卷)，北京：人民出版社 2006 年版，第 251 页。
③ 《江泽民文选》(第 3 卷)，北京：人民出版社 2006 年版，第 538 页。
④ 《江泽民文选》(第 3 卷)，北京：人民出版社 2006 年版，第 538 页。
⑤ 《江泽民文选》(第 3 卷)，北京：人民出版社 2006 年版，第 541 页。

线在组织制度建设上的创造性运用。这一制度的基本出发点和落脚点，在于充分调动党的各级组织和全体党员的积极性和创造精神，在党中央领导下，集中全党的正确意见，团结一致地为人民利益而工作。”①

1994年，针对党内一些人以为实行改革开放、建立社会主义市场经济体制，就可以不要民主集中制，就可以各自为政，不讲集中统一、不讲组织纪律性，以至于发生的一些违反民主集中制的不正常现象，江泽民明确指出：“我们要团结和凝聚全党的力量去深化改革、促进发展、保持稳定，民主集中制只能加强，不能削弱。”②他从发挥党的组织优势的角度，论述民主集中制必须完善和发展的重要性，指出：中国共产党“在马克思主义指导下按照民主集中制组成统一的整体，为实现共同的目标而奋斗，这是巨大的组织优势。在改革开放和发展社会主义市场经济的条件下，民主集中制不仅不能削弱，而且必须完善和发展”③。以不断增强党的活力和团结统一，巩固和发展党的组织优势，以保证党的路线方针政策的贯彻执行，完成党所肩负的历史任务。

坚持和健全、完善和发展民主集中制，就是要大力发展党内民主。江泽民多次谈到党内民主的问题。他强调发展党内民主，充分发挥广大党员和各级党组织的积极性主动性创造性，是党的事业兴旺发达的重要保证。“党内民主是党的生命，对人民民主具有重要的示范和带动作用。要以保障党员民主权利为基础，以完善党的代表大会制度和党的委员会制度为重点，从改革体制机制入手，建立健全充分反映党员和党组织意愿的党内民主制度。”④为此，党的十六大提出了推进党内民主的具体途径，其中包括：扩大在市、县进行党的代表大会常任制的试点，积极探索党的代表大会闭会期间发挥代表作用的途径和形式；按照集体领导、民主集中、个别酝酿、会议决定的原则，完善党委内部的议事和决策机制，进一步发挥党的委员会全体会议的作用；改革和完善党内选

① 《江泽民文选》(第1卷)，北京：人民出版社2006年版，第96~97页。

② 中共中央文献研究室：《江泽民论有中国特色社会主义(专题摘编)》，北京：中央文献出版社2002年版，第593页。

③ 《江泽民文选》(第2卷)，北京：人民出版社2006年版，第44页。

④ 《江泽民文选》(第3卷)，北京：人民出版社2006年版，第570页。

举制度；建立和完善党内情况通报制度、情况反映制度和重大决策征求意见制度。

坚持和健全、完善和发展民主集中制，必须坚决维护党和国家的团结一致和集中统一。在民主基础上的集中是民主集中制中不可偏废的另一个主要内容。江泽民在强调发展党内民主的同时，特别强调了集中统一和中央权威的重要性和具体要求。他指出："党和国家的集中统一，是全国各族人民的根本利益所在。在指导思想和路线方针政策以及重大原则问题上，全党全国必须保持高度一致……坚决维护中央权威，保证中央的政令畅通。"①

(三)造就大批高素质的治党治国治军的领导干部和各方面人才

党的干部是人民的公仆，是党的事业的骨干，在团结带领广大党员和群众贯彻执行党的路线方针政策中具有关键性的作用。毛泽东认为，"政治路线确定之后，干部就是决定的因素"②。邓小平认为，"中国的事情能不能办好，社会主义和改革开放能不能坚持，经济能不能快一点发展起来，国家能不能长治久安，从一定意义上说，关键在人"，"真正关系到大局的是这个事"。③ 在此基础上，江泽民进一步阐述了干部队伍建设的极端重要性。他在庆祝中国共产党成立 80 周年大会上的讲话中指出："培养讲政治、懂全局、善于治党治国的领导人才尤为重要。中国的社会主义事业能不能巩固和发展下去，中国能不能在激烈的国际竞争中始终强盛不衰，关键看我们能不能不断培养造就一大批高素质的领导人才。"④他在 2002 年中央纪委第七次全体会议上的讲话中指出："世界社会主义的历程和正反两方面的经验告诉我们，马克思主义执政党不仅要有正确的思想路线和政治路线，而且要有正确的组织路线，关键是要选好人、用好人。我国要在激烈的国际竞争中立于不败之地，我国社会主义事业要在国际风云变幻的环境中不

---

① 《江泽民文选》(第 3 卷)，北京：人民出版社 2006 年版，第 570 页。
② 《毛泽东选集》(第 2 卷)，北京：人民出版社 1991 年版，第 526 页。
③ 《邓小平文选》(第 3 卷)，北京：人民出版社 1993 年版，第 380 页。
④ 《江泽民文选》(第 3 卷)，北京：人民出版社 2006 年版，第 289 页。

断发展壮大，就必须抓紧造就大批高素质的、善于治党治国治军的领导干部和各方面人才。这一条做好了，我们就能‘任凭风浪起，稳坐钓鱼船’。”①“建设好我们的党，首先要提高党的各级领导干部的思想政治素质，特别是要努力提高中青年领导干部的思想政治素质，使之成为忠诚于马克思主义、坚持走有中国特色社会主义道路、会治党治国的新一代政治家。”②中共十六大报告进一步指出：“按照革命化、年轻化、知识化、专业化方针，建设一支能够担当重任、经得起风浪考验的高素质的领导干部队伍，特别是培养造就大批善于治党治国治军的优秀领导人才，是党和国家长治久安的根本大计。”③江泽民对如何建设高素质干部队伍进行了论述：

第一，“按照党的政策选拔任用好干部,是建设高素质干部队伍的重要环节”④。要坚持正确的用人导向，用好的作风选人，选作风好的人。各级党委要正确执行干部队伍“四化”方针和德才兼备原则，正确执行党的干部政策，坚持任人唯贤，反对任人唯亲，坚持公道正派和实事求是地对待干部，防止和纠正用人上的不正之风。“要认真贯彻领导干部选拔任用条例，注重在改革和建设的实践中考察和识别干部，把那些德才兼备、实绩突出和群众公认的人及时选拔到领导岗位上来。”⑤要认真总结干部工作中的经验教训，进一步改革干部人事制度，“探索建立一套有中国特色的干部管理制度”，“真正形成富有生机与活力的用人机制”。“推进干部制度改革的总目标是：从我们的国情出发，通过深化改革，逐步创造一个公开、平等、竞争、择优的用人环境，建立一套干部能上能下、能进能出、充满活力的管理机制，形成一套法制完备、纪律严明的监督体系。”⑥“要坚持党

① 《江泽民文选》(第3卷)，北京：人民出版社2006年版，第418页。

② 《江泽民文选》(第3卷)，北京：人民出版社2006年版，第46页。

③ 《江泽民文选》(第3卷)，北京：人民出版社2006年版，第571页。

④ 中共中央文献研究室：《十四大以来重要文献选编》(下)，北京：人民出版社2011年版，第62页。

⑤ 《江泽民文选》(第3卷)，北京：人民出版社2006年版，第571页。

⑥ 中共中央文献研究室：《江泽民论有中国特色社会主义(专题摘编)》，北京：中央文献出版社2002年版，第673页。

管干部的原则，改进干部管理方法，加快干部人事制度改革步伐，努力推进干部工作的科学化、民主化、制度化。”①

第二，加强对年轻干部的培养，是一项关系党和国家事业长远发展的战略任务。早在20世纪60年代，毛泽东就高瞻远瞩地向全党提出了培养和造就千百万社会主义事业接班人的战略任务。邓小平在1992年视察南方的谈话中，强调要注意下一代接班人的培养，以坚持党的十一届三中全会确立的中国发展路线。在此基础上，江泽民指出，选拔和培养优秀年轻干部这个战略任务比过去任何时候都更加紧迫。“要把一个稳定的充满发展活力和生机的中国带入二十一世纪，要使我国在二十一世纪中叶基本实现现代化，以社会主义强国的地位屹立于国际社会，取决于党的基本理论和基本路线的长期坚持，归根到底取决于广大青年一代及年轻干部的健康成长。”②因此，必须认真做好年轻干部的选拔培养工作，“要努力培养出一大批政治上坚定、具有抵御各种风险的能力、善于驾驭复杂局面的优秀年轻干部”③。江泽民指出，做好选拔和培养优秀年轻干部的工作，“必须进一步解放思想，在克服用人上的陈腐落后观念方面取得新突破，尤其要学习老一辈革命家知人善任的远见和魄力。与此同时，还必须扩大识人视野，拓宽选人渠道，改进干部选拔办法，充分走群众路线，扩大干部选拔工作中的民主，广开进贤之路”④。“培养中青年领导干部，一要不拘一格，二要加强磨炼，三要人才辈出。”⑤要加强干部交流，注意把年轻干部放到一些关键岗位、艰苦环境和情况复杂、矛盾突出、困难较多的地方去锻炼和培养。同时，应建立健全有利于优秀人才脱颖而出的用人机制。

江泽民关于造就高素质的治党治国治军干部的思想，关于大力培养忠诚于马

---

① 《江泽民文选》(第3卷)，北京：人民出版社2006年版，第289页。

② 中共中央文献研究室：《十四大以来重要文献选编》(下)，北京：人民出版社2011年版，第65~66页。

③ 《江泽民文选》(第3卷)，北京：人民出版社2006年版，第46页。

④ 中共中央文献研究室：《江泽民论有中国特色社会主义(专题摘编)》，北京：中央文献出版社2002年版，第682页。

⑤ 《江泽民文选》(第3卷)，北京：人民出版社2006年版，第54页。

克思主义、坚持走中国特色社会主义道路、会治党治国的政治家的思想，是对国内外社会主义发展历程和实践经验的深刻总结。它体现了我国改革开放和社会主义现代化建设对马克思主义执政党干部队伍建设的新要求，指明了我国干部队伍建设的方向，有力推动了我国干部人事制度的改革，促进了干部队伍建设特别是中青年干部队伍的成长。

（四）领导干部一定要讲学习、讲政治、讲正气

领导干部作为人民的公仆和党的事业的骨干，其自身素质如何，直接关系到其职责的履行。实行改革开放和发展社会主义市场经济，对各级领导干部提出了更高的要求。江泽民提出了领导干部一定要讲学习、讲政治、讲正气即“三讲”的思想。1995 年 11 月 8 日，江泽民在北京考察工作时，首次系统地提出“三讲”思想，指出：“根据当前干部队伍的状况和存在的问题，在对干部进行教育当中，要强调讲学习，讲政治，讲正气。”①此后，他在许多重要会议和场合多次强调讲学习、讲政治、讲正气的必要性、深刻内涵及其相互关系问题。他指出，面对复杂多变的国际形势，肩负起伟大而艰巨的历史任务，解决党性党风方面存在的突出问题，需要各级领导干部坚持“三讲”。在“三讲”中，讲学习是前提和基础，讲政治是核心，讲正气是讲政治的必然要求和具体体现。讲学习，就是要求领导干部勤于学习、善于学习，努力学习和掌握马克思主义理论，掌握其精神实质和贯穿其中的立场、观点和方法，不断提高分析、观察和解决实际问题的能力；努力学习和掌握做好工作必备的各种知识，其中主要是社会主义市场经济知识、现代科学技术知识、法律知识、历史知识等。讲政治，就是要求领导干部紧密联系实际，把党的基本理论、基本路线、基本纲领、基本方针和基本政治原则贯彻落实到各项工作中去，不断推进中国特色社会主义事业。讲正气，就是要坚持和发扬共产党人的政治本色与革命气节。

① 《江泽民文选》(第 1 卷)，北京：人民出版社 2006 年版，第 483 页。

江泽民多次指出领导干部应当认真考虑“为什么”“做什么”“留什么”这三个问题。他说：“每一个领导干部都应好好想一想，参加革命是为什么？现在当官应该做什么？将来身后应该留点什么？把这些问题想清楚了，想正确了，我们就能做到一身正气，堂堂正正。”①“领导干部要讲学习、讲政治、讲正气，自重、自省、自警、自励”②，“牢固树立马克思主义的世界观、人生观、价值观，牢固树立正确的权力观、地位观、利益观”③，“始终保持共产党人的蓬勃朝气、昂扬锐气和浩然正气，永远同人民心连心”④。他指出，实干兴邦，空谈误国，要求各级领导干部必须时时处处坚持重实际、说实话、办实事、求实效，必须大力发扬脚踏实地、埋头苦干的工作作风。

江泽民着重强调了领导干部要牢固树立正确的权力观问题。他指出，“树立正确的权力观，最根本的是要解决好始终保持党同人民群众的血肉联系的问题”⑤。马克思主义政党执政以后，能否正确地看待和行使人民赋予的权力，始终保持同人民群众的血肉联系，是一项必须长期经受的根本性考验，也是一项关系社会主义事业前途命运的长期的根本性课题。“如果长期执政以后我们的干部丧失了当年夺取政权和建设初期那样一种蓬勃朝气，那样一种昂扬锐气，那样一种浩然正气，而变得明哲保身，事不关己、高高挂起，形式主义、官僚主义严重，以至滥用权力，使党和人民的利益受到损害，那么，我们最后必然失去最广大人民的拥护和支持。这是历史兴亡的规律，古今中外，概莫能外。对这个问题，各级领导干部一定要警醒。”⑥

江泽民把讲学习同领导干部能否树立正确权力观问题结合起来，指出领导干部树立正确的权力观，必须加强学习，提高思想境界和道德修养，掌握辩证唯物

① 江泽民：《论党的建设》，北京：中央文献出版社 2001 年版，第 396 页。
② 《江泽民文选》(第 3 卷)，北京：人民出版社 2006 年版，第 177 页。
③ 《江泽民文选》(第 3 卷)，北京：人民出版社 2006 年版，第 419 页。
④ 《江泽民文选》(第 3 卷)，北京：人民出版社 2006 年版，第 574 页。
⑤ 《江泽民文选》(第 3 卷)，北京：人民出版社 2006 年版，第 419 页。
⑥ 《江泽民文选》(第 3 卷)，北京：人民出版社 2006 年版，第 419~420 页。

主义和历史唯物主义的基本原理，在思想上、行动上、作风上做到立党为公、执政为民，增强公仆意识，自觉摆正同人民群众的关系。各级领导干部必须明白，我们是共产党人，要立志做大事，不要立志当大官，要把心思用在工作上，用在为人民群众谋利益上。领导干部必须树立强烈的党的意识，与党同心同德，维护党的形象和威信，既要对党的事业充满信心，又要对前进道路上的困难和风险有充分的思想准备，以奋发有为的精神状态、脚踏实地的工作作风，积极推进本地区、本单位的各项工作，以自己的实际行动，把广大人民群众紧紧团结在党的周围。从党组织角度看，“要坚持从严治党，增强党组织的凝聚力和战斗力，把各级领导班子建设成为政治坚定、团结实干、开拓创新、廉洁为民，能够担当起跨世纪发展历史重任的坚强领导核心”①。“以提高素质、优化结构、改进作风和增强团结为重点，把各级领导班子建设成为坚持贯彻‘三个代表’重要思想的坚强领导集体。”②各级领导干部要带头做坚持原则、严守纪律、维护大局、加强团结的模范。“全党同志始终保持共产党人的蓬勃朝气、昂扬锐气和浩然正气，永远同人民群众心连心，我们党的执政基础就坚如磐石。”③

他要求各级领导干部“要紧密结合国内外形势的变化，紧密结合我国社会生产力最新发展和经济体制深刻变革的实际，紧密结合人民群众对物质文化生活提出的新的发展要求，紧密结合我们党员、干部队伍发生的重大变化”④，努力学习新知识，积累新经验，增长新本领，掌握科学的领导方式和领导方法。“坚持从实际出发，把中央的方针政策同本地区本部门的实际结合起来，把需要和可能结合起来，把开拓进取和求真务实结合起来，把工作热情和科学态度结合起来，创造性地开展工作，使各项工作更切合实际，更富有成效。”⑤

关于领导干部要讲学习、讲政治、讲正气的思想，以简洁凝练的语言，概括

① 《江泽民文选》(第3卷)，北京：人民出版社2006年版，第4页。
② 《江泽民文选》(第3卷)，北京：人民出版社2006年版，第571页。
③ 《江泽民文选》(第3卷)，北京：人民出版社2006年版，第574页。
④ 《江泽民文选》(第3卷)，北京：人民出版社2006年版，第2页。
⑤ 江泽民：《论党的建设》，北京：中央文献出版社2001年版，第487页。

了新的历史条件下马克思主义政党和人民群众对领导干部的基本要求，具有很强的针对性。在这一思想指导下，中国共产党在县处级以上党政领导干部中，集中开展了一次党性党风教育，在提高领导干部素质、加强领导班子建设方面取得了明显成效，为新时期加强和改进党的建设、推进干部队伍作风建设积累了经验。

（五）加强和改进党的基层组织建设

党的基层组织是党的细胞，高度重视基层党组织建设，是马克思主义政党的一个显著特征。1847 年马克思、恩格斯在将正义者同盟改组为共产主义者同盟时，即要求党的支部成为工会及其他群众组织的“中心和核心”。列宁创立的新型无产阶级政党学说强调党是工人阶级有组织的部队，党的基层组织是党的“基本组织细胞”。中国共产党在创立初期，就明确提出“支部是党的基本组织”，并重视发挥党的基层组织的作用。土地革命战争时期，毛泽东总结井冈山革命斗争的经验时指出：“支部建在连上”，是红军所以艰难奋战而不溃散的一个重要原因。中国共产党自成立以来，之所以能够从小到大、由弱变强，不断发展壮大，从胜利走向胜利，与它一贯重视党的基层组织建设、发挥基层党组织的战斗堡垒作用是分不开的。

基于对历史经验的总结和党的建设传统的继承，特别是基于党的性质和历史任务，江泽民强调，在改革开放和发展社会主义市场经济条件下，党的基层组织的地位和作用并没有变。他在 1989 年 8 月刚出任中共中央总书记不久，就在全国组织部长会议上的讲话中指出，必须“充分发挥各级党组织的政治核心作用”，因为“党是按照民主集中制原则组织起来的统一的整体，否认基层党组织的作用，必然会削弱党的领导”。“党的战斗力，党的力量……首先表现在近三百万个基层党组织的战斗堡垒作用。不然，中央的领导作用从哪里来？”①如果没有广大基层党组织战斗力的发挥，全党的战斗力就是空的。中国共产党是中国特色社会主

① 中共中央文献研究室：《十三大以来重要文献选编》（中），北京：人民出版社 2011 年版，第 35 页。

义事业的领导核心，党的政治领导要通过制定和贯彻执行党的路线方针政策来体现。“党的基层组织是党的基础，是党的一切工作的落脚点。我们要把基层党组织建设成为认真贯彻党的路线、方针、政策，联系群众，纪律严明，富有战斗力的坚强堡垒。”①

针对一些党组织出现软弱涣散甚至瘫痪或半瘫痪，有的完全丧失战斗堡垒作用甚至变了质的情况，江泽民指出：“党的基层组织是我们党的细胞。如果细胞发生了病变，党的整个肌体就不可能健康，最后甚至可能垮掉。”②“加强和改进新时期党的建设，必须高度重视加强基层组织建设。基础不牢，地动山摇。党的基层组织，是我们党领导和执政的重要基础，是党的全部工作的重要基础，也是社会主义国家政权的重要基础。如果基层组织软弱涣散，没有战斗力和凝聚力，那是十分危险的。”③因此，必须适应新形势新任务的要求，加强党的基层组织建设。

江泽民提出了加强和改进基层党组织的目的，指出：“我们加强和改进党的基层组织建设，目的就在于健全和发展党的每个细胞，紧密联系广大人民群众，把党的方针政策落到实处，使党提出的各项任务的实现具备更加巩固的基础。”④鉴于国内外形势的发展变化、新情况新问题层出不穷的现实，江泽民提出了以改革的精神加强党的基层组织建设的思路，指出：“现在，形势发展很快，怎样针对新情况新问题加强党的基层组织建设，是一个需要全党同志积极思考和努力实践的重要课题。必须坚持我们党长期形成的建设基层组织的行之有效的好传统、好经验、好做法，同时又必须以改革的精神研究和解决新问题，坚持在实践中加强，在加强中不断探索新形式、新途径、新办法。”⑤

---

① 中共中央文献研究室：《十三大以来重要文献选编》(下)，北京：中央文献出版社2011年版，第191页。

② 《江泽民文选》(第2卷)，北京：人民出版社2006年版，第555页。

③ 江泽民：《论“三个代表”》，北京：中央文献出版社2001年版，第140页。

④ 《江泽民文选》(第1卷)，北京：人民出版社2006年版，第409~410页。

⑤ 《江泽民文选》(第3卷)，北京：人民出版社2006年版，第22页。

在上述认识的基础上，党的十六大报告进一步指出："党的基层组织是党的全部工作和战斗力的基础，应该成为贯彻'三个代表'重要思想的组织者、推动者和实践者。要坚持围绕中心、服务大局，拓宽领域、强化功能，扩大党的工作的覆盖面，不断提高党的基层组织的凝聚力和战斗力。"①根据这一指导方针，十六大明确了不同类型基层党组织建设的具体任务，主要是：加强以村党组织为核心的村级组织配套建设，探索让干部经常受教育、使农民长期得实惠的有效途径。搞好国有企业和集体企业必须坚持全心全意依靠工人阶级，企业党组织要积极参与企业重大问题的决策，充分发挥政治核心作用。加强非公有制企业党的建设，企业党组织要贯彻党的方针政策，引导和监督企业遵守国家的法律法规，领导工会和共青团等群众组织，团结凝聚职工群众，维护各方的合法权益，促进企业健康发展。高度重视社区党的建设，以服务群众为重点，构建城市社区党建工作新格局。加大在社会团体和社会中介组织中建立党组织的工作力度，全面做好机关党建工作和学校、科研院所、文化团体等事业单位的党建工作。

党员队伍建设是党组织建设的重要内容，党员是构成政党的基石和细胞。党员的数量决定政党的规模和群众基础，党员的素质在很大程度上决定了政党的水平和影响力、凝聚力。共产党员在实现党的纲领、路线、方针、政策等方面起重大作用。中共十六大报告提出："共产党员必须发挥先锋模范作用，牢固树立共产主义远大理想和中国特色社会主义坚定信念，脚踏实地地为实现党在现阶段的基本纲领而奋斗。"②

(六)不断增强党的阶级基础和扩大党的群众基础

根据改革开放以来我国经济发展和社会进步的实际，江泽民明确提出了不断增强党的阶级基础和扩大党的群众基础的问题。2001 年 7 月 1 日，江泽民在庆祝中国共产党成立 80 周年大会上的讲话中，比较集中地阐述了这一问题。他指出：

① 《江泽民文选》(第 3 卷)，北京：人民出版社 2006 年版，第 571 页。
② 《江泽民文选》(第 3 卷)，北京：人民出版社 2006 年版，第 572 页。

“贯彻‘三个代表’要求，我们必须坚持党的工人阶级先锋队性质，始终保持党的先进性，同时要根据经济发展和社会进步的实际，不断增强党的阶级基础和扩大党的群众基础，不断提高党的社会影响力。”①江泽民对这一思想进行了系统地论述。

首先，坚持党的工人阶级先锋队性质，始终保持党的先进性。江泽民指出：我国工人阶级是近代以来我国社会发展特别是社会化大生产发展的产物，具有严格的组织性、纪律性和革命的坚定性、彻底性等品格。我们党从成立之日起，就把自己定为中国工人阶级的政党，始终坚持工人阶级先锋队性质，为保持自身的先进性奠定了坚实的阶级基础。随着改革开放和现代化建设的发展，我国工人阶级队伍不断壮大，思想道德素质和科学文化素质日益提高，工人阶级的先进性也在发展，党的阶级基础不断增强。知识分子作为工人阶级的一部分，大大增强了工人阶级的科技文化素质。由于我们实行公有制为主体、多种所有制经济共同发展的基本经济制度，发展社会主义市场经济，实行经济结构的战略性调整，一些工人群众的工作岗位发生变化。这并没有改变我国工人阶级的地位，而且从长远看有利于提高工人阶级的整体素质，发挥工人阶级的整体优势。中国工人阶级始终是推动中国先进生产力发展的基本力量。我们党必须始终坚持工人阶级先锋队性质，始终全心全意依靠工人阶级。②

其次，不断增强党的阶级基础和扩大党的群众基础，不断提高党的社会影响力。江泽民指出：看一个政党是否先进，是不是工人阶级先锋队，主要应看它的理论和纲领是不是马克思主义的，是不是代表社会发展的正确方向，是不是代表最广大人民的根本利益。我们党是马克思列宁主义与中国工人运动相结合的产物。工人阶级的形成是建党的根本条件。民主革命时期，由于当时中国社会的特点，我们党的绝大多数党员来自农民和其他劳动者，也有不少来自知识分子，还有来自非劳动者阶层的革命分子。但是，我们党的理论和纲领是马克思主义的，

① 《江泽民文选》(第3卷)，北京：人民出版社2006年版，第284页。
② 《江泽民文选》(第3卷)，北京：人民出版社2006年版，第284~285页。

代表了中国社会发展的正确方向。我们党高度重视思想建党，坚持用马克思主义理论教育和武装全体党员，不仅要求党员在组织上入党，而且要求党员首先在思想上入党，指导他们为实现党的纲领和任务而奋斗，因而保持了党的工人阶级先锋队性质。改革开放以来，我国的社会阶层构成发生了新的变化，出现了民营科技企业的创业人员和技术人员、受聘于外资企业的管理技术人员、个体户、私营企业主、中介组织的从业人员、自由职业人员等社会阶层。而且，许多人在不同所有制、不同行业、不同地域之间流动频繁，人们的职业、身份经常变动。这种变化还会继续下去。在党的路线方针政策指引下，这些新的社会阶层中的广大人员，通过诚实劳动和工作，通过合法经营，为发展社会主义社会的生产力和其他事业作出了贡献。他们与工人、农民、知识分子、干部和解放军指战员团结在一起，也是有中国特色社会主义事业的建设者。伟大而艰巨的建设有中国特色社会主义事业，需要全社会各个方面忠诚于祖国和社会主义的优秀分子，以自己的实际行动带领群众共同加以推进。能否自觉地为实现党的路线和纲领而奋斗，是否符合党员条件，是吸收新党员的主要标准。来自工人、农民、知识分子、军人、干部的党员是党的队伍最基本的组成部分和骨干力量，同时也应该把承认党的纲领和章程、自觉为党的路线和纲领而奋斗、经过长期考验、符合党员条件的社会其他方面的优秀分子吸收到党内来，并通过党这个大熔炉不断提高广大党员的思想政治觉悟，从而不断增强我们党在全社会的影响力和凝聚力。①

基于以上分析，党的十六大报告提出："重点做好在工人、农民、知识分子、军人和干部中发展党员的工作，壮大党的队伍最基本的组成部分和骨干力量。注意在生产、工作第一线和高知识群体、青年中发展党员。要把承认党的纲领和章程、自觉为党的路线和纲领而奋斗、经过长期考验、符合党员条件的其他社会阶层的先进分子吸收到党内来，增强党在全社会的影响力和凝聚力。"②十六大还提出了适应新形势，探索党员管理工作的新机制新方法的任务。

---

① 参见《江泽民文选》(第3卷)，北京：人民出版社2006年版，第285~286页。

② 《江泽民文选》(第3卷)，北京：人民出版社2006年版，第572页。

关于加强和改进党的基层组织建设、不断增强党的阶级基础和扩大党的群众基础的思想，坚持了中国共产党的工人阶级先锋队性质和领导核心地位，也适应了党所处的地位和环境、党所肩负的历史任务和党的队伍状况的变化，适应了新形势下我国经济和社会发展变化对党的工作和党的建设提出的新要求，在党的建设发展史上具有重要意义。这一思想的贯彻落实，不仅有利于夯实党的阶级基础和扩大党的群众基础，对于增强党在全社会的影响力和凝聚力、团结广大群众共同建设中国特色社会主义也有着积极的推动作用。

（七）加强和改进党的作风建设

如前所述，中国共产党在长期实践中逐步形成了理论联系实际、密切联系群众、批评和自我批评这三大优良作风，以及谦虚谨慎、戒骄戒躁、艰苦奋斗等优良作风。改革开放以后，邓小平、陈云提出了执政党的党风是关系到党的生死存亡的问题，强调要端正党风，密切党群关系，反对腐败。针对改革开放和发展社会主义市场经济条件下党的建设面临的新问题，江泽民对党的作风建设的重要性、党的作风建设的内容和重点，以及反腐败等，进行了深刻的论述。

关于执政党党风建设的重要性，江泽民指出："党的作风是党的形象，是党的性质、宗旨、纲领、路线的重要体现，是党的创造力、凝聚力、战斗力的重要内容。我们党是以全心全意为人民服务为宗旨的马克思主义政党，是一个领导着有十二亿多人口的发展中大国的大党，是一个带领人民建设有中国特色社会主义的执政党，党的作风状况关系党的生死存亡，关系国家的前途命运。"①经过长期建设，党的作风总的是好的，但也存在不适应改革和建设的新形势、不符合人民群众意愿等突出问题，这些问题虽然发生在少数人身上，但其消极影响不可低估。因此，必须集中力量抓一抓党的作风建设。

新的历史条件下党的作风建设的基本思路：一方面，要坚定不移地发扬党的

---

① 《江泽民文选》(第3卷)，北京：人民出版社2006年版，第323页。

优良传统和作风，把我们党的实事求是的作风，理论联系实际、密切联系群众、批评和自我批评的作风，谦虚谨慎不骄不躁、艰苦奋斗的作风更好地发扬起来；另一方面，“要认真总结我们党加强作风建设的历史经验和新鲜经验，结合新形势新任务，抓住当前思想作风、工作作风、领导作风、学风和干部生活作风等党风方面存在的突出问题，通过全党的共同努力，认真加以解决，切实把作风建设提高到一个新的水平”①。“要全面加强党的思想作风、学风、工作作风、领导作风和干部生活作风建设。要结合新的实际，努力发扬党的理论联系实际、密切联系群众、批评和自我批评的优良作风，同时要总结新的实践经验，努力培育新的作风。一切不符合党的事业发展要求、不符合人民利益的不良风气，都应坚决克服。”②

“党的作风建设，与党的思想建设、组织建设等是相互联系、相互促进的。抓住作风建设，就抓住了新形势下全面推进党的建设的一个十分重要的环节，抓住了提高党的领导水平和执政水平、提高拒腐防变和抵御风险能力的一个十分重要的切入点。”③加强党的作风建设和管理，有利于党要管党原则和从严治党方针的贯彻执行，可以对党员和党员干部更加严格要求、严格教育、严格管理、严格监督，坚决克服党内存在的消极腐败现象。

加强和改进党的作风建设，主要内容和具体要求是“八个坚持，八个反对”，即：要坚持解放思想、实事求是，反对因循守旧、不思进取；坚持理论联系实际，反对照抄照搬、本本主义；坚持密切联系群众，反对形式主义、官僚主义；坚持民主集中制原则，反对独断专行、软弱涣散；坚持党的纪律，反对自由主义；坚持清正廉洁，反对以权谋私；坚持艰苦奋斗，反对享乐主义；坚持任人唯贤，反对用人上的不正之风。④ 要围绕这“八个坚持、八个反对”，切实解决当前思想作风、学风、工作作风、领导作风和干部生活作风方面的突出问题。

① 江泽民：《论“三个代表”》，北京：中央文献出版社 2001 年版，第 140 页。
② 《江泽民文选》(第 3 卷)，北京：人民出版社 2006 年版，第 291 页。
③ 《江泽民文选》(第 3 卷)，北京：人民出版社 2006 年版，第 324 页。
④ 参见《江泽民文选》(第 3 卷)，北京：人民出版社 2006 年版，第 324 页。

“加强和改进党的作风建设，核心问题是保持党同人民群众的血肉联系，马克思主义执政党的最大危险就是脱离群众。这是极为重要的政治观点，也是极为重要的政治要求”①。这一政治观点和政治要求，既总结了中国共产党长期奋斗的基本经验，体现了中国共产党人对共产党执政规律、建设社会主义规律的认识，也反映了中国共产党对世界其他政党兴衰规律的思考。因此，“抓党的作风建设，出发点和落脚点都要归结到始终代表最广大人民的根本利益上来，归结到立党为公、执政为民上来，归结到关心群众疾苦、全心全意为人民服务上来”。“加强和改进党的作风建设，最根本的目的是，使我们党始终得到最广大人民的拥护和支持，使我们党更好地团结和带领全国各族人民推进建设有中国特色社会主义的伟大事业。”②

抓好作风建设，要从以下几个方面着手：一是要坚持领导带头；二是要着眼于人民群众；三是要切实解决问题，这是作风建设的关键；四是要抓住制度建设。总之，“全党同志都要向实践学习，向群众学习，不断改进执政方式和领导方式，不断推进制度建设，把党的思想作风、学风、工作作风、领导作风和干部生活作风建设提高到一个新的水平”③。

根据江泽民的上述思想，2001 年 9 月召开的中国共产党第十五届中央委员会第六次全体会议，分析了进入新世纪党面临的新形势新任务，着重研究了加强和改进党的作风建设的若干重大问题，作出《中共中央关于加强和改进党的作风建设的决定》，对加强和改进党的作风建设进行了全面部署。这个决定，是指导今后党的作风建设的行动纲领，标志着中国共产党对新的历史条件下加强自身建设的规律有了新的认识，从而有力地推动了党的作风建设。

(八)加强党风廉政建设和反腐败斗争

腐败的本意是指生物机体发生腐烂变质的过程，“腐败”一词应用到社会领

① 江泽民：《论党的建设》，北京：中央文献出版社 2001 年版，第 544 页。
② 江泽民：《论党的建设》，北京：中央文献出版社 2001 年版，第 544 页。
③ 江泽民：《论党的建设》，北京：中央文献出版社 2001 年版，第 547 页。

域，主要是指掌握一定公共权力的人滥用权力、以权谋私的现象，亦即权力腐败。腐败必然会导致权力的异化和变质，使公权演变为私权，借以谋取不正当的私利，从而损害公共利益，引起公众不满，进而危及政权。一切执政党若想长期、安全执政，必须坚决进行反对腐败的斗争，倡导掌握权力的人廉洁从政、为政清廉。反腐倡廉是一个历史性的难题，也是一个世界性的难题。对于立党为公、执政为民的中国共产党来说，党与腐败势不两立、水火不容。中国共产党的一些党员领导干部身上存在的腐败现象，严重侵害党的肌体，严重损害党与群众的关系，严重败坏社会风气，祸国殃民。因此，加强廉政建设，开展反腐败斗争，关系到人心向背和党的生死存亡，关系到中国特色社会主义的命运，是党必须始终抓好的重大政治任务。

中国共产党自 1921 年成立以来，就把全心全意为中国人民服务作为自己的唯一宗旨，因而始终把反腐倡廉作为党的建设的一项重要任务。1978 年中共十一届三中全会以后，党始终强调把端正党风和加强廉政建设、同腐败现象作斗争作为一件大事，坚定不移地实行“两手抓”的方针，一手抓改革开放，一手抓打击严重犯罪，而在改革开放过程中坚持反腐败斗争，是实行“两手抓”的题中之义。在实行改革开放和发展社会主义市场经济的过程中，反腐倡廉始终是党的建设的一项重要任务。中共十三届四中全会以后，以江泽民同志为核心的第三代中央领导集体坚持以经济建设为中心，始终把党风廉政建设和反腐败斗争放在重要位置，作出了一系列重大决策和部署，取得了明显成效，积累了宝贵经验，保证了改革开放和现代化建设的顺利进行，初步探索出一条适合我国现阶段基本国情的有效开展反腐倡廉的路子。特别是江泽民连续十次在中共中央纪律检查委员会全体会议上发表重要讲话，系统地阐明了党风廉政建设和反腐败斗争的思想，丰富和发展了中国共产党的反腐倡廉理论，有力地指导了新形势下党风廉政建设和反腐败斗争的实践。

江泽民论述了反腐败斗争的极端重要性和紧迫性。他指出：“腐败现象是侵入党和国家机关健康肌体的病毒。如果我们掉以轻心，任其泛滥，就会葬送我们的党，葬送我们的人民政权，葬送我们的社会主义现代化大业。”①“坚决反对和防止腐败，是全党一项重大的政治任务”②，“是关系党和国家生死存亡的严重政治斗争”③。之所以从这样的高度看待反腐败的问题，是因为：

其一，坚持反腐败斗争是顺利进行改革开放和现代化建设的一项重要保证。“贪污腐败现象是社会稳定、发展与进步的阻碍因素。它们破坏社会政治体制的正常运转和国家政策的实施，扰乱社会秩序和资源的合理分配，破坏社会公平和正义的原则，侵蚀社会道德和人们的精神世界。所以，要维护社会的稳定，促进社会的发展和进步，就必须坚持进行反对贪污腐败的斗争。”④反腐败斗争可以为改革开放和经济建设创造良好的社会环境，有利于促进社会稳定、发展和进步，有利于维护广大人民群众的利益。

其二，坚持反腐败斗争是密切党同群众的联系、巩固党的执政地位的重大问题。腐败是以公权谋私利，侵犯公共利益，严重损害党群关系。“马克思主义政党执政以后，能否正确看待和行使人民赋予的权力，始终保持同人民群众的血肉联系，是一个必须长期经受的根本性考验，也是一个关系社会主义事业前途命运的长期的根本性课题。”⑤“开展反腐败斗争，说到底是要在新形势下巩固和加强党同人民群众的联系，巩固我们党的执政地位，使我们党更好地担负起领导改革开放和社会主义现代化建设的历史重任。党同人民群众的关系如何，是关系到党的事业兴衰成败和党的生死存亡的一个根本政治问题。”⑥

其三，坚持反腐败斗争是同国内外各种敌对势力进行斗争的一个重要领域。“腐败现象的蔓延，严重破坏了党和群众的联系，而且成为国内外敌对势力颠覆

① 《江泽民文选》(第1卷)，北京：人民出版社2006年版，第319页。

② 《江泽民文选》(第3卷)，北京：人民出版社2006年版，第573页。

③ 《江泽民文选》(第2卷)，北京：人民出版社2006年版，第45页。

④ 中共中央文献研究室：《江泽民论有中国特色社会主义(专题摘编)》，北京：中央文献出版社2002年版，第426~427页。

⑤ 《江泽民文选》(第3卷)，北京：人民出版社2006年版，第420页。

⑥ 中共中央政策研究室、中共中央文献研究室：《江泽民论加强和改进执政党建设(专题摘编)》，北京：中央文献出版社、研究出版社2004年版，第527页。

我们的借口。反腐败斗争是关系到党的生死存亡的问题。”①“只要坚决清除腐败现象，密切同人民群众的联系，社会主义在中国一定会继续巩固和发展。只要我们党自己不腐败，自己不蜕变，谁也演变不了我们。我们说，在新的历史条件下要经得起执政、改革开放和反和平演变的考验，最根本的是两条，一是信念坚定，坚持走有中国特色社会主义道路；二是艰苦奋斗，作风廉洁，关心人民疾苦，把人民利益摆在首位。”②“我们既要坚持不懈地开展反腐败斗争，又要警惕和防止敌对势力利用这个问题来诋毁党和社会主义。”③

关于反腐败斗争的指导思想。江泽民指出：“反腐败斗争和党风廉政建设要贯穿于改革开放和现代化建设的全过程，是一项长期而艰巨的任务。”“反腐败斗争和党风廉政建设的长期性、艰巨性，在不同的历史时期有不同的特点。”“各级党委和政府务必从战略和全局的高度深化对搞好反腐倡廉工作的重要性和紧迫性的认识，务必提高坚持‘两手抓，两手都要硬’的方针的自觉性，务必加强对反腐败斗争和党风廉政建设的领导，决不能掉以轻心，决不能畏难却步，决不能松懈斗志。”在反腐败斗争这个问题上，“旗帜必须鲜明，态度必须坚决，工作必须锲而不舍”。④“反腐败不可能毕其功于一役……一定要树立持久作战的思想，一个阶段一个阶段地把工作推向前进。决不能让腐败行为有‘宽松的环境’，决不能让腐败分子为所欲为、逍遥法外。”⑤既要充分认识反腐败斗争的紧迫性，又要充分认识其长期性，既要持久作战，又要不断取得阶段性成果，毫不动摇地把党风廉政建设和反腐败斗争进行到底。

---

① 中共中央文献研究室：《十三大以来重要文献选编》(中)，北京：人民出版社 2011 年版，第 34 页。

② 中共中央文献研究室：《十三大以来重要文献选编》(下)，北京：人民出版社 2011 年版，第 237 页。

③ 《江泽民文选》(第 1 卷)，北京：人民出版社 2006 年版，第 319 页。

④ 中共中央文献研究室：《十四大以来重要文献选编》(下)，北京：中央文献出版社 2011 年版，第 323~325 页。

⑤ 中共中央政策研究室、中共中央文献研究室：《江泽民论加强和改进执政党建设(专题摘编)》，北京：中央文献出版社、研究出版社 2004 年版，第 534 页。

反腐败斗争必须把握的原则是：一是坚持党的基本路线，紧紧围绕经济建设这个中心，为推进改革、建设和发展服务。二是突出重点，重点放在党政领导机关和司法部门、行政执法部门、经济管理部门。三是从领导干部抓起，要先从高级干部抓起，包括领导干部身边的工作人员。四是严格依法办案，以事实为依据，以法纪为准绳。五是不搞群众运动，不搞人人过关。把群众举报和专门机关依法查处结合起来。六是坚持惩治腐败与扶持正气相结合。总之，要坚持实事求是的原则，正确区分和处理两类不同性质的矛盾，严格掌握政策。态度要坚决，工作要扎实，按照中央的要求认认真真地解决问题，保证反腐败斗争健康有序地进行。①

反腐败斗争必须坚持标本兼治、综合治理的方针，逐步加大治本的力度。加强教育，发展民主，健全法制，强化监督，创新体制，把反腐败寓于各项政策措施之中，从源头上预防和解决腐败问题。坚持和完善反腐败斗争的领导体制和工作机制，认真落实党风廉政建设责任制，形成防止和惩治腐败的合力。进一步抓好领导干部廉洁自律、查处大案要案、纠正部门和行业不正之风的工作。对任何腐败分子都必须彻底查处，严惩不贷。② “要把反腐败斗争同纯洁党的组织结合起来，在党内决不允许腐败分子有藏身之地。”③总之，一定要把党风廉政建设和反腐败斗争当作党的建设和政权建设的一件大事，抓出成效，取信于民。

江泽民关于党风廉政建设和反腐败斗争的理论，是中国共产党人关于加强和改进执政党建设理论的重要组成部分。学习与贯彻这些思想理论，对于推动新世纪新阶段党风廉政建设和反腐败斗争的实践，保持中国共产党的先进性和纯洁性，为全面建设小康社会和实现社会主义现代化提供强有力的政治保证，具有十分重要的意义。

上述表明，江泽民执政党建设理论非常丰富，涵盖改革开放和发展社会主义

---

① 参见《江泽民文选》(第 1 卷)，北京：人民出版社 2006 年版，第 325~326 页。

② 参见《江泽民文选》(第 3 卷)，北京：人民出版社 2006 年版，第 573 页。

③ 《江泽民文选》(第 2 卷)，北京：人民出版社 2006 年版，第 46 页。

市场经济条件下党的建设目标，以及党的建设指导思想、方针，党的建设必须解决的两大课题，党的自身建设各个方面等丰富内容。这些重大思想，是以江泽民同志为核心的党的第三代中央领导集体在新的历史条件下对马克思主义党建理论的重大发展。江泽民执政党建设理论具有鲜明的特色，其中最大的特色，就是反映时代的要求，在继承的基础上进行大胆创新，对在长期执政、改革开放和发展社会主义市场经济条件下建设一个什么样的党、怎样建设党这个重大问题给予了创造性的回答。这一思想与始终做到“三个代表”的要求联系在一起，是“三个代表”重要思想的组成部分。它为实现党的建设目标，解决好党的建设的两大历史性课题，把党建设成为用中国特色社会主义理论武装起来、全心全意为人民服务、思想上政治上组织上完全巩固、能够经受住各种风险、始终走在时代前列、领导全国人民建设有中国特色社会主义的马克思主义政党，指明了前进方向和现实途径。在这一思想的指导下，中国共产党以改革的精神全面加强党的建设，把党的建设新的伟大工程不断推向前进，也为中国特色社会主义事业全面推向 21 世纪，开始全面建设小康社会提供了根本保证。

第七章

胡锦涛关于加强党的建设的重要论述

党的十六大以后，国际国内形势发生了广泛而深刻的变化，党领导的改革开放既给党注入了巨大活力，也使党面临许多前所未有的新课题新考验，党的自身建设任务比过去任何时候都更为艰巨繁重。面对21世纪初的机遇和挑战，以胡锦涛同志为总书记的党中央全面分析新世纪新阶段我国发展的一系列阶段性特征，提出和贯彻科学发展观等重大战略思想，紧密结合全面建设小康社会的实践，在领导全国人民全面推进中国特色社会主义事业的同时，以改革创新精神全面推进党的建设新的伟大工程，着力应对和解决党的建设面临的新情况新问题，开创了党的建设新的伟大工程新局面。

在全面推进党的建设新的伟大工程的实践中，以胡锦涛同志为总书记的党中央认识到：进入新世纪新阶段，党的自身建设任务比过去任何时候都更为繁重。世情、国情、党情的发展变化，决定了以改革创新精神加强党的建设既十分重要又十分紧迫。“中国特色社会主义事业是改革创新的事业。党要站在时代前列带领人民不断开创事业发展新局面，必须以改革创新精神加强自身建设，始终成为中国特色社会主义事业的坚强领导核心”①，从而进一步明确了新世纪新阶段党的建设的指导思想。在此基础上，完善了党的建设总体布局和目标，这就是：“必须把党的执政能力建设和先进性建设作为主线，坚持党要管党、从严治党，贯彻为民、务实、清廉的要求，以坚定理想信念为重点加强思想建设，以造就高素质党员、干部队伍为重点加强组织建设，以保持党同人民群众的血肉联系为重点加强作风建设，以健全民主集中制为重点加强制度建设，以完善惩治和预防腐败体系为重点加强反腐倡廉建设，使党始终成为立党为公、执政为民，求真务实、改革创新，艰苦奋斗、清正廉洁，富有活力、团结和谐的马克思主义执政党。”②

显然，在对新世纪新阶段党的自身建设进行总体布局中，以胡锦涛同志为总

① 中共中央文献研究室：《十七大以来重要文献选编》(上)，北京：中央文献出版社2009年版，第38页。

② 中共中央文献研究室：《十七大以来重要文献选编》(上)，北京：中央文献出版社2009年版，第38页。

书记的党中央明确了新世纪新阶段中国共产党建设的主线、方针、基本要求、各方面建设的重点，以及新世纪新阶段党的建设的目标，并首次把反腐倡廉建设从党的作风建设中单列出来，与党的思想建设、组织建设、作风建设、制度建设并列，从而使党的建设的伟大工程的总体布局由“四位一体”进一步发展到“五位一体”。

围绕建设马克思主义执政党的党建目标，以胡锦涛同志为总书记的党中央科学把握世情国情党情的发展变化对中国共产党提出的新要求，就新世纪新阶段加强和改进党的建设提出了一系列重要思想，深化和丰富了对共产党执政规律的认识，发展了马克思主义党的建设理论。

一、加强党的执政能力建设、先进性和纯洁性建设

中国共产党作为一个执政的马克思主义政党，其执政能力的高低强弱，直接关系到治国理政的成效。党的先进性、纯洁性如何，则直接影响到党在群众中的形象。这两个方面的状况如何，关系到党的长期执政地位能否巩固，关系到中国特色社会主义能否得到坚持和发展，关系到党和国家事业能否顺利发展，关系到中国人民根本利益能否实现好维护好发展好，关系到中华民族伟大复兴的宏伟目标能否胜利实现。正因如此，党在领导人民进入新世纪新阶段后，把加强党的执政能力建设、先进性和纯洁性建设进一步提上了日程，并在这一背景下阐述了加强党的执政能力建设、先进性和纯洁性建设的思想。

（一）以加强党的执政能力建设为重点全面加强党的建设

党的十六大向全党提出加强党的执政能力建设的重大理论命题和重大战略任务，要求各级党委和领导干部提高五大能力。十六大以后，以胡锦涛同志为总书记的党中央高度重视加强党的执政能力建设，并在 2004 年召开的中共十六届四中全会上，专题研究了加强党的执政能力建设问题，作出了《中共中央关于加强

党的执政能力建设的决定》(以下简称《决定》)。《决定》认真总结了我们党长期执政的经验，对加强党的执政能力建设的重要性和紧迫性、深刻内涵、基本原则、根本目标和主要任务等重大问题进行了系统而深刻的阐述。

关于加强党的执政能力建设的重要性和紧迫性，《决定》指出：我们党成为执政党，是历史的选择、人民的选择。加强党的执政能力建设，是时代的要求、人民的要求。进入新世纪新阶段，国际局势发生新的深刻变化，世界多极化和经济全球化的趋势继续在曲折中发展，科技进步日新月异，综合国力竞争日趋激烈，各种思想文化相互激荡，各种矛盾错综复杂，敌对势力对我国实施西化、分化的战略图谋没有改变，我们仍面临发达国家在经济、科技等方面占优势的压力。我国的改革发展处在关键时期，社会利益关系更为复杂，新情况新问题层出不穷。在机遇和挑战并存的国内外条件下，我们党要带领全国各族人民全面建设小康社会，实现继续推进现代化建设、完成祖国统一、维护世界和平与促进共同发展这三大历史任务，必须大力加强执政能力建设。这是关系中国社会主义事业兴衰成败、关系中华民族前途命运、关系党的生死存亡和国家长治久安的重大战略课题。只有不断解决好这一课题，才能保证我们党在世界形势深刻变化的历史进程中始终走在时代前列，在应对国内外各种风险和考验的历史进程中始终成为全国人民的主心骨，在建设中国特色社会主义的历史进程中始终成为坚强的领导核心。①

关于执政能力建设的内涵和在党的建设中的地位，《决定》指出："党的执政能力，就是党提出和运用正确的理论、路线、方针、政策和策略，领导制定和实施宪法和法律，采取科学的领导制度和领导方式，动员和组织人民依法管理国家和社会事务、经济和文化事业，有效治党治国治军，建设社会主义现代化国家的本领。执政能力建设是党执政后的一项根本建设"②。面对新形势新任务，党的领导方式和执政方式、领导体制和工作机制还不完善；一些领导干部和领导班子

① 中共中央文献研究室：《十六大以来重要文献选编》(中)，北京：中央文献出版社 2006 年版，第 271～272 页。

② 中共中央文献研究室：《十六大以来重要文献选编》(中)，北京：中央文献出版社 2006 年版，第 272 页。

思想理论水平不高、依法执政能力不强、解决复杂矛盾本领不大，素质和能力同贯彻落实“三个代表”重要思想、全面建设小康社会的要求还不适应；一些党员干部事业心和责任感不强、思想作风不端正、工作作风不扎实、脱离群众等问题比较突出；一些党的基层组织软弱涣散，一些党员不能发挥先锋模范作用；腐败现象在一些地方、部门和单位还比较严重。这些问题影响党的执政成效，必须引起全党高度重视，切实加以解决。《决定》强调：“无产阶级政党夺取政权不容易，执掌好政权尤其是长期执掌好政权更不容易。党的执政地位不是与生俱来的，也不是一劳永逸的。我们必须居安思危，增强忧患意识，深刻汲取世界上一些执政党兴衰成败的经验教训，更加自觉地加强执政能力建设，始终为人民执好政、掌好权。”①

关于中国共产党执政的历史经验和加强党的执政能力建设的基本原则，《决定》将中国共产党半个多世纪以来执政的历史经验概括为六条：必须坚持党在指导思想上的与时俱进，用发展着的马克思主义指导新的实践；必须坚持推进社会主义的自我完善，增强社会主义的生机和活力；必须坚持抓好发展这个党执政兴国的第一要务，把发展作为解决中国一切问题的关键；必须坚持立党为公、执政为民，始终保持党同人民群众的血肉联系；必须坚持科学执政、民主执政、依法执政，不断完善党的领导方式和执政方式；必须坚持以改革的精神加强党的建设，不断增强党的创造力、凝聚力、战斗力。《决定》指出：“这六条主要经验，也是加强党的执政能力建设的重要指导原则，必须在实践中长期坚持并继续丰富和完善。”②

关于加强党的执政能力建设的指导思想和总体思路，《决定》指出：加强党的执政能力建设，必须坚持以马克思列宁主义、毛泽东思想、邓小平理论和“三个代表”重要思想为指导，全面贯彻党的基本路线、基本纲领、基本经验，以保

---

① 中共中央文献研究室：《十六大以来重要文献选编》(中)，北京：中央文献出版社 2006 年版，第 273 页。

② 中共中央文献研究室：《十六大以来重要文献选编》(中)，北京：中央文献出版社 2006 年版，第 275 页。

持党同人民群众的血肉联系为核心，以建设高素质干部队伍为关键，以改革和完善党的领导体制和工作机制为重点，以加强党的基层组织和党员队伍建设为基础，努力体现时代性、把握规律性、富于创造性。①

加强党的执政能力建设的总体目标是：通过全党共同努力，使党始终成为立党为公、执政为民的执政党，成为科学执政、民主执政、依法执政的执政党，成为求真务实、开拓创新、勤政高效、清正廉洁的执政党，归根到底成为始终做到“三个代表”、永远保持先进性、经得住各种风浪考验的马克思主义执政党，带领全国各族人民实现国家富强、民族振兴、社会和谐、人民幸福。② 由此，明确提出了科学执政、民主执政、依法执政的科学理念。

当前和今后一段时期，加强党的执政能力建设的主要任务是提高“五种能力”，即：按照推动社会主义物质文明、政治文明、精神文明协调发展的要求，不断提高驾驭社会主义市场经济的能力、发展社会主义民主政治的能力、建设社会主义先进文化的能力、构建社会主义和谐社会的能力、应对国际局势和处理国际事务的能力。《决定》号召全党要紧紧围绕上述任务，立足现实、着眼长远，抓住重点、整体推进，不断研究新情况、解决新问题、创建新机制、增长新本领，全面加强和改进党的建设，使党的执政方略更加完善、执政体制更加健全、执政方式更加科学、执政基础更加巩固。③

《决定》提出了以提高党的执政能力为重点，全面推进党的建设新的伟大工程的任务，强调提高党的执政能力，关键在于搞好党的建设，不断增强党的创造力、凝聚力、战斗力。必须坚持党要管党、从严治党的方针，紧密联系治国理政的实践，全面加强和改进党的思想、组织、作风和制度建设。明确加强党的执政

---

① 中共中央文献研究室：《十六大以来重要文献选编》(中)，北京：中央文献出版社 2006 年版，第 275 页。

② 中共中央文献研究室：《十六大以来重要文献选编》(中)，北京：中央文献出版社 2006 年版，第 276 页。

③ 参见中共中央文献研究室：《十六大以来重要文献选编》(中)，北京：中央文献出版社 2006 年版，第 276 页。

能力建设，核心是保持党同人民群众的血肉联系，关键是建设高素质干部队伍，重点是改革和完善党的领导体制和工作机制，基础是加强党的基层组织和党员队伍建设，《决定》对全面加强党的建设提出了具体要求。

关于加强党的执政能力建设理论的提出和形成，标志着中国共产党对马克思主义执政党建设规律的认识达到一个新高度，表明以胡锦涛同志为总书记的党中央在全面推进党的建设新的伟大工程过程中，紧紧抓住提高领导水平和执政水平、提高拒腐防变和抵御风险这两大历史性课题，紧紧抓住进一步为人民掌好权用好权这个根本问题，体现了中国共产党人审时度势、居安思危的忧患意识和执政为民、造福人民的责任意识，指导全党逐步走出一条在新形势下以加强执政能力建设为重点加强党的建设的新路子。在这一理论指导下，全党的执政能力意识大大增强，党的执政能力建设朝着执政方略更加完善、执政体制更加健全、执政方式更加科学、执政基础更加巩固的方向发展。

(二) 加强党的先进性建设

先进性是马克思主义政党的本质特征，保持和发展党的先进性是党的建设的永恒课题。2005 年 1 月，胡锦涛在保持共产党员先进性教育活动专题报告会上，首次提出了加强党的先进性建设这一重大命题，并对先进性建设的内容、中国共产党成立以来先进性建设的历程及其启示、新的历史条件下开展先进性教育活动的必要性和重要性、新时期保持共产党员先进性的基本要求等作了全面阐述。他在 2006 年 6 月 30 日庆祝中国共产党成立 85 周年暨总结保持共产党员先进性教育活动大会上的讲话中，又系统总结了中国共产党成立以来保持和发展先进性的历史经验，阐述了党中央提出加强党的先进性建设的理论依据、实践依据，概括了全党开展的以实践“三个代表”重要思想为主要内容的保持共产党员先进性教育活动的特点和成效及其启示，提出了进一步推进党的先进性建设的基本要求，使党的先进性建设思想更加系统和完整。

胡锦涛在系统回顾中国共产党先进性建设历史的基础上，从时代发展、人民利益、与时俱进、中心任务、管党治党五个方面，概括总结了中国共产党成立以来保持和发展先进性的五条经验。他指出：加强党的先进性建设，必须准确把握时代脉搏，保证党始终与时代发展同步伐；必须把最广大人民的根本利益作为党全部工作的出发点和落脚点，保证党始终与人民群众共命运；必须使党的理论和路线方针政策不断与时俱进，保证党的全部工作始终符合实际和社会发展规律；必须围绕党的中心任务来进行，保证党始终引领中国社会发展进步；必须坚持党要管党、从严治党，保证党始终具有蓬勃生机和旺盛活力。这些宝贵经验来之不易，对于我们进一步推进党的先进性建设具有长期指导作用，必须十分珍视并持之以恒地坚持下去。

胡锦涛论述了提出加强党的先进性建设的依据以及加强党的先进性建设的重要性和紧迫性，指出："先进性是马克思主义政党的本质属性，是马克思主义政党的生命所系、力量所在。党的先进性是历史的具体的，既是一以贯之的，又是与时俱进的。这就决定了保持和发展党的先进性是马克思主义政党自身建设的根本任务和永恒课题。"①党中央提出加强党的先进性建设的重大战略思想，就是基于对这个重大课题的深刻认识，也是基于对不断解决好这个重大课题的战略思考。胡锦涛从保持和发展党的先进性、应对新情况新考验新形势新任务、把握共产党执政规律和自身建设规律、推进党的建设新的伟大工程等方面，阐述了加强党的先进性建设的客观依据。

其一，加强党的先进性建设是保持和发展先进性的必然要求。胡锦涛指出："中国共产党作为马克思主义政党，在本质上具有非马克思主义政党无可比拟的先进性。这种先进性，集中体现在坚持把马克思主义科学理论作为指导，坚持把实现符合人类社会发展规律的社会主义和共产主义作为坚定信念和远大理想，坚持把立党为公、执政为民作为本质要求，坚持把民主集中制作为根本组织制度和领导制度，坚持把最广大人民作为根本力量源泉等主要方面。这种先进性，从根

① 中共中央文献研究室：《十六大以来重要文献选编》(下)，北京：中央文献出版社 2008 年版，第 525 页。

本上说，是由中国共产党的性质和宗旨决定的，是靠坚持不懈地开展自身建设来保持和发展的。历史和现实都表明，一个政党过去先进不等于现在先进，现在先进不等于永远先进；马克思主义政党赢得先进性固然不容易，在复杂的国内外环境中和长期执政的条件下保持和发展先进性更不容易。我们必须把加强党的先进性建设作为一项重大战略任务更加突出、更加紧迫地提到全党面前。”①

其二，加强党的先进性建设，是新情况新考验新形势新任务对党的建设的新要求。胡锦涛指出：现在，我们党是在国际形势深刻变化、国际竞争日趋激烈、国内改革开放日益深化的条件下带领人民搞社会主义现代化建设的。“深刻变化的国际国内环境，给党员队伍和党的自身建设带来了深刻影响，使保持和发展党的先进性既面临许多新情况新考验，又面临许多新任务新要求。面对机遇和挑战并存的形势，我们党只有不断保持和发展自身的先进性，始终走在时代前列，才能巩固党的执政地位、提高党的执政能力、完成党的执政使命。”②我们必须清醒认识新的历史条件下加强党的自身建设的必要性、紧迫性、艰巨性、复杂性，全面把握党所肩负的历史使命和党员队伍的总体状况，扎扎实实加强党的先进性建设。

其三，加强党的先进性建设，是进一步认识共产党执政规律和党自身建设规律、全面推进党的建设新的伟大工程的需要。胡锦涛指出：保持和发展党的先进性，是马克思主义建党学说的重要内容。我们党的三代领导核心毛泽东、邓小平和江泽民都高度重视党的先进性问题，并在理论和实践的结合上进行了长期探索，形成了一系列重要思想。党的十六大以来，党中央提出加强党的先进性建设的重大战略思想，同马克思列宁主义创始人和我们党三代中央领导集体关于党的先进性的重要思想是一脉相承的，同时又以新的思想观点和时代内容丰富了马克思主义关于党的先进性建设的思想。“提出加强党的先进性建设的重大战略思想，

---

① 中共中央文献研究室：《十六大以来重要文献选编》(下)，北京：中央文献出版社2008年版，第525~526页。

② 中共中央文献研究室：《十六大以来重要文献选编》(下)，北京：中央文献出版社2008年版，第526页。

就是要更加鲜明地强调党的先进性建设这一重大课题，更加深入地认识共产党执政规律和党自身建设规律，更加全面地认识党的先进性建设的科学内涵和目标要求，更加突出地把党的先进性建设作为党的各方面建设的主线，从而使党的建设的努力方向和检验标准更加鲜明，使我们能够更好、更全面、更有成效地推进党的建设新的伟大工程。"①

关于在新形势下加强党的先进性建设的内容和目的，胡锦涛指出："党的先进性建设是马克思主义政党自身建设的根本任务。开展党的先进性建设，就是要通过推进思想建设、组织建设、作风建设和制度建设，使党的理论和路线方针政策顺应时代发展的潮流和我国社会发展进步的要求、反映全国各族人民的利益和愿望，使各级党组织不断提高创造力、凝聚力、战斗力、始终发挥领导核心作用和战斗堡垒作用，使广大党员不断提高自身素质、始终发挥先锋模范作用，使我们党保持与时俱进的品质、始终走在时代前列，不断提高执政能力、巩固执政地位、完成执政使命。"②

关于新形势下加强党的先进性建设的基本要求，胡锦涛明确提出："加强党的先进性建设是一项长期的历史任务，我们必须紧紧围绕党的历史使命和中心任务，进一步推进党的先进性建设。"③为此要做到"四个紧密结合"，即紧密结合贯彻落实科学发展观的实践、紧密结合构建社会主义和谐社会的实践、紧密结合加强党的执政能力建设的实践以及紧密结合保持党同人民群众血肉联系的实践，以此来加强党的先进性建设。这就要求各级党组织把党的先进性建设与党的历史使命和中心任务紧密联系起来，从而坚持和丰富党的建设与党的政治路线相联系的基本经验。

---

① 中共中央文献研究室：《十六大以来重要文献选编》(下)，北京：中央文献出版社 2008 年版，第 526~527 页。

② 中共中央文献研究室：《十六大以来重要文献选编》(中)，北京：中央文献出版社 2006 年版，第 610 页。

③ 中共中央文献研究室：《十六大以来重要文献选编》(下)，北京：中央文献出版社 2008 年版，第 531 页。

在胡锦涛关于加强党的先进性建设思想的指导下，根据党中央的统一部署，从2005年1月至2006年6月，在全党开展了以实践“三个代表”重要思想为主要内容的保持共产党员先进性教育活动。这是加强党的先进性建设的一次生动实践，取得了实践成果、制度成果和理论成果。通过这次活动，广大党员受到了一次深刻的马克思主义教育，基层党组织的创造力、凝聚力、战斗力进一步提高，各地区各部门发展思路进一步厘清，党员队伍建设中存在的突出问题、人民群众关心的一些重点问题以及影响改革发展稳定的一些主要问题初步得到解决。同时，各级党组织在保持共产党员先进性长效机制建设方面也取得了重要进展，并以先进性教育活动的成功实践和历史经验丰富了先进性建设理论。通过这次先进性教育活动，以胡锦涛同志为总书记的党中央更加深刻地认识到：“党员是党的肌体的细胞和党的活动的主体，党员队伍的先进性是党的先进性的重要基础。加强党的先进性建设，必须始终抓好保持和发展党员队伍的先进性这个基础工程，必须始终抓住党员队伍这个主体，充分依靠全党同志共同努力。”①而保持党员队伍的先进性，根本在于增强广大党员的先进性意识，激发其自我教育、自我提高的内在动力；重点在于解决党员队伍中存在的突出问题，不断增强党员队伍整体的先进性；关键在于完善制度和机制，把党的先进性要求转化为党员自觉遵守的行为准则。

保持和发展党的先进性，是马克思主义政党学说的重要内容。加强党的先进性建设的思想，是中国共产党人在科学总结党的建设历史经验基础上的一个重大理论概括。它科学揭示了贯穿于马克思主义政党建设的主题，坚持了马克思主义建党学说中的关于党的先进性建设理论，又以新的思想观点、富有时代气息的内容和新的实践经验丰富了这一理论。

① 中共中央文献研究室：《十六大以来重要文献选编》（下），北京：中央文献出版社2008年版，第529页。

(三)保持党的纯洁性

纯洁性与先进性一样，也是马克思主义政党的本质属性。中国共产党成立以来的历史，是党领导中国人民不断赢得革命、建设、改革胜利的历史，也是党不断实现、保持、发展自己先进性和纯洁性的历史。“先进性和纯洁性是马克思主义政党的本质属性，贯穿于党的性质、宗旨、任务和全部工作中，体现在各级党组织和全体党员的实际行动上。这种先进性和纯洁性，不是固定不变的，而是与时俱进、随着形势和任务的发展变化而不断丰富与发展的；不是一劳永逸的，而是必须通过坚持不懈地加强党的自身建设才能保持与发展的。正反两方面历史经验深刻表明，保持、发展先进性和纯洁性始终是马克思主义政党根本的思想政治任务，关系党的生死存亡和前途命运。”①

新世纪新阶段中国共产党人肩负的光荣使命和艰巨任务，对加强和改进党的建设、做好保持党的先进性和纯洁性工作提出了新的要求。2012 年 1 月 9 日，胡锦涛在中共十七届中央纪委七次全会上发表重要讲话，突出强调了在新形势下保持党的纯洁性问题，他指出：实践证明，我们党作为马克思主义执政党，只有不断保持纯洁性，才能提高在群众中的威信，才能赢得人民信赖和拥护，才能不断巩固执政基础，才能实现党和国家兴旺发达、长治久安。全党都要从党和人民事业发展的高度，从应对新形势下党面临的风险和挑战出发，充分认识保持党的纯洁性的极端重要性和紧迫性，不断增强党的意识、政治意识、危机意识、责任意识，切实做好保持党的纯洁性各项工作。②“四种意识”的提出，凸显了新形势下做好保持党的纯洁性工作的极端重要性和紧迫性。

关于做好新的形势下保持党的纯洁性的指导方针、基本要求和最终目的，胡锦涛指出：“要坚持党要管党、从严治党，坚持强化思想理论武装和严格队伍管

---

① 参见习近平：《坚持不懈推进党的先进性和纯洁性建设——在全国创先争优理论研讨会上的讲话》，载《党建研究》2012 年第 6 期，第 4~5 页。

② 《胡锦涛文选》(第 3 卷)，北京：人民出版社 2016 年版，第 578~579 页。

理相结合、发扬党的优良作风和加强党性修养与党性锻炼相结合、坚决惩治腐败和有效预防腐败相结合、发挥监督作用和严肃党的纪律相结合，不断增强自我净化、自我完善、自我革新、自我提高能力，始终坚持党的性质和宗旨，永葆共产党人政治本色。”①显然，新的形势下保持党的纯洁性的指导方针是党要管党、从严治党，基本要求是“四个结合”，目的是不断增强“四自”能力，始终坚持党的性质和宗旨，永葆共产党人政治本色。

关于保持党的纯洁性的主要内容和具体路径，胡锦涛指出：党的纯洁性包括党员干部的思想纯洁、队伍纯洁、作风纯洁和清正廉洁。要大力保持党员、干部思想纯洁，加强思想建设，教育引导广大党员、干部坚定理想信念、坚守共产党人精神家园，认真学习和实践中国特色社会主义理论体系，坚持不懈加强党性修养和党性锻炼，牢固树立正确的世界观、权力观、事业观。要大力保持党员、干部队伍纯洁，把好党员入口关，加强思想上入党教育，选好干部配好班子，加强日常教育管理，建立健全党员党性定期分析制度。要大力保持党员、干部作风纯洁，教育引导党员、干部坚持群众路线，把实现好、维护好、发展好最广大人民根本利益作为检验纯洁性的试金石，坚持奋发向上、百折不挠的精神，弘扬勤俭节约、艰苦奋斗的作风。要大力保持党员、干部清正廉洁，严格执行廉洁自律各项规定，坚决查办腐败案件，加大从源头上防治腐败工作力度，加强警示教育。要大力加强监督和严明纪律，加强党内民主监督，推进党务公开，发挥舆论监督积极作用，严格执行党的纪律。②

胡锦涛关于保持党的纯洁性的讲话，深刻阐述了保持党的纯洁性的极端重要性、紧迫性以及总体要求、工作重点，是对马克思主义党的建设理论的创新和发展，对于指导当前和今后一个时期党风廉政建设和反腐败斗争、全面推进党的建设新的伟大工程、保持党的先进性和纯洁性，对于推动全面做好党和国家各项工作、夺取全面建设小康社会新胜利、开创中国特色社会主义事业新局面，具有重

① 《胡锦涛文选》(第3卷)，北京：人民出版社2016年版，第579页。
② 参见《胡锦涛文选》(第3卷)，北京：人民出版社2016年版，第579~582页。

大而深远的意义。

为了推进党的纯洁性建设，时任中共中央政治局常委、中央党校校长的习近平在2012年3月16日出版的《求是》上发表《扎实做好保持党的纯洁性各项工作》的署名文章，进一步阐述了关于先进性建设的有关理论问题。

关于党的纯洁性在思想、政治、组织、作风上的具体体现，习近平指出：党的纯洁性，体现在党的思想、政治、组织和作风各个方面。体现在思想上，就是要求各级党组织和广大党员、党的领导干部必须坚持把马克思主义及其中国化的理论成果作为指导思想，坚持把为社会主义、共产主义奋斗作为理想信念，坚持马克思主义实事求是的思想路线，坚决抵制各种反马克思主义思想的侵蚀，坚决同各种违背马克思主义的错误思想作斗争；体现在政治上，就是要求各级党组织和广大党员、党的领导干部必须坚决执行党的纲领、章程和路线方针政策，在社会主义初级阶段必须坚持以经济建设为中心、坚持四项基本原则、坚持改革开放的基本路线，坚决抵制和反对一切违背党的基本路线的错误政治倾向；体现在组织上，就是要求各级党组织和广大党员、党的领导干部必须坚持贯彻党的民主集中制原则和遵守党的组织纪律的要求，自觉维护党的团结统一，坚决反对一切危害和分裂党的行为，严格坚持党章所规定的共产党员标准和领导干部条件，坚决把背离党纲党章、危害党的事业、已经丧失共产党员资格的蜕化变质分子和腐败分子清除出党；体现在作风上，就是要求各级党组织和广大党员、党的领导干部必须坚持发扬党的理论联系实际、密切联系群众、批评和自我批评以及谦虚谨慎、不骄不躁、艰苦奋斗等优良作风，坚持贯彻党的从群众中来到群众中去的工作路线和调查研究的工作方法，坚决反对主观主义、官僚主义、形式主义、以权谋私、弄虚作假和个人专断、追求奢华等不正之风。①

关于党的纯洁性的依据及其与先进性的关系，习近平指出：始终保持党的纯洁性，是由我们党的性质和宗旨决定的。我们党是中国工人阶级的先锋队，同时

① 习近平：《扎实做好保持党的纯洁性各项工作》，载《求是》2012年第6期，第3~7页。

是中国人民和中华民族的先锋队，党除了工人阶级和最广大人民群众的利益没有自己特殊的利益，在任何时候都把人民群众的利益放在第一位，全心全意为人民服务。党的这种性质和宗旨，既决定了党的先进性，也决定了党的纯洁性。党的纯洁性同党的先进性相辅相成、密不可分。纯洁性是先进性的前提和基础，先进性是纯洁性的体现和保证，二者在本质上是一致的。我们党成立 90 多年来的历史证明，党的坚强有力和事业发展取决于多种因素，党的纯洁性对党的创造力、凝聚力、战斗力有着根本性影响。什么时候党的纯洁性保持得好，党就更加坚强有力，党的事业就能健康发展；什么时候党的纯洁性受到影响和削弱，党的战斗力就会下降，党的事业就会遭受损失。①

关于新形势下保持先进性的重要性和紧迫性，习近平指出：当前，我国正处在全面建设小康社会的关键时期和深化改革开放、加快转变经济发展方式的攻坚时期，党所面临的执政考验、改革开放考验、市场经济考验、外部环境考验更加突出，所面临的精神懈怠的危险、能力不足的危险、脱离群众的危险、消极腐败的危险更加凸显。保持党的先进性和纯洁性，是我们党在改革开放和社会主义现代化建设进程中应对和经受住各种考验、化解和战胜各种危险的重要法宝。现在，我们党的队伍总体上是纯洁、团结、有战斗力的，这是中国特色社会主义事业不断取得伟大成就的根本保证。但是也要看到，在深刻变化的国内外环境中，管党治党的任务越来越艰巨，如何保持党的纯洁性也面临不少新情况新问题。特别是理想信念不坚定、作风不正、原则性不强、为政不廉等不符合党的纯洁性要求的问题，在一些党员和党的干部中不同程度地存在，这必然影响党在人民群众中的威信和削弱党的战斗力。我们要从保证党永不变色、保证国家长治久安的高度，从应对新形势下党面临的风险和挑战出发，充分认识保持党的纯洁性的极端重要性和紧迫性，不断增强党的意识、政治意识、危机意识、责任意识，为保持党的纯洁性而不懈努力。②

---

① 习近平：《扎实做好保持党的纯洁性各项工作》，载《求是》2012 年第 6 期，第 4 页。
② 参见习近平：《扎实做好保持党的纯洁性各项工作》，载《求是》2012 年第 6 期，第 4 页。

习近平重申了胡锦涛在中央纪委第七次全体会议上的讲话提出坚持“四个结合”的要求，即：坚持党要管党、从严治党，坚持强化思想理论武装和严格队伍管理相结合、发扬党的优良作风和加强党性修养与党性锻炼相结合、坚决惩治腐败和有效预防腐败相结合、发挥监督作用和严肃党的纪律相结合，不断增强自我净化、自我完善、自我革新、自我提高能力，始终保持党的思想纯洁、组织纯洁、作风纯洁。同时，习近平对保持党的思想纯洁、组织纯洁、作风纯洁的重要性及其重点做了进一步的阐述，强调保持党在思想上的纯洁性，是保证党的正确政治方向和党的团结统一的思想基础。保持思想纯洁，最重要的是保持对共产主义的坚定信仰、对中国特色社会主义的坚定信念。保持党在组织上的纯洁性，是保持全党步调一致和增强党的创造力、凝聚力、战斗力的组织保证。保持党在组织上的纯洁，要求各级党组织要严格管理党员队伍和党的干部队伍，严把入口、加强教育、强化监督、畅通出口。保持党在作风上的纯洁性，是保持党同人民群众血肉联系和不断从人民群众实践中吸取经验、智慧和力量的固本之道。加强和改进党的作风，坚持发扬党的优良作风，保持党的作风纯洁，核心是密切联系群众，始终与人民群众同呼吸、共命运，始终代表人民群众的意志和利益，始终依靠人民群众来推动历史前进。保持党的纯洁性，关键在党的各级领导干部。党的领导干部既是保持党的纯洁性的组织者和领导者，又是保持党的纯洁性的执行者和实践者。领导干部处在党和人民事业的领导岗位上，这就决定了在保持党的纯洁性方面负有极为重要的责任，由此也决定了务必时时、处处用党的纯洁性要求对照自己、检点自己、修正自己、提高自己，要求别人做的自己带头做到，要求别人不做的自己带头不做，以自己率先垂范的实际行动充分体现党的纯洁性。①

习近平着重论述了反腐倡廉与保持纯洁性的关系，以及严格监督和严明纪律在维护党的纯洁性中的作用，指出：党的纯洁性同一切腐败现象是根本对立的，

---

① 参见习近平：《扎实做好保持党的纯洁性各项工作》，载《求是》2012 年第 6 期，第 5~6 页。

反腐倡廉就是要同各种腐败现象作斗争，维护党的肌体健康，维护党的纯洁性。严格的监督是防止党员和党的干部腐化变质、维护党的纯洁性的重要途径。上级对下级、下级对上级、群众对领导干部以及干部之间，都要敢于进行有效的监督。各级领导干部要纠正那种监督就是不信任的观念，增强主动接受监督的意识和依法依规保护监督的意识，自觉把自己置于党和人民事业所要求的各种监督之下。严明的纪律是维护党的纯洁性的有力保证。各级领导干部都要增强纪律意识，切实把党的政治纪律、组织纪律、经济工作纪律、群众工作纪律和廉政纪律的规定转化为自己的行为规范。①

习近平在2012年5月21日召开的全国创先争优理论研讨会发表的讲话中，将党的先进性、纯洁性并称，强调先进性和纯洁性是马克思主义政党的本质属性，贯穿于党的性质、宗旨、任务和全部工作中，体现在各级党组织和全体党员的实际行动上。这种先进性和纯洁性，不是固定不变的，而是与时俱进、随着形势和任务的发展变化而不断丰富与发展的；不是一劳永逸的，而是必须通过坚持不懈地加强党的自身建设才能保持与发展的。正反两方面历史经验深刻表明，保持、发展先进性和纯洁性始终是马克思主义政党根本的思想政治任务，关系党的生死存亡和前途命运。习近平在讲话中还指出：我们党90多年的历史，是党领导中国人民不断赢得革命、建设、改革胜利的历史，也是党不断实现、保持、发展自己先进性和纯洁性的历史。90多年的历史说明，我们党始终保持、发展先进性和纯洁性，党在人民群众中就会有崇高的威望，党和人民事业就兴旺发达。90多年的历史也说明，党的先进性和纯洁性的保持和发展，不断面临着各种困难和风险的挑战与考验。过去如此，现在和将来也会如此。各级党组织和领导干部务必保持清醒认识，以更大力度继续加强党的先进性和纯洁性建设。②

---

① 参见习近平：《扎实做好保持党的纯洁性各项工作》，载《求是》2012年第6期，第6~7页。

② 参见习近平：《坚持不懈推进党的先进性和纯洁性建设——在全国创先争优理论研讨会上的讲话》，载《党建研究》2012年第6期，第4~5页。

习近平还从五个方面总结了加强党的先进性、纯洁性建设的重点和着眼点：一是要从思想上政治上加强党的先进性和纯洁性建设，坚持从思想教育入手，教育引导党员和干部认真学习并实践中国特色社会主义理论体系特别是科学发展观，加强党性修养和党性锻炼，模范践行社会主义核心价值体系，做共产主义远大理想和中国特色社会主义共同理想的坚定信仰者和忠实执行者；二是要从巩固党的阶级基础和群众基础上加强党的先进性和纯洁性建设，始终把实现好、维护好、发展好最广大人民根本利益作为检验先进性和纯洁性的试金石，进一步建立健全联系群众、服务群众的长效机制，在时时处处为群众排忧解难、造福人民的实践中体现党的先进性和纯洁性；三是要从提高领导骨干素质上加强党的先进性和纯洁性建设，建设好领导干部队伍，坚持在实践中培养、考察、锻炼、使用干部，推动领导干部以率先垂范的实际行动体现党的先进性和纯洁性；四是要从夯实组织基础上加强党的先进性和纯洁性建设，把抓基层、打基础作为一项永久的战略任务坚持不懈地抓下去，不断提高基层党建工作科学化水平，充分发挥基层党组织的战斗堡垒作用和党员的先锋模范作用；五是要从完善党内制度及工作机制上加强党的先进性和纯洁性建设，坚持党要管党、从严治党，增强自我净化、自我完善、自我革新、自我提高能力，健全以党章为根本、以民主集中制为核心的制度体系，为保持党的先进性和纯洁性提供制度保证。①

习近平关于党的纯洁性的两次讲话，丰富了中国共产党的先进性和纯洁性建设理论，为在全党持续开展先进性和纯洁性建设提供了理论指导。而“保持党的先进性和纯洁性是党的建设一项长期而又常新的战略任务，需要不断地结合新形势新任务从理论和实践结合上进行研究”②。

① 习近平：《坚持不懈推进党的先进性和纯洁性建设——在全国创先争优理论研讨会上的讲话》，载《党建研究》2012 年第 6 期，第 5~8 页。

② 习近平：《坚持不懈推进党的先进性和纯洁性建设——在全国创先争优理论研讨会上的讲话》，载《党建研究》2012 年第 6 期，第 8 页。

二、加强党内法规制度体系建设

制度建设是党的建设的重要内容。党在新民主主义革命时期即已提出“党内法规”的概念，并在实践中开启了党的制度建设历程。把制度建设作为党的建设的一个重要方面并作为党的建设总体布局的重要组成部分，是在改革开放和社会主义现代化建设新时期。胡锦涛关于加强党内法规制度体系建设的思想，集中体现在三个方面，一是加强以党章为核心的党内法规制度体系建设；二是健全党内民主制度；三是深化干部人事制度改革，造就高素质干部队伍。

（一）加强以党章为核心的党内法规制度体系建设

党章是党的根本大法，是党的制度建设的根本依据。从党的十二大以来，围绕贯彻落实党章的各项规定和要求，党的制度建设不断向前推进。随着改革开放的深入和党的建设实践的发展，对各级党组织和党员、干部贯彻落实党章，进一步推进制度创新，提高自身建设的制度化、规范化水平提出了新的要求。在总结历史经验的基础上，以胡锦涛同志为总书记的党中央提出了要加强以党章为核心的党内法规制度体系建设的思想。

首先是强调树立党章的权威。2006 年 1 月 6 日，胡锦涛在中央纪委第六次全体会议上，明确提出了全党同志要认真学习党章、自觉遵守党章、切实贯彻党章、坚决维护党章的重大任务。他着重从以下方面阐述了认真学习党章、自觉遵守党章、切实贯彻党章、坚决维护党章的重要性。

其一，党章是总结中国共产党自身建设的实践经验得出一个重要结论。胡锦涛指出：中国共产党历来高度重视党章，始终把制定和完善党章、学习和贯彻党章作为党的建设的一项基础性工作。① 在革命、建设、改革的不同历史时期，党

① 参见中共中央文献研究室：《十六大以来重要文献选编》（下），北京：中央文献出版社 2008 年版，第 173 页。

章作为指引全党的旗帜和“根本大法”，对于正确制定党的路线方针政策，统一全党的思想和行动，实现党在不同时期的历史任务，发挥着极其重要的基础性作用。特别是改革开放以来，党的十二大、十三大、十四大、十五大、十六大都对学习贯彻党章提出了明确要求。

其二，党章是维护党的团结统一、完成党的各项任务的坚强保证。胡锦涛指出：党章是规范和制约全党行为的总章程，是立党、治党、管党的总章程，在党内具有最高的权威性和最大的约束力。对我们这样一个拥有几千万党员的大党来说，把全党同志的思想统一到党章上来，自觉按照党章行动，具有十分重大的意义。历史和现实都表明，执政党的建设和管理，比执政前要艰难得多。我们党是马克思主义执政党，要做到永远不脱离群众，永远立于不败之地，就必须始终注意加强党的建设，特别是注意加强党风廉政建设。只有坚决维护党章的最高权威，按照党章的要求教育管理党员干部，才能保证全党严格执行党的制度和纪律，为维护党的团结统一、完成党的各项任务提供坚强保证。

其三，党章是巩固党的执政地位、保持党的先进性、确保党始终沿着正确方向前进的必然要求。胡锦涛指出：党章对党的性质和宗旨、党的路线和纲领、党的指导思想和奋斗目标都作了明确规定，集中表达了我们党的理论基础和政治主张，集中体现了我们党的整体意志和共同理想，为全党统一思想、统一行动提供了根本准则。只有把党章学习好、遵守好、贯彻好、维护好，才能确保我们党始终沿着正确的方向前进，始终成为中国特色社会主义事业的坚强领导核心。

总之，党章是把握党的正确政治方向的根本准则，是坚持从严治党方针的根本依据，是党员加强党性修养的根本标准，能不能有效学习党章、遵守党章、贯彻党章、维护党章，关系到增强党的创造力、凝聚力、战斗力，关系到巩固党的执政地位和保持党的先进性，关系到党的事业兴衰成败和党的生死存亡。① 因此，坚持改革创新，进一步加强制度建设，把党章的各项规定落到实处。要适应

① 参见中共中央文献研究室：《十六大以来重要文献选编》(下)，北京：中央文献出版社 2008 年版，第 173、174 页。

新形势新任务的要求，加强以党章为核心的党内法规制度体系建设。

在庆祝中国共产党成立90周年大会上的讲话中，胡锦涛进一步阐述和发挥了以党章为核心的党内法规制度体系思想。他指出，90年来党的发展历程告诉我们，建设好、管理好一个有几千万党员的大党，制度更带有根本性、全局性、稳定性、长期性。“在新的历史条件下提高党的建设科学化水平，必须坚持用制度管权管事管人，健全民主集中制，不断推进党的建设制度化、规范化、程序化。”“必须始终把制度建设贯穿党的思想建设、组织建设、作风建设和反腐倡廉建设之中，坚持突出重点、整体推进，继承传统、大胆创新，构建内容协调、程序严密、配套完备、有效管用的制度体系。”“推进党的制度建设，要坚持以党章为根本、以民主集中制为核心，坚持和完善党的领导制度，改革和完善党的领导方式和执政方式，发展党内民主，积极稳妥推进党务公开，保障党员主体地位和民主权利，完善党代表大会制度和党内选举制度，完善党内民主决策机制，保障党的团结统一，增强党的创造活力，坚决克服违反民主集中制原则的个人独断专行和软弱涣散现象。全党同志都要牢固树立法律面前人人平等、制度面前没有特权、制度约束没有例外的观念，认真学习制度，严格执行制度，自觉维护制度。”①

以党章为核心加强党内法规制度体系建设思想的提出，对于进一步发挥党章这一党内根本大法的作用，推进全党学习党章、遵守党章、贯彻党章、维护党章，加强以党章为核心的党内法规制度体系建设，提高制度建设的质量和水平，推进党的建设和党内生活制度化、规范化，均有着重大的指导作用。

(二)发展党内民主、健全党内民主制度

党内民主是党的生命。党的主要领导人对党内民主问题都非常重视，多有强调和阐述。随着社会主义市场经济体制的完善和民主政治的推进，广大党员、干

① 《胡锦涛文选》(第3卷)，北京：人民出版社2016年版，第533~534页。

部的民主观念越来越强烈，党员的主体意识日益增强，参与党内事务的积极性越来越高。如何发展党内民主是党的建设面临的新课题。如前所述，中共十六大即已提出："党内民主是党的生命，对人民民主具有重要的示范和带动作用。要以保障党员民主权利为基础，以完善党的代表大会制度和党的委员会制度为重点，从改革体制机制入手，建立健全充分反映党员和党组织意愿的党内民主制度。"①在此基础上，以胡锦涛同志为总书记的党中央贯彻党的十六大关于重视发展党内民主的精神，不断推进党内民主建设。

2004 年党的十六届四中全会进一步提出：发展党内民主，是政治体制改革和政治文明建设的重要内容。要认真贯彻党员权利保障条例，建立和完善党内情况通报制度、情况反映制度、重大决策征求意见制度，逐步推进党务公开，增强党组织工作的透明度，使党员更好地了解和参与党内事务。营造党内不同意见平等讨论的环境，鼓励和保护党员讲真话、讲心里话。建立健全常委会向全委会负责、报告工作和接受监督的制度。建立党的代表大会代表提案制度。积极探索党的代表大会闭会期间发挥代表作用的途径和形式，建立代表提议的处理和回复机制。扩大在市、县实行党代会常任制的试点。逐步扩大基层党组织领导班子成员直接选举的范围②，从而提出了一系列推进党内民主建设的改革要求。

党的十六届六中全会还明确提出了"坚持和完善民主集中制，扩大党内民主，推进党务公开，严格党内生活，严肃党的纪律，增进党的团结统一，以党内和谐促进社会和谐"③的要求。

2007 年党的十七大强调"党内民主是增强党的创新活力、巩固党的团结统一的重要保证。要以扩大党内民主带动人民民主，以增进党内和谐促进社会和谐"。

---

① 中共中央文献研究室：《十六大以来重要文献选编》（上），北京：中央文献出版社 2005 年版，第 39 页。

② 中共中央文献研究室：《十六大以来重要文献选编》（中），北京：中央文献出版社 2006 年版，第 294 页。

③ 中共中央文献研究室：《十六大以来重要文献选编》（下），北京：中央文献出版社 2008 年版，第 669 页。

十七大特别明确提出“党内民主建设”的理论命题和实践范畴，指出要“积极推进党内民主建设，着力增强党的团结统一”。① 十七大还提出党内民主建设的总体思路，这就是：尊重党员主体地位，保障党员民主权利，推进党务公开，营造党内民主讨论环境。完善党的代表大会制度，实行党的代表大会代表任期制，选择一些县(市、区)试行党代表大会常任制。完善党的地方各级全委会、常委会工作机制，发挥全委会对重大问题的决策作用。严格实行民主集中制，健全集体领导与个人分工负责相结合的制度，反对和防止个人或少数人专断。推行地方党委讨论决定重大问题和任用重要干部票决制。建立健全中央政治局向中央委员会全体会议、地方各级党委常委会向委员会全体会议定期报告工作并接受监督的制度。改革党内选举制度，改进候选人提名制度和选举方式。推广基层党组织领导班子成员由党员和群众公开推荐与上级党组织推荐相结合的办法，逐步扩大基层党组织领导班子直接选举范围，探索扩大党内基层民主多种实现形式。②

党的十七届四中全会又将十七大关于党内民主建设的任务具体化，强调保障党员主体地位和民主权利。以落实党员知情权、参与权、选举权、监督权为重点，进一步提高党员对党内事务的参与度，充分发挥党员在党内生活中的主体作用。推进党务公开，健全党内情况通报制度，及时公布党内信息，畅通党内信息上下互通渠道。建立党委新闻发言人制度，办好党报党刊和党建网站。拓宽党员意见表达渠道，建立健全党内事务听证咨询、党员定期评议基层党组织领导班子成员等制度。鼓励和保护党员讲真话、讲心里话，营造党内民主讨论、民主监督环境。扩大党内基层民主，发挥党的基层组织在保障党员民主权利方面的作用。加强民主集中制教育，提高党员民主素质，引导党员正确行使权利、认真履行义务。③

---

① 中共中央文献研究室：《十七大以来重要文献选编》(上)，北京：中央文献出版社 2009 年版，第 39 页。

② 中共中央文献研究室：《十七大以来重要文献选编》(上)，北京：中央文献出版社 2009 年版，第 39~40 页。

③ 中共中央文献研究室：《十七大以来重要文献选编》(中)，北京：中央文献出版社 2011 年版，第 149 页。

以上种种创新举措的提出，既丰富和完善了党内民主建设理论，引导和推动党内民主朝着正确的方向健康发展，也对中国特色社会主义民主的发展起着重要的示范和推动作用。

(三)深化干部人事制度改革、造就高素质干部队伍

建设一支能够担当重任、经得起风浪考验的高素质干部队伍是保证国家长治久安的根本大计。党的十六大以来，为了贯彻落实党中央提出的全面建设小康社会的重大任务和一系列重大战略思想，继续推进改革开放和社会主义现代化建设，以胡锦涛同志为总书记的党中央提出了要建设一支善于治国理政的高素质干部队伍的思想，使党的干部队伍建设理论不断完善。这一思想主要包括以下内容：

其一，坚持德才兼备、以德为先用人标准，完善干部选拔任用机制。坚持民主、公开、竞争、择优，提高选人用人公信度，形成充满活力的选人用人机制，促进优秀人才脱颖而出，是培养造就高素质干部队伍的关键。针对各级领导班子和干部队伍的实际，党中央在坚持德才兼备的原则和干部“四化”方针的前提下，进一步提出了坚持五湖四海、任人唯贤的选人用人方针和德才兼备、以德为先用人标准，强调必须坚持党管干部原则，全面贯彻干部队伍革命化、年轻化、知识化、专业化方针，坚持五湖四海，拓宽视野选拔干部，广辟途径培养干部，满腔热情爱护干部，严格要求管理干部，把各方面优秀人才集聚到党和国家事业中来。要坚持德才兼备、以德为先用人标准，完善干部选拔任用机制，提高领导班子和领导干部推动科学发展、促进社会和谐能力，培养造就大批优秀年轻干部，健全干部管理机制。① 要坚持正确的用人导向，坚持德才兼备、注重实绩、群众公认，坚持任人唯贤、公道正派，“把那些政治上靠得住、工作上有本事、作风上过得硬的干部选拔到各级领导岗位上来”②，“坚持正确用人导向，使选拔出来

① 参见中共中央文献研究室：《十七大以来重要文献选编》(中)，北京：中央文献出版社 2011 年版，第 151～153 页。

② 中共中央文献研究室：《十六大以来重要文献选编》(中)，北京：中央文献出版社 2005 年版，第 292 页。

的干部组织放心、群众满意，让能干事者有机会、干成事者有舞台，不让老实人吃亏，不让投机钻营者得利”①。要“按照政治坚定、求真务实、开拓创新、勤政廉政、团结协调的要求，把各级领导班子建设成为坚强领导集体”②。特别是要“以高举旗帜、坚定信念、践行宗旨为根本，加强领导班子思想政治建设，增强班子成员顾全大局、团结协作的自觉性，提高运用科学发展观干事创业水平”③。

其二，教育引导干部树立正确的政绩观。在坚持领导干部要树立正确的世界观、人生观、价值观、利益观、权力观、地位观的基础上，胡锦涛在党的十六届三中全会上提出了坚持以人为本，树立全面、协调、可持续的科学发展观，并强调要教育干部树立正确的政绩观。不久，他又论述了树立和贯彻落实科学发展观和坚持正确的政绩观的关系。指出：“科学发展观引导着正确的政绩观的树立，正确的政绩观又保证着科学发展观的落实。……考核干部政绩，要注重考察落实科学发展观的实际成效，坚持用是否服务于人民、造福于人民，是否遵循客观规律和科学规律，是否推动经济社会协调发展，是否对子孙后代负责、对长远发展负责，作为考核干部政绩的根本标准。”④他提出：“要把树立正确的政绩观作为新时期党的建设新的伟大工程的重要内容，通过加强思想政治建设和深化干部制度改革予以切实保证。”⑤他提出了树立正确的政绩观的实质，指出：“树立正确的政绩观，说到底就是要忠实实践党的宗旨，真正做到权为民所用、情为民所系、利为民所谋。”⑥树立正确的政绩观思想的提出，旨在及时纠正一些人在对待

---

① 中共中央文献研究室：《十七大以来重要文献选编》(中)，北京：中央文献出版社2011年版，第152页。

② 中共中央文献研究室：《十六大以来重要文献选编》(中)，北京：中央文献出版社2005年版，第292页。

③ 中共中央文献研究室：《十七大以来重要文献选编》(中)，北京：中央文献出版社2011年版，第152页。

④ 中共中央文献研究室：《十六大以来重要文献选编》(中)，北京：中央文献出版社2006年版，第71~72页。

⑤ 中共中央文献研究室：《十六大以来重要文献选编》(上)，北京：中央文献出版社2005年版，第511页。

⑥ 中共中央文献研究室：《十六大以来重要文献选编》(上)，北京：中央文献出版社2005年版，第510页。

政绩问题上出现的错误倾向，进一步引导和教育广大干部牢记立党为公、执政为民的本质要求，牢固树立正确的世界观、人生观、价值观，解决好权力观、地位观、利益观的问题，自觉经受权、名、利的考验，努力创造经得起历史、实践和人民检验的政绩。

其三，领导干部在改造客观世界的同时改造主观世界。胡锦涛在“三个代表”重要思想理论研讨会上的讲话中，明确提出了领导干部在改造客观世界的同时改造主观世界的问题。他指出：学习贯彻“三个代表”重要思想，要坚持改造客观世界与改造主观世界相结合，“既要对事也要对人。对事，就是要用‘三个代表’重要思想来指导工作、推动社会实践。对人，就是要用‘三个代表’重要思想来武装头脑、指导自我修养”①。这就引导广大党员干部在学习贯彻“三个代表”重要思想的过程中，自觉联系自己的思想实际，进一步坚定理想信念，提高思想政治水平，加强道德品质修养，努力做到在改造客观世界的同时改造主观世界，寓改造主观世界于改造客观世界的过程中，用改造主观世界的成效推进客观世界的改造。

其四，关心爱护广大基层干部。2004 年 10 月，胡锦涛在一次考察工作时指出：“广大基层干部，是党和国家干部队伍的重要组成部分，是做好基层工作的骨干力量，在全面建设小康社会，推进中国特色社会主义事业中具有十分重要的作用。”广大基层干部要进一步增强使命感和责任感，不断提高创造性开展工作的能力，真正成为人民群众信赖的贴心人、带头人。“各级党委和政府都要从提高党的执政能力、巩固党的执政地位、实现党的执政使命的战略高度，真正重视、真情关怀、真心爱护广大基层干部，满腔热忱地支持和帮助基层干部做好工作。”②2006 年 10 月党的十六届六中全会决定，要“紧紧依靠广大基层干部做好基层基础工作，加强基层干部队伍建设，制定和落实定期培训、考核激励、待遇保

---

① 中共中央文献研究室：《十六大以来重要文献选编》(上)，北京：中央文献出版社 2005 年版，第 375 页。

② 中共中央文献研究室：《十六大以来重要文献选编》(中)，北京：中央文献出版社 2006 年版，第 360、364 页。

障等制度措施”[①]。2009 年 9 月中共十七届四中全会决定，“以明确责任、考核监督、保障服务为重点，加强对基层党组织领导班子的管理”[②]。关心爱护广大基层干部的思想，从巩固党的执政地位的高度，阐明了加强基层干部队伍建设的重要地位和作用，体现了党和政府对广大基层干部在政治上的关心、工作上的支持和生活上的帮助，有利于调动广大基层干部投身改革开放和现代化建设的积极性、主动性和创造性。

其五，培养造就大批优秀年轻干部。源源不断培养造就大批优秀年轻干部，是关系党和人民事业继往开来、薪火相传的根本大计。年轻干部要承担起事业重任，必须牢固树立正确的世界观、权力观、事业观，做到忠诚党的事业、心系人民群众、专心做好工作、不断完善自己。广大年轻干部要自觉到艰苦地区、复杂环境、关键岗位砥砺品质、锤炼作风、增长才干。经过艰苦复杂环境磨炼、重大斗争考验、实践证明优秀、有培养前途的大批年轻干部能够不断涌现出来，党和人民事业就大有希望。[③]

其六，树立科学人才观。人才是第一资源，是国家发展的战略资源。胡锦涛强调，全党同志和全社会都要坚持尊重劳动、尊重知识、尊重人才、尊重创造的重大方针，牢固树立人人皆可成才的观念，敢为事业用人才，让各类人才都拥有广阔的创业平台、发展空间，使每个人都成为对祖国、对人民、对民族的有用之才，特别是要抓紧培养造就青年英才，形成人才辈出、人尽其才、才尽其用的生动局面。[④] 这一思想，丰富了党的人才工作理念，与科教兴国、人才强国战略相一致，发展了马克思主义人才理论，对于创新人才工作体制机制，树立以人人皆可成才、不唯学历和职称关键看能力等观点为主要内容的科学人才观，为做好人

---

① 中共中央文献研究室：《十六大以来重要文献选编》(下)，北京：中央文献出版社 2008 年版，第 670 页。

② 中共中央文献研究室：《十七大以来重要文献选编》(中)，北京：中央文献出版社 2011 年版，第 156 页。

③ 《胡锦涛文选》(第 3 卷)，北京：人民出版社 2016 年版，第 531 页。

④ 《胡锦涛文选》(第 3 卷)，北京：人民出版社 2016 年版，第 531 页。

才工作提供了科学指导。

不断深化干部人事制度改革、造就高素质干部队伍和建设人才队伍的思想，丰富了中国共产党的干部队伍建设理论和人才工作理论，对做好干部工作和人才工作，加强干部队伍建设和人才队伍建设具有重要指导作用。

三、加强党的各方面建设

新世纪新阶段，以胡锦涛同志为总书记的党中央在着重阐述加强党的执政能力建设、先进性和纯洁性建设，加强党内法规体系建设的同时，也阐述了做好抓基层打基础工作、大兴求真务实之风，权为民所用、情为民所系、利为民所谋，建立惩治和预防腐败体系、居安思危、经受“四大考验”，化解“四种风险”、建设马克思主义学习型政党等重要思想。

（一）做好抓基层打基础工作，夯实党执政的组织基础

中国共产党高度重视基层党组织建设。新世纪新阶段，以胡锦涛同志为总书记的党中央认真贯彻落实党的十六大、十七大关于基层党组织建设的部署，在全党先后开展了保持共产党员先进性教育活动、学习实践科学发展观活动和创先争优活动。党中央在加强基层党组织建设的过程中，也不断丰富了基层党组织建设的理论。尤其是2009年9月18日中共十七届四中全会通过的《中共中央关于加强和改进新形势下党的建设若干重大问题的决定》，在基层党组织建设方面提出了不少新思想新举措。

其一，基层党组织建设要坚持围绕中心、服务大局、拓宽领域、强化功能的方针。根据新世纪新阶段经济社会发展带来的新情况，从不断夯实党执政的组织基础出发，指出：“党的基层组织是党全部工作和战斗力的基础，是落实党的路线方针政策和各项工作任务的战斗堡垒。必须坚持围绕中心、服务大局、拓宽领域、强化功能，进一步巩固和加强党的基层组织，着力扩大覆盖面、增强生机活

力，使党的基层组织充分发挥推动发展、服务群众、凝聚人心、促进和谐的作用，使广大党员牢记宗旨、心系群众。”①“围绕中心、服务大局、拓宽领域、强化功能”这一基层党组织建设方针的提出，指明了基层党组织建设的方向。

其二，着力扩大基层党组织覆盖面，创新组织设置方式。全面推进各领域党的基层组织建设，实现党组织和党的工作全社会覆盖，做到哪里有群众哪里就有党的工作、哪里有党员哪里就有党组织、哪里有党组织哪里就有健全的组织生活和党组织作用的充分发挥。在以地域、单位为主设置基层党组织的基础上，按照便于党员参加活动、党组织发挥作用的要求，探索完善基层党组织设置形式，推广在农民专业合作社、专业协会、产业链、外出务工经商人员相对集中点建立党组织的做法，抓紧在非公有制经济组织建立党组织，加大在中介机构、协会、学会以及各类新社会组织中建立党组织力度。以党的基层组织建设带动其他各类基层组织建设，活跃基层，打牢基础。②

其三，创新基层党组织活动内容方式，推进基层党组织工作创新。党的基层组织要适应新形势新任务要求，创新活动内容方式，找准开展活动、发挥作用的着力点，在扩大党员参与面、提高实效性上下功夫，增强创造力、凝聚力、战斗力。③ 这就在整体上明确了创新基层党组织活动内容方式、推进基层党组织工作创新的新要求。

其四，分类指导，进一步明确各类基层党组织的职能和作用。把发展现代农业、培养新型农民、带领群众致富、维护农村稳定贯穿农村基层党组织活动始终，发挥党组织在建设社会主义新农村中的领导核心作用。把建设高素质经营管理者队伍、人才队伍、党员队伍、职工队伍和增强国有经济活力、控制力、影响

① 中共中央文献研究室：《十七大以来重要文献选编》(中)，北京：中央文献出版社 2011 年版，第 154 页。

② 中共中央文献研究室：《十七大以来重要文献选编》(中)，北京：中央文献出版社 2011 年版，第 154 页。

③ 中共中央文献研究室：《十七大以来重要文献选编》(中)，北京：中央文献出版社 2011 年版，第 155 页。

力贯穿国有企业党组织活动始终，保证党组织参与决策、带头执行、有效监督，发挥政治核心作用。把服务群众、凝聚人心、优化管理、维护稳定贯穿街道社区党组织活动始终，发挥党组织在建设文明和谐社区中的领导核心作用。把服务中心、建设队伍贯穿机关党组织活动始终，发挥党组织在完成本部门各项任务中的协助和监督作用。把全面贯彻党的教育方针、培养社会主义建设者和接班人贯穿高等学校党组织活动始终，发挥党组织在推进教育改革、搞好教书育人、加强教师队伍建设中的领导核心作用。把做好思想政治工作、促进事业发展贯穿科研、文化、卫生、体育和中小学等事业单位党组织活动始终，发挥党组织在本单位履行职责中的政治核心作用。非公有制经济组织、新社会组织中的党组织要围绕贯彻党的方针政策、引导和监督遵守国家法律法规、团结凝聚职工群众、维护各方合法权益、促进健康发展等职能探索发挥作用的途径和方法。民族地区基层党组织要在团结各族群众推动发展、促进和谐、反对分裂、维护稳定中发挥战斗堡垒作用。普遍开展创先争优活动，深化基层党建工作三级联创活动，坚持和完善“三会一课”制度，推进基层党组织工作信息化。① 这就在整体上明确了创新基层党组织活动内容方式，并在推进基层党组织工作创新的新要求的基础上进一步明确了各类基层党组织的职能和作用，对不同领域的基层党组织的地位、作用、功能、活动内容和方式提出了具体要求，体现了求真务实、有效管用的特点。

其五，以提高素质为重点，抓紧抓好党员队伍建设这一基础工程。建立健全教育、管理、服务党员长效机制，激发党员增强光荣感和责任感、保持先进性内在动力。注重质量、优化结构，改进发展党员工作，加强思想上入党教育，加大在工人、农民中发展党员力度，重视在高知识群体、在大学生等各领域优秀青年中发展党员，积极做好在非公有制经济组织、新社会组织中发展党员工作。从思想、工作、生活上关心党员，做好党员服务工作，健全党内激励、关怀、帮扶机制，健全党内表彰制度，加强对老党员、生活困难党员的关怀帮扶。落实基层党

① 中共中央文献研究室：《十七大以来重要文献选编》(中)，北京：中央文献出版社 2011 年版，第 155 页。

员教育培训规划，建立基层党员轮训制度，拓宽党员受教育渠道。鼓励党员带头参与志愿服务，推广党员承诺制等做法，探索建立党员在居住地发挥作用机制。严格党内组织生活，坚持民主评议党员，表彰优秀党员，及时处置不合格党员。① 其中“从思想、工作、生活上关心党员，做好党员服务工作，健全党内激励、关怀、帮扶机制”，体现了以人为本的科学发展观要求。上述这些新举措，有助于调动广大党员积极性，增强党员队伍生机活力。

其六，构建城乡统筹的基层党建新格局。统筹城乡基层党建工作，促进以城带乡、资源共享、优势互补、协调发展。建立全国党员信息库，加强党员动态管理，健全城乡一体、流入地党组织为主、流出地党组织配合的流动党员教育管理服务工作制度。实行城乡基层党组织一方为主、接续培养、两地考察、相互衔接的优秀农民工入党办法。加强城乡基层党建资源整合，普遍推行机关、企业、社区党组织同农村党组织结对帮扶等做法，推动城乡基层党组织互相促进。通过财政转移支付等建立稳定规范的基层组织工作经费保障制度。2010 年年底基本完成村级组织活动场所、农村党员干部现代远程教育网络一体化建设任务。加强条条为主管理和条块共管单位的基层党组织建设。加强对革命老区、民族地区、边疆地区、贫困地区基层党建工作的支持。② 构建城乡统筹的基层党建新格局的基层党组织新目标，适应了全面建设小康社会的新要求，对于全面提升城乡基层党组织建设水平、加强对流动党员的管理、发挥基层党组织在社会主义新农村建设中的作用，加强党的执政基础，具有重要作用。

以上这些新思想新举措，适应了新世纪新阶段经济社会发展带来的新情况和不断夯实党执政的组织基础的新要求，回答了基层党组织建设中迫切需要解决的新问题，使中国共产党的基层党组织建设理论更加科学和完善。

---

① 中共中央文献研究室：《十七大以来重要文献选编》(中)，北京：中央文献出版社 2011 年版，第 155~156 页。

② 中共中央文献研究室：《十七大以来重要文献选编》(中)，北京：中央文献出版社 2011 年版，第 156~157 页。

(二)大兴求真务实之风

党的优良传统作风是中国共产党人的传家宝。执政党的党风则关系党的形象，关系党和人民事业的成败。中共十六大以后，以胡锦涛同志为总书记的党中央在坚持党的优良作风特别是“八个坚持、八个反对”的基础上，紧密结合当前党内作风实际，提出为民、务实、清廉的新要求，并提出“四个大兴”，即大兴密切联系群众之风，大兴求真务实之风，大兴艰苦奋斗之风，大兴批评和自我批评之风，其中具有创造意义的是求真务实的作风，以及“权为民所用、情为民所系、利为民所谋”的思想。

2003 年 11 月 27 日，胡锦涛在中央经济工作会议上的讲话中，指出“要通过制度保证，使勤政为民、求真务实的干部得到褒奖”①，从而首次使用了“求真务实”的概念。2004 年 1 月 12 日，胡锦涛在第十六届中央纪委第三次全体会上发表讲话，首次明确提出“大力弘扬求真务实精神、大兴求真务实之风”②的要求，并对其作了全面阐述。

胡锦涛明确提出了在全党大力弘扬求真务实精神、大兴求真务实之风的问题，指出这对推进党和国家各项工作“是一个十分重要而又具有基础性、根本性意义的问题”。他从理论逻辑、历史逻辑、实践逻辑的角度，论述了在全党大力弘扬求真务实精神、大兴求真务实之风的重要性，指出：“求真务实是辩证唯物主义和历史唯物主义一以贯之的科学精神，是我们党的思想路线的核心内容，也是党的优良传统和共产党人应该具备的政治品格。我们党一贯倡导求真务实。”③党的历程充分证明，“求真务实是党的活力之所在，也是党和人民事业兴旺发达

---

① 中共中央文献研究室：《十六大以来重要文献选编》(上)，北京：中央文献出版社 2005 年版，第 511 页。

② 中共中央文献研究室：《十六大以来重要文献选编》(上)，北京：中央文献出版社 2005 年版，第 724 页。

③ 中共中央文献研究室：《十六大以来重要文献选编》(上)，北京：中央文献出版社 2005 年版，第 724 页。

的关键之所在”。“我国改革和发展正处在一个关键时期，面对新形势新任务，进一步在全党大力弘扬求真务实精神、大兴求真务实之风，十分重要和紧迫。”①面对复杂多变的国际环境，面对艰巨繁重的国内建设任务，面对我们党肩负的历史使命，要贯彻落实好“三个代表”重要思想和十六大精神，抓好发展这个党执政兴国的第一要务，落实全面、协调、可持续的发展观，实现经济持续快速协调健康发展和社会全面进步，要坚持立党为公、执政为民，保持党同人民群众的血肉联系，切实把最广大人民的根本利益维护好、实现好、发展好，要全面推进党的建设新的伟大工程，加强党员干部队伍建设，提高党的执政能力，都必须大力弘扬求真务实精神、大兴求真务实之风。②

胡锦涛用“四求”“四务”来阐述求真务实的关键所在和根本原则。他说：在全党大力弘扬求真务实精神、大兴求真务实之风，关键是要引导全党同志不断求我国社会主义初级阶段基本国情之真，务坚持长期艰苦奋斗之实；求社会主义建设规律和人类社会发展规律之真，务抓好发展这个党执政兴国的第一要务之实；求人民群众的历史地位和作用之真，务发展最广大人民根本利益之实；求共产党执政规律之真，务全面加强和改进党的建设之实。要采取综合措施，从加强思想教育、促进工作落实、推进制度建设等方面进行努力，使全党同志特别是各级领导干部都坚持做到求真务实、与时俱进、团结一心、踏实苦干。③ 他特别强调：“坚持全心全意为人民服务，摆正同人民群众的关系，是坚持求真务实的根本准则。只有始终牢记党的宗旨，坚持一切从人民的利益出发，坚持以最广大人民的根本利益为最高标准，才能从根本上做到求真务实。”④求真务实要紧紧围绕落实

① 中共中央文献研究室：《十六大以来重要文献选编》(上)，北京：中央文献出版社 2005 年版，第 724~725 页。

② 参见中共中央文献研究室：《十六大以来重要文献选编》(上)，北京：中央文献出版社 2005 年版，第 728 页。

③ 中共中央文献研究室：《十六大以来重要文献选编》(上)，北京：中央文献出版社 2005 年版，第 728~729 页。

④ 中共中央文献研究室：《十六大以来重要文献选编》(上)，北京：中央文献出版社 2005 年版，第 729 页。

党和国家的各项工作来进行，最重要的是付诸实践、见诸行动、取得成效。① 要切实建立健全制度，为坚持求真务实提供体制保证。以制度建设和创新来保证在全党大力弘扬求真务实精神、大兴求真务实之风。②

胡锦涛将大力弘扬求真务实精神、大兴求真务实之风，与树立和落实科学发展观联系起来，并论述了两者之间的关系，他指出："树立和落实科学发展观，同大兴求真务实之风是内在统一的……要把树立和落实科学发展观作为求真务实的着力点，在树立和落实科学发展观中坚持求真务实，用求真务实的作风来树立和落实科学发展观。"③"要把树立和落实科学发展观与发扬优良的工作作风紧密结合起来。树立和落实科学发展观，关键在行动。各级党委和政府要把树立和落实科学发展观作为干部工作作风建设的重要内容来抓，切实转变干部的工作作风，坚决反对形式主义、官僚主义。要坚持解放思想、实事求是，讲实话、出实招、办实事、求实效，以改革的精神和科学的态度研究解决改革发展稳定中的重大问题，研究解决群众生产生活中的紧迫问题，多干群众急需的事，多干群众受益的事，多干打基础的事，多干长远起作用的事，扎扎实实地把改革开放和现代化建设推向前进。"④显然，树立和落实科学发展观是求真务实的着力点，也是干部作风建设的重要内容。

之后，以胡锦涛同志为总书记的党中央在很多重要文件和讲话中，强调了大兴求真务实之风，并将其进一步扩展为"四个大兴"。党的十六届四中全会强调："大兴求真务实之风，保持党同人民群众的血肉联系。加强思想教育，健全相关

---

① 参见中共中央文献研究室：《十六大以来重要文献选编》(上)，北京：中央文献出版社 2005 年版，第 731 页。

② 参见中共中央文献研究室：《十六大以来重要文献选编》(上)，北京：中央文献出版社 2005 年版，第 732 页。

③ 中共中央文献研究室：《十六大以来重要文献选编》(中)，北京：中央文献出版社 2006 年版，第 71 页。

④ 中共中央文献研究室：《十六大以来重要文献选编》(中)，北京：中央文献出版社 2006 年版，第 72~73 页。

制度，提高执政效率，真正做到为民、务实、清廉。”①党的十七大强调以求真务实作风推进各项工作，多干打基础、利长远的事，包括：加强调查研究，改进学风和文风，精简会议和文件，反对形式主义、官僚主义，反对弄虚作假。倡导勤俭节约、勤俭办一切事业，反对奢侈浪费。全党同志特别是领导干部都要讲党性、重品行、作表率。深入开展党风党纪教育，积极进行批评和自我批评，使领导干部模范遵守党纪国法，继承优良传统，弘扬新风正气，以优良的党风促政风带民风。②

党的十七届四中全会在坚持大力弘扬党的三大作风以及谦虚谨慎、艰苦奋斗作风的基础上，集中提出了大兴密切联系群众之风、大兴求真务实之风、大兴艰苦奋斗之风、大兴批评和自我批评之风的任务，并强调“以坚强党性保证党的作风建设。把加强党性修养作为优良作风养成的重要基础和动力，教育引导全体党员加强学习、加强实践、加强党内生活锻炼，自觉学习党章、遵守党章、贯彻党章、维护党章，增强党员意识、党性观念，继承发扬党的优良传统和作风……使广大党员永葆蓬勃朝气、昂扬锐气、浩然正气”③。

(三)权为民所用、情为民所系、利为民所谋

中国共产党是马克思主义执政党，党员干部特别是各级领导干部手中的权力是人民赋予的，因而只能用于为人民服务、为人民谋利益。领导干部要与人民想在一起，干在一起，与人民群众心连心，始终保持对人民群众的真情。

胡锦涛明确提出并多次强调了“权为民所用、情为民所系、利为民所谋”的思想。

---

① 中共中央文献研究室：《十六大以来重要文献选编》(中)，北京：中央文献出版社 2006 年版，第 294~295 页。

② 中共中央文献研究室：《十七大以来重要文献选编》(上)，北京：中央文献出版社 2009 年版，第 42 页。

③ 中共中央文献研究室：《十七大以来重要文献选编》(中)，北京：中央文献出版社 2011 年版，第 159~160 页。

“三为民”思想的提出，是与要求领导干部树立正确的世界观、人生观、价值观和权力观、地位观、利益观联系在一起的。2002 年 1 月 6 日，胡锦涛在西柏坡学习考察时指出：对领导干部来说，最根本的就是要牢固树立正确的世界观、人生观、价值观，着力解决好权力观、地位观、利益观问题，特别是要解决好坚持立党为公、执政为民的问题，关键是要坚持“做到权为民所用、情为民所系、利为民所谋”①。2005 年 2 月 19 日，胡锦涛又在省部级主要领导干部提高构建社会主义和谐社会能力专题研讨班上的讲话中进一步强调：“各级领导干部都要树立正确的世界观、人生观、价值观和权力观、利益观、地位观，自觉做到权为民所用、情为民所系、利为民所谋，常修为政之德、常思贪欲之害、常怀律己之心，自觉抵御拜金主义、享乐主义、极端个人主义等消极腐朽思想文化的侵蚀，以自己的优良作风和良好形象带动群众做好各项工作。”②

党的十七大报告将“三为民”与坚持唯物史观、为人民服务的宗旨和群众路线联系起来，指出：“要坚持人民是历史创造者的历史唯物主义观点，坚持全心全意为人民服务，坚持群众路线，真诚倾听群众呼声，真实反映群众愿望，真情关心群众疾苦，多为群众办好事、办实事，做到权为民所用、情为民所系、利为民所谋。”③

2011 年，胡锦涛在庆祝中国共产党成立 90 周年大会上的讲话中把“三为民”与党的群众基础和力量源泉联系起来，指出：“我们必须始终把人民利益放在第一位，把实现好、维护好、发展好最广大人民根本利益作为一切工作的出发点和落脚点，做到权为民所用、情为民所系、利为民所谋，使我们的工作获得最广泛最可靠最牢固的群众基础和力量源泉。”④

---

① 参见《胡锦涛文选》(第 2 卷)，北京：人民出版社 2016 年版，第 9~10 页。

② 中共中央文献研究室：《十六大以来重要文献选编》(中)，北京：中央文献出版社 2006 年版，第 718 页。

③ 中共中央文献研究室：《十七大以来重要文献选编》(上)，北京：中央文献出版社 2009 年版，第 42 页。

④ 《胡锦涛文选》(第 3 卷)，北京：人民出版社 2016 年版，第 532 页。

“权为民所用、情为民所系、利为民所谋”这三句话，简洁地阐明了中国共产党人特别是各级领导干部应有的权力观、地位观和利益观，被老百姓亲切地称为“共产党的新三民主义”。

关于大兴求真务实之风和权为民所用、情为民所系、利为民所谋的思想，赋予马克思主义政党作风建设理论以新的内容和内涵，对加强党的作风建设起了重要指导作用。

(四)建立惩治和预防腐败体系

反腐败斗争是关系党和国家生死存亡的一场政治斗争。中国共产党历来高度重视反腐倡廉工作，特别是在革命、建设、改革的重大历史关头和关键发展阶段，更是高度自觉地把反腐倡廉工作摆在非常重要的位置。面对市场经济体制改革进入攻坚阶段所带来的新情况、新课题、新挑战和新世纪新阶段反腐倡廉建设的形势，以胡锦涛同志为总书记的党中央在总结国内外反腐倡廉实践经验和加强反腐倡廉理论研究的基础上，围绕着“为什么要反腐倡廉，怎样反腐倡廉”的问题，强调要从夺取全面建设小康社会新胜利、开创中国特色社会主义事业新局面的战略高度出发，深刻阐述加强反腐倡廉建设的重要性和紧迫性，并在反腐倡廉建设方面提出了一些重要思想。

其一，提出了“反腐倡廉建设”的新范畴。在2006年12月中共中央、国务院召开的中央经济工作会议上，胡锦涛强调要切实搞好反腐倡廉建设，从而首次明确提出了“反腐倡廉建设”的新概念、新范畴。2007年，党的十七大报告强调要以完善惩治和预防腐败体系为重点加强反腐倡廉建设，从而把反腐倡廉建设放在更加突出的位置，将其与党的思想建设、组织建设、作风建设、制度建设相并列。“反腐倡廉建设”这一新概念、新范畴，是对以往常用的“廉政建设”“反腐倡廉工作”“反腐败斗争”等概念的新整合、新概括。把反腐倡廉从“工作”提升到“建设”的高度，深化拓展了党的建设的整体布局，使党的建设总体布局内容更全面、更完整；也意味着反腐倡廉不仅是党必须始终抓好的重大政治任务，也是国家一切工作和整个现代化建设都必须注重的重大问题，从而提升了反腐倡廉建设的战略定位，强调了反腐倡廉建设的制度化、系统化与常态化，适应了反腐倡廉新形势的迫切需要，充分反映了党和国家对反腐倡廉工作的高度重视，标志着我们党对反腐倡廉战略的认识和重视达到了一个新的高度。

其二，提出坚持标本兼治、综合治理、惩防并举、注重预防的方针。2004年9月，党的十六届四中全会通过的《中共中央关于加强党的执政能力建设的决定》明确指出，反腐败斗争必须“坚持标本兼治、综合治理，惩防并举、注重预防的方针，抓紧建立健全与社会主义市场经济体制相适应的教育、制度、监督并重的惩治和预防腐败体系”①。这就将反腐倡廉的“标本兼治、综合治理”八字方针发展为十六字方针。党的十七大报告明确提出一定要充分认识反腐败斗争的长期性、复杂性、艰巨性，把反腐倡廉建设放在更加突出的位置，旗帜鲜明地反对腐败，并阐述了反腐倡廉的新部署：“坚持标本兼治、综合治理、惩防并举、注重预防的方针，扎实推进惩治和预防腐败体系建设，在坚决惩治腐败的同时，更加注重治本，更加注重预防，更加注重制度建设，拓展从源头上防治腐败工作领域。严格执行党风廉政建设责任制。坚持深化改革和创新体制，加强廉政文化建设，形成拒腐防变教育长效机制、反腐倡廉制度体系、权力运行监控机制。”②“标本兼治、综合治理、惩防并举、注重预防”方针的提出和“三个更加注重”的强调，是对以往关于从源头上防治腐败这一思想的提升、总结和概括，分别强调了从源头上防止腐败的内涵、功能、制度保证。它适应反腐倡廉新形势的需要，标志着党对反腐倡廉斗争的认识提高到一个新的水平。

其三，建立健全与社会主义市场经济体制相适应的教育、制度、监督并重的惩治和预防腐败体系，推进反腐倡廉制度创新。2003年党的十六届三中全会提出“建立健全与社会主义市场经济体制相适应的教育、制度、监督并重的惩治和

---

① 中共中央文献研究室：《十六大以来重要文献选编》(中)，北京：中央文献出版社2006年版，第295页。

② 中共中央文献研究室：《十七大以来重要文献选编》(上)，北京：中央文献出版社2009年版，第42页。

预防腐败体系”①，提出了社会主义市场经济条件下深入开展党风廉政建设和反腐败斗争的新要求，是加大从源头上防治腐败的根本举措，是加强党的执政能力建设的必然要求。党的十七届四中全会进一步提出了“推进反腐倡廉制度创新”的任务，强调“坚持用制度管权、管事、管人，深化重要领域和关键环节改革，最大限度减少体制障碍和制度漏洞，完善防治腐败体制机制，提高反腐倡廉制度化、法制化水平”②；并对如何加强反腐倡廉制度创新进行了部署，“按照加快形成统一开放竞争有序现代市场体系要求推进相关改革，建立健全防止利益冲突制度，完善公共资源配置、公共资产交易、公共产品生产领域市场运行机制。完善国有企业权力运行制衡机制、薪酬激励和约束机制。加强反腐倡廉制度执行情况监督检查，提高制度执行力，维护制度权威性。”③推进反腐倡廉制度创新总任务的提出，关于建立健全防止利益冲突制度这一具体任务的提出，以及用制度管权、管事、管人思想的提出，表明中国共产党的反腐倡廉建设有了更加清晰的思路。

在上述思想指导下，中国共产党惩治和预防腐败体系建设呈现出科学谋划、系统治理、整体推进的良好局面，取得了新的重要进展和明显成效，并取得了重要经验：“一是必须坚持围绕中心、服务大局，把惩治和预防腐败体系建设与党和国家中心工作紧密结合起来，严明党的政治纪律，加强对中央重大决策部署落实情况的监督检查，找准工作切入点和着力点。二是必须坚持整体推进、系统治理，全面贯彻反腐倡廉战略方针，坚持标本兼治、惩防并举、堵疏结合，注重用系统的思维、统筹的观念、科学的方法推进惩治和预防腐败体系建设，把教育的说服力、制度的约束力、监督的制衡力、改革的推动力、纠风的矫正力、惩治的

① 中共中央文献研究室：《十七大以来重要文献选编》(上)，北京：中央文献出版社2009年版，第481页。

② 中共中央文献研究室：《十六大以来重要文献选编》(中)，北京：中央文献出版社2006年版，第161页。

③ 中共中央文献研究室：《十七大以来重要文献选编》(中)，北京：中央文献出版社2011年版，第162页。

威慑力有机结合起来，增强工作整体效能。三是必须坚持突出重点、抓住关键，把解决反腐倡廉建设中人民群众反映强烈的突出问题作为推进惩治和预防腐败体系建设的重要任务，深入开展专项治理，既做到以重点带全面、逐步完善惩治和预防腐败体系，又不断以反腐倡廉建设实际成效取信于民。四是必须坚持解放思想、改革创新，及时总结推广各地区各部门各单位创造的新鲜经验，深入研究惩治和预防腐败体系建设的重大理论和实际问题，不断探索惩治和预防腐败的新思路新办法新举措。五是必须坚持加强领导、形成合力，认真贯彻落实党风廉政建设责任制，坚持和完善反腐败领导体制和工作机制，通过抓组织领导、抓任务落实、抓监督检查，增强惩治和预防腐败体系建设整体合力，推动惩治和预防腐败体系建设深入发展。"①惩治和预防腐败体系建设是一个动态开放、与时俱进的系统工程，也是一项长期的战略任务。党的十八大将对当前和今后一段时期党和国家事业发展作出全面部署，也将对以完善惩治和预防腐败体系为重点的反腐倡廉建设作出新的部署，坚定不移地把惩治和预防腐败体系建设推向前进。

(五)居安思危、经受"四大考验"、化解"四种危险"

中国共产党历经革命、建设和改革，已经从领导人民为夺取全国政权而奋斗的党，成为领导人民掌握全国政权并长期执政的党；已经从受到外部封锁和实行计划经济条件下领导国家建设的党，成为对外开放和发展社会主义市场经济条件下领导国家建设的党。深刻认识和正确把握党自身历史方位的转变，是加强和改进新形势下党的建设的根本前提和依据。面对风云变幻的国际形势，面对艰巨繁重的国内改革发展稳定任务，中国共产党要团结带领人民在新的历史起点上继续前进，必须在正确把握党自身历史方位变化的基础上，认真分析党的建设面临的形势和任务，不断加强和改进党的建设。以胡锦涛同志为总书记的党中央认识

---

① 《贺国强在贯彻落实〈建立健全惩治和预防腐败体系2008—2012年工作规划〉工作成果交流会上强调 提高认识 总结经验 把握规律 与时俱进 深入推进惩治和预防腐败体系建设》，载《人民日报》2012年8月22日(01)版。

到，在世情、国情、党情发生深刻变化的情况下，提高党的领导水平和执政水平、提高拒腐防变和抵御风险能力，面临许多前所未有的新情况新问题新挑战。具体来说，就是中国共产党面临着“四大考验”和“四种危险”。

关于“四大考验”，中共十七届四中全会在以往关于党面临着执政考验、改革开放考验、市场经济考验这三大考验的基础上，又增加了一个考验——外部环境考验，并且指出：“世情、国情、党情的深刻变化对党的建设提出了新的要求，党面临的执政考验、改革开放考验、市场经济考验、外部环境考验是长期的、复杂的、严峻的，落实党要管党、从严治党的任务比过去任何时候都更为繁重和紧迫。”①“四大考验”的问题作为一个完整的表述，被首次提了出来。

在2011年庆祝中国共产党成立90周年大会上的讲话中，胡锦涛重申了十七届四中全会上提出的党面临的“四大考验”，同时也尖锐地提出了摆在全党面前的“四种危险”，要求“全党必须清醒地看到，在世情、国情、党情发生深刻变化的新形势下，提高党的领导水平和执政水平、提高拒腐防变和抵御风险能力，加强党的执政能力建设和先进性建设，面临许多前所未有的新情况新问题新挑战，执政考验、改革开放考验、市场经济考验、外部环境考验是长期的、复杂的、严峻的。精神懈怠的危险，能力不足的危险，脱离群众的危险，消极腐败的危险，更加尖锐地摆在全党面前，落实党要管党、从严治党的任务比以往任何时候都更为繁重、更为紧迫”②。

中国共产党一再强调党面临的“四大考验”和摆在全党面前的“四种危险”，其目的，就是要求全党必须牢记：“党的先进性和党的执政地位都不是一劳永逸、一成不变的，过去先进不等于现在先进，现在先进不等于永远先进；过去拥有不等于现在拥有，现在拥有不等于永远拥有。”③进而要求全党：“必须居安思危，

① 中共中央文献研究室：《十七大以来重要文献选编》(中)，北京：中央文献出版社2011年版，第142~143页。

② 《胡锦涛文选》(第3卷)，北京：人民出版社2016年版，第528页。

③ 中共中央文献研究室：《十七大以来重要文献选编》(中)，北京：中央文献出版社2011年版，第142页。

增强忧患意识，常怀忧党之心，恪尽兴党之责，勇于变革、勇于创新，永不僵化、永不停滞，继续推进党的建设新的伟大工程，确保党在世界形势深刻变化的历史进程中始终走在时代前列，在应对国内外各种风险和考验的历史进程中始终成为全国人民的主心骨，在发展中国特色社会主义的历史进程中始终成为坚强的领导核心。”①

“四大考验”和“四种危险”的提出和强调，表现了以胡锦涛同志为总书记的党中央在世情国情党情深刻变化面前所表现出来的强烈的忧患意识和责任意识，对于提醒全党居安思危、激发全党的忧患意识和责任意识，常怀忧党之心，恪尽兴党之责，从而以改革创新的精神研究和解决党的建设面临的问题，进一步加强和改进党的建设，不断提高党的执政能力，保持和发展党的先进性、纯洁性，必将起到长远的指导作用。

(六)建设马克思主义学习型政党

学习是文明传承之途、人生成长之梯、政党巩固之基、国家兴盛之要。马克思主义经典作家都非常重视学习，中国共产党也是一个重视学习、善于学习的马克思主义政党。党的历代中央领导集体更是把学习作为全党的一项重大任务，并对为什么要学习、怎样学习等问题作了许多论述。党在长期实践中形成了优良的学习传统，并在新的历史条件下得到发扬光大。其主要标志，就是明确提出了“建设马克思主义学习型政党”这一重大命题。

2004 年 9 月，十六届四中全会通过的《中共中央关于加强党的执政能力建设的决定》，在党的建设史上首次提出要“努力建设学习型政党”。2007 年 10 月召开的党的十七大，强调要按照建设学习型政党的要求，提高运用科学理论分析和解决实际问题的能力。2009 年 9 月召开的党的十七届四中全会，深入研究了加强和改进新形势下党的建设问题，在提出“提高党的建设科学化水平”这一重大命

① 中共中央文献研究室：《十七大以来重要文献选编》(中)，北京：中央文献出版社 2011 年版，第 143 页。

题和重大任务的同时，也提出了“建设马克思主义学习型政党”这一重大命题和战略任务。要求全党必须按照建设马克思主义学习型政党的要求，抓紧学习人类社会创造的一切科学的新思想新知识。全体党员、干部都要把学习作为一种精神追求，深入学习和掌握马克思列宁主义、毛泽东思想，深入学习和掌握中国特色社会主义理论体系，牢固树立辩证唯物主义和历史唯物主义世界观和方法论，真正做到学以立德、学以增智、学以创业。胡锦涛在十七届四中全会的讲话中，论述了全会提出建设马克思主义学习型政党这一战略任务的意义，并要求领导干部做学习的表率，自觉地把学习作为提高素质、增长本领、做好领导工作的根本途径。同时，也强调要把建设马克思主义学习型政党的战略任务落实到基层。①

胡锦涛从学习对党的事业和党自身建设发展进步的巨大作用角度论述了建设学习型政党的重要意义。他指出：不断学习、善于学习，努力掌握和运用一切科学的新思想、新知识、新经验，是党始终走在时代前列引领中国发展进步的决定性因素，直接关系巩固党的执政地位、实现党的执政使命。我们党历来重视学习，特别是在每一个重大历史转折时期总是号召全党同志加强学习，而每次这样的学习热潮都会推动我们的事业实现大进步大发展。面对不断发展变化的国内外形势，面对知识日新月异的当今时代，我们只有勤于学习、不断学习、善于学习，才能始终走在时代前列，才能不断提高领导水平和执政水平，真正担负起领导人民在中国特色社会主义道路上实现中华民族伟大复兴的历史使命。正因为如此，全会鲜明提出建设马克思主义学习型政党的战略任务。全党要高度重视，切实提高学习能力和实践能力。②

时任中共中央政治局常委、中央党校校长的习近平在中央党校 2009 年秋季学期第二批进修班开学典礼上的讲话中，对建设马克思主义学习型政党的主要依

① 参见中共中央文献研究室：《十七大以来重要文献选编》(中)，北京：中央文献出版社 2011 年版，第 170~171 页。

② 中共中央文献研究室：《十七大以来重要文献选编》(中)，北京：中央文献出版社 2011 年版，第 169~170 页。

据和重大意义、基本要求和重要着力点等进行了系统阐述。

关于建设马克思主义学习型政党的依据，习近平在中央党校的讲话中进一步论述了理论依据、历史依据和现实依据。他指出：学习是文明传承之途、人生成长之梯、政党巩固之基、国家兴盛之要。党的十七届四中全会明确提出，要把建设马克思主义学习型政党作为重大而紧迫的战略任务抓紧抓好。这是我们党在深刻认识党的建设历史经验和新鲜经验基础上作出的战略决策，体现了对时代发展脉搏和新形势下党的建设新要求的高度自觉和清醒把握。建设马克思主义学习型政党，是保持党在理论上实践上先进性的本质要求，具有充分的理论依据；是在新的历史条件下继承和弘扬党的优良传统、发扬党的政治优势的必然要求，具有充分的历史依据；是新形势新任务对党的建设提出的新要求，具有充分的现实依据。而当前一些党员干部和党组织在学习方面存在的问题，是与建设马克思主义学习型政党的要求相背离的，需要认真加以解决。①

关于建设马克思主义学习型政党的内涵、目标和基本要求，习近平指出："建设马克思主义学习型政党，就是要把学习科学理论和先进知识在全党形成制度、形成风气，就是要以有效的学习来提升党的创新能力，增强党的生机活力。"②并从四个方面指出了建设马克思主义学习型政党的目标和要求。"我们所要建设的马克思主义学习型政党，应该是高举中国特色社会主义伟大旗帜，坚持推进马克思主义中国化并自觉用以指导实践的政党；是目光远大、胸怀宽阔、善于总结经验、善于吸收一切人类文明成果的政党；是始终走在时代前列，勇于变革、勇于创新，永不僵化、永不停滞的政党；是学以立德、学以增智、学以创业，在学习意识、学习能力、学习成效上引领全社会全民族的政党。归根到底，应该是科学理论武装、具有世界眼光、善于把握规律、富有创新精神的马克思主

① 参见中共中央文献研究室：《十七大以来重要文献选编》(中)，北京：中央文献出版社 2011 年版，第 252~257 页。

② 中共中央文献研究室：《十七大以来重要文献选编》(中)，北京：中央文献出版社 2011 年版，第 257 页。

义政党。”①总之，我们所要建设的马克思主义学习型政党，应该是科学理论武装、具有世界眼光、善于把握规律、富有创新精神的马克思主义政党。科学理论武装是马克思主义学习型政党的本质特征；具有世界眼光，是马克思主义政党的重要特征；善于把握规律，是马克思主义学习型政党必须具有的科学精神和科学态度；富有创新精神，是马克思主义学习型政党必须具有的理论品质和政治勇气。

关于建设马克思主义学习型政党的重要着力点，习近平指出：建设马克思主义学习型政党是一项宏大的系统工程，也是一项长期而艰巨的任务，工作千头万绪，必须突出重点。党的十七届四中全会明确提出了建设马克思主义学习型政党的四项任务，这应当成为建设马克思主义学习型政党的重要着力点：一是坚持推进马克思主义中国化、时代化、大众化；二是坚持用中国特色社会主义理论体系武装全党；三是坚持开展社会主义核心价值体系学习教育；四是建设学习型党组织。②

“建设马克思主义学习型政党”这一重大命题和战略任务的提出，具有十分重大的意义。它明确地回答了“学习型政党”的核心词“学习”的属性，即“学”什么这个重大问题，是中国共产党在深刻认识党的建设历史经验和新鲜经验基础上作出的战略决策，是党成立以来在学习型政党建设方面的一个重大进步。它赋予党的学习以更深的内涵，提出了更高的要求，更加强调把学习作为马克思主义学习型政党的重要特征；作为党组织活动的重要内容，作为党员干部的重要标志，更加强调把学习作为整体性要求；作为全党的共同责任，要求全党学习、全员学习，更加强调学习是一个长期过程，要把学习制度化、机制化、规范化。它反映了党在自身建设方面的与时俱进，反映了新形势下党的建设科学化水平的提高和

① 中共中央文献研究室：《十七大以来重要文献选编》(中)，北京：中央文献出版社 2011 年版，第 257 页。

② 参见中共中央文献研究室：《十七大以来重要文献选编》(中)，北京：中央文献出版社 2011 年版，第 261~265 页。

党建工作的创新，也是对党的建设理论的新发展，体现了新形势下中国共产党人对时代发展脉搏和党的建设新要求的高度自觉和清醒把握。建设马克思主义学习型政党，已成为中国共产党在新形势下加强和改进党的建设的一项重大而紧迫的战略任务，并在党的十七大、十八大、十九大报告中连续得到强调。

建设马克思主义学习型政党与党的思想理论建设是一致的。建设马克思主义学习型政党，必须始终以思想理论建设为根本，以提高全党的马克思主义理论水平为目标，组织党员、干部深入学习实践党的基本理论，全面贯彻和体现用科学理论武装全党的要求。理论创新每前进一步，理论武装就跟进一步，这是中国共产党加强自身建设的一条重要经验。“我们必须按照建设马克思主义学习型政党的要求，抓紧学习人类社会创造的一切科学的新思想新知识。全体党员、干部都要把学习作为一种精神追求，深入学习和掌握马克思列宁主义、毛泽东思想，深入学习和掌握中国特色社会主义理论体系，牢固树立辩证唯物主义和历史唯物主义世界观和方法论，真正做到学以立德、学以增智、学以创业。”①

四、提高党的建设科学化水平

(一)提高党的建设科学化水平重大命题的提出及内涵

中国共产党自成立以来，一直非常重视自身建设，并在领导革命、建设和改革中把握和运用马克思主义政党建设规律，推进党的建设，积累了丰富经验。从“党的建设科学化”命题来看，早在 1929 年古田会议上，毛泽东就提出了“使党员的思想和党内的生活都政治化，科学化”②的命题，为党的建设指明了方向；改革开放以后，邓小平、江泽民等党的主要领导人也多次阐述党的建设要“制度

---

① 《胡锦涛文选》(第 3 卷)，北京：人民出版社 2016 年版，第 530 页。
② 《毛泽东选集》(第 1 卷)，北京：人民出版社 1991 年版，第 92 页。

化”“规范化”“科学化”的问题。由此，“党的建设科学化”命题呼之欲出。而明确提出“党的建设科学化”概念，则是在党的十七届四中全会上。

在新中国成立60周年、中国共产党全面执政60年之际，为了提高党的建设科学化水平，推进党的建设新的伟大工程，2009年9月召开的党的十七届四中全会作出了《中共中央关于加强和改进新形势下党的建设若干重大问题的决定》，明确提出了“党的建设科学化”的全新命题，提出了提高党的建设科学化水平”的重大命题和重大任务①，阐述了加强和改进党的建设的总体要求、目标任务、重要举措，对加强和改进新形势下党的建设作出了战略部署。胡锦涛在十七届四中全会上的讲话中，阐述了提高党的建设科学化水平的基本要求，又在2011年7月庆祝中国共产党成立90周年大会上的讲话中，进一步提出了提高党的建设科学化水平的目标任务和基本要求，为在新的历史条件下推进党的建设科学化指明了方向。

党的建设的科学化，从根本上说，就是中国共产党人努力认识、不断把握和自觉运用马克思主义政党建设规律的过程，是中国共产党加强自身建设一贯坚持的理想追求。“提高党的建设科学化水平，说到底是要不断把握和自觉运用马克思主义执政党建设规律。”②执政党建设是长期任务，探索马克思主义执政党建设规律是永恒课题。党的十七届四中全会提出了提高党的建设科学化水平这个重大命题和重大任务，这是根据世情、国情、党情的新变化对党的建设提出的新要求。

在新的历史条件下，提高党的建设科学化水平，在根本上就是要不断把握和自觉运用马克思主义执政党建设规律，“要坚持解放思想、实事求是、与时俱进，及时研究新情况、解决新问题、总结新经验，努力在以科学理论指导党的建设、以科学制度保障党的建设、以科学方法推进党的建设上见到实效”③。胡锦涛在

① 中共中央文献研究室：《十七大以来重要文献选编》(中)，北京：中央文献出版社2011年版，第168页。

② 中共中央文献研究室：《十七大以来重要文献选编》(中)，北京：中央文献出版社2011年版，第168页。

③ 中共中央文献研究室：《十七大以来重要文献选编》(中)，北京：中央文献出版社2011年版，第168页。

党的十七届四中全会上的讲话中，对此作了系统阐述。

提高党的建设科学化水平，关键是要坚持科学理论指导。马克思列宁主义、毛泽东思想、中国特色社会主义理论体系，为我们适应新形势新任务要求、推进党的建设提供了强有力的理论指导。加强和改进新形势下党的建设，有其客观规律需要我们去认识、去把握，有大量复杂课题需要我们去研究、去破解。“我们要在加强实践探索的同时，紧密结合新的历史条件和新的历史任务，认真学习马克思主义建党学说，加强党建理论研究和创新，努力把握和运用马克思主义执政党建设的客观规律，深刻认识和运用党领导人民夺取政权、巩固政权、执掌政权的客观规律，深入研究推动科学发展、促进社会和谐对党的建设提出的新要求，认真总结加强党的执政能力建设和先进性建设的新鲜经验，不断丰富和发展党建理论。”①

提高党的建设科学化水平，根本是要坚持科学制度保证。“制度建设既是党的建设的重要组成部分，又是党的建设的重要保证。要增强党内生活和党的建设制度的严密性和科学性，既要有实体性制度又要有程序性制度，既要明确规定应该怎么办又要明确违反规定该怎么处理，减少制度执行的自由裁量空间，推进党的建设科学化、制度化、规范化。”②

提高党的建设科学化水平，基础是要坚持科学方法推进。“工欲善其事，必先利其器。”科学方法的运用对提高党的建设水平至关重要。长期以来，各级党组织在探索和运用党的建设科学方法方面取得了不少成效，应该结合新的实际加以丰富和完善。现在信息网络化程度越来越高，对党的建设提出挑战，也带来机遇。要运用信息网络技术来加强和改进党的建设，提高党建工作效率。各级干部要学习和熟悉信息网络，善于运用信息网络，提高运用信息网络进行引导和管理的能力。“加强和改进新形势下党的建设，既要有决心和信心，也要有科学方法，

① 中共中央文献研究室：《十七大以来重要文献选编》(中)，北京：中央文献出版社 2011 年版，第 168~169 页。

② 中共中央文献研究室：《十七大以来重要文献选编》(中)，北京：中央文献出版社 2011 年版，第 169 页。

既要继承和发展党在长期实践中积累的成功方法，也要积极探索运用现代管理学、组织学、心理学等科学方法，借鉴外国政党的有益做法。”①探索党的建设的有效方法，必须立足于党的建设实践，努力把握党的建设规律，既创造性地运用马克思主义哲学的基本方法，又善于运用有效解决实际问题的具体方法；既继承发展传统方法，又学习借鉴现代管理方法，逐步形成内容丰富、结构完整、相互协调、务实管用的科学方法体系。

提高党的建设科学化水平这一理论的提出和系统阐述，回应了世情、国情、党情的新变化对党的建设提出的新要求，反映了以胡锦涛同志为总书记的党中央对执政党建设规律的认识和把握，更加明确了加强和改进新形势下党的建设的前进方向。

(二)提高党的建设科学化水平的基本要求

胡锦涛在庆祝中国共产党成立 90 周年大会上的讲话中，论述了在新的历史条件下提高党的建设科学化水平必须做到的“五个必须坚持”。②

第一，必须坚持解放思想、实事求是、与时俱进，大力推进马克思主义中国化、时代化、大众化，提高全党思想政治水平。理论上的成熟是政治上坚定的基础，理论上的与时俱进是行动上锐意进取的前提，思想上的统一是全党步调一致的重要保证。必须按照建设马克思主义学习型政党的要求，把学习作为一种精神追求，深入学习和掌握马克思列宁主义、毛泽东思想，深入学习和掌握中国特色社会主义理论体系。

第二，必须坚持五湖四海、任人唯贤，坚持德才兼备、以德为先的用人标准。政治路线确定之后干部就是决定因素。坚持五湖四海、任人唯贤，是中国共产党的性质和宗旨的必然要求。必须以更宽的视野、更高的境界、更大的气魄，

---

① 中共中央文献研究室：《十七大以来重要文献选编》(中)，北京：中央文献出版社 2011 年版，第 169 页。

② 《胡锦涛文选》(第 3 卷)，北京：人民出版社 2016 年版，第 528~534 页。

广开进贤之路，坚持把干部的德放在首要位置，让所有优秀干部都能为党和人民贡献力量，让各类人才都拥有广阔的创业平台、发展空间，形成人才辈出、人尽其才、才尽其用的生动局面。

第三，必须坚持以人为本、执政为民理念。以人为本、执政为民是党的性质和全心全意为人民服务根本宗旨的集中体现，是指引、评价、检验党一切执政活动的最高标准。必须始终把人民利益放在第一位，把最广大人民的根本利益作为一切工作的出发点和落脚点，使党获得最广泛最可靠最牢固的群众基础和力量源泉。

第四，必须坚持标本兼治、综合治理、惩防并举、注重预防的方针，深入开展党风廉政建设和反腐败斗争。坚决惩治和有效预防腐败，关系人心向背和党的生死存亡，是党必须始终抓好的重大政治任务。必须警钟长鸣，充分认识反腐败斗争的长期性、复杂性、艰巨性，以更加坚定的信心、更加坚决的态度、更加有力的举措推进惩治和预防腐败体系建设，坚定不移把反腐败斗争进行到底。

第五，必须推进党的建设制度化、规范化、程序化。建设好、管理好一个有几千万党员的大党，制度更带有根本性、全局性、稳定性、长期性。必须始终把制度建设贯穿于党的思想建设、组织建设、作风建设和反腐倡廉建设的全过程，坚持突出重点、整体推进，继承传统、大胆创新，构建内容协调、程序严密、配套完备、有效管用的制度体系。

显然，胡锦涛在庆祝中国共产党成立 90 周年大会上的讲话中提出的五项基本要求，分别从党的思想建设、组织建设、作风建设、反腐倡廉建设和制度建设等方面，阐明了新的历史条件下党的建设必须着力解决的重大理论和实践问题。这是以胡锦涛同志为总书记的党中央坚持从新的实际出发，坚持以科学理论指导党的建设，以改革创新精神研究和解决党的建设面临的重大理论和实际问题的重要体现，是对新的历史条件下提高党的建设科学化水平的基本要求，也是加强和改进新的历史条件下党的建设重要着力点，为全党在新的历史条件下提高党的建设科学化水平指明了方向。因而必将激励全党同志常怀忧党之心、恪尽兴党之责，以更加奋发有为的精神状态推进党的建设，在新的历史条件下继续保持和发展党的先进性，更好把握历史大势、勇立时代潮头，不断引领中国社会的发展进步。

综上所述，党的十六大以后，以胡锦涛同志为总书记的党中央，坚持以马克思列宁主义、毛泽东思想、邓小平理论和“三个代表”重要思想为指导，深刻认识新世纪新阶段的世情、国情、党情，坚持解放思想、实事求是、与时俱进，在党的建设理论上大力创新，取得了一系列重大成果，有力地指导和推进了党的建设新的伟大工程，使党的建设伟大工程与中国特色社会主义伟大事业相互促进，相得益彰，为中国特色社会主义提供了坚强有力的根本保证。

第四编
新时代党的领导和党的建设的重要思想

第八章

习近平关于坚持党的全面领导的重要思想

全面加强党的领导是党的十八大以来取得的一项历史性成就，也是十年来党和国家事业取得历史性成就、发生历史性变革的根本保证。针对十年前党内存在不少对坚持党的领导认识模糊、行动乏力问题，存在不少落实党的领导弱化、虚化、淡化、边缘化问题，以习近平同志为核心的党中央强调，“中国特色社会主义最本质的特征是中国共产党领导，中国特色社会主义制度的最大优势是中国共产党领导，党是最高政治领导力量”①等一系列重大论断，系统完善党的领导制度体系，要求全党增强“四个意识”，自觉在思想上政治上行动上同党中央保持高度一致，不断提高政治判断力、政治领悟力、政治执行力，确保党中央权威和集中统一领导，确保党发挥总揽全局、协调各方的领导核心作用，使党更加团结统一。习近平总书记关于坚持党的全面领导的重要论述，深化了党对坚持和发展中国特色社会主义的规律性认识，是对马克思主义政党理论、科学社会主义理论的重大创新，极大推进了党和国家各项事业的发展。

一、中国共产党领导是坚持和发展中国特色社会主义的必由之路

办好中国的事情，关键在党。中国共产党领导是中国特色社会主义的应有之义，习近平指出：“中国共产党领导是中国特色社会主义最本质的特征，是中国特色社会主义制度的最大优势，是党和国家的根本所在、命脉所在，是全国各族人民的利益所系、命运所系。”②坚持中国共产党领导是坚持和发展中国特色社会主义的必然要求和必由之路。

（一）中国共产党领导是中国特色社会主义最本质的特征

中国特色社会主义是中国共产党成立以来长期奋斗所取得的重大成果。中国

① 习近平：《习近平谈治国理政》（第3卷），北京：外文出版社2020年版，第125页。
② 习近平：《习近平谈治国理政》（第4卷），北京：人民出版社2022年版，第8页。

特色社会主义有多层面的本质特征，其中包括：以人民为中心、坚持人民至上是中国特色社会主义的出发点和立足点；社会主义市场经济是中国特色社会主义的经济体制和运行机制；共同富裕是中国特色社会主义的根本目的；坚持党的领导、人民当家作主、依法治国有机统一是中国特色社会主义政治发展道路的核心要义；构建社会主义和谐社会是中国特色社会主义的本质要求；推动绿色发展、促进人与自然和谐共生是中国特色社会主义的必然要求，等等。尽管中国特色社会主义的本质特征有很多并且可以从不同角度来概括，但其最本质的特征是中国共产党领导。

第一，中国共产党领导直接关系中国特色社会主义的性质、方向和命运。坚持无产阶级政党领导是科学社会主义的一条基本原则。人类社会必然走向社会主义和共产主义，这是一条不以人的意志为转移的客观规律，能够领导这一社会变革、完成这一历史使命的，只能是代表先进生产力的无产阶级。但无产阶级并不能仅仅依靠自身力量，直接地、自发地完成这一历史使命，而必须依靠它的先锋队即共产党的领导才能实现这一历史使命。共产党了解人类历史发展的方向和进程，是建设社会主义、实现共产主义的领导者和组织者。社会主义事业是共产党的崇高事业，社会主义的建立、巩固和完善都离不开共产党的领导。马克思曾深刻指出："为保证社会革命获得胜利和实现革命的最高目标——消灭阶级，无产阶级这样组织成为政党是必要的。"①列宁同样认为："革命无产阶级的独立的、毫不妥协的马克思主义政党，是社会主义胜利的唯一保证，是一条通向胜利的康庄大道。"②共产党的领导与社会主义事业具有内在统一性。

第二，中国共产党领导成就了中国特色社会主义。中国共产党是中国工人阶级的先锋队，同时是中国人民和中华民族的先锋队。共产主义远大理想和社会主义信念是共产党人的根本价值追求，为人民谋幸福、为民族谋复兴是共产党人的

---

① 《马克思恩格斯选集》(第3卷)，北京：人民出版社2012年版，第173~174页。
② 《列宁全集》(第9卷)，北京：人民出版社2017年版，第257页。

初心和使命。社会主义的美好愿景催生了中国共产党，中国共产党的领导成就了中国特色社会主义。中国共产党是中国特色社会主义伟大事业的开创者、引领者、推动者，是中国特色社会主义事业的领导核心。中国特色社会主义来之不易，是中国共产党带领全国人民历经艰难险阻、付出各种代价，独立自主、上下求索的结果。党的性质宗旨、理想信念、初心使命决定了中国特色社会主义事业的发展方向和前途命运，赋予中国特色社会主义事业以信仰的力量、真理的力量、知识的力量、人民的力量、团结奋斗的力量。党坚持以自我革命引领社会革命，始终是中国特色社会主义事业的坚强领导力量。党的领导地位和执政地位，是历史的选择、人民的选择。中华民族近代以来180多年的历史、中国共产党成立以来100年的历史、中华人民共和国成立以来70多年的历史都充分证明，没有中国共产党，就没有新中国，就没有中国特色社会主义，就没有中华民族伟大复兴。我们的国家、我们的民族就不可能取得今天这样的成就，就不可能具有今天这样的国际地位。坚持党的领导是党百年奋斗的一条历史经验。坚持党的领导，党和人民事业就健康发展；弱化党的领导，党和人民事业就受到挫折。党的领导是中国革命、建设、改革取得成功的根本保证。

第三，中国共产党领导是中国特色社会主义不变道、不变向的根本保障。中国特色社会主义，既坚持了科学社会主义基本原则，又具有鲜明的中国特色。中国特色社会主义是社会主义，不是别的什么主义，究其根本在于坚持科学社会主义的基本原则、在于坚持中国共产党的领导。习近平指出："中国最大的国情就是中国共产党的领导。什么是中国特色？这就是中国特色。"①我们的全部事业都建立在这个基础之上，都根植于这个最本质特征。如果没有了党的领导，就不成其为社会主义了，更谈不上搞中国特色社会主义了。中国共产党领导人民开创、捍卫、坚持和发展中国特色社会主义，不断推进和拓展中国式现代化，并以中国式现代化推进中华民族伟大复兴，推进中华民族从站起来、富起来到强起来的伟

① 中共中央党史和文献研究院：《习近平关于全面从严治党论述摘编》(2021年版)，北京：中央文献出版社2021年版，第55页。

大飞跃，这是中国共产党人的历史自觉与使命担当。中国特色社会主义是实现中华民族伟大复兴的必由之路，坚持中国共产党领导是坚持中国特色社会主义不变道、不变向的根本保障。走过百年奋斗历程的中国共产党在革命性锻造中更加坚强有力，党的政治领导力、思想引领力、群众组织力、社会号召力显著增强，党同人民群众始终保持血肉联系，党在世界形势深刻变化的历史进程中始终走在时代前列，在应对国内外各种风险和考验的历史进程中始终成为全国人民的主心骨，在坚持和发展中国特色社会主义的历史进程中始终成为坚强领导核心。新时代新征程上，我们要高举中国特色社会主义伟大旗帜，坚定中国特色社会主义“四个自信”，就必须毫不动摇地坚持中国共产党领导。“在坚持党的领导这个重大原则问题上，我们脑子要特别清醒、眼睛要特别明亮、立场要特别坚定，绝不能有任何含糊和动摇。”①

(二)中国共产党领导是中国特色社会主义制度的最大优势

我国国家制度和国家治理体系具有多方面的显著优势，第一位的是坚持党的集中统一领导、确保国家始终沿着社会主义方向前进。这一优势是带有统领性的根本优势，贯穿于其他方面的显著优势中，同时其他方面的显著优势都同党的领导制度密切相关，离不开党的领导这一优势的根本保证。党的领导保证了人民当家作主，保证了集中力量办大事，保证了社会长治久安。只有坚持党的领导，才能有效协调党和国家事业各领域重大关系，确保大政方针的稳定性和持续性，更好发挥我国国家制度和国家治理体系各方面的显著优势，更好推进中国特色社会主义事业不断向前发展。

中国共产党领导之所以是中国特色社会主义制度的最大优势，是因为党本身具有强大的优势。

一是理论优势。“拥有马克思主义科学理论指导是我们党鲜明的政治品格和

---

① 中共中央党史和文献研究院：《习近平关于全面从严治党论述摘编》(2021年版)，北京：中央文献出版社2021年版，第61页。

强大的政治优势。"①马克思主义是中国共产党立党立国、兴党强国的根本指导思想。坚持解放思想、实事求是、与时俱进、求真务实，坚持把马克思主义基本原理同中国具体实际相结合、同中华优秀传统文化相结合，坚持实践是检验真理的唯一标准，坚持一切从实际出发，及时回答时代之问、人民之问，不断推进马克思主义中国化时代化，勇于结合新的实践不断推进理论创新、善于用新的理论指导新的实践。

二是组织优势。"党的力量来自组织。党的全面领导、党的全部工作要靠党的坚强组织体系去实现。""我们党是按照马克思主义建党原则建立起来的，形成了包括党的中央组织、地方组织、基层组织在内的严密组织体系。这是世界上任何其他政党都不具有的强大优势。"②严密的组织体系保证了党的纲领路线方针政策的贯彻落实，保证了党的各项任务的完成。

三是精神优势。"中国共产党的先驱们创建了中国共产党，形成了坚持真理、坚守理想，践行初心、担当使命，不怕牺牲、英勇斗争，对党忠诚、不负人民的伟大建党精神，这是中国共产党的精神之源。"③一百年来，中国共产党弘扬伟大建党精神，在长期奋斗中构建起中国共产党人的精神谱系，锤炼出鲜明的政治品格，挺起了中国共产党的精神脊梁，成为中国精神的重要组成部分，也成为激励全国人民在党的领导下为实现中华民族伟大复兴的中国梦而奋斗的精神动力。

四是作风优势。作风是党性的外在表现，是民意的风向标。党在百年奋斗中形成并坚持了理论联系实际、密切联系群众、批评与自我批评等优良作风，因而才能不断提高凝聚力、战斗力，得到广大人民群众的衷心拥护，始终成为推动时代前进的中流砥柱和中国特色社会主义建设事业的领导核心。

---

① 《高举中国特色社会主义伟大旗帜　奋力谱写全面建设社会主义现代化国家崭新篇章》，载《人民日报》，2022 年 7 月 28 日第 1 版。

② 中共中央党史和文献研究院：《十九大以来重要文献选编》(上)，北京：中央文献出版社 2019 年版，第 560 页。

③ 习近平：《习近平谈治国理政》(第 4 卷)，北京：外文出版社 2022 年版，第 7 页。

五是勇于自我革命的优势。勇于自我革命是中国共产党的鲜明品格和显著优势。我们党历经千锤百炼而朝气蓬勃，一个很重要的原因就是我们党始终坚持党要管党、全面从严治党。面对如何跳出治乱兴衰的历史周期率这一历史课题，毛泽东提出了第一个答案，这就是依靠民主，让人民来监督政府，让人人起来负责。经过数十年的实践特别是党的十八大以来全面从严治党的实践，习近平又给出了第二个答案，这就是自我革命。这两个答案把人民民主与自我革命有机结合起来，从而使党找到了跳出历史周期率的有效路径，赢得了长期执政的优势。

中国共产党作为长期执政的党，以自身优势引领和锻造了中国特色社会主义的制度优势，保证了中国特色社会主义制度优势的有效发挥，成为中国特色社会主义制度优势之源。坚持党的领导，才能够最大限度地发挥中国特色社会主义的制度优势，为实现第二个百年奋斗目标、实现中华民族伟大复兴提供有力保证。

（三）中国共产党领导是新时代坚持和发展中国特色社会主义的根本保证

中国共产党要在新的历史方位上实现新时代党的历史使命，最根本的就是要高举中国特色社会主义伟大旗帜。新时代中国特色社会主义是党领导人民进行伟大社会革命的成果，也是党领导人民进行伟大社会革命的继续。习近平指出：“在新时代，我们党领导人民进行伟大社会革命，涵盖领域的广泛性、触及利益格局调整的深刻性、涉及矛盾和问题的尖锐性、突破体制机制障碍的艰巨性、进行伟大斗争形势的复杂性，都是前所未有的。”①解决好这些问题，应对好这些挑战，必须坚持和加强党的全面领导，坚定不移地继续推进新时代伟大社会革命。

改革开放以来，党为加强和改善党的领导进行持续努力，为党和国家事业发

---

① 习近平：《习近平谈治国理政》（第3卷），北京：外文出版社2020年版，第16页。

展提供了根本的政治保证。同时，党内也存在不少对坚持党的领导认识模糊、行动乏力问题，存在不少落实党的领导弱化、虚化、淡化、边缘化问题。党的十八大以来，以习近平同志为核心的党中央从各个方面坚持和加强党的全面领导，提出“最本质的特征”“最大优势”“最高政治领导力量”等一系列重大论断，强调中国共产党领导对于中国特色社会主义的极端重要性，强调坚持党中央集中统一领导是最高政治原则，系统完善党的领导制度体系。全党增强“四个意识”，做到“两个维护”，自觉在思想上政治上行动上同党中央保持高度一致，不断提高政治判断力、政治领悟力、政治执行力，确保党中央权威和集中统一领导，确保党始终发挥总揽全局、协调各方的领导核心作用，使全党更加团结统一，为新时代坚持和发展中国特色社会主义提供了根本的政治保证。全面加强党的领导是党的十八大以来取得的一项历史性成就，也是十年来党和国家事业取得历史性成就、发生历史性变革的根本保证，极大推进了新时代中国特色社会主义这一伟大的社会革命。

踏上新征程，我们的前进道路上仍然面临着诸多风险挑战。习近平指出：“我们要把中国特色社会主义建设好、建设成，需要一个很长的历史时期。在这个漫长历史进程中，确保中国共产党不垮、中国社会主义制度不倒，是一个极难极大的风险挑战。”①要战胜来自国内外前所未有的挑战，要克服各种艰难险阻，继续写好新时代中国特色社会主义这篇大文章，从根本上要靠中国共产党领导，靠党把好方向盘，稳住压舱石。中国共产党作为世界上最大的马克思主义执政党，时刻保持解决大党独有难题的清醒和坚定，保持战略定力，自信自强、守正创新，坚持道不变、志不改，既不走封闭僵化的老路，也不走改旗易帜的邪路，坚定不移地沿着中国特色社会主义道路勇毅前行，确保中国特色社会主义这条大船行稳致远，向着全面建成社会主义现代化强国、实现中华民族伟大复兴的宏伟目标奋勇前进。

① 习近平：《坚持和发展中国特色社会主义要一以贯之》，《求是》2022年第18期，第6页。

（四）坚持中国共产党领导是以中国式现代化推进中华民族伟大复兴的本质要求

现代化是世界潮流，各国现代化也有其共同特征，但各国国情不同，特别是由于各国的社会性质、历史传统、意识形态、自然禀赋等方面存在差异，所以各国的现代化是不一样的。“我们推进的现代化，是中国共产党领导的社会主义现代化，必须坚持以中国式现代化推进中华民族伟大复兴”①。党的二十大报告进一步指出：“中国式现代化，是中国共产党领导的社会主义现代化”②，并将坚持中国共产党的领导作为中国式现代化的本质要求中最重要的一项要求。这就鲜明指出了党的领导是中国式现代化的本质特征和根本保证，深刻阐释了中国式现代化的性质与方向，科学指明了实现中国式现代化的目标和任务，为新时代新征程以中国式现代化推进中华民族伟大复兴提供了根本遵循和科学指南。

中华民族伟大复兴是中国式现代化的主题。实现社会主义现代化和中华民族伟大复兴，是坚持和发展中国特色社会主义的总任务，以中国式现代化推进中华民族伟大复兴，是坚持和发展中国特色社会主义总任务的精辟概括，是中国共产党百年来奋斗的主题和主线。实现社会主义现代化是实现中华民族伟大复兴的核心内容，实现中华民族伟大复兴是实现社会主义现代化的根本目的，二者之间密切联系，是同一实践的不同内涵。坚持以中国式现代化推进中华民族伟大复兴是党坚持和发展中国特色社会主义的基本方略，是进入全面建设社会主义现代化国家、向第二个百年奋斗目标进军新征程的方向指引。而中国共产党领导则是实现社会主义现代化和中华民族伟大复兴的根本保证。

建成社会主义现代化强国是中国共产党的奋斗目标和不懈追求。中国共产党的百余年奋斗史，就是党领导人民追求现代化、创造现代化、发展现代化的伟大

① 《高举中国特色社会主义伟大旗帜　奋力谱写全面建设社会主义现代化国家崭新篇章》，载《人民日报》，2022 年 7 月 28 日第 1 版。

② 习近平：《高举中国特色社会主义伟大旗帜　为全面建设社会主义现代化国家而团结奋斗——在中国共产党第二十次全国代表大会上的报告》，北京：人民出版社 2022 年版，第 22 页。

历史，党的一切奋斗、一切牺牲、一切创造，就是为了以中国式现代化实现中华民族伟大复兴。新民主主义革命时期，党领导人民完成救国大业，为开创中国式现代化道路创造了根本社会条件。社会主义革命和建设时期，党领导人民完成兴国大业，为现代化建设提供根本政治前提和宝贵经验、理论准备、物质基础。改革开放和社会主义现代化建设新时期，党领导人民开启改革开放，开创、坚持和发展了中国特色社会主义道路，为中国式现代化提供了充满新的活力的体制保证和快速发展的物质条件。中国特色社会主义进入新时代，以习近平同志为核心的党中央科学回答了“建设什么样的社会主义现代化强国、怎样建设社会主义现代化强国”的时代课题，明确提出中国特色社会主义现代化建设的总目标、任务书、时间表、路线图，在理论和实践上实现了重大创新突破，成功推进和拓展了中国式现代化。在党的领导下，我们走出了中国式现代化新道路，形成了中国式现代化理论，推进了中国式现代化实践，用几十年时间走完了发达国家几百年才走过的工业化历程，中华民族迎来了从站起来、富起来到强起来的伟大飞跃。

党的性质、党的初心使命保证了中国式现代化是社会主义现代化。中国式现代化既有各国现代化的共同特征，更有体现自己国情的中国特色。这种特色集中表现为：它是人口规模巨大的现代化，是全体人民共同富裕的现代化，是物质文明和精神文明相协调的现代化，是人与自然和谐共生的现代化，是走和平发展道路的现代化。中国式现代化的鲜明中国特色，本质上要求坚持中国共产党领导。党开创、坚持、捍卫和发展了中国特色社会主义，中国特色社会主义是我国建设社会主义现代化强国，以中国式现代化推进中华民族伟大复兴的必由之路。党的发展理念、发展布局决定了中国式现代化走的是社会主义现代化道路。党的领导提供了中国式现代化的动力和保证。党的领导决定了中国式现代化的性质和方向，党领导中国人民创造和形成了中国式现代化。在中国共产党领导下，中国式现代化走的是以马克思主义为指导、植根于中华文化沃土、反映中国人民意愿、适应时代发展进步要求的中国特色社会主义现代化道路。只有坚持社会主义的现代化才是当代中国唯一正确的选择，只有坚持党的领导才能确保中国式现代化沿着社会主义正确方向前进。中国共产党领导塑造了中国式现代化的特色和优势，是中国式现代化的本质要求，是实现中国式现代化和中华民族伟大复兴的根本保证。只有坚持党的全面领导，中国式现代化才能走向光明未来，中华民族才能迎来伟大复兴的光明前景。

二、党的领导是全面的、系统的、整体的

中国共产党是中国特色社会主义事业的领导核心，处在总揽全局、协调各方的地位。党是最高政治领导力量，党的领导是全面的、系统的、整体的，必须全面、系统、整体加以落实。

（一）中国共产党是最高政治领导力量

党的十八大以来，习近平在毛泽东提出的“工、农、商、学、兵、政、党这七个方面，党是领导一切的”①基础上，明确提出中国共产党是最高政治领导力量的论断。他指出：“在当今中国，没有大于中国共产党的政治力量或其他什么力量。党政军民学，东西南北中，党是领导一切的，是最高的政治领导力量。”②这一重大政治论断，揭示了中国共产党在国家政治生活中的地位和作用。

党是最高政治领导力量，这是由我国国家性质和国体政体所决定的。我国是工人阶级领导的、以工农联盟为基础的人民民主专政的社会主义国家。工人阶级的领导地位是通过共产党的领导来实现的。中华人民共和国的一切权力属于人民。人民行使国家权力的机关是全国人民代表大会和地方各级人民代表大会。人民代表大会制度是我国人民民主专政国家的政权组织形式，是我们党对国家事务实施领导的一大特色和优势，也是党在国家政权中充分发扬民主、贯彻群众路线

① 《毛泽东文集》(第8卷)，北京：人民出版社1999年版，第305页。
② 《习近平著作选读》(第1卷)，北京：人民出版社2023年版，第192页。

的最好实现形式。中国共产党的领导和执政，就是支持和保证人民当家作主。人民代表大会制度是坚持党的领导、人民当家作主、依法治国三者有机统一的根本制度安排。坚持和完善人民代表大会制度，发挥人大及其常委会的职能作用，就是要从制度上保证党发挥总揽全局、协调各方的领导核心作用，保证党的主张通过法定程序转化为国家意志，保证党组织推荐的人选成为国家政权机关的领导人员。

党是最高政治领导力量，这是由国家宪法所确立的。《中华人民共和国宪法》规定，“社会主义制度是中华人民共和国的根本制度。中国共产党领导是中国特色社会主义最本质的特征。”①我国宪法确认了中国各族人民奋斗的成果，规定了国家的根本制度和根本任务，是国家的根本法，具有最高的法律效力。全国各族人民、一切国家机关和武装力量、各政党和各社会团体、各企业事业组织，都必须以宪法为根本的活动准则，并且负有维护宪法尊严、保证宪法实施的职责。

党是最高政治领导力量，这是经过中国革命、建设、改革的长期实践所检验的。中国共产党自成立以来，始终把为中国人民谋幸福、为中华民族谋复兴作为自己的初心使命，始终坚持共产主义理想和社会主义信念，团结带领全国各族人民为争取民族独立、人民解放和实现国家富强、人民幸福而不懈奋斗，书写了中华民族几千年历史上最恢宏的史诗。中国共产党是领导我们事业的核心力量。中国人民和中华民族之所以能够扭转近代以后的历史命运、取得今天的伟大成就，最根本的是有中国共产党的坚强领导。历史和现实都证明，没有中国共产党，就没有新中国，就没有中华民族伟大复兴。

党是最高政治领导力量这一重大政治论断及其所反映的基本事实，具有无可置疑的历史合理性、实践合理性和价值合理性。党是最高政治领导力量，主要体现在以下四个方面。一是政治方向的引领者。党给全党全国各族人民指明的政治

① 《中华人民共和国宪法》，北京：人民出版社 2018 年版，第 8 页。

方向就是社会主义，指明的最终奋斗目标就是实现共产主义。二是政治体系的统领者。党在国家政治体系这个大系统中处于统领地位，国家治理体系必须在党的领导下开展工作。三是重大决策的决断者。科学有效的决策及周密部署和有效实施是党的领导的主要内容。党坚持以人民为中心的价值理念和政治立场，抓住群众最关心最直接最现实的利益问题，运用科学民主的办法进行决策，并通过法定程序把党的主张转变为国家意志，之后又注重抓好决策的层层贯彻落实。四是社会治理的领导者。党的组织形态既推进了社会的有序治理，又保证了社会充满活力。党的政治功能为社会治理提供方向、标准、价值观，增强社会治理的内聚力和方向感。党的服务功能通过走群众路线，更好地服务人民群众，解决人民群众的利益问题，推进社会有效运转。党的强大组织体系确保社会治理和谐有序。党执政以来，面对国内外复杂形势和矛盾风险，中国社会始终保持了总体稳定，经济上保持了持续增长，这离不开中国共产党强大的组织能力和卓越的治理能力。

(二)党的全面领导的客观依据和科学内涵

1. 中国共产党是国家治理体系的核心

国家治理是与社会制度紧密相连的。“中国特色社会主义制度是党和人民在长期实践探索中形成的科学制度体系，我国国家治理一切工作和活动都依照中国特色社会主义制度展开，我国国家治理体系和治理能力是中国特色社会主义制度及其执行能力的集中体现。”①

中国共产党自成立以来，坚持把马克思主义基本原理同中国具体实际相结合、同中华优秀传统文化相结合，领导人民团结奋斗，赢得了中国革命胜利，建立了中华人民共和国，确立了社会主义制度，形成和发展党的领导和经济、政治、文化、社会、生态文明、军事、外事等各方面制度，加强和完善国家治理，

① 中共中央文献研究室：《十九大以来重要文献选编》(中)，北京：中央文献出版社 2021 年版，第 269 页。

取得了历史性成就。党的十八大以来，我们党领导人民统筹推进“五位一体”总体布局、协调推进“四个全面”战略布局，推动中国特色社会主义制度更加完善、国家治理体系和治理能力现代化水平明显提高，为政治稳定、经济发展、文化繁荣、民族团结、人民幸福、社会安宁、国家统一提供了有力保障。新中国成立70多年来，我们党领导人民创造了世所罕见的经济快速发展奇迹和社会长期稳定奇迹，中华民族迎来了从站起来、富起来到强起来的伟大飞跃。

实践证明，中国特色社会主义制度和国家治理体系是以马克思主义为指导、植根中国大地、具有深厚中华文化根基、深得人民拥护的制度和治理体系，是具有强大生命力和巨大优越性的制度和治理体系，是能够持续推动拥有14亿人口大国进步和发展、确保拥有五千多年文明史的中华民族实现“两个一百年”奋斗目标进而实现伟大复兴的制度和治理体系。

我国国家制度和国家治理体系具有多方面的显著优势，其根本原因在于国家治理体系的核心是中国共产党的领导。坚持和加强党的全面领导，要义在于发挥党的领导核心作用。“六合同风，九州共贯。”国家治理体系是由众多子系统构成的复杂系统，这个系统的核心是中国共产党，形象地说就是“众星捧月”。人大、政府、政协、监委、法院、检察院、军队，各民主党派和无党派人士，各企事业单位，工会、共青团、妇联等群团组织，都要坚持中国共产党领导，一个都不能少。习近平明确指出：“在国家治理体系的大棋局中，党中央是坐镇中军帐的‘帅’，车马炮各展其长，一盘棋大局分明。”①在党中央的集中统一领导下，党、政、军、民、学既各司其职、各负其责又相互配合，这样治国理政才有方向、有章法、有力量。否则就会出现各自为政、一盘散沙的局面，不仅我们确定的目标不能实现，而且必定会产生灾难性后果。当然，党的全面领导并不是说党要包揽包办一切，并不是事无巨细都抓在手上，要防止越俎代庖，防止陷入事务主义。

中国共产党成为最高政治领导力量，不是上天恩赐的，不是外力扶持的，更

---

① 中共中央党史和文献研究院：《习近平关于依规治党论述摘编》，北京：中央文献出版社2022年版，第28页。

不是自封的，而是历史的选择、人民的选择。在当代中国，没有任何政党和政治组织比得上中国共产党的先进性，也没有任何政党和政治组织比得上中国共产党的坚强有力，更没有任何政党和政治组织比得上中国共产党践行初心使命的历史担当。改革开放以来，无论党政关系怎样调整，有一条是不变的，就是坚持党的领导始终是处理党政关系的根本前提。中国共产党对党和国家实行全面领导，构建系统完备、科学规范、运行高效的党和国家机构职能体系，形成总揽全局、协调各方的党的领导体系，职责明确、依法行政的政府治理体系，中国特色、世界一流的武装力量体系，联系广泛、服务群众的群团工作体系，实现国家机关、政党组织、群团组织和各种政治主体等在党的统一领导下协调行动、增强合力。

党在国家治理体系中作为最高政治领导力量，能够实现党的领导、人民当家作主、依法治国有机统一，能够做到"全国一盘棋"，集中力量办大事，能够防止出现国家群龙无首、一盘散沙的现象，也能够防止发生西方政体中相互掣肘、内耗低效的问题。

2. 党的领导是全面的、系统的、整体的特定内涵

坚持和加强党的全面领导，要求党在同级各种组织中发挥领导核心作用。党组织既要坚定地总揽全局，把方向、谋大局、定政策，又要善于协调各方，调动方方面面的积极性，把党的领导作用贯穿于工作全过程。既要实行民主的科学的决策，制定和执行正确的路线方针政策，又要做好党的组织、宣传等工作，发挥党员的先锋模范作用，保证党的路线方针政策全面落实。要探索党的领导规律，适应形势的发展和情况的变化，不断探索党领导国家政权机关、武装力量、企事业单位、基层自治组织、人民团体的体制机制和工作机制，不断完善党对经济建设、政治建设、文化建设、社会建设、生态文明建设的领导方式，以科学的体制、机制和方式保证党的全面领导。

一段时间里，一些同志对党的领导理解不全面不深刻、对党的全面执政存在模糊认识，有的党组织贯彻执行党的方针政策不坚决不全面不到位，态度不鲜

明，立场不坚定；有的党组织弱化、虚化、边缘化问题严重，腰杆不硬，领导不力，缺乏责任担当，管党治党不严，在重大决策上就像个“隐形人”，有名无实甚至说不上话。这些问题弱化了党的领导，严重危害党和人民的事业，必须切实解决，坚决纠正。习近平强调：“我们治国理政的本根，就是中国共产党的领导和我国社会主义制度。在这一点上，必须理直气壮、旗帜鲜明。党的领导必须是全面的、系统的、整体的，必须体现到经济建设、政治建设、文化建设、社会建设、生态文明建设和国防军队、祖国统一、外交工作、党的建设等各方面。哪个领域、哪个方面、哪个环节缺失了弱化了，都会削弱党的力量，损害党和国家事业。”①这就不仅强调了坚持中国共产党领导在治国理政中的根本性，也明确揭示了党的全面领导的科学内涵和内在要求。

党的领导是全面的、系统的、整体的，三者各自有其特定内涵，又有机融为一体，统一于坚持和加强党的全面领导。

党的领导是全面的。一是领导对象要全面覆盖，党政军民学，东西南北中，党是领导一切的，包括党领导人大、政府、政协、监察机关、审判机关、检察机关、武装力量、人民团体、企事业单位、基层群众性自治组织、社会组织等；二是领导内容要全面，必须体现到经济建设、政治建设、文化建设、社会建设、生态文明建设和国防军队、祖国统一、外交工作、党的建设等各方面；三是领导过程要全面，既制定路线方针政策，又协调各方、督促落实，贯穿于治国理政的立法、决策、执行、管理、监督等各项工作之中；四是领导方法要全面，通过制定大政方针，提出立法建议，推荐重要干部，进行思想宣传，发挥党组织和党员的作用等，实施党对国家和社会的领导。

党的领导是系统的。要把握党的领导的各个要素、各方面的内在联系，将党的领导看作一个有机的系统来谋划和推进，按照系统论的科学方式方法实施党的领导，以增强党的领导的整体效果。新时代中国共产党健全总揽全局、协调各方

① 习近平：《习近平谈治国理政》(第3卷)，北京：外文出版社2020年版，第165~166页。

的党的领导制度体系，改革党和国家机构职能体系，完善党的领导体制和工作机制，完善党中央重大决策部署落实机制，完善党中央议事协调机构，加强党中央权威和集中统一领导，把党的领导体现到国家政权的机构、体制、制度等设计、安排、运行之中，确保全党在政治立场、政治方向、政治原则、政治道路上同党中央保持高度一致，确保党的团结统一，进而保证了党的领导的贯彻落实。

党的领导是整体的。所谓“整体”，是说从党的中央组织到地方组织再到基层组织，都要按照党章的规定发挥应有作用，党的领导作用要体现到治国理政的全过程，党的领导功能的发挥要完整。党的领导权是一个统一整体，是不能分割的。党中央作出的决策部署，党的组织、宣传、统战、政法等部门要贯彻落实，人大、政府、政协、法院、检察院的党组织要贯彻落实，事业单位、人民团体等的党组织也要贯彻落实，党组织要发挥作用。各方面党组织应该对党委负责、向党委报告工作。党委是起领导核心作用的，各方面都应该自觉向党委报告重大工作和重大情况，在党委统一领导下尽心尽力做好自身职责范围内的工作。各地区各部门党委(党组)要加强向党中央报告工作，这也是一个规矩。

坚持和加强党的全面领导，并不是说党要包揽一切，而是要求党在同级各种组织中发挥领导核心作用。党组织既要坚定地总揽全局，把方向、谋大局、定政策、促改革，又要善于协调各方，调动方方面面的积极性，把党的领导贯穿于工作全过程。

中国共产党的坚强领导，要求不断提高党把方向、谋大局、定政策、促改革的能力，并且通过党的领导制度来保证实施。制度问题带有根本性、全局性、稳定性和长期性。健全的领导制度体系对于保证党的领导活动的正常进行，发挥党的领导机关和领导者的作用，发挥党的各级组织和广大党员的积极性、主动性、创造性，保证党和国家事业的健康发展，具有十分重要的作用。

(三)不断提高党把方向、谋大局、定政策、促改革的能力

坚持党对一切工作的领导，既要政治过硬，也要本领高强。习近平指出：

“我们党要领导一个十几亿人口的东方大国实现社会主义现代化，必须坚持实事求是、稳中求进、协同推进，加强前瞻性思考、全局性谋划、战略性布局、整体性推进，实现发展质量、结构、规模、速度、效益、安全相统一。”①这就要求着力提高党把方向、谋大局、定政策、促改革的能力和定力，善于处理各种复杂矛盾，勇于战胜各种艰难险阻，牢牢把握工作主动权，把党总揽全局、协调各方落到实处。

着力提高把方向的能力和定力。方向涉及根本、关系全局、决定长远。党的领导第一位的就是举旗定向。把方向就是要高举中国特色社会主义伟大旗帜，坚持以习近平新时代中国特色社会主义思想为指导，以高度自觉推进社会革命和自我革命，一以贯之坚持和发展中国特色社会主义，一以贯之推进党的建设新的伟大工程，一以贯之增强忧患意识、防范风险挑战。要进一步增强“四个自信”，提高政治觉悟，保持战略定力，在大是大非面前旗帜鲜明，在大风大浪面前头脑清醒，始终坚定中国特色社会主义的正确方向。要进一步增强“四个意识”，坚持党中央权威和集中统一领导，坚定执行党的政治路线，严格遵守政治纪律和政治规矩，在政治立场、政治方向、政治原则、政治道路上同以习近平同志为核心的党中央保持高度一致。要增强敏锐性、提高协同性，有效发现处置改革发展中的苗头性、倾向性问题，做到未雨绸缪、防患于未然。

着力提高谋大局的能力和定力。谋大局是一种科学的思维方法。习近平多次强调，不谋全局者不足谋一域，要善于观大势、谋大事，自觉在大局下想问题、做工作。要牢固树立大局意识，自觉把工作放到大局中去思考、定位、摆布，做到正确认识大局、自觉服从大局、坚决维护大局。“各级领导干部特别是高级干部必须立足中华民族伟大复兴战略全局和世界百年未有之大变局，不断提高政治判断力、政治领悟力、政治执行力，心怀‘国之大者’，不断提高把握新发展阶段、贯彻新发展理念、构建新发展格局的政治能力、战略眼光、专业水平，敢于

① 习近平：《习近平谈治国理政》(第4卷)，北京：外文出版社2022年版，第47页。

担当、善于作为，把党中央决策部署贯彻落实好。”①要善于牵“牛鼻子”，抓住主要矛盾和矛盾的主要方面，绝不能眉毛胡子一把抓。要善于把局部利益放在全局利益中去把握，不能只见树木、不见森林；把眼前需要与长远谋划统一起来，不能急功近利、投机取巧；把解决具体问题与解决深层次问题结合起来，不能头痛医头、脚痛医脚。要始终胸怀大局、把握大势、着眼大事，有“登泰山而小天下”的气度，也有“功成不必在我”的胸襟，因势而谋、应势而动、顺势而为，不断增强工作的科学性、系统性、预见性。

着力提高定政策的能力和定力。政策体现执政党性质宗旨，反映治国理政水平。在推进经济社会发展中，要坚持以人民为中心，着眼解决人民日益增长的美好生活需要和不平衡不充分的发展之间的矛盾，抓住群众最关心最直接最现实的利益问题，制定切实管用的政策措施。要坚持实事求是，一切从实际出发，从群众中来到群众中去，广泛开展调查研究，具体问题具体分析，使政策决策、方案举措符合现实情况、反映客观规律、解决实际问题。要紧紧抓住决策这个重中之重，加强对世情国情党情民情的分析研判，完善决策程序，增强法治意识，努力做到科学决策、民主决策、依法决策。

着力提高促改革的能力和定力。改革开放是决定当代中国命运的关键一招，也是实现“两个一百年”奋斗目标、实现中华民族伟大复兴的关键一招。当前，全面深化改革已经进入新的阶段，必须一鼓作气、坚定不移，敢于啃硬骨头、敢于涉险滩，进一步解放思想、进一步解放和发展社会生产力、进一步解放和增强社会活力。要大力弘扬改革创新和自我革命精神，推进思想再解放、改革再出发，在全面深化改革新起点上实现新突破。

习近平指出：“新时代改革开放具有许多新的内涵和特点，其中很重要的一点就是制度建设分量更重，改革更多面对的是深层次体制机制问题，对改革顶层设计的要求更高，对改革的系统性、整体性、协同性要求更强，相应地建章立

① 习近平：《习近平谈治国理政》(第4卷)，北京：外文出版社2022年版，第47页。

制、构建体系的任务更重。新时代谋划全面深化改革，必须以坚持和完善中国特色社会主义制度、推进国家治理体系和治理能力现代化为主轴，深刻把握我国发展要求和时代潮流，把制度建设和治理能力建设摆到更加突出的位置，继续深化各领域各方面体制机制改革，推动各方面制度更加成熟更加定型，推进国家治理体系和治理能力现代化。”①

坚持党对一切工作的领导，必须充分调动广大党员干部的积极性、主动性、创造性，着力增强他们的责任感和提升他们的执行力。广大党员干部要自觉增强改革创新精神，增强主动担当、积极作为的勇气，充分发挥模范带头作用。要旗帜鲜明为那些敢于担当、踏实做事、不谋私利的干部撑腰鼓劲，形成有利于党员干部奋发有为的社会环境，激励他们更好带领群众干事创业。

三、坚持党中央集中统一领导是最高原则

中国共产党是一个拥有9600多万名党员、490多万个基层党组织的大党，肩负着团结带领14亿多中国人民全面建设社会主义现代化国家、全面推进中华民族伟大复兴的历史重任。习近平指出：“我们这么大一个党、这么大一个国家，如果没有党中央定于一尊的权威，党中央决定了的事都不去照办，还是各说各的话、各做各的事，那就什么事情也办不成了。”②“党的历史、新中国发展的历史都告诉我们：要治理好我们这个大党、治理好我们这个大国，保证党的团结和集中统一至关重要，维护党中央权威至关重要。”③中国体量巨大、人口众多、国情复杂，求独立、求发展、求富强，需要有坚强的领导核心并凝聚起庞大的力量。中国共产党能够把亿万人民团结和凝聚起来，一次次跨过急流险滩，一次次战胜

① 《中共中央关于坚持和完善中国特色社会主义制度推进国家治理体系和治理能力现代化若干重大问题的决定》，北京：人民出版社2019年版，第49页。

② 习近平：《习近平谈治国理政》(第3卷)，北京：外文出版社2020年版，第166~167页。

③ 习近平：《习近平谈治国理政》(第2卷)，北京：人民出版社2017年版，第188页。

困难危机，关键在于中国共产党高度团结统一，具有强大的领导力执政力。坚持党中央集中统一领导是党的领导的最高原则。

（一）维护党中央权威和集中统一领导是马克思主义政党的本质要求

维护党中央权威和集中统一领导，是马克思主义政党必须坚持的一条重大原则。恩格斯为第一个无产阶级政党——共产主义者同盟起草的章程明确规定，成为盟员的条件之一是“保证服从同盟的决议”。1850 年 3 月，马克思、恩格斯在《共产主义者同盟中央委员会告同盟书》中指出，“革命活动只有在集中的条件下才能发挥全部力量”①。第一国际时期，马克思、恩格斯在批判巴枯宁所主张的支部自治、各自治小组的自由联合、反权威主义、无政府状态等错误观点时，明确提出无产阶级政党必须凝聚自己的所有力量，强调如果每一个支部、每一个人都各行其是，党就只能陷入瓦解，就不能成为坚强统一的组织。恩格斯在总结巴黎公社失败教训时指出：“巴黎公社遭到灭亡，就是由于缺乏集中和权威。”②恩格斯还指出，“没有权威，就不可能有任何的一致行动”③。没有严肃的权威，没有严格的纪律，这样的政党就只能是松散的俱乐部或社会组织，不可能凝聚统一意志、实现政治目标。

列宁在领导俄国无产阶级革命的历史进程中，进一步发展了马克思、恩格斯关于维护无产阶级政党“集中和权威”的重要思想。针对俄国社会民主工党第二次代表大会前后党内有人提出“联邦制”的主张，列宁指出无产阶级政党必须实行集中制，强调“无产阶级实现无条件的集中和极严格的纪律，是战胜资产阶级的基本条件之一”④。针对反对派对集中制纪律的怀疑与否定，列宁批驳道：“这也恰恰就是小资产阶级的散漫、动摇、不能坚持、不能团结、不能步调一致，而

① 《马克思恩格斯选集》（第 1 卷），北京：人民出版社 2012 年版，第 562 页。
② 《马克思恩格斯选集》（第 4 卷），北京：人民出版社 2012 年版，第 500 页。
③ 《马克思恩格斯文集》（第 10 卷），北京：人民出版社 2009 年版，第 372 页。
④ 《列宁选集》（第 4 卷），北京：人民出版社 2012 年版，第 135 页。

这些一旦得到纵容，就必然断送无产阶级的任何革命运动。”①在此基础上，列宁进一步强调指出：“要使无产阶级能够正确地、有效地、胜利地发挥自己的组织作用（而这正是它的主要作用），无产阶级政党的内部就必须实行极严格的集中和极严格的纪律。”②列宁还深刻指出：“在历史上，任何一个阶级，如果不推举出自己的善于组织运动和领导运动的政治领袖和先进代表，就不可能取得统治地位。”③列宁在马克思主义政党发展史上首次提出了“民主集中制”的概念，并且明确指出，党的民主集中制纪律并不排斥“充分的普遍的批评自由，只要不因此而破坏已经确定的行动的一致”④。在列宁看来，党员有自由批评和讨论的民主权利，但如果毫无顾忌地将这种民主权利无限放大，势必会削弱党的意志力和战斗力。因此，列宁在强调要重视发展党内民主和保障党员民主权利的基础上，反复强调党内民主的适度性，即党员民主权利的行使不能突破党的纪律和党的原则范围。苏联社会主义事业成败的历史经验说明，对于马克思主义政党来说，是否形成强有力的中央领导集体和领导核心，对于保证党的团结统一、坚强有力，克服各种艰难险阻，夺取革命胜利和建设社会主义至关重要。

中国共产党是马克思列宁主义同中国工人运动相结合的产物，是按照民主集中制原则组织起来的马克思主义政党。坚持民主集中制，维护党中央权威和集中统一领导，始终是党的建设的一项重大课题。党的一大明确要求在全党建立统一的组织和严格的纪律。党的六届六中全会明确提出：“个人服从组织，少数服从多数，下级服从上级，全党服从中央，党的一切工作由中央集中领导，是党在组织上民主集中制的基本原则。”⑤民主集中制的贯彻执行，保证了全党在组织上的团结和统一，这是我们党领导中国革命、建设、改革取得伟大胜利的重要保证。

---

① 《列宁选集》（第4卷），北京：人民出版社2012年版，第154页。

② 《列宁选集》（第4卷），北京：人民出版社2012年版，第154页。

③ 《列宁选集》（第1卷），北京：人民出版社2012年版，第286页。

④ 《列宁全集》（第13卷），北京：人民出版社2017年版，第129页。

⑤ 中共中央文献研究室、中央档案馆：《建党以来重要文献选编（1921—1949）》（第15册），北京：中央文献出版社2011年版，第773页。

坚持民主集中制原则，坚持党中央权威和集中统一领导，是党在革命、建设、改革中形成的政治优势和宝贵经验。

一段时间里，一些党组织在贯彻执行民主集中制过程中出现了不少问题，有的地方出现“放任式民主”，“一把手”不担责，领导班子软弱、涣散；有的地方“一把手”独断专行，党内民主遭到破坏，党的领导变成个人领导；有的地方党政关系不协调，不讲前提地搞所谓党政分开，或党委事无巨细插手政府工作，导致党政关系紧张；有的地方条块分割、部门掣肘、上下打架，地方治理碎片化；等等。这些问题不同程度地背离了民主集中制的要求，极大制约了党的领导作用的发挥，最终影响一个地方经济社会的发展。针对这些问题，以习近平同志为核心的党中央坚持把民主集中制作为党的根本组织原则，指出坚持民主集中制是“保证党的创造力、凝聚力、战斗力，保证党的团结统一”的重要法宝①，强调贯彻执行民主集中制是全党的共同政治责任，领导全党团结一心、步调一致，解决了许多长期想解决而没有解决的难题，办成了许多过去想办而没有办成的大事，推动党和国家事业取得历史性成就、发生历史性变革。

民主集中制是党的根本组织制度和根本领导制度，是马克思主义政党区别于其他政党的重要标志。它规范了党员与党员、党员与组织、下级组织与上级组织、全党与中央的关系，规范了党和国家权力机关、行政机关、监察机关、司法机关和人民团体的关系。它是马克思主义认识论和群众路线在党的生活和组织建设中的运用，反映了以马克思主义为指导的工人阶级政党的活动规律，为正确制定和执行党的政治路线提供了强有力的制度保障。民主集中制把充分发扬党内民主和正确实行集中有机结合起来，既可以最大限度激发全党创造活力，又可以统一全党思想和行动，有效防止和克服议而不决、决而不行的分散主义，是科学合理而又有效率的制度。坚持民主集中制是维护党中央权威和集中统一领导的制度保障，维护党中央权威和集中统一领导是坚持民主集中制的根本政治要求和必然

① 中共中央党史和文献研究院：《习近平关于全面从严治党论述摘编》，北京：中央文献出版社2016年版，第24页。

体现，两者相辅相成、相互促进，是辩证统一的有机整体。党的历史经验表明，凡是党中央权威和集中统一领导坚持得好，党的事业就兴旺发达；反之，党的事业就遭受挫折。

民主集中制包括民主和集中两个方面，两者互为条件、相辅相成、缺一不可，是民主基础上的集中和集中指导下的民主相结合的制度。习近平强调要注重充分发扬党内民主，善于正确集中。他指出：要把我们这样一个大党大国治理好，就要掌握方方面面的情况，这就要靠发扬党内民主而来，靠各级党组织和广大党员、干部广泛听取民声、汇聚民意而来。领导干部要把民主素养作为一种领导能力来培养，作为一门领导艺术来掌握。要善于正确集中，把不同意见统一起来，把各种分散意见中的真知灼见提炼概括出来，把符合事物发展规律、符合广大人民群众根本利益的正确意见集中起来，作出科学决策。总之，“我们要把民主和集中有机统一起来，真正把民主集中制的优势变成我们党的政治优势、组织优势、制度优势、工作优势”①。“贯彻执行民主集中制是全党的共同政治责任，首先是各级领导干部特别是中央政治局的同志的责任，大家要发挥表率作用。”②

贯彻民主集中制要求在党的领导工作和党的自身建设中维护党中央权威和集中统一领导。其一，关系到党和国家事业发展的大政方针是由党中央在充分发扬民主、广泛听取党内外意见的基础上制定的。只有按照民主集中制原则，党才能制定正确的路线方针政策，才能团结凝聚全体人民努力奋斗。其二，全面贯彻党章中规定的坚持民主集中制的基本要求，全党必须实行正确的集中，牢固树立“四个意识”，坚定维护以习近平同志为核心的党中央权威和集中统一领导，保证全党的团结统一和行动一致，保证党的决定得到迅速有效的贯彻执行。其三，全面从严治党是新时代党的自我革命的具体实践，目的是建设更加强大的长期执

---

① 《树牢“四个意识”坚定“四个自信” 坚决做到“两个维护”勇于担当作为 以求真务实作风把党中央决策部署落到实处》，载《人民日报》，2018 年 12 月 27 日第 1 版。

② 《树牢“四个意识”坚定“四个自信” 坚决做到“两个维护”勇于担当作为 以求真务实作风把党中央决策部署落到实处》，载《人民日报》，2018 年 12 月 27 日第 1 版。

政的马克思主义政党，而民主集中制则为推进全面从严治党提供重要制度保障。全面从严治党的根本方针是坚持党的全面领导，而党的全面领导的根本要求是做到“两个维护”。只有维护党中央权威和集中统一领导，全面从严治党才能不断推进，才能把党建设得更加坚强有力。

维护党中央权威和集中统一领导，与发扬党内民主是一致的。习近平指出：“坚持党中央权威和集中统一领导，不是说不要民主集中制了，不要发扬党内民主，把这两者对立起来是不对的。”①他还强调，“‘两个维护’的内涵是特定的、统一的，全党看齐只能向党中央看齐，不能在部门打着维护党中央权威的旗号损害民主集中制”②。民主集中制把充分发扬党内民主和正确实行集中有机结合起来，既可以集思广益、群策群力，又可以把各方面的正确意见集中起来，形成全党的统一意志，确保党和人民的事业不断前进。

总之，贯彻民主集中制要求必须维护党中央权威和集中统一领导，党的领导工作、组织工作、党的自身建设等都需要以民主集中制为根本规范，这对于制定正确的路线方针政策，巩固、壮大党的组织和更好地全面从严治党起着重要保障作用。在新时代，要确保党的领导坚强有力，确保党的领导能力、领导水平不断提高，必须坚持把民主集中制贯彻落实到党的领导工作、党的组织建设实践乃至党的各方面建设中去，确保全党统一意志、统一行动、步调一致前进。

（二）维护党中央权威和集中统一领导是党始终坚持的基本原则

作为马克思主义政党，党自成立之日起就按照马克思主义建党原则，坚持民主集中制，注意维护党中央权威和集中统一领导。党的一大鉴于全国只有50多名党员的客观情况，只是选举产生了“中央局”作为党的中央领导机关，并没有选举产生中央执行委员会，但这时地方委员会的重大事项、重大决策和财务支出等就已受到中央监督。党的二大通过了中国共产党的第一部党章，党章规定了全

---

① 习近平：《习近平谈治国理政》（第3卷），北京：外文出版社2020年版，第166页。
② 习近平：《习近平谈治国理政》（第3卷），北京：外文出版社2020年版，第100页。

国代表大会和中央执行委员会为党的最高机关，指出："全国大会及中央执行委员会之议决，本党党员皆须绝对服从之。"①党的三大通过了第一部中央组织法——《中国共产党中央执行委员会组织法》，集中体现了党的民主集中制原则。党的四大规定设立中央总书记一职。党的五大设立党的中央政治局和中央政治局常务委员会，同时设立中央监察委员会，通过严明的党纪维护党中央的权威。党的六大党章中设立了"党的组织系统"一章，说明了各级组织之间的关系，强调了下级党部必须承认上级党部的决议。可见，党在成立初期就对维护党中央的权威进行了积极探索。

在其后的发展历程中，中国共产党一直注意维护党中央的权威和集中统一领导。土地革命战争时期，通过"三湾改编"和古田会议，确立了"党指挥枪"的原则。长征途中，党中央进行了反对张国焘分裂主义的斗争，维护党中央权威逐渐成为全党全军的共识，强化了"党指挥枪"的原则。全民族抗战时期，党的六届六中全会通过了《关于中央委员会工作规则与纪律的决定》和《关于各级党部工作规则与纪律的决定》，特别强调维护党的团结和中央的集中统一领导，特别强调下级服从上级、全党服从中央的政治纪律，首次提出并全面阐述了"四个服从"。解放战争时期，请示报告制度的建立对确保党中央的权威和集中统一发挥了重要作用。新中国成立后，党组在国家机关和人民团体中普遍建立，在巩固党对新生政权的领导、加强党内外团结方面发挥了重要作用。党的七届四中全会通过了《关于增强党的团结的决议》，党的八大调整了党中央组织机构，这些对于维护党中央权威、增强党的凝聚力和战斗力产生了重大而深远的意义。

党的十一届三中全会后，党一直在强调维护党中央的权威和集中统一领导，为改革开放的顺利推进提供了重要保证。党的十一届五中全会通过了《关于党内政治生活的若干准则》，再次强调"全党服从中央"。党的十四大强调指出每个党员特别是领导干部，都要自觉维护党中央权威，在思想上政治上同党中央保持一

① 中共中央文献研究室、中央档案馆：《建党以来重要文献选编(1921—1949)》(第1册)，北京：中央文献出版社2011年版，第167页。

致。党的十五大进一步强调要维护党中央权威。党的十六大指出要坚持“四个服从”原则，坚决维护党中央权威。党的十七大要求全党同志要坚决维护党中央权威，切实保证党中央令行禁止、政令畅通。

党的十八大以来，以习近平同志为核心的党中央把维护党中央权威和集中统一领导作为党的政治建设的首要任务，强调全党同志必须增强“四个意识”，坚定“四个自信”，做到“两个维护”，始终在思想上政治上行动上同党中央保持高度一致。党中央相继出台了《关于新形势下党内政治生活的若干准则》《中共中央政治局关于加强和维护党中央集中统一领导的若干规定》等党内重要法规，从制度上保证了党中央权威和集中统一领导更加坚强有力，加强了党对涉及全局的重大工作的全面领导，强化党的组织在同级组织中的领导地位，完善和严格落实请示报告制度，完善和丰富了维护党中央权威的制度体系，统揽“四个伟大”，统筹推进“五位一体”总体布局，协调推进“四个全面”战略布局，坚持和完善中国特色社会主义制度，推进国家治理体系和治理能力现代化，推动党和国家事业发生历史性变革、取得历史性成就，中国特色社会主义进入新时代，迎来了实现中华民族伟大复兴的光明前景，使我国国际影响力、感召力、塑造力全面显著提高，也使“中国之治”与“西方之乱”形成鲜明对比。

上述表明，维护党的权威和党的领袖权威的内容和表现形式在不同历史时期可能有所不同，但根本原则和根本要求是始终不变的，从而确保了全党的团结和统一。实践证明，要实现党的力量不断发展壮大、推动党和人民的事业不断从胜利走向胜利，就必须坚定地维护党中央权威和集中统一领导。维护党中央权威和集中统一领导是党在长期历史实践中的一贯要求和经验总结，体现了马克思主义政党的鲜明特质，是中国共产党领导人民从胜利不断走向胜利的重大保证和独特优势。

（三）维护党中央权威和集中统一领导是不断推进党和人民事业发展的现实需要

中国共产党立志于中华民族千秋伟业，致力于人类和平与发展崇高事业，责任无比重大，使命无比光荣。要担负起这样的责任使命，就必须坚持和维护党中央权威和集中统一领导。这是不断推进党和人民事业发展的现实需要。习近平指出："治理好我们这个世界上最大的政党和人口最多的国家，必须坚持党的集中统一领导，维护党中央权威，确保党始终总揽全局、协调各方。"①"如果党中央没有权威，党的理论和路线方针政策可以随意不执行，大家各自为政、各行其是，想干什么就干什么，想不干什么就不干什么，党就会变成一盘散沙，就会成为自行其是的'私人俱乐部'，党的领导就会成为一句空话。"②

党中央权威和集中统一领导，集中表现为制定正确路线和战略策略。党成立以来，每当历史重大转折到来时，能够比较好地、有预见地、全面客观地分析研究形势，并在此基础上制定切合实际的目标和任务、政策和路径，使全党在正确路线指引下有条不紊、坚定不移地开展工作。不仅如此，党还建立上下贯通、执行有力的组织体系，使千百万党员凝聚起来，真正把亿万人民组织起来，保证了党的决策部署能够及时、坚决、有力地贯彻执行。与严密的组织体系密切相关的还有铁的纪律，把严明政治纪律、政治规矩摆在首位，形成并不断完善党内法规制度，依规治党，从严治党，保证了党的团结统一，保证了党的凝聚力和战斗力、领导力和执行力。党始终把统一战线摆在重要位置，在不同历史时期，领导建立和发展统一战线，团结和凝聚各方力量，为实现共同目标而奋斗。党锻造了一支规模宏大的高素质干部队伍，实现对各个领域各个行业的领导，并能够聚天下英才而用之。

中国共产党实行集中统一领导，符合人民利益，符合中国国情，符合中国历史文化传统，得到了人民广泛拥护，是党领导人民在长期探索实践中得出来的宝贵经验。坚决维护党中央权威和集中统一领导，坚决维护核心是中国共产党和中国人民的共同认识和自觉行动。

---

① 习近平：《习近平谈治国理政》（第4卷），北京：外文出版社2022年版，第50页。
② 习近平：《习近平谈治国理政》（第2卷），北京：外文出版社2017年版，第21页。

（四）加强和维护党中央权威和集中统一领导

中国共产党是一个有着9600多万共产党员、490多万个党的基层组织并在14亿人口的大国长期执政的大党，担负着极为繁重的治党治国治军任务。习近平指出："治理好我们这个世界上最大的政党和人口最多的国家，必须坚持党的集中统一领导，维护党中央权威，确保党始终总揽全局、协调各方。"①

一段时间里，无视党中央权威的现象广泛存在，有些还很严重，有的在重大原则问题和大是大非面前立场摇摆、态度暧昧，没有同党中央保持高度一致；有的在重大政治问题上公开发表同党中央精神相违背的意见，对党中央大政方针说三道四；有的有令不行、有令不止，在贯彻党的决议和党中央决策部署上搞上有政策、下有对策；有的弄虚作假、欺上瞒下，事前不请示，事后不报告，或者只报成绩不报问题和缺点，向党中央打埋伏；有的自作主张、瞒天过海，对党中央决策部署打折扣、做选择、搞变通，致使党中央决策部署在贯彻执行中变形走样、落不了地；有的狂妄自大、阳奉阴违，把自己凌驾于党组织之上，把自己主政或分管的地方和部门当成"独立王国""私人领地"，拥护党中央的口号喊得震天响，实际上却是公开或者变相贩卖私货，背着党中央另搞一套；有的野心膨胀、权欲熏心，在党内培植个人势力，搞各种非组织派别活动，甚至公开搞分裂党的政治勾当，同党中央对着干。周永康、薄熙来、郭伯雄、徐才厚、令计划等人就是其中的典型代表。"这说明，一些人目无政治纪律、无视党中央权威已经到了何种程度？如不坚决克服，就会对党和人民事业造成严重损害。"②

针对党内存在的目无党中央权威的问题，习近平指出，古人云：令之不行，政之不立。党政军民学，东西南北中，党是领导一切的。党中央制定的理论和路线方针政策，是全党全国各族人民统一思想、统一意志、统一行动的依据和基础。只有党中央有权威，才能把全党牢固凝聚起来，进而把全国各族人民紧密团

① 习近平：《习近平谈治国理政》（第4卷），北京：外文出版社2022年版，第50页。
② 习近平：《论坚持党对一切工作的领导》，北京：中央文献出版社2019年版，第183页。

结起来，形成万众一心、无坚不摧的磅礴力量。

习近平反复强调加强党的集中统一领导的重要性，指出："坚持党的政治领导，最重要的是坚持党中央权威和集中统一领导，这要作为党的政治建设的首要任务。要引导全党增强'四个意识'，自觉在思想上政治上行动上同党中央保持高度一致，确保党中央一锤定音、定于一尊的权威。"①"党中央集中统一领导是党的领导的最高原则，加强和维护党中央集中统一领导是全党共同的政治责任，坚持党的领导首先要旗帜鲜明讲政治，保证全党服从中央。"②他指出，40 年的实践证明，什么时候党中央有权威，党就有力量；什么时候党中央权威弱化，党的领导就会削弱，党和国家事业发展就难以顺利前进。党的十八大以来，我们旗帜鲜明强调坚持和加强党的领导，从根本上改变了党的领导被弱化削弱的状况，消除了党、国家、军队内部存在的严重政治隐患，化解了党面临的严重政治风险。③ 通过思想教育和制度建设，一软一硬相向而行、紧密结合，党中央权威和集中统一领导得到有力保证，党的领导制度体系不断完善，党的领导方式更加科学，全党思想上更加统一、政治上更加团结、行动上更加一致，党的政治领导力、思想引领力、群众组织力、社会号召力显著增强。实现新时代党的历史使命，全党必须增强"四个意识"、坚定"四个自信"、做到"两个维护"，更加自觉地在党中央领导下开展工作。

加强和维护党中央权威和集中统一领导，必须严格遵守党中央有关制度规定。一是严格遵守关于新形势下党内政治生活的若干准则，坚定理想信念，坚持党的基本路线，坚决维护党中央权威，严明党的政治纪律，保持党同人民群众的血肉联系，坚持民主集中制原则，发扬党内民主和保障党员权利，坚持正确选人用人导向，严格党的组织生活制度，开展批评和自我批评，加强对权力运行的制

---

① 习近平：《习近平谈治国理政》(第 3 卷)，北京：外文出版社 2020 年版，第 94 页。

② 《中共中央关于党的百年奋斗重大成就和历史经验的决议》，北京：人民出版社 2021 年版，第 28 页。

③ 中共中央党史和文献研究院：《习近平关于全面从严治党论述摘编》(2021 年版)，北京：中央文献出版社 2021 年版，第 142 页。

约和监督，保持清正廉洁的政治本色。二是必须严格遵守中央政治局关于加强和维护党中央集中统一领导的若干规定，严明党的政治纪律和政治规矩，防止和反对个人主义、分散主义、自由主义、本位主义、好人主义等，发展积极健康的党内政治文化，推动营造风清气正的良好政治生态。党的领导干部必须提高政治判断力、政治领悟力、政治执行力，胸怀“国之大者”，对党忠诚、听党指挥、为党尽责。三是要健全党的领导制度体系，完善党领导人大、政府、政协、监察机关、审判机关、检察机关、武装力量、人民团体、企事业单位、基层群众性自治组织、社会组织等制度，确保党在各种组织中发挥领导作用。四是要坚持民主集中制，建立健全党对重大工作的领导体制，强化党中央决策议事协调机构职能作用，完善推动党中央重大决策落实机制，严格执行向党中央请示报告制度，强化政治监督，深化政治巡视，查处违背党的路线方针政策、破坏党的集中统一领导问题，清除“两面人”，保证全党在政治立场、政治方向、政治原则、政治道路上同党中央保持高度一致。

加强和维护党中央集中统一，要求全党必须做到对党忠诚。习近平指出：对党忠诚是共产党人必须具备的政治品格，是纯粹的、无条件的，不能打折扣、要小聪明搞小动作。全党同志特别是领导干部要始终在政治立场、政治方向、政治原则、政治道路上同党中央保持高度一致，真正做到忠诚党和人民，忠诚党的理想信念，忠诚党的初心使命，忠诚党的组织，忠诚党的理论和路线方针政策，严守党的政治纪律和政治规矩，不断增强维护党中央集中统一领导的思想自觉、政治自觉、行动自觉。对党忠诚是具体的、实践的，不是空洞的口号，不能只停留在口头表态上，要体现在贯彻党中央决策部署的行动上，体现在履职尽责、做好本职工作的实效上，体现在日常言行上，自觉做到党中央提倡的坚决响应、党中央决定的坚决照办、党中央禁止的坚决不做，不讲条件、不搞变通，不掉队、不走偏，保证全党上下拧成一股绳，心往一处想、劲往一处使。①

---

① 习近平：《习近平谈治国理政》(第4卷)，北京：外文出版社2022年版，第80页。

维护党中央权威和集中统一领导，有坚强有力的领导核心是重中之重、要中之要。新民主主义革命时期，正是因为遵义会议事实上确立了毛泽东同志在党中央和红军的领导地位，开始形成以毛泽东同志为核心的党的第一代中央领导集体，革命事业才转危为安。党的十八大以来，正是因为确立了习近平同志党中央的核心、全党的核心地位，党的面貌、国家的面貌、人民的面貌、军队的面貌、中华民族的面貌才发生了前所未有的变化。党成立以来之所以能够统一思想、步调一致向前进，根本原因就是形成了坚强有力的领导核心；党不断发展壮大，克服重重艰难险阻而立于不败之地，党的领导核心发挥了独特的、不可替代的作用。历史和现实充分表明，全党有核心，党中央才有权威，党才有力量。党形成并拥护领导核心，绝不是庸俗化的“个人崇拜”，党自成立之日起就坚决反对“个人崇拜”，并将“党禁止任何形式的个人崇拜”写入党章。党的领导核心并不意味着无限权力、任性决策，而是担负着为大党大国掌舵领航的重大职责。党是按照民主集中制原则组织起来的，党的领导核心也要按照民主集中制原则发挥作用，遵守集体领导制度，遵守党在宪法和法律范围内活动的法治原则。党的领导核心不是天生的，也不是自封的，而是在长期实践中通过正确领导形成的，是全党全国人民的共同选择。进入新时代，党提出坚持党中央的集中统一领导，核心要义就是要坚定拥护“两个确立”，坚决做到“两个维护”。

坚持党的领导是中国共产党百年奋斗的历史经验。党的二十大报告明确将坚持和加强党的全面领导作为前进道路上必须牢牢把握的第一个重大原则，强调：“坚决维护党中央权威和集中统一领导，把党的领导落实到党和国家事业各领域各方面各环节，使党始终成为风雨来袭时全体人民最可靠的主心骨，确保我国社会主义现代化建设正确方向，确保拥有团结奋斗的强大政治凝聚力、发展自信心，集聚起万众一心、共克时艰的磅礴力量。”①必须坚持党的全面领导特别是党中央集中统一领导，坚持民主集中制，确保党始终总揽全局、协调各方。坚决维

① 《高举中国特色社会主义伟大旗帜　为全面建设社会主义现代化国家而团结奋斗——在中国共产党第二十次全国代表大会上的报告》，北京：人民出版社 2022 年版，第 26~27 页。

护党的核心和党中央权威，加强党的集中统一领导，就是要求全党坚定不移向党中央看齐，在党的旗帜下团结成“一块坚硬的钢铁”，步调一致向前进。“只要我们坚持党的全面领导不动摇，坚决维护党的核心和党中央权威，充分发挥党的领导政治优势，把党的领导落实到党和国家事业各领域各方面各环节，就一定能够确保全党全军全国各族人民团结一致向前进。”①

四、健全和完善党的领导制度体系

制度问题带有根本性、全局性、稳定性和长期性。健全的领导制度体系对于保证党的领导活动的正常进行，发挥党的领导机关和领导者的作用，发挥党的各级组织和广大党员的积极性、主动性、创造性，保证党和国家事业的健康发展，具有十分重要的作用。因此，必须健全和完善党的领导制度体系。

（一）党的领导制度是我国的根本领导制度

坚持中国共产党的领导是通过党的领导制度来保证实施的。制度问题带有根本性、全局性、稳定性和长期性。党的领导制度是我国的根本领导制度。党的十九届四中全会从制度建设层面对坚持和加强党的全面领导作出新的战略安排，全会审议通过的《中共中央关于坚持和完善中国特色社会主义制度、推进国家治理体系和治理能力现代化若干重大问题的决定》（以下简称《决定》），在规划部署今后的重大任务时，首要强调的是“坚持和完善党的领导制度体系，提高党科学执政、民主执政、依法执政水平”②。习近平在关于《决定》的说明中明确指出，“决定稿准确把握我国国家制度和国家治理体系的演进方向和规律，突出坚持和完善

① 《中共中央关于党的百年奋斗重大成就和历史经验的决议》，北京：人民出版社2021年版，第65页。

② 《中共中央关于坚持和完善中国特色社会主义制度推进国家治理体系和治理能力现代化若干重大问题的决定》，北京：人民出版社2019年版，第6页。

党的领导制度，抓住了国家治理的关键和根本”①。在十九届四中全会第二次全体会议的讲话中，习近平进一步明确指出：“中国特色社会主义制度是一个严密完整的科学制度体系，起四梁八柱作用的是根本制度、基本制度、重要制度，其中具有统领地位的是党的领导制度。党的领导制度是我国的根本领导制度。”②把党的领导制度明确为我国的根本领导制度，从坚持和完善中国特色社会主义制度的高度，确定党的领导制度在我国国家制度和国家治理体系中关乎长远、关乎全局的地位和作用，这就抓住了制度建设和国家治理的关键，是推进制度建设和国家治理的战略安排和根本举措。

党的领导制度在确保我国国家治理沿着正确方向前进中起着根本作用。习近平指出：“共产党人的斗争是有方向、有立场、有原则的，大方向就是坚持中国共产党领导和我国社会主义制度不动摇。”③坚持党的领导制度，是沿着中国特色社会主义道路实现国家现代化和中华民族伟大复兴的根本经验总结。坚持党的全面领导是坚持和发展中国特色社会主义的必由之路，中国特色社会主义是实现中华民族伟大复兴的必由之路。

党的领导制度在彰显我国国家制度和国家治理体系优势中起着根本作用。党的十九届四中全会审议通过的《决定》系统阐述了我国国家制度和国家治理体系13个方面的显著优势，并把坚持党的集中统一领导、确保国家始终沿着社会主义方向前进的显著优势摆放在首位；而这13个方面的显著优势实质上都同党的领导这一根本领导制度密切相关，都离不开这一根本领导制度的坚持和完善。作为马克思主义执政党，中国共产党在其性质宗旨、历史地位、功能作用等方面与其他性质的政党有着根本性区别，也为构筑我国国家制度和国家治理体系的独特优势提供了根本支撑。

---

① 《中共中央关于坚持和完善中国特色社会主义制度推进国家治理体系和治理能力现代化若干重大问题的决定》，北京：人民出版社2019年版，第52页。

② 习近平：《论人民当家作主》，北京：中央文献出版社2021年版，第297页。

③ 习近平：《习近平谈治国理政》(第3卷)，北京：外文出版社2020年版，第226页。

党的领导制度对构筑我国国家制度和国家治理体系独特优势的支撑作用主要体现在以下方面：

一是为构筑我国国家制度和国家治理体系优势提供根本价值引领。党自成立以来始终践行初心使命，在各个历史时期都坚持以人民为中心，坚持人民当家作主，把实现好、维护好、发展好最广大人民的根本利益作为一切工作的出发点和落脚点，并将这些原则遵循外化为各种制度，保证了最广大人民意愿、意志的具体落实。

二是为发挥我国国家制度和国家治理体系的显著优势提供不竭动力。我国国家制度和国家治理体系的显著优势历久不衰，原因就在于我们党是用马克思主义科学理论武装起来的党，是按照社会发展规律指引自己行动的党，是以人的解放和最终实现共产主义为奋斗目标的党。党坚持把勇于推进理论创新、实践创新、文化创新同勇于推进制度创新作为一个统一的历史进程，不断为各方面制度的发展与完善提供“源头活水”，避免制度发展陷入停滞和僵化。

三是为发挥我国国家制度和国家治理体系的显著优势提供可靠保障。制度的优越性必须通过治理的效能表现出来。中国共产党作为最高政治领导力量，居于国家治理体系的核心地位，发挥着总揽全局、协调各方的领导核心作用。这样的制度安排，保证了社会各方面力量和资源的有效整合，保证了国家重大战略、规划和政策一以贯之的实施。中国共产党是靠民主集中制原则组织起来的政党，党中央的权威和集中统一领导、强大的组织体系和组织动员能力、党员干部的先锋模范作用等，都有力凝聚了全党全社会的智慧和力量。党的领导制度保障了我国国家制度的具体落实，保障了国家制度体系的优越性转化为实实在在的治理效能。

党的领导制度在推进国家治理体系和治理能力现代化进程中起着根本作用。现代化是所有发展中国家追求的目标，也是一个长期的实践过程。现在，我国正处在社会深刻变革、加快推进现代化时期，处在有了充分发展但又尚未完成现代化的“转型时期”。从许多发展中国家的经验教训看，在这个“转型时期”，由于政治主导力量的缺失、组织动员能力的不足、制度安排的不合理而出现了一系列问题，或者是社会无序、一盘散沙，或者是政党纷沓、相互倾轧，或者是民族冲突、教派纷争，从而导致现代化进程的失衡、失序甚至失败。那么，我国应该靠什么样的制度安排才能确保应对各种挑战和风险，成功走出“转型时期”？关键是要有一个能够代表人民利益、凝聚人民意志、适应现代化要求的政党。从这个意义上看，中国共产党的领导制度，就为我国建构与现代化建设所需要的政治体系提供了保障。只有坚持党的集中统一领导，健全总揽全局、协调各方的党的领导体系，把党的领导落实到国家治理各阶段各领域各环节，把我国制度优势更好转化为国家治理效能，才能为实现第二个百年奋斗目标和中华民族伟大复兴的中国梦提供根本保证。

（二）完善总揽全局、协调各方的党的领导制度体系

任何一种政治制度都是动态发展的，中国共产党的领导制度也是一个与时俱进、不断完善的过程。习近平指出：“坚持发挥党总揽全局、协调各方的领导核心作用，提高党科学执政、民主执政、依法执政水平，保证党领导人民有效治理国家，切实防止出现群龙无首、一盘散沙的现象。”①他还指出，要“不断推进国家治理体系和治理能力现代化，把坚持党的全面领导的政治优势、坚持中国特色社会主义制度的制度优势同坚持新发展理念的理论优势统一起来，推动党对社会主义现代化建设的领导在职能配置上更加科学合理、在体制机制上更加完备完善、在运行管理上更加高效”②。

为把党的领导落实到国家治理各领域各方面各环节，党的十九届四中全会提出健全总揽全局、协调各方的党的领导制度体系的任务，并对构成这一制度体系的“六项制度”的内涵要求进行了阐述。

---

① 中共中央文献研究室：《十八大以来重要文献选编》（中），北京：中央文献出版社 2016 年版，第 266 页。

② 习近平：《习近平谈治国理政》（第 4 卷），北京：外文出版社 2022 年版，第 46 页。

一是建立不忘初心、牢记使命的制度。内容涉及全党必须遵守党章，恪守党的性质和宗旨，坚定理想信念，坚持用党的最新理论成果武装头脑，长期开展初心使命教育，不断锤炼党员干部的政治品格，全面贯彻党的基本理论、基本路线、基本方略，持续推进党的理论创新、实践创新、制度创新等内容，主要解决的是夯实全党的思想基础和树立正确的价值理念问题，这是健全和完善党的领导制度的思想基础和价值导向。

二是完善坚定维护党中央权威和集中统一领导的各项制度。内容涉及推动全党增强“四个意识”、坚定“四个自信”、做到“两个维护”，落实坚持和维护党中央权威和集中统一领导的体制机制、组织制度、组织体系等，主要解决的是维护全党的团结统一问题，这是健全和完善党的领导制度体系的最高原则。

三是健全党的全面领导制度。内容涉及完善党领导治国理政各领域各方面各项事业的具体制度，把党的领导落实到治国理政各领域各方面各环节，主要解决的是规范党的各级组织与同级政府等其他组织的关系问题，这是健全和完善党的领导制度体系的核心目标所在。

四是健全为人民执政、靠人民执政各项制度。内容涉及坚持党的执政理念、人民立场、群众路线，完善联系群众制度、群众工作机制、群团工作体系等，主要解决的是坚定党的根本立场问题，这是健全和完善党的领导制度体系的根本目的和根本方式。

五是健全提高党的执政能力和领导水平制度。内容涉及坚持民主集中制，完善发展党内民主和实行正确集中的相关制度，提高党把方向、谋大局、定政策、促改革的能力。健全决策机制，改进党的领导方式和执政方式，增强各级党组织的政治功能和组织力，增强执政本领、发扬斗争精神、增强斗争本领等，主要解决的是增强本领、提高领导和执政成效的问题，这是坚持和完善党的领导制度体系的基本着力点。

六是完善全面从严治党制度。内容涉及不断推进党的自我革命，建立健全以政治建设为统领的党建体制机制，落实新时代党的组织路线，坚持依规治党，规范党内政治生活，纠治不正之风等，主要解决的是保持党的先进性和纯洁性的问题，这是健全和完善党的领导制度体系的主体条件。

上述六项制度构成党的领导制度体系的基本要素，涵盖坚持和完善党的领导制度体系的思想基础、价值导向、目标选择、能力要求、路径方法等方面，从党的领导制度体系角度回答了新时代“建设什么样的长期执政的马克思主义政党、怎样建设长期执政的马克思主义政党”这一重大时代课题，为新时代健全和完善党的领导制度体系提供了更为清晰、系统的方向指导和原则遵循，勾画了新时代健全和完善党的领导制度体系的“路线图”。随着党的领导制度体系不断健全和完善，党的领导这一根本领导制度的作用必将得以更好发挥，我国国家制度和国家治理体系的优越性必将得到更好体现，从而为不断推进和拓展中国式现代化提供根本的制度保障。

（三）新时代十年坚持和加强党的全面领导的举措和成效

在习近平关于坚持党的全面领导重要思想的指引下，党的全面领导在新时代得到全面加强。党的十九届六中全会通过的《中共中央关于党的百年奋斗重大成就和历史经验的决议》对这一时期坚持党的全面领导作了高度评价，概括起来主要有以下内容：①

一是针对党内在坚持党的全面领导方面出现的问题，强调了坚持党的全面领导的极端重要性。决议指出，改革开放以后，党为加强和改善党的领导进行持续努力，为党和国家事业发展提供了根本政治保证。同时，党内也存在不少对坚持党的领导认识模糊、行动乏力问题，存在不少落实党的领导弱化、虚化、淡化、边缘化问题，特别是对党中央重大决策部署执行不力，有的搞上有政策、下有对策，甚至口是心非、擅自行事。以习近平同志为核心的党中央旗帜鲜明提出，党的领导是党和国家的根本所在、命脉所在，是全国各族人民的利益所系、命运所

① 参见《中共中央关于党的百年奋斗重大成就和历史经验的决议》，北京：人民出版社 2021 年版，第 27~29 页。

系，全党必须自觉在思想上政治上行动上同党中央保持高度一致，提高科学执政、民主执政、依法执政水平，提高把方向、谋大局、定政策、促改革的能力，确保充分发挥党总揽全局、协调各方的领导核心作用。党明确提出，党的领导是全面的、系统的、整体的，保证党的团结统一是党的生命；党中央集中统一领导是党的领导的最高原则，加强和维护党中央集中统一领导是全党共同的政治责任，坚持党的领导首先要旗帜鲜明讲政治，保证全党服从中央。

二是从体制机制等方面强化了坚持党的全面领导。党的十八届六中全会通过关于新形势下党内政治生活的若干准则，党中央出台《中央政治局关于加强和维护党中央集中统一领导的若干规定》，严明党的政治纪律和政治规矩，防止和反对个人主义、分散主义、自由主义、本位主义、好人主义等，发展积极健康的党内政治文化，推动营造风清气正的良好政治生态。党中央要求党的领导干部提高政治判断力、政治领悟力、政治执行力，胸怀“国之大者”，对党忠诚、听党指挥、为党尽责。党健全党的领导制度体系，完善党领导人大、政府、政协、监察机关、审判机关、检察机关、武装力量、人民团体、企事业单位、基层群众性自治组织、社会组织等制度，确保党在各种组织中发挥领导作用。党坚持民主集中制，建立健全党对重大工作的领导体制，强化党中央决策议事协调机构职能作用，完善推动党中央重大决策落实机制，严格执行向党中央请示报告制度，强化政治监督，深化政治巡视，查处违背党的路线方针政策、破坏党的集中统一领导问题，清除“两面人”，保证全党在政治立场、政治方向、政治原则、政治道路上同党中央保持高度一致。

党的二十大报告在总结新时代十年来的伟大成就时，也从这一时期坚持党的全面领导方面进行了总结评价，指出：我们全面加强党的领导，明确中国特色社会主义最本质的特征是中国共产党领导，中国特色社会主义制度的最大优势是中国共产党领导，中国共产党是最高政治领导力量，坚持党中央集中统一领导是最高政治原则，系统完善党的领导制度体系，全党增强“四个意识”，自觉在思想上政治上行动上同党中央保持高度一致，不断提高政治判断力、政治领悟力、政治执行力，确保党中央权威和集中统一领导，确保党发挥总揽全局、协调各方的领导核心作用，我们这个拥有九千六百多万名党员的马克思主义政党更加团结统一。①

总之，党的十八大以来，党中央权威和集中统一领导得到有力保证，党的领导制度体系不断完善，党的领导方式更加科学，全党思想上更加统一、政治上更加团结、行动上更加一致，党的政治领导力、思想引领力、群众组织力、社会号召力显著增强。以习近平同志为核心的党中央，以伟大的历史主动精神、巨大的政治勇气、强烈的责任担当，统筹国内国际两个大局，贯彻党的基本理论、基本路线、基本方略，统揽伟大斗争、伟大工程、伟大事业、伟大梦想，坚持稳中求进工作总基调，出台一系列重大方针政策，推出一系列重大举措，推进一系列重大工作，战胜一系列重大风险挑战，解决了许多长期想解决而没有解决的难题，办成了许多过去想办而没有办成的大事，推动党和国家事业取得历史性成就、发生历史性变革。实践证明，办好中国的事情关键在党，关键在全面从严治党。

---

① 中共中央党史和文献研究院：《习近平关于网络强国论述摘编》，北京：中央文献出版社2021年版，第12页。

第九章

习近平关于新时代党的建设的重要思想

中国特色社会主义最本质的特征是中国共产党领导，中国特色社会主义制度的最大优势是中国共产党领导，中国共产党是最高政治领导力量。党在中国特色社会主义事业中的领导的核心地位，决定了办好中国的事情关键在中国共产党。中国共产党自成立以来，领导人民进行革命、建设和改革，建立了中华人民共和国，确立了社会主义制度，推进了社会主义建设，实行了改革开放，开创了中国特色社会主义，走进了中国特色社会主义新时代，成功推进和拓展了中国式现代化。新时代中国共产党在国内面临着实现中华民族伟大复兴的战略全局，国际上面临着百年未有之大变局。如何统揽这“两局”，是对长期执政的中国共产党提出的新挑战新考验。打铁必须自身硬。以习近平同志为核心的党中央在坚持和加强党的全面领导的同时，围绕建设长期执政的马克思主义政党这个重大的时代课题全面推进从严治党，在党的建设理论和实践上实现了重大创新。

一、建设长期执政的马克思主义政党重大时代课题的提出与回答

党的十九届六中全会通过的《中共中央关于党的百年奋斗重大成就和历史经验的决议》在阐述“两个确立”及其重大意义时，首次将建设什么样的长期执政的马克思主义政党、怎样建设长期执政的马克思主义政党，作为一个重大时代课题提到了全党的面前。建设长期执政的马克思主义政党何以成为一个重大时代课题？提出这一重大时代课题的意义何在？其内涵实质是什么？它与坚持和发展中国特色社会主义、建设社会主义现代化强国这两个重大时代课题的关系如何？习近平总书记对建设长期执政的马克思主义政党这一重大时代课题作了怎样的创造性回答，取得哪些实践成果？搞清楚弄明白这些问题，有助于我们加深对习近平总书记关于党的建设重要论述的理解和贯彻，增强全面从严治党永远在路上的政

治自党。①

(一)建设长期执政的马克思主义政党重大时代课题的提出及其意义

近代以来，彻底改变国家蒙辱、人民蒙难、文明蒙尘、民族遭受劫难的悲惨境地，实现中华民族伟大复兴的中国梦，一代代中国人进行了前赴后继的英勇奋斗。中国共产党成立以来的一切奋斗、牺牲和创造，都是为了实现中华民族伟大复兴。正是在中国共产党领导下，中国人民才凝聚起不可阻挡的前进力量，中华民族才迎来了从站起来、富起来到强起来的伟大飞跃。

党的十八大以来，中国特色社会主义进入新时代。这是当代中国发展的新的历史方位。实现第一个百年奋斗目标，开启实现第二个百年奋斗目标新征程，朝着实现中华民族伟大复兴的宏伟目标继续前进，这是党在新时代面临的主要任务。打铁必须自身硬，只有把党建设得更加强大，才能担负起党在新时代面临的主要任务。

从客观上来说，无比艰巨的任务和前所未有的风险挑战对执政的中国共产党提出新的更高要求。“当代中国正在经历人类历史上最为宏大而独特的实践创新，改革发展稳定任务之重、矛盾风险挑战之多、治国理政考验之大都前所未有，世界百年未有之大变局深刻变化前所未有，提出了大量亟待回答的理论和实践课题。”②这些课题的科学回答和正确解决，在理论上需要当代中国共产党人“准确把握时代大势，勇于站在人类发展前沿，聆听人民心声，回应现实需要，坚持解放思想、实事求是、守正创新，更好把坚持马克思主义和发展马克思主义统一起来，坚持用马克思主义之‘矢’去射新时代中国之‘的’，继续推进马克思主义基本原理同中国具体实际相结合、同中华优秀传统文化相结合，使马克思主义呈现出更多中国特色、中国风格、中国气派，续写马克思主义中国化时代化新篇

---

① 本部分曾以《建设长期执政的马克思主义政党重大时代课题的提出及回答》为题，发表于《共产党人》2022 年第 14 期。

② 习近平：《更好把握和运用党的百年奋斗历史经验》，载《求是》2022 年第 13 期，第 8 页。

章”①。在实践上，需要当代中国共产党不断增强执政能力和斗争本领，克服“本领恐慌”，在坚持马克思主义理论的基本原理、基本原则、基本观点的同时，一切从当代中国的实际出发，从变化了的国际国内环境出发，准确认识和把握社会主要矛盾，准确确定中心任务，坚持以人民为中心的发展思想，贯彻新发展理念，构建新发展格局，推动高质量发展，推动人的全面发展、全体人民共同富裕取得更为明显的实质性进展。因此，这就需要加强党的长期执政能力建设，建设长期执政的马克思主义政党。

从主观上来说，历经百年的中国共产党需要解决好永葆生机活力、跳出历史周期律的问题。中国共产党的百年奋斗，不仅从根本上改变了中国人民的前途命运，开辟了实现中华民族伟大复兴的正确道路，展示了马克思主义的强大生命力，深刻影响了世界历史进程，也锻造了走在时代前列的中国共产党。“一百年来，党坚持性质宗旨，坚持理想信念，坚守初心使命，勇于自我革命，在生死斗争和艰苦奋斗中经受住各种风险考验、付出巨大牺牲，锤炼出鲜明政治品格，形成了以伟大建党精神为源头的精神谱系，保持了党的先进性和纯洁性，党的执政能力和领导水平不断提高，正领导中国人民在中国特色社会主义道路上不可逆转地走向中华民族伟大复兴，无愧为伟大光荣正确的党。”②在新时代新征程上，党自身也面临一个很现实的重大问题，这就是古今中外历史上经常会出现的“其兴也勃焉，其亡也忽焉”的历史周期率问题。习近平总书记在党的十九届六中全会上指出：“我们党历史这么长、规模这么大、执政这么久，如何跳出治乱兴衰的历史周期率？毛泽东同志在延安的窑洞里给出了第一个答案，这就是‘只有让人民来监督政府，政府才不敢松懈’。经过百年奋斗特别是党的十八大以来新的实践，我们党又给出了第二个答案，这就是自我革命。”③在新的历史条件下，中国

---

① 习近平：《更好把握和运用党的百年奋斗历史经验》，载《求是》2022 年第 13 期，第 8~9 页。

② 《中共中央关于党的百年奋斗重大成就和历史经验的决议》，北京：人民出版社 2021 年版，第 64~65 页。

③ 习近平：《以史为鉴、开创未来埋头苦干、勇毅前行》，载《求是》2022 年第 1 期，第 13 页。

共产党要永葆马克思主义政党的本色、永葆生机活力，进而担负起新时代历史使命，就必须坚持自我革命，建设长期执政的马克思主义政党。

提出建设长期执政的马克思主义政党这一重大时代课题具有重大意义。它适应了当代中国发展历史方位和党的主要任务的需要，回应了历经百年的中国共产党需要解决好永葆生机活力、跳出历史周期律的问题，是牢记中国共产党是什么、要干什么这个根本问题在新时代的必然要求，是从中国共产党自身角度回答新时代新征程的中国之问、世界之问、人民之问、时代之问，回答当代中国发展面临的重大社会现实问题，体现了新时代中国共产党人对共产党执政规律、社会主义建设规律、人类社会发展规律的认识，为新时代坚持党的领导和加强党的建设指明了方向。

(二)建设长期执政的马克思主义政党重大课题的本质内涵

建设长期执政的马克思主义政党这一重大时代课题的本质内涵，是中国共产党在新时代坚持自我革命，始终保持先进性和纯洁性，不断增强创造力、凝聚力、战斗力，永葆马克思主义政党的本色。

先进的马克思主义政党不是天生的，而是在不断自我革命中淬炼而成的。勇于自我革命是中国共产党区别于其他政党的显著标志。党之所以勇于自我革命，根本就在于党的指导思想、性质宗旨、初心使命、崇高追求。中国共产党是马克思主义与中国工人运动相结合的产物，马克思主义是中国共产党立党立国、兴党强国的根本指导思想，是中国共产党认识世界、把握规律、追求真理、改造世界的强大思想武器。马克思主义的科学性和真理性、人民性和实践性、开放性和时代性，决定了这一理论的彻底性，决定了以这一理论武装起来的中国共产党的先进性。中国共产党是中国工人阶级的先锋队，同时是中国人民和中华民族的先锋队，是中国特色社会主义事业的领导核心。党的最高理想和最终目标是实现共产主义。党的宗旨是全心全意为人民服务。党的初心使命是为中国人民谋幸福，为中华民族谋复兴，为人类谋进步、为世界谋大同。党的指导思想、党的性质宗旨、党的初心使命、党的崇高追求，决定了党具有自我革命的特质和精神。

自我革命精神是中国共产党永葆青春活力的强大支撑。党历经百年沧桑更加充满活力，其奥秘就在于始终坚持真理、修正错误。正如习近平总书记所说，“在百年奋斗历程中，党领导人民取得一个又一个伟大成就、战胜一个又一个艰难险阻，历经千锤百炼仍朝气蓬勃，得到人民群众支持和拥护，原因就在于党敢于直面自身存在的问题，勇于自我革命，始终保持先进性和纯洁性，不断增强创造力、凝聚力、战斗力，永葆马克思主义政党本色”①。

中国共产党百年奋斗的历史，既是一部团结带领人民为实现中华民族伟大复兴而进行伟大社会革命的历史，也是一部为不断保持党的先进性和纯洁性、不断防范被瓦解被腐化的危险而不断加强自身建设、勇于进行自我革命的历史。这个伟大自我革命从中国共产党建党之初就开始了，它伴随党的百年奋斗历程，并将在新的百年奋斗中继续进行下去。“只要我们不断清除一切损害党的先进性和纯洁性的因素，不断清除一切侵蚀党的健康肌体的病毒，就一定能够确保党不变质、不变色、不变味，确保党在新时代坚持和发展中国特色社会主义的历史进程中始终成为坚强领导核心。”②

新时代主要有三个重大时代课题，一是坚持和发展什么样的中国特色社会主义、怎样坚持和发展中国特色社会主义；二是建设什么样的社会主义现代化强国、怎样建设社会主义现代化强国；三是建设什么样的长期执政的马克思主义政党、怎样建设长期执政的马克思主义政党。这三个重大时代课题，每一个都有着各自回答的重点，分别从中华民族伟大复兴道路的选择、当代中国发展前景和奋斗目标、中国共产党自身建设角度，回答当代中国发展的重大社会现实问题。三个重大时代课题回答的都是新时代新征程的中国之问、世界之问、人民之问、时代之问，对三个重大时代课题的回答共同指向实现第二个百年奋斗目标、实现中

① 习近平：《习近平谈治国理政》(第 4 卷)，北京：外文出版社 2022 年版，第 32 页。

② 《中共中央关于党的百年奋斗重大成就和历史经验的决议》，北京：人民出版社 2021 年版，第 70~71 页。

华民族伟大复兴的中国梦这个主题，推动着为实现第二个百年奋斗目标、实现中华民族伟大复兴的中国梦而不懈奋斗。

中国的问题关键在党。建设长期执政的马克思主义政党这个重大时代课题的科学回答和正确解决，必将为新时代坚持和发展中国特色社会主义、建设社会主义现代化强国提供根本保证。

（三）建设长期执政的马克思主义政党重大时代课题的创造性回答和基本要求

党的十八大以来，围绕新时代建设什么样的长期执政的马克思主义政党、怎样建设长期执政的马克思主义政党这一重大时代课题，习近平总书记提出了一系列原创性的管党治党新理念新思想新战略。他反复告诫全党，不论走得多远，都不能忘记来时的路，都不能忘记为什么出发，都必须不忘初心、牢记使命，都不要忘了中国共产党是什么、要干什么这个根本问题。他多次强调大党应该有大党的样子，打铁必须自身硬，要硬在政治、硬在信念、硬在精神、硬在能力、硬在作风、硬在纯洁、硬在担当。

以习近平同志为核心的党中央明确全面从严治党的战略方针，提出新时代党的建设总要求，全面推进党的政治建设、思想建设、组织建设、作风建设、纪律建设，把制度建设贯穿其中，落实管党治党政治责任，坚持反腐败无禁区、全覆盖、零容忍，把全面从严治党贯穿于党的建设各方面，推动党的建设全面进步。以伟大自我革命引领伟大社会革命。

习近平多次对全面从严治党的战略方针作了系统阐述。习近平指出："党要管党，才能管好党；从严治党，才能治好党。"①坚持从严治党是我们党的一贯方针。党的十八大以来，习近平多次强调、阐述从严治党的方针，并在"从严"上下功夫，直击积弊、扶正祛邪，开创了党的建设新局面，使党风政风呈现新气象。2014 年 12 月，习近平在江苏调研时强调："协调推进全面建成小康社会、

① 中共中央文献研究室：《十八大以来重要文献选编》（上），北京：中央文献出版社 2014 年版，第 349 页。

全面深化改革、全面依法治国、全面从严治党，推动改革开放和社会主义现代化建设迈上新台阶。”①这是我们党第一次提出“全面从严治党”。2016 年 10 月，党的十八届六中全会专题研究全面从严治党重大问题，充分展现了党中央推进全面从严治党的决心和信心。2017 年 10 月，党的十九大将“全面从严治党”首次写入党章。2022 年 10 月，党的二十大提出要“健全全面从严治党体系”。从明确提出从严治党的具体要求，到提升为全面从严治党，再到提出“全面从严治党体系”，中国共产党把党的建设融入国家发展大局之中，以改革创新精神全面推进新时代党的建设新的伟大工程。

全面从严治党，核心是加强党的领导，基础在全面，关键在严，要害在治。“全面”就是管全党、治全党，体现为管党治党对象全覆盖、领域全范围、责任全担负。对象全覆盖，就是把从严治党的要求落实到每个党组织中、落实到每名党员身上；领域全范围，就是体现到党的政治建设、思想建设、组织建设、作风建设、反腐倡廉建设和制度建设各个领域、各个方面；责任全担负，就是一把尺子量到底、一根竿子插到底，层层传导责任压力，让全面从严治党真正落地生根。“世间事，做于细，成于严。”共产党人最讲认真，全面从严治党讲认真，就是坚持严字当头，把严的要求贯彻全过程，做到真管真严、敢管敢严、长管长严。真管真严，就是要动真格，不降标准，不图形式，不走过场，确保全面从严治党真正落实；敢管敢严，就是要敢于碰硬，不惧压力，不畏艰难，不避矛盾，让一切违纪违规的言行无处遁形；长管长严，就是要善始善终，不松劲头，不减力度，不打折扣，坚持不懈严管严治。“治”就是从党中央到地方各级党委，从中央部委、国家机关部门党组（党委）到基层党支部，都要肩负起主体责任，党委书记要把抓好党建当作分内之事、必须担当的职责；各级纪委要担负起监督责任，敢于瞪眼黑脸，勇于执纪问责。坚持标本兼治，拔“烂树”、治“病树”、正“歪树”。全面从严治党，要求增强系统性、预见性、创造性、实效性，使从严治党的一切努力都集中到增强党自我净

① 习近平：《习近平谈治国理政》（第 2 卷），北京：外文出版社 2017 年版，第 22 页。

化、自我完善、自我革新、自我提高能力上来，集中到提高党的领导能力和执政能力、保持和发展党的先进性和纯洁性上来，不断以勇于自我革命的精神打造和锤炼自己，实现管党治党真正从宽松软走向严紧硬。

全面从严治党是一场伟大的自我革命。勇于自我革命，是我们党最鲜明的品格，也是我们党最大的优势。习近平强调："中国共产党的伟大不在于不犯错误，而在于从不讳疾忌医，敢于直面问题，勇于自我革命，具有极强的自我修复能力。"①在领导中国革命、建设、改革百年奋斗历程中，我们党为什么能够在各种政治力量反复较量中脱颖而出？为什么能够始终走在时代前列、成为中国人民和中华民族的主心骨？根本原因在于党始终保持了自我革命精神，保持了承认并改正错误的勇气，一次次拿起手术刀来革除自身病症，一次次靠自己解决了自身问题。中国共产党之所以有自我革命的勇气，是因为我们党除了国家、民族、人民的利益，没有任何自己的特殊利益。不谋私利才能谋根本、谋大利，才能从党的性质和根本宗旨出发，从人民根本利益出发，检视自己；才能不掩饰缺点、不回避问题、不文过饰非，有缺点克服缺点，有问题解决问题，有错误承认并纠正错误。

全面从严治党开辟了百年大党自我革命的新境界，推进自我革命不断走向深入。党的十八大以来，以习近平同志为核心的党中央深入推进全面从严治党，把严的标准、严的措施贯穿管党治党全过程和各方面，刹住了一些长期没有刹住的歪风，纠治了一些多年未除的顽瘴痼疾，消除了党、国家、军队内部存在的严重隐患。从实施中央八项规定改进作风到构建行之有效的权力监督制度和执纪执法体系，从反腐败无禁区、全覆盖、零容忍到一体推进不敢腐、不能腐、不想腐，从开展党的群众路线教育实践活动到建立不忘初心、牢记使命的制度，从严格规范党内政治生活到着力营造山清水秀的政治生态，全面从严治党不断向纵深发展。我们党在刮骨疗毒中解决了自身在政治、思想、组织、作风、纪律等方面存在的一系列重大问题，在激浊扬清中彰显了无产阶级政党的政治本色，在革故鼎

① 中共中央党史和文献研究院：《十八大以来重要文献选编》(下)，北京：中央文献出版社 2018 年版，第 589 页。

新中重塑了无产阶级政党的政治优势，通过实际行动回答了“窑洞之问”，练就了中国共产党人自我净化的“绝世武功”。经过不懈努力，党找到了自我革命这一跳出治乱兴衰历史周期率的第二个答案，自我净化、自我完善、自我革新、自我提高能力显著增强，管党治党宽松软状况得到根本扭转，风清气正的党内政治生态不断形成和发展，确保党永远不变质、不变色、不变味。

二、新时代党的建设总要求

党的建设围绕党的政治路线来展开，这是马克思主义建党学说的一条基本原理。党领导的事业发展，必然对党的建设提出新的要求，新时代中国特色社会主义事业的发展，必然对新时代党的建设提出新的要求。①

(一)新时代党的建设总要求的提出

党的十九大报告指出，中国特色社会主义进入新时代，我们党一定要有新气象新作为。党要团结带领人民进行伟大斗争、推进伟大事业、实现伟大梦想，必须毫不动摇坚持和完善党的领导，毫不动摇把党建设得更加坚强有力。据此，党的十九大提出了新时代党的建设总要求。新时代党的建设总要求是：“坚持和加强党的全面领导，坚持党要管党、全面从严治党，以加强党的长期执政能力建设、先进性和纯洁性建设为主线，以党的政治建设为统领，以坚定理想信念宗旨为根基，以调动全党积极性、主动性、创造性为着力点，全面推进党的政治建设、思想建设、组织建设、作风建设、纪律建设，把制度建设贯穿其中，深入推进反腐败斗争，不断提高党的建设质量，把党建设成为始终走在时代前列、人民

① 本部分内容曾以《深刻理解新时代党的建设总要求》为题，发表于《中国党政干部论坛》2017年第12期。

衷心拥护、勇于自我革命、经得起各种风浪考验、朝气蓬勃的马克思主义执政党。”①

党的十九大报告提出的新时代党的建设总要求，明确了新时代党的建设根本原则、指导方针、工作主线、总体布局、基本要求和实现目标，反映了中国特色社会主义新时代对党的建设的新要求，深化了对马克思主义执政党建设规律的认识，实现了党的建设理论的重大创新。这对于不断提高党的建设质量，把党建设好、建设强，进而团结带领人民进行伟大斗争、推进伟大事业、实现伟大梦想，必将发挥巨大指导作用。

(二)新时代党的建设总要求的丰富内涵

党的十九大提出的这个总要求，明确了党的建设根本原则、指导方针、工作主线、总体布局、基本要求、实现目标，是党的建设理论的重大创新。我们应当认真领会、深刻理解并切实加以贯彻落实。

坚持和加强党的全面领导，是新时代党的建设根本原则。党是最高政治领导力量，坚持党对一切工作的领导，是中国特色社会主义理论逻辑、历史逻辑、现实逻辑有机统一的必然结论。今天，我们要实现伟大梦想，必须有效应对重大挑战、抵御重大风险、克服重大阻力、解决重大矛盾，必须进行具有许多新的历史特点的伟大斗争，必须始终坚持和发展中国特色社会主义，这些都离不开党的坚强领导；我们结合伟大斗争、伟大事业、伟大梦想的实践进行伟大工程，进行新时代党的建设，目的就是要不断增强党的政治领导力、思想引领力、群众组织力、社会号召力，确保我们党永葆旺盛生命力和强大战斗力，确保党在世界形势深刻变化的历史进程中始终走在时代前列，在应对国内外各种风险和考验的历史进程中始终成为全国人民的主心骨，在坚持和发展中国特色社会主义的历史进程中始终成为坚强领导核心。所以，新时代党的建设的根本原则，只能是坚持和加

① 习近平：《习近平谈治国理政》(第3卷)，北京：外文出版社2020年版，第48页。

强党的全面领导。党的领导是战胜一切困难和风险的“定海神针”，党的领导必须是全面的、整体的，哪个领域、哪个方面、哪个环节缺失了、弱化了，都会削弱党的力量，损害党和人民事业。党的十九大报告把“坚持党对一切工作的领导”纳入新时代党的建设总要求并将其置于首要地位，这是在新时代对马克思主义政党建设理论的继承和发展。

坚持党要管党、全面从严治党，是新时代党的建设指导方针。党要管党、全面从严治党，是党肩负的历史使命和党的自身状况决定的。一方面，党肩负着团结带领各族人民进行伟大斗争、推进伟大工程、实现伟大梦想的历史使命，责任重大，使命光荣，任务艰巨。另一方面，党已经成为一个规模巨大的马克思主义执政党。尽管党的十八大以来全面从严治党取得伟大成绩，但全面从严治党永远在路上。因为我们党面临的执政环境是复杂的，影响党的先进性、弱化党的纯洁性的因素也是复杂的，党内存在的思想不纯、组织不纯、作风不纯等突出问题尚未得到根本解决；党面临的执政考验、改革开放考验、市场经济考验、外部环境考验具有长期性和复杂性；党面临的精神懈怠危险、能力不足危险、脱离群众危险、消极腐败危险具有尖锐性和严峻性，因此我们必须坚持党要管党、全面从严治党，坚持问题导向，保持战略定力，推动全面从严治党向纵深发展。如果管党不力、治党不严，党就不可避免被历史淘汰，党所肩负的历史使命就无法实现。党要在新的历史方位实现新的历史使命，必须毫不动摇地把党建设得更加坚强有力。

加强党的长期执政能力建设、先进性和纯洁性建设，是新时代党的建设工作主线。中国共产党是在一个14亿人口的大国长期执政的马克思主义执政党。执政能力建设是党执政后的一项根本性建设，党的执政能力，就是党提出和运用正确的理论、路线、方针、政策和策略，领导制定和实施宪法和法律，采取科学的领导制度和领导方式，动员和组织人民依法管理国家和社会事务、经济和文化事业，有效治党治国治军，建设社会主义现代化国家的本领。长期执政，意味着在各个方面要经受长期的考验，意味着在世情国情不断变化的条件下始终能应对各种风险挑战，意味着要始终保持不忘初心、牢记使命，意味着要始终具有先进性和纯洁性。加强长期执政能力建设，对党的建设提出了更高的标准。先进性和纯洁性建设更是党成立以来的一项根本性建设。党的先进性和纯洁性，是马克思主义政党的根本特征和本质要求，也是马克思主义政党的生命所系、力量所在，是永葆党的政治本色和党的生机活力的客观需要。不断提高党的领导水平和执政水平、提高拒腐防变和抵御风险能力，是党始终面临的两大历史性课题。以加强党的长期执政能力建设、先进性和纯洁性建设为主线来全面推进新时代党建工作，是解决两大历史性课题，推进全面从严治党向纵深发展的必然要求。

以党的政治建设为统领全面推进党的各项建设，是新时代党的建设总体布局。政党本质上是特定阶级利益的集中代表者，是有着共同政治纲领、政治路线、政治目标的政治组织。政党第一位的属性就是政治属性，而政治建设则是党保持自身政治属性的内在要求，是政党自身建设的内在要求。政治建设即政党为加强自身建设而在政治方面所进行的工作，主要是指政党运用一定的理论和方法，制定自己的政治纲领、政治路线以及与之相适应的方略，并以此统一全党的思想和行为，确保全党在思想上政治上的高度一致，进而为实现党的奋斗目标而共同奋斗。

中国共产党是马克思主义政党，旗帜鲜明地讲政治是我们党特质和属性的根本要求。政治建设是我们党自身建设最重要的一项建设。党的建设是一个伟大的系统工程，涉及党的建设方方面面，包括党的政治建设、思想建设、组织建设、作风建设、纪律建设，以及贯穿其中的制度建设，还有反腐败斗争等。党的各方面建设都有其特定的目标和任务，并在党的建设总体布局中处于相应地位。其中，党的政治建设处于统领地位，是党的各方面建设中最重要的一项建设。这是因为党的政治建设是党的根本性建设，决定党的建设方向和效果，对党的其他方面建设具有纲举目张作用。而党的思想建设、组织建设、作风建设、纪律建设以及贯穿其中的制度建设效果如何，最终必须落实到政治建设上来。显然，强调新时代党的建设以政治建设为统领，强调把党的政治建设摆在首位，这是党的十九大在党建方面最大的创新。

以党的政治建设为统领，全面推进党的政治建设、思想建设、组织建设、作风建设、纪律建设，把制度建设贯穿其中，深入推进反腐败斗争。新时代党的建设总体布局，强调党的政治建设的统领作用，更加注重党的建设的整体性和系统性。

以党的政治建设为统领，要求全党在党的建设总布局中把政治建设摆在首位，明确党的政治建设的首要任务和基本要求。党的十九大报告指出，保证全党服从中央，坚持党中央权威和集中统一领导，是党的政治建设的首要任务。十九大报告还从五个方面提出了以党的政治建设为统领的基本要求：一是全党要坚定执行党的政治路线，严格遵守政治纪律和政治规矩，在政治立场、政治方向、政治原则、政治道路上同党中央保持高度一致。二是要尊崇党章，严格执行新形势下党内政治生活若干准则，增强党内政治生活的政治性、时代性、原则性、战斗性，自觉抵制商品交换原则对党内生活的侵蚀，营造风清气正的良好政治生态。三是完善和落实民主集中制的各项制度，坚持民主基础上的集中和集中指导下的民主相结合，既充分发扬民主，又善于集中统一。四是弘扬忠诚老实、公道正派、实事求是、清正廉洁等价值观，坚决防止和反对个人主义、分散主义、自由主义、本位主义、好人主义，坚决防止和反对宗派主义、圈子文化、码头文化，坚决反对搞两面派、做两面人。五是全党同志特别是高级干部要加强党性锻炼，不断提高政治觉悟和政治能力，把对党忠诚、为党分忧、为党尽职、为民造福作为根本政治担当，永葆共产党人政治本色。

不断提高党的建设质量，是新时代党的建设基本要求。质量是一个综合性的概念，通常是指事物的客观价值或主体感受的现量，反映产品或工作的优劣程度。质量不是一个固定不变的概念，而是动态的、变化的、发展的概念，随着社会的发展、技术的进步而不断更新和丰富。党的建设质量反映党的建设水平和效果，必须接受历史和人民检验，能够经受住历史的考验并得到人民的认同。

党的十八大以来，以习近平同志为核心的党中央高度重视管党治党，提出了全面从严治党的一系列新理念新思想新要求，强调“把抓好党建作为最大的政绩”和“全面提高党的建设科学化水平”。经过几年努力，全党上下对抓好党建工作的认识日益深刻，落实全面从严治党主体责任和监督责任更加自觉。但党内仍有不少同志存在着“重业务、轻党建”的现象，仍然存在着把党的建设作为软任务因而在具体工作中务“虚”不务实的现象。这种情况势必影响党的建设质量。

党的十九大报告明确提出了“不断提高党的建设质量”的基本要求，以及把党的政治建设摆在首位、用新时代中国特色社会主义思想武装全党、建设高素质专业化干部队伍、加强基层组织建设、持之以恒正风肃纪、夺取反腐败斗争压倒性胜利、健全党和国家监督体系、全面增强执政本领八项重点任务。贯彻落实这八项重点任务，必将推进全面从严治党向纵深发展，进而不断提高新时代党的建设质量。

把党建设成为始终走在时代前列、人民衷心拥护、勇于自我革命、经得起各种风浪考验、朝气蓬勃的马克思主义执政党，是新时代党的建设实现目标。马克思主义执政党即在社会主义国家代表工人阶级执掌国家政权的共产党。马克思主义执政党的执政地位是由共产党的性质和社会主义国家的性质以及社会主义国家历史发展决定的。我国是工人阶级领导的、工农联盟为基础的人民民主专政的社会主义国家，中国共产党是中国工人阶级的先锋队，是中国特色社会主义事业的领导核心；因此，中国共产党在我国社会政治生活中居于领导和执政地位。“党政军民学，东西南北中，党是领导一切的。”而依法执政是历史赋予中国共产党的光荣使命和重大责任。

作为新时代的马克思主义执政党，应当具有哪些特征呢？党的十九大提出的新时代党建目标，从不同角度揭示了中国共产党作为马克思主义执政党应有的特质。其中，“走在时代前列”揭示的是党在世界形势深刻变化的历史进程中的领路人地位，反映的是党所具有的先进性基因和与时俱进的特质；“人民衷心拥护”揭示的人民群众与党的关系，反映的是人民群众对党的认同度，体现了党的最大优势；“勇于自我革命”是我们党最鲜明的政治品格，也是党的重要优势，有助于党在革故鼎新、守正出新中实现自身跨越，不断给党和人民事业注入生机活力；“经得起各种风浪考验”强调的是党在复杂的执政环境和影响党的先进性、弱化党的纯洁性的复杂因素面前，在长期、复杂的“四大考验”和尖锐、严峻的“四大危险”面前，能够具有把方向、谋大局、定政策、促改革的能力和定力，能够具有沉着应对、积极防范、有效化解各种风险和挑战的高强本领，能够始终保持党的先进性和纯洁性，不忘初心、牢记使命，继续前进，反映了党必须具备的政治智慧和执政能力；“朝气蓬勃”强调的是党应当保持的进取状态、精神风貌和创造活力，能够历久弥新，不断有新气象新作为。显然，新时代党的建设总要求对于要建设一个什么样的党作出了宏伟、科学、清晰的目标界定。

党的十九大报告提出的新时代党的建设总要求，反映了中国特色社会主义新时代对党的建设的新要求，深化了对马克思主义执政党建设规律的认识，对于不断提高党的建设质量，把党建设好、建设强，进而团结带领人民进行伟大斗争、推进伟大事业、实现伟大梦想，必将发挥巨大指导作用。

三、习近平新时代党的建设重要思想的鲜明特征

党的十八大以来，以习近平同志为核心的党中央面对新形势新任务，面对我们正在进行的具有许多新的历史特点的伟大斗争，强调打铁还得自身硬。围绕如何全面推进党的建设新的伟大工程、全面提高党的建设科学化水平，习近平提出了一系列新思想新观点新论断，形成了内涵丰富、特点鲜明的新时代党建思想。这一思想以中国特色社会主义为党的全部理论和实践的主题，以加强和完善党的

领导为党的建设根本原则，以不忘初心、牢记使命、敢于担当为党的建设基本理念，以坚持问题导向，着力解决党内最突出的问题为党的建设基本方法，以突出全面、贯穿于严、关键在人、落实于治为党的建设主要内容，以“赶考”永远在路上特别是全面从严治党永远在路上为党的建设历史任务，全面系统地回答了新的历史条件下党的建设问题。新时代党建思想是马克思主义党的建设基本原理与新的历史条件下中国共产党的建设实践相结合的产物，是中国化马克思主义党建理论的最新成果，是新的历史起点上党的建设行动指南，是新形势下全面从严治党的基本遵循。

新时代党建思想的鲜明特征可以从主题、根本原则、基本理念、基本方法、主要内容、历史任务等方面来考察。①

（一）以中国特色社会主义为党的全部理论和实践的主题

中国特色社会主义是科学社会主义理论逻辑和中国社会发展历史逻辑的辩证统一，蕴含着鲜明的实践特色、理论特色、民族特色、时代特色。习近平指出：“中国特色社会主义是改革开放以来党的全部理论和实践的主题。全党必须高举中国特色社会主义伟大旗帜，牢固树立中国特色社会主义道路自信、理论自信、制度自信、文化自信，确保党和国家事业始终沿着正确方向胜利前进。”②党的十八大以来，以习近平同志为核心的党中央高举中国特色社会主义伟大旗帜，科学把握当今世界和当代中国的发展大势，顺应实践要求和人民愿望，整体推进“五位一体”总体布局，协调推进“四个全面”战略布局，推出一系列重大战略举措，出台一系列重大方针政策，推进一系列重大工作，解决了许多长期想解决而没有解决的难题，办成了许多过去想办而没有办成的大事，党和国家政治生活发生了

① 本部分内容曾以《习近平党建思想的鲜明特色和重大意义》为题，发表于《马克思主义理论学科研究》2018 年第 3 期。

② 《习近平在省部级主要领导干部“学习习近平总书记重要讲话精神，迎接党的十九大”专题研讨班开班式上发表重要讲话强调 高举中国特色社会主义伟大旗帜 为决胜全面小康社会实现中国梦而奋斗》，载《人民日报》，2017 年 7 月 28 日第 1 版。

深刻变化，全党全国人民精神面貌焕然一新，取得了举世公认的斐然成就，续写了坚持、完善和发展中国特色社会主义的新篇章。党要管党，全面从严治党，就是要确保党始终成为中国特色社会主义事业的坚强领导核心。显然，中国特色社会主义是党的全部理论和实践的主题，也是十八大以来党的建设理论与实践的主题。

（二）以加强和完善党的领导为党的建设根本原则

习近平指出："中国特色社会主义最本质的特征是中国共产党领导，中国特色社会主义制度的最大优势是中国共产党领导。坚持和完善党的领导，是党和国家的根本所在、命脉所在，是全国各族人民的利益所在、幸福所在。"①坚持和发展中国特色社会主义，必须坚持中国共产党领导。离开党的领导，中国特色社会主义就缺乏根本的政治保证，就会失去正确方向而必然走向失败。中国共产党领导不仅是中国话语的关键词汇，是讲好中国故事、传播中国声音不可缺少的核心要素，更是中国特色社会主义理论逻辑、历史逻辑、现实逻辑有机统一的必然结论。

习近平对坚持党的领导和加强党的建设提出了明确要求。"要坚持党中央集中统一领导，在各级党组织和广大党员、干部中强化政治意识、大局意识、核心意识、看齐意识，确保在思想上政治上行动上始终同党中央保持高度一致。要继续推进全面从严治党，牢牢把握加强党的执政能力建设和先进性建设这条主线，加强和规范新形势下党内政治生活，坚定不移推进党风廉政建设和反腐败斗争，不断增强党自我净化、自我完善、自我革新、自我提高能力，提高党的领导水平和执政水平、增强拒腐防变和抵御风险能力，确保党始终成为中国特色社会主义事业的坚强领导核心。"②党的十八大以来，以习近平同志为核心的党中央紧紧围

① 习近平：《在庆祝中国共产党成立 95 周年大会上的讲话》，北京：人民出版社 2016 年版，第 22 页。

② 习近平：《在纪念红军长征胜利 80 周年大会上的讲话》，北京：人民出版社 2016 年版，第 20 页。

绕中国特色社会主义这个理论和实践的主题，协调推进包括全面从严治党在内的“四个全面”战略布局，毫不动摇坚持和完善党的领导，毫不动摇推进党的建设新的伟大工程，为进行伟大斗争、推进伟大事业、实现伟大梦想提供最根本的政治保证。

(三) 以不忘初心、牢记使命、敢于担当为党的建设基本理念

对马克思主义政党来说，初心、使命、担当都是关键词语。只有不忘初心，才能继续前进，只有牢记历史赋予的使命，并勇敢地肩负起历史赋予的重大责任，才能践行立党为公、执政为民的宗旨，才能向着自己的最高理想和最终目标逐步迈进。习近平指出，“我们要永远保持建党时中国共产党人的奋斗精神，永远保持对人民的赤子之心”。“面向未来，面对挑战，全党同志一定要不忘初心、继续前进。”①中国梦归根到底是人民的梦。要使人民群众有更多获得感，要把我国建设社会主义现代化强国，要使中华民族以崭新的姿态屹立于世界民族之林，党必须有更强大的领导力和号召力、生命力和战斗力、凝聚力和影响力。习近平指出：“中国共产党坚持执政为民，人民对美好生活的向往就是我们的奋斗目标。我的执政理念，概括起来说就是：为人民服务，担当起该担当的责任。”②这是以习近平同志为核心的党中央对全国人民的庄严承诺与宣誓，从中可见中国共产党人的初心、全心全意为人民服务的宗旨、使命和责任担当。

习近平在各种场合强调中国共产党人应有的历史担当，指出：“我们共产党人的忧患意识，就是忧党、忧国、忧民意识，这是一种责任，更是一种担当。”③

---

① 习近平：《在庆祝中国共产党成立95周年大会上的讲话》，北京：人民出版社2016年版，第7~8页。

② 中共中央党史和文献研究院：《习近平关于全面从严治党论述摘编》，北京：中央文献出版社2021年版，第162页。

③ 《习近平在中共中央政治局第十六次集体学习时强调 坚持从严治党落实管党治党责任 把作风建设要求融入党的制度建设》，载《人民日报》，2014年7月1日第1版。

他强调，各级党组织、全体党员特别是党的领导干部要增强责任意识，在改革开放、推进发展和各项工作中“敢于担当责任，勇于直面矛盾，善于解决问题，努力创造经得起实践、人民、历史检验的实绩”①，才能无愧于时代、无愧于人民、无愧于历史。

人民群众的期待是多方面的，他们不仅期待更美好的生活，也期待风清气正的政治生态，期待党员干部清正廉洁，期待对腐败分子严惩不贷。以习近平同志为核心的党中央“认准了人民群众的期待”，在坚持“以人民为中心”的发展思想，积极谋取发展，保障和改善民生的同时，以踏石留印、抓铁有痕、久久为功的决心和勇气推进全面从严治党，顺应了人民的要求，赢得了人民群众的信赖。

(四)以坚持问题导向，着力解决党内最突出的问题为党的建设基本方法

习近平指出，“问题是事物矛盾的表现形式，强调增强问题意识，坚持问题导向，就是承认矛盾的普遍性、客观性，就是要善于把认识和化解矛盾作为打开工作局面的突破口”②。显然，党内存在的问题就是党的建设中面临的矛盾，这同样是躲不开也绕不过的，需要党的各级组织和广大党员干部直面矛盾、直面问题，在解决矛盾、解决问题的过程中推动党的建设，进一步提高党的建设科学化水平。敢于直面问题，坚持问题导向，着力破解难题，是新时代党建思想的鲜明品格。以坚持问题为导向，着力解决党内最突出的问题，是十八大以来党的建设的基本方法，并在实践中取得显著成效。正如习近平所说：“我们坚定不移推进全面从严治党，着力解决人民群众反映最强烈、对党的执政基础威胁最大的突出问题，形成了反腐败斗争压倒性态势，党内政治生活气象更新，全党理想信念更加坚定、党性更加坚强，党自我净化、自我完善、自我革新、自我提高能力显著提高，党的执政基础和群众基础更加巩固，为党和国家各项事业发展提供了坚强

① 习近平：《习近平谈治国理政》，北京：外文出版社 2014 年版，第 381 页。
② 中共中央宣传部：《习近平总书记系列重要讲话读本》，北京：人民出版社 2016 年版，第 280 页。

政治保证。”①

(五)以突出全面、贯穿于严、关键在人、落实于治为党的建设主要内容

新时代党建思想的主要内容是全面从严治党。全面从严治党，基础在“全面”，重点是抓住领导干部这个“关键少数”，关键在“从严”，要害在“治”。“全面”就是管全党、治全党，面向全体党员和各级党组织，覆盖党的建设各个领域、各个方面、各个部门。“全面”既是全面从严治党的基本要求，又是全面从严治党的重要基础；必须牢牢把握加强党的执政能力建设和先进性建设这条主线，全面加强党的思想建设、组织建设、作风建设、反腐倡廉建设、制度建设、党的纪律建设。党的干部队伍是社会主义现代化建设的执政骨干，是党的事业发展和胜利的中坚力量，是广大党员队伍中的关键少数，因而是全面从严治党的重点所在。必须大力加强党的干部队伍建设，着力培养选拔党和人民需要的好干部，从严管理干部，夯实基层组织。“从严”就是真管真严、敢管敢严、长管长严。“从严”既是全面从严治党的一项标准，又是全面从严治党的关键之处。抓而不严，等于不抓。必须严抓教育、严整作风、严明纪律、严惩腐败、严选干部、严密制度。

全面从严治党落实于“治”。从党中央到省市县党委，从中央部委、国家机关部门党组(党委)到基层党支部，都要肩负起全面从严治党的主体责任，党委书记要把抓好党建当作分内之事且必须担当的责任，各级纪委要担负起监督责任，敢于执纪负责。与此同时完善和强化党的巡视制度，并使之常规化和规范化党委主体责任、纪委监督责任和专门机构的巡视督察三位一体的党内治理体制机制，保证了全面从严治党落实于“治”、党中央管党治党的各项举措在全党得以

① 《习近平在省部级主要领导干部“学习习近平总书记重要讲话精神，迎接党的十九大”专题研讨班开班式上发表重要讲话强调 高举中国特色社会主义伟大旗帜 为决胜全面小康社会实现中国梦而奋斗》，载《人民日报》，2017 年 7 月 28 日第 1 版。

贯彻落实，对于坚决纠正一段时期以来管党治党方面存在的宽松软散等问题起到了组织上和制度上的保证作用。

（六）以“赶考”永远在路上特别是全面从严治党永远在路上为党的建设历史任务

“赶考”原指考生加快行动去参加考试的一种状态。中国共产党的“赶考”，特指中国共产党人在西柏坡时期酝酿和形成的一种不断接受新考验的思想状态。1949 年 3 月 23 日上午，党中央从西柏坡动身前往北京时，毛泽东同志说：“今天是进京赶考的日子。”从此，“赶考”成为中国共产党人特有的政治词汇和话语表达。

赶考精神的基本内涵是执政为民，不断进取、勇于接受新考验。“赶考”精神与党的全面执政相联系，是中国共产党革命精神的制高点，蕴含着中国共产党人应有的居安思危、未雨绸缪、自我警醒的忧患意识，为实现国家富强和人民幸福而不懈奋斗的使命意识、责任意识、宗旨意识和担当意识，体现了中国共产党人的政治本色。在新的历史条件下如何弘扬“赶考”精神，增强执政意识？如何在新的历史起点上经受住“四大考验”，防范和克服“四种危险”，从而肩负起实现中华民族复兴的历史使命，这一重大问题摆在了以习近平同志为总书记的新一代领导集体面前，摆在了当代中国共产党人面前。

党的十八大以来，习近平总书记谆谆告诫全党：“党面临的‘赶考’远未结束”，“所有领导干部和全体党员要继续把人民对我们党的‘考试’、把我们党正在经受和将要经受各种考验的‘考试’考好，努力交出优异的答卷”。① “赶考永远在路上”的执政理念，体现了以习近平同志为核心的党中央强烈的忧患意识、使命意识、勇于担当的责任意识，体现了把党建设好，确保党永远不变质、红色江

---

① 李斌、李涛：《党面临的“赶考”远未结束——习近平总书记再访西柏坡侧记》，载《人民日报》，2013 年 7 月 14 日第 1 版。

山永远不变色的坚定决心。

党的十八大以来，以习近平同志为核心的党中央团结带领全党，以“赶考”的姿态，进行伟大斗争，推进伟大事业和伟大工程，为实现伟大梦想而奋斗。为此，党中央采取了一系列重大战略举措，出台了一系列重大方针政策，办成了许多过去相伴而没有办成的大事。党中央全面加强党的领导，大大增强了党的凝聚力、战斗力和领导力、号召力。具体表现为以下八个方面：一是坚定不移贯彻新发展理念，有力推动我国发展不断朝着更高质量、更有效率、更加公平、更可持续的方向前进。二是坚定不移全面深化改革，推动改革呈现全面发力、多点突破、纵深推进的崭新局面。三是坚定不移全面推进依法治国，显著增强了我们党运用法律手段领导和治理国家的能力。四是加强党对意识形态工作的领导，巩固了全党全社会思想上的团结统一。五是坚定不移推进生态文明建设，推动美丽中国建设迈出重要步伐。六是坚定不移推进国防和军队现代化，推动国防和军队改革取得历史性突破。七是坚定不移推进中国特色大国外交，营造了我国发展的和平国际环境和良好周边环境。八是坚定不移推进全面从严治党，着力解决人民群众反映最强烈、对党的执政基础威胁最大的突出问题，形成了反腐败斗争压倒性态势，党内政治生活气象更新，全党理想信念更加坚定、党性更加坚强，党自我净化、自我完善、自我革新、自我提高能力显著提高，党的执政基础和群众基础更加巩固，为党和国家各项事业发展提供了坚强政治保证。① 实践证明，以习近平同志为核心的党中央团结带领我们党在这场新的“考试”面前考出了好成绩，交出了令世人瞩目、令人民满意的优异答卷。

就党的建设来说，习近平总书记强调全面从严治党永远在路上。他指出，一个政党、一个政权，其前途命运取决于人心向背。对党的十八大以来全面从严治党取得的成果，人民群众给予了很高评价，成绩值得充分肯定，经验值得深入总结。但是，我们决不能因此而沾沾自喜、盲目乐观。“全面从严治党依然任重道

① 习近平：《习近平谈治国理政》(第2卷)，北京：外文出版社2017年版，第61页。

远。全党要坚持问题导向，保持战略定力，推动全面从严治党向纵深发展，把全面从严治党的思路举措搞得更加科学、更加严密、更加有效，确保党始终同人民想在一起、干在一起，引领承载着中国人民伟大梦想的航船破浪前进，胜利驶向光辉的彼岸。”①

显然，“全面从严治党永远在路上”，是中国共产党人“赶考”永远在路上的一个重要方面，是“赶考”精神在新形势下党的建设方面的具体体现，为党在各种新的“考试”中取得优异成绩提供根本保证。这一思想，体现了以习近平同志为核心的党中央全面从严管党治党的战略思维、战略定力和战略清醒，是党的建设抓细抓长抓常、久久为功、保持党的先进性和纯洁性的指导方针，对党的建设具有长远的指导作用。

四、新时代党的建设重要思想的重大意义和新时代党的建设重大成就

党的十八大以来，面对伟大斗争、伟大事业、伟大梦想对加强党的领导、推进党的建设伟大工程提出的新要求，面对人民群众的新期待，面对党内存在的突出问题，习近平坚持把马克思主义党建理论与新形势下党的建设实际相结合，坚持问题导向，积极探索和把握新形势下党的建设规律，创造性地提出了一系列新理念新思想新战略新举措，形成了新时代党建思想。

（一）新时代党的建设重要思想的重大意义

这一思想在理论上和实践上都具有重大意义，这可以从理论发展、历史背景、逻辑结构、实践效果等方面来考察。

---

① 习近平：《习近平谈治国理政》（第2卷），北京：外文出版社2017年版，第64页。

从马克思主义党建理论发展历史来看，新时代党建思想是马克思主义党的建设基本原理与新的历史条件下中国共产党的建设实践相结合的产物。这一思想准确分析党的建设面临的新条件、新情况、新问题，提出了党的建设新理念新思想新战略新举措，丰富和发展了马克思主义党建理论，把马克思主义党建理论推进到新的历史高度，是中国化马克思主义党建理论的最新成果，是中国特色社会主义理论体系最新成果的重要组成部分。

从习近平党建思想形成发展的社会历史条件来看，这一思想是在深刻分析世情国情党情的基础上提出来的，饱含着对党的先进性和纯洁性的忧患意识，体现着对党的事业和党的前途命运的责任担当，蕴含着对其他国家执政党特别是社会主义国家执政党经验教训的参考借鉴，深刻总结了中国共产党成立以来特别是执政以来自身建设的历史经验，也及时总结了党的十八大以来全面从严治党的新鲜经验。它是在对新的历史条件下执政党建设规律认真思考与全面分析基础上关于党的建设科学化的再思考、再深化、再提高、再升华。

从习近平党建思想的逻辑结构来看，这一思想是由一系列新理念新思想新战略新举措组成的，内涵丰富而深刻、要求全面而具体。这一思想强调以思想建党为根本，筑牢全面从严治党的信仰根基；以依规治党为要求，强化全面从严治党的刚性约束；以从严治吏为关键，夯实全面从严治党的组织保障；以正风肃纪为主题，推动全面从严治党落地生根；以反腐肃贪为要务，形成全面从严治党的强大震慑；以落实责任为保证，确保全面从严治党取得成效。习近平党建思想内容丰富、结构严谨、特色鲜明、有很强的针对性，从而科学回答了新的形势下建设什么样的党、怎样建设党的重大课题，成为新的历史起点上党的建设的行动指南，成为新形势下全面从严治党的基本遵循。

从全面从严治党实践效果看，习近平党建思想是新形势下管党治党的根本遵循。党的十八大以来，以习近平同志为核心的党中央坚定不移地推进全面从严治党、依规治党，凝心聚力、直击积弊、扶正祛邪、固本培元，开创了党的建设新局面，管党治党从宽松软开始转向严紧硬，党风政风出现新气象，得到全党全国人民的充分肯定和高度评价。实践证明，习近平党建思想反映了新的历史起点上党的建设的客观规律，是符合新形势下党的建设实际要求的科学思想，对推进全面从严治党已经发挥并将发挥巨大的指导作用。

（二）新时代十年党的建设重大成就

在新时代党的建设重要思想指导下，新时代十年来中国共产党的自身建设得到全面加强，全面从严治党强力推进，党的面貌发生了革命性变革。党的十九届六中全会通过的《中共中央关于党的百年奋斗重大成就和历史经验的决议》（以下简称《决议》），对这一革命性变革进行了系统、全面、准确、深刻的描述。①

《决议》指出了以习近平同志为核心的党中央推进全面从严治党的背景和部署。《决议》指出改革开放以后，党坚持党要管党、从严治党，推进党的建设取得明显成效。同时，由于一度出现管党不力、治党不严问题，有些党员、干部政治信仰出现严重危机，一些地方和部门选人用人风气不正，形式主义、官僚主义、享乐主义和奢靡之风盛行，特权思想和特权现象较为普遍存在。特别是搞任人唯亲、排斥异己的有之，搞团团伙伙、拉帮结派的有之，搞匿名诬告、制造谣言的有之，搞收买人心、拉动选票的有之，搞封官许愿、弹冠相庆的有之，搞自行其是、阳奉阴违的有之，搞尾大不掉、妄议中央的也有之，政治问题和经济问题相互交织，贪腐程度触目惊心。这“七个有之”问题严重影响党的形象和威信，严重损害党群干群关系，引起广大党员、干部、群众强烈不满和义愤。习近平同志强调，打铁必须自身硬，办好中国的事情，关键在党，关键在党要管党、全面从严治党。必须以加强党的长期执政能力建设、先进性和纯洁性建设为主线，以

① 参见《中共中央关于党的百年奋斗重大成就和历史经验的决议》，北京：人民出版社 2021 年版，第 29~34 页。

党的政治建设为统领，以坚定理想信念宗旨为根基，以调动全党积极性、主动性、创造性为着力点，不断提高党的建设质量，把党建设成为始终走在时代前列、人民衷心拥护、勇于自我革命、经得起各种风浪考验、朝气蓬勃的马克思主义执政党。党以永远在路上的清醒和坚定，坚持严的主基调，突出抓住“关键少数”，落实主体责任和监督责任，强化监督执纪问责，把全面从严治党贯穿于党的建设各方面。党中央召开各领域党建工作会议作出有力部署，推动党的建设全面进步。

《决议》阐述了十八大以来全面从严治党的切入点，指出：党中央强调，我们党来自人民、植根人民、服务人民，一旦脱离群众就会失去生命力，全面从严治党必须从人民群众反映强烈的作风问题抓起。党中央从制定和落实中央八项规定破题，坚持从中央政治局做起、从领导干部抓起，以上率下改进工作作风。中央政治局每年召开民主生活会，听取贯彻执行“八项规定”情况汇报，开展批评和自我批评。党中央发扬钉钉子精神，持之以恒纠治“四风”，反对特权思想和特权现象，狠刹公款送礼、公款吃喝、公款旅游、奢侈浪费等不正之风，解决群众反映强烈、损害群众利益的突出问题，推进基层减负，倡导勤俭节约、反对铺张浪费，刹住了一些过去被认为不可能刹住的歪风，纠治了一些多年未除的顽瘴痼疾，党风政风和社会风气为之一新。

《决议》从理想信念教育、干部队伍建设、纪律法规建设这三个方面，概述了新时代党的建设思想指导、具体部署和生动实践。指出：党历来强调，全党必须做到理想信念坚定、组织体系严密、纪律规矩严明。马克思主义信仰、共产主义远大理想、中国特色社会主义共同理想，是中国共产党人的精神支柱和政治灵魂，也是保持党的团结统一的思想基础。党中央强调，理想信念是共产党人精神上的“钙”，共产党人如果没有理想信念，精神上就会“缺钙”，就会得“软骨病”，必然导致政治上变质、经济上贪婪、道德上堕落、生活上腐化。党坚持思想建党和制度治党同向发力，先后开展党的群众路线教育实践活动、“严以修身、严以用权、严以律己，谋事要实、创业要实、做人要实”专题教育、“学党章党规、学系列讲话，做合格党员”学习教育、“不忘初心、牢记使命”主题教育、党史学习教育等，用党的创新理论武装全党，推进学习型政党建设，教育引导广大党员、干部特别是领导干部从思想上正本清源、固本培元，筑牢信仰之基、补足精神之钙、把稳思想之舵，保持共产党人政治本色，挺起共产党人的精神脊梁。党提出和贯彻新时代党的组织路线，明确信念坚定、为民服务、勤政务实、敢于担当、清正廉洁的新时代好干部标准，突出政治素质要求、树立正确用人导向，坚持德才兼备、以德为先，坚持五湖四海、任人唯贤，坚持事业为上、公道正派，坚持不唯票、不唯分、不唯生产总值、不唯年龄，不搞“海推”“海选”，强化党组织领导和把关作用，纠正选人用人上的不正之风。党要求各级领导干部解决好世界观、人生观、价值观这个“总开关”问题，珍惜权力、管好权力、慎用权力，自觉接受各方面监督，时刻想着为党分忧、为国奉献、为民造福。党坚持党管人才原则，实行更加积极、更加开放、更加有效的人才政策，深入实施新时代人才强国战略，加快建设世界重要人才中心和创新高地，聚天下英才而用之。党不断健全组织体系，以提升组织力为重点，增强党组织政治功能和组织功能，树立大抓基层的鲜明导向，推动党的组织和党的工作全覆盖。党坚持纪严于法、执纪执法贯通，用好监督执纪“四种形态”，强化政治纪律和组织纪律，带动各项纪律全面严起来。党坚持依规治党，严格遵守党章，形成比较完善的党内法规体系，严格制度执行，党的建设科学化、制度化、规范化水平明显提高。

《决议》专门阐述了新时代反腐败斗争，指出：党中央强调，腐败是党长期执政的最大威胁，反腐败是一场输不起也决不能输的重大政治斗争，不得罪成百上千的腐败分子，就要得罪14亿人民，必须把权力关进制度的笼子里，依纪依法设定权力、规范权力、制约权力、监督权力。党坚持不敢腐、不能腐、不想腐一体推进，惩治震慑、制度约束、提高觉悟一体发力，确保党和人民赋予的权力始终用来为人民谋幸福。坚持无禁区、全覆盖、零容忍，坚持重遏制、强高压、长震慑，坚持受贿行贿一起查，坚持有案必查、有腐必惩，以猛药去疴、重典治乱的决心，以刮骨疗毒、壮士断腕的勇气，坚定不移“打虎”“拍蝇”“猎狐”。党聚焦政治问题和经济问题交织的腐败案件，防止党内形成利益集团，查处周永康、薄熙来、孙政才、令计划等严重违纪违法案件。党领导完善党和国家监督体系，推动设立国家监察委员会和地方各级监察委员会，构建巡视巡察上下联动格局，构建以党内监督为主导、各类监督贯通协调的机制，加强对权力运行的制约和监督。

2022 年 10 月召开的党的二十大，在回顾总结新时代十年伟大成就时，对新时代十年来党的建设伟大成就也进行了如下概括我们深入推进全面从严治党，坚持打铁必须自身硬，从制定和落实中央八项规定开局破题，提出和落实新时代党的建设总要求，以党的政治建设统领党的建设各项工作，坚持思想建党和制度治党同向发力，严肃党内政治生活，持续开展党内集中教育，提出和坚持新时代党的组织路线，突出政治标准选贤任能，加强政治巡视，形成比较完善的党内法规体系，推动全党坚定理想信念、严密组织体系、严明纪律规矩。我们持之以恒正风肃纪，以钉钉子精神纠治“四风”，反对特权思想和特权现象，坚决整治群众身边的不正之风和腐败问题，刹住了一些长期没有刹住的歪风，纠治了一些多年未除的顽瘴痼疾。我们开展了史无前例的反腐败斗争，以“得罪千百人、不负十四亿”的使命担当祛疴治乱，不敢腐、不能腐、不想腐一体推进，“打虎”“拍蝇”“猎狐”多管齐下，反腐败斗争取得压倒性胜利并全面巩固，消除了党、国家、军队内部存在的严重隐患，确保党和人民赋予的权力始终用来为人民谋幸福。

在以习近平同志为核心的党中央坚强领导下，经过党和人民的共同奋斗，中国取得了新时代的伟大成就，推动党和国家各方面工作发生革命性变革。“新时代十年的伟大变革，在党史、新中国史、改革开放史、社会主义发展史、中华民族发展史上具有里程碑意义。走过百年奋斗历程的中国共产党在革命性锻造中更加坚强有力，党的政治领导力、思想引领力、群众组织力、社会号召力显著增强，党同人民群众始终保持血肉联系，中国共产党在世界形势深刻变化的历史进程中始终走在时代前列，在应对国内外各种风险和考验的历史进程中始终成为全国人民的主心骨，在坚持和发展中国特色社会主义的历史进程中始终成为坚强领导核心。”①

① 习近平：《高举中国特色社会主义伟大旗帜　为全面建设社会主义现代化国家而团结奋斗——在中国共产党第二十次全国代表大会上的报告》，北京：人民出版社 2022 年版，第 15 页。

第十章

习近平关于坚持自我革命、践行『三个务必』的战略思考

党的二十大明确提出了新时代新征程中国共产党的使命任务，指出：“从现在起，中国共产党的中心任务就是团结带领全国各族人民全面建成社会主义现代化强国，实现第二个百年奋斗目标，以中国式现代化全面推进中华民族伟大复兴。”①党的二十大对新时代新征程上党的建设作出了新的部署，这就是坚定不移全面从严治党，深入推进新时代党的建设新的伟大工程。要求全党必须牢记，全面从严治党永远在路上，党的自我革命永远在路上，决不能有松劲歇脚、疲劳厌战的情绪，必须持之以恒推进全面从严治党，深入推进新时代党的建设新的伟大工程，以党的自我革命引领社会革命。强调我们要落实新时代党的建设总要求，健全全面从严治党体系，全面推进党的自我净化、自我完善、自我革新、自我提高，使我们党坚守初心使命，始终成为中国特色社会主义事业的坚强领导核心。

一、时刻保持解决大党独有难题的清醒和坚定

2022 年 10 月，习近平在党的二十大报告中明确提出：“我们党作为世界上最大的马克思主义执政党，要始终赢得人民拥护、巩固长期执政地位，必须时刻保持解决大党独有难题的清醒和坚定。”②这一时代要求，体现出中国共产党在长期执政条件下跳出“历史周期率”、走好新时代“赶考”之路的政治自觉。作为具有百年历史的马克思主义政党，中国共产党拥有 9000 多万名党员，肩负着领导着 14 亿人口的大国以中国式现代化推进中华民族伟大复兴的使命，它既要面临一般政党的“共同难题”，还要面临其他小党、年轻政党、非马克思主义政党所不具有的“独有难题”。在长期执政的条件下，面对世界百年未有之大变局和实现中华民族伟大复兴的战略全局，中国共产党如何始终保持居安思危的忧患意

① 习近平：《高举中国特色社会主义伟大旗帜　为全面建设社会主义现代化国家而团结奋斗——在中国共产党第二十次全国代表大会上的报告》，北京：人民出版社 2022 年版，第 21 页。

② 习近平：《高举中国特色社会主义伟大旗帜　为全面建设社会主义现代化国家而团结奋斗——在中国共产党第二十次全国代表大会上的报告》，北京：人民出版社 2022 年版，第 63~64 页。

识、加强党的领导和自身建设工作、处理好复杂繁重的治国理政事务，使党建设成为政治坚定、思想统一、组织严密、作风优良、纪律严明、制度健全、清正廉洁、本领过硬的强大政治力量，建设成为“始终走在时代前列、人民衷心拥护、勇于自我革命、经得起各种风浪考验、朝气蓬勃的马克思主义执政党”①，建设成为中国特色社会主义事业的坚强领导核心，成为我们党面临的“大党独有难题”。研究这一问题，对于我们继续推进“两个伟大革命”，回应“告别革命”“否定革命”的错误观点，永葆“赶考”的清醒和坚定具有重要意义。②

(一)时刻保持解决大党独有难题的清醒和坚定之生成逻辑

中国共产党作为百年大党，领导着 14 多亿人口的大国，巩固长期执政、推进党的建设、进行治国理政都面临着许多“大党独有难题”。进入新阶段新征程，习近平提出“时刻保持解决大党独有难题的清醒和坚定”的时代要求，是基于始终赢得人民拥护、巩固长期执政地位的深刻忧思，统筹国内国际“两个大局”、把握发展安全“两件大事”的客观需要，实现全面建设社会主义现代化国家目标的政治保证。

第一，始终赢得人民拥护、巩固长期执政地位的深刻忧思。始终赢得人民拥护、巩固长期执政地位，需要思考“怎样才能赢得人民拥护”“怎样才能巩固长期执政地位”的问题。要回答好这一问题，归根到底在于党始终保持对自身难题的正确解决，始终保持解决大党独有难题的清醒和坚定。

一个政党，能否始终做到维护人民利益、保障人民权利、站稳人民立场，是其能否得到人民的支持和拥护、能否实现长期执政的关键。习近平指出，“我们党作为百年大党，如何永葆先进性和纯洁性、永葆青春活力，如何永远得到人民拥护和支持，如何实现长期执政，是我们必须回答好、解决好的一个根本性问

① 习近平：《习近平谈治国理政》(第 3 卷)，北京：外文出版社 2020 年版，第 71 页。

② 本部分内容曾以《时刻保持解决大党独有难题的清醒和坚定：生成逻辑与实践进路》为题，发表于《山东社会科学》2022 年第 11 期。

题”①。为了回答好、解决好这一根本性问题，党进行了不懈的探索。早在1945年，毛泽东就在延安窑洞内思考如何跳出治乱兴衰的“历史周期率”问题，从《甲申三百年祭》到“兴勃亡忽论”，表明党在取得执政地位之前便已重视如何保持长期执政的问题。在革命取得全国胜利之际，面对党内可能出现的“骄傲情绪，以功臣自居的情绪，停顿起来不求进步的情绪，贪图享乐不愿再过艰苦生活的情绪”②，毛泽东提出“两个务必”的思想，希望全党同志继续保持谦虚谨慎、不骄不躁、艰苦奋斗的作风，抵御可能到来的“资产阶级的捧场”和糖衣炮弹的攻击。新中国成立后，从不断满足人民群众的“物质文化需要”到实现人民对“美好生活的向往”，从“解放和发展社会生产力”到“解决发展的不平衡不充分问题”，深刻体现出中国共产党始终致力于实现人民的愿景诉求，将维护人民利益贯穿到发展的全过程。新时代以来，面对党内出现的各种影响先进性和纯洁性的因素，习近平不断思考“我们党历史这么长、规模这么大、执政这么久，如何跳出治乱兴衰的历史周期率”③这一历史之问、时代之问，努力解决如何始终赢得人民拥护、巩固长期执政地位这一历史性课题。继毛泽东找到跳出“历史周期率”的“民主”答案后，习近平在总结党的建设经验的基础上，找到跳出“历史周期率”的第二个答案，那就是“自我革命”。通过不断进行自我革命，党领导人民完成全面脱贫的任务，实现全面建成小康社会的目标，推动经济高质量发展，着力解决发展的不平衡不充分问题，努力实现共同富裕的目标，发展全过程人民民主，满足人民的精神文化需求，大力推进社会保障体系建设，实现人居环境和谐美丽等，从而使党在解决各种“难题”中始终保持清醒和坚定。

第二，统筹国内国际“两个大局”、把握发展安全“两件大事”的客观需要。统筹国内国际“两个大局”、把握发展安全“两件大事”，是党在新时代新征程治国理政的重要内容。从实际来看，无论是统筹好“两个大局”，还是把握好“两件

---

① 习近平：《习近平谈治国理政》(第3卷)，北京：外文出版社，第529页。
② 《毛泽东选集》(第4卷)，北京：人民出版社1991年版，第1438页。
③ 习近平：《习近平谈治国理政》(第4卷)，北京：外文出版社，第541页。

大事”，都离不开党中央权威和集中统一领导，离不开党始终在思想上保持清醒、行动上保持坚定。

当前，世界正处于百年未有之大变局，地缘政治冲突和地区热点问题层出不穷，单边主义、民粹主义和保护主义不断涌现，新旧国际力量对比、国际秩序深刻调整、全球治理体系加速变革，和平赤字、信任赤字、治理赤字、发展赤字成为各国发展面临的现实障碍。一些西方国家奉行“弱肉强食”的丛林法则，推崇“国强必霸”的发展逻辑，坚持“修昔底德陷阱”的对抗理念，导致世界各国摩擦、冲突、对抗愈演愈烈，世界进入不稳定和不确定的动荡变革期。习近平指出，“当今世界正经历百年未有之大变局，这样的大变局不是一时一事、一域一国之变，是世界之变、时代之变、历史之变”①。由于“变局”的全面性、广泛性、深远性，我国发展面临的外部形势和环境更加严峻，实现中华民族伟大复兴战略全局面临更多挑战。面对“两个大局”相互叠加的局面，我们党必须具备战略意识和系统思维，始终保持解决“难题”的清醒和坚定，统筹国内国际“两个大局”，在立足“全局”基础上科学应对“变局”，在把握“变局”中系统谋划“全局”，有效应对“变局”带来的不利影响。

处理好发展与安全的问题，是确保党和国家事业长治久安的关键，同样需要党始终保持思想上清醒、行动上坚定。安全是保障发展的基础，持续稳定的发展离不开坚实的安全保障。习近平指出，“发展是安全的基础，安全是发展的条件”②。当前，我国仍要继续坚持深化改革、扩大对外开放，不断拓宽我国经济发展的基本面，提升我国经济发展效率和对外开放水平；同时，也要充分考虑和评判改革开放所带来的社会影响和心理冲击，抵御来自西方资本主义国家的贸易制裁和意识形态攻击，系统谋划和科学部署改革开放的总体布局，处理好内与外、近与远、表与里的关系，统筹好发展与安全两件大事。只有时刻保持解决大

① 中共中央党史和文献研究院：《十九大以来重要文献选编》（中），北京：中央文献出版社 2021 年版，第 831 页。

② 《习近平外交演讲集》（第 1 卷），北京：中央文献出版社 2022 年版，第 136 页。

党独有难题的清醒和坚定，增强风险意识，坚持底线思维，下好先手棋、打好主动仗，才能防范化解各种重大风险挑战，解决好“黑天鹅”和“灰犀牛”事件，始终掌握维护国家安全的战略主动。

第三，实现全面建设社会主义现代化国家目标的政治保证。建成社会主义现代化国家，是党和人民长期以来的奋斗目标。新时代以来，党积极带领人民开展社会主义现代化建设，取得一系列显著成就，实现了全面建成小康社会的目标，开启了全面建设社会主义现代化国家的新征程。党的二十大提出了新时代新征程党的中心任务，“就是团结带领全国各族人民全面建成社会主义现代化强国、实现第二个百年奋斗目标，以中国式现代化全面推进中华民族伟大复兴”①。这是一项伟大而艰巨的事业，面临的形势复杂严峻、任务艰巨繁重、矛盾问题众多，必须要经历长期不懈的努力，准备经受风高浪急甚至惊涛骇浪的重大考验。当前，国际政治秩序深度调整，西方主要国家经济萎靡、失业率上升、财政危机凸显、社会矛盾激化等带来贸易保护主义和逆全球化现象泛滥，严重影响我国经济社会发展的战略预期。因此，要在复杂严峻的国际局势中，保证我国社会主义现代化建设不偏向、不中断、不滞缓，牢牢掌握历史主动，离不开党对社会主义现代化的“掌舵”和“领航”，党需要始终保持思想上的清醒和行动上的坚定。

全面建设社会主义现代化国家，走的是一条中国式现代化道路。中国式现代化是人口规模巨大的现代化、全体人民共同富裕的现代化、物质文明和精神文明相协调的现代化、人与自然和谐共生的现代化、走和平发展道路的现代化。为了推动中国式现代化，党的二十大提出九项“本质要求”，即“坚持中国共产党领导，坚持中国特色社会主义，实现高质量发展，发展全过程人民民主，丰富人民精神世界，实现全体人民共同富裕，促进人与自然和谐共生，推动构建人类命运共同体，创造人类文明新形态”②。其中，“坚持中国共产党领导”处于中国式现

① 习近平：《高举中国特色社会主义伟大旗帜 为全面建设社会主义现代化国家而团结奋斗——在中国共产党第二十次全国代表大会上的报告》，北京：人民出版社2022年版，第21页。

② 习近平：《高举中国特色社会主义伟大旗帜 为全面建设社会主义现代化国家而团结奋斗——在中国共产党第二十次全国代表大会上的报告》，北京：人民出版社2022年版，第23~24页。

代化本质要求的首要地位，进一步凸显出党在领导社会主义现代化过程中的关键性作用。习近平在党的二十大上明确指出，“全面建设社会主义现代化国家、全面推进中华民族伟大复兴，关键在党”①。为了推进中国式现代化行稳致远，必须坚持党对我国发展的阶段、环境、条件、任务进行系统分析和科学把握，以时刻保持解决大党独有难题的清醒和坚定，为实现全面建设社会主义现代化国家的目标提供政治保证。

（二）中国共产党面临“大党独有难题”的主要表现

要应对好“时刻保持解决大党独有难题的清醒和坚定”这一时代要求，必须回答党面临的“大党独有难题”有哪些，这是破解时代之问、保持历史清醒的基本前提。我们党成员数量之多、执政范围之广、面对的风险挑战之大、需要解决的问题之复杂，决定党面临着保持长期执政的难题、坚持党的领导的难题、加强党的建设的难题、推进社会革命的难题、进行治国理政的难题。

一是保持长期执政的难题。保持长期执政地位，是任何政党面临的普遍“难题”。自20世纪90年代起，世界上一些执政多年的大党、老党，如苏联共产党、印度国大党、日本自民党、墨西哥革命制度党等，纷纷丧失多年的执政地位甚至走向消亡。事实充分表明，一个政党要想实现长盛不衰、做到长期执政，避免由于执政惯性带来的“船大难调头”局面，必须时刻保持解决大党独有难题的清醒和坚定。习近平指出，“一个政权建立起来后，要保持兴旺发达、长治久安是很不容易的。如果不自省、不警惕、不努力，再强大的政权都可能走到穷途末路”②。

创业难，守业更难。中国历史上出现过众多影响我国和世界发展的伟大朝代，创造出许多灿烂辉煌的历史成就。但随着统治时间的增长，它们逐渐丧失了

---

① 习近平：《高举中国特色社会主义伟大旗帜　为全面建设社会主义现代化国家而团结奋斗——在中国共产党第二十次全国代表大会上的报告》，北京：人民出版社2022年版，第63页。

② 习近平：《坚持和发展中国特色社会主义要一以贯之》，载《求是》2022年第18期，第6页。

政权初创时的使命与担当，终因跳不出"兴勃亡忽"的历史周期率而走向人亡政息。"一个政党最难的就是历经沧桑而初心不改、饱经风霜而本色依旧。"①江山难守，不只是帝制时代封建王朝的独有"难题"，它同样是现代政治体制中各政党面临的"难题"。苏共曾是世界上最大的马克思主义执政党，执政覆盖的国土辽阔、民族多元、成员广泛，一度成为各国共产党争相学习和效仿的榜样。但是，它也曾面临解决"大党独有难题"的时代要求，诸如党内出现的贪污腐败严重、党的领导弱化、理想信念丧失、民主制度破坏、脱离人民群众等问题。由于缺乏深刻的历史清醒和政治自觉，苏共没能找到解决"大党独有难题"的现实方案，从而未能正确回答时代之问，丧失执政地位，甚至亡党亡国。江山易主、政权更迭，断送的不仅是苏共的政权，更是国家和民族的前途命运。在此后相当长一段时期内，世界社会主义运动陷入低谷，西方资产阶级鼓吹的"历史终结论""西方中心论"观点甚嚣尘上，社会主义国家及其政党面临严峻的生存和发展"难题"。

与西方资产阶级政党轮流坐庄不同，社会主义制度与共产党是一荣俱荣、一损俱损的关系。共产党执政地位的存在，就能保证社会主义制度的存在；共产党执政地位的丧失，必然导致社会主义事业的葬送。因此，保证党长期执政地位的巩固，是社会主义事业发展的前提和根本。习近平指出，"马克思主义政党夺取政权不容易，巩固政权更不容易；只要马克思主义执政党不出问题，社会主义国家就出不了大问题，我们就能够跳出'其兴也勃焉，其亡也忽焉'的历史周期率"②。随着中国特色社会主义取得伟大成就，使得社会主义在世界上的影响力和感召力再次得以不断增强，但同时也遭受更多来自西方资本主义的敌视，它们企图让社会主义中国改旗易帜、江山变色，让中国共产党人亡政息、丧失政权，让中华民族再次沦为西方国家的附庸。如前所述，习近平指出，"我们要把中国特色社会主义建设好、建设成，需要一个很长的历史时期。在这个漫长历史进程

① 习近平：《习近平谈治国理政》(第4卷)，北京：外文出版社2022年版，第559页。
② 习近平：《坚持和发展中国特色社会主义要一以贯之》，载《求是》2022年第18期，第5页。

中，确保中国共产党不垮、中国社会主义制度不倒，是一个极难极大的风险挑战”①。因此，能否吸取世界上一些大党、老党丧失政权的深刻教训，始终保持长期执政的忧患意识和战略清醒，是我们党面临的发展“难题”。

二是坚持党的领导的难题。办好中国的事情，关键在党。“中国共产党领导是中国特色社会主义最本质的特征，是中国特色社会主义制度的最大优势，是党和国家的根本所在、命脉所在，是全国各族人民的利益所系、命运所系。”②中国共产党是世界上最大的执政党，要管理好这么大的一个政党，需要处理的事情众多，协调的关系复杂，应对的突发事件不少，科学管理能力、统筹协调能力、组织动员能力、贯彻执行能力，都十分考验党的领导能力。

随着社会主义市场经济的深入发展，我们党面临的“四大考验”和“四种危险”日益凸显，坚持党的领导面临着新的更高要求。党的十八大以来，以习近平同志为核心的党中央，不断加强党的领导建设，坚持“两个确立”，做到“两个维护”，党中央权威和集中统一领导得到全面确立和贯彻落实，党的领导得到明显增强。但也要看到，党的领导仍面临不少“难题”，具体而言：一是如何既保证党的领导的全面性、系统性和整体性，又保证党不会陷入事无巨细的诸多繁杂和琐碎的事务，从而真正发挥党总揽全局、协调各方的领导核心作用。二是如何更好地贯彻民主集中制，把民主和集中有机统一起来，真正把民主集中制的优势变成我们党的政治优势、组织优势、制度优势、工作优势。既坚决维护党中央权威和集中统一领导，坚决维护党的领袖的核心地位，也要充分发扬党内民主，防止个人专断、个人崇拜。三是如何做到党的各级组织和每个党员坚决听从党的号召，坚决服从统一指挥、统一调度、统一协调，做到令行禁止，坚决纠正一段时期里党内存在的不少对坚持党的领导认识模糊、行动乏力问题，落实党的领导弱化、虚化、淡化、边缘化问题，特别是对党中央重大决策部署执行不力，上有政

① 习近平：《坚持和发展中国特色社会主义要一以贯之》，载《求是》2022年第18期，第6页。
② 习近平：《坚持和发展中国特色社会主义要一以贯之》，载《求是》2022年第18期，第11页。

策、下有对策，甚至口是心非、擅自行事①，从而保证全党团结统一，实现党的领导坚强有力。只有解决好这些“难题”，才能保证全党步调一致，党的领导才有坚实基础。

三是加强党的建设的难题。加强党的自身建设，是我们党由弱到强、走向成熟的重要法宝，也是党的各项事业不断取得胜利的根本保证。作为世界第一大政党，中国共产党的组织机构和组织体系庞大、党员数量众多、党内事务繁杂、应对的风险挑战严峻，使得党的建设面临诸多“难题”。习近平强调，“我们党是世界上最大的政党，大就要有大的样子，同时大也有大的难处。把这么大的一个党管好很不容易，把这么大的一个党建设成为坚强的马克思主义执政党更不容易”②。总体来看，加强党的建设的“难题”涉及党建工作的各个方面：

党的政治建设难在始终保持马克思主义政党的政治属性。政治性是马克思主义政党的根本属性，政治建设是党的根本性建设，要“保持和发展马克思主义政党的政治属性不是一件容易的事”③。当前，“一些同志忽视政治、淡化政治的问题还比较突出，有的‘四个意识’不强，有的将党的领导仅仅停留在口头上，有的对错误言行缺乏政治敏锐性、政治鉴别力和斗争精神，有的依然我行我素、无视党的政治纪律和政治规矩，有的仍然奉行潜规则、把商品交换原则运用到党内，等等”④。因此，能否始终保持马克思主义政党的政治属性，保持党的政治本色，成为党的政治建设面临的首要“难题”。

党的思想建设难在始终保持坚定的理想信念。任何政党执政时间越长，越容易忘记来时的路。作为百年大党，随着执政时间的增长，党内陆续出现精神懈怠和贪图享受导致的工作惰性、墨守成规和封闭僵化造成的思维惯性、脱离群众和

① 参见《中共中央关于党的百年奋斗重大成就和历史经验的决议》，北京：人民出版社 2021 年版，第 27 页。

② 习近平：《习近平关于全面从严治党论述摘编》（2021 年版），北京：中央文献出版社 2023 年版，第 175 页。

③ 习近平：《习近平谈治国理政》（第 3 卷），北京：外文出版社 2020 年版，第 91 页。

④ 习近平：《习近平谈治国理政》（第 3 卷），北京：外文出版社 2020 年版，第 93 页。

背离实际形成的官僚习性等问题，拜金主义、享乐主义、自由主义和极端利己主义逐渐显现。因此，解决全党存在的理想信念缺失、宗旨意识淡化、党性修养不足等问题，成为思想建设中面临的“难题”。

党的组织建设难在严格贯彻党的组织路线。中国共产党拥有庞大的组织机构和组织体系，要将其统筹协调并达到科学合理的状态，是一件不容易的事情。当前，一些党员、干部的组织观念淡薄、组织意识不强，党的组织路线、组织制度没有得到充分贯彻，组织权威没有得到充分彰显，从而导致他们不能在思想上认同组织、政治上依靠组织、工作上服从组织、感情上信赖组织。党内在选人用人方面仍存在违规任用、任人唯亲的现象，圈子文化、码头文化、山头主义仍然存在，影响党内正确组织路线的贯彻和优良组织风气的形成。

党的作风建设难在始终保持优良的作风。作风建设不是靠一朝一夕之功，必须要坚持不懈、持之以恒地推进。从现实来看，在一些地区和领域流弊已久、积习甚深、根深蒂固的“四风”问题死灰复燃，不担当、不作为、乱作为、假作为的现象比较突出，脱离群众的现象仍然存在，党的作风建设面临成果巩固期和深化攻坚期。据统计，2018—2021 年，全国每年共查处违反中央“八项规定”精神问题分别为 65055 起、136307 起、136203 起、104223 起。截至 2022 年 9 月，当年这一数目达 67405 起。① 可见，纠治作风问题依然任重道远，保持优良作风是党的作风建设长期面临的“难题”。

党的纪律建设难在始终保持严明的纪律。当前，党的纪律建设在立纪、执纪、普纪方面仍存在一些“难题”。在立纪上，纪律规范呈现实体性规范多、程序性规范少，纪律规范的衔接性、互补性有待完善；在执纪上，执纪能力和水平参差不齐，选择性执纪、监督问责不力、执纪不规范等现象仍然存在；在普纪上，纪律宣传教育重视不足、形式单一，走过场、浮于表面、机械灌输的做法居多。

党的制度建设难在严格贯彻落实。当前，党的制度建设在制定、实施、监督

---

① 数据整理自中央纪委国家监委网站，https://www.ccdi.gov.cn/。

方面仍存在一些“难题”。在制定上，存在内容缺失、规定模糊、重实体轻程序的情况；在实施上，存在重制定轻实行、重意见轻规定、重形式轻内容的情况，选择性执行、象征性执行、变通式执行层出不穷；在监督上，存在缺位、越位、错位现象，无人监督、无序监督、无力监督的情况较为普遍。

反腐败斗争建设难在始终保持党的先进性和纯洁性本色。“人民群众最痛恨腐败现象，腐败是我们党面临的最大威胁。”①在长期执政条件下，党面临的“四大考验”“四种风险”具有长期性、复杂性、严峻性，违背党的初心、动摇党的根基的危险因素仍然存在，如果不能及时发现并处理，就会给我们党带来严重危害。加之信息化条件下，腐败问题呈现出新形式、新样态、新变化，手段的多样化、群体的多元化、数量的巨大化、形式的隐匿化，都给我们党开展反腐败斗争带来“难题”。

四是推进社会革命的难题。当前，党正在推进的社会革命，是在继新民主主义革命、社会主义革命和建设、改革开放和社会主义现代化建设三大社会革命之后的又一场新的伟大社会革命，是以中国式现代化推进中华民族伟大复兴为主要内容的新时代中国特色社会主义建设。习近平指出：“新时代中国特色社会主义是我们党领导人民进行伟大社会革命的成果，也是我们党领导人民进行伟大社会革命的继续。”②之所以称之为伟大社会革命，主要在于这一革命的程度之大、范围之广、影响之远都是极其深刻的，是一场涉及全局性、系统性、深层次的伟大变革，其影响不亚于一场新的革命；这一革命的发生场域是在社会历史领域，涉及经济基础、上层建筑、生产方式、生活方式、思想观念等各个方面，显著区别于过去的政治革命和阶级革命。

新时代的伟大社会革命，需要解决的矛盾问题之多、面对的风险挑战之大、开展的斗争程度之激烈、协调的利益关系之复杂都前所未有。在推进这一社会革命中，面临着许多的困难和挑战。第一，从理论与实践的关系看，如何以党的创

① 习近平：《习近平谈治国理政》(第3卷)，北京：外文出版社2020年版，第52页。
② 习近平：《习近平谈治国理政》(第3卷)，北京：外文出版社2020年版，第69~70页。

新理论指导不断变化的实践。在新时代的伟大社会革命中，党已经创立习近平新时代中国特色社会主义理论并科学指导这一伟大社会革命的实践。但实践的发展是永无止境的，实践发展到哪里，理论就应该发展到哪里，甚至理论创造应该先于实践的产生。因此，既不能脱离实践空谈理论而陷入“先验论”的泥潭，又不能单纯依靠经验推导理论而陷入“经验论”的困境。如何立足发展变化的实践不断推进理论创新，推进马克思主义中国化时代化，成为当前我国推进伟大社会革命面临的“难题”。第二，从解决好各种社会矛盾、处理好各种社会关系角度看，当前，党领导人民推进伟大社会革命需要解决的各种社会矛盾，包括人们对美好生活的向往与不平衡不充分的发展之间的矛盾、共同富裕的目标与贫富差距过大的现实的矛盾、高质量发展需要与创新能力不足的矛盾、发展社会主义市场经济与巩固社会主义制度的矛盾等。同时，还需要处理好各种社会关系，包括经济发展与生态环境保护的关系、经济发展与疫情防控的关系、发展与安全的关系、国内大循环与国内国际双循环的关系、世界百年未有之大变局与中华民族伟大复兴战略全局的关系、伟大社会革命与伟大自我革命的关系等。因此，如何正确处理好伟大社会革命中的深层次矛盾、复杂性关系，是我们党推进伟大社会革命面临的“难题”。

五是进行治国理政的难题。治国理政的成效，是党的执政能力和水平的重要体现，事关党的执政地位和形象，决定着国家和民族的前途命运。中国共产党领导的是一个 14 亿人口的大国，进行的是前无古人的伟大事业，任务之重、问题之多、挑战之大、影响之深都前所未有、世所罕见，对党的执政本领提出新的更高要求。

现实来看，我国疆域辽阔，人口众多，民族分布广泛，资源分布不均，气候和地理千差万别，区域发展水平差距较大，广大农村居民文化水平不高，治理好这样一个大国很不容易。习近平指出，“中国是一个大国，人口多，国情复杂，领导者要深入了解国情，了解人民的所思所盼，要不断增强工作能力，要有‘如履薄冰，如临深渊’的自觉，要牢记人民的利益高于一切，牢记责任重于泰山，丝毫不敢懈怠，丝毫不敢马虎，必须夙夜在公、勤勉工作”①。相比于小国，大国的治国理政具有系统性、全局性和整体性，各个领域和环节相互关联，必须更加谨慎行事、如履薄冰，稍有不慎就可能导致出现颠覆性、全局性的风险，影响国家和民族发展的前途命运。习近平强调，“我们是一个大党，领导的是一个大国，进行的是伟大的事业，绝不能犯战略性错误”②，“中国是一个大国，决不能在根本性问题上出现颠覆性错误，一旦出现就无法挽回、无法弥补”③。这就对我们党的执政能力和本领提出更高的要求，既要立足当下、又要把握长远，既要具有战略思维、又要具有底线思维，既要政治过硬、又要本领高强。要完成党的二十大提出的全面建成社会主义现代化强国这一伟大任务，党除了自身要提高执政能力和水平之外，还必须要有效领导、组织、动员全国人民共同为这一任务而团结奋斗。“我们党是世界最大的执政党，领导着世界上人口最多的国家，如何掌好权、执好政，如何更好把 14 亿人民组织起来、动员起来全面建设社会主义现代化国家，是一个始终需要高度重视的重大课题。”④因此，能否不断提高执政本领，增强善于处理各种复杂矛盾、战胜各种艰难险阻、应对各种风险挑战的能力，是中国共产党能否破解治国理政难题的关键。

（三）时刻保持解决大党独有难题的清醒和坚定之实践进路

面对世界百年未有之大变局，国际形势发生复杂深刻的变化，中国共产党面临的“大党独有难题”进一步凸显。如何在变幻莫测的局势中，始终保持大党解决独有难题的思想清醒和行动坚定，必须做到始终坚持党的集中统一领导、坚持伟大自我革命、践行“三个务必”。

第一，坚持党的领导，发挥党总揽全局、协调各方的领导核心作用。时刻保

① 《坚定不移走和平发展道路坚定不移促进世界和平与发展》，载《人民日报》，2013 年 3 月 20 日第 1 版。

② 习近平：《更好把握和运用党的百年奋斗历史经验》，载《求是》2022 年第 13 期，第 13 页。

③ 习近平：《习近平谈治国理政》，北京：外文出版社 2014 年版，第 348 页。

④ 习近平：《习近平谈治国理政》（第 4 卷），北京：外文出版社 2022 年版，第 287 页。

持解决大党独有难题的清醒和坚定，离不开党的坚强领导，离不开党发挥总揽全局、协调各方的领导核心作用。理论和现实都深刻表明，马克思主义政党必须要时刻掌握领导权的问题，这是开展一切工作、解决一切难题的前提和关键。

坚持和加强党的领导，是中国共产党在长期实践中总结出来的重要经验。新民主主义革命时期，党十分重视坚持和加强党的领导，并将自身的角色定位为“两个先锋队”和“三个代表者”，即“中国共产党是中国无产阶级的先锋队”和“全民族的先锋队”①，“不但是工人阶级的利益的代表者，而且也是中国最大多数人民的利益的代表者，是全民族的代表者”②。在实践中，党不断探索领导的实现方式，通过增强党性、调整和精简中央机构、建立请示报告制度、健全党委制等举措，使党的领导得到显著增强，在解决各种革命“难题”中时刻保持清醒和坚定。新中国成立后，随着党的执政地位的确立和经济社会发展的需要，党的领导实现向全社会各个领域的延伸。毛泽东指出：“为了建设一个强大的社会主义国家，必须有中央的强有力的统一领导，必须有全国的统一计划和统一纪律，破坏这种必要的统一，是不允许的。”③为此，党不断探索加强党的领导制度化、体系化，包括实行常任代表制，确立党委集权制，撤销大区制等。通过这些举措的实施，党的领导地位得以进一步加强，在解决社会主义建设各种“难题”中时刻保持清醒和坚定。“文化大革命”结束后，邓小平在深刻认识到党和国家领导制度上存在的一些问题，大力推行政治体制改革，并将党的领导制度改革作为政治体制改革的重要内容。具体包括，改革和完善党的领导制度，实行集体领导，改革领导干部任用制，建立健全党的监督制度等。通过这些改革，党内民主得到进一步发扬，党的领导更加科学有效，在解决改革开放各种“难题”中时刻保持清醒和坚定。

---

① 中共中央文献研究室：《建党以来重要文献选编》（第12册），北京：中央文献出版社2011年版，第549页。

② 中共中央文献研究室：《建党以来重要文献选编》（第12册），北京：中央文献出版社2011年版，第547页。

③ 《毛泽东文集》（第7卷），北京：人民出版社1999年版，第32页。

党的十八大以来，针对一段时期以来党内存在的领导弱化、虚化、淡化、边缘化的问题，以习近平同志为核心的党中央将坚持党的全面领导特别是加强党中央权威和集中统一领导作为党的建设的首要内容，并采取一系列强有力措施，从而取得显著成效。以习近平同志为核心的党中央在解决新时代治国理政各种“难题”中时刻保持清醒和坚定。历史和实践证明，保证全党思想上统一、政治上团结、行动上一致，既是大党治理的内在要求，也是全党全国人民的利益所在。只有始终发挥党总揽全局、协调各方的领导核心作用，解决“大党独有难题”才能沿着正确的方向、朝着正确的目标进行，保持清醒和坚定才具有自信和底气。

第二，坚持革命精神，以伟大自我革命引领伟大社会革命。百年大党要解决自身独有难题，时刻保持思想清醒和行动坚定，必须以伟大自我革命引领伟大社会革命，使党始终成为推进新时代伟大社会革命的坚强领导力量。同时，也要以伟大社会革命促进伟大自我革命，不断以新的社会实践为党的自我革命提供方向指引。习近平指出，“我们要居安思危，时刻警惕我们这个百年大党会不会变得老态龙钟、疾病缠身”，“要以伟大自我革命引领伟大社会革命，以伟大社会革命促进伟大自我革命，确保党在新时代坚持和发展中国特色社会主义的历史进程中始终成为坚强领导核心”。①

中国共产党面临的“难题”，既有自我革命的方面，也有社会革命的方面，需要做到伟大自我革命与伟大社会革命的统一。一方面，伟大自我革命是伟大社会革命的根本前提和保证。只有以伟大自我革命引领伟大社会革命，党才能始终保持对解决自身独有难题的自觉，才能将伟大自我革命长期推进下去。我们党之所以始终坚持伟大自我革命，从根本上说是由于马克思主义执政党肩负的历史使命和阶级属性所决定的，“我们党没有任何自己特殊的利益，这是我们党敢于自我革命的勇气之源、底气所在”②。伟大自我革命是一场敢于刀刃向内、勇于刮

① 习近平：《习近平谈治国理政》(第4卷)，北京：人民出版社2022年版，第541页。
② 习近平：《习近平谈治国理政》(第4卷)，北京：人民出版社2022年版，第542页。

骨疗毒的“革命”，它所要解决的不是无关痛痒的表面问题，而是涉及深层次、根本性的“顽症”和“痼疾”，是防止我们党因为长期执政而有可能丧失革命性和忧患意识的问题，确保党始终“不变质、不变色、不变味”，体现出我们党具有深刻的战略清醒和行动自觉。

另一方面，伟大社会革命是伟大自我革命的根本目的和归宿。伟大社会革命具有目标性和方向性，指引着伟大自我革命的实践发展。从本质上讲，伟大自我革命是自觉、主动的因素，有其内在的发展理路，但它归根到底是服务于伟大社会革命的实践需要，是为了推进伟大社会革命的开展。习近平指出，“党和人民事业发展到什么阶段，党的建设就要推进到什么阶段。”①伟大社会革命的战略需要决定着伟大自我革命的发展方向和内容，没有伟大社会革命的目标指引，百年大党解决独有难题就会失去价值归宿。习近平强调：“要把新时代坚持和发展中国特色社会主义这场伟大社会革命进行好，我们党必须勇于进行自我革命，把党建设得更加坚强有力。”②总之，面对新时代各种复杂严峻的风险挑战，全党要始终坚持革命精神，保持革命斗志，永葆“革命者”本色，在推进“两个伟大革命”中不断解决大党独有难题，从而使大党始终保持思想上清醒和行动上坚定。

第三，践行“三个务必”，永葆“赶考”的清醒和坚定。永葆“赶考”的清醒和坚定，是时刻保持解决大党独有难题的清醒和坚定的基本前提。在党的七届二中全会上，毛泽东提出“两个务必”的思想，告诫全党在即将到来的全国胜利前面，“务必使同志们继续地保持谦虚、谨慎、不骄、不躁的作风，务必使同志们继续地保持艰苦奋斗的作风”③。这体现出毛泽东对全党能否始终保持优良作风以应对执政“大考”的深刻忧思。新时代以来，面对社会发展形势的深刻变化，党提出加强长期执政能力建设、先进性和纯洁性建设，并提出“赶考”永远在路上的时代课题。习近平强调，“我们党是世界上最大的马克思主义执政党，要巩固长

① 习近平：《在庆祝中国共产党成立95周年大会上的讲话》，北京：人民出版社2016年版，第22页。

② 习近平：《习近平谈治国理政》（第3卷），北京：外文出版社2020年版，第515页。

③ 《毛泽东选集》（第4卷），北京：人民出版社1991年版，第1438~1439页。

期执政地位、始终赢得人民衷心拥护，必须永葆‘赶考’的清醒和坚定”①。党的二十大立足新时代的实践发展，创造性地提出“三个务必”，告诫全党“务必不忘初心、牢记使命，务必谦虚谨慎、艰苦奋斗，务必敢于斗争、善于斗争”②，体现出我们党以永葆“赶考”的清醒和坚定，来推动时刻保持解决大党独有难题的清醒和坚定的政治自觉。

一是始终保持坚定的理想信念，务必不忘初心、牢记使命。理想信念是激励共产党人开展社会革命和自我革命的内在动力，是永葆共产党人革命本色的精神支撑。推进自我革命、时刻保持解决大党独有难题的清醒和坚定，不是一件容易的事情，离不开理想信念的支撑。“不忘初心、牢记使命”，是我们党由弱到强、始终保持不败之地的关键，“忘记这个初心和使命，党就会改变性质、改变颜色，就会失去人民、失去未来”③。因此，全党要始终站在中国人民和中华民族的立场上，“把不忘初心、牢记使命作为加强党的建设的永恒课题，作为全体党员、干部的终身课题”④。二是始终保持优良的作风建设，务必谦虚谨慎，艰苦奋斗。作风建设是党的建设的“晴雨表”，作风的好坏直接影响党的形象。当前，我们党领导全国人民正在进行新的伟大革命，面临着许多繁重的任务和严峻的挑战，对党的作风建设提出了新的要求。对此，习近平多次表达对全党能否保持优良作风的深刻忧思，告诫全党同志务必谦虚谨慎、艰苦奋斗，以始终保持优良的作风促进全党时刻保持解决大党独有难题的清醒和坚定的自觉。三是始终保持革命的斗争品质，务必敢于斗争、善于斗争。“敢于斗争、敢于胜利，是中国共产党不可战胜的强大精神力量。”⑤党自诞生之日起，便认识到只有通过革命斗争，才能打碎旧世界、建立新世界，才能求得生存、求得解放。新时代以来，党的自身建

---

① 《高举中国特色社会主义伟大旗帜　奋力谱写全面建设社会主义现代化国家崭新篇章》，载《人民日报》，2022 年 7 月 28 日第 1 版。

② 习近平：《高举中国特色社会主义伟大旗帜　为全面建设社会主义现代化国家而团结奋斗——在中国共产党第二十次全国代表大会上的报告》，北京：人民出版社 2022 年版，第 1 页。

③ 习近平：《习近平谈治国理政》(第 3 卷)，北京：外文出版社 2020 年版，第 530 页。

④ 习近平：《习近平谈治国理政》(第 3 卷)，北京：外文出版社 2020 年版，第 531 页。

⑤ 习近平：《在庆祝中国共产党成立 100 周年上的讲话》北京：人民出版社 2021 年版，第 17 页。

设以及治国理政面临许多新情况新挑战新任务，党中央时刻保持解决大党独有难题的清醒和坚定，强调“赶考”永远在路上，全面从严治党永远在路上。从现实来看，影响清醒和坚定的因素是复杂的、广泛的，保持清醒和坚定的状态是长期的和艰难的。这就要求全党务必敢于斗争、善于斗争，始终以不怕牺牲的革命精神、坚韧不拔的革命意志、顽强不屈的革命品质，不断推进“两个伟大革命”，坚决摒弃排斥斗争、告别斗争的思想，为全面建设社会主义现代化国家而团结奋斗。

二、增强全面从严治党永远在路上、自我革命永远在路上的政治自觉

党的十八大以来，以习近平同志为核心的党中央作出了全面从严治党的重大战略部署，这是全面建成小康社会、全面深化改革、全面依法治国顺利推进的根本保证。全面从严治党成效卓著，使党不断焕发出新的强大生机与活力，为党和国家事业发展提供了坚强政治保证。实践证明，党中央作出全面从严治党的战略布署是完全正确的，也是深得党心民心的。党的十九大报告充分肯定了全面从严治党的巨大成就，并强调“全面从严治党永远在路上”。习近平在庆祝中国共产党成立100周年大会上的重要讲话中进一步强调，要“增强全面从严治党永远在路上的政治自觉，以党的政治建设为统领，继续推进新时代党的建设新的伟大工程”①。在党的十九届六中全会上，习近平提出，党的百年奋斗历程波澜壮阔，时间跨度长，涉及范围广，需要研究的问题多。其中，包括“深入研究党加强自身建设、推进自我革命的百年历程，增强全面从严治党永远在路上的坚定和执着，确保党在新时代坚持和发展中国特色社会主义的历史进程中始终成为坚强领导核心”。②

---

① 习近平：《在庆祝中国共产党成立100周年上的讲话》北京：人民出版社2021年版，第19页。

② 《中共中央关于党的百年奋斗重大成就和历史经验的决议》，北京：人民出版社2021年版，第79页。

显然，勇于自我革命，增强全面从严治党的政治自觉，是以习近平同志为核心的党中央对党的百年奋斗历史经验，特别是十八大以来全面从严治党新鲜经验的深刻总结，反映了新时代推进党的建设新的伟大工程的必然要求。

所谓自觉，是指自己意识到或者有所认识而觉悟，是人的内在自我发现、外在创新的自我解放意识。所谓政治自觉，是指政治有机体成员对所在组织的使命和行为以及个体责任的正确认识。中国共产党人的政治自觉，就是要坚定理想信念，牢记初心使命，勇于担当奉献，忠于党和人民。增强全面从严治党永远在路上的政治自觉，其基本内涵是基于对全面从严治党永远在路上极端重要性的充分认识，一如既往勇于自我革命，驰而不息全面从严治党，以党的政治建设为统领，继续推进新时代党的建设伟大工程。正确理解“增强全面从严治党永远在路上的政治自觉”之深刻意蕴，有助于不断提高推进党的建设新的伟大工程的自觉性。①

（一）勇于自我革命是中国共产党最鲜明品格和最大优势

中国共产党的百年史，既是党团结带领为实现中华民族伟大复兴而英勇奋斗、不怕牺牲、不断创造的历史，也是党不断加强自身建设、勇于进行自我革命的历史。但是，党中央明确提出“自我革命”的概念并将其与全面从严治党联系在一起，是在中国特色社会主义进入新时代以后。2016 年 7 月，习近平在庆祝中国共产党成立 95 周年大会上的讲话中指出：“全党要以自我革命的政治勇气，着力解决党自身存在的突出问题。”②2017 年 2 月，在省部级主要领导干部学习贯彻党的十八届六中全会精神专题研讨班开班式上，习近平强调：“勇于自我革命，是我们党最鲜明的品格，也是我们党最大的优势。”③同年 10 月，习近

---

① 本部分内容曾以《增强全面从严治党永远在路上的政治自觉之深刻意蕴》为题，发表于《教学与研究》2022 年第 1 期。

② 习近平：《在庆祝中国共产党成立 95 周年大会上的讲话》，北京：人民出版社 2016 年版，第 22 页。

③ 中共中央党史和文献研究院：《习近平关于全面从严治党论述摘编》（2021 年版），北京：中央文献出版社 2021 年版，第 18 页。

平在党的十九大报告中进一步指出：“勇于自我革命，从严管党治党，是我们党最鲜明的品格。”①

党的十九大以后，习近平又在多个场合从不同角度进一步阐述自我革命的问题。2017 年 10 月，他在党的十九届一中全会上指出：“抵御各种腐朽思想侵蚀需要勇于自我革命。”②2018 年 12 月，他在庆祝改革开放 40 周年大会上的讲话中指出：“我们党只有在领导改革开放和社会主义现代化建设伟大社会革命的同时，坚定不移推进党的伟大自我革命，敢于清除一切侵蚀党的健康肌体的病毒，使党不断自我净化、自我完善、自我革新、自我提高，不断增强党的政治领导力、思想引领力、群众组织力、社会号召力，才能确保党始终保持同人民群众的血肉联系。”③2019 年 1 月，习近平在十九届中央纪委三次全会上的讲话中指出：“在进行社会革命的同时不断进行自我革命，是我们党区别于其他政党最显著的标志，也是我们党不断从胜利走向新的胜利的关键所在。”④2021 年 7 月，他在庆祝中国共产党成立 100 周年大会上的讲话中又一次强调：“勇于自我革命是中国共产党区别于其他政党的显著标志。我们党历经千锤百炼而朝气蓬勃，一个很重要的原因就是我们始终坚持党要管党、全面从严治党。”⑤

2021 年 11 月党的十九届六中全会通过的《中共中央关于党的百年奋斗重大成就和历史经验的决议》，将“坚持自我革命”作为党百年奋斗的十条历史经验之一，指出：“党历经百年沧桑更加充满活力，其奥秘就在于始终坚持真理、修正错误。党的伟大不在于不犯错误，而在于从不讳疾忌医，积极开展批评和自我批评，敢于直面问题，勇于自我革命。”⑥

---

① 中共中央党史和文献研究院：《习近平关于全面从严治党论述摘编》（2021 年版），北京：中央文献出版社 2021 年版，第 201 页。

② 习近平：《在党的十九届一中全会上的讲话》，载《求是》2018 年第 1 期，第 6 页。

③ 习近平：《习近平谈治国理政》（第 3 卷），北京：外文出版社 2020 年版，第 188 页。

④ 中共中央党史和文献研究院：《习近平关于依规治党论述摘编》，北京：中央文献出版社，2022 年版，第 14 页。

⑤ 习近平：《在庆祝中国共产党成立 100 周年上的讲话》，北京：人民出版社 2021 年版，第 19 页。

⑥ 《中共中央关于党的百年奋斗重大成就和历史经验的决议》，北京：人民出版社 2021 年版，第 70~71 页。

显然，弘扬彻底的自我革命精神，勇于自我革命，在领导伟大社会革命的同时坚定不移推进党的自我革命，这是以习近平同志为核心的党中央十分明确地提出并反复强调的一个科学命题和重大任务，是中国共产党成立以来百年奋斗历史经验的深刻总结，体现了党要把自我革命进行到底、全面从严治党永远在路上的坚强意志、坚定决心和巨大勇气。

中国共产党推进的自我革命，概括来说，就是不忘初心，牢记使命，践行宗旨，坚定党性原则，经常进行自我警醒、自我反思，始终坚持党要管党、全面从严治党，不断应对好党面临的各种风险考验，敢于清除一切侵蚀党的健康肌体的病毒，使党不断自我净化、自我完善、自我革新、自我提高。自我革命目的是保持党的先进性和纯洁性，不断实现自我超越，使党永葆旺盛生命力和强大战斗力，进而能够担负起领导伟大社会革命的历史重任并不断夺取新胜利。

勇于自我革命是中国共产党区别于世界上其他政党的显著标志，也是党“百年恰是风华正茂”的内在原因。中国共产党之所以勇于自我革命，是因为党没有任何自己的特殊利益，因而能够做到为了国家、民族和人民的利益敢于坚持真理、修正错误。这是近代以来中国共产党能够在各种政治力量的反复较量中脱颖而出并长期执政的根本原因，是党能够始终站在时代前列，始终成为中国人民和中华民族的主心骨的根本原因。

“自我革命”科学概念的明确提出和系统阐述，深刻揭示了中国共产党历尽艰难困苦曲折磨难却能够不断实现自我超越的奥秘所在，彰显了党所具有的鲜明品格和最大优势，深化了党对自身建设规律的认识，有助于全党从自我革命的高度认识全面从严治党的必然性和必要性，从而更加自觉地推进新时代党的建设新的伟大工程。

党的奋斗目标和初心使命决定了党领导的伟大社会革命是一个长期过程，伴随着社会革命的进行而不断推进的党的自我革命也必然是一个长期过程，不可能一蹴而就，也不可能一劳永逸，而只能是永远在路上。新时代中国共产党坚定不移地推进自我革命，首先是党要担负起团结带领人民进行伟大社会革命历史责任的客观需要。新时代是党团结带领人民进行伟大社会革命的成果，也是新的伟大社会革命的开始。作为中国特色社会主义事业的开创者、引领者、领导核心和中流砥柱，党肩负着统揽伟大斗争、伟大工程、伟大事业、伟大梦想的历史使命。要把新的伟大社会革命领导好，要实现党和国家的长治久安，党的自身就必须始终过硬。为此，党必须勇于进行自我革命，着力解决党自身存在的突出问题，毫不动摇地把党建设得更加坚强有力，为新时代坚持和发展中国特色社会主义提供更加坚强的保证。

新时代中国共产党坚定不移地推进自我革命，也是党抵御各种腐朽思想侵蚀、保持党的先进性和纯洁性的必然要求。中国共产党是有着崇高理想和远大奋斗目标的马克思主义政党，但党内也不可避免地会受到各种腐朽思想的影响，一些党员干部会不同程度地沾染上不良习气，滋长不正之风，甚至背离党的宗旨，发生腐败现象。面对这种情况，党必须勇于进行自我革命，勇于直面问题，敢于刮骨疗毒，消除一切损害党的先进性和纯洁性的因素，清除一切侵蚀党的健康肌体的病毒，抵御各种腐朽思想的侵蚀，才能保持党的先进性和纯洁性。党的十八大以来，以习近平同志为核心的党中央坚定不移地推进全面从严治党，以自我革命精神向党内顽瘴痼疾开刀，正风肃纪、反腐惩恶、激浊扬清，消除了党和国家内部存在的严重隐患，有力提升了党的面貌和战斗力，使党在革命性锻造中更加坚强。

在新时代，中国共产党面临的风险和挑战更加严峻复杂。对于中国共产党这样一个巨大的组织体来说，前途命运都掌握在自己手中。能否保持强烈的自我革命精神和自我净化的过硬本领，敢于进行刀刃向内的自我革命，坚持不懈地同自身存在的问题和错误作斗争，是决定党兴衰成败的关键因素。面对统筹国内国外两个大局的时代重任，中国共产党要始终保持先进性和纯洁性，建设更加强大的马克思主义执政党，使党永葆生机活力，就必须勇于自我革命，切实解决自身存在的问题，在革故鼎新、守正创新的伟大实践中不断实现新跨越。

党的十九大提出的新时代党的建设总要求对推进党的建设新的伟大工程作出了顶层设计和战略部署，是对党在长期执政条件下进行自我革命有效路径的积极探索，是党在新时代大力弘扬彻底的革命精神，勇于进行自我革命的行动纲领。习近平在十九届中央纪委三次全会上的讲话中强调：“只要我们始终不忘党的性质宗旨，勇于直面自身存在的问题，以刮骨疗毒的决心和意志消除一切损害党的先进性和纯洁性的因素，就能够形成党长期执政条件下实现自我净化、自我完善、自我革新、自我提高的有效途径。”①

总之，我们要增强全面从严治党永远在路上的政治自觉，坚持与时代同行，在领导伟大社会革命的征程中勇于进行自我革命，并将其贯穿于落实新时代党的建设总要求的全过程和各方面，不断健全和完善进行自我革命的有效管用的体制机制，形成党长期执政条件下实现“四个自我”的有效途径。总结历史经验，结合新时代实际，最重要的是要以习近平新时代中国特色社会主义思想为指导，增强“四个意识”，坚定“四个自信”，做到“两个维护”，以党的政治建设为统领全面推进党的建设，取得全面从严治党更大战略性成果，巩固发展反腐败斗争压倒性胜利，一体推进不敢腐、不能腐、不想腐，健全党和国家监督体系。通过不断自我革命，确保全党步调一致、行动统一，确保党始终坚强有力、清正廉洁，进而保证党领导的伟大社会革命不断走向新胜利。

（二）践行初心使命、锻造高强本领、保持先进纯洁是党的建设的主题和主线

党的建设主题是指党的建设所要解决的主要问题，它与党的历史主题是一致的。党的建设主题规定了党的建设目标，引领党的建设方向。党的建设主线是贯穿于党的建设过程的主要线索，是党自身建设的根本方法和主要着力点，是党的

---

① 《习近平在十九届中央纪委三次全会上发表重要讲话强调取得全面从严治党更大战略性成果巩固发展反腐败斗争压倒性胜利》，载《人民日报》，2019 年 1 月 12 日第 1 版。

建设主题的实现路径、具体抓手和外在显现。党的建设主题决定党的建设主线的确立，党的建设主线影响党的建设主题的落实效果，二者统一于党的建设伟大工程的实践，共同服务于党在一定历史时期主要任务的完成。

百余年来，随着党的事业的不断发展和党对自身建设规律认识的不断深化，党的建设主题和主线日益明确、与时俱进，引领党的建设不断深入发展。由于党在各个历史时期的主要任务不同，党的自身建设要解决的主要问题不同，所以，各个时期党的建设的主题和主线也是不同的。在百年来党的建设历史演进中，党的建设主题与主线的演进呈现出守正创新的鲜明特点。坚定理想信念，践行党的初心使命，这一永恒不变的主题，贯穿于党在各个历史时期自身建设的主题和主线之中。

百余年来，党的建设主题集中体现在伟大建党精神之中，深深嵌入党的精神血脉和组织肌体，成为党的全部活动和自身建设的根本主题。党的建设的根本主题是不同时期党的建设具体主题的价值遵循和根本尺度，而党的建设的具体主题则是党的建设根本主题在一定历史阶段的具体要求。把握党的建设根本主题，结合不同历史时期的形势任务和党自身面临的问题来确定党的建设阶段性主题，并以党的建设阶段性实践推动党的建设根本主题的实现。同时，也在党的建设阶段性具体主题引领下，结合历史经验和党的发展实际，确定一定历史阶段党的建设主线，明确不同历史时期党的建设的重点和任务要求，不断把党建设得更加坚强有力。但是，无论不同时期党的建设具体主题如何变化，坚定理想信念、践行初心使命，始终都是党的建设永恒不变的主题；而加强本领能力建设、先进性和纯洁性建设，则始终是党的建设主线。

党的建设的主题和主线的确定反映了党对自身建设的清醒认识和高度自觉，在党的建设实践中发挥着统摄全局和提纲挈领的作用。党的建设主题和主线经历了一个逐步演进和不断完善的过程，也对不同历史时期党的建设发挥了引领作用。百余年来，党结合具体历史任务和自身发展实际，紧紧围绕党的建设主题，牢牢把握党的建设主线，坚定不移加强自身建设，使党始终坚强有力，能够担当领导中华民族伟大复兴的历史重任。

新时代党的建设的主题是坚持和加强党的全面领导，坚持党要管党、全面从严治党，践行初心使命，确保党始终政治过硬、本领高强、永葆生机活力，确保党在新时代坚持和发展中国特色社会主义的历史进程中始终成为坚强领导核心。而新时代党的建设的主线，则是加强党的长期执政能力建设、先进性和纯洁性建设。

中国共产党是在一个14亿人口的大国长期执政的马克思主义执政党，执政能力建设是党执政后的一项根本性建设，是巩固党的领导地位和执政地位的必然要求。党的初心使命，党的最终奋斗目标，决定了党的领导和执政地位必须长期坚持和巩固，由此也决定了党的长期执政能力建设是党执政以后特别是新时代党的一项根本建设。党的长期执政能力建设被写入十九大党章，既是对党执政实践的科学总结和客观阐述，也是新时代加强党的领导和党的建设的基本要求，进一步明晰了党的建设的价值导向和制度安排目标，构成了新时代党的建设带有基础性、根本性和原则性的要求。

把长期执政能力建设作为党的建设主线的首要内容，凸显了党全面领导国家建设的历史逻辑和发展脉络，彰显了执政逻辑中的党性和人民性高度统一的原则，是对党执政以来所表现的强大治理能力和团结带领人民所取得的辉煌成就的充分肯定。党的执政地位是历史形成的，但不是一劳永逸的，需要在长期执政实践中不断加强。长期执政与坚持党的全面领导相联系，是坚持党的全面领导的长期执政。长期执政能力建设，是党团结带领人民为不断实现美好生活而奋斗的必然要求。加强党的长期执政能力建设，不断增强党的长期执政能力，不断增强党的全面执政本领，党的执政地位才能巩固，党领导的事业才能不断发展。新时代的中国共产党要践行初心使命，要团结带领人民克服前进道路上的各种困难、应对新征程上面临的各种风险挑战，就不仅需要政治过硬，也需要本领高强。党的十九大报告提出全面增强党的执政本领，包括学习本领、政治领导本领、改革创新本领、科学发展本领、依法执政本领、群众工作本领、狠抓落实本领、驾驭风险本领等八大本领。习近平还特别强调要“发扬斗争精神，增强斗争本领”①。这些都是党的长期执政能力建设的主要内容。

党的长期执政能力建设要解决的是党能不能为人民执好政、掌好权的问题，而党的先进性和纯洁性建设则是要解决党有没有资格执政、历史和人民是否允许党长期执政的问题。打铁必须自身硬，党的领导和执政地位客观要求党能够始终保持先进性和纯洁性，在加强党的长期执政能力建设的同时，始终加强党的先进性和纯洁性建设。

先进性是马克思主义政党的立党之本、生命所系和力量所在，是建设一个什么样的党和怎样建设党的核心问题。保持党的先进性，是马克思主义政党建设的永恒主题。加强党的先进性建设，是在长期执政条件下党的一项根本建设。我们党能够从小到大、由弱到强，团结带领全国各族人民不断创造伟大成就，归根结底是因为党始终保持先进性。党的先进性是指党在思想、理论、纲领、路线等方面所具有的优于其他政党的特质，也是指党在人类社会历史发展进步中走在前列和发挥引领性作用。先进特质是内在品格，走在前列和发挥引领作用是外在表现。党的思想、理论、纲领、路线是否科学、是否代表了社会发展的正确方向，是不是代表并维护了最广大人民的根本利益，这是衡量一个政党先进与否的根本标准，也是党的先进性的本质内涵。党的先进性是历史的、具体的、与时俱进的，在不同历史时期有不同的表现。在新时代，党的先进性表现为团结带领人民自信自强、守正创新，统揽“四个伟大”，创造中国特色社会主义伟大成就，为全面建成社会主义现代化强国、实现中华民族伟大复兴中国梦而奋斗。

党的先进性也需要通过党的纯洁性来体现和保证。党的纯洁性，是指党员和党组织在思想、政治、组织、作风、行为等方面与党的性质、宗旨的一致性。马克思主义政党之所以高度重视保持党的纯洁性，从根本上说是为了永葆党的政治本色，永葆党的生机活力，从而更好地肩负起自己的历史使命。毛泽东指出，我

① 习近平：《习近平谈治国理政》(第3卷)，北京：外文出版社2020年版，第225页。

们要建设的是“一个有纪律的、思想上纯洁的、组织上纯洁的党，合乎统一的标准的党”①。保持党的纯洁性，一是要保持党在思想上的纯洁性，这是保证党的正确政治方向和党的团结统一的思想基础。保持思想纯洁，最重要的是保持对马克思主义的信仰、对共产主义和中国特色社会主义的信念。二是保持党在组织上的纯洁性，这是保持全党步调一致、行动统一、增强党的创造力、凝聚力、战斗力的组织保证。各级党组织要严格管理党员队伍和党的干部队伍，严把入口、加强教育、强化监督、畅通出口。三是保持党在作风上的纯洁性，这是保持党同人民群众血肉联系和不断从人民群众中吸取经验、智慧和力量的固本之道。保持党的作风纯洁，核心是密切联系群众，始终与人民群众同呼吸、共命运，始终代表人民群众的意志和利益，始终依靠人民群众来推动历史前进，保证党永不变色。

先进性和纯洁性贯穿于党的性质、宗旨、任务和全部工作中，体现在党的各级组织和全体党员的实际行动上。习近平指出：“党的纯洁性同党的先进性相辅相成、密不可分。纯洁性是先进性的前提和基础，先进性是纯洁性的体现和保证，二者在本质上是一致的。”②一方面，党的先进性是纯洁性的体现和保证。党的先进性，决定着党的纯洁性的价值目标，是判断一个政党是否纯洁的根本尺度。党的纯洁性取决于党能否坚持先进的指导思想和奋斗目标，能否带领中国人民走在时代前列。纯洁性是保持和发展党的先进性的前提和基础。党如果不能保持纯洁性，党的先锋队的性质就会丧失，党的创造力、凝聚力、战斗力就会受到严重削弱，党的事业就会遭到严重损失，党的先进性也就无从体现、无从谈起。另一方面，党的纯洁性不是为纯洁而纯洁，而是为了从根本上保证党的先进性，始终团结并带领全国人民投身到党领导的伟大事业之中。党自身内在的纯洁性，必须通过党领导全国人民进行伟大社会革命的先进性来体现。因此，党的先进性和纯洁性在本质上是内在统一的，是相辅相成、不可分割的。先进性决定纯洁性

① 《毛泽东文集》(第3卷)，北京：人民出版社1996年版，第261页。
② 中共中央文献研究室：《十七大以来中央文献选编》(下)，北京：中央文献出版社2013年版，第822页。

的价值方向，也是判断党是否纯洁的重要尺度；纯洁性是先进性的重要支撑，从根本上保证党的先进性。党的先进性和纯洁性统一于党的性质和宗旨的一致性，统一于建设中国特色社会主义事业的伟大实践。

先进性和纯洁性是马克思主义政党的力量所在、发展所托，更是马克思主义政党的执政所依、生命所系。中国共产党从弱小到强大，历经苦难而不断创造辉煌，从应运而生到成为历史和人民的主动选择、长期选择，一个重要的原因就在于始终保持和发展党的先进性和纯洁性。这是党的建设一项长期而又常新的战略任务，贯穿于党的发展全过程。习近平指出："保持、发展先进性和纯洁性始终是马克思主义政党根本的思想政治任务，关系党的生死存亡和前途命运。"①加强新时代党的先进性和纯洁性建设，就是要不断增强党的政治领导力、思想引领力、群众组织力、社会号召力，不断增强党的战斗力、凝聚力、生命力，坚定不移地推进党风廉政建设和反腐败斗争，坚决清除一切损害党的先进性和纯洁性的因素，清除一切侵蚀党的健康肌体的病毒，把党建设得更加坚强有力。

（三）以政治建设为统领继续推进新时代党的建设新的伟大工程

以政治建设为统领，推进新时代党的建设新的伟大工程，是新时代中国共产党进行伟大斗争、建设伟大事业、实现伟大梦想的基础和关键，是党践行初心使命、彰显行动价值的必然要求。

政党是政治组织，本质上是特定阶级利益的集中代表。任何政党都有自己的政治使命、政治目标、政治追求，因而也都有政治属性。政治属性是政党第一位的属性和本质属性，决定着政党的前途和命运。政治建设主要是指政党运用一定的理论和方法，制定自己的政治纲领、政治路线以及与之相适应的方略，并以此统一全党的思想和行为。因此，政治建设是政党保持自身政治属性的内在要求。

中国共产党作为马克思主义政党，从不讳言自己的政治属性和政治使命，无

---

① 《习近平在全国创先争优理论研讨会上强调认真总结和运用创先争优活动经验切实加强党的先进性和纯洁性建设》，载《人民日报》，2012年5月22日第1版。

论是党的名称、指导思想，还是党的奋斗目标、根本政治立场，都一以贯之地公之于众、始终不渝地坚守践行。党的一大党纲确定了党的政治性质、政治目标、政治纲领，奠定了党的政治建设的基础。党在创建时期形成的“坚持真理、坚守理想，践行初心、担当使命，不怕牺牲、英勇斗争，对党忠诚、不负人民的伟大建党精神”①，就是党的政治属性的集中概括。旗帜鲜明地讲政治是党的根本要求，体现了党的鲜明特质和本质属性。

中国共产党历来重视从政治上建设党，讲政治一直是党的建设的优良传统。毛泽东提出了思想建党、政治建军的重大政治原则，指出“一切问题的关键在政治”②，强调“首先着重在思想上、政治上进行建设”③，“政治工作是一切经济工作的生命线”④。邓小平强调“到什么时候都得讲政治”⑤，江泽民提出“讲学习，讲政治，讲正气”⑥，胡锦涛指出“我们讲的政治，是马克思主义的政治，是建设有中国特色社会主义的政治”⑦。党的主要领导人关于讲政治的重要论述，必然对党的政治建设提出要求。无论不同时期党的建设总布局的表述如何变化，党的政治建设的内容始终存在于党的建设总布局中，进而引领党的各方面建设，并从政治上保证党的事业发展。

党的十八大以来，习近平着眼于党和国家事业发展全局，强调“政治问题，任何时候都是根本性的大问题”⑧，“政治问题要从政治上来解决”⑨，强调“全面从严治党首先要从政治上看”⑩，要求“增强政治意识，善于从政治上看问题，善

① 习近平：《习近平谈治国理政》（第 4 卷），北京：外文出版社 2022 年版，第 7 页。
② 《毛泽东文集》（第 3 卷），北京：人民出版社 1996 年版，第 202 页。
③ 中共中央文献研究室、中央档案馆：《建党以来重要文献选编（1921—1949）》（第 22 册），北京：中央文献出版社 2011 年版，第 386 页。
④ 《毛泽东文集》（第 6 卷），北京：人民出版社 1999 年版，第 449 页。
⑤ 《邓小平文选》（第 3 卷），北京：人民出版社 1993 年版，第 166 页。
⑥ 《江泽民文选》（第 1 卷），北京：人民出版社 2006 年版，第 483 页。
⑦ 《胡锦涛文选》（第 1 卷），北京：人民出版社 2016 年版，第 255 页。
⑧ 习近平：《在第十八届中央纪律检查委员会第六次全体会议上的讲话》，北京：人民出版社 2016 年版，第 19 页。
⑨ 习近平：《习近平谈治国理政》（第 3 卷），北京：外文出版社 2020 年版，第 92 页。
⑩ 习近平：《习近平谈治国理政》（第 3 卷），北京：外文出版社 2020 年版，第 92 页。

于把握政治大局，不断提高政治判断力、政治领悟力、政治执行力”①，提出“必须把党的思想政治建设摆在首位，营造风清气正的政治生态”②。这些重要论述，揭示了政治问题的极端重要性和政治建设的主要内容、实践要求，把讲政治上升到一个新的高度，抓住了全面从严治党的根本。在推进全面从严治党的实践中，以习近平同志为核心的党中央把党的政治建设摆在突出位置，以政治建设为统领，强力推进新时代党的建设新的伟大工程，使党在革命性锻造中更加坚强，焕发出强大的生机活力。实践表明，“党的政治建设决定党的建设方向和效果，不抓党的政治建设或背离党的政治建设指引的方向，党的其他建设就难以取得预期成效”③。党的十九大总结党的历史经验，特别是党的十八大以来加强党的全面领导和全面从严治党实践取得的成效，进一步提出了“以党的政治建设为统领”，“把党的政治建设摆在首位”。④

在党的政治建设的统领下，全面从严治党成效卓著。正如党的十九届六中全会通过的决议中所指出：“党的十八大以来，经过坚决斗争，全面从严治党的政治引领和政治保障作用充分发挥，党的自我净化、自我完善、自我革新、自我提高能力显著增强，管党治党宽松软状况得到根本扭转，反腐败斗争取得压倒性胜利并全面巩固，消除了党、国家、军队内部存在的严重隐患，党在革命性锻造中更加坚强。”⑤

党的百余年历史表明，党的政治建设贯穿于党的建设和党的事业发展全过程。始终保持政治上的先进性和思想上、组织上、作风上的纯洁性，是党不断发展壮大和党领导的事业不断创造新辉煌的重要保证。“旗帜鲜明讲政治、保证党的团结和集中统一是党的生命，也是我们党能成为百年大党、创造世纪伟业的关

---

① 习近平：《习近平谈治国理政》(第4卷)，北京：外文出版社2022年版，第43页。

② 中共中央党史和文献研究院：《十八大以来重要文献选编》(下)，北京：中央文献出版社2018年版，第408页。

③ 习近平：《习近平谈治国理政》(第3卷)，北京：人民出版社2020年版，第92页。

④ 习近平：《习近平谈治国理政》(第3卷)，北京：人民出版社2020年版，第91页。

⑤ 《中共中央关于党的百年奋斗重大成就和历史经验的决议》，北京：人民出版社2021年版，第33~34页。

键所在。”①习近平在庆祝中国共产党成立100周年大会上的讲话中强调，“新的征程上，我们要牢记打铁必须自身硬的道理，增强全面从严治党永远在路上的政治自觉，以党的政治建设为统领，继续推进新时代党的建设新的伟大工程”②，从而进一步凸显了党的政治建设的极端重要性及其在新时代党的建设新的伟大工程中的根本地位，揭示了党的建设的内在规律，是党的建设从理念到布局、从理论到实践的重大创新。

新时代党的建设是一项伟大的系统工程，涉及党的建设方方面面。党的各方面建设都有其特定的目标和任务，并在党的建设总体布局中处于相应地位，其中，党的政治建设处于统领地位，是党的各方面建设中最重要的一项建设，是党的建设总布局中最核心的、最重要的，是管总的、打头的，决定党的建设方向和效果，对党的其他方面建设具有纲举目张作用。而党的思想建设、组织建设、作风建设、纪律建设以及贯穿其中的制度建设、反腐败斗争效果如何，最终必须落实到政治建设上来，即在党中央坚强领导下，全党上下团结一心，围绕党的主要任务和中心工作，贯彻落实党的路线方针政策，为实现党在各个历史时期的政治目标而奋斗。显然，强调新时代党的建设以政治建设为统领，强调把党的政治建设摆在首位，目的在于全面推进新时代党的建设新的伟大工程，为实现中华民族伟大复兴中国梦提供根本的政治保证。

新时代党的政治建设的首要任务，就是做到“两个维护”，即：坚决维护习近平总书记党中央的核心、全党的核心地位，坚决维护党中央权威和集中统一领导。马克思主义认为，历史是人民创造的，马克思主义政党必须尊重人民群众的主体地位和首创精神，始终代表最广大人民根本利益，团结带领人民群众不断为美好生活而奋斗。这是马克思主义的一条基本原理，但同时，维护党的权威和党的领袖的权威，也是马克思主义政党学说的一条基本原则。

马克思、恩格斯认为，不仅革命权威、政治权威具有重要作用，个人权威、

① 习近平：《习近平谈治国理政》(第4卷)，北京：人民出版社2022年版，第515页。
② 习近平：《习近平谈治国理政》(第4卷)，北京：人民出版社2022年版，第13页。

领袖权威同样对无产阶级政党具有重要作用。列宁正确揭示了领袖、政党、阶级、群众之间的关系，指出它们是一个不可分割的整体，因为领袖是政党的领袖，政党是领袖集团主持下的政党，政党没有自己的领袖核心，就不能形成统一的意志，就不会有战斗力，也不可能担负起团结带领人民群众为实现自己的利益而奋斗的历史使命。“中国共产党是按照民主集中制原则组织起来的马克思主义政党。维护党中央权威和集中统一领导，是一个成熟的马克思主义执政党的重大建党原则。”①正因为如此，中国共产党在长期奋斗历程中，在党内政治生活中始终强调向中央看齐，把全党各个组织和全体党员服从党的全国代表大会和中央委员会作为民主集中制的核心内容，作为一项根本的组织纪律，也是一条根本的政治纪律。

当前，我国正面临在世界百年未有之大布局中实现中华民族伟大复兴的战略任务。中国共产党是在一个14亿人口的大国长期执政、有着超过9800万名党员的大党，要凝聚力量应对风险挑战、推进伟大事业，必须有一个坚强的领导核心，必须有一个众望所归的领袖；否则，就会导致各自为政，那就什么事情都干不成。“党的十八大以来，正是因为确立了习近平同志党中央的核心、全党的核心地位，党的面貌、国家的面貌、人民的面貌、军队的面貌、中华民族的面貌才发生了前所未有的变化。”②每个党组织和每个党员，都应当增强“四个意识”，坚定“四个自信”，自觉做到“两个维护”，在任何时候、任何情况下，在政治上思想上行动上都要同以习近平同志为核心的党中央保持高度一致，旗帜鲜明地同破坏党的集中统一的行为作斗争。这是党和国家事业发展的必然要求，是国家富强安宁稳定、人民安居乐业的可靠保证，是以党的政治建设为统领、把党的政治建设放在首位的现实逻辑。

以政治建设为统领，继续推进新时代党的建设新的伟大工程，需要按照新时

① 中共中央宣传部：《中国共产党的历史使命与行动价值》，北京：人民出版社2021年版，第39页。

② 中共中央宣传部：《中国共产党的历史使命与行动价值》，北京：人民出版社2021年版，第43页。

代党的建设总要求，把政治建设放在首位，全面推进党的各方面建设，特别是要"不断严密党的组织体系，着力建设德才兼备的高素质干部队伍，坚定不移推进党风廉政建设和反腐败斗争，坚决清除一切损害党的先进性和纯洁性的因素，清除一切侵蚀党的健康肌体的病毒，确保党不变质、不变色、不变味，确保党在新时代坚持和发展中国特色社会主义的历史进程中始终成为坚强领导核心"！① 习近平庆祝中国共产党成立 100 周年大会上的重要讲话在新时代党的建设总要求基础上，进一步明确了新征程上以政治建设为统领、继续推进新时代党的伟大工程的重点，明确了新时代党的建设所要达到的目标，是以史为鉴、开创未来在党的建设方面的经验总结和实践要求。

"增强全面从严治党永远在路上的政治自觉"的深刻意蕴启示我们，要推进新时代党的建设新的伟大工程，就要充分认识到勇于自我革命是党的鲜明政治品格和最大政治优势，牢牢把握践行初心使命、练就高强本领、保持先进纯洁的党建主题，牢牢把握加强党的长期执政能力建设、先进性和纯洁性建设这条主线，以党的政治建设为统领，以高度的政治自觉、思想自觉和行动自觉，继续推进新时代党的建设新的伟大工程；就要积极响应党中央伟大号召，"大力弘扬伟大建党精神，勿忘昨天的苦难辉煌，无愧今天的使命担当，不负明天的伟大梦想，以史为鉴、开创未来，埋头苦干，勇毅前行，为实现中华民族伟大复兴的中国梦而不懈奋斗"②。

三、践行"三个务必"

习近平总书记在党的二十大报告中指出："全党同志务必不忘初心、牢记使

---

① 习近平：《习近平谈治国理政》(第 4 卷)，北京：人民出版社 2022 年版，第 13~14 页。

② 《中共中央关于党的百年奋斗重大成就和历史经验的决议》，北京：人民出版社 2021 年版，第 75 页。

命，务必谦虚谨慎、艰苦奋斗，务必敢于斗争、善于斗争，坚定历史自信，增强历史主动，谱写新时代中国特色社会主义更加绚丽的华章。”①这就在党的历史上首次明确提出“三个务必”。“三个务必”是对70多年前毛泽东提出的“两个务必”的创新发展，是在总结中国共产党执政以来管党治党经验基础上形成的成熟理念，反映了以习近平同志为核心的党中央面对中华民族伟大复兴战略全局、世界百年未有之大变局而保持的清醒和自觉。“三个务必”是在深刻把握世情国情党情基础上对新时代新征程管党治党的新要求，是对全党的新告诫、新期盼。深刻认识“三个务必”的丰富内涵、逻辑结构和实践进路，有助于我们更好地理解和践行“三个务必”。②

（一）“三个务必”的基本内涵

中国共产党一百多年建设史充分证明，任何重大政治理念的形成都必须经过较长历史时期的实践检验，才能在全党形成普遍的心理认同并作为党的路线方针政策加以执行。“三个务必”，是中国共产党长期探索共产党执政规律和管党治党方略的重大成果和成熟理念，在坚持“两个务必”核心要义的基础上将党的初心使命、优良作风和精神力量统一起来，共同铸就新时代新征程共产党人的思想作风和精神品格。

第一，务必不忘初心、牢记使命体现了新时代新征程共产党人的理想信念。

“不忘初心、牢记使命”是中国共产党在新时代新征程对永葆先进性和纯洁性、始终得到人民的拥护和支持、实现长期执政等管党治党重大问题的最新答案。在社会主义市场经济条件下长期执政的马克思主义政党，不可避免地受到各种弱化党的先进性、损害党的纯洁性的因素影响，一些党员、干部理想信念缺失、宗旨意识淡化，党内政治风险的可能性增大，基层党组织软弱涣散，选人用

---

① 习近平：《高举中国特色社会主义伟大旗帜　为全面建设社会主义现代化国家而团结奋斗——在中国共产党第二十次全国代表大会上的报告》，北京：人民出版社2022年版，第1~2页。

② 本部分内容曾以《新时代“三个务必”的内涵、结构与进路》为题，发表于《新疆师范大学学报》2022年第5期。

人的不正之风盛行，形式主义、官僚主义、享乐主义和奢靡之风时有发生，有的党员、干部不担当不作为，甚至侵害群众利益。这些问题如不加以解决，势必动摇党的根基、阻碍党和人民事业发展。要解决这些问题，关键是在“中国共产党是什么、要干什么”这一根本问题上时刻保持政治清醒。中国共产党的初心和使命集中体现了党的性质宗旨、理想信念、奋斗目标，充分彰显了马克思主义政党的政治本色，深刻蕴含了党的自我革命精神，提醒全党在日益复杂的斗争中增强党的意识、党员意识，坚定中国特色社会主义的前进方向。务必使“不忘初心、牢记使命”在新时代党的理论创新和实践创造中逐步成熟。

中国共产党在100多年奋斗历程中始终践行为中国人民谋幸福，为中华民族谋复兴的初心和使命，以对马克思主义的信仰、对中国特色社会主义和共产主义的信念以及对人民的忠诚推进革命、建设和改革的各项事业，是应对各种风险挑战、从胜利走向胜利的根本动力。党的宗旨是全心全意为人民服务。党来自人民、根植人民、为了人民、依靠人民，团结带领中国人民为实现中华民族伟大复兴而奋斗。党的一切奋斗、一切牺牲、一切创造，都是为了实现中华民族伟大复兴。从挽救中华民族于危难到进行社会主义建设，从全面建成小康社会到全面建设社会主义现代化国家，以中国式现代化推进中华民族伟大复兴，中国共产党带领中华民族迎来了从站起来、富起来到强起来的伟大飞跃，以更加昂扬姿态屹立于世界民族之林。

“不忘初心、牢记使命”是实现党的奋斗目标的根本原则。党的十九大提出，实现中华民族伟大复兴，党必须永远保持同人民群众血肉联系，以人民对美好生活的向往作为奋斗目标，始终保持“永不懈怠的精神状态和一往无前的奋斗姿态”①。2017年10月，习近平总书记带领十九届中央政治局常委瞻仰上海中共一大会址和浙江嘉兴南湖红船时，从坚持党的性质宗旨、坚定中国特色社会主义共同理想和共产主义远大理想，保持优秀作风以及不懈奋斗等方面，对实现党和国

① 习近平：《高举中国特色社会主义伟大旗帜　为全面建设社会主义现代化国家而团结奋斗——在中国共产党第二十次全国代表大会上的报告》，北京：人民出版社2022年版，第1页。

家事业发展目标的实践路径提出了具体要求。这些具体要求初步涵盖“三个务必”的核心内容。

“不忘初心、牢记使命”主题教育积累了丰富的实践经验。2019 年，全党深入开展“不忘初心、牢记使命”主题教育，在学习创新理论、洗礼思想政治、提振精神士气、强化宗旨意识、涵养政治生态、清除危险因素等方面都达到了预期目标，取得了重大成果，主要表现为：深入学习实践习近平新时代中国特色社会主义思想，提高了用党的创新理论武装头脑、指导实践、推动工作的能力，为守初心、担使命奠定了坚实的思想基础；锤炼思想政治，牢筑信仰之基，补足精神之钙，在全党达成守初心、担使命的普遍共识；提振党员干部担当作为的精神士气，推动改革发展稳定各项工作顺利开展，直接验证了守初心、担使命的实效性；积极解决群众最急最忧最盼的问题，强化领导干部的宗旨意识和为民情怀，集中体现“不忘初心、牢记使命”的本质要求；涵养风清气正的政治生态，增强党员干部忠诚干净担当的主动性和自觉性；重点整治专项问题，消除一些可能动摇党的根基、阻碍党的事业的因素，是以守初心、担使命推进自我革命的成功实践。这表明，全党已经形成践行“不忘初心、牢记使命”的思想自觉和行动自觉。

“不忘初心、牢记使命”要靠全体党员干部来实践。党员、干部铭记党的初心和使命，把践行中国特色社会主义共同理想和坚定共产主义远大理想相统一，坚持正确政治方向，提高政治站位，开阔政治视野，坚持胸怀天下，“经受住各种风险和困难考验，自觉抵御各种腐朽思想的侵蚀，永葆共产党人政治本色”①，为其人生奋斗奠定更高的思想起点、注入不竭的精神动力。同时，要以彻底的自我革命精神践行不忘初心、牢记使命，以“正视问题的自觉和刀刃向内的勇气”②解决党内存在的一些背离初心使命的问题。

中国特色社会主义进入新时代特别是党的十九大以来，“不忘初心、牢记使

① 中共中央党史和文献研究院：《习近平关于全面从严治党论述摘编》(2021 年版)，北京：中央文献出版社 2021 年版，第 161 页。

② 中共中央党史和文献研究院：《习近平关于全面从严治党论述摘编》(2021 年版)，北京：中央文献出版社 2021 年版，第 22 页。

命”在理论上日臻完善，在实践中得到践行，在制度上开始建立，这些为其上升为塑造共产党人理想信念之“务必”奠定了理论基础、心理基础，提供了制度保障。

第二，务必谦虚谨慎、艰苦奋斗是新时代新征程共产党人的优良作风。

务必谦虚谨慎、艰苦奋斗是马克思主义政党的政治本色，是长期执政的马克思主义政党作风建设的重要内容，对始终保持党的性质宗旨，始终保持同人民群众的密切联系，始终保持蓬勃生机具有重大意义，是保证党永远不变质，红色江山永远不变色、共产党人永不变味的“保鲜剂”。1956 年 11 月，毛泽东在党的八届二中全会上明确提出：“艰苦奋斗是我们的政治本色。”①在改革开放和社会主义现代化建设时期，党的领导人强调艰苦奋斗不仅在革命战争年代可以出战斗力、出红色江山，而且在和平建设时期也“可以保政治本色，保战斗力，保红色江山”②。2013 年 7 月，习近平在河北调研指导党的群众路线教育实践活动时指出，要深刻学习领会“两个务必”的深邃思想和战略考虑，“始终做到谦虚谨慎、艰苦奋斗，使我们的党永远不变质、我们的红色江山永远不变色”③。

始终谦虚谨慎、艰苦奋斗是党取得伟大成就、继续走向伟大征程的重要法宝。务必谦虚谨慎、艰苦奋斗建立在对党的历史使命正确认识基础之上。百多年来中国共产党在革命、建设和改革过程中取得的伟大成就，是团结带领全国各族人民艰苦奋斗所取得的，是靠艰苦奋斗干出来的。现在，我们要建成社会主义现代化强国、实现中华民族伟大复兴也必将依靠艰苦奋斗。同时，要清醒认识到党在任何历史阶段所取得的伟大成就都是实现中华民族伟大复兴和共产主义远大理想的重要组成部分，也要清醒认识到我国仍处于社会主义初级阶段、仍是世界上最大发展中国家的基本国情，这就要求中国共产党人既要对所取得的伟大成就保

① 《毛泽东文集》(第 7 卷)，北京：人民出版社 1999 年版，第 162 页。
② 《江泽民文选》(第 2 卷)，北京：人民出版社 2006 年版，第 184 页。
③ 习近平：《论中国共产党历史》，北京：中央文献出版社 2021 年版，第 26 页。

持谦虚谨慎，又要为实现艰巨的历史任务继续艰苦奋斗。新中国成立以后，中国共产党践行艰苦奋斗、厉行节约、反对浪费的勤俭建国方针，通过“三反”“五反”运动改善党内外风气，调动一切积极因素为建设社会主义服务。改革开放和社会主义现代化新时期，党弘扬以谦虚谨慎、艰苦奋斗等为主要内容的干事创业精神，发挥共产党员在社会主义物质文明和精神文明建设中的先锋模范作用。新时代，我们要继续发扬党的艰苦奋斗优良传统，应对前进道路上的困难和挑战。习近平强调，我们要走好新时代赶考之路，共产党人作为答卷人，要“始终做到谦虚谨慎、艰苦奋斗、实事求是、一心为民，继续把人民对我们党的‘考试’、把我们党正在经受和将要经受各种考验的‘考试’考好”①，做好解决时代之问、阅卷人满意的新答卷。

务必谦虚谨慎、艰苦奋斗是保持党同人民群众血肉联系的关键所在。因此，始终以谦虚谨慎的态度服务人民是马克思主义政党的本质要求。党带领全国人民团结奋斗是实现历史使命、完成历史任务、建设社会主义现代化最大的积极因素，保持同人民群众的密切联系是党兴旺发达的重要法宝。习近平强调，“江山就是人民，人民就是江山，人心向背关系党的生死存亡”②。党员、干部要正确认识到权力是党和人民赋予的，坚持一切为了人民、一切依靠人民的群众观点，始终把人民放在心中最高位置，把为民办事、为民造福作为最重要的政绩，践行全心全意为人民服务的根本宗旨，增强人民公仆意识和为民情怀，恪守立党为公、执政为民的理念，在日常工作中、是非原则前站稳人民立场，坚持和贯彻从群众中来、到群众中去的群众观点和群众路线，将人民对美好生活的向往转化为决策施政的自觉行动。

务必谦虚谨慎、艰苦奋斗要依靠自觉加强党的纪律修养来保障。知敬畏、存戒惧、守底线是务必谦虚谨慎、艰苦奋斗的基本要求。党员、干部要自觉遵守廉

① 中共中央文献研究室：《习近平关于实现中华民族伟大复兴的中国梦论摘编》，北京：中央文献出版社 2013 年，第 85 页。

② 习近平：《在党史学习教育动员大会上的讲话》，北京：人民出版社 2021 年版，第 15 页。

洁自律准则和中央八项规定精神，增强纪律意识和规矩意识，“培养和强化自我约束、自我控制的意识和能力”①，自觉用政治纪律和政治规矩规范自身的操守和行为，坚决抵御各种腐败风气的侵蚀。同时，“在私底下、无人时、细微处更要如履薄冰、如临深渊，始终不放纵、不越轨、不逾矩，增强拒腐防变的免疫力”②。要保持生活圈、交往圈、娱乐圈的纯洁性，将家风建设摆在自我修养的重要位置，以廉洁奉公修身齐家，始终保持共产党人的本色。

务必谦虚谨慎、艰苦奋斗是防止党员干部思想腐化的清醒剂。中国共产党人意识到社会主义条件下封建主义的遗留、剥削阶级思想的影响以及社会主义制度体系的不完善等主客观原因都有可能导致腐败。新中国成立前夕，毛泽东提出“两个务必”，提醒全党警惕糖衣炮弹的攻击，防止党员、干部在革命胜利后发生思想上和精神上蜕化。改革开放和社会主义现代化建设新时期，党坚持和发扬“两个务必”的优良作风，加强党的建设，“不断同剥削阶级影响和消极腐败现象作斗争，努力保持党的纯洁性”③。中国特色社会主义进入新时代，以习近平同志为核心的党中央“把刹住‘四风’作为巩固党心民心的重要途径”④，强调从政治上审视“四风”，从思想上和利益根源上破解“四风”，牢记“两个务必”，坚定不移转变作风，着重解决工作不实、不维护人民利益等问题，坚定不移反对腐败，努力塑造求真务实、清正廉洁的政治风气。

务必谦虚谨慎、艰苦奋斗作为坚守党的初心、践行党的使命的优良作风，始终强调保持党同人民群众的血肉联系，注重防止党内外腐败蜕化、消极懈怠等脱离实际和脱离群众的消极因素，以党员、干部的先进思想作风团结一切可以团结的力量，调动一切积极因素为实现第二个百年奋斗目标而不懈努力。

---

① 中共中央党史和文献研究院：《习近平关于全面从严治党论述摘编》(2021 年版)，北京：中央文献出版社 2021 年版，第 343 页。

② 中共中央党史和文献研究院：《习近平关于全面从严治党论述摘编》(2021 年版)，北京：中央文献出版社 2021 年版，第 343 页。

③ 《江泽民文选》(第 1 卷)，北京：人民出版社 2006 年版，第 323 页。

④ 中共中央党史和文献研究院：《习近平关于全面从严治党论述摘编》(2021 年版)，北京：中央文献出版社 2021 年版，第 347 页。

第三，务必敢于斗争、善于斗争是新时代新征程共产党人的精神力量和本领要求。

中国共产党依靠斗争创造历史，也将依靠斗争开创未来。在党的100多年奋斗历程中，敢于斗争、善于斗争始终激励着党和人民团结奋斗，战胜艰难险阻，完成历史任务，实现历史使命，不断砥砺前行、夺取胜利。务必敢于斗争、善于斗争要发扬斗争精神，充分认识斗争的必要性和紧迫性，坚定斗争意志，把握斗争方向，掌握斗争艺术，增强斗争本领。

务必敢于斗争、善于斗争是党保持先进性和纯洁性的必然要求。一些党员、干部"缺乏担当精神，斗争本领不强，实干精神不足"①，不愿担当、不敢担当、不会担当等问题不同程度存在，直接影响贯彻落实党的创新理论和路线方针政策的效果。因此，党中央适时提出在建设社会主义现代化国家的新征程上务必敢于斗争、善于斗争，就是要发扬斗争精神，"增强全党全国各族人民的志气、骨气、底气，不信邪、不怕鬼、不怕压，知难而进、迎难而上，统筹发展和安全，全力战胜前进道路上各种困难和挑战，依靠顽强斗争打开事业发展新天地"②，确保党永葆马克思主义政党本色、永远走在时代前列，永远成为中国人民和中华民族的主心骨。

务必敢于斗争、善于斗争有深邃的历史根基、充足的理论依据和强烈的现实要求。就历史根基来看，中国共产党诞生、发展和壮大于艰苦卓绝的斗争之中，在革命、建设和改革中应对各种重大风险挑战，"锤炼了不畏强敌、不惧风险、敢于斗争、敢于胜利的风骨和品质"③。就理论依据来看，马克思主义作为中国共产党立党兴党强党的指导思想，创立于近代资本主义社会的无产阶级运动之中，又在指导无产阶级运动和社会主义建设中不断丰富发展完善，内在地具有改

---

① 习近平：《高举中国特色社会主义伟大旗帜　为全面建设社会主义现代化国家而团结奋斗——在中国共产党第二十次全国代表大会上的报告》，北京：人民出版社2022年版，第14页。

② 习近平：《高举中国特色社会主义伟大旗帜　为全面建设社会主义现代化国家而团结奋斗——在中国共产党第二十次全国代表大会上的报告》，北京：人民出版社2022年版，第27页。

③ 习近平：《习近平谈治国理政》（第4卷），北京：外文出版社2022年版，第81页。

造旧世界、创造新世界的革命性品格，是共产党人认识世界、改造世界的科学理论，不断激励着共产党人发扬斗争精神，增强斗争意识，锻造斗争本领。就现实因素来看，务必敢于斗争、善于斗争的提出是为了激发中国共产党的斗争血脉，唤醒党员干部斗争意识，有效应对全面建设社会主义现代化国家过程中的风险挑战。相比于党的七届二中全会召开时，新时代的党员干部更加接近全面建设社会主义现代化国家、实现中华民族伟大复兴的伟大梦想，所肩负的历史使命更加伟大、更加艰苦，同时也由于逐渐远离革命年代所特有的生活方式而容易缺乏斗争精神和斗争本领，这就更加需要强调发扬斗争精神以应对各种来自各方面已知未知的风险挑战。由此可见，务必敢于斗争、善于斗争贯穿于中国共产党的发展历程、指导思想和历史使命之中，是党的鲜明品格和坚强底色。

党的十九大以来，以习近平同志为核心的党中央深刻认识到敢于斗争、善于斗争的紧迫性，系统总结百年来党坚持敢于斗争、善于斗争的历史经验，高度评价党和人民在百年奋斗中创造重大成就的主观能动性和历史主动性，明确指出“敢于斗争、敢于胜利，是党和人民不可战胜的强大精神力量”①，并在此基础上提出了包含斗争的重要性、复杂性、长期性，斗争的方向，斗争的策略以及斗争的修养等在内的较为成熟的理论体系，为之上升为“三个务必”的重要组成部分奠定了思想理论基础。

务必敢于斗争、善于斗争是以党在新征程上可能遇到的各种风险挑战为斗争对象，这一斗争必将贯穿于以中国式现代化推进实现中华民族伟大复兴的全过程。在这一过程中，中国共产党人要始终坚持中国共产党领导和我国社会主义制度不动摇的大方向，同危害党的领导和中国特色社会主义制度，危害我国主权、安全、发展利益，危害我国核心利益和重大原则，危害我国人民根本利益，危害我国实现“第二个百年”奋斗目标、实现中华民族伟大复兴的各种风险挑战坚决斗争，而且必须取得斗争胜利。这体现出以习近平同志为核心的党中央对实现

① 《中共中央关于党的百年奋斗重大成就和历史经验的决议》，北京：人民出版社 2021 年版，第 69 页。

“第二个百年”奋斗目标新征程上可能出现的风险挑战的清醒认识和充分准备，从而为团结带领人民赢得斗争胜利夯实了战略基础。同时要注意到，斗争所应用的领域是多方面的，涉及改革发展稳定、内政外交国防、治党治国治军，即凡是党所领导的一切方面，凡是有可能发生风险挑战的领域，都是务必敢于斗争、善于斗争所要发挥作用的地方。

务必敢于斗争、善于斗争要充分掌握斗争的艺术。习近平指出，斗争是一门艺术，要赢得主动乃至取得胜利就要讲求方法策略，并提出“坚持增强忧患意识和保持战略定力相统一、坚持战略判断和战术决断相统一、坚持斗争过程和斗争实效相统一”①等应对重大斗争的策略原则。其中，坚持增强忧患意识和保持战略定力相统一是发扬斗争精神的基本要求，增强忧患意识为保持战略定力奠定心理基础，保持战略定力则为增强忧患意识提供坚强意志。坚强的战略定力要求无论在任何条件下面对任何风险挑战，都应当坚持中国共产党的领导和中国特色社会主义的基本原则，在此前提下有效化解来自各方面的风险挑战，这都有赖于高强度警觉的忧患意识。而高强度警觉的忧患意识能够及时发现各方面尤其是大方向上的风险，辩证看待机遇与挑战，才能够提前做好相应准备，做到遇事不慌，坚定立场，坚守原则。坚持战略判断和战术决断相统一、坚持斗争过程和斗争实效相统一是善于斗争的必要遵循。战略判断和战术决断相统一要求正确处理主要矛盾和矛盾的主次方面，“坚持有理有利有节，合理选择斗争方式、把握斗争火候，在原则问题上寸步不让，在策略问题上灵活机动。要根据形势需要，把握时、度、效，及时调整斗争策略”②。斗争过程决定斗争实效，斗争实效反映斗争过程，要在斗争过程中“团结一切可以团结的力量，调动一切积极因素，在斗争中争取团结，在斗争中谋求合作，在斗争中争取共赢”③。这也总体归纳了斗争能力修养的主要方面，为培养斗争意识、增强斗争本领提供

① 习近平：《习近平谈治国理政》(第3卷)，北京：外文出版社2020年版，第227页。
② 习近平：《习近平谈治国理政》(第3卷)，北京：外文出版社2020年版，第227页。
③ 习近平：《习近平谈治国理政》(第3卷)，北京：外文出版社2020年版，第227页。

了有力抓手。

全面建设社会主义现代化国家、实现第二个百年奋斗目标，以中国式现代化全面推进中华民族伟大复兴，必须进行具有许多新的历史特点的伟大斗争。这就要求全体党员干部务必敢于斗争、善于斗争，在新时代新征程上付出更为艰苦、更为艰苦的努力，高度重视和有效防范化解重大风险挑战，成为敢于斗争、善于斗争的坚强战士。

新时代“三个务必”的创立是中国共产党管党治党理念和策略成熟的表现。新时代中国共产党人以历史自觉和主动精神准确把握“三个务必”的必然性，以共产党人的斗争精神充分认识“三个务必”的紧迫性，以理论创新的自觉适时提出“三个务必”的必要性，从而全方位、多层次、长时段地锻造共产党人的思想作风和精神品格。

（二）“三个务必”的结构关系

“三个务必”是内在结构连贯、功能优势互补、现实指向一致的有机整体。务必不忘初心、牢记使命是务必谦虚谨慎、艰苦奋斗和务必敢于斗争、善于斗争的方向指引，回答了为了什么奋斗、斗争的根本问题；务必谦虚谨慎、艰苦奋斗是对待党的初心和使命的正确态度，务必敢于斗争、善于斗争是防患化解实现党的奋斗目标中风险挑战的精神力量，二者共同构成了实现党的事业行动的一体两面，同时也是务必不忘初心、牢记使命的重要实践。因此，“三个务必”在坚持和发展“两个务必”核心要义的基础上，内容更加具体、体系更加完善，也就更加契合新时代新征程管党治党的新要求。

第一，务必不忘初心、牢记使命是践行“三个务必”的方向指引。

党的初心和使命集中体现了党的性质宗旨、理想信念和奋斗目标，为务必谦虚谨慎、艰苦奋斗和务必敢于斗争、善于斗争确立了原则立场、增添了前进动力，明确了前进方向，使全党在日益复杂的斗争中始终坚定理想信念，振奋精神士气，保持自我本色。

务必不忘初心、牢记使命塑造了中国共产党人务必谦虚谨慎、艰苦奋斗的政治本色和革命品格。谦虚谨慎对待伟大梦想、伟大事业和广大人民，为实现伟大梦想和伟大事业艰苦奋斗，是中国共产党的初心和使命的本质要求。新中国成立前夕，毛泽东在党的七届二中全会上提醒全党，“夺取全国胜利，这只是万里长征走完了第一步。如果这一步也值得骄傲，那是比较渺小的，更值得骄傲的还在后头”①。在共产主义事业实现之前的任何一个历史阶段，都只不过是一段必要的过程；在中华民族伟大复兴中国梦实现之前的任一历史任务，也只是很小的一部分成就，任何组织和个人的贡献在实现伟大梦想、成就伟大事业面前都是渺小的，因而都没有理由骄傲自满、居功自傲。中国共产党始终铭记社会主义事业越发达，改革开放和社会主义现代化建设越深入，实现中华民族伟大复兴的伟大梦想越接近，越要坚持和发扬谦虚谨慎、艰苦奋斗的优良作风，汲取广大人民群众的伟大智慧，调动广大人民群众的积极力量，坚定不移推进全面建成社会主义现代化国家新征程。

务必不忘初心、牢记使命滋养了中国共产党的革命斗争精神，规定了务必敢于斗争、善于斗争的方向和立场。党在百余年奋斗历程中为了民族独立、人民解放，为了国家富强、人民幸福，为了理想信念，无论面对任何强大的敌人、艰险的道路、严峻的挑战，始终以“绝不畏惧、绝不退缩，不怕牺牲、百折不挠”②的斗争精神把握机遇，化危为机，战胜风险挑战，取得重大成就。敢于斗争、善于斗争是中国共产党的精神特质，其斗争的方向和立场取决于党的性质宗旨、理想信念和奋斗目标。坚持马克思主义信仰，坚定共产主义远大理想和中国特色社会主义共同理想，就要在斗争中坚持党的领导和中国特色社会主义制度不动摇的大方向；中国共产党是中国工人阶级的先锋队，同时是中国人民和中华民族的先锋队，代表中国最广大人民的根本利益，这就要求各级党组织和广大党员干部必须

① 《毛泽东选集》(第4卷)，北京：人民出版社1991年版，第1438页。
② 《中共中央关于党的百年奋斗重大成就和历史经验的决议》，北京：人民出版社2021年版，第69页。

同危害中国主权、安全、发展利益、核心利益和重大原则以及中国人民根本利益的风险挑战坚决斗争。现阶段党以全面建成社会主义现代化强国、实现第二个百年奋斗目标，以中国式现代化全面推进中华民族伟大复兴为中心任务，就要求同新时代新征程上的各种风险挑战坚决斗争。

党的初心和使命赋予中国共产党人敢于斗争、善于斗争的巨大勇气。中国共产党为中国人民谋幸福，为中华民族谋复兴的初心和使命，表明党除了国家、民族、人民的利益，没有自己的特殊利益，不谋私利而谋根本、谋大利，不是为了斗争而斗争，也不是为了一己私利而斗争，而是为了实现人民对美好生活的向往、实现中华民族伟大复兴迎难而上、攻坚克难。因此，衡量党员、干部敢于斗争、善于斗争的客观标准，就是“面对大是大非敢不敢亮剑、面对矛盾敢不敢迎难而上、面对危机敢不敢挺身而出、面对失误敢不敢承担责任、面对歪风邪气敢不敢坚决斗争”①。

第二，务必谦虚谨慎、艰苦奋斗是落实“三个务必”的作风保证。

谦虚谨慎、艰苦奋斗是马克思主义政党的本色，也是中国共产党作为中国特色社会主义事业领导核心的基本要求。一方面，党员、干部以谦虚谨慎坚守初心，以艰苦奋斗践行使命，在各项工作中勇于担当、敢作敢为，在新时代新征程上发扬谦虚谨慎、艰苦奋斗的优良作风；另一方面，党在实现发展目标道路上所面临的风险挑战愈加严峻复杂，既要弘扬谦虚谨慎、艰苦奋斗的优良作风来克服各种困难，完成一项项具体工作和任务，更要以敢于斗争、善于斗争防范和应对可能出现的各种风险挑战。

务必谦虚谨慎、艰苦奋斗是践行党的初心和使命所必须弘扬的优良作风。共产党人要始终保持生机活力，就必须在新时代新征程中践行党的初心和使命。其中，以什么样的作风对待和践行党的初心和使命，成为关系其能否发挥作用的关键问题。党的初心和使命的核心要义在于始终代表中国最广大人民的根本利益，

---

① 习近平：《习近平谈治国理政》(第3卷)，北京：外文出版社2020年版，第542页。

而“两个务必”是中国共产党执政以来加强作风建设的重要内容，是始终同人民群众保持密切联系的重要法宝。因此，谦虚谨慎、艰苦奋斗是党员、干部守初心、担使命所必须具有的优良作风，也是“激励人民群众自力更生、艰苦奋斗的内生动力”①。党员、干部保持谦虚谨慎、艰苦奋斗，就能团结一切可以团结的力量，将党与人民同心同德的初心恒心落实到实现人民对美好生活的向往而进行的奋斗之中，为不断实现好、维护好、发展好人民利益而不懈努力。因此，既要将党的初心和使命贯穿于发扬谦虚谨慎、艰苦奋斗的作风之中，又要以谦虚谨慎、艰苦奋斗的作风保持党的初心，实现党的使命。

务必谦虚谨慎、艰苦奋斗孕育了敢于斗争、善于斗争的意志和品格。百余年来，中国共产党团结带领中国人民迎难而上、艰苦奋斗，在创造了历史性成就、实现历史性变革的同时，也铸就了以伟大建党精神为源头的顽强拼搏、自强不息的奋斗精神。由于国际风云、国内社会主要矛盾、党的中心任务以及党对规律认识等主客观因素的变化，党在各个历史时期的机遇和挑战都不同。新时代新征程上，世界百年未有之大变局下的外部风险和挑战，中华民族伟大复兴战略全局下国内问题和困难都发生了新变化，来自各方面的困难、风险、挑战会出现新形式。新时代新征程上，所面临的各种风险挑战愈加变化多端。习近平强调：“奋斗的道路不会一帆风顺，往往荆棘丛生、充满坎坷。”②因此，中国办好自己的事、矢志不渝实现伟大目标，需要保持谦虚谨慎、艰苦奋斗的作风，更要有发扬敢于斗争、善于斗争的斗争精神。谦虚谨慎、艰苦奋斗是新时代新征程上中国共产党人不变色、不变质、不变味的作风保证，敢于斗争、善于斗争则是中国共产党人推进伟大事业、实现伟大梦想的精神动能。

第三，务必敢于斗争、善于斗争是践行“三个务必”的必然要求。

敢于斗争、善于斗争是中华文明传承千年不衰的基因密码，是中国共产党百余年来砥砺奋进的精神力量，也是党和国家保持兴旺发达、长治久安的核心

---

① 习近平：《习近平谈治国理政》（第 4 卷），北京：外文出版社 2022 年版，第 136 页。

② 习近平：《在纪念五四运动 100 周年大会上的讲话》，北京：人民出版社 2019 年版，第 9~10 页。

动力。党团结带领人民依靠斗争创造了历史，也将靠斗争赢得未来，必须坚守初心在胜利面前保持清醒头脑，牢记使命在成就面前继续笃行不怠，发扬斗争精神在困难面前敢于斗争、善于斗争，不断推进中国特色社会主义事业的新发展。

务必敢于斗争、善于斗争是践行初心、勇担使命的必然要求。不忘初心、牢记使命，始终提醒中国共产党人是革命者，必须勇于担当负责，积极主动作为，发扬斗争精神，敢于直面风险挑战，积极投身实践历练。做到不忘初心、牢记使命，首先“必须有强烈的自我革命精神”①，以彻底的自我革命精神守初心、担使命，要以刀刃向内的巨大政治勇气消除长期执政条件下各种弱化党的先进性、损害党的纯洁性的消极因素，化解各种违背党的初心和使命、动摇党的根基和阻碍党的事业的危险，坚持不懈同自身存在的问题和错误作斗争。这是中国共产党区别于世界上其他政党的显著标志和长盛不衰的重要原因所在。百年来，中国共产党始终坚持以自我革命引领伟大社会革命。空谈误国，实干兴邦。实现中华民族伟大复兴，必须进行具有许多新的历史特点的伟大斗争，发挥历史自觉和主动精神，抓住和用好历史机遇，发扬斗争精神，增强斗争本领，战胜一切可以预见和难以预见的风险挑战。因此，敢于斗争，善于斗争是党员、干部党性和作风的直接表现，也是检验对党忠诚、对民赤诚的试金石。

务必敢于斗争、善于斗争是务必谦虚谨慎、艰苦奋斗的有益补充。以谦虚谨慎、艰苦奋斗坚守党的初心，以敢于斗争、善于斗争践行党的使命，是党完成新时代新征程中心任务的必然要求。这既需要全党保持谦虚谨慎、艰苦奋斗，也需要敢于斗争、善于斗争，且后者显得更为重要、更为紧迫。世界百年未有之大变局和实现中华民族伟大复兴的战略全局，要求我们党必须进行具有许多新的历史特点的伟大斗争。践行初心使命，保持谦虚谨慎、艰苦奋斗，不仅要在改革发展稳定、治党治国治军、内政国防外交的各领域敢于担当，勇于作为，发扬斗争精

① 习近平：《习近平谈治国理政》(第3卷)，北京：外文出版社2020年版，第531页。

神，提高斗争本领，更要“在事关中国特色社会主义前途命运的大是大非问题上坚定不移，在改革发展稳定工作中敢于碰硬，在全面从严治党上敢于动硬，在维护国家核心利益上敢于针锋相对，不在困难面前低头，不在挑战面前退缩，不拿原则做交易，不在任何压力下吞下损害中华民族根本利益的苦果”①。因此，相较于谦虚谨慎、艰苦奋斗，敢于斗争、善于斗争所蕴含的时代特色更加鲜活、精神士气更加充足、实践指向更加鲜明，也就更有利于深入推进新时代新征程党的作风建设。

敢于斗争、善于斗争就是要在具有许多新的历史特点的伟大斗争中，坚守党的初心使命，发扬斗争精神，增强斗争本领，保持战略定力，弘扬党的优良作风，把握斗争主动权，坚定斗争意志，“有效应对重大挑战、抵御重大风险、克服重大阻力、解决重大矛盾，战胜前进道路上的一切艰难险阻，不断夺取新时代伟大斗争的新胜利”②。

（三）贯彻落实“三个务必”的实践进路

新时代“三个务必”是新时代新征程中国共产党人牢记初心使命、保持优良作风和锤炼精神品格的行动指南，要从提高思想认识、建立制度保障和保持战略定力等方面构建符合其基本内涵和内在结构的实践进路，使之真正成为新时代新征程党管党治党的重要法宝。通过深入开展“三个务必”主题教育，增强全党贯彻落实“三个务必”的思想自觉和行动自觉，建立健全“三个务必”制度规范体系，推动“三个务必”教育实践常态化、规范化、长效化，增强以伟大自我革命引领伟大社会革命的战略定力，矢志不渝推进伟大事业，实现伟大梦想。

1. 深入开展贯彻落实“三个务必”主题教育

在党的百余年建设史中，党历来坚持根据客观形势的新发展、党的中心任务

---

① 习近平：《习近平谈治国理政》（第2卷），北京：外文出版社2017年版，第190页。
② 习近平：《习近平谈治国理政》（第4卷），北京：外文出版社2022年版，第83页。

的新变化和时代对党的建设的新要求，“在全党开展马克思主义集中教育活动，以更好促进党和人民事业发展”①。这是我们党运用马克思主义建党学说加强党的自身建设的优良传统。深入开展党内集中教育活动贯彻落实“三个务必”也就成为应有之义。党的二十大报告在“坚定不移全面从严治党，深入推进新时代党的新的伟大工程”这一部分中，将“以县处级以上为重点在全党深入开展主题教育”，作为落实“坚持不懈用新时代中国特色社会主义思想凝心铸魂”②的一项重大举措，这就内在地包含了“三个务必”主题教育。

进行“三个务必”主题教育，根本任务是深入学习贯彻习近平新时代中国特色社会主义思想，锤炼忠诚干净担当的政治品格，带领全国人民为全面建设社会主义现代化国家而团结奋斗。要将牢记初心使命、改进思想作风和发扬斗争精神作为主题教育的重要内容，确保全党思想上统一、政治上团结、行动上一致，树立起贯彻落实“三个务必”的历史自觉和主动精神。

深入学习党的创新理论，做到“三个务必”的知信行合一。“三个务必”是习近平新时代中国特色社会主义思想管党治党的创造性论断，深入学习党的创新理论也就为贯彻落实“三个务必”奠定了理论基础。党员干部要带着责任学、带着问题学，深刻领会习近平新时代中国特色社会主义思想的精神实质和本质要求，采用中心组学习、举办读书班、集中交流研讨等形式，学深悟透、融会贯通、真信笃行，提高运用党的创新理论指导实践、推动工作的能力，推动理论学习走深走实。

锤炼思想政治素质，增强践行“三个务必”的思想自觉和行动自觉。通过学习党史、新中国史、改革开放史、社会主义发展史，深入开展革命传统教育，以正确党史观深刻领悟“三个务必”的精神实质，坚定历史自信，增强历史主动。

---

① 中共中央文献研究室：《十七大以来重要文献选编》(中)，北京：中央文献出版社2011年版，第636页。

② 习近平：《高举中国特色社会主义伟大旗帜　为全面建设社会主义现代化国家而团结奋斗——在中国共产党第二十次全国代表大会上的报告》，北京：人民出版社2022年版，第65页。

召开专题民主生活会、组织生活会，开展批评和自我批评，进行思想政治体检，对标党章党规和党中央决策部署，对照先进典型和人民期待，检视自己是否存在违背“三个务必”的言行，反思如何在践行“三个务必”中追求进步，增强“四个意识”，坚定“四个自信”，做到“两个维护”，坚定捍卫“两个确立”，自觉在思想上政治上行动上同以习近平同志为核心的党中央保持高度一致，始终忠诚于党、忠诚于人民、忠诚于马克思主义。

准确把握具有许多新的历史特点的伟大斗争，发挥“三个务必”在干事创业担当的引领作用。坚持把主题教育同贯彻落实党的二十大精神和党中央决策部署结合起来，同统筹世界百年未有之大变局和中华民族伟大复兴战略全局结合起来，同破解改革发展稳定突出问题和党的建设紧迫问题结合起来，科学认识复杂多变的国际局势、伟大艰巨的历史使命和中心任务，充分认识斗争的长期性、复杂性、艰巨性，更加自觉地坚持和发展中国特色社会主义，应对和化解各种风险挑战，把握世界历史发展大势，推动构建人类命运共同体，努力推进全面建设社会主义现代化国家。

把人民对美好生活的向往作为奋斗目标，强化贯彻落实“三个务必”宗旨意识与思想作风。始终保持同人民群众的血肉联系、巩固党的执政基础是“三个务必”的根本要求。党员、干部要坚定人民立场，自觉同人民想在一起、干在一起，积极回应群众关切，切实解决群众最关心最直接最现实的利益问题，将“三个务必”融入为人民群众做好事、办实事、解难事的工作当中，以人民群众的获得感、幸福感、安全感作为衡量是否贯彻落实“三个务必”的根本标准。

涵养风清气正的政治生态，形成贯彻落实“三个务必”的良好风气。发挥先进典型示范激励作用，深入开展反面典型警示教育，教育引导广大党员、干部始终保持反腐败永远在路上的清醒和坚定，树立正确义利观、权力观、政绩观，增强公正用权、依法用权、廉洁用权的自觉性，强化纪律意识和规则意识，通过不想腐的思想教育优势推动实现把不敢腐的强大震慑效能和不能腐的刚性制度约束，进一步密切党群干群关系，推动党内政治生态持续好转。

开展贯彻落实“三个务必”主题教育是“不忘初心、牢记使命”主题教育的深入发展，是新时代新征程以斗争精神深化党的自我革命的生动实践，为党统揽“四个伟大”、团结带领全国各族人民全面建设社会主义现代化国家、实现第二个百年奋斗目标，以中国式现代化全面推进中华民族伟大复兴发起全面有力的动员，将具有重大现实意义和深远历史影响。

2. 建立健全“三个务必”制度体系

及时把比较成熟、普遍适用的党的建设实践经验提炼上升为党的制度规范是中国共产党管党治党的优良传统，是解决好党内存在的突出矛盾和问题、有效化解党面临的重大挑战和风险的重要经验，也是“全面从严治党的长远之策、根本之策”①。将贯彻落实“三个务必”作为新时代新征程党的建设一项长期性、基础性的工程，必须建立健全系统完备、科学规范、运行高效的制度体系，以巩固和扩大教育实践活动成果，推动“三个务必”的规范化、常态化、长效化。

建立健全“三个务必”制度体系必须严格遵循二十大党章的基本原则，符合国家宪法和法律法规的基本精神，充分结合党中央的要求、人民群众的期盼和管党治党的经验，聚焦践行初心使命、加强和改进作风、坚持和发扬斗争精神的重点难点问题，拓展完善党的自我革命制度规范体系建设内容，同管党治党的其他制度规范相衔接，“使实体性法规制度和程序性法规制度、综合性规定和专门性规定、下位法规制度和上位法规制度相互协调、相辅相成，提升法规制度整体效应”②。同时，增强制度的指导性、针对性和操作性，将激励性要素和惩戒性要素结合起来，明确责任主体的褒奖贬罚，明确表彰奖励遵守者、严厉惩处违反

① 中共中央党史和文献研究院：《习近平关于全面从严治党论述摘编》(2021年版)，北京：中央文献出版社2021年版，第450页。

② 中共中央党史和文献研究院：《习近平关于全面从严治党论述摘编》(2021年版)，北京：中央文献出版社2021年版，第441页。

者，努力建成系统完备、科学规范、运行高效的制度体系。

一是建立不忘初心、牢记使命制度。不忘初心、牢记使命制度是党的领导制度体系的有机组成部分，也是推动党的思想建设制度化、常态化的重要保障。要加强党章党规教育，引导全党恪守党的性质和宗旨，自觉做共产主义远大理想和中国特色社会主义共同理想的坚定信仰者和忠实实践者。要持续深化“两学一做”学习教育，坚持不懈用习近平新时代中国特色社会主义思想凝心铸魂，做到学思用贯通、知信行统一，将其“转化为坚定理想、锤炼党性和指导实践、推动工作的强大力量”①。要在解放思想中统一思想、统一意志、统一行动，把党建设成一切工作顺应时代潮流、符合发展规律、体现人民愿望，确保党始终走在时代前列、得到人民衷心拥护、长期执政的马克思主义政党。

二是健全党员、干部担当作为的激励机制。科学的激励机制是党员干部持续担当作为的“推进剂”。新时代新征程，要求我们将务必谦虚谨慎、艰苦奋斗与贯彻落实党的二十大精神和党中央的决策部署结合起来，为“敢于担当、踏实做事、不谋私利的干部撑腰鼓劲”②，坚持严管与厚爱相统一、激励和约束相结合。实现党的第二个百年奋斗目标，既要以党的创新理论和路线方针政策为行动指南，也要以昂扬向上的精神状态和踏实谨慎的工作作风落实党中央决策部署，将各项具体工作落到实处，坚持将实现伟大梦想和切实做好当前工作相统一，在完成每一项工作中一步步向远大理想迈进。要坚持发扬艰苦奋斗精神和科学务实态度相统一，坚决反对形式主义、官僚主义等脱离群众和脱离实际的不正之风，不畏艰难，奋力前行，全面做好改革发展稳定各项工作。

三是构建全覆盖、全过程的制度执行监督机制，处理好建章立制与落地见效的关系。依规治党既要有规可循，更重要的是严格执规。习近平指出，党的制度

① 习近平：《高举中国特色社会主义伟大旗帜　为全面建设社会主义现代化国家而团结奋斗——在中国共产党第二十次全国代表大会上的报告》，北京：人民出版社 2022 年版，第 65 页。

② 习近平：《习近平谈治国理政》(第 3 卷)，北京：外文出版社 2020 年版，第 50 页。

建设“总体上已进入有规可依的阶段，目前的主要问题是有规不依、落实不力”①。各级党组织和广大党员干部要把执行和监督“三个务必”制度落实到各地区、各领域、各部门、各行业，运用到管权管事管人的治理全过程，坚持制度面前人人平等、执行制度没有例外的基本准则，增强制度执行力，“坚决维护制度的严肃性和权威性，坚决纠正有令不行、有禁不止的各种行为”②，使制度真正成为党员、干部牢记初心使命、端正思想作风和发扬斗争精神的硬约束，使“三个务必”真正成为党员、干部的自觉行动。

建立健全制度规范体系是新时代新征程贯彻落实“三个务必”的必要途径，既符合完善党的自我革命制度规范体系的内在要求，又是推进国家治理体系和治理能力现代化基本成熟定型的重要环节。

3. 始终保持以伟大自我革命引领伟大社会革命的战略定力

中国共产党成立以来，在其 100 多年的奋斗中，特别是党的十八大以来全面从严治党取得的历史性变革和历史性成就中，“探索出依靠党的自我革命跳出历史周期率的成功路径”③，积累了坚持自我革命的宝贵经验。党深刻认识到，要应对和化解党在各个历史时期面临的风险考验，确保党在世界形势深刻变化的历史进程中始终走在时代前列，在应对国内外各种风险挑战的历史进程中始终成为全国人民的主心骨，关键在于始终坚持党要管党、全面从严治党。“三个务必”是党中央对新征程上党的自我革命的最新要求，即全党要始终保持以伟大自我革命引领伟大社会革命的战略定力。

中国共产党自我革命的最大勇气和底气来自人民。中国共产党始终代表最广大人民的根本利益，除此之外，没有任何自己特殊的利益，这是党“敢于自我革

① 中共中央党史和文献研究院：《习近平关于全面从严治党论述摘编》(2021 年版)，北京：中央文献出版社 2021 年版，第 452 页。

② 中共中央党史和文献研究院：《习近平关于依规治党论述摘编》，北京：中央文献出版社 2022 年版，第 140 页。

③ 习近平：《习近平谈治国理政》(第 4 卷)，北京：外文出版社 2022 年版，第 549 页。

命的勇气之源、底气所在”①。因此，保持战略战力首先要“在为谁执政、为谁用权、为谁谋利这个根本问题上”②始终保持头脑清醒和立场坚定，加强党的理想信念教育，坚持以党的创新理论武装头脑、指导实践、推动工作，牢记党的初心和使命，强化党性锻炼和党性修养，着重解决一些党员、干部理想信念缺失、宗旨意识淡化等问题，切实增强党员、干部的党的意识和党员意识。

贯彻落实“三个务必”，要从根本上解决党内存在的违背党的初心和使命，违反党的优良作风，不敢担当、不愿担当、不能担当等各种问题，增强忧患意识，以坚定正视问题的自觉，做到安不忘危。在长期执政条件下，中国共产党深刻认识到所面临的执政考验、改革开放考验、市场经济考验、外部环境考验的长期性和复杂性，深刻认识到精神懈怠危险、能力不足危险、脱离群众危险、消极腐败危险的尖锐性和严峻性，由此也深刻认识到增强自我净化、自我完善、自我革新、自我提高能力的重要性和紧迫性，及时整治各种弱化党的先进性、损害党的纯洁性的现象，严加防范可能动摇党的执政基础的各种危险，坚决防止和化解可能酿成全局性、颠覆性灾难的重大风险。

把“三个务必”作为“加强党的建设的永恒课题和全体党员、干部的终身课题”③，在自我提高的基础上强化刀刃向内的勇气。坚持在学懂弄通党的创新理论上夯实思想根基，在为人民服务的实践中涵养优良作风，在防范化解重大风险挑战中淬炼斗争精神，加强党性锻炼和政治历练，增强以中国式现代化实现中华民族伟大复兴的志气、战胜新征程上各种风险挑战的骨气、坚定坚持党的领导和中国特色社会主义的底气。在斗争历练中提高斗争本领，提升见微知著能力，主动把握局势和趋势的发展，善于抓住主要矛盾和矛盾的主要方面，定期全面排查所有可能的风险因素，由此及彼、举一反三，牢牢掌握主导斗争的主动权，将其所可能带来的危害和代价降到最低，建设一支忠诚干净担当、堪当民族复兴重任

① 习近平：《习近平谈治国理政》(第 4 卷)，北京：外文出版社 2022 年版，第 542 页。
② 习近平：《习近平谈治国理政》(第 4 卷)，北京：外文出版社 2022 年版，第 542 页。
③ 习近平：《习近平谈治国理政》(第 3 卷)，北京：外文出版社 2020 年版，第 538 页。

的高素质干部队伍，更好地团结带领人民群众在新征程上勇毅前行。

“三个务必”既包含新征程中党的自我革命的最新要求，又包括必须通过党的自我革命来实现的本质要求。全党要积极响应以习近平同志为核心的党中央号召，始终保持崇高的革命理想和昂扬的革命斗志，“始终坚持真理、修正错误，敢于正视问题、克服缺点，勇于刮骨疗毒、去腐生肌”①，将“三个务必”贯穿于新征程中党的建设各个方面，不断增强党自我净化、自我完善、自我革新、自我提高的能力，确保党在新时代新征程坚持和发展中国特色社会主义的历史进程中始终成为坚强领导核心，走好新的赶考之路。

“三个务必”反映了以习近平为代表的新时代中国共产党人对马克思主义政党长期执政规律的深刻认识，包含着对党的百年重大成就和历史经验的深刻总结，回应了人民群众对永葆党的先进性和纯洁性、如期实现第二个百年奋斗目标的殷切期盼。它为塑造新时代新征程中国共产党人的精神品格，团结带领全国各族人民全面建设社会主义现代化国家、实现第二个百年奋斗目标增添了不竭的精神动力，因而具有重大而深远的意义。

① 习近平：《习近平谈治国理政》(第 3 卷)，北京：外文出版社 2020 年版，第 541 页。

参考文献

一、经典著作

1.《马克思恩格斯选集》(第1~4卷)，北京：人民出版社2012年版。

2.《马克思恩格斯全集》(第17、25、29、33、36卷)，北京：人民出版社1963、1973、1975、2001、2020年版。

3.《马克思恩格斯文集》(第2、3、10卷)，北京：人民出版社2009年版。

4.《列宁选集》(第1~4卷)，北京：人民出版社2012年版。

5.《列宁全集》(第2、4、6~10、13、21、33~39、41~43、48、50、52卷)，北京：人民出版社1984、1985、1987、1988年版。

6.《列宁专题文集：论马克思主义》，北京：人民出版社2009年版。

7.《列宁专题文集：论无产阶级政党》，北京：人民出版社2009年版。

8.《毛泽东选集》(第1~4卷)，北京：人民出版社1991年版。

9.《毛泽东文集》(第1~3、第6~9卷)，北京：人民出版社1993、1999年版。

10.《毛泽东著作选读》(下册)，北京：人民出版社1986年版。

11. 中共中央文献研究室：《毛泽东著作专题摘编》，北京：中央文献出版社2003年版。

12.《建国以来毛泽东文稿》(第10、11册)，北京：中央文献出版社1996年版。

13.《刘少奇选集》(上、下卷)，北京：人民出版社1981、1985年版。

14. 中共中央文献研究室、中共中央党校：《刘少奇论党的建设》，北京：中央文献出版社1991年版。

15. 中共中央文献研究室：《刘少奇论新中国经济建设》，北京：中央文献出版社1993年版。

16.《陈云文选》(第3卷)，北京：人民出版社1995年版。

17. 中共中央文献研究室：《陈云论党的建设》，北京：中央文献出版社 1995 年版。

18. 张闻天选集传记组、中共上海市委党史研究室：《张闻天社会主义论稿》，北京：中共党史出版社 2010 年版。

19.《邓小平文选》(第 1~3 卷)，北京：人民出版社 1994、1993 年版。

20. 中共中央文献研究室：《邓小平文集(1949——1974 年)》(上、中、下卷)，北京：人民出版社 2014 年版。

21. 中共中央文献研究室：《邓小平关于建设有中国特色社会主义的论述专题摘编》，北京：中央文献出版社 1992 年版。

22.《江泽民文选》(第 1~3 卷)，北京：人民出版社 2006 年版。

23. 江泽民：《论“三个代表”》，北京：中央文献出版社 2001 年版。

24. 江泽民：《论党的建设》，北京：中央文献出版社 2001 年版。

25. 中共中央政策研究室、中共中央文献研究室：《江泽民论加强和改进执政党建设(专题摘编)》，北京：中央文献出版社、研究出版社 2004 年版。

26. 中共中央文献研究室：《江泽民论有中国特色社会主义(专题摘编)》，北京：中央文献出版社 2002 年版。

27.《胡锦涛文选》(第 1~3 卷)，北京：人民出版社 2016 年版。

28. 习近平：《习近平谈治国理政》，北京：外文出版社 2014 年版。

29. 习近平：《习近平谈治国理政》(第 2~4 卷)，北京：外文出版社 2017、2020、2022 年版。

30. 习近平：《论坚持党对一切工作的领导》，北京：中央文献出版社 2019 年版。

31. 中共中央文献研究室：《习近平关于全面从严治党论述摘编》，北京：中央文献出版社 2016 年版。

32. 中共中央党史和文献研究院：《习近平关于全面从严治党论述摘编》

(2021年版)，北京：中央文献出版社2021年版。

33. 中共中央文献研究室：《习近平关于社会主义政治建设论述摘编》，北京：中央文献出版社2017年版。

34. 习近平：《在庆祝中国共产党成立100周年大会上的讲话》，北京：人民出版社2021年版。

35. 习近平：《在庆祝中国共产党成立95周年大会上的讲话》，北京：人民出版社2016年版。

36. 习近平：《在纪念红军长征胜利80周年大会上的讲话》，北京：人民出版社2016年版。

37. 习近平：《在纪念马克思诞辰200周年大会上的讲话》，北京：人民出版社2018年版。

38. 习近平：《在第十八届中央纪律检查委员会第六次全体会议上的讲话》，北京：人民出版社2016年版。

二、文献资料

1. 中共中央文献研究室：《建党以来重要文献选编(1921—1949)》(第15册)，北京：中央文献出版社2011年版。

2. 中共中央文献研究室：《建国以来重要文献选编》(第8、9、10、13、19册)，北京：中央文献出版社2011年版。

3. 中央档案馆：《中共中央文件选集》(第11册·1936—1938)，北京：中共中央党校出版社1991年版。

4. 中共中央文献研究室：《十三大以来重要文献选编》(上、中、下)，北京：人民出版社2011年版。

5. 中共中央文献研究室：《十四大以来重要文献选编》(上、中、下)，北京：人民出版社2011年版。

6. 中共中央文献研究室：《十五大以来重要文献选编》(上中、下)，北京：人民出版社 2011 年版。

7. 中共中央文献研究室：《十六大以来重要文献选编》(上、中、下)，北京：人民出版社 2011 年版。

8. 中共中央文献研究室：《十七大以来重要文献选编》(上、中、下)，北京：中央文献出版社 2009、2011、2013 年版。

9. 中共中央文献研究室：《十八大以来重要文献选编》(中、中、下)，北京：中央文献出版社 2016 年版。

10. 中共中央党史和文献研究院：《十九大以来重要文献选编》(上、中、下)，北京：中央文献出版社 2013、2019、2021 年版。

11.《中共中央关于党的百年奋斗重大成就和历史经验的决议》，北京：人民出版社 2021 年版。

12.《中共中央关于坚持和完善中国特色社会主义制度推进国家治理体系和治理能力现代化若干重大问题的决定》，北京：人民出版社 2019 年版。

13.《中共中央关于加强和改进新形势下党的建设若干重大问题的决定》，北京：人民出版社 2009 年版。

14. 中共中央宣传部：《中国共产党的历史使命与行动价值》，北京：人民出版社 2021 年版。

15. 中华人民共和国国务院新闻办公室：《中国新型政党制度》(2021 年 6 月)，北京：人民出版社 2021 年版。

16.《中共中央关于加强党的执政能力建设的决定》，北京：人民出版社 2004 年版。

后记

《中国化马克思主义政党理论研究》原是武汉大学马克思主义学院“马克思主义中国化学科群研究”丛书中的一本。2014年前后，武汉大学马克思主义学院党政领导以及学科建设领导小组要求学院马克思主义理论学科涵盖的各学科群加强科学研究，鼓励在导师个人研究基础之上出版学术专著，形成各学科群书系。根据学院领导及学科建设领导小组的要求，为推进马克思主义中国化研究学科群建设，当时由马克思主义中国化研究专业、中共党史(含党的学说与党的建设)专业、科学社会主义与国际共产主义运动专业(2017年又增加了党的建设专业)组成的马克思主义中国化研究学科群的全体导师会议商定：启动“中国化马克思主义研究丛书”的编写工作，每位导师根据各自的研究专长承担其中一本，分别研究中国化马克思主义经济理论、政治理论、文化理论、社会理论、生态理论、政党理论、意识形态理论、全球化理论等。这套丛书经学院与武汉大学出版社联系，决定尽快在武汉大学出版社出版。先是由学院负责筹集出版经费，后来由武汉大学出版社申报并获批“十三五”国家重点图书资助项目，以及湖北省学术著作出版专项基金资助项目。我承担的是其中的《中国化马克思主义政党理论研究》一书的写作。

近十年来，如何完成学院和学科群交给自己的这项写作任务，宛如一座大山一样压在本人心头。因为当初接受这一任务时，完全没有想到这些年自己会这样忙。每年数百学时的课堂教学工作，每年一二十个本、硕、博学生的导师工作，若干国家社科基金重大项目申报或结项工作，作为主要成员参与的多本中央马克思主义理论研究和建设工程重点教材编写工作，国家和教育部以及省市有关部门交付委托的各类评审工作，还有众多的理论宣讲工作。加上其间还要完成其他同样紧迫甚至更为紧迫的科研工作。由于秉承教学工作优先、学生培养工作优先、国家和教育部等布置的工作优先、集体合作任务优先的精神来分配工作时间，以至于自己总是难以找出整块时间来从事这本书的写作。时间就这样一年一年地过去了，写作任务一年年往后推，但毕竟有约在先，也不好轻言放弃。在武汉大学出版社王雅红编审和本书责任编辑的一再催促下，我在2017年春撰写的部分样章的基础上，从2022年年初开始，正式将完成本书其余部分书稿的任务提上了日程，并付诸行动。原计划2022年10月交稿，但临时又加了其他紧要工作，加上疫情防控吃紧，总有各种事情，未能如期交稿。不过自己尽可能将完成此书的写作列为文案工作的第一要务，尽管经历了新冠病毒感染及后遗症，前后持续两三个月，但自己除了发烧起不了床，其他时间都在尽可能地加班加点赶稿子。好在自己多年来长期从事党建理论研究，有一定的学术积累，一些稿子或素材在本书书稿的撰写中也得以运用，从而节约了一些写作时间。紧赶慢赶，终于在2022年年底基本完成全部书稿。其后，我利用一切可能的时间进行修改，直到2023年3月下旬，才将完整书稿交给出版社。

需要说明的是：本书中的有些内容曾以单篇论文形式正式发表(书中已注明)，其中有的单篇论文是我和所指导的研究生合作成果；在本书最初稿集成过程中，我的学生李雅丽帮忙做了一些基础性工作；在本书各章修订稿合成阶段，我的学生刘秀华夜以继日帮我忙了好几天，统一格式，校对了若干章书稿注释；在本书付印之前，我的学生魏强、李泽鑫、张玉霞、陈婉婉、穆睿、张昂、贾书衡、叶子维、王晨、樊容均、杨亚婷等协助进行了书稿校对。武汉大学出版社为本系列丛书提供了启动经费，出版社王雅红编审这些年来一再敦促、反复提醒、耐心等待，最终促成了本书的完成；责任编辑胡国民以及出版社许多同志为此书编辑、出版付出了大量心血；武汉大学马克思主义学院领导始终关心和支持“中国化马克思主义研究丛书”的出版，丛书作者之间也相互鼓励和支持，在此我对他们一并表示感谢。

笔者在本书写作过程中尽管尽了力，但由于时间太紧，事务繁杂，精力和学养有限，以至于最终成果并未完全达到自己设定的目标，不免有些遗憾。书中错讹之处，敬请读者批评指正。

丁俊萍

2023年4月于武汉珞珈山